제2판

# 경제학

ECONOMICS

성태경 저

정독
DEEP READING

# 제2판 머리말

본서가 『경제학』이라는 책명으로 세상에 나온 지도 벌써 7년이라는 세월이 지났다. 다행히도 저자가 본래 목적한 대로 어려운 과목으로 알려진 경제학을 이해하는 데 도움이 되었다는 독자들의 반응이 있었다. 특히 이 책이 경제학의 모든 내용을 '백화점식'으로 다루지 않고 핵심적인 내용만 취사선택하여 다루었기 때문에 대학에서 '한 학기용' 교재로 활용하기에 적합하다는 의견도 확인하였다. 이에 힘입어 이번에 제2판을 출판하게 되었다.

금번 제2판에서는 다음 세 가지 점에 초점을 맞추어 내용을 수정 및 보완하였다. 첫째, 제1판을 출간한 지 오랜 기간이 지났기 때문에 현실경제를 설명하는 통계자료를 최근 자료로 수정하였다. 현재 한국은행, 통계청 등에서는 각 기관의 통계플랫폼(예: 한국은행 경제통계시스템)을 통해서 체계적으로 경제 관련 통계자료를 제공하고 있기 때문에 이 작업은 매우 수월하였다. 둘째, 제1판에서는 시장경제체제의 단점을 제2장에서 직관적으로 간단하게 설명하였으나 이번에는 별도의 장(제13장)으로 보다 자세히 다루었다. 즉 공공재, 외부성, 정보의 비대칭성 문제 등 시장실패의 문제를 체계적으로 설명하고자 하였다. 셋째, 적절한 부분에 사례와 더 알아보기, 그리고 읽을거리를 제시하였다. 예를 들어 경제체제와 관련하여 북한의 '장마당'을 소개하고, 기술혁신의 중요성을 강조하기 위하여 생산이론에서 '초장기(very long-run)' 개념을 설명하였으며, 정보화 시대하에서의 네트워크 효과를 다루었다.

이번 개정판에는 지난 7년간 전주대학교에서 이 책을 교재로 공부한 학생들의 의견이 많이 반영되었다. 특히 2021년 1학기에 COVID-19 팬데믹 상황하에서도 대면강의로 "경제학개론"을 수강한 학생들의 도움이 컸다. 경영학과 전용준 군은 자발적으로 틀린 부분을 정리하여 고쳐주었다. 무엇보다도 이 책은 저자의 은사이신 김덕중 교수님(서강대 교수, 아주대 총장, 교육부 장관 역임)의 『경제원론』에 바탕을 두고 있음을 다시 밝히지 않을 수 없다. 제2판을 흔쾌히 출판해 주신 도서출판 정독의 김중용 대표님과 편집을 맡아 "책을" 잘 만들어 주신 심성보 이사님, 권형락 실장님께 고마움을 전한다.

마지막으로 이 책을 읽는 독자들이 경제학을 쉽고 재미있게 공부하는 데 도움이 되었으면 한다.

2022년 1월

저자 씀

# 머리말

경제학원론의 내용은 이미 공공재로서, 그간 많은 책들이 경쟁적으로 발간되어 왔다. 그럼에도 불구하고 『경제학』이라는 책명으로 또 하나의 책을 집필한 이유는 다음과 같다.

첫째, 경제체제, 경제순환모형, 수요 · 공급모형 등을 통하여 경제학 전체 내용을 대략적으로 '스케치'한 다음에 구체적인 내용을 다루기 위해서이다. 전체를 아우르지 않고 바로 구체적 내용(예: 무차별곡선 분석)으로 들어가는 경우, 수강생들의 학습동기를 이끌어내기 어렵다. 특히 한 학기에 경제학을 끝내야 하는 경우에는 더욱 그러하다.

둘째, '백화점식'으로 많은 내용을 포함할 경우에 따른 기회비용을 줄이기 위해서이다. 예를 들어 경제학원론 수준에서 너무 정교한 분석도구를 사용할 경우 많은 지면과 노력이 필요하며, 이에 따라 꼭 배워야 할 다른 내용을 다루지 못할 수 있기 때문이다. 이 책에서는 핵심적인 내용만을 취사선택하였으며, 가장 기초적인 분석도구인 수요·공급모형, 총수요·총공급모형 등을 활용한다. 물론 수학적인 표현은 최소화하였다.

셋째, 현실과 이론의 적절한 접목을 시도하였다. '이론에서 현실로'라는 원칙하에 경제원리를 소개한 다음에 이를 사례에 적용하였다. 사정이 여의치 않을 경우에는 반대로 현실경제에 대한 자료를 먼저 제시한 다음 경제이론을 설명하였다. 또한 '더 알아보기'라는 코너를 마련하여 배운 내용을 좀 더 생각해볼 수 있는 기회를 주고자 하였다.

이 책이 엮어지기까지 여러모로 도움을 받았다. 먼저 저자의 은사이신 김덕중 교수님(서강대 교수, 아주대 총장, 교육부장관 역임)께서 집필하셨던 『경제원론』과 대학 강단에서 경제학을 가르쳐 오신 경험과 교훈이 많이 반영되었다. 그간 전주대학교에서 『경제학의 이해』라는 과목을 수강한 학생들이 보여준 진지한 반응과 귀중한 조언도 빼놓을 수 없다. 이 책을 경제학 '책답게' 잘 만들어 준 피앤씨미디어에 고마움을 전한다.

끝으로 독자들을 위하여 '10대 경제원리'라는 안전장치를 마련하였다. 이 내용만큼은 집중하여 이해하고, 책을 다 읽고 난 후에도 꼭 기억하길 바란다. 모쪼록 이 책이 본래 목적한 대로 경제이론과 현실을 이해하는 데 좋은 안내서가 되었으면 한다.

2014년 2월

저자 씀

# 10대 경제원리

#1_ 사람들은 어떤 하나를 얻기 위해서는 다른 것을 포기해야 한다. 따라서 의사결정시에 모든 목표를 추구할 수 없고, 한 목표를 추구하기 위해서는 다른 목표는 희생해야 한다(제2장 p. 27).

#2_ 어떤 행동 또는 일의 비용은 그것을 얻기 위해서 포기한 그 무엇이다. 따라서 어떤 행동을 결정할 때에는 반드시 그 행동 때문에 발생하는 '보이는' 비용뿐만 아니라 '보이지 않는' 비용을 모두 고려해야 한다(제2장 p. 27).

#3_ 시장은 경제활동을 조정하는 하나의 좋은 수단이다. 가계와 기업들은 가격을 신호등 삼아 시장에서 거래하며, 비교적 바람직한 경제성과를 낳는다. 이와 정반대로 경제활동이 정부 내의 계획당국에 의해서 조정되는 방법도 있다(제2장 p. 35).

#4_ 시장기능이 제대로 작동하지 못하여 자원이 효율적으로 배분되지 못할 경우에, 정부는 시장개입을 통하여 그것을 개선할 수 있다. 그 대표적인 예가 공해문제이다(제2장 p. 40).

#5_ 합리적인 경제주체는 한계원칙하에서 생각하고 행동한다. 합리적인 의사결정자는 어떤 행동이 가져다주는 한계편익(marginal bebefit)—기업가의 경우에는 한계수입—이 한계비용(marginal cost)보다 큰 경우에만 그 행동을 취한다(제8장 p. 183).

#6_ 효율성과 공평성이라는 두 개의 목표 간에는 상충관계(trade-off)가 존재한다. 예를 들어 조세삭감은 근로의욕, 저축의욕, 투자의욕을 증진시킴으로써 생산성과 효율성을 향상시킬 수 있으나, 소득재분배를 통한 공평성의 기능은 약화될 수 있다(제16장 p. 381).

#7_ 어떤 경제든지 물가안정과 완전고용 사이에는 단기적으로 상충관계(trade-off)가 존재한다. 즉 필립스곡선이 보여주는 것처럼 완전고용을 달성하기 위해 총수요를 진작시키면 물가가 불안정해지고, 물가를 안정시키고자 총수요를 위축시키면 완전고용을 달성할 수 없게 된다. "두 마리의 토끼를 모두 좇을 수 없다"는 셈인데, 이러한 상충관계는 재정정책과 금융정책의 단기적인 효과를 이해함에 있어서 매우 중요하다(제16장 p. 382).

#8_ 인플레이션은 정부가 통화를 '너무 많이' 공급할 때 발생한다. 정부가 과다하게 통화를 공급하면, 화폐가치가 하락한다. 결과적으로 물가는 오르고 상품을 구매하기 위하여 더 많은 화폐가 필요하게 되는 것이다(제18장 p. 422).

#9_ 한 나라의 생활수준은 상품 및 서비스를 생산할 수 있는 능력에 따라서 결정된다. 근로자들이 시간당 더 많은 상품과 서비스를 생산할 수 있는 나라들은 높은 생활수준을 누릴 수 있다. 마찬가지로 한 나라의 생산성이 증가하게 되면, 일인당 소득도 증가한다(제20장 p. 456).

#10_ 교역은 모든 사람의 후생을 증가시킨다. 교역은 사람들로 하여금 자신이 가장 잘하는 일에 전념할 수 있도록 한다. 다른 사람(혹은 국가)과 교역을 함으로써 다양하고도 많은 상품 및 서비스를 얻을 수 있다(제21장 p. 492).

# 차례 Contents

## PART 01 경제학의 기초

## CHAPTER 10 독점적 경쟁시장에서 가격 및 생산량 결정



## CHAPTER 11 과점시장에서 가격 및 생산량 결정

## CHAPTER 12 생산요소시장: 임금, 지대, 이자, 이윤의 결정



## CHAPTER 13 시장실패와 정부정책

## PART 03 '새'의 입장에서 보는 경제학

### CHAPTER 14 거시경제정책의 목표와 그 측정



### CHAPTER 15 경기변동의 이해: 총수요와 총공급

## CHAPTER 20 경제성장



# PART 04 글로벌시대의 경제학

## CHAPTER 21 국제무역과 금융

PART 01 | ECONOMICS

# 경제학의 기초

본 편에서는 경제학 공부에 필요한 기초적인 내용을 다룬다. 경제학은 어떤 학문인가? 경제체제는 경제문제를 어떻게 해결하는가? 시장경제에서 가격은 어떻게 결정되며, 어떤 기능을 수행하는가? 등의 질문에 답한다. 이를 위해서 경제학의 기본적 분석도구인 생산가능곡선, 경제순환모형, 수요 · 공급모형, 총수요 · 총공급모형 등을 소개한다.

E C O N O M I C S

CHAPTER | ECONOMICS

# 01 경제학 개관

SECTION



제1장에서는 경제학 공부에 필요한 기본적인 예비지식을 소개한다. 독자들이 이 장을 읽고 난 후에는 다음 질문들에 대해서 대답할 수 있을 것이다. 경제학은 무엇에 관한 학문인가? 우리는 왜 경제학을 배우는가? 경제학은 어떻게 성립하고 분석하는가? 경제학을 공부할 때 어떤 점에 유의해야 하는가?

## 1.1 경제학이란?

왜 사람들은 자원을 아껴서 사용해야 하며, 경제문제와 경제학이 존재하게 되는 까닭은 무엇인가? 이 질문에 대한 답은 한 가지 사실로 요약된다. 그것은 동서고금, 개인과 사회를 막론하고 희소성(scarcity)의 문제에 직면할 수밖에 없기 때문이다. 희소성이란 인간과 사회의 물질적 욕망은 무한한 데 비하여 그것을 충족시켜 주는 재화 및 서비스를 생산할 수 있는 능력이 부족하다는 사실을 말하는데, 〈그림 1-1〉에는 이러한 희소성의 문제가 잘 나타나 있다. 그림에서 욕망은 일정 기간—예를 들어 1년—에 사람들이 원하는 상품의 양으로 나타나 있고, 능력은 생산할 수 있는 상품의 양으로 나타나 있다. 그림에서 보는 바와 같이 능력이라는 원의 절대적 크기에 관계없이 욕망이 능력을 초과하는 한, 희소성의 문제는 없어지지 않으며, 자원을 아껴서 사용하려는 경제의지와 경제학은 존재하게 되는 것이다.

그렇다면 기술과 자원의 증가로 인해 능력이라는 원의 크기만 점차 커져서 욕망이라는 원의 크기를 따라 잡는다면 어떻게 될 것인가? 만약 이것이 가능하다면 희소성의 문제가 사라져 자원을 아낄 필요도 없고 경제학을 배우지 않아도 될 것이다. 그러나 불행하게도 능력이 커지면 욕망도 커지는 것이 현실이다. 하나를 가지면 둘을 가지고 싶고, 둘을 가지면 셋을 가지고 싶은 것이 인간이기 때문이다.

이와 같은 희소성의 문제는 사람들에게 선택을 요구한다. 즉 우리는 욕망의 전부

**그림 1-1** 희소성의 문제

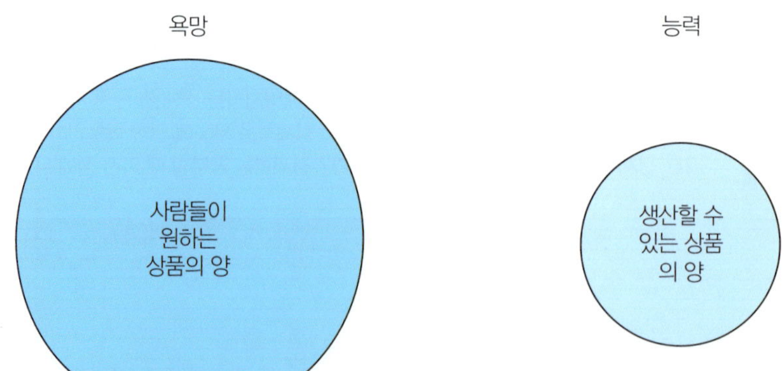

(all)가 아닌 일부(some)만을 만족시킬 수밖에 없는 처지에 놓이므로 여러 가지 가능한 대안 중에서 무엇인가를 선택해야만 하는 것이다. 이러한 선택과 관련하여 독자들은 두 가지 점에 유의해야 한다. 첫째, 선택할 때에는 최선을 다해야 한다는 것이다. 만약 선택이 무작정 이루어진다면 욕망의 일부마저도 제대로 만족시킬 수 없기 때문이다. 이와 같이 제한된 범위 내에서의 최선의 선택을 전문용어로 최적화(optimizing)라고 한다. 다른 말로는 효율화(economizing)라고도 하며 가용한 자원을 가장 효율적으로 사용함을 의미한다. 둘째로 선택에는 이득도 따르지만 항상 대가도 따른다는 사실이다. 다시 말하면 하나의 선택은 어떤 대가를 치르고서야 비로소 가능하다는 것으로, 우리 속담에 "세상에 공짜 없다"는 말과 같은 뜻이다. 경제학자들은 우리가 희소성에 직면하여 선택할 때, 대가가 따른다는 평범한 진리를 강조하기 위해서, 기회비용(opportunity cost)이라는 용어를 사용한다.

이제 우리는 경제학을 정의할 수 있게 되었다. 경제학이란 "인간의 무한한 욕망을 최대로 만족시키기 위해서 희소한 자원을 어떻게 활용할 것인가의 문제를 다루는 학문"이라고 할 수 있다. 그러므로 경제학은 희소성(scarcity)에 관한 학문임과 동시에 선택(choice)에 관한 학문이다.[1] 희소성과 선택은 자원을 아껴서 가장 유용하게 쓰게 하는 경제의지와 경제문제를 초래하므로 경제학은 '효율성의 과학'이라고도 할 수 있다.

## 1.2 경제학, 왜 배워야 하는가?

우리가 경제학을 배워야 하는 첫 번째 이유는 현대사회가 '경제학자의 시대'라고 불릴 만큼 경제학의 중요성이 매우 크기 때문이다. 이제 막 경제학을 배우기 시작하는 독자의 경우에도 스미스(Adam Smith), 마르크스(Karl Marx), 케인즈(John Maynard Keynes)와 같은 사람의 이름 정도는 익히 알고 있을 것이다. 이들은 모두 경제학자로서 현대사회를 지배하는 이데올로기를 형성했던 사람들이다. 이는 경제학이 정치, 사회, 문화, 가치관 등 여러 분야에 영향을 미치고 있음을 단적으로 말해 주는 것이다. 최근의 예를 보더라도 국

[1] 이는 경제학에 대한 최근의 지배적인 정의이다. 경제학의 성립 이래 경제학은 '국부의 본질과 그 원인에 관한 연구'(A. Smith), '후생의 물질적 요건 달성과 관련된 사회적 행동을 연구하는 학문'(A. Marshall), '시장, 가격, 교환 등을 연구하는 학문'(G. Cassel) 등으로 정의되어 왔다.

내외를 막론하고 대통령 선거에 있어서 실업문제, 물가문제, 공해문제, 세금문제 등 각종 경제문제가 핵심적인 쟁점으로 부각되고 있으며, 정치가나 행정가들이 경제학자들로부터 자문을 받고 있는 것은 잘 알려진 사실이다. 그러므로 현대를 사는 우리로서 사회체제를 이해하기 위해서는 경제학에 대한 기본적인 이해가 필수적이라고 하겠다.

둘째로 책임감 있고 안목을 가진 시민이 되기 위해서도 경제이론에 대한 습득이 필요하다. 오늘날 대부분의 문제는 경제적인 측면을 가지며, 우리들은 민주시민으로서 이들 문제에 대해 어떠한 형태로든 평가를 내려야 한다. 국제수지적자의 원인과 결과는 무엇인가? 주가는 왜 폭락하는가? 인플레이션은 왜 나쁜가? 왜 재벌을 규제해야 하는가? 농촌을 더 지원해야 하는 이유는 무엇인가? 공해는 왜 발생하고 그에 대한 대책은 무엇인가? 등등.

셋째로 경제학은 실증적인 학문으로서 개인적으로 응용하면 실생활에서도 많은 이득을 얻을 수 있다. 가령 전반적인 경제의 흐름을 체계적으로 이해하는 기업경영자라면 보다 나은 기업전략을 수립할 수 있을 것이다. 예를 들어 인플레이션의 원인과 결과를 이해하는 경영자라면 인플레이션 기간 동안에 이에 대응할 수 있는 의사결정을 내릴 수 있을 것이다. 사실 우리나라에서도 대기업그룹이나 증권회사들이 산하에「경

그림 1-2 경제와 우리 생활

자료: 한국은행 홈페이지

제연구소」를 두고 있는데, 경제연구소의 역할은 실제 기업운영에 필요한 경제정보를 수집하여 해석하는 것이다. 소비자나 근로자의 의사결정에도 경제학 지식은 도움을 준다. 무엇을 얼마만큼 구입할 것인가? 인플레이션으로 돈의 가치가 하락할 때 이에 어떻게 대처할 것인가? 어떤 직장이 안정적이고 봉급을 많이 주는가? 물론 이러한 문제들에 대해서 경제학 지식이 있는 사람은 보다 효율적으로 대처할 수 있을 것이다. 마찬가지로 주식의 가치, 통화량의 변동추이, 미래의 경제상황 등에 대한 안목을 가진 투자자는 성공할 확률이 높은 투자결정을 할 수 있을 것이다.

넷째로 경제이론의 탐구는 그 자체로서도 커다란 지적 만족을 준다. 오늘날 경제현상이 끊임없이 변하고 복잡해짐에 따라 그것을 이해하려면 고도의 분석기술은 물론 부단한 노력과 상상력이 요구되기 때문에 이를 극복한 사람에게는 더할 수 없는 만족감이 기다리고 있다. 일찍이 철학자들이 지적 및 예술적 성취감이야말로 인간의 모든 업적 가운데에서 가장 고귀하고 만족스러운 것이라고 말한 바 있거니와, 특히 경제학은 지적 및 예술적 성취감을 가져다주는 학문이라 하겠다. 왜냐하면 순수경제이론은 그 학문적 체계에 있어서나 정교성에 있어서 수학이나 물리학과 다를 바 없으며, 경제이론의 현실적 적용이라 할 수 있는 경제정책은 그 효과가 불확실하다는 점에서 확실성이 보장되는 자연과학보다는 오히려 예술의 영역에 가깝기 때문이다.

## 1.3 경제학, 어떻게 성립하는가?

경제학자는 무엇을 하는 사람이며, 그들이 추구하는 목표는 무엇인가? 경제학자가 하는 일은 경제문제가 발생할 때, 이를 해결하기 위한 경제정책의 수립에 활용할 수 있는 경제이론을 도출해 내는 것이다. 이것이 〈그림 1-3〉의 세 개의 상자에 요약되어 있다. 첫 번째 상자는 경제학자가 특정한 경제문제와 관련된 자료 및 사실을 수집하는 일을 나타낸다. 이 일과 관련된 경제학 분야를 경험경제학이라고 부른다. 두 번째 상자는 복잡한 현실을 일반화 또는 단순화하는 일, 즉 경제이론의 도출과정을 나타낸다. 이와 관련된 경제학 분야를 이론경제학이라고 부른다. 맨 위에 있는 세 번째 상자는 경제문제가 발생했을 때, 이를 해결하기 위해서 경제이론을 활용하여 경제정책을 수립하는 일을 나타낸다. 이 분야를 정책경제학이라고 부른다.

그림 1-3 경제학적 추론의 과정

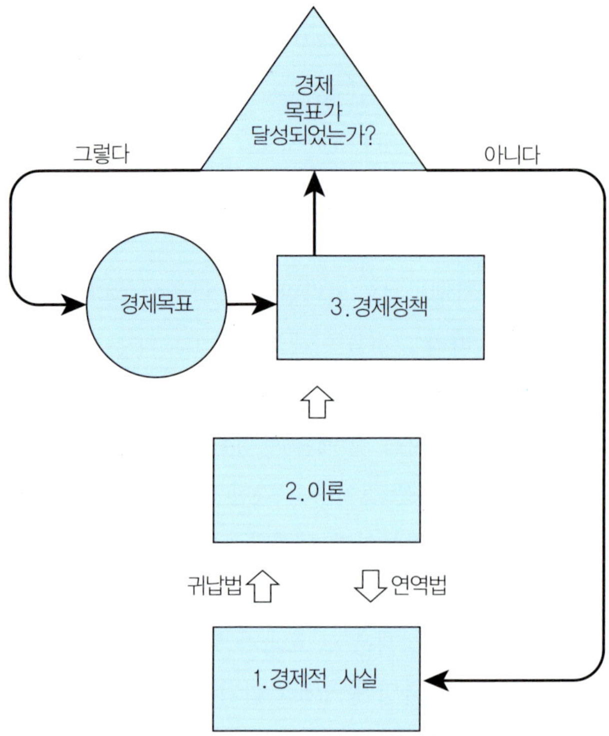


## 경험경제학

모든 과학은 경험적이며 사실에 입각하고 있는바, 사회과학으로서의 경제학도 경제적 관계를 설명하는 데 있어서 실증자료를 이용한다. 그러므로 경제학자는 재화 및 서비스의 생산, 교환, 소비에 종사하고 있는 개인의 행태는 물론이고 기업, 노동조합, 은행, 정부 등 여러 기관의 역할에 대한 경험적 자료에 관심을 가지지 않을 수 없다.

그러나 현실적으로는 사실들이 서로 복잡하게 얽혀 있기 때문에 경제적 사실들을 수집하여 정리한다는 것은 실로 복잡한 일이다. 먼저 경제적 사실을 비경제적 사실과 구분하여야 하며, 구분된 경제적 사실이 현안문제와 관련이 없는 것이라면 소용이 없게 된다. 예를 들어 빈곤문제를 분석하려면 경제학자는 빈곤의 정도 및 이유, 그리고 사회제도가 빈곤에 미치는 영향을 파악하기 위해 통계자료와 기타 이에 관련된 수량적 자료를 사용하지 않으면 안 될 것이다. 또한 현안문제와 연관된 자료를 수집 · 정리하였다 하더라도 수집된 자료가 너무 광범위하다든지 상호관련성이 미약한 경우도 있으므로 이런 점들을 감안한 체계적인 해석 및 조정이 요구된다. 이러한 일련의 작업이 경험경제학의 내용이며, 곧 경제이론을 형성하기 위한 필수적인 과제라 할 수 있다.

## 이론경제학

경제이론[2](economic theory)은 사실을 정리 · 해석하여 일반화시킨 것이다. 다시 말해서 이론은 수집된 사실들 간에 어떤 관계가 있는가를 분석하여, 상호관계를 일반화시킴으로써 사실이 의미를 갖게 하는 것이다. 이렇게 해서 경제이론을 도출하는 방법을 귀납법(induction)이라고 부른다. 〈그림 1-3〉의 왼쪽 화살표처럼 경제학자들은 사실로부터 이론을 도출한다. 반대로 오른쪽 화살표처럼 경제학자들은 이론으로부터 사실로 움직이기도 하는데, 이를 연역법(deduction)이라고 부른다. 예를 들어보자. 우리가 상식적으로 알고 있는 수요의 법칙, 즉 "어떤 상품의 가격이 종전보다 싸지면(비싸지면) 소비자들은 그 상품을 더(덜) 산다"라는 원리는 하나의 경제이론이다. 수요의 법칙은 시장에 나가서 많은 소비자들을 일일이 관찰한 후에 도출할 수 있지만(귀납법), 반대로 시장에 나가 보지 않고 단지 머리 속에서 논리적으로 수요의 법칙—이것을 가설이라 한다—을 생각한 다음, 시장에서 실제로 그런지를 검증해 볼 수 있다(연역법). 귀납법과 연역법은 상호보완적이다. 연역법에 의한 가설들은 경제학자들이 사실을 수집하고 체계화하는 데 지침을 제공하며, 반대로 사실에 대한 충분한 이해는 의미있는 가설을 세우는 데 필수적이기 때문이다. 따라서 보울딩(K. Boulding)의 말처럼 "사실이 없는 이론은 공론이며 이론이 없는 사실은 무의미하다"라고 할 수 있겠다.

이미 성립된 경제이론에 대해서도 이러한 관계는 마찬가지다. 즉, 실제적인 경제행위—재화 및 서비스의 생산 · 교환 · 소비—를 말해 주는 사실은 시간의 흐름에 따라서 변하기 마련이므로 이미 성립된 이론이 의미를 잃지 않기 위해서는 사실에 의해서 계속적으로 검증받지 않으면 안된다. 한때 그 타당성을 인정받던 이론이 경제여건의 변화로 그 유용성을 상실한 예를 우리는 역사를 통해 허다하게 보아 왔으므로 경제학자는 이론의 유용성 여부를 부단히 검증해야 한다. 이제 경제이론의 도출에 관해 보다 상세히 알아보기로 하자.

### 현실의 일반화 및 추상화

먼저 경제이론의 도출은 일반화(generalization)의 과정이라고 할 수 있으며, 대략적인

[2] 원리(principle) 또는 모형(model)이라고 해도 좋다.

수치에 의해서 표현된다. 앞에서 언급한 바와 같이 경제적 사실은 복잡 다양하며 개인과 기관들은 획일적으로 행동하지 않는다. 그러므로 경제이론은 종종 평균적 혹은 확률적인 견지에서 표현된다. 예를 들어 경제학자들이 우리나라 2020년 일인당 GDP가 31,000달러라고 말한다면 그것은 현실을 일반화시킨 것이다. 이는 31,000달러보다 더 많이 번 사람들도 있지만 31,000달러보다 더 적게 번 사람들도 있다는 것을 말해 준다. 이러한 일반화는 잘만 해석하면 유용하게 된다. 마찬가지로 일반화는 확률적인 성격을 가진다. 경제학자들은 일반적으로 자동차 값이 1% 상승하면 판매량이 3% 감소할 확률이 95%라고 말할 수 있을 뿐이다.

뿐만 아니라 경제이론의 도출은 추상화 또는 단순화(simplification)의 과정이다. 경제적 사실의 수집과정에서 비경제적 요인은 물론 현안문제에 적당하지 못한 사실들을 배제하게 되는데, 이는 곧 추상화를 의미하는 것이다. 다시 말해서 추상화된 경제이론은 그만큼 현실적인 모든 문제를 충분히 포함하지 않는다. 불행히도 경제이론의 추상적인 측면을 지나치게 강조한 나머지 경제이론을 비현실적이며 무의미한 공론이라고 생각하는 사람들도 없지 않으나, 반대로 경제이론은 현실을 추상화하였다는 이유 하나만으로도 유용하게 된다. 왜냐하면 경제적 사실 하나하나는 상호의존적이면서도 그 성격을 달리하고 있으므로 그 자체로서는 어떤 의미를 찾아낼 수는 없으나 추상화를 통해서는 의미를 발견할 수 있기 때문이다. 그러므로 경제이론은 마치 여행자에게 있어서 교통안내도와 같은 역할을 한다고 볼 수 있다. 여행자가 휴대하는 교통안내도에는 도로의 굴곡이나 경사, 지선 등이 표시되어 있지는 않으나 전체 도로망을 총괄적으로 보여줌으로써 여행자의 길잡이가 되는 것처럼 경제이론도 이와 같은 역할을 수행한다고 볼 수 있다.

### '다른 사정이 일정한 한'이라는 가정

다른 과학에서와 마찬가지로 경제학자도 일반화를 위해서 '다른 사정이 일정한 한'(other things being equal; ceteris paribus)이라는 가정을 사용한다. 다시 말해서 경제학자들은 관심 있는 몇 개의 변수를 제외한 다른 모든 변수는 일정하다고 보고 경제이론을 구성한다. 수요의 법칙(law of demand)을 예로 들어 설명해 보자. X라는 상품의 가격과 구매량의 관계를 알아보기 위해서는 X재의 구매량에 영향을 미칠 수 있는 모든 변수들—예를 들어 X재의 가격, 다른 상품의 가격, 소비자의 소득 및 기호 등—중에서 X재의 가격만 변한다고 가정하는 것이 당연할 것이다. 그래야만 경제학자들은 다른 변수들을 배제한 가운데서 X재의 가격과 구매량 간의 관계에만 초점을 맞출 수 있고, "X

재의 가격이 하락(상승)하면, X재의 구매량은 증가(감소)한다"라는 수요의 법칙을 도출해 낼 수 있을 것이다.[3)]

자연과학에서는 실제로 다른 사정들을 고정시켜 놓은 상태에서 실험을 통제할 수 있기 때문에 분석대상이 되는 변수 간의 관계를 정교하게 검증할 수 있다. 가령 화학자는 실험실에서 다른 모든 원소를 배제시킨 상태에서 산소와 수소를 결합하여 물을 만드는 실험을 할 수 있다. 그러나 사회과학으로서의 경제학은 실험실에서 탄생하는 학문이 아니다. 경제학자의 실험실은 곧 현실 사회이며 그 대상이 사회 및 문화적 제도와 분리될 수 없는 인간의 행태인 이상, 통제된 실험이 불가능하다. 이러한 의미에서 경제이론은 이를 현실에 적용함에 있어서 자연과학이론보다는 불확실하고 정교하지 못하다고 볼 수 있다.

### 미시경제학과 거시경제학

앞에서 언급한 바와 같이 경제이론은 복잡한 경제현실을 지극히 단순화 · 일반화시킨 이론체계인 것이다. 그런데 복잡한 경제현실을 단순화함에 있어서 두 가지 접근방법이 사용된다. 하나는 거시적 접근방법이고 다른 하나는 미시적 접근방법이다. 거시적 접근방법을 사용하여 경제를 분석하는 것을 거시경제학(macroeconomics)이라 부르고, 미시적 접근방법을 사용하여 경제를 분석하는 것을 미시경제학(microeconomics)이라 부른다.

'Macro'라는 말의 어원이 그리스어의 '크다'에서 나왔듯이 거시경제학은 경제 전체를 총괄해서 다룬다. 따라서 그 분석대상이 국민경제 전체 또는 국민경제를 구성하고 있는 가계부문, 기업부문, 정부부문이다. 가령 한국경제를 거시경제적 측면에서 분석한다면 2,325만여 가구를 통합하여 하나의 거대한 경제단위인 것처럼 본다는 것이다. 이렇게 통합된 경제단위를 분석하는 거시경제학은 경제 전체적인 개관이나 구조, 그리고 가계부문, 기업부문, 정부 등 경제를 구성하는 단위 간의 관계에 초점을 맞춘다. 따라서 거시경제학이 다양한 경제문제를 분석함에 있어서 국민경제의 총산출량, 총소득, 총고용, 총지출, 일반물가수준 등과 같은 경제변수들이 거론되는 것은 당연한 일이다. 적절한 비유가 될지는 몰라도 〈그림 1-4〉에서 보는 바와 같이 거시경제학은 나무가 아니

3) '다른 사정이 일정한 한'이라는 가정 이외에도 경제현상을 일반화시키는 과정에서 경제학자들은 여러 가지 가정을 하게 된다. '완전경쟁시장을 가정한다면', '갑이라는 소비자가 자기의 효용만을 극대화한다고 가정한다면' 등이 그러한 예이다.

그림 1-4 미시적 관점과 거시적 관점

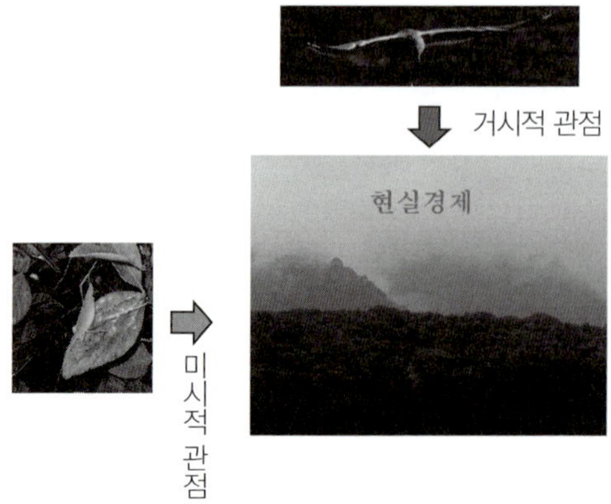


라 숲 전체를 보는 것에 비유할 수 있으며, 따라서 경제를 '새의 입장'(bird's eye)에서 본 것이라 하겠다.

이와는 반대로 미시경제학은 'Micro'가 '작다'라는 말뜻 그대로 가계면 가계, 기업이면 기업과 같이 특정한 경제단위와 그 개별경제단위의 행동을 자세히 다룬다. 이러한 측면에서 경제를 분석할 때, 경제학자들은 현미경 위에 하나의 가계 또는 하나의 기업을 올려놓고 살펴보게 된다. 미시경제학에서는 산업, 가계, 기업이라는 용어가 동원되고, 특정한 한 제품에 대한 가격과 생산량, 한 기업에 고용되는 사람의 수, 한 기업이나 가계의 지출 등이 경제변수로 등장한다. 미시경제학은 거시경제학과는 달리 숲이 아니라 나무 하나 하나를 분석하는 것에 비유할 수 있다. 나무의 특성을 가장 잘 살필 수 있는 동물은 무엇일까? 나무에 붙어사는 벌레일 것이므로 미시경제학은 벌레의 입장(worm's eye)에서 경제를 보는 것이라 할 수 있다.

그러면 왜 경제학자들은 보는 관점을 달리하여 미시경제학과 거시경제학으로 구분하는 것일까? 그 이유는 구성의 모순(fallacy of composition)이 존재하기 때문이다. 구성의 모순이란 "개인 혹은 부분에 있어서 타당한 진리는 반드시 집단 혹은 전체에 대해서도 타당한 진리다"라는 주장은 논리상 부정확하다는 것이다. 예를 들어 설명해 보자. 가령 갑이라는 사람이 초만원을 이루고 있는 프로야구 결승전을 보러 가서 맨 뒷자리에 앉았다고 하자. 마침 응원하던 팀의 1번 타자가 기습번트를 대고 1루로 달려갔는데,

「세이프」인지 「아웃」인지가 궁금하여 갑이 자리에서 일어섰다고 하자. 과연 갑은 그 상황을 보았겠는가, 못 보았겠는가? 두 개의 대답이 모두 가능하다. 만약 다른 관중은 그대로 앉아 있고 갑만 일어섰다면 그 상황을 보다 잘 볼 수 있었을 것이다. 그러나 다른 관중들도 궁금하여 모두 일어났다면 갑은 그 상황을 제대로 볼 수 없었을 것이다. 즉 갑이라는 개인만 생각했을 경우와 관중 전체를 생각했을 경우에 답은 달라진다.

경제학에서 한 예를 들어보자. 현재 경제가 심각한 불경기에 처해 있어서 실업률이 20%를 넘어섰다고 하자. 그 이유가 가계의 구매력이 부족하여 기업에 재고가 쌓이고, 그 결과 기업들이 문을 닫거나 생산량을 줄였기 때문이라고 하자. 이 경우에 올바른 정책처방은 가계부문으로 하여금 '소비하라'일 것이다. 왜냐하면 가계가 물건을 사주어야 기업의 재고가 줄어들고, 생산이 확장되므로 놀고 있던 사람을 고용할 수 있을 것이기 때문이다. 그러나 우리는 하나의 가계에 대해서는 무작정 '소비하라'라고만 할 수 없는 것이다. 오히려 '저축도 하라'라고 말하는 것이 더 합리적일 것이다. 이와 같이 하나의 가계를 대상으로 하는 경우와 가계부문 전체를 대상으로 하는 경우에 처방이 달라진다. 그러므로 우리는 보는 방법을 달리하여 경제를 분석할 수밖에 없게 되는 것이다.

## 경제이론의 표현방법

경제이론은 말, 수식, 그림 등으로 표현할 수 있는데, 각각 서술적 표현, 대수적 표현, 기하학적 표현이라고 한다.

### 서술적 표현

서술적 표현이란 특정 경제이론에 함축되어 있는 경제변수들 간의 관계를 문자 그대로 기술하는 것이다. 대표적인 경제이론 가운데 하나인 수요의 법칙을 서술적으로 표현하자면 "다른 사정이 일정한 한, 재화의 가격이 상승하면 그 상품의 수요량은 감소하고, 가격이 하락하면 수요량은 증가한다"로 될 것이다. 이 책에서는 대체로 이와 같은 서술적 표현에 의존하게 될 것이다.

### 대수적 표현방법

경제이론은 방정식과 같은 수식을 통해서도 표현될 수 있다. 앞에서 예로든 수요의 법칙은 어떤 한 변수(수요량)가 다른 한 변수(가격)에 의존한다는 것을 의미하므로 함수관계로 표현할 수 있다. 어떤 두 변수 간의 관계가 한 변수의 값이 다른 한 변수의 값에 의

해 결정되는 관계라 하면, 이들 두 변수들 간에는 함수관계가 존재한다고 말할 수 있으므로 수요의 법칙은

$$Q_x = f(P_x)$$

라는 함수관계로 표현될 수 있다. 여기서 $Q_x$는 $X$재의 수요량, $P_x$는 $X$재의 가격을 표시한다.

### 기하학적 표현

경제이론을 표현하는 또 하나의 방법은 그래프이다. 물론 그래프라는 것은 수학적 표현의 한 방법이므로 대수적 표현과 같은 것이라 볼 수 있으나, 적어도 경제분석에서 원용되는 그래프에 관한 한 그 종류가 다양하며 사용범위 또한 광범위하므로 이 두 방법을 구분할 수 있다.

경제자료 및 이론을 그래프로 표현하는 데 있어서는 〈그림 1-5〉에서와 같이 대개

**그림 1-5 경제이론(수요의 법칙)의 기하학적 표현**

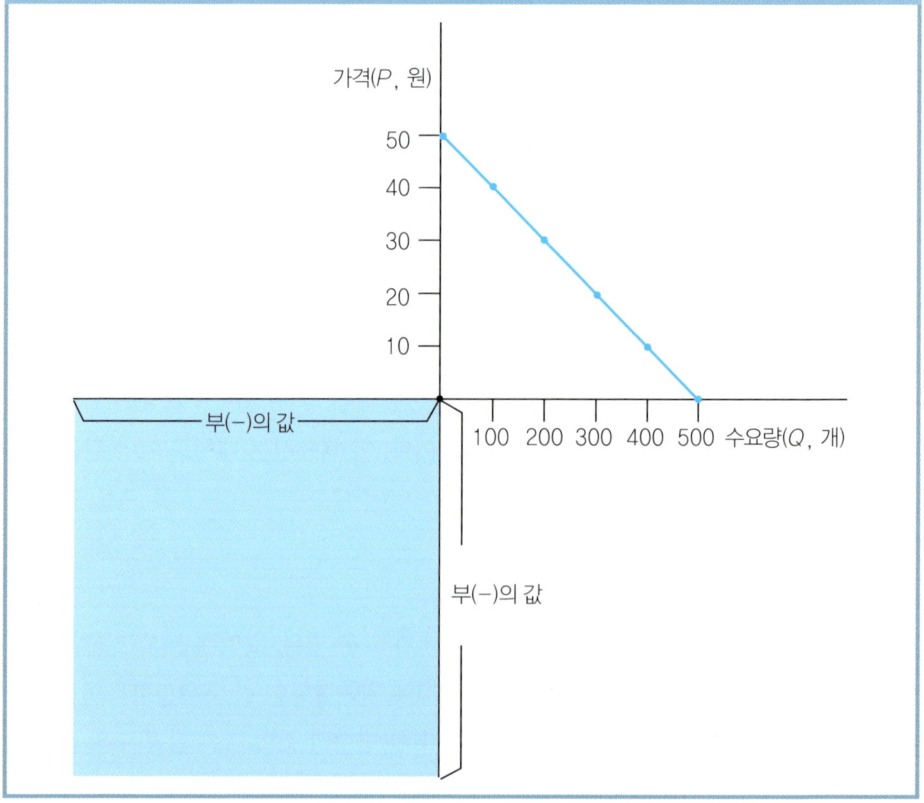

직각좌표를 그리는 데에서 출발한다. 직각을 이루는 두 개의 직선이 만나는 점을 원점, 횡축에 표시되는 점들을 횡좌표, 종축에 표시되는 점들을 종좌표라 부르며 경제분석에서는 가격, 소득 및 기타 화폐단위로 표시되는 변수를 종축에 표시하고, 산출량 및 판매량 등 물량으로 측정되는 변수를 횡축에 표시하는 것이 관례로 되어 있다.

〈그림 1-5〉는 수요의 법칙을 그래프로 표현한 것으로서, 이것을 우리는 수요곡선이라 부르며 이 곡선은 우하향한다. 따라서 수요곡선은 한 재화의 가격이 하락하면 수요량이 증가한다는 것을 보여주는 것으로, 수요량이나 가격이 부(-)값을 갖는다는 것은 의미가 없으므로 그림은 1상한에 국한된다. 이 책이 경제학 입문서인 만큼 우리는 많은 부분을 그래프에 의존할 것이다.

## 정책경제학: 실증경제학에서 규범경제학으로

〈그림 1-3〉에서 본 바와 같이 경제학자는 경제적 사실(상자 1)과 경제이론(상자 2)으로부터 경제정책(상자 3)이라는 단계로 들어가게 되며, 이는 실증경제학(positive economics)에서 규범경제학(normative economics)으로의 전환을 의미하는 것이다.

〈그림 1-6〉에서 보는 바와 같이 실증경제학이란 경제현상을 사실(what is) 그대로 기술하고 분석한 결과로 얻은 일련의 지식체계로서 경제행동을 과학적으로 분석하려는 것이다. 반면에 규범경제학이란 바람직한 경제상태는 어떠해야 한다든가, 경제이론에 비추어 볼 때 어떠한 경제정책이 시행되어야 한다든가 등등에 관한 가치판단을 포함한다. 즉 규범경제학은 당위성(what ought to be)에 관한 이론이다. 예를 들어 " 물가가 10% 상승했다"라는 말은 실증경제학에 속하는 명제이고, "물가상승은 10% 이내에서

**그림 1-6** 실증경제학과 규범경제학

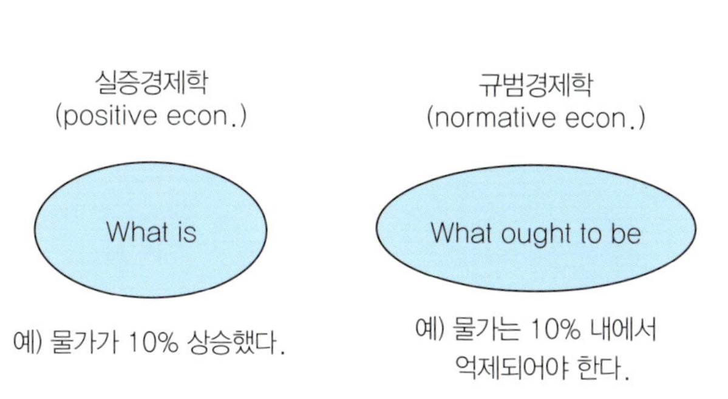

억제되어야 한다"라는 말은 규범경제학에 속하는 명제인 것이다. 또 "다른 사정이 일정한 한 쇠고기 값이 절반으로 하락한다면 사람들은 쇠고기를 더 많이 살 것이다"라는 말은 경험적 관찰에 의해서 입증될 수 있는 실증적 명제인 반면에 "국민들에게 쇠고기를 더 많이 먹게 하기 위해서는 쇠고기 값은 하락되어야 한다"라는 말은 가치판단을 포함하는 규범적 명제이다.

규범경제학은 가치판단을 포함하기 때문에 실증경제학에서보다 경제학자들 간에 많은 의견의 대립이 생긴다. 예를 들어 우리나라 경제학자들 간에도 소득분배의 상태에 대해서는 어느 정도 의견이 일치할 수 있지만, 소득이 어떻게 분배되어야 한다는 문제에 대해서는 많은 논란이 있을 수 있다. 여하튼 가치판단이나 규범적 명제는 정책경제학에서 중요한 역할을 하게 된다

〈그림 1-3〉에서 보는 바와 같이 성공적인 경제정책은 경제이론에 바탕을 둔 것이어야 한다. 경제이론이 경제정책을 수립하는 데 활용되는 예를 보자. 지금 실업률이 거의 10% 수준으로 실업문제가 심각한 경제문제로 대두되었다고 하자. 이 문제를 해결하기 위해서는 먼저 실업이 계속되어 온 기간, 실업이 심각한 산업 등 실업에 관한 자료를 수집해야 할 것이며, 다음은 "일정범위 내에서 총지출은 고용수준을 증가시킨다"라는 경제이론을 원용할 수 있을 것이다. 이러한 경제이론은 그 자체로서는 정부가 경제정책을 결정하는 데 도움이 되지 못할 수 있다. 경제 관료가 현재 총지출수준이 실제로 위축되고 있다는 사실을 말해 주면, 경제이론은 단지 고용수준이 더 떨어질 것임을 예측해 줄 뿐이다. 정책결정자가 이를 인식했을 때 비로소 '예측된 고용감소를 위한 정부지출 증가'라는 하나의 경제정책이 착수될 수 있을 것이다. 요컨대 경제이론은 예측을 가능케 하며, 올바른 경제정책의 토대가 된다.

이제 사회에서 일반적으로 받아들여지고 있는 경제정책의 목표 또는 가치에 대해서 알아보자. 경제정책의 목표로는 대체로 다음과 같은 것들이 있다.

- 경제성장
- 완전고용
- 물가안정
- 공정한 소득분배
- 경제적 자유
- 경제적 후생
- 국제수지의 균형

이러한 경제목표들을 달성함에 있어서 경제정책은 가능한 모든 정책수단 중에서 최적인 것을 선택해야 함은 물론이다. 학생이 강의실에 오기 위해 도보로 올 수도 있고, 자동차를 타고 올 수도 있는 것처럼, 위에서 열거된 경제목표도 여러 가지 정책수단에 의해서 달성될 수 있는 것이다. 결국 이러한 단계적인 경제적 추론과정에서 우리는 마침내 "과연 경제목표가 달성되었는가"라는 물음에 직면하게 된다. 만약 '그렇다'라는 대답이 나올 경우에는 지금까지 수행해 온 경제정책을 계속 추구해야겠지만 '그렇지 않다'라는 대답이 나올 경우에는—대부분의 경우가 그렇지만—사실과 이론 가운데 어느 하나에 결함이 있는 것이므로 다시 사실과 이론을 재검토하지 않으면 안 될 것이다.

## 1.4 경제학적 추론의 한계

앞에서 우리는 경제이론을 도출함에 있어서 구성의 모순이라는 오류가 존재하기 때문에 경제이론이 미시경제학과 거시경제학으로 나누어진다고 하였다. 구성의 모순은 경제학의 추론과정에서 어쩔 수 없이 나타나는 문제점으로서, 이 외에도 선입견, 용어의 혼동, 극단적인 태도, 인과관계의 착오 등과 같은 몇 가지 오류가 존재할 수 있다. 경제학을 처음 대하는 사람은 물론이려니와 심지어 경제학자들 간에도 간혹 이와 같은 오류를 범함으로써 그릇된 결론에 도달할 수도 있으므로 이에 대해 언급하고자 한다.

### 선입견

화학이나 물리학을 전공하는 학생들은 사전에 아무런 지식도 없이 공부에 임할 수 있으나, 사회과학으로서의 경제학을 공부하는 학생들은 경우가 다르다. 한국경제에 몸을 담고 일상생활을 하고 있는 우리들은 중소기업과 대기업문제, 농촌문제, 빈곤문제, 조세제도 등 여러 가지 경제문제들을 가정에서나 직장에서, 신문에서 혹은 친구와의 대화를 통해서 듣고 보았던 것이다. 그러므로 깊은 산골에서 수도생활을 하고 있지 않는 한, 우리는 이들 문제에 대해 나름대로의 선입견을 가질 수밖에 없다. 문제는 이러한 선입견의 대부분은 잘못 이해된 부분이 많고, 부분적인 진리에 지나지 않는 것들이므로 우리는 무의식적으로 편견에 사로잡힐 가능성이 있게 된다는 것이다. 예를 들어 기업의 이윤을 부정적인 시각으로 바라본다거나 국제수지적자는 항상 나쁘다고 보는 것 등이다.

두말할 필요도 없이 이러한 편견은 경제학적 사고를 흐리게 하고 객관적인 분석에 장애가 된다. 그러므로 경제학을 처음 대하는 사람들은 사실에 근거하지 않은 선입견 내지는 편견을 불식시키고 거기에 이론체계를 더해야 하는 이중부담을 짊어져야만 하며, 이러한 의미에서 물리학이나 화학을 전공하는 학생들에 비해 불리한 입장에 있다고 말할 수도 있겠다.

## 용어의 혼동

경제학을 처음 배우면서 부딪히는 어려움 중의 하나는 용어문제라 할 수 있다. 이것은 비단 경제학에 국한된 문제만은 아니라 하겠으나 경제학 서적을 처음 대할 때 보게 되는 생소한 정의나 용어는 적지 않은 혼란을 초래하게 된다. 물론 과학자가 사용하는 용어와 정의는 보다 정확 엄밀해야 하므로 때에 따라서 이 같은 용어의 혼동이 불가피할 경우도 있다. 대표적인 예가 '투자'라는 용어일 것이다. 일반 사람들은 유가증권이나 부동산의 구매활동, 즉 부의 창출과는 직접 관련이 없는 소유권의 이전행위도 투자라고 생각한다. 그러나 경제학자가 말하는 투자는 기계류와 같은 실물자산, 즉 자본재의 증가 또는 유지를 위해서 여러 가지 자원을 사용하는 활동을 의미한다. 한편 경제학에서는 동일한 개념을 상이한 용어로 표현하는 경우도 드물지 않다. 예를 들어 '생산요소'와 '자원'은 동일한 개념이며, 앞서 본 '이론'과 '원리'도 경제적 사실을 단순화 내지 일반화시킨 것을 나타내는 용어들이다. 그러므로 경제학을 처음 대하는 사람은 새로운 용어가 나올 때마다 그것을 정확히 기억해 둠으로써, 용어의 혼동으로 인한 과오를 피해야 할 것이다.

## 극단적인 태도

경제문제를 논의하는 데 있어서 우리는 흔히 동일한 문제임에도 불구하고 그 견해는 다분히 극을 달리하고 있는 경우를 보게 된다. 가령 정부가 혁신적인 사회보장정책으로 최저소득보장제도를 실시한다고 가정하자. 이 문제를 놓고 어떤 사람들은 최저소득의 보장은 노동자의 근로의욕을 저하시켜—일을 하지 않아도 최저생활은 유지되므로—게으름을 조장하고, 나아가서는 태만한 사람들의 생활유지를 위해 많은 자원을 더 투입하게 될 것이라고 주장할 수도 있을 것이다. 반대로 어떤 사람들은 최저소득을 보장함으로써 노동자들로 하여금 안심하고 일할 수 있게 하고, 근로의욕을 고취시킴은 물론 창의력을 유도할 수 있는 적극적인 정책이 될 것이라고 주장할 수도 있다.

다른 한 예로서 요즈음 흔히 이야기되는 세대논쟁이 있다. 이른바 기성세대는 일부

학생들의 태도를 보고 모든 젊은이가 무능하고 버릇이 없다고 생각하는 반면에, 젊은 이들은 기성세대가 안일주의에 빠져서 사회적 책임을 다하지 못한다고 말한다.

이상의 예에서 우리는 두 가지 극단적인 태도 모두가 사실, 이론 및 정책적 근거가 빈약한 지극히 단순한 주장임을 알 수 있다. 이와 같이 대립되는 주장은 극히 부분적일 뿐 아니라 고려되어야 할 요소가 배제된 극히 규범적이므로 보다 광범위한 사실적 뒷받침이 요구된다고 하겠다.

## 인과관계의 착오

어느 학문에서나 변수 간의 인과관계를 발견하는 일은 어려운 과제라 하겠으나, 특히 어떤 현상을 실험할 수도 없는 사회과학자에게는 인과관계의 추출은 더욱 어렵다. "어떤 사상 A가 사상 B보다 선행되었다면, 사상 A는 사상 B의 원인이다"라고 주장하는 오류를 논리학에서는 오비이락의 오류라고 하는데, 경제현상의 인과관계를 찾는 과정에서도 이와 같은 오류를 범하지 않도록 유의해야 할 것이다. 이러한 오류의 전형적인 예가 수탉의 새벽울음과 동이 트는 현상이다. 수탉이 새벽동이 트기 전에 울었기 때문에 날이 밝는다고 볼 수 있겠는가? 또 다른 예로 1929년 뉴욕증권시장의 붕괴가 1930년대 미국 대공황의 원인이었다고 할 수 있는가? 이러한 주장은 엄밀한 추론과정을 통해서 충분히 입증되어야만 할 것이다.

요컨대 경제학자가 사상 A가 사상 B의 원인이라는 결론을 내리기 위해서는 A가 B보다 먼저 일어났다는 사실에만 입각해서는 안된다.

## 요 약

1. 희소성의 문제는 선택을 요구한다. 이것은 인간은 원하는 모든 것을 가질 수 없음을 의미한다.
2. 경제학은 물질적 욕망을 충족시켜 주는 재화 및 서비스를 생산하는 데 있어서, 희소한 자원의 효율적 활용에 관련된 학문이다.
3. 경험경제학 혹은 계량경제학의 과제는 경제에 관한 특별한 문제나 특정한 분야에 관련된 경제적 사실을 수집하고, 이론의 타당성을 알아보기 위하여 가설을 사실에 비추어 검증하는 것이다.
4. 경제학자들에 의해서 진술된 귀납적 결과들은 '원리', '이론', '법칙', 또는 '모델' 등으로 불려진다. 이러한 원리들을 도출하는 것이 경제이론의 과제이다. 귀납법은 사실

로부터 이론을 도출하는 것이고, 연역법은 어떤 가설을 세운 다음에, 그 가설이 타당한지를 결정하기 위하여 사실을 수집하는 것이다.

5. 거시경제학은 전체 또는 총합으로서의 경제를 다루는 반면에, 미시경제학은 특정한 경제주체의 목표나 행동을 다룬다.
6. 미시경제학과 거시경제학을 구분하여 별도로 경제를 분석하는 이유는 구성의 모순 때문이다.
7. 경제이론은 서술적, 대수적, 혹은 기하학적 등 세 가지 방법으로 표현된다.
8. 경제이론은 특히 예측도구로서 가치가 있다. 경제이론은 문제를 해결하고 바람직하지 못한 현상을 통제하기 위해서 고안되는 경제정책의 수립에 기초가 된다.
9 실증경제학은 '있는 그대로'의 사실을 포함하는 반면에, 규범경제학은 '어떻게 되어야 한다'는 가치판단을 포함한다.
10. 경제학에서는 구성의 모순을 비롯하여, 선입견, 용어의 혼동, 극단적인 태도, 오비이락의 오류 등 한계가 있음에 유의해야 한다.

## 용어 및 개념

희소성
최적화
기회비용
경제학
이론경제학
연역법과 귀납법
경험경제학
정책경제학
미시경제학과 거시경제학
구성의 모순
실증경제학과 규범경제학
선입견
용어의 혼동
극단적인 태도
인과관계의 착오

CHAPTER 02 | ECONOMICS

# 경제문제와 경제체제

SECTION



이 장에서는 생산가능곡선이라는 분석도구를 사용하여 국민경제가 직면하는 경제문제를 이해하고, 경제문제를 해결해 주는 제도적 장치로서의 경제체제를 공부한다.

## 2.1 생산가능곡선

생산가능곡선(production possibility curve: PPC)은 경제학의 기초적 분석도구로서 앞에서 언급한 희소성, 선택, 기회비용 등 기본개념들을 잘 설명해 준다. 그러므로 우리는 생산가능곡선을 통해 경제학의 본질을 보다 잘 파악할 수 있으며, 경제문제와 경제체제를 체계적으로 이해할 수 있다.

### 가 정

분석을 단순화하기 위하여 한 국민경제가 다음과 같은 상태에 있다고 가정하자.

가정 1: 이 경제는 쌀과 산업용 로봇—이하 로봇—만을 생산한다고 하자. 쌀은 대표적인 소비재로서 우리의 욕망을 직접 만족시키는 반면에, 로봇은 생산에 활용되는 자본재로서 간접적으로 우리의 욕망을 만족시킨다.

가정 2: 재화 생산에 소요되는 생산요소, 즉 노동력, 천연자원, 자본 등의 부존량은 일정하며, 요소간 대체가 제한된 범위 내에서만 가능하다. 이를테면 노동자수는 일정하지만 그들은 농사일도 할 수 있고 로봇 제조공장에서도 일할 수 있다. 여기서 자본은 화폐자본을 말하는 것이 아니라 실제 생산에 활용되는 기계설비 및 장비를 뜻한다.

가정 3: 기술수준은 일정불변이다. 이는 쌀과 로봇을 만드는 방법이 당분간 고정되어 있다는 가정이다.

가정 4: 경제는 완전고용상태에 있고 생산은 효율적으로 이루어진다. 완전고용이란 일할 수 있는 사람이 어쩔 수 없이 노는 경우는 절대 없으며, 기계장비나 경작 가능한 토지가 모두 활용되는 상태이다. 효율적 생산이란 주어진 자원으로 최대의 산출량을 생산하는 상태로서 주어진 시점에서 가장 최신의 생산방법을 사용함을 의미한다. 예를 들어 쌀을 생산할 때 더 이상 황소로 논갈이를 하지 않으며, 로봇을 제작할 때 1920년대나 사용했던 「헨리 포드」식 조립방식을 쓰지 않는다는 말이다.

### 생산가능곡선의 도출

이상의 가정, 즉 주어진 모든 자원을 현재의 최신기술로 완전 고용하여, 최대한으로 생산한다는 가정하에 쌀과 로봇의 수량적 배합을 나타낸 것이 생산가능성표이다. 가상

**표 2-1 생산가능성표**

| 생산물 | 생산물 배합 | | | | | |
|---|---|---|---|---|---|---|
| | A | B | C | D | E | F |
| 로봇(대) | 15 | 14 | 12 | 9 | 5 | 0 |
| 쌀 (만톤) | 0 | 1 | 2 | 3 | 4 | 5 |

적인 생산가능성표가 〈표 2-1〉에 나타나 있는데, 생산배합점들의 궤적을 연결하면 〈그림 2-1〉에서 보는 바와 같이 생산가능곡선으로 표시된다. 여기서 *A*점은 이 경제가 가용한 자원 모두를 로봇 생산에만 투입하여 15대의 로봇을 생산하는 경우이고, 반대로 *F*점은 가용한 자원 모두를 쌀 생산에만 투입하여 5만 톤의 쌀만을 생산하는 상태를 나타낸다. 그러나 어떤 경제이건 쌀(소비재)과 로봇(자본재)을 적절히 배합하여 생산하는 것이 보통이므로 극단적인 *A*점과 *F*점 사이에는 무수한 생산배합점들이 가능할 것이다. *B*, *C*, *D*, *E* 등이 바로 그러한 점들이다.

한편 *U*점과 같이 생산가능곡선 안쪽에 위치하는 점은 가정 4가 위배되는 상황을 나타낸다. 즉 자원이 완전 고용되지 않거나 효율적으로 활용되지 못하는 점이다. 생산가능곡선 밖에 있는 *W*점은 바람직하지만 달성 불가능한 점이다.

**그림 2-1 생산가능곡선**

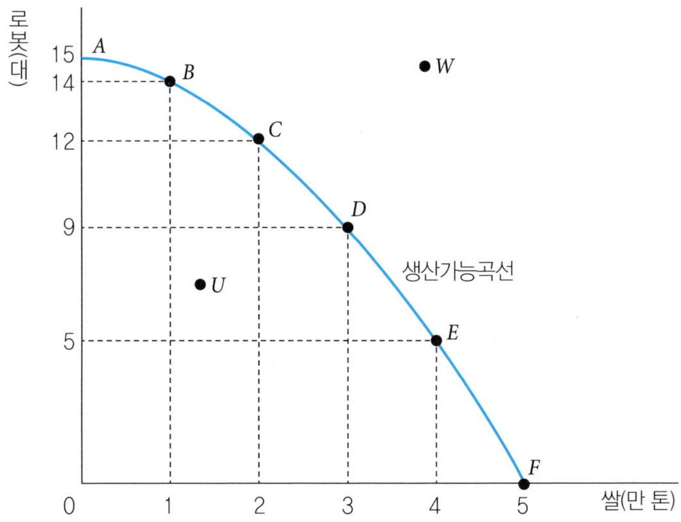

## 생산가능곡선은 무엇을 말해 주는가?

앞에서 독자들은 생산가능곡선이 왜 〈그림 2-1〉와 같은 형태를 띠는가라는 의문을 가질 수 있다. 다시 말해서 왜 가상적인 생산가능성표의 수치가 〈표 2-1〉과 같아야만 하는가라는 질문이다. 이에 대해서 차례로 알아보기로 하자.

첫째, 생산가능곡선은 왜 우하향하는가? 이는 어떤 국민경제이든 간에 희소성의 문제가 있음을 보여주는 것이다. 유한한 자원이 이미 완전 고용된 상태에 있으므로 쌀의 생산을 증가시키기 위해서는 로봇 생산을 감소시켜야만 하며, 반대로 로봇 생산을 증가시키기 위해서는 쌀의 생산을 감소시켜야만 한다. 이것은 경제적 자원이 희소하므로 두 재화의 생산량을 동시에 증가시킬 수 없기 때문이다. 만약 희소성의 문제가 없으면 생산가능곡선은 우상향하여 *W*와 같이 달성 불가능한 점이 없게 되고, 물론 경제문제도 존재하지 않게 될 것이다.

둘째, 생산가능곡선은 *A*점과 *F*점을 연결하는 생산배합점들로 구성되어 있는데, 이는 경제가 선상(또는 선내)의 어느 한 점을 선택해야 함을 말해 준다. 이 경제는 쌀과 로봇이 각각 얼마만큼씩 생산되어야 하느냐를 결정해야 한다는 것이다.

셋째, 생산가능곡선의 기울기는 **기회비용**(opportunity cost)의 개념을 말해준다. 앞에서 경제가 생산가능곡선 상에 있을 경우 쌀을 더 생산하기 위해서는 로봇의 생산을 감소시켜야 함을 보았다. 이 경우에 쌀 한 단위 생산을 위해 포기되는 로봇의 양을 쌀 한 단위 생산의 기회비용이라고 한다. 〈그림 2-1〉에서 보는 바와 같이 만약 이 경제가 *B*점에서 생산한다고 하면 쌀 1만 톤과 로봇 14대를 가지게 될 것이다. 이제 쌀을 추가로 1만 톤을 더 생산한다고 하면 생산점은 *C*점으로 옮겨가게 될 것이다. 이 경우에 포기할 수밖에 없는 로봇의 양은 2대가 되며, 이것을 우리는 쌀 1만 톤 생산의 기회비용으로 본다.

경제학의 핵심 개념인 기회비용은 어떤 경제활동이든지 이득도 따르지만 항상 대가도 따른다는 사실을 말해 준다. 다시 말하면 하나의 선택은 어떤 대가를 치르고서야 비로소 가능하다는 것이다. 영국 속담에 "과자는 먹으면 없어지는 법"(You cannot have your cake and eat it too)이라는 말이 있는데, 이것은 둘 다 좋게 할 수는 없다는 것을 뜻한다. 가령 어떤 사람이 가지고 있던 쌀로 떡을 만들었다면 그 순간부터 밥을 지을 수 없게 될 것이며, 반대로 모두 밥을 지어 버렸다면 떡을 만들 수 없게 될 것이다. 그러므로 가용한 자원으로 무엇을 해야 하며, 또한 무엇을 하지 말아야 한다는 결정을 해야 한다. 여기서 우리는 중요한 경제원리 하나를 발견할 수 있다(경제원리 #1).

이때 어떠한 선택(혹은 행동)의 기회비용은 그 선택으로 말미암아 선택하지 못했던 것 중에서 가장 좋은 대안이 주는 이득을 의미한다. 이러한 기회비용의 개념은 우리의 일상생활 속에서도 쉽게 찾아볼 수 있다. 가령 어떤 학생이 월요일 9시 경제학 강의에 들어 왔다고 하자. 만약 강의시간에 빠진다면 이 학생은 한 시간 잠을 더 자든지, 아니면 한 시간 동안 운동을 할 수 있다고 하자. 물론 같은 한 시간 중에 잠을 자고 동시에 조깅을 할 수는 없다. 이때 강의참석이라는 선택의 기회비용은 무엇인가? 한 시간의 수면과 한 시간의 운동을 합한 것이 아니다. 만약 이 학생이 잠을 좋아하는 학생이라면 강의참석의 기회비용은 한 시간의 잠이고, 이 학생이 운동을 좋아하는 학생이라면 강의참석의 기회비용은 한 시간의 운동이 된다. 물론 이 학생이 한 시간의 강의에 대해서 지불한 등록금도 기회비용에 포함될 것이다. 여기서 우리는 또 하나의 중요한 경제원리 하나를 발견할 수 있다(경제원리 #2).

**경제원리[1] #1**

사람들은 어떤 하나를 얻기 위해서 다른 것을 포기해야 한다. 따라서 의사결정 시에 모든 목표를 추구할 수 없고, 한 목표를 추구하기 위해서는 다른 목표는 희생해야 한다.

**경제원리 #2**

어떤 행동 또는 일의 비용은 그것을 얻기 위해서 포기한 그 무엇이다. 따라서 어떤 행동을 결정할 때에는 반드시 그 행동 때문에 발생하는 명시적인 비용뿐만 아니라 암묵적인 비용을 모두 고려해야 한다.

넷째, 생산가능곡선을 왜 원점에 대해서 오목하게 그렸는가? 이것은 기회비용이 체증한다는 사실을 보여주기 위해서이다. 〈표 2-2〉에서 보는 바와 같이 생산점을 $C$에서 $D$로 옮겨가면, 이번에는 쌀 1만 톤을 추가로 생산하기 위해 로봇 3대를 포기하지 않

**표 2-2 로봇에서 쌀로의 생산전환**

| 생산점 이동 | 쌀 생산량의 변화(만 톤) | 로봇 생산량의 변화(대) |
|---|---|---|
| A에서 B로 | +1 | -1 |
| B에서 C로 | +1 | -2 |
| C에서 D로 | +1 | -3 |
| D에서 E로 | +1 | -4 |
| E에서 F로 | +1 | -5 |

[1] 이 경제원리를 포함하여 10개의 경제원리가 관련되는 부분에서 제시될 것이다. 독자들이 이 책을 공부한 후에 구체적인 내용들을 다 잊어버릴 수 있겠지만, 10대 경제원리만은 기억하길 바란다.

으면 안된다. 다시 D점에서 E점으로 옮겨가면 쌀 1만 톤을 추가로 더 생산하기 위해서는 로봇 4대를 포기해야 한다. 요컨대 A점에서 F점으로 생산점이 전환됨에 따라서 쌀 1만 톤을 추가로 생산하는데 포기되는 로봇의 양, 즉 쌀 1만 톤 생산의 기회비용은 점점 증가된다. 경제학에서는 이러한 현상을 **기회비용체증의 법칙**(law of increasing opportunity costs)이라고 부르며, 이로 인해 생산가능곡선은 원점에 대해 오목하게 그려지는 것이다. 만약 기회비용이 체증하지 않고 일정불변이라면 생산가능곡선은 직선으로 나타나며, 오히려 기회비용이 체감한다면 생산가능곡선은 원점에 대해서 볼록하게 그려진다.

그러면 왜 이와 같이 기회비용체증의 법칙이 작용하는가? 간단히 말해서 이것은 생산요소 간의 완전대체가 불가능하기 때문이다. 쌀의 생산을 계속 증가시킬 경우 로봇 생산에 사용되던 인력, 기계 등 생산요소가 쌀 생산으로 전환하게 되는데, 이때 전환되는 생산요소의 쌀 생산에 대한 부적합도는 심화될 것이다.[2] 가령 B에서 C로 생산점이 이동될 경우에 처음에는 로봇 생산에 고용되고 있는 인력 중에서 농촌 출신이거나 과거에 농업교육을 받고 농업에 종사한 경험이 있는 노동자가 우선적으로 쌀 생산으로 전환되어질 것이다. 그러나 C에서 D로 다시 D에서 E로 이동하면 쌀 생산에 있어 생산성이 높은 노동자는 점차 희소해질 것이다. 다시 말해서 쌀 생산보다는 로봇 생산에서 생산성이 높은 사람까지 필요하게 될 것이다. 그 결과 동일한 양의 쌀을 더 생산하기 위해서는 포기되어져야 하는 로봇의 양은 점차 증가하게 되는 것이다.

## 2.2 경제문제

앞에서 언급한 바와 같이 어떤 사회든지 희소성의 문제를 가지며, 반드시 해결하지 않으면 안 되는 다음과 같은 세 가지 기본경제문제에 직면하게 된다.

- 무엇을 얼마만큼 생산해야 할 것인가?
- 어떻게 생산할 것인가?
- 누구를 위해 생산할 것인가?

### 무엇을 얼마만큼 생산해야 할 것인가: 산출물 구성의 문제

무엇을 얼마만큼 생산할 것인가의 문제는 생산가능곡선 상의 어떤 점을 선택할 것인가

---

[2] 생산요소의 부적합도 이외에도 한계생산체감의 법칙이나 규모의 비경제 등도 비용체증의 요인이 된다.

의 문제와 같다. 〈그림 2-1〉에서 로봇 15대만 생산하는 *A*점을 선택할 것인가, 아니면 쌀 5만 톤만을 생산하는 F점을 선택할 것인가? 아니면 *A*점과 *F*점 중간에 있는 *B*점, *C*점, *D*점을 선택할 것인가?

보다 현실적으로 말하자면, 먹고 마시고 입는 데 필요한 소비재를 더 생산할 것인가, 아니면 기계장치, 도로, 통신시설 등 자본재를 더 생산할 것인가? 기계 중에서도 장갑차를 더 생산할 것인가, 아니면 경운기를 더 생산할 것인가? 같은 술이라도 맥주를 더 생산할 것인가 아니면 소주를 더 생산할 것인가? 이와 관련된 의사결정은 열거할 수 없을 정도로 많을 것이다.

이러한 문제들은 한 나라의 제한된 귀중한 자원을 어떤 용도로 사용할 것인가 하는 자원배분(resource allocation)의 문제라 할 수 있다.

## 어떻게 생산할 것인가: 생산방법의 문제

국민경제가 자원을 완전 고용할지라도 항상 생산가능곡선 위에 있는 점에서 운영되는 것은 아니고, *U*점과 같이 생산가능곡선 안에 위치할 수 있다. 따라서 경제가 생산가능곡선 상에 있도록 효율적으로 생산하느냐 하는 생산방식 결정의 문제가 생긴다. 예를 들어 경제가 *C*점을 선택하였다면 이를 달성하는 데에는 여러 가지 생산방법이 있을 수 있다. 쌀 생산에 몇 명의 일꾼과 몇 마지기의 논이 필요하며 로봇 생산에는 몇 명의 기술자와 얼마만큼의 물자가 필요한가를 결정해야 한다. 뿐만 아니라 노동, 자본, 토지 등 생산수단을 국가가 소유하는 방식으로 생산할 것인가 아니면 개별경제주체가 소유하는 방식으로 생산할 것인가? 민간기업에게 맡길 것인가, 아니면 정부출자기업이 담당할 것인가? 공장과 기업의 수 및 규모는 어떻게 할 것인가?

이러한 문제들은 어떻게 생산할 것인가의 문제로서 '주어진 비용으로 최대의 성과를' 또는 '일정한 성과를 최소의 비용으로'라는 말로 표현되는 경제적 효율(economic efficiency)의 과제라 할 수 있다.

## 누구를 위하여 생산할 것인가 : 소득분배의 문제

경제학을 굳이 두 가지 분야로 구분한다면, 하나는 생산이고 다른 하나는 분배이다. 생산은 앞에서 살펴본 두 가지 과제와 연관되는데, '무엇을'의 과제는 산출물의 종류와 그 크기에 관한 것이고, '어떻게'의 과제는 산출물이 생산되는 방법에 관한 것이다. 자연히 생산된 산출물을 어떻게 나누어 가지느냐는 문제에 직면하게 되는데, 이것이 바로 '누구를 위하여 생산할 것인가'의 과제이다. 생산된 산출물을 나누는 데에도 여러 가지 방법이 있을 수 있다. 산출물 생산에 기여한 정도에 따라서 나누어 줄 것인가, 아니면 능력에 따라 일하고 필요에 따라서 나누어 줄 것인가? 산출물을 놓고 당사자—노동자와 기업주—간에 분쟁이 일어나지 않게 나누어주는 방법은 없는가? 정부는 산출물 중 얼마만큼을 조세로 걷어 갈 것이며, 이를 각 소득계층에게 어떻게 다시 나누어줄 것인가?

이러한 질문들은 국민경제의 생산 및 경제활동이 과연 누구를 위한 것이냐의 과제로서 소득분배에 있어서 형평(equity)의 과제라 할 수 있다.

## 경제성장의 문제

이상의 세 가지 과제는 어떤 일정 시점에서 본 것으로서 국민경제의 기본과제라고 할 수 있다. 여기에 덧붙여서 시간이 지남에 따라 어떻게 하면 산출물의 규모를 크게 하느냐의 과제가 있다.

우리가 생산가능곡선을 도출할 때 도입한 가정은 자원량(노동과 자본)과 기술수준이 일정하다는 것이었다. 따라서 *U*점과 달리 *W*와 같이 생산가능곡선 바깥쪽에 위치하는 점들은 생산가능곡선 상에 위치하는 어떤 점들보다도 우월한 생산물 배합이라고 볼 수 있으나, 달성 불가능한 생산물 배합이었다. 그러나 만약 생산요소의 공급과 기술수

**그림 2-2** 경제성장 및 실업의 문제

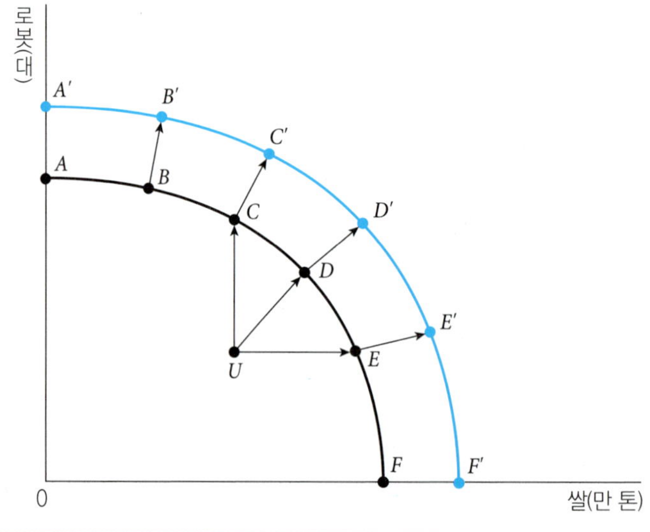

준이 불변이라는 가정을 완화한다면 생산가능곡선 자체가 우상향으로 이동되어 *W*점과 같이 높은 산출량을 생산할 수 있을 것이다. 이와 같이 생산가능곡선 자체를 이동시키는 과제가 경제성장(economic growth)이다.

우선 생산요소의 공급량이 일정하다는 가정을 완화하여 이들이 변하는 경우를 생각해 보자. 사실 장기적으로는 토지(특히 경작지), 노동력, 자본 등 생산요소의 공급량은 증가할 수 있으므로 자원의 완전고용과 효율적인 사용을 계속 가정하면 쌀이나 로봇, 혹은 이 두 재화 모두의 생산량 증가가 가능한 것이다. 따라서 〈그림 2-2〉에서 보는 바와 같이 생산가능곡선은 *AF*에서 *A'F'*로 이동될 수 있다.

이제 기술수준이 불변이라는 가정을 완화하여 보자. 역사적으로 볼 때 기술수준은 산업혁명 이후 급속히 향상되어 왔고, 최근에는 과학기술의 발달로 기술진보의 속도가 더욱 빨라졌다. 신세대 컴퓨터 출현이 기술진보(technological progress)의 대표적인 예이다. 컴퓨터와 각종 사무자동화 기기는 단순노동에 종사하는 노동력을 대체하고 있다. 이러한 기술진보는 종전과 동일한 자원량으로 더 많은 산출량을 생산할 수 있게 하여 자원공급량이 증가된 것과 마찬가지로 생산가능곡선을 우상향으로 이동하게 한다.

### 더 알아보기 무어의 법칙(Moore's law)

우리는 앞에서 기술은 불변인 것으로 가정하고 생산가능곡선을 도출하였다. 그러나 현실은 그렇지 않다. 특히 산업혁명을 지나 정보화 시대에 접어들면서 기술진보의 속도는 엄청난 속도로 빨라지게 되었다. 1946년 20단어를 기억할 수 있는 최초의 전자식 컴퓨터가 발명된 이후에, 1960년대 말경 메인프레임 컴퓨터가 널리 보급되고 1971년 마이크로프로세서가 개발되면서부터 이른바 'IT(information technology)' 혁명이 시작되면서 기술진보의 속도는 눈에 보일 정도로 빠르게 진행되고 있다.

IT시대에 있어서 기술진보의 속도는 무어의 법칙으로 요약되고 있다. 미국 인텔사의 창업자였던 무어(G. Moore)는 1965년에 "실리콘 칩의 정보처리능력은 18개월마다 두 배씩 증가할 것이다"라고 예측하였다. 그리고 그의 주장이 그대로 들어맞았다. 〈그림 2-3〉에서 보는 바와 같이 컴퓨터의 처리능력은 엄청나게 증가한 반면에 처리비용은 급격하게 감소되었다. 병렬식 CPU의 등장으로 2000년대 이후에는 들어맞지 않는 법칙이 되었지만, 기술진보의 속도가 매우 빠르다는 사실을 피부로 느끼게 해주는 사례라고 볼 수 있다.

**그림 2-3 무어의 법칙(Moore's law)**

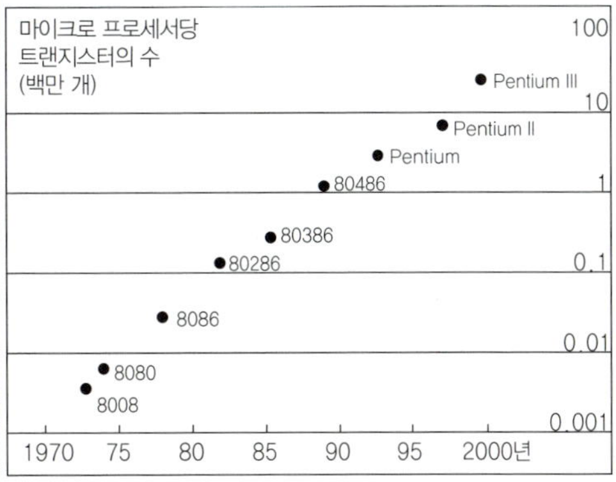


| 성능과 속도의 비용(달러) | 1970년 | 1999년 |
|---|---|---|
| 1MHz 처리능력의 비용 | 7,601 | 0.17 |
| 1megabit 저장의 비용 | 5,257 | 0.17 |
| 1조 bit를 보내는 비용 | 150,000 | 0.12 |

자원공급량의 증가나 기술진보를 통한 경제성장은 시간이 지남에 따라 아무 노력 없이 이루어지는 것이 아니므로 국민경제의 중요한 과제가 되는 것이다. 기술진보의 기반을 닦기 위하여 기초과학을 집중 지원할 것인가, 아니면 외국으로부터 기술을 도입할 것인가? 투자재원을 마련하기 위해 어떻게 국내저축을 증가시킬 것인가? 이 문제들은 생산가능곡선을 어떻게 하면 빨리 우상향 이동시키느냐 하는 경제성장의 과제로서 한국경제가 1960년대 초 가장 중요시했던 과제였다. 경제성장의 문제는 제19장에서 자세히 다루고자 한다.

### 실업문제

생산가능곡선을 도출할 때 도입한 네 번째 가정은 경제가 생산요소를 효율적으로 사용하여야 할 뿐 아니라 완전 고용하여 생산한다는 것이었다. 그러므로 어떤 경제가 자원을 효율적으로 활용하더라도 완전 고용되지 않으면, 〈그림 2-2〉의 *U*점과 같이 생산가능곡선 안쪽에 위치하게 될 것이다. 이러한 상태에서는 일을 하고 싶어도 일자리가 없게 되고 기계장비가 100% 가동되지 않는다. 대표적인 예가 1930년대 미국의 대공황(The Great Depression)으로서, 이때는 많은 기업들이 공장 문을 닫는 가운데 10명 중 2명 내지 3명이 일자리가 없었다.

따라서 경제가 생산가능곡선 안쪽에서 생산하게 될 경우에는 생산점을 생산가능곡선 상으로 이동시키는 것이 국민경제의 과제가 된다. 이 과제는 거시경제안정의 주요 쟁점으로서 뒤에서 자세히 다루게 된다.

## 2.3 경제체제: 경제문제의 해결메커니즘

어느 나라든 경제문제를 해결하기 위하여 어떠한 형태로든 일정한 경제체제(economic system)를 유지하기 마련이다. 다시 말하면 경제체제는 국민경제가 직면하는 경제문제를 해결해 주는 제도적 장치이다. 역사적으로 보더라도 원시공산체제, 중세봉건체제, 카스트제도 등 시대마다 다양한 경제체제가 존재하여 왔고, 현재도 약 200여 국에 이르는 세계 여러 나라들은 경제문제의 해결방식이 어떠한가에 따라서 나름대로의 경제체제를 가지고 있다.

## 경제체제의 두 가지 유형

경제체제는 현존하는 국가의 수만큼 다양하다. 그러나 이를 유형화하면 크게 두 가지로 나누어 볼 수 있다. 하나는 시장경제체제(market system)이고, 다른 하나는 중앙집권적 계획경제체제(centrally planned system)이다. 이는 경제문제를 해결해 주는 수단이 무엇이냐에 따른 구분으로 시장경제체제에서는 가격(price)이 경제문제를 해결해 주고, 중앙집권적 계획경제체제에서는 명령(command)이 경제문제를 해결해 준다. 〈그림 2-4〉에서 보는 바와 같이 시장경제체제에 가까운 나라는 미국, 영국 등이고, 중앙집권적 계획경제체제에 가까운 나라는 구소련이었다. 대부분의 나라는 시장경제체제와 중앙집권적 계획경제체제 사이에 위치하고 있는데, 중국은 중앙집권적 계획경제체제에서 시장경제체제로 이행하고 있는 중이다(사례 2-1 참조).

**그림 2-4 경제체제의 유형**

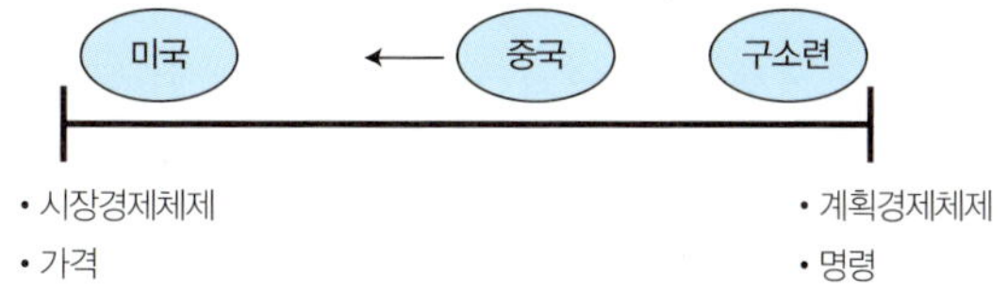


## 경제체제에 의한 경제문제의 해결

이제 대조적인 모형인 시장경제체제와 중앙집권적 계획경제체제에서 국민경제의 기본과제가 각각 어떻게 해결되는지를 살펴보기로 하자.

### 시장경제체제

시장경제체제에서 모든 경제문제는 '가격기구(price mechanism)'에 의해서 해결된다. 먼저 '무엇을'의 문제는 상품에 대한 소비자의 수요의사를 반영하는 시장가격이 하나의 신호(signal)가 되어 해결된다. 예를 들어 단독주택보다 아파트의 평당 시장가격이 높은 것은 소비자들이 단독주택보다 아파트를 더 선호하기 때문이다. 같은 술이라고 하더라도 소주를 좋아하는 사람이 있고 맥주를 좋아하는 사람이 있기 때문에 이 두 상품이 모두 생산되는 것이다.

'어떻게'의 문제 역시 생산수단의 소유권이 개별경제주체에게 있기 때문에 기업경영자가 생산요소가격을 신호삼아 자율적으로 행동할 때 해결된다. 그러면 기업경영자들은 구체적으로 어떻게 생산방법을 선택하는가? 만약 독자가 기업경영자로서 소비자가 원하는 상품을 만들 때 어떤 생산요소를 사용하겠는가? 물론 다른 조건이 동일하다면, 아무래도 값이 싼 요소를 사용할 것이다. 극단적인 예로 독자가 건설회사 경영자라면 도로포장 시에 절대 '달나라에서 가져온 돌'을 사용하지 않을 것이다. 달나라에서 가져온 돌은 매우 희귀하기 때문에 가격 또한 높을 것인데, 높게 결정되는 가격은 생산자로 하여금 그 사회의 제한된 생산요소를 아끼게 한다. 노동의 가격, 즉 임금이 점차 상승하고 컴퓨터의 가격이 크게 하락되자 기업에서는 사람 대신에 컴퓨터를 활용한 자동화의 생산방법을 선택하는 것도 하나의 좋은 예이다. 요컨대 시장경제체제에서 각 기업들은 일정한 상품을 생산하더라도 가장 최소한의 비용이 드는 생산방법을 자유롭게 선택하게 될 것이다.

시장경제체제에서 '누구를 위하여'의 문제, 즉 생산된 상품을 누가 가져가느냐의 문제도 가격신호에 의해서 해결된다. 어떤 상품은 그 상품의 가격을 지불할 능력이 있는 소비자에게 돌아간다. 그런데 소비자의 지불능력은 화폐소득의 크기에 달려 있으며, 요소의 소유량과 그 가격에 의해 결정된다. 예를 들어 시장경제체제에서는 부동산과 주식을 가진 의사 부인이 공무원 부인보다 더 많은 상품을 가져가게 된다. 이는 의사 부인은 부동산에 대한 임대료, 주식에 대한 배당 등 재산소득뿐만 아니라 능력 있는 의사 남편의 사업소득을 모두 가지는 반면에 공무원 부인은 주 수입원이 남편의 봉급이기 때문이다.

**그림 2-5** 시장경제체제에 있어서 기본경제문제의 해결

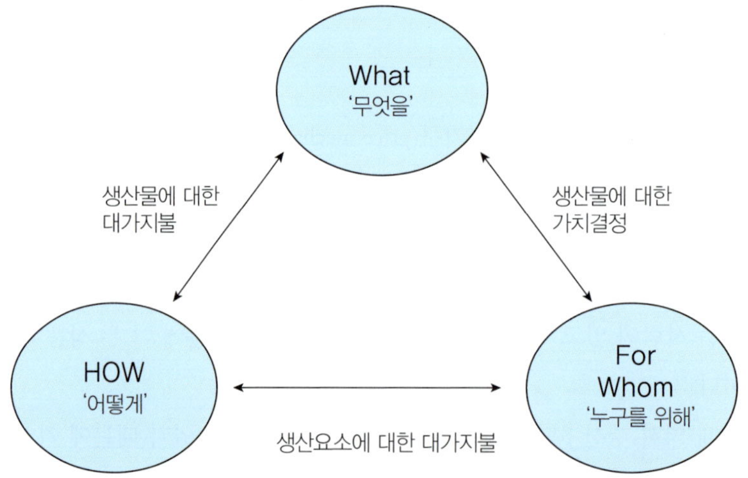

요컨대 시장경제체제에서 '무엇을'의 문제는 소비자의 선호를 반영하는 제품가격에 의해서 해결되고 '어떻게'의 문제는 생산요소의 희소성을 반영하는 요소가격에 의해서 해결되며, '누구를 위해서'의 문제도 경제활동에 참여한 사람이 생산에 얼마나 기여했느냐, 즉 생산에 참여한 생산요소에 대해 시장이 부여하는 가격에 의해서 해결된다. 경제성장의 문제도 이자율과 기대이윤율에 의해서 영향을 받는다.

그러나 독자들은 이상이 시장경제체제의 문제해결방법을 완벽하게 설명하는 것이 아님에 주의해야 한다. 왜냐하면 경제문제들은 분리된 것이 아니라 서로 복잡하게 얽혀서 해결되기 때문이다. '무엇을', '어떻게', '누구를 위하여'라는 세 개의 기본경제문제에 국한하여 살펴보자. 〈그림 2-5〉에서 보는 바와 같이 경제문제를 나타내는 세 개의 원들은 각각 다른 원들과 연결되어 있는데 이것은 시장경제체제에서 경제문제들이 따로 해결되는 것이 아니라 서로 연관되어 해결되고 있음을 보여주는 것이다. 우리가 '누구를 위하여'의 문제에 초점을 맞춘다면 우리는 생산요소를 사적으로 소유하고 재화 및 용역을 소비하는 가계의 일원이 된다. 가계의 일원으로서 우리는 '어떻게'의 원과 연결되지 않을 수 없으며 이것은 가계가 기업에 제공한 생산요소의 가격, 즉 임금이 바로 소득이 되기 때문이다. 뿐만 아니라 우리는 상품을 구입하기 위해서 소득을 지출할 때 지불의사 또는 투표권, 즉 선호를 나타내기 때문에 '무엇을'의 원과 연결된다.

한편 기업들은 '무엇을'의 원과 '어떻게'의 원과 직접 관련되어진다. '무엇을'의 원에서 기업들은 어떤 재화를 얼마만큼 생산할 것인가를 결정하고 있다. 그러나 기업은 이러한 의사결정을 마음대로 하는 것이 아니다. 기업은 한편으로 가계가 재화 및 서비스를 구입할 때 '누구를 위해'의 원으로부터 오는 소비자의 선호, 즉 소비자가 상품에 부여하는 가치를 반영하고, 다른 한편으로는 '어떻게'의 원으로부터 오는 생산비용에 대한 정보를 비교함으로써, 비로소 '무엇을 얼마만큼'을 결정한다. '어떻게'의 원에서 기업들은 재화 및 서비스를 생산하는 데 사용하는 생산요소를 어떻게 결합할 것인가, 즉 생산방법을 결정한다. 이때 '어떻게'에 대한 의사결정도 어떠한 종류의 재화를 생산할 것이냐에 관한 '무엇을'의 원과 생산요소비용에 관한 '누구를 위해'의 원으로부터 오는 정보를 토대로 하여 이루어진다.

**경제원리 #3**

시장은 경제활동을 조정하는 하나의 좋은 방법이다. 가계와 기업들은 가격을 신호등으로 삼아 시장에서 거래하며, 비교적 바람직한 경제성과를 낳는다. 이와 정반대로 경제활동이 정부 내의 계획당국에 의해서 조정되는 방법도 있다.

이와 같이 기본경제문제를 나타내는 세 개

의 원이 따로 떨어져 있지 않고 서로 복잡하게 연결되어 있다는 것은 시장경제체제가 실제로 얼마나 정교하게 통합된 기구인가를 말해 준다. 바로 이러한 복잡한 관계를 통합 · 조정해 주는 것이 가격이다.

### 중앙집권적 계획경제체제

중앙집권적 계획경제체제 역시 국민경제가 가지는 세 가지 기본경제문제에 대해서 해답을 제시하고 있다. 그러나 그 해결방법이 시장경제체제의 가격(price)과 달리 정책당국의 명령(command)이다.

중앙집권적 계획경제체제에서는 '무엇을'에 관한 의사결정에 정책당국의 입김이 작용한다. 정책당국이 무엇을 얼마만큼 생산할 것인가를 공장에 명령으로 지시해 주는데, 일반적으로 국민생활에 필요한 소비재보다는 철강, 석탄, 무기, 컴퓨터 등 자본재 생산에 우선순위를 두는 것으로 알려지고 있다. 같은 상품이라 하더라도 그 종류나 품질이 시장경제체제와 같이 다양하지 못하다.

'어떻게'에 관한 의사결정도 생산수단을 소유하는 국가의 정책당국에 의해서 이루어진다. 가령 당국이 연간 100만 대의 트랙터를 생산하기로 결정했다면 생산방법에 따르는 세부지침을 마련하여 공장으로 보내고 이를 받은 공장경영자는 다만 위에서 내려온 지침에 의해 생산할 따름이다.

**그림 2-6** 중앙집권적 계획경제체제에 있어서 기본경제문제의 해결

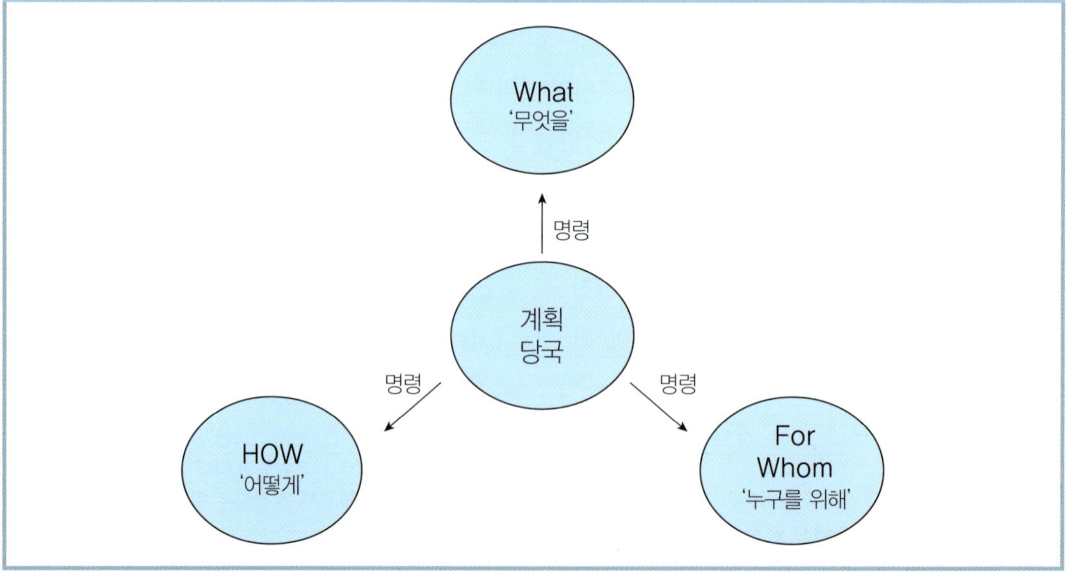

'누구를 위하여'의 문제도 정책당국에 의해서 해결된다. 이러한 경제체제에서는 개인의 적성이나 취미에 따라서 자유로이 진로를 결정한다기보다는 당국의 일방적인 평가에 의해서 직업이나 근무처를 배정받는다. 그리고 각 산업별 · 직업별 근로자의 임금 수준 역시 계획당국에 의해서 일방적으로 결정된다. 특히 모든 생산수단을 국가가 소유하므로 이자, 지대, 배당 등 재산소득의 개념도 없다. 물론 경제성장의 문제도 당국에 의해서 일방적으로 계획되어 해결된다.

이러한 경제문제의 해결방법은 1세기 전 러시아의 공산 혁명가였던 레닌이 당시 무식한 노동자나 농민이 쉽게 이해할 것이라고 생각할 정도로 단순하다. 〈그림 2-6〉에는 시장경제체제와는 달리 경제문제를 나타내는 세 개의 원에 정책당국의 계획기능을 나타내는 또 하나의 원이 그려져 있다. 즉 앞에서 설명한 바와 같이 순수한 중앙집권적 계획경제체제에서는 '무엇을', '어떻게', '누구를'의 세 개의 원은 서로 연결되어 있지 않고 이들에 대한 의사결정은 앞서 설명한 대로 그림의 중앙에 위치하는 계획당국에 의해 해결된다.

## 2.4 어느 경제체제가 더 우월한가?

### 장단점 비교

시장경제체제의 단점은 중앙집권적 계획경제체제의 장점이 되고, 중앙집권적 계획경제체제의 단점은 시장경제체제의 장점이 되므로 이제 각 경제체제의 단점만을 살펴보자.

#### 시장경제체제의 단점

시장경제체제의 단점으로는 주로 독과점, 소득분배, 공공재, 공해 등으로 요약할 수 있는데, 기본적으로 시장에서 가격이 기능을 제대로 수행하지 못하기 때문에 발생한다. 이를 시장실패(market failure)라고 하며, 한국경제가 안고 있는 문제이기도 하다.

#### 독과점문제

기업 간 자유로운 경쟁이야말로 시장경제체제를 유지시켜 주는 활력소라 할 수 있다. 경쟁은 기업이 소비자의 요구에 응할 수밖에 없도록 만드는 '힘'이다. 그러나 현실에서는 하나 또는 몇 개의 기업이 시장을 지배하게 되는 경우가 허다하다. 우리나라의 경우도 철강, 자동차 등 일부산업에서는 소수의 몇몇 대기업들이 시장판매량의 50~60%를 점유하는 경우가 일반적이며 이는 그만큼 시장에서 기업의 힘이 커지게 됨을 의미한다. 문제는 이러한 독과점기업들이 힘을 통해서 소비자나 다른 중소기업에게 부담을 준다는 데 있다. 특히 기업 간의 관계에 있어서 독과점기업은 불공정행위를 함으로써 막대한 이윤을 얻을 수 있다. 뿐만 아니라 새로운 기업이 참여하지 못하도록 엄청난 광고, 규모의 경제를 이용한 염가판매, 특정 기술 및 생산요소의 독점 등의 진입장벽을 설치한다. 이와 같이 경쟁이 약화되면 시장경제의 최대 장점인 자원배분의 효율성이 약화될 것임은 뻔한 이치이다.

시장경제체제하에서 운용되는 한국경제에서도 독과점문제는 쟁점이 되고 있다. 따라서 정부는 독과점의 폐해를 줄이기 위해 "독과점규제 및 공정거래에 관한 법률"을 제정하여 시행해 오고 있다.

### 소득분배문제

시장경제체제에서는 생산수단의 사적소유가 인정되어 이자, 지대, 배당 등의 재산소득을 획득할 뿐만 아니라 축적 및 상속할 수 있기 때문에 이른바 "가진 자는 더 많이 가지

**더 알아보기 한국의 경제체제**

그렇다면 우리나라는 어떤 경제체제를 갖고 있는가? 다시 말해서 한국의 경제체제는 〈그림 2-4〉에서 어디쯤 위치하는 것일까?

혹자는 1962년부터 7차례에 걸쳐 정부에 의해 시행된 경제개발 5개년 계획으로 한국경제가 정부주도형 계획경제체제가 아닌가 하는 생각을 할 수 있다.

반면에 시장에 나가 보면 경제문제가 기본적으로 가격신호에 의해서 해결되고 있음도 부인할 수 없다. 2021년 현재 우리나라에는 소비단위로서 2,325만 이상의 가구가 있고, 2,800만 명 이상의 경제활동인구가 418만여 개소 이상의 각종 기업에 취직하여 일하고 있다. 이들이 2020년 한 해 동안에 생산한 국민총생산의 규모는 경상가격으로 약 1,933조원을 넘으며 상품의 종류도 열거할 수 없을 정도로 다양하다. 이러한 생산 및 소비과정에서 이들에게 '무엇을 얼마만큼', '어떻게', '누구를 위해' 생산하라고 일일이 신호를 보내거나 마스터플랜을 제공하는 사람은 아무도 없다. 정부가 근로자들에게 어떤 직업을 가지고 어디서 근무해야 한다고 지시하지 않는다. 귤은 제주도에서만 재배되어야 하고 굴비는 영광에서 주로 생산되어야만 한다는 규정도 없다. 서울의 명동거리는 화려한 쇼 윈도우로 장식되어야 하고 가난한 집은 항상 쇠고기 대신 돼지고기만 먹어야 한다는 법도 없다. 2021년 현재 2,400만 대가 넘는 자동차나 트럭도 정부가 일일이 시켜서 생산된 것도 아니다. 그럼에도 불구하고 이와 같은 일이 지금도 일어나고 있는 것은 소비자나 기업들이 가격이라는 신호등을 보고 경제활동을 수행하고 있기 때문에 가능한 것이다.

따라서 우리나라는 가격기능과 명령기능이 함께 기능하는 혼합경제체제(mixed economic system)임을 알 수 있다. 특히 한국경제에 있어서 정부의 계획기능은 단순히 경제가 나아갈 방향만을 제시하는 유도계획(indicative planning)으로 계획당국의 일방적인 명령에 의해 이루어지는 순수 계획경제체제와는 그 성격이 본질적으로 다르므로 시장경제체제를 주로 하고 여기에 계획이 가미된 혼합경제체제라고 결론지을 수 있다. 즉 한국의 경제체제는 시장경제체제에 가까운 혼합경제체제이다.

는" 현상이 나타나게 된다. 그 결과 가계에 따라서 소득의 격차가 크게 나게 될 소지가 있고, 저소득층보다 고소득층이 원하는 사치재를 생산하는 데 자원이 배분됨으로써 불공평 또는 불공정의 문제가 생긴다. 이에 대처하여 시장경제체제하의 정부는 조세제도, 사회보장제도 등 각가지 방법을 동원하여 공평한 소득재분배를 꾀하고 있다.

### 공공재 생산의 문제

공공재란 말 뜻 그대로 모든 국민이 공동으로 사용할 수 있는 재화와 용역을 가르킨다. 예를 들어 국방, 치안, 교통, 통신, 방송, 교육 등이 이에 속한다. 시장경제체제에서는 이러한 공공재가 국민생활에 필수적임에도 불구하고 전혀 생산되지 않거나, 설사 생산된다하더라도 그 양이 충분하지 못할 가능성이 크다는 데 문제가 있다. 다시 말해서 시장의 가격신호가 공공재의 생산문제를 완벽하게 해결하지 못한다.

이렇게 되는 까닭은 무엇일까? 이것은 공공재가 사과나 집과 같은 사적재와 다른 두 가지 특성을 가지고 있기 때문이다. 첫 번째 특성은 소비의 비경합성이다. 방송, 국방 등 공공재는 여러 사람이 동시적으로 소비할 수 있다. 두 번째 특성은 비배제성이다. 사적재와는 달리 공공재는 대가를 지불하지 않아도 이른바 소비대열에서 제외되지 않는다. 예를 들어 동네 주부들이 반상회에 모여서 밤늦게 귀가하는 자녀들을 위해 가로등의 설치가 필요하다는 데에는 의견을 같이하였다고 하자. 그러나 막상 각 가정이 생각하는 가로등의 필요도에 따라서 설치비를 부담한다고 한다면, 대부분의 주부들은 자신의 정확한 마음을 나타내지 않을 것이다. 왜냐하면 실제로는 가로등이 있어서 나쁠 것은 없지만, 있어도 크게 도움이 안 된다고 얘기하여 전혀 설치비 부담을 지지 않으려 할 것이기 때문이다. 물론 설치비를 내지 않더라도 가로등이 설치되면, 배제가 불가능하므로 그 혜택을 볼 수 있기 때문이다. 만약 이와 같이 모든 주부들이 무임승차(free rider)하려는 생각을 가지고 있다면 극단적인 경우에 가로등이 설치되지 않을 수도 있다. 이와 같은 공공재의 특성 때문에 공공재는 정부에 의해서 공급되고 있으며 이에 소요되는 비용도 강제적 성격을 띠는 조세에 의해 조달되는 것이 현실이다.

우리나라의 경우도 남북이 군사적으로 대치되고 있는 상황에서 국방, 치안 등 주요 공공재가 정부가 가장 중요시하는 가운데 생산하고 있으며, 경제개발계획의 수행과정에서 고속도로, 공항, 철도, 수리관개시설, 다목적 댐 등 많은 공공재가 정부에 의해 제공되고 있다.

**경제원리 #4**

시장기능이 제대로 작동하지 못하여 자원이 효율적으로 배분되지 못할 경우에, 정부는 시장개입을 통하여 그것을 개선할 수 있다. 그 대표적인 예가 공해문제이다.

### 공해문제

전 세계적으로 환경문제가 쟁점으로 부각되고 있는 바와 같이, 시장경제체제를 표방하고 있는 나라들 중에 대기오염, 공장폐기물의 누적, 소음, 하천오염 등 공해문제를 가지고 있지 않은 나라는 거의 없다. 공해현상이 나타나는 근본적인 이유는 시장경제체제에서 각 기업이나 소비자들은 자신들의 경제활동 결과로 나타나는 비용만을 고려할 뿐 사회적 비용을 고려하지 않기 때문이다. 즉 시장은 외부적인 비용을 고려하지 않는다.[3] 가령 어떤 화학공장이 제품을 생산 · 판매하여 1억원의 이윤을 얻었는데 생산과정에서 인체에 유독한 폐놀을 배출하였다고 하자. 만약 폐놀을 제거하는데 2억원이 든다고 하면 사회전체로 보아서는 오히려 1억원의 손실을 초래한 것이다.

이러한 공해문제는 본질상 시장경제체제 자체로서 해결이 어려우므로 정부가 이에 개입하게 되는 것이다. 우리나라는 환경부가 공해방지 및 환경보전업무를 담당하고 있으며 환경보전법의 제정 및 시행을 통하여 자연자원의 사유권은 인정하지만 환경파괴를 규제하고 있다.

### 경제안정의 문제

대부분의 경제학자들은 시장경제체제를 완전고용의 달성과 물가의 안정을 꾀하기 어려운 경제체제로 보고 있다. 사실상 시장경제체제를 표방하는 많은 나라들이 경기침체 혹은 경기과열이 반복되는 경기변동을 경험하고 있다. 특히 경기침체로 실업이 증대하면서, 동시에 인플레이션이 진행되는 이른바 '스태그플레이션(stagflation)'으로 말미암아 미국경제를 비롯한 일부 선진국에서 몸살을 앓은 바 있다.

## 중앙집권적 계획경제체제의 단점

한편 중앙집권적 계획경제체제에서는 소비자의 선호가 무시되고 경제의 효율성이 떨어진다는 커다란 단점을 가지고 있다.

[3] 이를 경제학에서는 외부효과라 하며 항상 손실만 나타나는 것이 아니라 이득이 나타날 수도 있다. 교육이 그러한 예이다

### 소비자 선호의 무시

중앙집권적 계획경제체제에서 무엇을 생산할 것인가의 문제의 해결 시에 소비자들의 선호가 충분히 반영되지 못하는 경향이 짙다. 앞에서 설명했듯이 무엇을 생산할 것인가에 대한 의사결정이 정책당국에 의해 이루어지므로 국방, 치안, 교통 등 공공재를 적절히 조달하는 데는 유리하겠지만 국민 개개인의 복지와 직접 관련이 있는 사적재의 생산은 당국이 일일이 수요를 파악하기 어렵기 때문에 소비자들이 그만큼 희생을 감수해야 한다. 다시 말해서 일반국민들은 소비재의 부족현상을 감수해야 할 뿐 아니라 구미에 맞는 상품도 선택할 수 없다. 이에 따라 중앙집권적 계획경제체제에서는 소비재에 대해 철저한 배급제가 실시되며 공급량이 절대적으로 부족한 상품인 경우에는 줄을 서서 기다리는 일이 종종 있다.

### 효율성의 저하

중앙집권적 계획경제체제에서 가장 심각한 문제 중의 하나는 어떻게 생산할 것인가의 문제와 관련되는 생산의 효율성 저하라 하겠다. 우선 생산방법의 선택에 있어서 비능률이 나타난다. 일정목표량을 생산하는 데 필요한 생산방법—인력은 몇 명, 물자는 얼마 쓰라는 등—은 생산기술기준(technical norm)이라고 불리는 당국의 명령에 의해 결정된다. 그런데 문제는 이 생산기술기준이 제품의 특성이나 공장조직의 사정을 잘 알고 있는 전문가가 결정하는 것이 아니라는 데 있다. 가령 트랙터의 생산방법을 결정할 때 트랙터의 특성, 활용 가능한 인력, 장비, 부품 등을 모두 고려해야 하나 이를 몇몇 계획당국자가 완벽하게 감안한다는 것은 불가능하다. 실제 생산과정에서도 부품생산이 중단되거나 다른 기업으로부터의 부품조달이 늦어진다면 주어진 목표량을 달성하기 어려울 것이므로 이러한 우발적인 사태에 대비하여 필요 이상으로 원자재나 원료 부품을 보유하는 것이 일반적인 현상으로 나타난다. 심지어 인력까지도 필요 이상으로 보유하기도 하고, 경우에 따라서는 부품조달기업들을 믿지 못하기 때문에 공장 자체적으로 몰래 소규모공장을 따로 운영하기도 한다. 따라서 쓸데없이 자원이 남아도는 비효율이 발생한다.

뿐만 아니라 기업경영자들은 일반적으로 기술혁신(innovation)을 꺼리는 경향이 있다. 이는 새로운 기술이 개발되거나 도입될 경우에 발생할지도 모르는 생산중단 사태로 인하여 상급기관으로부터 문책을 받는 등 위험부담을 지지 않으려고 하기 때문이다.

이와 같은 몇 가지 이유로 구소련을 비롯한 계획경제체제의 효율성이 떨어지자 1965년부터 소비재에 대한 자유시장을 허용하고 목표생산량의 달성보다는 이윤을 기준으로 하는 유인제도를 도입하는 등 실험적이나마 시장경제원리를 도입하기도 하였다.

### 정부의 계획능력 부족

중앙집권적 계획경제체제에서는 경제문제를 해결하기 위한 명령을 준비해야 한다. 그런데 이 명령이 극히 복잡하다는 것이다. 구소련의 경우 계획당국이 7만 개에 달하는 상품에 대해서 생산방법과 부품조달을 지시하였는데, 이는 거의 불가능에 가까운 일이었다. 가령 승용차 하나만 보더라도 3만여 종의 부품이 들어가는데, 수만 개 제품의 수요와 공급을 어떻게 맞출 수 있겠는가? 그나마 지금까지는 생산기술기준이라는 관례가 있었고, 소련과 동구권 국가에서 컴퓨터와 수학이 발달되어 있어서 가능하였다고 한다. 그러나 계획당국이 '하나하나 지시하는 일'은 한계에 도달하게 되었다.

## 경제성과 비교

### 미국과 구소련

1960년대 초에 당시 소련공산당의 서기장이던 후르시초프가 미국을 방문했을 때 그는 공식석상에서 구두를 벗어 책상을 치면서 "우리는 너희를 이길 것이다(We will bury you)"라고 소리쳤다고 한다. 이 말의 의미는 앞으로 10~20년 내에 소련경제가 미국경제를 따라 잡을 것이라는 뜻으로 받아들여졌다. 반대로 시장경제체제를 옹호하는 정치지도자들은 후르시초프처럼 큰 소리로 외치지는 않았지만 반대의 입장, 즉 소련경제가 미국경제를 따라잡는다는 것은 어림도 없는 일이라고 생각했을 것이다. 여하튼 시장경제체제의 대표주자 격인 미국경제와 중앙집권적 계획경제체제의 대표주자 격인 소련경제의 경쟁은 이미 판정이 났다. 실제로 소련이라는 연방국가 자체가 1991년에 붕괴되었으며, 경제운용의 실패가 그 주요 요인으로 지적되고 있다. 이 시점에서 비록 과거의 통계자료이기는 하나 미국경제와 소련경제의 성과를 비교해 보는 것은 의미 있는 일이 될 것이다.

〈그림 2-7〉에는 1966년부터 1991년까지 미국과 구소련의 경제성장률이 나타나 있다. 그림에서 보는 바와 같이 1970년대와 1980년대에는 구소련의 경제성장률이 미국의 경제성장률보다 오히려 더 높았다. 그러나 1980년대에 들어와서는 구소련의 성장률이 둔화되기 시작하였고, 특히 1990년에 −4%의 성장률을 기록하면서 소련경제는 물론 연방제 자체가 무너진 것으로 보여진다. 소련경제는 중앙집권적 경제체제가 가지는 단점, 즉 효율성의 저하로 경제성장이 둔화되자 곧바로 붕괴된 것으로 볼 수 있겠다.

**그림 2-7** 미국과 구소련의 경제성장률 비교(1960~1990년)

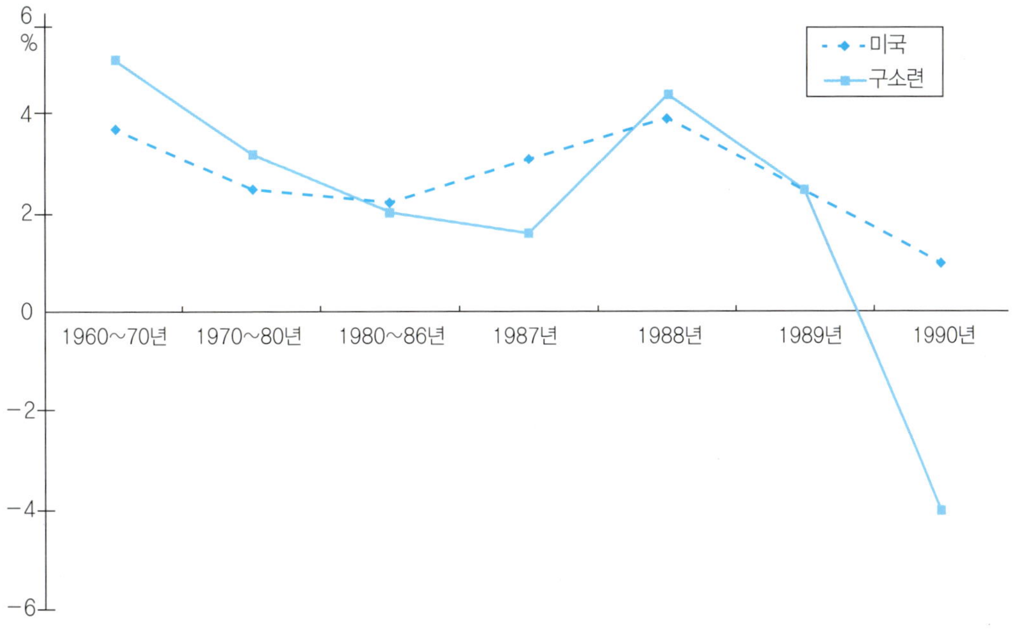


자료: M. Parkin, *Economics*, Second edition, Addison-Wesley Publishing Company, Inc., 1993, pp.1042~43

**그림 2-8** 주요국의 근로자 일인당 GDP 비교(1980년대 중반기준)

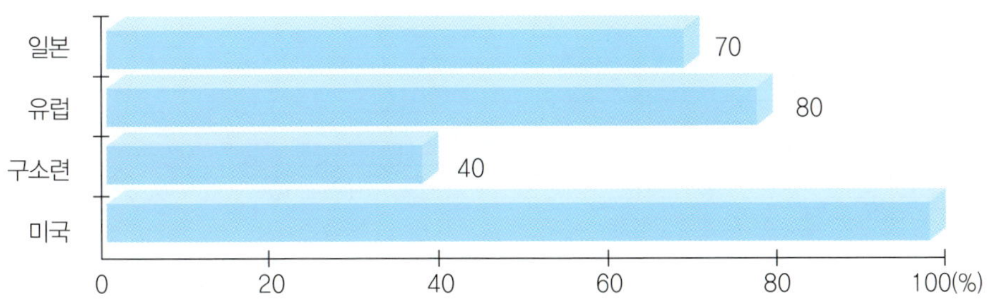


자료: 〈그림 2-7〉과 같음

한편 〈그림 2-8〉에는 미국과 구소련을 비롯한 몇몇 나라의 근로자 일인당 GDP가 비교되어 있는데, 구소련의 근로자 일인당 GDP는 미국을 100%으로 보았을 때 약 40% 밖에 미치지 못한 것으로 나타나고 있다.

### 한국과 북한

이제는 우리나라 쪽으로 눈을 돌려 시장 중심의 한국경제와 계획 중심의 북한경제를 비교해 보자. 앞에서와 마찬가지로 경제성장지표로 비교해 보자. 먼저 경제성장률을 보면 〈그림 2-9〉에서 보는 바와 같이 과거에 한때는 북한의 경제성장률이 한국의 경제성장률을 앞지른 적이 있었으나, 최근에 와서 북한경제는 생산성 하락으로 마이너스(-) 성장을 하고 있는 것으로 알려지고 있다.

일인당 국민총소득(GNI: Gross National Income)면에서도 〈그림 2-10〉에 나타나 있듯이 2020년 한국경제가 북한경제의 27배 이상 넘고 있어서 국민생활수준에 큰 차이가 있음을 알 수 있다. 굳이 이러한 통계수치를 빌리지 않더라도 매스컴에 비추어진 북한주민의 생활상과 중국 등지로의 탈북현상은 이를 잘 확인해 주고 있다.

**그림 2-9** 한국과 북한의 경제성장률 비교

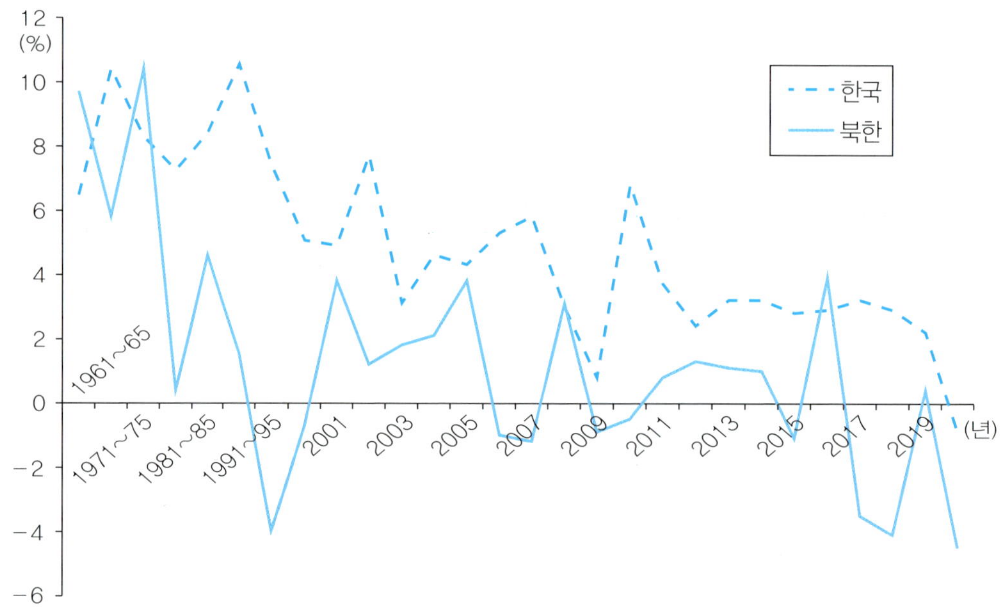


자료: 한국은행

그림 2-10 한국과 북한의 일인당 GNI 비교

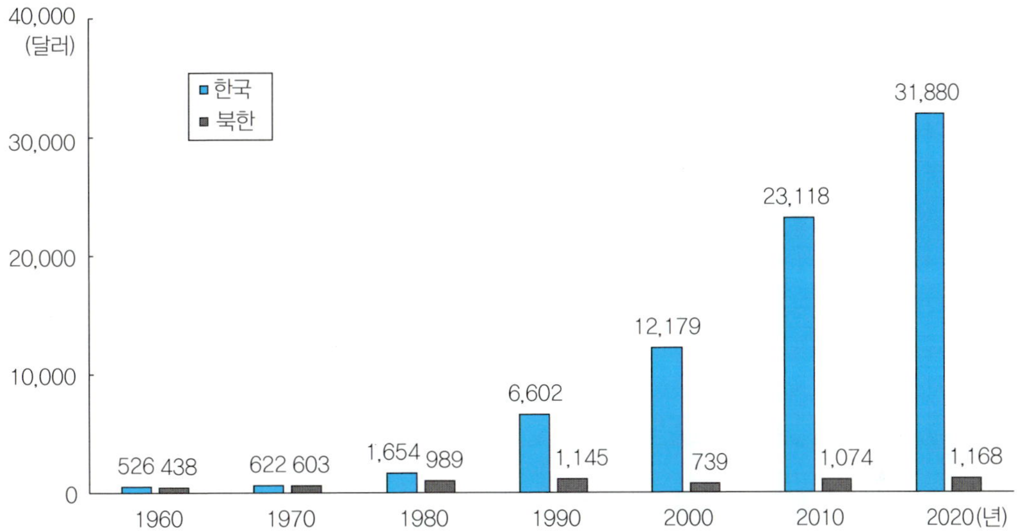


주: 1980년 이전 자료는 일인당 국내총생산(GDP: Gross Domestic Product) 기준이며, 북한의 자료는 한국에 적용된 환율로 계산함.
자료: 한국은행

## 2.5 경제체제의 전환: 계획에서 시장으로

계획경제체제의 대표 주자였던 소련이 이미 1991년에 해체되어 러시아를 중심으로 시장경제체제로의 이행을 추진 중이다. 아울러 헝가리, 폴란드 등 동구권도 시장경제요소를 급격히 확대시키고 있으며 아시아에서는 중국이 이미 계획경제체제를 포기하였다. 다만 북한과 쿠바만이 전통적인 계획경제체제를 고집하고 있으나 이들도 변화를 암중모색하고 있는 것으로 알려지고 있다.

그러나 시장경제체제에도 여러 가지 유형이 존재하므로, 계획경제체제를 유지해오던 국가들은 이들 중에서 하나를 선택하여야 할 것이다. 현존하는 시장경제체제의 유형은 크게 미국형, 일본형, 유럽형으로 나누어 볼 수 있다.

### 미국형 시장경제체제

미국형 시장경제체제는 시장경제체제에 가장 가까운 형태이다. 기본적으로 3억 3천

그림 2-11 OECD 국가들의 GDP 대비 정부지출 비율(2019년)

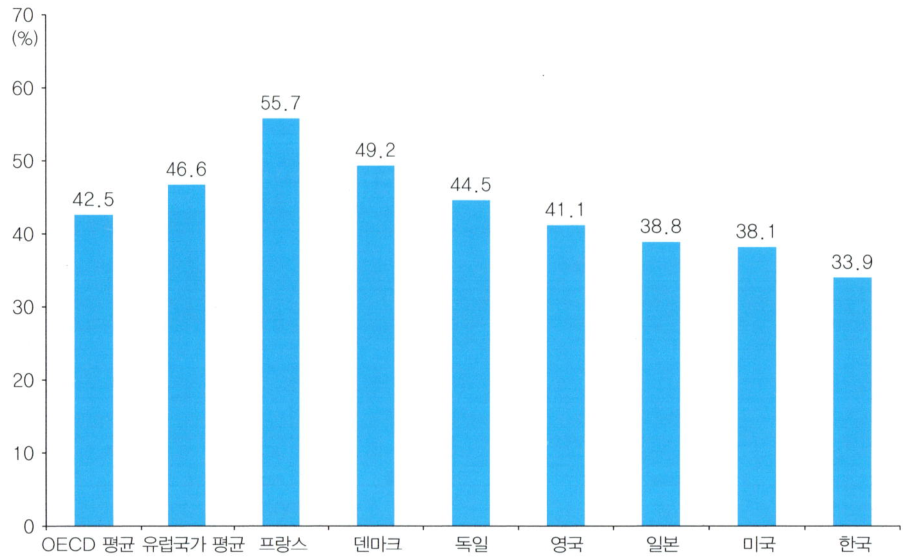


주: 일본은 2018년 자료
자료: OECD

만 명의 개별경제주체에 의한 생산 및 소비에 관한 의사결정이 시장에서 조정된다. 물론 정부는 시장에 개입하며, 공공재를 공급하며, 세금을 거두어들인다. 그러나 2019년 GDP 대비 정부지출 비율이 38.1%로 유럽국가들에 비해서 낮은 수준이다(〈그림 2-11〉 참조). 미국에서도 중앙집권적 계획경제체제에서와 마찬가지로 명령이 기능하는데, 이는 정부와 기업의 내부조직에 국한된다.

## 일본형 시장경제체제

일본형 시장경제체제는 좀 색다르다. 일본경제는 제2차 세계대전 이후에 '일본의 기적'이라고 불릴 정도로 놀라운 경제적 성과를 달성하였다. 전후 일본의 1인당 국민소득은 미국의 20% 수준에도 미치지 못하였으나, 지금에 와서는 미국과 비슷하게 되었다. 이렇게 된 배경에는 다음 세 가지 요인이 작용한 것으로 분석되고 있다.

첫째는 시장경제체제이다. 즉 미국과 마찬가지로 모든 경제활동이 시장에 의해서 조정된다.

둘째는 비교적 작은 정부를 가지고 있다. GDP 대비 정부예산규모가 유럽의 경우 50% 전후인 데 비하여 일본은 과거에 30%선이었고, 2018년 현재도 38.8%를 기록하고 있다. 이는 정부의 활동수준이 그만큼 낮다는 것을 말해주는 것이다. 이와 같이 일본정부가 예산규모를 작게 책정하여 세금을 적게 거두어들임으로써, 결과적으로 근로의욕을 고취시키고 저축과 투자를 장려한 셈이 되었다.

셋째는 정부와 민간기업간의 협력관계로 정부가 민간기업에 간여하되 민간기업을 도와주는 측면이 강했다. 정부의 민간기업 간여의 견인차 역할은 통산성이 담당하였는데, 주로 산업구조조정을 원활하게 해주는 기능을 수행하였다. 구체적으로 전후에는 석탄, 전력, 조선, 철강 등 기초산업의 발전을 도왔으며, 그 후 수출산업을 강력하게 지원하였다. 1960년대에는 화학산업과 경공업에 지원의 초점을 맞추었고, 1980년대에는 일본의 컴퓨터산업이 세계시장을 지배하는 데 일조를 담당하였다. 한편 통산성은 사양산업에 속한 기업들이 빨리 사업을 정리하도록 도와주었다. 예를 들어 오일쇼크로 알루미늄 산업의 효율성이 급격하게 떨어지자, 통산성은 2년이라는 짧은 기간 내에 일본 알루미늄 산업이 문을 닫고 전량을 호주로부터 수입하도록 유도하였다. 이와 같은 일본 통산성의 역할은 가히 "기업가적"인 활동으로 평가되고 있으며, 이 때문에 일본경제를 '일본주식회사'라고 부르기도 한다.

## 유럽형 시장경제체제

미국이나 일본과는 달리 유럽의 시장경제체제는 계획경제체제적인 요소가 강하다. 이를 복지국가형 시장경제체제라고 부른다. 물론 현재 EU에 속하는 대부분의 국가들은 기본적으로는 가격이 기능하는 시장경제체제이다. 그러나 정부의 활동이 미국이나 일본에 비해서 광범위하다. 대부분 나라들의 GDP 대비 정부예산의 비율이 40~60%를 기록하고 있다. 가장 비율이 높은 나라인 프랑스는 2019년 기준으로 55.7%이고, 덴마크와 독일은 각각 49.2%와 44.5%이다.

뿐만 아니라 철도, 항공, 가스, 전력, 통신, 방송, 심지어 은행이나 자동차 산업까지도 국유화되어 있다. 국유화된 산업들은 명령에 의해서 관리되며, 사적으로 소유되어 경쟁하는 기업에 비해서 비효율적인 것으로 알려지고 있다. 이러한 이유로 최근 영국 등에서는 국영기업을 민간에 팔아넘기는 민영화가 활발히 진행되고 있다.

그러나 복지국가를 지향하던 덴마크, 스웨덴 등은 경제적 활력이 크게 떨어진 것으로 알려지고 있으며, 최근에는 그리스, 이탈리아, 스페인 등에서 정부의 재정적자 문제가 불거지면서 EU 전체가 해결책을 찾기 위해 노심초사하고 있다.

여하튼 러시아를 비롯한 동유럽 국가들은 이상의 몇 가지 시장경제체제 중에서 자국의 여건에 맞는 유형을 선택해야만 할 것이다. 그러나 분명한 것은 이들 국가들이 시장가격과 사적소유라는 시장경제체제의 기본요소를 채용해야 한다는 것이다.

### 사례 2-1 : 전환되는 중국의 경제체제

중국은 계획경제에서 시장경제로 적극 이행하고 있는 국가로 주목받고 있다. 중국경제는 1978년부터 적극적으로 시장경제체제의 기능을 도입한 결과, 고도의 경제성장을 이룩하였다.

시장기능의 도입이 중국경제의 활력을 불어넣은 대표적인 사례가 농업부문에서의 성과라고 할 수 있다. 즉 중국의 농업산출량은 1979~1984년 기간 동안 무려 61%나 증가하였는데, 이는 책임제도(responsibility)라는 시장경제 요소를 도입한 결과로 분석되고 있다. 1979년 이전 중국은 전형적인 공산주의 체제로 협동농장 생산의 5%만이 농민에게 주어졌고, 이마저도 시장에서의 판매가 금지되었었다. 그러나 1979년 이후에는 책임제도가 실시되어 일정 산출량 이상은 농가가 가지며, 시장에서의 판매가 허용되었다. 1984년에는 농가의 94% 정도가 이러한 책임제도하에 운영되면서 농업산출량이 급격하게 증가된 것이다. 즉 자기가 노력한 만큼 가져갈 수 있는 제도의 도입이 더 열심히 일하려는 의욕을 자극한 것이다. 한 연구에 의하면 책임제도의 도입이 농업산출량 증가의 75% 정도에 기여하였고, 나머지 25%는 가격제도의 도입에 기인한 것으로 보고되고 있다.[4)]

그렇다면 중국은 어느 정도까지 시장경제체제로 이행되어 갈 것인가? 결론적으로 중국의 경제체제는 미국, 일본, 한국 등과 같은 시장경제체제의 성격을 갖기는 어려울 것으로 보인다. 왜냐하면 시장경제체제의 근거는 사유재산권인데 중국에서 토지에 대한 사유재산권이 인정되지 않기 때문이다. 아울러 최근에는 기업가들이 축적한 재산 혹은 경영권에 대한 침해 현상도 나타나고 있다. 구체적인 예로 알리바바를 창업하여 성공한 마윈도 공산당에 가입해야 했고 자의 반 타의 반으로 경영일선에서 물러난 것으로 알려지고 있다. 따라서 중국의 경제체제가 어떻게 변화할 것인지는 정치체제, 가치체계, 사회문화 등 다른 분야에서의 변화를 고려하여 판단해야 할 것이다.

---

4) McMillan, J., J. Whalley, and L. Zhu, "The Impact of China's Economic Reforms on Agricultural Productivity Growth," *Journal of Political Economy*, 97(4), 1989, pp. 781~807.

### 사례 2-2: 북한의 '장마당'

앞에서 언급한 바와 같이 북한은 아직도 전통적인 중앙집권적 계획경제체제를 고집하고 있다. 하지만 구소련, 중국 등과 같이 계획경제체제의 한계를 보이고 있다. 구체적인 예로 북한은 1990년대 중반 이른바 '고난의 행군'을 경험하였다(〈그림 2-9〉 참조). 당시에 식량부족 사태에다가 명령경제체제의 핵심인 배급제가 붕괴되면서 약 300만 명이 굶어 죽은 것으로 추정되고 있다. 이 시기에 탈북자의 수가 급증한 것도 이를 잘 확인해 주고 있다. 시장경제체제에 살고 있는 우리로서는 이해하기 어려운 현상이다. 만약 먹을 것이 없으면 마트에 가서 '라면'이라도 사서 먹으면 되지 않겠나라고 생각할 수 있다. 그러나 당시 북한에서는 개인이 스스로 생계를 책임지기보다는 제도적으로 정부의 배급제에 의존하고 있었기 때문에 급격한 식량부족 사태와 함께 배급제라는 경제시스템이 붕괴되면서 굶어 죽거나 탈북하는 선택을 하였던 것이다.

또 하나의 선택은 굶어 죽지 않기 위해서 자기가 가지고 있던 물건을 식량과 교환하는 것이었다. 그래서 이 당시에 등장한 것이 '장마당'이다(〈그림 2-12〉 참조). 북한에

그림 2-12 북한의 장마당

자료: www.voakorea.com

서는 시장을 통한 개인 간의 거래가 금지되기 때문에 '장마당'은 기본적으로 불법이었다. 그러나 자신의 생존이 계획당국의 배급제에 달려있는 것이 아니고 개개인의 책임이라고 인식한 경제주체들의 '힘' 때문에 정부가 어쩔 수 없이 인정하고 있다고 한다. 현재 북한에는 최소 390여 개의 '장마당'이 있는 것으로 알려지고 있다.

그렇다면 북한경제가 '장마당'처럼 가격신호등이 작동하는 시장경제체제로의 전환이 가능할 것인가? 이에 대한 대답은 매우 부정적이다. 왜냐하면 '장마당'에 대한 규제가 지속되어 왔으며 최근에 더욱 강화되고 있기 때문이다. 또한 한 사회의 경제체제가 변화하기 위해서는 다른 분야, 예를 들어 정치체제, 가치체계 등과 맞물려 돌아가야 하기 때문이다. 정치적으로는 일인 독재체제에다가, 사회적으로 획일적인 가치체계를 가진 북한이기 때문에 경제체제가 근본적으로 변화하는 데는 상당한 기간이 걸릴 것으로 보인다.

## 요 약

1. 생산가능곡선은 주어진 모든 자원을 현재의 최신기술로 완전 고용하여 최대한으로 생산할 수 있는 생산량들의 궤적이다. 생산가능곡선은 국민경제가 희소성의 문제에 직면하여 선택할 수 있는 대안들을 보여준다.
2. 생산활동을 비롯한 어떤 행동도 기회비용을 초래한다. 어떤 상품 A를 생산하는 데 대한 기회비용은 A를 생산하기 위해서 포기된 상품 B이다.
3. 모든 나라들은 '무엇을 얼마만큼 생산할 것인가', '어떻게 생산할 것인가', '누구를 위하여 생산할 것인가'라는 세 가지 기본경제문제에 직면하게 된다.
4. 기본경제문제는 경제체제에 의해서 해결된다. 시장경제체제에서는 기본경제문제가 가격에 의해서 해결되며, 계획경제체제에서는 명령에 의해서 해결된다. 우리나라를 비롯한 대부분 나라의 경제체제는 가격기능과 명령기능이 혼재된 혼합경제체제이다.
5. 시장실패는 시장경제체제가 잘못된 상품배합, 불공평한 소득분배, 공해 등을 초래할 때 발생한다.
6. 경제체제의 성과 면에서 중앙집권적 계획경제체제는 시장경제체제에 '판정패'했다고 볼 수 있다. 이에 따라 전 세계적으로 '계획(또는 명령)에서 시장(또는 가격)으로' 전환하는 추세이다.
7. 시장경제체제는 미국형, 일본형, 유럽형으로 구분해 볼 수 있다.

## 용어 및 개념

생산가능곡선(표)

희소성

기회비용

기본경제문제

실업

경제성장

시장경제체제

중앙집권적 계획경제체제

혼합경제체제

시장실패

미국형 시장경제체제

일본형 시장경제체제

유럽형 시장경제체제

책임제도

장마당

E C O N O M I C S

CHAPTER | ECONOMICS

# 03 시장경제체제의 이해(1): 경제순환모형

SECTION



이 장에서는 경제의 'X-레이' 사진이라고 할 수 있는 경제순환모형을 통하여 시장경제체제에서 가계, 기업, 정부 등 경제활동주체들이 서로 어떻게 상호작용하고, 외국과의 경제관계는 어떠한가를 공부한다.

## 3.1 단순모형

단순모형은 〈그림 3-1〉에서 보는 바와 같이 국민경제에서 가계부문과 기업부문만이 존재한다고 가정하고 그린 경제순환모형(economic circular model)이다.

먼저 생산의 주체인 기업은 가계로부터 노동, 자본, 토지, 경영능력 등의 생산요소를 구입하고, 이를 사용하여 재화와 서비스를 생산한다. 그리고 기업은 생산한 재화와 서비스를 가계에 판매하여 그 대가로 화폐수입을 얻으며(그림의 윗부분), 이 화폐수입으로 기업에 생산요소를 제공했던 가계에 임금, 이자, 지대, 이윤 등으로 지불한다(그림의 아랫부분). 이것은 기업 측으로 봐서 비용이지만 가계로 봐서는 화폐소득이 된다. 그런데 가계의 화폐소득 자체는 아무런 실질가치를 가지지 못한다. 가령 우리가 동전이나 지폐 따위를 먹거나 혹은 입을 수 있겠는가? 따라서 가계는 화폐소득으로 생활에 필요한 재화 및 서비스를 구입하려 할 것이며, 이러한 의도가 기업의 생산물에 대한 수요가 된다. 다시 기업은 가계의 수요를 반영하여 생산활동을 수행하게 된다. 결국 우리는 최초의 출발점으로 되돌아오게 되는데, 이러한 과정이 되풀이 되는 것을 국민경제의 순환이라고 부른다.

**그림 3-1** 단순한 경제순환모형

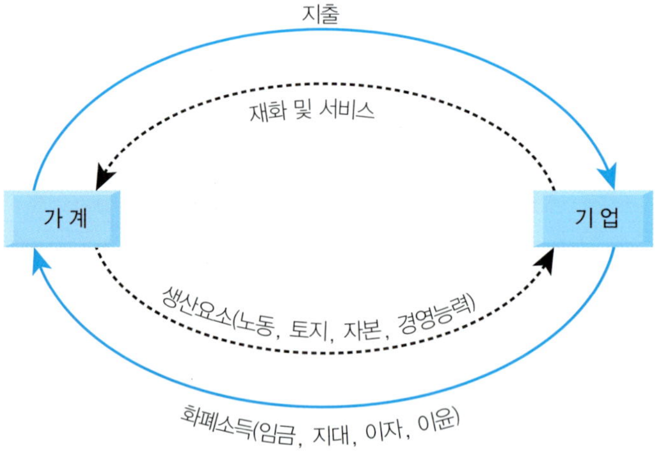


그림에서 재화 및 서비스, 생산요소 등 실물은 시계 반대방향으로 흐르고, 지출과 요소소득 등 화폐는 시계방향으로 흐르고 있다. 이와 같은 실물과 화폐의 두 흐름은 경제순환모형이 원으로 나타나고 있듯이 동시적이며 반복적이다.

이제 단순하지만 경제를 이해하는 데 있어서 매우 중요한 경제순환모형 뒤에 숨어 있는 몇 가지 사항을 찾아보기로 하자.

## 생산물시장과 요소시장

실제생활에서 우리는 필요한 물건을 살 때 직접 기업으로 가기보다는, 대부분 수퍼나 백화점에서 구입하게 된다. 이와 같이 재화나 서비스가 거래되는 장소를 시장(market)이라고 부른다. 그러나 시장은 지리적인 장소에만 국한된 개념이 아니다. 시장은 구매자와 판매자를 불러 모아 거래가 성립되도록 하는 모든 매개체를 말한다. 그러므로 시장의 형태는 매우 다양하다. 동네에서 흔히 볼 수 있듯이 중고품이나 부동산 정보를 제공하는 각종 정보지, 전신전화로 구매자와 판매자를 연결하는 국제금융시장 등이 좋은 예이다.

그러면 이러한 시장은 경제순환모형에서 어디에 위치하는 것일까? 이것이 〈그림 3-2〉에 나타나 있다. 그림의 윗부분에 표시된 생산물과 소비지출의 흐름은 시장을 통

**그림 3-2** 경제순환모형에서의 생산물시장과 요소시장

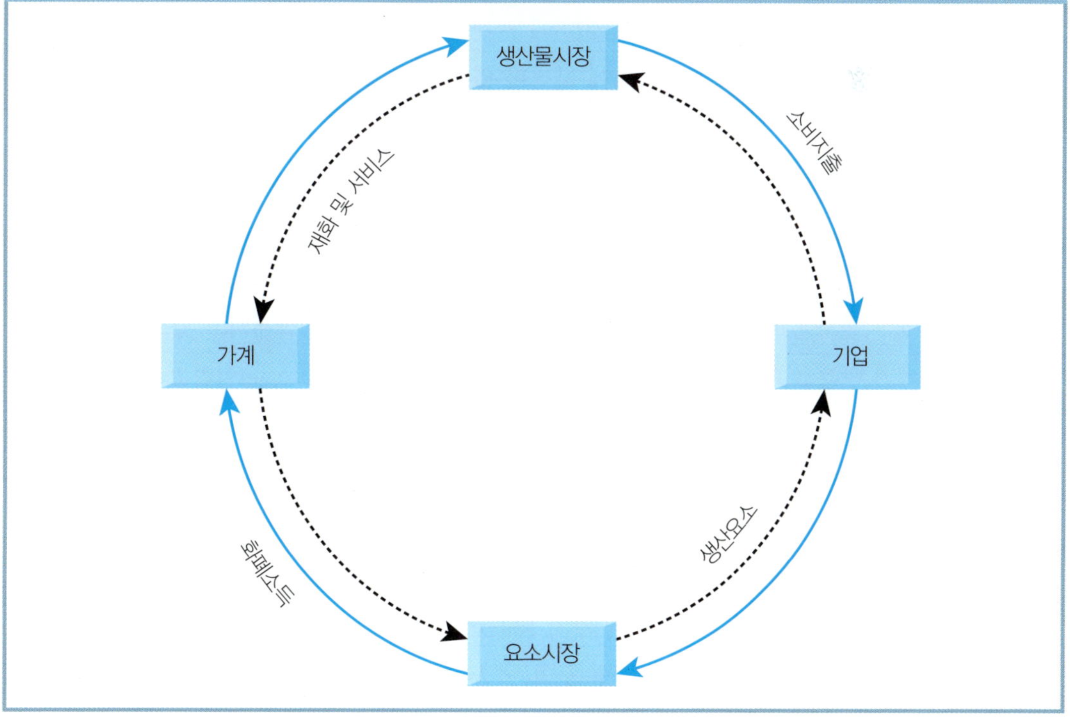

과하고 있으며 그림의 아랫부분에 표시된 생산요소와 화폐소득도 시장을 통과하고 있다. 전자를 생산물이 거래된다는 의미에서 생산물시장(product market)이라고 부르고 후자를 생산요소가 거래된다는 의미에서 요소시장(factor market)이라고 부른다. 예를 들어 농산물이 거래되는 시장은 농산물시장이며 노동이 거래되는 시장은 노동시장이 된다.

그림의 윗부분에 있는 생산물시장에서 가계는 기업의 생산물을 수요하며, 그 대가로 화폐소득을 지출한다. 이때 가계가 지출하는 소비지출의 크기는 생산물 구입량과 그 가격에 따라 달라질 것이다. 마찬가지로 그림의 아랫부분에 있는 요소시장에서는 가계가 생산요소를 기업에 판매하고, 그 대가로 화폐소득을 획득한다. 이때 가계가 받는 소득의 크기는 가계가 기업에 제공한 생산요소의 양과 그 가격에 따라 달라질 것이다. 요컨대, 시장경제체제에서는 생산물시장과 요소시장이라는 두 개의 기본적인 시장이 존재하며 생산물시장에서는 기업이 공급자이고 가계가 수요자인 반면에, 요소시장에서는 가계가 공급자이고 기업이 수요자가 된다.

## 국민생산 = 국민소득

경제순환모형은 소득이나 소비지출의 흐름이 일정할 때 그것이 경제순환모형의 어느 곳을 통과하든지 그 크기가 동일하다는 사실을 보여준다. 이것이 〈그림 3-3〉에 잘 나타나 있다. 그림의 오른쪽 위에 나타나 있는 타원에는 기업이 생산한 재화 및 서비스에 대한 소비지출의 흐름이 집계되고 있는데, 이것은 기업부문이 생산한 생산물의 판매가치를 의미한다. 우리는 이 값을 국민생산(national product) 또는 국민지출(national expenditure)이라고 부른다.

한편 그림의 왼쪽 아래에 위치하고 있는 타원에는 기업이 요소구입의 대가로 가계에 지불하는 보수, 즉 임금, 이자, 지대, 이윤 등의 흐름이 집계되고 있으며, 이것은 가계가 받는 소득이 된다. 우리는 이것을 국민소득(national income)이라고 부른다. 그런데 국민생산과 국민소득은 항상 일치하게 되어 있다. 왜 그런 것일가? 예를 들어 기업부문이 100만원 어치의 재화와 서비스를 생산하여 임금, 지대, 이자로 90만원을 지불했다고 하자. 나머지 10만원은 무엇인가? 그것은 기업가의 이윤이다. 사실상 이윤은 기업가 자신의 경영능력을 제공한 대가이며 이것은 국민경제 전체로 볼 때, 기업가가 속한 가계의 소득이다. 결국 생산물의 가치 100만원은 가계로 지불되는 임금, 이자, 지대, 이윤을 합한 100만원과 일치할 수밖에 없는 것이다.

그림 3-3 경제순환모형에서 국민생산과 국민소득

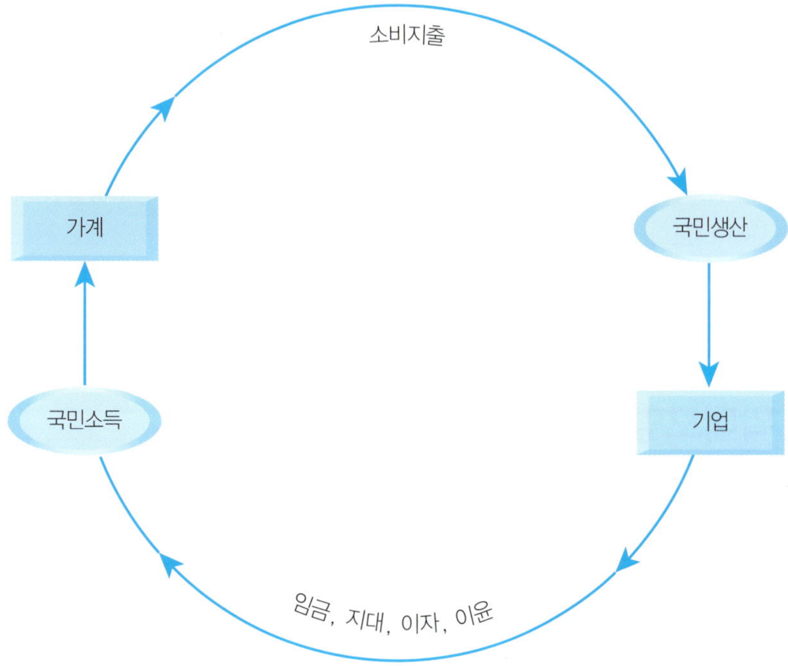


그림에는 편의상 실물의 흐름은 나타내지 않고 화폐의 흐름만 나타내었다.

## 경제활동의 상호의존성

경제순환모형은 가계부문과 기업부문에 있는 수많은 경제주체가 서로 영향을 주고 받는 관계에 있다는 사실을 말해 주고 있다. 가령 시장경제체제를 하나의 시계에 비유해 보자. 각 시계 부품들—수많은 경제활동의 주체들—은 서로 맞물려 돌아가는 정교한 시계구조—경제체제—를 구성한다. 따라서 어느 한 부품의 속도가 빨라지면 이와 맞물린 다른 부품의 속도도 빨라지고, 반대로 한 부품의 속도가 늦어지면 다른 부품의 속도도 느려진다. 이와 마찬가지로 어떤 경제주체의 활동은 다른 경제주체의 활동에 영향을 미친다. 만약 독자가 가계의 일원으로서 종전보다 더 열심히 일하여 더 많은 소득을 얻고 더 많이 소비한다면, 가계부문의 소비지출은 커질 것이다. 이렇게 되면 기업부문은 소비지출이 증가한 만큼 종전수준보다 더 사람을 고용하거나 생산원료를 구입하여 생산량을 더 늘리게 될 것이며, 그 결과 가계는 생산요소를 더 많이 제공하게 되어 화폐소득도 증가하게 될 것이다.

이와 같이 경제주체들의 활동은 서로 연계되어 경제순환에 영향을 미치므로 이들의 상호관계를 통하여 우리는 국민경제가 어떠한 속도 또는 방향으로 움직이고 있는가를 파악할 수 있다. 가령 한국경제에서 어떤 한 부문, 예를 들어 주택건설부문이 급격히 침체되고 있다면 이와 직접 관련된 부문, 즉 시멘트공장, 철강회사, 보일러회사 등은 물론 국민경제 전체가 침체되는 현상이 나타날 것이다. 반대로 어떤 한 부문의 경제활동이 활기를 찾는 방향으로 움직이게 되면, 다른 부문들도 여기에 영향을 받아 회복되는 현상이 나타날 것이다.

## 3.2 확대모형

지금까지 우리는 경제활동이 국내에서만 이루어지며, 가계부문의 소득이 100% 모두 소비되어 저축이 전혀 이루어지지 않는다는 가정하에서 경제순환모형을 도출하였다. 그러나 현실을 보면 이와는 다르다. 기업부문은 생산물을 국내뿐만 아니라 해외에 판매하고 있으며, 가계나 기업도 소비나 생산에 있어서 수입품을 사용하고 있으므로 해외경제와 매우 밀접한 관계를 맺고 있다. 가계부문은 소득의 전부를 소비하는 것이 아니라 집을 장만하거나 노후생활에 대비하기 위해 소득의 일부를 은행, 보험회사 등 각종 금융기관에 저축하고 있다. 특히 정부에 세금을 내야 한다. 그러므로 보다 현실적인 분석을 위해서 가계와 기업은 물론 금융부문, 정부부문 및 해외부문을 포함하는 확대된 경제순환모형을 살펴보기로 하자. 〈그림 3-4〉의 경제순환모형은 앞에서와 달리 가계부문이 그들 소득의 100%를 소비재 구입에만 지출하는 것이 아니라 다음과 같은 네 가지 용도로 처분하고 있음을 보여준다.

- 앞에서와 마찬가지로 가계부문은 일상생활에 필요한 재화 및 서비스를 구입하는 데 소득을 지출한다. 그러나 이것은 소득의 전부가 아니라 일부이다.
- 가계부문은 소득의 일부를 금융기관에 저축한다.
- 가계부문은 소득의 일부를 떼어서 정부에 세금으로 납부한다.
- 가계부문은 소득의 일부를 외국으로부터 상품을 수입하는 데 사용한다.

이에 따라 화폐의 흐름도 네 개의 경로를 통하여 흐르게 된다. 즉, 가계의 소비지출은 그대로 기업의 판매수입으로, 가계의 저축은 금융기관에 의해 투자지출로 흐르고,

수입의 반대편에는 국내기업이 외국인에게 생산물을 판 대가로 받는 수출이 나타나 있다. 이러한 확대된 경제순환모형도 단순한 경제순환모형과 마찬가지로 시장의 존재, 국민소득 = 국민생산, 경제활동의 상호의존성 등의 특성을 가지고 있음은 물론이다.

## 금융시장

〈그림 3-4〉의 경제순환모형에서 보는 바와 같이 가계소득 중 소비되지 않고 저축된 부분은 기업이 필요로 하는 투자자금으로 전환된다. 저축(saving)이 투자(investment)로 전환되려면 자금을 공급하는 저축자(가계)와 자금을 수요하는 투자자(기업)를 서로 맺어주는 역할이 필요한데, 이 역할을 수행하는 것이 바로 금융시장(financial market)인 것이다. 금융시장에서 중개자 역할을 하는 기관들이 은행, 증권회사, 보험회사 등이며, 이들의 가장 중요한 기능이 바로 '저축의 투자화'라고 할 수 있다.

금융기관은 저축의 투자화 기능뿐만 아니라 화폐를 창출하는 등 경제에 있어서 중요한 역할을 수행하고 있는데, 이에 대해서는 제17장에서 자세히 살펴볼 것이다.

**그림 3-4** 확대된 경제순환모형

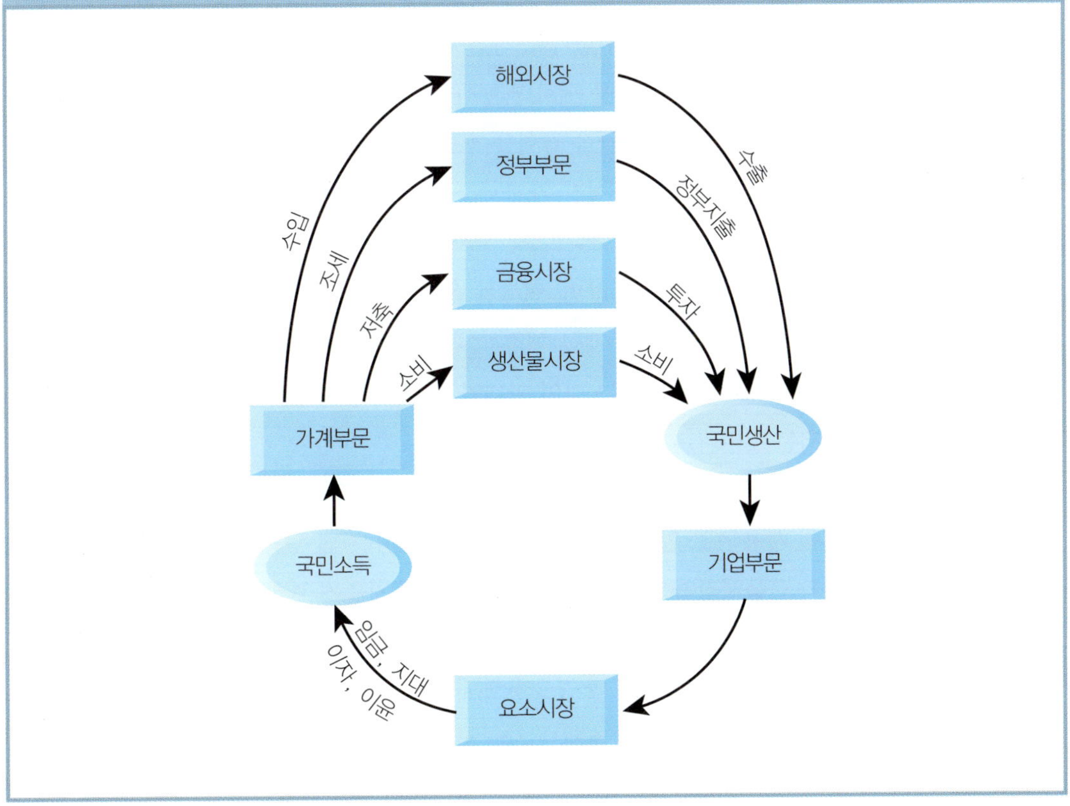

## 정부부문

〈그림 3-4〉에는 정부부문이 도입되었을 때의 조세(tax)와 정부지출(government expenditure)의 흐름이 나타나 있다. 일반적으로 정부는 예산편성을 통해 조세와 정부지출의 흐름을 조정한다. 가령 정부가 예산을 편성할 때 균형예산을 책정한다고 하면 조세와 정부지출의 크기를 같게 하는 것이고, 불균형예산을 책정한다고 하면 조세를 정부지출보다 크게 하거나(흑자예산) 반대로 정부지출을 조세보다 크게 하는(적자예산) 것이다.

그러면 정부는 언제 균형예산을 책정하고 언제 불균형예산을 책정하는가? 이는 경제상황에 따라서 다르다. 만일 경제가 침체되어 있다고 하면 정부는 정부지출을 크게 할 것이고 경기가 과열된다고 하면 조세를 더 거두어들일 것이다. 이러한 정부의 정책이 바로 재정정책(fiscal policy)이다.

정부부문은 금융부문과도 밀접한 관계를 가지고 있다. 즉 〈그림 3-5〉에서 보는 바와 같이 ①을 통해서 화폐의 흐름이 정부부문으로부터 금융부문으로 흐르거나 반대로 금융부문으로부터 정부부문으로 흐를 수 있다. 정부의 활동은 조세를 거두어 들이고 이를 지출하는 과정에서 이루어지는데, 가령 정부가 균형예산을 책정하였음에도 불구하고 뜻하지 않는 정부지출의 증가로 점점 적자상태로 기울어지고 있다고 하자. 이런 경우 정부는 공채(public debt)를 새로 발행하거나 보유하고 있는 공채를 은행에 판매함으로써 금융부문으로부터 자금을 끌어들여 적자를 메울 수 있다. 이를 경제순환모형에서 보면 금융부문으로 흘러들어간 가계저축 중에서 정부의 공채판매액 만큼이 민간투자지출로 흘러들어가는 것이 아니라 정부부문으로 흘러 들어가는 것이다. 반대로 정부재정이 흑자로 기울어진다고 하면, 정부는 은행으로부터 공채를 구입함으로써 금융부문에 자금을 제공하여 흑자문제를 해결할 수 있다. 이때는 정부가 거두어들인 조세의 일부가 정부지출로 흘러나가는 것이 아니라 단지 정부부문을 거쳐 금융부문으로 흘러들어가게 되는 것이다.

이와 같이 정부부문과 금융시장이 밀접하게 연계되어 있다는 사실은 현대경제사회에서 흔히 사용되고 있는 경제정책수단을 이해하는 데 있어서 매우 중요하다. 왜냐하면 정부와 금융시장간의 연계는 정부의 조세 및 지출에 관한 의사결정이 금융부문에 대한 통제와 관련되어 있다는 사실을 보여주기 때문이다. 앞에서 언급한 바와 같이 전자를 재정정책이라 하고 후자를 금융정책(monetary policy)이라고 부른다. 그러므로 재정정책과 금융정책이라는 두 정책도구는 서로 밀접한 관계를 갖는다. 가령 정부가 재

그림 3-5 정부부문의 금융시장 및 해외시장과의 연계

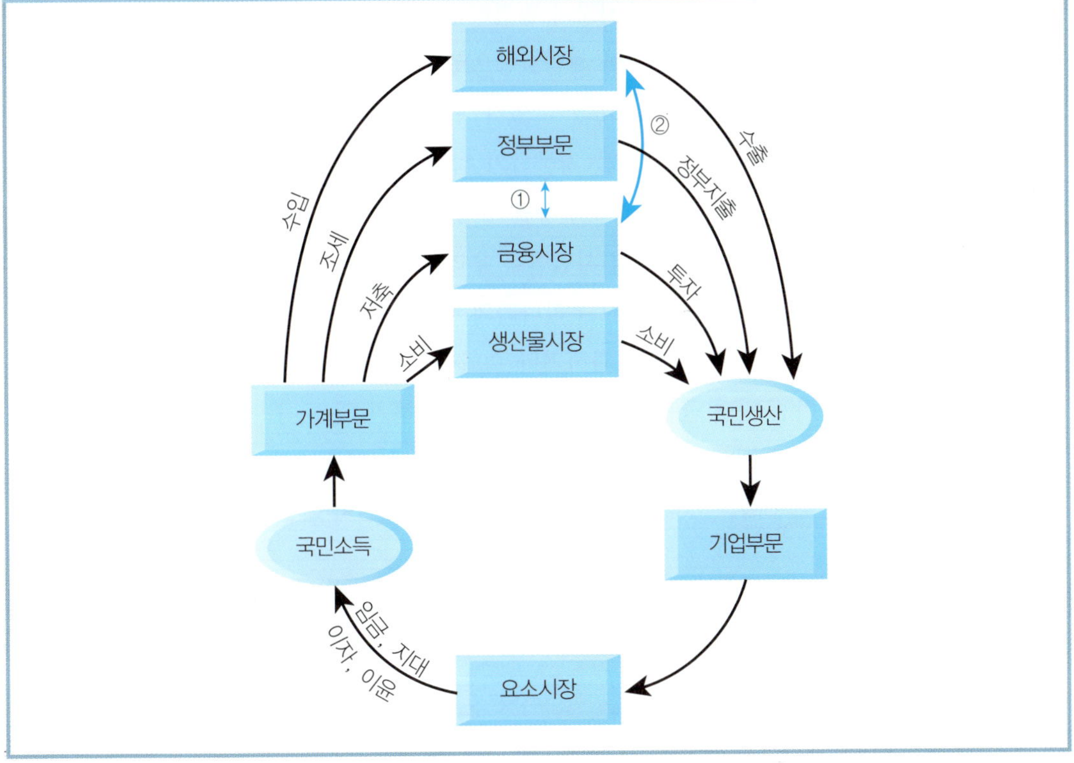


정적자에 허덕이고 있다면 이러한 적자분은 금융부문의 유휴자금에서 끌어올 수 있고, 민간투자지출을 감소시켜서 충당할 수 있으며, 심지어는 한국은행으로 하여금 화폐를 찍어내게 하여 충당할 수도 있다.

## 해외시장

오늘날 현존하는 국가들 중에서 다른 국가와 서로 경제관계를 맺지 않는 국가를 찾아볼 수 없으며, 교통과 정보통신의 발달로 그 어느 때보다도 국제거래가 중요하게 되었다. 국가 간 거래에서 대종을 이루는 것이 재화와 서비스의 거래인 국제무역(international trade)으로, 이것은 경제순환모형에서 수입(imports)과 수출(exports)의 흐름으로 나타나고 있다. 수입이란 국내의 가계나 기업이 그들의 소득으로 국내가 아닌 외국에서 생산된 재화와 서비스를 구입하는 것이다. 반대로 수출은 외국의 가계나 기업이 우리나라가 생산한 생산물을 구매하는 것이므로 수출은 소비지출 및 투자지출과 마찬가지로 국내생산물에 대한 구매력이 된다. 한 국민경제에 있어서 해외시장이란 수출과 수입 등의 국제경제거래가 이루어지는 부문을 말하는 것이다.

이러한 해외시장은 금융시장과 밀접히 연계되어 있다. 〈그림 3-5〉에서 보는 바와 같이 ②를 통해 화폐의 흐름이 해외시장으로부터 금융시장으로 흐르거나 반대로 금융시장으로부터 해외시장으로 흐를 수 있다. 만약 우리나라의 수입이 수출을 초과한다면 우리나라는 부족한 수입대금을 지불하기 위하여 금융시장에서 달러화 등 국제통화를 차입해 오거나 수출업자로부터 신용을 제공받을 수 있다. 반대로 만약 우리나라의 수출이 수입을 초과한다면 외국 사람들은 우리나라의 금융기관이나 수출업자로부터 자금을 빌려 쓸 수 있으며 그만큼 우리나라의 대외채권은 증가하게 되는 것이다.

요컨대 수출이 수입을 초과하거나 수입이 수출을 초과하는 등 해외시장이 불균형 상태에 놓이게 되면 금융시장에서는 이를 해결하기 위해 여러 가지 방법을 사용하게 되며, 이러한 과정에서 자금이 해외시장에서 금융시장으로 혹은 금융시장에서 해외시장으로 흐르게 되는 것이다. 우리는 제20장에서 해외시장에 대해 자세히 논의하게 될 것이다.

## 3.3 경제순환모형의 한계 및 유용성

경제순환모형은 확대된 모형이라고 하더라도 현실경제를 이해하기 위해 현실을 극히 단순화한 것임을 알아야 한다. 그러므로 약도와 마찬가지로 현실의 많은 부분을 나타내지 못하거나, 현실과 다른 내용이 없지 않다. 예를 들어, 〈그림 3-4〉에는 저축, 납세, 수입을 가계만 하는 것으로 나타나 있으나 기업도 사내유보라는 이름으로 이윤의 일부를 저축하며, 정부에 법인세를 납부하며, 해외로부터 기계장비, 원료 등을 수입한다. 뿐만 아니라 경제순환모형에는 기업 간의 거래, 가계 간의 거래는 나타나고 있지 않다. 가령 영희 엄마가 철수 엄마에게 1,000만원을 빌려 주고 이자를 받는다면, 이는 가계와 가계간의 거래로 경제순환모형에서는 나타나지 않는다.

이와 같이 경제순환모형은 현실을 표현하는 데에는 한계가 있다. 이러한 이유로 혹자는 경제순환모형의 유용성에 대해서 부정적인 견해를 가질 수 있다. 그러나 복잡한 경제현실을 있는 그대로 이해하기에는 우리의 능력이 모자랄 뿐만 아니라 엄청난 시간이 필요할 것이다. 따라서 우리는 일단 현실을 단순화시켜, 경제문제를 이해하고 진단하는 방법을 채용할 수밖에 없다. 이 작업이 끝난 후에 보다 자세하게 경제현실을 파헤치는 것이 타당한 순서일 것이다. 경제순환모형은 바로 그 첫걸음이라고 할 수 있다.

## 3.4 한국의 경제순환모형

만약 조선시대 말 대원군이 섭정하던 시대의 우리나라 경제의 X-레이 사진, 즉 경제순환모형을 그려보라고 하면 어떤 모습을 가질까? 대원군이 쇄국정책을 취했으므로 아마도 해외시장이 거의 나타나지 않는 경제순환모형이 될 것이다.

현재 북한의 경제순환모형을 그린다면 어떤 모습일까? 북한은 중앙집권적 계획경제체제로 시장경제체제가 아닌데다가 개방경제가 아니므로, 생산물시장, 요소시장, 금융시장, 해외시장 등 시장이 나타나지 않고 정부만 크게 보이는 모양을 가질 것이다.

그렇다면 현재 한국의 경제순환모형은 어떤 모습일까? 앞에서 공부한 확대된 경제순환모형 같이 나타날 것이다. 〈그림 3-6〉에는 2020년 현재 한국의 경제순환모형을 그려 놓았다. 특히 경제순환모형에다가 화폐가치의 흐름을 표시하였다.

먼저 2020년 기업부문에 의해서 생산된 국내총생산(GDP)은 1,933조원에 이르고 있다. 이 중 897조원(46.4%)이 가계에 의해서 구입되었고, 616조원(31.8%)이 기업에 의해서, 349조원(18.1%)이 정부에 의해서, 그리고 704조원(36.4%)이 해외구매자에 의해서 각각 구입되었다. 여기서 독자들은 이상한 점을 발견할 수 있을 것이다. 즉 GDP는 1,933조원인데, 가계의 소비지출, 기업의 투자지출, 정부지출, 그리고 수출의 합은 2,566조원으로 더 많게 나타나고 있다. 이는 소비지출, 투자지출, 정부지출, 수출에는 해외에서 생산된 생산물의 가치, 즉 수입금액이 포함되어 있기 때문이다. 수입된 생산물은 국내에서 생산된 것이 아니므로 빼주어야 한다. 2020년 수입액은 633조원(32.8%)으로 GDP는 소비지출, 투자지출, 정부지출, 수출의 합인 2,566조원에서 수입액 633조원을 빼주면 1,933조원이 된다.

이 1,933조원은 다시 기업에서 가계부문으로 흘러 들어간다. 그런데 기업은 이 돈을 모두 가계에 주는 것이 아니라 앞으로의 기계구입을 위해서 일부를 우선적으로 떼어 놓게 되는 데 이를 자본소모충당금이라고 부른다. 2020년의 경우 자본소모충당금이 399조원(20.7%)이었다. 또한 가계로 흘러 들어간 돈 중에서 다시 기업으로 돌아오는

그림 3-6　한국경제의 경제순환모형(2020년)

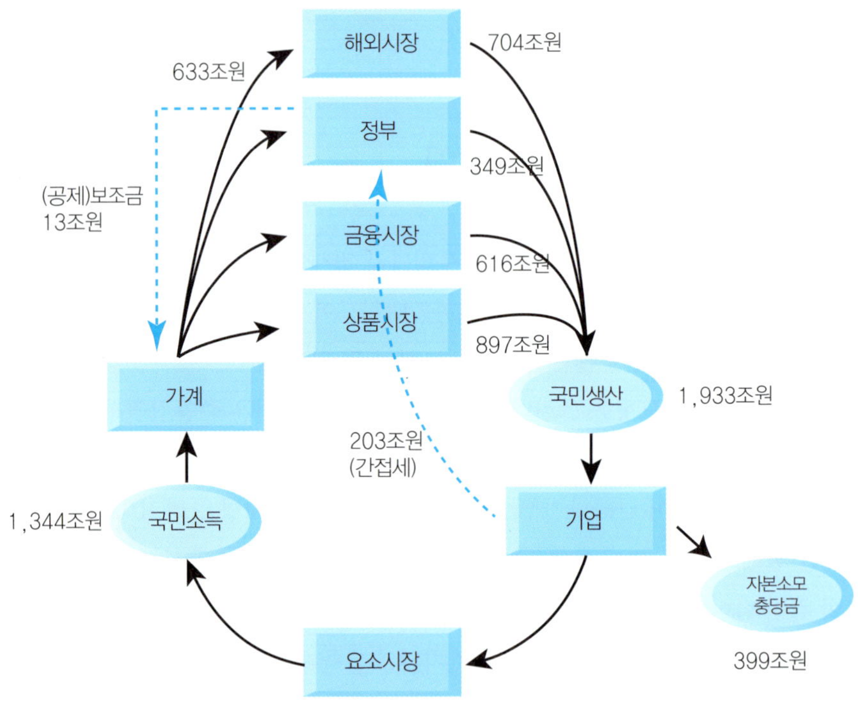


부분이 있는데, 이 금액이 간접세(indirect tax)이다. 대표적인 예가 우리가 일상생활에서 접하는 부가가치세(value-added tax: VAT)이다. 이 금액은 기업이 구매자에게서 받아 두었다가 정부에 세금으로 납부하여야 한다. 2020년 간접세는 203조원(10.5%)으로 집계되었다. 결국 1,933조원 중에서 자본소모충당금과 간접세의 합인 602조원을 제외한 1,344조원이 국민소득으로 가계부문으로 흘러들어간 것으로 나타나고 있다. 여기서 한 가지 유의할 점은 국민소득 1,344조원, 자본소모충당금 399조원, 간접세 203조원을 합하면, 1,946조원이 되는데, 이 중에서 정부가 가계에 보조금으로 지급한 13조원이 포함되어 있기 때문에 이를 공제하면 GDP는 1,933조원이 된다.

## 요 약

1. 경제순환모형은 'X-레이' 사진처럼 복잡한 현실경제를 극히 단순화한 경제분석도구이다.
2. 가계, 기업 등 경제주체들은 자신이 가장 잘하는 일에 전문화하고 시장에서 거래한다. 만약 상품이나 서비스가 거래되면 생산물시장이라고 부르고, 생산요소가 거래되면 요소시장이라고 부른다. 이외에도 금융시장, 해외시장 등이 존재한다.
3. 경제순환모형은 한계점도 있지만, 현실경제를 분석하는 데 매우 유용하다.
4. 경제순환모형을 통하여 한국경제의 흐름을 한눈에 볼 수 있다.

## 용어 및 개념

| | |
|---|---|
| 경제순환모형 | 저축 |
| 생산물시장 | 조세 |
| 요소시장 | 수입 |
| 금융시장 | 자본소모충당금 |
| 정부 | 간접세 |
| 해외시장 | 국민생산 |
| 소비지출 | 국민소득 |
| 투자지출 | 재정정책 |
| 정부지출 | 금융정책 |
| 수출 | |

E C O N O M I C S

CHAPTER | ECONOMICS

# 04 시장경제체제의 이해(2): 수요 · 공급모형

SECTION



우리는 제2장에서 시장경제체제에서는 가격신호가 경제문제를 해결해 준다고 배웠다. 이 장에서는 수요 · 공급모형을 공부함으로써 시장에서의 가격결정원리를 보다 체계적으로 이해하고자 한다. "앵무새도 수요와 공급을 읊조리면 경제학 박사"라는 말이 있듯이 수요와 공급에 대한 이해는 개별시장뿐만 아니라 경제시스템의 전반적 운용과정을 이해함에 있어서도 필수적이다.

시장거래에는 항상 두 가지 측면이 존재하게 되는데, 그것이 바로 수요와 공급이다. 특히 시장경제체제에서는 수요와 공급에 의해서 가격이 결정되며, 가격을 신호로 하여 '무엇을 얼마만큼', '어떻게', 그리고 '누구를 위하여'의 문제가 해결되므로 수요와 공급은 시장경제가 어떻게 운용되느냐를 이해하는 데 있어서 필수적인 분석도구이다.

분석을 쉽게 하기 위해 시장은 완전경쟁이라고 가정한다. 완전경쟁시장(perfect competition market)은 동질의 상품에 대한 수요자와 공급자의 수가 다수여서 어느 누구도 영향력을 가지지 못하는 시장이다. 가령 우리가 농산물시장을 분석한다고 보면 된다. 전력시장처럼 한국전력공사 하나만 존재하는 독점시장과 자동차시장에서처럼 공급자가 몇 개만 존재하는 시장은 뒤에서 따로 분석하게 될 것이다. 시장에서는 수요자와 공급자라는 쌍방에 의해 가격이 결정되므로 먼저 수요, 공급 그리고 가격결정 순으로 논의를 진행하고자 한다.

## 4.1 수 요

### 수요란

우리 생활 주변에서 흔히 사용되는 수요(demand)라는 용어는 경제학에서는 다음과 같은 특정한 의미를 가지고 있다. 수요란 "어떤 일정 기간에 있을 수 있는 모든 주어진 가격에 대응하여, 소비자들이 사고자 하며 또한 살 수 있는 상품의 양을 보여주는 예정표(schedule)"이다. 〈표 4-1〉은 한 주부의 귤에 대한 가상적인 수요를 보여주고 있다. 이 표는 1주일이라는 기간 중에 주부가 있을 수 있는 귤의 가격들— 300원, 250원, 200원, 150원, 100원—에 대응하여, 사고자 하고 또 살 수 있는 귤의 양—10, 20, 35, 55, 80—을 보여 주고 있다. 독자들은 여기서 몇 가지 표현에 유의할 필요가 있다.

첫째로 '사고자 하며 또 살 수 있다'라는 표현이다. 이것은 수요(demand)라는 개념은 상품에 대한 단순한 욕망(needs)이 아니며, 그것을 살 수 있는 능력까지를 포함한다는 뜻이다. 왜냐하면 소비자가 사고자 한다고 해서 반드시 시장에서 살 수 있는 것이 아니기 때문이다. 가령 어떤 소비자가 고급승용차를 가지고 싶어할 수는 있겠으나, 이러한 욕망은 살 수 있는 능력, 즉 돈이 없다면 이루어질 수 없을 것이다. 그러므로 〈표 4-1〉은 귤 한 개의 가격이 300원이라면 이 주부는 주당 10개를 사고자 하며 또한 살 수 있고, 만약 150원이라면 주당 55개를 사고자 하며 또한 살 수 있음을 말해 주는 것이다.

둘째로 '예정표'라는 표현이다. 우리는 "실제로 시장에서 거래되는 귤 한 개의 가격은 얼마인가"라는 질문을 던질 수 있다. 그러나 수요표만으로는 있을 수 있는 다섯 개의 가격 중에서 어느 것이 시장에서 거래되는 가격인지를 알 수 없다. 실제 시장가격은 뒤에서 자세히 공부하게 되겠지만, 수요와 공급의 상호작용에 의해 결정되기 때문이다. 다시 강조하건대, 수요란 단순히 여러 가지 있을 수 있는 가격에 대응하여 얼마를 사겠다는 구매자의 계획 또는 의도를 보여주는 예정표에 지나지 않는 것이다.

셋째로 '어떤 일정기간'이라는 표현이다. 수요의 정의가 의미 있는 것이 되기 위해서는 수요량이 반드시 일, 주, 월, 년 등의 일정한 기간으로 표시되어야 한다. 예를 들어 "이 주부가 개당 300원씩 하는 귤 10개를 구입하고자 한다"라는 말은 엄격한 의미에서 수요라고 보기는 어렵다. 그러므로 "이 주부가 개당 300원씩에 '매주' 10개의 귤을 사고자 한다"라고 말해야 한다.

## 수요의 법칙

〈표 4-1〉을 보면, 귤의 가격이 상승하면 수요량은 감소하고, 반대로 귤의 가격이 하락하면 수요량은 증가함을 알 수 있다. 이와 같은 가격과 수요량의 역관계가 수요의 기본적인 특성이다. 경제학자들은 이를 수요의 법칙(law of demand)이라고 부른다. 일반적으로 수요의 법칙은 "다른 사정이 일정한 한, X라는 상품의 가격과 수요량은 역관계를 갖는다"라고 할 수 있다. 이를 간단한 수식으로 표현하면,

$$Q_x = f(P_x), \qquad \text{다른 사정은 일정한 한}$$

여기서 $P_x$와 $Q_x$는 역의 관계를 가지며 다른 사정에는 소비자의 소득, 기호, 타재화의 가격 등이 있다.

**표 4-1 귤에 대한 수요표**

| 가격(P): 원/개 | 수요량(Q): 개/주 |
|---|---|
| 300 | 10 |
| 250 | 20 |
| 200 | 35 |
| 150 | 55 |
| 100 | 80 |

## 수요곡선

이와 같은 가격과 수요량과의 관계는 가격을 종축에, 수요량을 횡축에 표시하는 직각 좌표로 나타낼 수 있다. 〈그림 4-1〉은 앞의 〈표 4-1〉을 그래프로 옮겨 놓은 것이다. 〈표 4-1〉의 5개의 점, 즉 (300, 10) (250, 20) (200, 35) (150, 55) (100, 80)을 직각 좌표상에 옮겨 표시한 다음, 이 점들을 연결하면 〈그림 4-1〉의 *DD*선이 된다. 이와 같이 한 재화의 가격과 수요량의 관계를 그림으로 나타낸 것이 수요곡선이다. 그러므로 수요곡선상의 모든 점들은 주어진 가격에 대응한 소비자의 의도된 구매량을 나타낸다. 그림에서 보는 바와 같이 수요곡선은 우하향의 기울기를 가지는데, 이것은 수요의 법칙이 성립함을 보여주는 것이다.

그러면 수요곡선은 왜 우하향하는 것일까? 다시 말해서 수요의 법칙은 왜 성립하는 것일까? 이는 여러 가지 방법으로 설명될 수 있다.[1)] 상식적인 수준에서 설명하자면, 소비자에게는 가격이 장애물이 되기 때문이다. 장애물이 높으면 사려는 의욕이 떨어지

**그림 4-1** 귤에 대한 수요곡선

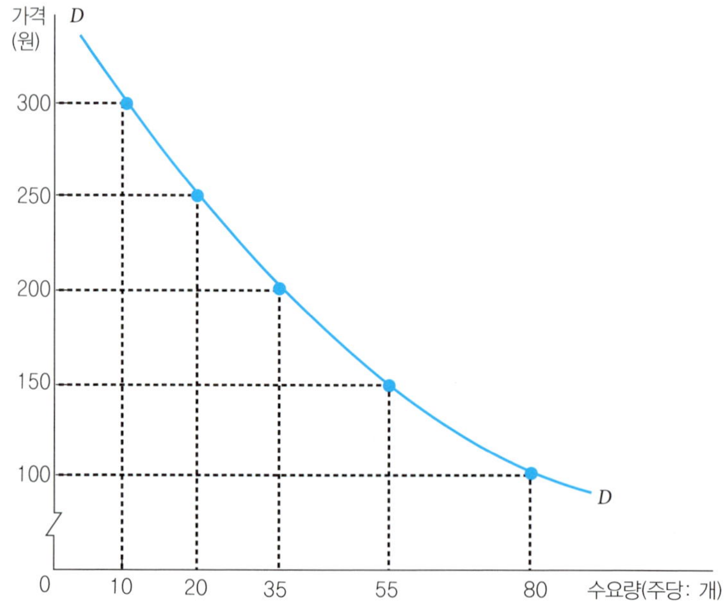


1) 이것을 설명하는 것이 소비자이론의 전부라고 볼 수 있다. 이에 대한 자세한 내용은 제5장에서 다룬다.

고 장애물이 낮으면 사려는 의욕이 높아지는 것은 자명한 이치이다. 백화점에서 연중 행사로 「바겐세일」을 하는 것은 가격이라는 장애물을 낮추어서 소비자들을 더 많이 몰리게 하려는 의도로서, 바로 수요의 법칙에 근거한 것이라고 볼 수 있다.

수요의 법칙은 한계효용체감현상에 의해서도 설명될 수 있다. 한계효용체감현상이란 상품을 추가적으로 소비하면 할수록 그 만족도는 점차 떨어진다는 것이다. 가령 며칠 굶은 사람에게 햄버거 1개를 주면 말할 수 없이 고마워할 것이다. 왜냐하면 이 사람에게 햄버거는 엄청난 만족을 가져다주기 때문이다. 다시 햄버거 1개를 더 주면 역시 고마움을 표시할 것이나 그 고마움의 크기는 첫 번째보다는 작을 것이다. 세 번째 햄버거는 두 번째보다 그 만족도가 떨어질 것이다. 극단적으로 10번째 햄버거를 먹으라고 한다면 이 사람은 고마워하기는커녕 화를 낼지도 모른다. 이와 같이 추가적인 소비의 만족도—또는 중요도—는 점차 떨어지므로 추가적인 상품의 구입대가인 가격이 떨어져야만 소비자는 상품을 더 사려고 할 것이다.

수요의 법칙은 대체효과와 소득효과에 의해서도 설명될 수 있다. 대체효과란 X라는 상품의 가격이 하락하고 그 상품과 비슷한 성질을 가지는 Y라는 상품의 가격은 변하지 않을 경우에, 소비자들은 X재가 Y재에 비해 가격이 상대적으로 더 싸졌다고 생각하여 X재의 소비를 늘리고 Y재의 소비를 줄이는 것을 말한다. 한편 소득효과란 소비자의 화폐소득의 크기는 일정한 상태에서 X라는 상품의 가격이 하락했을 경우에, Y라는 상품의 소비는 희생시키지 않고 X재만을 더 많이 살 수 있다는 것을 말한다. 이것은 가격의 하락으로 소비자의 구매력이 증가하였기 때문이다. 가령 쇠고기 값이 내렸다고 하자. 그러면 지금까지 쇠고기와 대체관계에 있던 돼지고기, 닭고기, 생선 등을 먹던 주부들도 이들에 비해 쇠고기 값이 상대적으로 더 싸졌다고 생각하여 쇠고기를 더 사 먹으려 할 것이다(대체효과). 뿐만 아니라 쇠고기 값의 하락으로 소비자의 구매력이 증가하여 돼지고기, 닭고기, 생선 등을 예전 수준대로 소비한다 하더라도 쇠고기를 더 사 먹을 수 있게 된다(소득효과). 이와 같이 대체효과와 소득효과로 말미암아 소비자들은 높은 가격에서보다 낮은 가격에서 더 소비하게 된다.

## 개별수요곡선과 시장수요곡선

지금까지 우리는 소비자가 단 한 사람—한 명의 주부—만 존재한다는 가정하에서 수요곡선을 도출하였다. 그러나 분석대상을 소비자와 생산자가 다수 존재하는 완전경쟁시장이라고 전제했으므로 소비자가 다수인 경우를 따져 보아야 한다.

**표 4-2** 귤에 대한 시장수요표(구매자가 2명인 경우)

| 가격 (개당: 원) | (1) 수요량 (구매자 갑) | | (2) 수요량 (구매자 을) | | (3) 시장수요량 (주당: 개) |
|---|---|---|---|---|---|
| 300 | 10 | | 7 | | 17 |
| 250 | 20 | | 12 | | 32 |
| 200 | 35 | + | 21 | = | 56 |
| 150 | 55 | | 35 | | 90 |
| 100 | 80 | | 55 | | 135 |

시장수요곡선은 개별수요곡선들을 단순히 '수평으로 합'하면 구할 수 있다. 편의상 두 명의 소비자 갑과 을만 존재하는 시장을 생각해 보자. 〈표 4-2〉는 주어진 가격에 대응한 개별소비자 갑과 을의 수요량을 수평으로 합하여 시장수요량이 구해짐을 보여주고 있다. 가령 귤가격이 300원일 때 시장수요량은 갑의 수요량 10개와 을의 수요량 7개를 합한 17개이다. 같은 방법으로 가격이 150원일 때 귤의 시장수요량은 90개가 된다. 이것을 그래프로 표시하면 〈그림 4-2〉와 같은 시장수요곡선이 도출된다.

경제학에서 말하는 경쟁이란 무수히 많은 소비자와 생산자가 있는 경우이므로 우

**그림 4-2** 귤에 대한 시장수요곡선의 도출

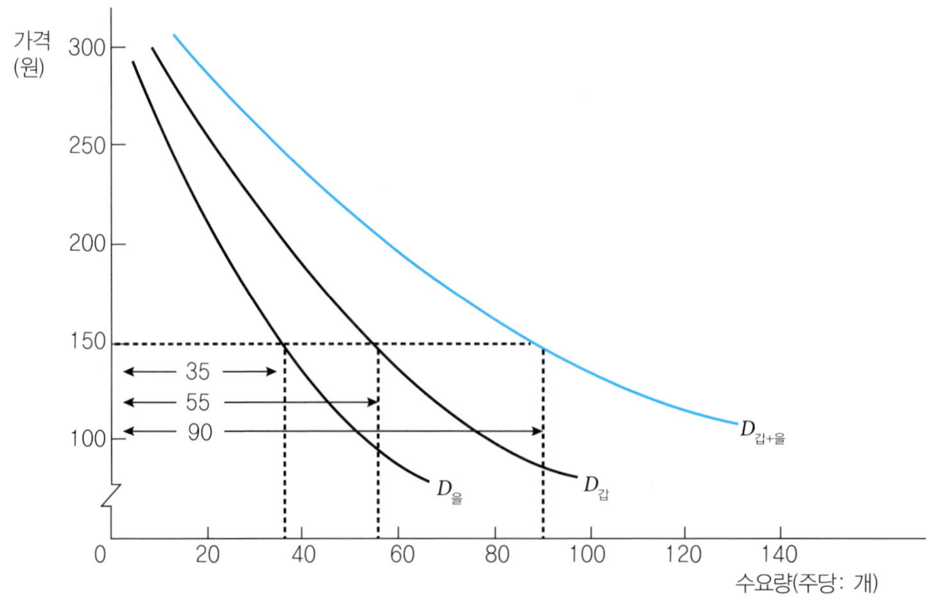

**표 4-3** 귤에 대한 시장수요표(구매자가 200명인 경우)

| 가격 (개당: 원) | (1) 갑의 수요량 (주당: 개) | (2) 구매자수 (명) | (3) 총수요량 (주당: 개) |
|---|---|---|---|
| 300 | 10 | 200 | 2,000 |
| 250 | 20 | 200 | 4,000 |
| 200 | 35 | 200 | 7,000 |
| 150 | 55 | 200 | 11,000 |
| 100 | 60 | 200 | 16,000 |

리는 소비자가 단지 2명에 그치지 않는 그 이상을 생각해 볼 수 있다. 가령 200명의 소비자가 있다고 하자. 편의상 200명이라는 소비자들의 구매행위가 갑과 동일하다고 가정하면, 시장수요표(〈표 4-3〉)는 〈표 4-2〉에서 갑의 각 수요량에 200을 곱한 것이 될 것이다. 〈그림 4-3〉의 $D_{200}D_{200}$은 소비자가 200명일 경우에 귤에 대한 시장수요곡선을 나타낸 것이다.

**그림 4-3** 귤에 대한 시장수요곡선(구매자가 200명인 경우)

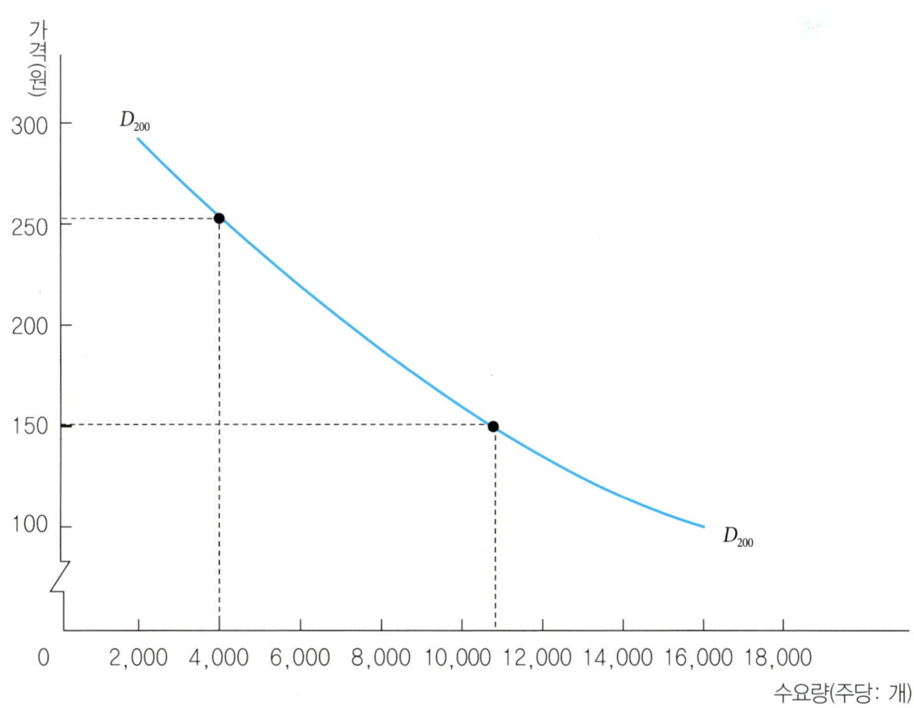

## 더 알아보기 '수평 합'의 예외: 소비의 외부성

시장수요곡선은 항상 개별수요곡선들의 '수평 합'인가? 만약 소비의 외부성(externality)이 존재하는 경우에는 그렇지 않다. 소비의 외부성이란 개별소비자의 소비행태가 다른 소비자들에 의해서 영향을 받게 되는 것을 말하며, 이 경우에 시장수요곡선은 개별수요곡선들의 정확한 '수평 합'이 아니다. 첫 번째는 편승효과(bandwagon effect)가 존재하는 경우이다. 우리 속담에 "남이 장에 가니까 나도 따라 간다"라는 말이 있듯이, 군중심리 혹은 유행심리가 작용하여 가격이 하락할 때 소비가 크게 증가하는 현상이다. 이러한 현상은 우리 주변에서 쉽게 발견할 수 있다(예: 핸드폰). 편승효과가 있는 경우에는 〈그림 4-4〉의 $D_1$에서와 같이 개별수요곡선들의 '수평 합'인 시장수요곡선 $D_0$보다 더 편평해질 것이다.

두 번째는 백로효과(snob effect)가 있는 경우이다. 역시 우리 속담에 "까마귀 가는 곳에 백로야 가지 마라"라는 말이 있다. 이는 소비자들에게는 유행심리가 작용하기도 하지만, 그 반대로 남이 하면 오히려 안 하려는 심리도 작용함을 지적하는 말이다. 가령 남들이 개고기 먹으면, 이를 야만시하면서 더 안 먹으려는 소비행동이 여기에 속할 것이다. 만일 시장 전체적으로 이러한 심리가 크게 작용한다면, 〈그림 4-5〉 $D_2$에서 보는 바와 같이 시장수요곡선은 개별수요곡선의 수평합보다 더 적게 될 것이다.

세 번째는 베블렌* 효과(Veblen effect)가 있을 때이다. 소비자들은 동일한 물건이라도 비싸게 주고 샀다는 사실 자체를 과시하고자 하는 심리가 있기 때문에 나타나는 현상이다. 가령 모피코트를 입은 주부들이 서로 비싸게 주었다고 자랑하는 심리가 이에 속한다. 따라서 비쌀수록 더 사고, 쌀수록 덜 사는 행동이 관측될 수 있다. 기업에서는 이러한 소비자 심리를 파악하여 명성가격(conspicuous price)을 책정하기도 한다. 베블렌 효과가 나타나면 수요의 법칙이 성립하지 않으나, 이는 일정한 중간 가격대에서 나타나는 현상이다. 만약 가격대가 크게 높아지면 소득제약 때문에 다시 수요의 법칙이 작용할 것이다. 누가 모피코트를 1억원 주었다 혹은 2억원 주었다라고 자랑할 것인가? 반대로 낮은 가격대에서도 다시 수요의 법칙은 작용할 것이다. 즉 도토리 키 재기는 안 한다는 것이다.

**그림 4-4** 소비의 외부성이 있는 경우의 시장수요곡선

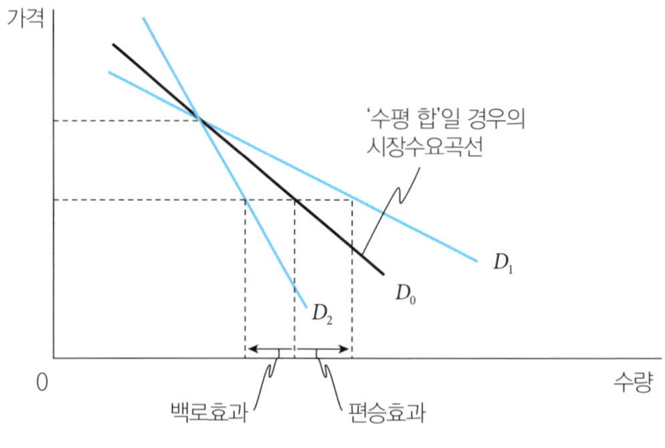


* T. Veblen(1857~1929)은 미국의 경제학자로, 「유한계급론」이라는 책을 저술하였다.

## 수요의 변화와 수요량의 변화

이상에서 우리는 '다른 사정이 일정한 한'이라는 전제하에서 〈그림 4-3〉의 시장수요곡선을 도출하였다. 즉 어떤 상품의 수요량을 변화시키는 가장 중요하고도 유일한 요인은 그 상품의 가격뿐이고, 소비자의 소득, 기호, 타재화의 가격 등 비가격요인은 수요에 전혀 영향을 미치지 않는다는 가정에 입각한 것이었다. 이를 수식으로 다시 표시하면 다음과 같다.

$$Q_X = f(P_X), \qquad \text{단 } M,\ T,\ P_Y \text{ 등은 주어짐}$$

여기서 $M$은 화폐소득, $T$는 기호, $P_Y$는 타재화의 가격으로 다른 사정들 중 대표적인 것들이다. 그러나 과연 화폐소득이 증가하여 소비자의 호주머니 사정이 좋아진다면 수요가 전혀 영향을 받지 않겠는가? 그렇지 않음은 자명한 이치이다. 이러한 사정을 감안하면 수요함수는 다음과 같이 표현될 것이다.

$$Q_X = f(\underbrace{P_X}_{\text{가격요인}},\ \underbrace{M,\ T,\ P_Y,\ldots}_{\text{비가격요인}})$$

위의 식은 X라는 상품의 수요량은 그 상품 자체의 가격뿐만 아니라 화폐소득, 기호, 타재화의 가격 등 비가격요인에 의해서도 영향을 받고 있음을 보여준다. 이상에서 우리는 '수요의 변화(change in demand)'와 '수요량의 변화(change in quantity demanded)'라는 두 개의 구별되는 개념을 발견할 수 있다.

먼저 수요의 변화란 가격요인을 묶어 놓은 상태에서 소득, 기호, 타재화의 가격 등 비가격요인 중 하나 혹은 그 이상이 변했을 때 수요가 변하는 것을 말한다. 예를 들어 화폐소득이 증가했다고 하면, 특별한 경우를 제외하고는 수요량의 증가를 가져올 것이다. 구체적으로 귤가격이 200원 수준에 묶여 있다고 하더라도 소득증가로 수요량이 종전의 7,000개에서 10,000개로 증가한다. 〈그림 4-5〉에서 보면 소비자는 종전과 동일한 가격에서 귤을 종전보다 더 구입하려 할 것이며, 이러한 수요의 변화는 수요곡선의 우측 이동으로 나타난다. 즉 수요곡선은 $D_1D_1$에서 $D_2D_2$로 이동한다. 만약 비가격요인이 수요량을 감소시키는 쪽으로 영향을 미치면 수요곡선은 $D_3D_3$으로 좌측 이동할 것이다.

반면에 수요량의 변화는 비가격요인을 묶어 놓은 상태에서 가격요인만 변할 때 수요량이 변하는 것을 말한다. 그림에서 보는 바와 같이 귤의 가격만 200원에서 150원으로 변하면, 수요량이 7,000개로부터 11,000개로 증가할 것이다. 이러한 수요량의 변화는 그림에서는 수요곡선 상에서 점의 이동으로 나타난다. 즉 $a$점에서 $b$점으로의 변화이다.

요컨대 수요의 변화란 수요곡선 자체의 이동으로 나타나고 수요량의 변화는 주어

**그림 4-5** 수요량의 변화와 수요의 변화

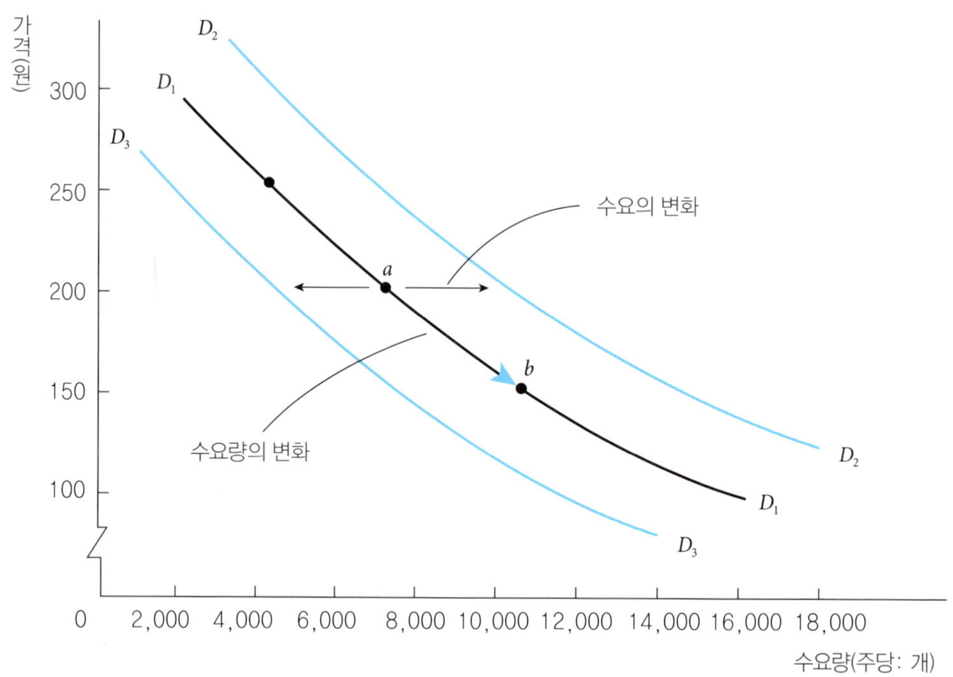


진 수요곡선 상에서의 점의 이동으로 나타난다. 이제 수요의 변화요인, 즉 비가격요인의 변화가 수요에 미치는 영향을 구체적으로 살펴보자.

### 소득의 변화

앞에서 잠깐 언급한 바와 같이 소득의 증가는 특별한 경우를 제외하고는 수요의 증가를 가져온다. 이와 같이 소득의 증가에 따라 수요가 증가하는 상품을 우리는 우등재(superior goods) 또는 정상재(normal goods)라고 부른다. 예를 들어 승용차, 오디오, 맥주 등 대부분의 상품이 이에 속한다고 볼 수 있다.

특별한 경우란 정상재가 아닌 상품이다. 예를 들어 소득이 일정 수준을 넘어서 증가할 경우 지금까지 돼지고기를 주로 먹던 가계는 그 대신 쇠고기나 생선을 먹으려 할 것이다. 또한 소득이 증가하면 중고차나 헌옷에 대한 수요가 줄어들 것이다. 이와 같이 소득이 증가함에 따라 수요가 감소하는 돼지고지, 중고차, 헌옷 등과 같은 재화를 우리는 열등재(inferior goods) 혹은 하급재라고 부른다. 그러므로 모든 재화는 열등재가 아닌 한 소득이 증가함에 따라 수요가 증가한다.

### 연관재 가격의 변화

소득과 마찬가지로 연관재 가격의 변화가 수요에 미치는 영향도 다소 주의를 요한다. 어떤 재화(X)와 관련된 다른 재화(Y)의 가격변화가 X재의 수요를 증가시킬 것인지 아니면 감소시킬 것인지는 X재와 Y재가 서로 보완관계에 있느냐 아니면 대체관계에 있느냐에 따라 다르다.

먼저 두 재화가 보완관계에 있는 경우를 보자. 커피와 설탕의 경우 설탕에 대한 수요는 커피 값이 상승함에 감소하게 될 것이다. 왜냐하면 커피 값의 상승은 먼저 커피에 대한 수요를 감소시키며, 이에 따라 커피와 함께 사용되는 설탕의 수요가 감소되기 때문이다. 일반적으로 X재와 Y재가 보완관계에 있다면 X재의 수요와 Y재의 가격은 반대방향으로 변한다. 우리는 이러한 두 재화를 보완재라 부른다. 보완재의 다른 예로서는 자동차와 휘발유, 비디오 카세트와 비디오 테이프, 카메라와 필름 등이다.

이와는 달리 대체관계에 있는 재화도 있다. 커피와 홍차의 경우 홍차에 대한 수요는 커피 값이 상승함에 따라 증가할 것이다. 이는 커피 값이 상승하면 커피에 대한 수요를 감소시키는 반면에 상대적으로 홍차의 값을 저렴하게 만들어 홍차에 대한 수요가 증가하기 때문이다. 일반적으로 X재와 Y재가 대체관계에 있다면 X재에 대한 수요와 Y재의 가격은 같은 방향으로 변화한다. 우리는 이러한 두 재화를 대체재라고 부른다.

그러나 두 재화간 아무 관계가 없는 경우에는 어떤 X재의 수요가 Y재의 가격변화에 아무런 영향을 받지 않는다. 예를 들면 커피와 소금, 모자와 안경, 자동차와 감자 등이 이에 속한다. 우리는 이들을 독립재라고 부른다.

### 기호의 변화

어떤 상품에 대한 소비자들의 기호는 광고나 유행에 의해서 영향을 받기 마련이다. 만약 나팔바지가 유행하면 모든 가격수준에서 종전보다 더 구매하려고 할 것이므로 나팔바지의 수요는 증가한다. 개인용 컴퓨터 붐이 일면 컴퓨터는 물론 관련 주변기기의 수요는 증가할 것이다. 거꾸로 소비자 기호가 어떤 상품에 대해 불리하게 변하면 그 상품에 대한 수요는 감소한다.

### 소비자수의 변화

인구 증가나 교통 및 정보통신의 발달로 시장에 참여하는 소비자의 수가 증가할 경우 상품에 대한 수요는 당연히 증가할 것이다. 반대로 어떤 이유로든 소비자의 수가 감소할 경우에는 수요도 감소할 것이다.

### 기 대

만약 소비자들이 어떤 재화의 가격이 앞으로 상승하리라고 기대한다면, 그 재화에 대한 현재 기간의 소비를 증가시킬 것이다. 이는 예상되는 가격상승으로 인한 손실을 피하기 위함이다. 또 미래의 소득이 증가할 것으로 기대한다면, 현재의 소비를 늘릴 것임은 자명하다.

## 4.2 공 급

### 공급이란

공급(supply)이라 함은 "어떤 일정 기간에 있을 수 있는 모든 주어진 가격에 대응하여, 생산자가 생산하고자 하며 동시에 시장에서 판매하고자 하는 상품의 양을 보여주는 예정표(schedule)"를 말한다. 그러므로 공급표는 〈표 4-4〉에서와 같이 어떤 생산자의 공급가능성을 보여주는 것이다. 이 표는 귤공급자가 주당 있을 수 있는 귤의 가격들—300원, 250원, 200원, 150원, 100원—에 대응하여, 생산하여 시장에 판매하고자 하는 귤의 양—60개, 50개, 35개, 20개, 5개—을 보여주고 있다. 공급의 개념도 수요의 개념과 마찬가지로 일정기간이 명시되어야 하며, 실현된 것이 아닌 의도 또는 계획을 뜻하는 것임은 물론이다.

### 공급의 법칙

〈표 4-4〉를 통해서 귤의 가격과 공급량은 같은 방향으로 변화하고 있다는 사실을 쉽게 알 수가 있다. 즉 가격이 상승하면 공급량은 증가하고, 반대로 가격이 하락하면 공급

**표 4-4** 귤의 공급표

| 가격(P): 원/개 | 공급량(Q): 개/주 |
|---|---|
| 300 | 60 |
| 250 | 50 |
| 200 | 35 |
| 150 | 20 |
| 100 | 5 |

량은 감소한다. 경제학자들은 이를 이름하여 '공급의 법칙(law of demand)'이라고 부른다. 일반적으로 공급의 법칙은 "다른 사정이 일정한 한, X라는 상품의 가격과 공급량은 정(+)의 관계를 갖는다"라고 할 수 있다.

이를 간단한 수식으로 표시하면,

$$Q_X = f(P_X), \qquad \text{다른 사정은 일정한 한}$$

여기서 다른 사정에는 생산비, 기술, 타재화의 가격 등이 있다.

## 공급곡선

수요의 법칙과 마찬가지로 공급의 법칙 역시 그래프로 표시할 수 있다. 〈그림 4-6〉은 횡축의 수요량이 공급량으로 바뀌었을 뿐, 〈그림 4-2〉와 기본적으로 다를 바 없으며 공급곡선을 그리는 과정도 수요곡선을 그리는 과정과 동일하다. 다른 점은 공급곡선은 우상향한다는 것이다.

그러면 공급곡선은 왜 우상향하는 것일까? 즉 공급의 법칙은 왜 성립하는 것일까? 직관적으로 이를 설명하면, 가격은 상품구입의 대가를 지불하는 소비자에게는 장애물

그림 4-6 귤의 공급곡선

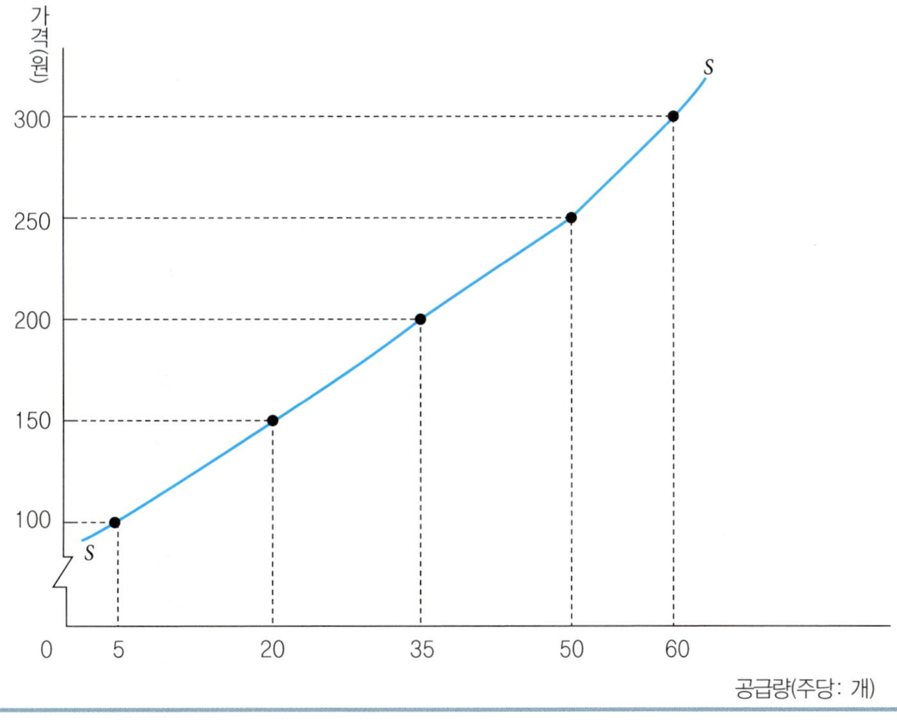

이지만, 생산자 입장에서 보면 가격은 단위당 수입이므로 공급에 대한 유인(incentive)이 되기 때문이다. 다시 말해서 가격이 높아질수록 그에 대응하여 생산 · 판매하려는 유인은 커진다. 구체적인 예를 들어보자. 제한된 토지와 인력을 가지고 농업에 종사하는 농부를 생각해 보자. 그는 토지와 인력을 귤의 재배에도 사용할 수 있을 것이고, 닭의 사육에도 사용할 수 있을 것이다. 만약 〈표 4-4〉에서와 같이 귤의 값이 올라간다면, 닭을 사육하는 대신 귤을 더 많이 재배하는 것이 이득이라고 생각할 것이다. 더 나아가서 귤의 가격이 높아지면 차입금이자, 인건비 등 각종 비용을 커버할 수 있는 가능성이 커진다. 따라서 귤가격의 상승은 농부로 하여금 보다 많은 귤을 공급하게 만들 것이다.

이러한 이치는 제조업자에게도 마찬가지이다. 자동차회사의 경우에 특정한 생산대수 이상을 생산하게 되면, 단위당 생산비용이 상승하는 것이 일반적이다. 그러므로 가격이 높아져야만 생산비용을 커버할 수 있다. 그러면 왜 단위당 비용이 상승하는가? 이것은 자동차 공장의 설비를 짧은 기간 내에 확장시킬 수 없기 때문이다. 즉 자동차부품, 플라스틱, 조립공 등은 쉽게 증가시킬 수 있으나 공장설비는 고정되어 있으므로, 생산현장이 혼잡하게 되어 생산성이 떨어지고 자동차 한 대를 더 만드는 비용은 증가한다. 이렇게 추가적인 한 단위의 자동차 생산비용이 체증하기 때문에 자동차를 생산하기 위해서는 더 높은 가격을 받아야 하는 것이다. 가격과 공급량과의 플러스(+)의 관계가 성립하는 이유가 여기에 있다.

## 개별공급곡선과 시장공급곡선

지금까지 우리는 생산자가 단 한 사람 존재한다는 가정하에서 공급곡선을 도출하였다. 그러나 우리는 분석대상을 생산자가 다수 존재하는 완전경쟁시장이라고 전제하였으므

**표 4-5** 귤의 시장공급표(공급자를 200명으로 가정)

| 가격<br>(개당: 원) | (1)<br>1명의 공급량<br>(주당: 개) | (2)<br>공급자 수<br>(명) | (1)(2)<br>시장공급량<br>(주당: 개) |
|---|---|---|---|
| 300 | 60 | 200 | 12,000 |
| 250 | 50 | 200 | 10,000 |
| 200 | 35 | 200 | 7,000 |
| 150 | 20 | 200 | 4,000 |
| 100 | 5 | 200 | 1,000 |

그림 4-7 귤의 시장공급곡선

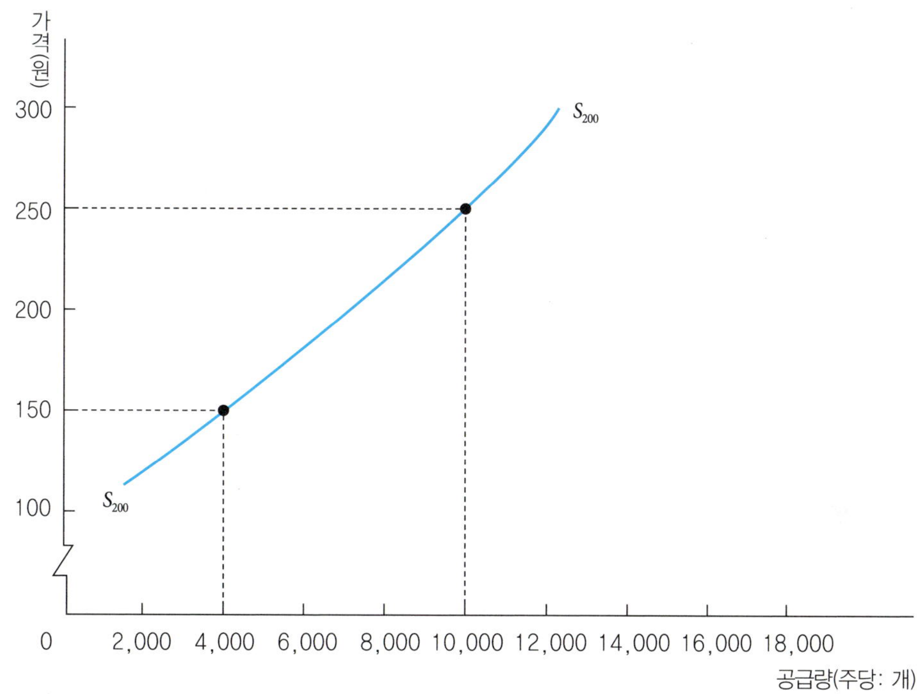


로 개별생산자들이 공급의사를 가지고 시장에 참여하는 경우를 따져 보아야 한다.

시장공급곡선은 시장수요곡선과 마찬가지로 개별공급곡선들을 단순히 수평으로 합하면 구할 수 있다. 〈표 4-5〉는 동일한 공급의도를 가진 200명의 생산자가 있다고 가정할 경우의 시장공급표이고, 〈그림 4-7〉은 이를 곡선으로 나타낸 것이다. 시장공급곡선의 도출과정은 시장수요곡선과 같다.

## 공급의 변화와 공급량의 변화

수요곡선과 마찬가지로 공급곡선도 '다른 사정이 일정한 한'이라는 가정하에서 도출된 것이다. 즉 어떤 상품의 공급량을 변화시키는 가장 중요하고도 유일한 요인은 그 상품의 가격뿐이고, 생산비용, 기술, 타재화의 가격 등 비가격요인은 공급에 전혀 영향을 미치지 않는다는 가정에 입각한 것이었다. 이를 수식으로 다시 표시하면,

$$Q_X = f(P_X), \qquad \text{단 } P_i, \text{Tech}, P_Y, E \text{ 등은 주어짐}$$

여기서 $P_i$는 요소가격, Tech는 기술, $P_Y$는 타재화의 가격, $E$는 생산자 기대 등으로 대표적인 다른 사정들이다. 그러나 비가격요인들도 고려하면,

$$Q_X = f(P_X, P_i, \text{Tech}, P_Y, E, \ldots)$$

가격요인 ——— 비가격요인

우리는 앞에서 '수요의 변화'와 '수요량의 변화'를 구분하여 설명한 바 있다. 마찬가지로 '공급의 변화(change in supply)'와 '공급량의 변화(change in quantity supplied)'도 구별된다.

공급의 변화란 가격요인을 묶어 놓은 상태에서 요소가격, 기술, 타재화의 가격 등 비가격요인 중 하나 혹은 그 이상이 변했을 때 공급이 변하는 것을 말한다. 공급의 증가 또는 감소는 〈그림 4-8〉에서 공급곡선의 각각 우측 또는 좌측 이동으로 나타난다. 공급이 증가할 경우에 $S_1S_1$에서 $S_2S_2$로 공급곡선이 이동할 것이고 공급이 감소할 경우에는 $S_3S_3$으로 공급곡선이 이동할 것이다.

반면에 공급량의 변화는 비가격요인을 묶어 놓은 상태에서 가격요인만 변할 때 공급량이 변하는 것을 말한다. 공급량의 변화는 그림에서는 공급곡선 상에서의 점의 이동으로 나타난다.

그림으로 공급의 변화와 공급량의 변화를 구별해 보자. 〈그림 4-8〉에서 보는 바와

**그림 4-8 공급량의 변화와 공급의 변화**

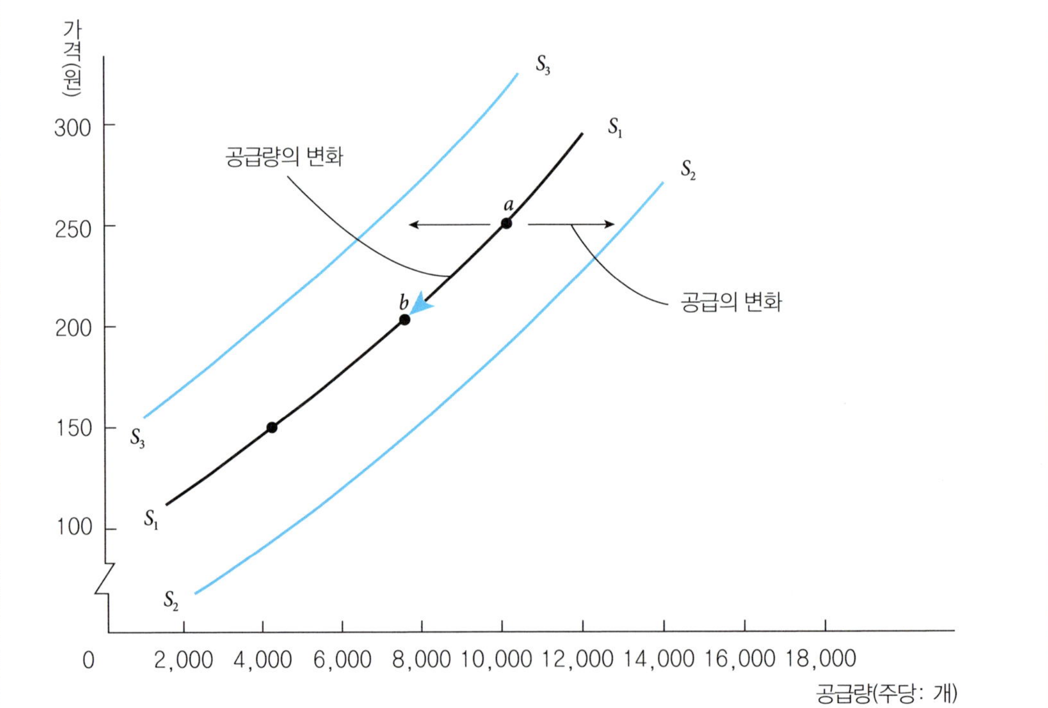

같이 공급곡선이 $S_1S_1$에서 $S_2S_2$ 또는 $S_3S_3$으로 이동하는 것은 공급의 변화를 나타내고, 공급곡선 $S_1S_1$상에서 공급점이 $a$로부터 $b$로 이동하는 것은 공급량의 변화를 말한다. 이제 공급의 변화 요인, 즉 비가격요인의 변화가 공급량에 미치는 영향을 구체적으로 살펴보자.

### 요소가격

앞에서 우리는 공급과 생산비용 간에는 밀접한 관계가 있음을 언급한 바 있다. 즉 생산량을 증가시킴에 따라서 단위당 생산비용은 점차 상승하는 경향이 있으므로 기업이 추가적으로 한 단위 더 생산하기 위해서는 더 높은 가격을 받아야 한다. 그러므로 임금, 이자, 지대, 원료비 등 요소가격이 하락하면 생산비용이 하락하고, 제품가격이 동일하더라도 공급을 증가시켜 공급곡선을 오른쪽으로 이동시킬 것이다. 예를 들어 비료가격, 임금 등이 하락하면 귤의 공급은 증가할 것이다. 반대로 요소가격이 상승하면 공급은 감소할 것이다.

### 생산기술

기술진보가 일어나면 생산을 보다 효율적으로 하게 된다. 즉 과거와 동일한 원료로 더 많이 생산하거나 동일한 생산량을 더 적은 원료로 생산할 수 있다. 이렇게 되면 요소가격이 불변이라도 생산비가 하락되어 공급이 증가한다. 예를 들어 송전시에 구리선을 사용하면 전기손실률이 30%에 이르나, 초전도체를 사용하면 전기손실률이 0%에 가깝다고 한다. 만약 초전도체가 구리선을 대체하는 기술이 실용화되면, 에너지 집약적 상품의 생산비용은 떨어져 공급이 증가할 것이다.

### 다른 재화의 가격

어떤 재화의 공급은 다른 재화의 가격에 영향을 받는다. 예를 들어 밀과 보리를 생산하고 있는 농가의 경우 보리가격이 하락하면 모든 가격수준에 대응하여 밀의 공급량을 증가시킬 것이다.

### 생산자의 기대

생산자는 누구나 자기가 생산하고 있는 재화의 가격이 앞으로 어떻게 변할 것인가를 생각해 볼 것이다. 그러므로 장래에 성립될 가격에 대한 기대는 현재의 공급의도에 영향을 미칠 것이다. 그러나 어떤 방향으로 영향을 미칠 것인가는 다소 애매모호하다. 앞에서 예로든 농부가 앞으로 밀 값이 상승할 것으로 기대한다면, 이 농부는 추수한 밀의 일부를 창고에 저장했다가 가격이 올랐을 때 팔려고도 할 수 있을 것이다. 이 경우에는 현재기에서 밀의 공급은 감소할 것이다. 마찬가지로 주식시장에 상장된 포항제철의 주식가격이 조만간 크게 오를 것으로 기대한다면, 현재 포항제철의 주식공급량은 감소할 것이다. 우리나라 전래소설인 허생전을 보면 허생이 전국의 과일을 매점매석하여 추석 때, 많은 돈을 벌었다는 얘기가 나온다. 아마도 허생은 최소한 이러한 경제원리를 이해하고 있던 것 같다.

반면에 대부분의 공산품의 경우에는 생산자들이 가격상승이 예상되면 생산설비를 확장시킴으로써 공급을 증가시키게 될 것이다.

### 공급자의 수

각 기업의 생산규모가 일정하다고 가정하면 공급자의 수가 많으면 많을수록 그 상품의 시장공급은 증가할 것이다. 만약 어떤 산업에 새로운 기업이 진입하면 시장의 공급곡선은 오른쪽으로 이동할 것이고, 반대로 기존기업이 시장에서 이탈하면 공급곡선은 왼쪽으로 이동할 것이다.

## 4.3 시장가격의 결정: 수요와 공급의 균형

지금까지 우리는 분석의 편의상 수요와 공급을 분리시켜 고찰해 보았다. 이제 수요의도와 공급의도를 가지고 소비자들과 생산자들이 모여드는 시장에서 어떤 일이 벌어질 것인가? 결론부터 말하자면 수요와 공급이라는 상반되는 두 '힘'의 상호작용에 의해서 재화의 가격이 결정된다.

〈표 4-6〉과 〈그림 4-9〉를 통해서 시장가격의 결정을 자세히 공부해 보자. 〈표 4-6〉은 앞에서 예로 들었던 귤의 시장공급표와 시장수요표를 나타낸 것이다. (2)란은 있을 수 있는 가격으로서, 이에 대응하는 공급량이 (1)란에 나타나 있고 수요량은 (3)란에 나타나 있다. 이것을 그래프로 옮겨 놓은 것이 〈그림 4-9〉이다. 시장에서 결정될 수 있는 가격은 300원, 250원, 200원, 150원, 100원 등 다섯 가지로 나타나 있는데, 이 중 실제로 결정되는 가격은 어느 것일까?

우선 300원은 시장에서 실제 거래되는 가격이 될 수 있는가? 가격이 300원일 경우

**표 4-6** 귤에 대한 시장수요 · 공급표

| (1) 시장공급량 (주당: 개) | (2) 가격 (개당: 원) | (3) 시장수요량 (주당: 개) | (4) 초과공급량(+) 혹은 초과수요량(−) | (5) 가격에 대한 압력 |
|---|---|---|---|---|
| 12,000 | 300 | 2,000 | +10,000 | 하락 |
| 10,000 | 250 | 4,000 | +6,000 | 하락 |
| 7,000 | 200 | 7,000 | 0 | 없음 |
| 4,000 | 150 | 11,000 | −7,000 | 상승 |
| 1,000 | 100 | 16,000 | −15,000 | 상승 |

**그림 4-9** 균형가격의 결정

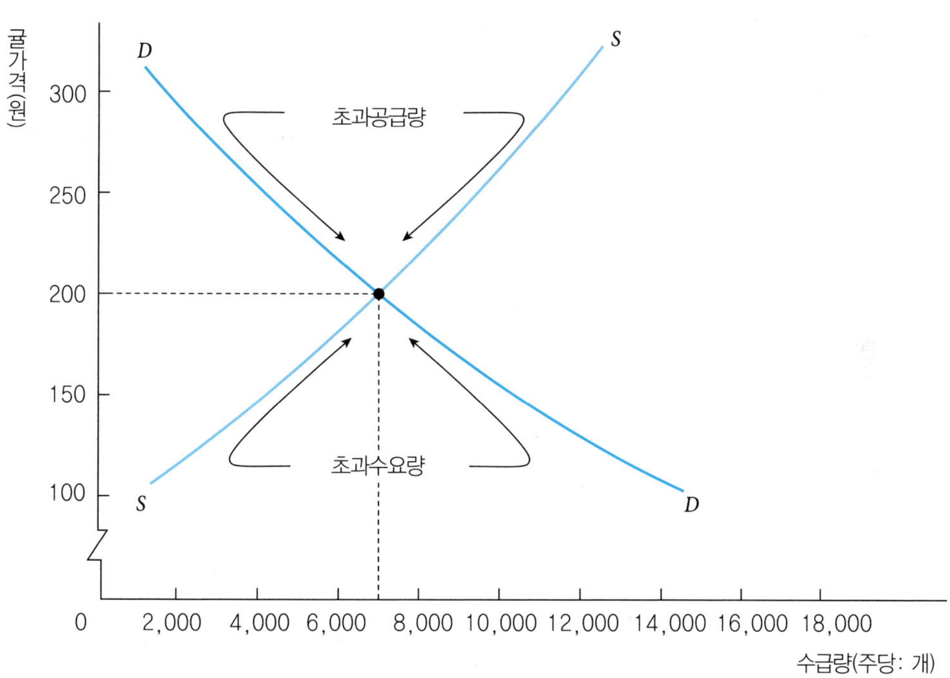


생산자들은 12,000개의 귤을 공급하려 하는 반면에 소비자들은 2,000개만을 구매하려고 할 것이다. 그러면 소비자들의 의도와 생산자들의 의도가 서로 일치하지 않기 때문에 10,000개의 재고가 쌓이게 될 것이다. 우리는 이를 초과공급(excess supply)이라고 부른다. 이와 같이 초과공급이 존재하는 경우에는 가격은 300원 아래로 하락하는 쪽으로 힘을 받게 될 것이다. 왜 그런 것일까? 먼저 우리의 분석대상이 완전경쟁시장임을 염두에 두라. 완전경쟁시장에는 수많은 귤 공급자들이 존재하므로, 재고가 쌓이면 300원보다 낮은 가격에라도 경쟁적으로 처분하려는 심리가 작용하기 때문이다. 바꾸어 말하면 이 시장이 한 공급자에 의해서 장악되는 독점상태라면 이러한 힘이 작용하지 않을 수도 있다는 것이다. 이러한 힘을 받아 가격이 300원 이하인 250원으로 떨어졌다고 하자. 그러면 초과공급량은 6,000개로 줄어드나 공급자들은 다시 경쟁하게 될 것이므로 여전히 가격이 하락하는 쪽으로 힘을 받게 될 것이다. 따라서 귤의 가격 250원은 '너무 비싼' 가격이라고 볼 수 있으며, 시장가격은 250원보다 낮은 수준이어야 함을 알 수 있다.

이제 반대로 가격이 '너무 싼' 100원인 경우를 생각해 보자. 표에 따르면 가격이 100원이라면 시장공급량은 주당 1,000개인 데 반하여, 수요량은 주당 16,000개이므로 15,000개의 귤 부족이 생긴다. 이러한 부족분을 우리는 초과수요(excess demand)라고 부른다. 그러므로 100원은 시장가격이 될 수 없다. 이 역시 귤 시장이 완전경쟁시장이므로 귤에 대한 초과수요가 존재하면, 시장에 참여하는 수많은 소비자들이 웃돈을 주고라도 귤을 확보하려고 서로 경쟁할 것이기 때문이다. 여기서 우리는 귤 한 개의 값이 적어도 100원보다 높아야 함을 알 수 있다. 가격이 올라서 150원인 경우는 어떠한가? 이 경우에도 초과수요량은 7,000개로 줄어드나 가격상승압력은 계속되므로 시장가격이 될 수 없다.

이와 같이 시행착오과정을 되풀이하여 우리는 귤 한 개의 시장가격이 200원이 되어야 함을 알 수 있다. 200원의 가격하에서만 시장공급량과 시장수요량이 일치되어 초과공급 혹은 초과수요가 생기지 않게 된다. 우리는 이상에서 초과공급은 가격을 하락시키는 힘으로 작용하며, 초과수요는 가격을 상승시키는 힘으로 작용한다는 것을 알았다. 이와 같이 더 이상의 가격변동을 가져오지 않는 가격을 경제학자들은 균형가격(equilibrium price)이라 부르고, 이때의 거래량을 균형수급량 또는 균형교환량이라고 부른다. 그림에서는 200원이 균형가격이 되며, 균형수급량은 주당 7,000개가 된다. 요컨대 균형가격은 시장에서 공급자들의 공급의사와 수요자의 수요의사가 일치될 때 성립되는 가격으로, 한번 성립되면 다른 여건의 변화가 없는 한 그 수준을 유지하는 가격이다.

## 가격의 배분기능

이상에서 우리는 수요와 공급이 경쟁적으로 작용하여 공급의사와 수요의사를 일치시키는 하나의 가격이 성립됨을 보았다. 이와 같이 수요의사와 공급의사를 일치시키는 기능을 '가격의 배분기능(rational function)'이라고 부른다. 이 경우에는 200원이라는 가격이 초과공급이나 초과수요가 없도록 시장을 '청소'해 주는 기능을 수행한다. 바꾸어 말하면 자유롭게 형성되는 개별 수요의사와 공급의사가 시장에 모여서 시장을 청소시키는 가격을 성립시킨다.

실제로 수요와 공급이라는 시장기구는 다음을 말해 준다. 귤 한 개에 대해 200원을 지불하고자 하며 또 지불할 수 있는 어떤 소비자도 귤 한 개를 구입할 수 있다. 그렇지 않으면 어떤 소비자도 귤을 구입할 수 없다. 마찬가지로 귤을 생산하고자 하며 또 개당 200원에 시장에 공급할 수 있는 어떤 생산자도 성공적으로 그것을 할 수 있다. 그렇지 않으면 어떤 생산자도 귤을 공급할 수 없다.

만약 가격의 배분기능이 자율적으로 작동하지 않는다면 초과수요나 초과공급을 소멸시키기 위해서는 어떤 형태로든지 정부개입이 불가피하게 된다.

## 시장균형의 변화

한번 시장균형이 성립되면, 항상 그 자리에 머물러 있을 것인가? 즉 귤의 시장가격과 거래량은 항상 개당 200원과 7,000개일 것인가? 전혀 그렇지 않다. 실제로 모든 재화의 시장가격과 거래량은 변동하기 마련이다. 실제로 아파트, 양복, 컴퓨터, 주식 등 대부분 재화의 가격과 수량이 시간에 따라서 변동되고 있음을 독자들은 익히 알고 있을 것이다. 그렇다면 왜 처음의 시장균형이 깨지고 또 다른 시장균형이 성립되는 것일까? 이것은 앞에서 배운 수요 및 공급변화의 비가격요인이 변하여 시장수요곡선 또는 시장공급곡선이 이동되기 때문이다. 수요와 공급의 변화가 균형가격과 균형수량에 미치는 영향을 몇 가지 경우로 나누어 살펴보자

### 수요의 변화

우선 공급은 일정한 데 수요만 변화하는 경우를 보자. 즉 재화에 대한 소비자의 기호, 소득수준, 기대, 관련재화의 가격 등이 변화는 경우이다. 가령 소득 수준의 증가로 수요가 증가한다고 하면, 〈그림 4-10〉과 같이 시장수요곡선이 $D_1D_1$에서 $D_2D_2$로 우상향 이동할 것이다. 그러면 새로운 수요곡선 하에서 $E_1$점은 더 이상 균형점이 아니다. 왜냐하면 $P_1$이라는 가격에서는 $Q_1Q'$만큼의 초과수요가 생기게 되고, 이것은 가격을 상승시키는 힘으로 작용할 것이기 때문이다. 초과수요를 해소시켜 주는 새로운 가격은 $P_2$로서, 이에 대응한 균형수급량은 $Q_2$이다. 즉 새로운 균형점은 $E_2$가 된다. 처음 균형점 $E_1$

**그림 4-10** 수요의 변화가 균형가격과 수량에 미치는 효과

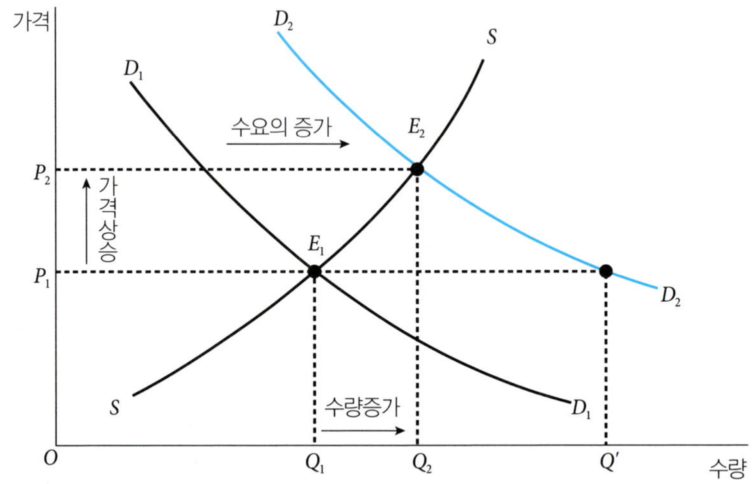


과 새로운 균형점 $E_2$를 비교해 보면 가격이 종전보다 상승할 뿐 아니라 수급량도 종전보다 증가한 수준이다. 반대로 수요가 감소하면 가격이 하락할 뿐 아니라 수급량도 감소한다. 요컨대 수요의 변화와 그에 따른 시장가격 및 균형수량 간에는 정(+)의 관계가 성립한다.

### 공급의 변화

반대로 수요가 일정한데 기술, 요소가격, 생산자 기대 등 공급요인만 변화하는 경우를 보자. 가령 기술진보로 공급이 증가한다고 하면, 시장공급곡선이 〈그림 4-11〉에서 보는 바와 같이 $S_2S_2$로 우하향 이동할 것이다. 그러면 새로운 공급곡선 하에서 $E_1$점은 더 이상 균형점이 아니다. 왜냐하면 $P_1$라는 가격에서는 $Q_1Q'$만큼의 초과공급이 생기게 되고, 이것은 가격을 하락시키는 힘으로 작용할 것이기 때문이다. 초과공급을 해소시켜 주는 새로운 가격은 $P_2$로 이에 대응한 균형수급량은 $Q_2$이다. 즉 새로운 균형점은 $E_2$가 된다. 처음의 균형점 $E_1$과 새로운 균형점 $E_2$를 비교해 보면 가격은 종전보다 하락하지만 수급량은 종전보다 증가하고, 반대로 공급이 감소하면 가격은 상승하지만 수급량은 감소하게 될 것이다. 요컨대 공급의 변화와 그에 따른 시장가격 및 균형수급량 간에는 부(−)의 관계가 성립한다.

그림 4-11 공급변화가 균형가격과 수량에 미치는 효과

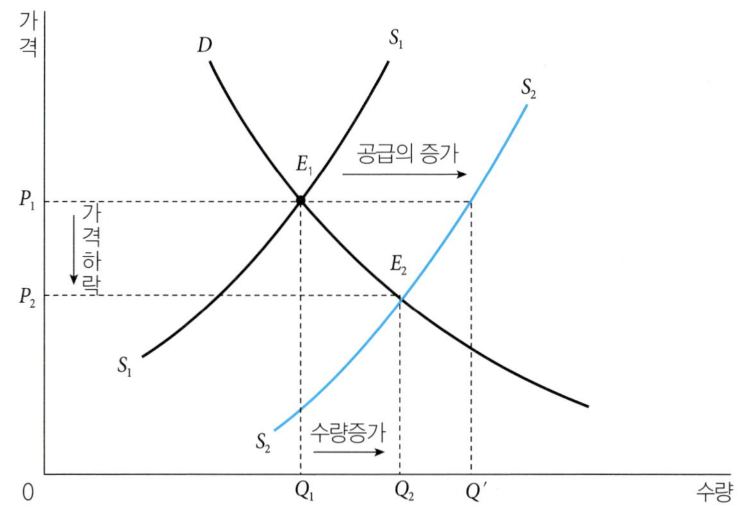


### 수요와 공급이 동시에 변하는 경우

먼저 수요와 공급이 반대 방향으로 변하는 경우를 보자. 공급은 증가하지만, 수요는 감소한다고 가정하자. 앞에서 우리는 공급의 증가와 수요의 감소는 각각 가격을 하락시킴을 보았다. 따라서 이 경우에는 이중적인 가격하락효과로 인해 개별적인 경우보다 훨씬 큰 폭의 가격하락이 있게 될 것이다. 그러나 균형수급량에 대해서는 서로 다른 효과를 갖는다. 즉 공급의 증가는 균형수량을 증가시키는 데 반하여 수요의 감소는 균형수급량을 감소시킨다. 그러므로 균형수급량의 변화방향은 공급증가와 수요감소의 상대적인 크기에 달라질 것이다. 만약 공급증가의 크기가 수요감소의 크기보다 크다면 균형수급량은 증가할 것이고 반대면 균형수급량은 감소할 것이다(독자들은 수요는 증가하지만, 공급이 감소하는 경우를 그래프로 설명해 보아라).

이제 수요와 공급이 같은 방향으로 변하는 경우를 보자. 수요와 공급이 모두 증가한다고 가정하자. 먼저 수요의 증가는 균형가격을 상승시키는 반면에 공급의 증가는 균형가격을 하락시킬 것이다. 그러므로 수요의 증가가 공급의 증가보다 크다면 균형가격은 상승할 것이고, 그 반대면 균형가격은 하락할 것이다. 균형수급량에 대한 효과를 보면, 수요의 증가나 공급의 증가 모두 균형수급량의 증가를 가져오므로 개별적인 경우보다 훨씬 큰 폭으로 균형수급량을 증가시킬 것이다. 이와 같은 방법으로 수요와 공

급이 모두 감소하는 경우도 설명될 수 있다.

뿐만 아니라 공교롭게도 수요의 감소와 공급의 감소가 서로 같거나 수요의 증가와 공급의 증가가 서로 같은 경우도 있을 수 있다. 이들 경우에는 균형가격에는 아무런 변화가 없게 되는데, 독자들은 수요 · 공급모형을 통해서 이를 보일 수 있을 것이다.

## 4.4 수요 · 공급모형의 적용

많은 사람들은 이론 그 자체보다는 그것이 실제에 있어서 어떻게 적용되는가에 더 흥미를 가질 것이다. 다행히도 수요 · 공급모형은 여러 분야에 걸쳐 많이 응용되고 있는데, 이제 대표적인 예로서 우리 정부가 시행해 오던 쌀가격지지제도와 국제무역현상을 이해해 보기로 하자.

### 쌀가격지지제도

정부는 농민들로부터 쌀을 수매하여 쌀의 일부를 '정부미'라는 이름으로 도시근로자들에게 수매가격보다 싸게 공급한 적이 있었다. 이 제도는 이중곡가제라고 불리기도 하는데, 〈그림 4-12〉의 수요공급모형을 이용하여 이를 체계적으로 분석할 수 있다.

쌀 시장에 정부의 개입이 없을 경우에는, 시장균형점은 $E$로서 균형가격은 $P_E$, 균형수량은 $Q_E$이다. 정부가 농가소득수준이 낮다고 보고, 쌀 가격을 가마당 $P_G$로 책정하였다고 하자. 그러면 농가는 $P_GB$만큼을 공급하려 하고 소비자들은 $P_GA$만큼을 수요하려고 할 것이므로 $AB$만큼의 초과공급이 생긴다. 따라서 정부가 설정한 최저가격 $P_G$를 유지시키기 위해서는 초과공급의 문제를 해결해야만 한다. 일반적으로 정부가 취할 수 있는 방법으로는 다음의 세 가지가 있을 수 있다.

첫째로, 수요곡선을 우상향 이동시켜 쌀의 초과공급을 해소시키는 방법이다. 〈그림 4-13〉에서 보는 바와 같이 수요곡선을 $DD$에서 $D'D'$로 이동시켜 줌으로써, 새로운 시장균형이 이루어지게 하면 된다. 이 경우에 새로운 균형점은 $B$가 되며, 쌀의 가격은 정부가 소망하는 수준대로 $P_G$가 되고 균형량은 $Q_E'$가 된다. 그러면 구체적으로 정부는 수요곡선을 어떻게 우상향 이동시킬 것인가? 앞에서 배운 바에 따르면 수요의 변화를 가져오는 비가격요인을 변화시키면 될 것이다. 예를 들어 쌀로 만든 음식—쌀국수, 쌀막걸리 등—을 소비자의 기호에 맞게 다양하게 개발하도록 연구활동을 지원해 주거나

**그림 4-12　가격통제의 효과**

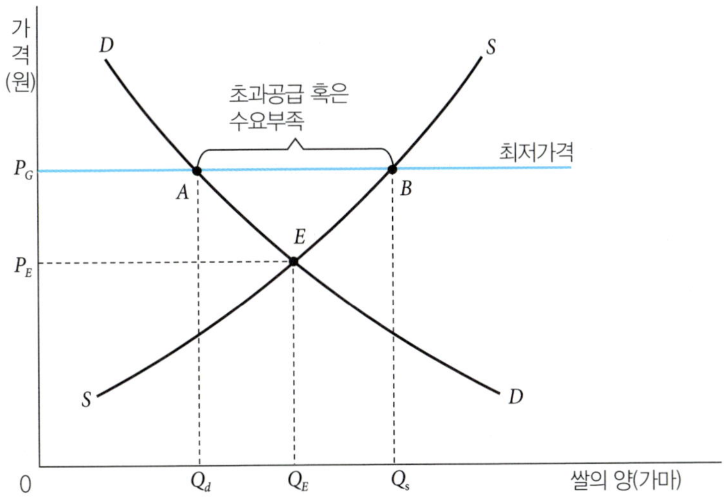


**그림 4-13　정부의 시장개입**

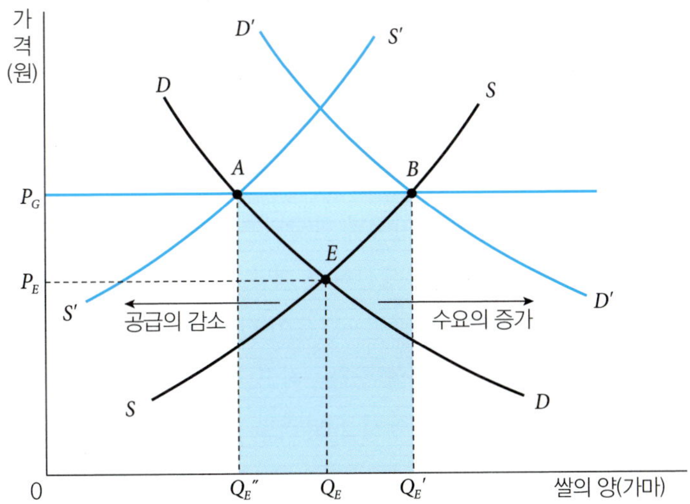


행정력을 동원하여 '쌀밥 먹기' 캠페인을 벌이면 될 것이다.

둘째로, 공급곡선을 SS에서 S'S'로 좌상향 이동시켜 쌀의 초과공급을 해소시키는 방법이다. 이 경우에 새로운 균형점은 A가 되며 쌀의 가격은 정부가 의도하는 대로 $P_G$, 균형량은 $Q_E''$가 된다. 정부가 공급곡선을 좌상향 이동시키기 위해서는 공급변화의 비가격요인에 영향을 주면 된다. 예를 들어 쌀의 경작지 할당이나 쌀 농사 허가제도, 더 나아가서 쌀농사를 짓지 않는 농가에 대한 보상제도 등을 생각해 볼 수 있다.

셋째로, 수요공급곡선은 그대로 두고 쌀의 초과공급분을 정부가 수매하는 방법이다. 이러한 방법이 앞에서 언급한 정부수매제도 또는 이중곡가제이다. 〈그림 4-13〉에서와 같이 정부가 $P_G$의 가격으로 쌀의 초과공급분을 사들이면 되는데, 정부의 재정부담은 사각형 $Q_E''ABQ_E'$의 면적에 해당된다. 정부는 수매한 쌀을 도시근로자들에게 수매가격보다는 낮은 가격으로 방출하여 농민뿐 아니라 소비자도 보호한다. 그러나 정부수매제도는 정부의 재정적자를 누적시킨다는 단점을 가지고 있었다.

정부수매제도는 일종의 정부보조금으로, 1996년 GATT체제하에서 개최된 우루과이라운드(UR)에서 불공정 무역제도로 간주되면서 금지하기로 결정하였고, 10년간의 유예기간을 걸쳐 2005년 폐지되었다. 현재는 정부수매제도 대신 시장가격으로 정부가 구입하는 공공비축제도가 시행되고 있다. 이와 함께 정부는 2001년부터 벼농사 직불제를 시행하고 있다.

## 국제무역

만약 어떤 상품의 국내가격이 해외가격보다 높다면, 그 나라는 국내가격과 국제가격이 같아질 때까지 그 상품을 수입할 것이다. 이러한 상황이 〈그림 4-14〉의 수요공급모형에 설명되어 있다.

그림에서 $D$와 $S$는 미국과 한국에서 가발에 대한 수요곡선과 공급곡선을 나타낸다. (a)와 (c)는 교역이 없는 경우, 미국과 한국의 자국내 가발시장의 균형상태를 보여준다. 즉 미국기업은 가발 20만 개를 생산하여 개당 30달러에 판매하고 있고, 한국기업은 가발 30만 개를 생산하여 개당 1만원—환율이 달러당 1,000원이라고 가정하면 10달러—에 판매하고 있다. 이제 자유무역이 가능하고 거래비용이 전혀 없다고 하자. 그러면 가발가격은 미국시장과 해외시장에서 20달러로 같아지게 될 것이다. 이때 미국의 가발수입량은 30만 개—(a)에서 선분 $GE$—가 되고, 이것은 한국의 수출량 30만 개—(c)에서 선분 $E'G'$—로 충당된 것이다.

이러한 상황은 국제시장의 균형을 보여주는 (b)에서 쉽게 이해될 수 있다. (b)에는 가발에 대한 수요곡선과 공급곡선을 나타나 있다. 수요곡선은 미국의 수입의도로서 자국내 균형가격인 30달러 이하의 각 가격에 대응한 초과수요로부터 유도된 것이다. 예를 들어 개당 30달러의 가격에서는 초과수요가 없으므로 국제시장에서도 수요의도가

**그림 4-14 국제시장에서의 가격 및 수급량 결정**

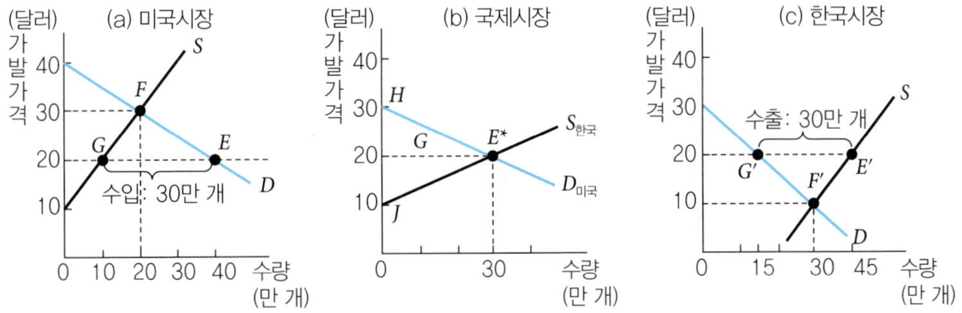


전혀 없게 된다($H$점). 개당 20달러에는 30만 개의 초과수요—(a)에서 $GE$—가 발생하며, 이것이 국제시장에서의 수요의도가 된다($E^*$점). 따라서 국제시장의 수요곡선은 $H$점과 $E^*$점을 연결한 $D_{미국}$이 된다.

한편, 국제시장에서의 공급곡선은 한국의 수출의도로서 자국내 균형가격인 10달러 이상의 각 가격에 대응한 초과공급으로부터 유도된 것이다. 예들 들어 개당 10달러의 가격에서는 초과공급이 발생하지 않으므로 국제시장에서의 공급의도가 전혀 없게 된다. 개당 20달러에서는 30만 개의 초과공급—(c)에서 $G'E'$—이 발생하며, 이것이 국제시장에서의 공급의도가 된다($E^*$점). 따라서 국제시장의 공급곡선은 $J$점과 $E^*$점을 연결한 $S_{한국}$이 된다.

국제시장에서의 균형가격과 균형수급량은 $D$와 $S$가 만나는 $E^*$점에서 결정될 것이다. 이 때 균형가격은 개당 20달러, 균형수급량은 30만 개가 된다. 요컨대 국제시장의 균형도 국내시장과 마찬가지로 수요곡선과 공급곡선이 일치하는 점에서 결정된다.

## 4.5 거시경제학에서 수요와 공급: 총수요 · 총공급모형

지금까지 공부한 수요 · 공급모형은 시장에 대한 미시경제학적 접근방법으로 경제를 '벌레'의 입장에서 본 것이다. 즉 우리는 특정상품에 대한 개인들의 수요곡선과 공급곡선을 규정하고, 이들을 수평 합함으로써 각각 시장수요곡선과 시장공급곡선을 도출한 다음, 시장균형가격과 수급량이 어떻게 결정되는지를 알아보았다. 따라서 수요 · 공급모형은 컴퓨터가격이 왜 하락하는지, 왜 아파트 가격이 폭등하는지, 왜 맥주값이 소주값보다 비싼지, 왜 주식가격은 매일 변동하는지 등등의 현상을 설명해준다.

그러나 미시경제분석은 국민경제 전체적으로 쟁점이 되는 불경기나 실업, 인플레이션을 이해하는 데는 도움이 되지 못한다. 이들 문제를 이해하기 위해서는 경제를 '새'의 입장에서 보는 거시경제분석이 필요한데, 다행히도 거시경제분석에서도 개별상품에서와 마찬가지로 수요와 공급의 개념을 활용할 수 있다. 그러나 개별상품에 대한 수요와 공급과 달리 총수요와 총공급의 개념으로 그래프도 종축은 단일제품의 가격이 아닌 소비자물가지수와 같은 물가수준으로, 횡축은 특정제품의 양이 아닌 실질국민생산(GDP)으로 표시된다는 점이 다르다.

〈그림 4-15〉에는 국민경제 전체의 총수요곡선과 총공급곡선이 나타나있다. 그림에서 보는 바와 같이 국민경제의 균형실질GDP와 균형물가는 특정제품(귤)의 경우와 마찬가지로 총수요곡선과 총공급곡선이 만나는 점에서 결정된다. 그러나 다시 강조하건대 종축이 가격이 아닌 국민경제 전체의 물가수준이고, 횡축은 한 상품의 수량이 아닌 실질GDP임에 유의해야 한다. 여하튼 그림에서 보는 바와 같이 총수요곡선은 우하향하고, 총공급곡선은 우상향한다. 왜 그런 것일까?

먼저 총수요란 소비자, 기업, 정부, 해외구매자가 있을 수 있는 물가수준에 대응하여 구입하고나 하는 상품과 서비스의 양, 즉 실질GDP를 보여주는 예정표이다. 따라서 총수요는 경제순환모형에서 지출의 구성요소로서 다음과 같이 표현할 수 있다.

수요되는 GDP = 민간소비지출+투자지출+정부지출+순수출

그러므로 총수요곡선이 우하향한다는 것은 물가수준과 수요되는 실질GDP가 부(-)의 관계가 있음을 뜻한다. 다시 말해서 다른 사정이 일정하다고 하면, 물가수준이 높을수록 가계, 기업, 정부, 해외구매자가 구입하기를 원하는 실질GDP는 작아지고 물가수준이 낮을수록 구매하고자 하는 실질GDP는 많아진다는 것이다. 총수요곡선이 우

**그림 4-15** 균형실질GDP 및 물가의 결정

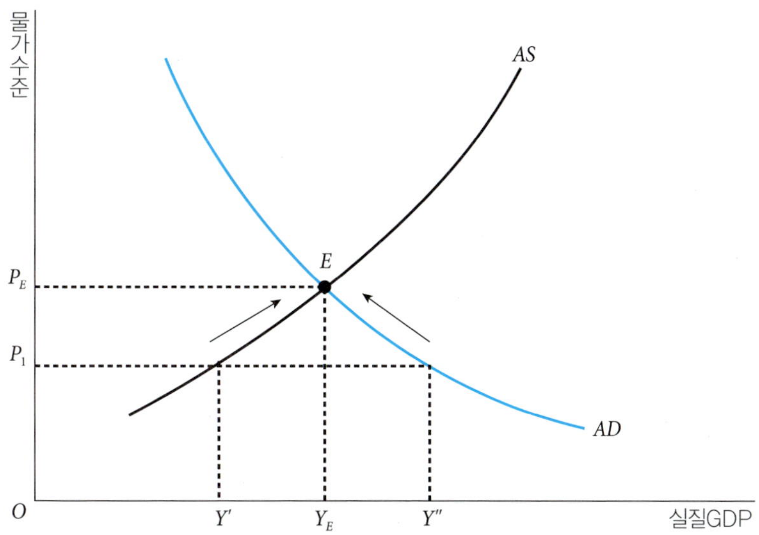


하향하는 이유는 무엇일까? 첫째는 이자율효과 때문이다. 이자율효과란 물가가 상승하면 화폐에 대한 수요가 증가하는데, 다른 사정이 일정한 한(예: 통화공급량의 불변) 화폐수요의 증가는 '돈값'을 뜻하는 이자율의 상승을 가져와 소비수요와 투자수요를 감소시키는 것을 말한다. 둘째는 자산효과 때문이다. 자산효과란 물가수준이 상승하면 민간이 보유하고 있는 화폐, 주식, 국공채 등 금융자산의 실질가치가 하락하고, 이에 따라 소비수요가 위축되는 것을 말한다. 셋째, 해외대체효과 때문이다. 해외대체효과란 물가가 상승하면, 다른 사정이 일정한 한(예: 해외물가불변) 수입이 증가하고 수출이 감소하는 것을 말한다.

한편 총공급이란 상이한 물가수준에서 공급가능한 실질GDP를 나타내는 예정표이다. 그러므로 총공급곡선이 우상향한다는 것은 물가와 공급되는 실질GDP가 정(+)의 관계에 있음을 뜻한다. 즉 다른 사정이 일정한 한, 물가가 상승하면 실질GDP는 증가하고 물가수준이 하락하면 실질GDP는 감소한다는 것이다. 총공급곡선이 우상향하는 이유는 기본적으로 개별상품의 공급곡선이 우상향하는 이유와 같다. 높은 물가수준은 기업들에게 상품을 생산하여 공급하게 하는 동기를 제공하기 때문이다.

이제 〈그림 4-15〉에서 보는 바와 같이 우하향하는 총수요곡선과 우상향하는 총공급곡선이 만나는 $E$점에서 균형실질GDP와 균형물가수준이 결정된다. 이 때 국민경제의 균형물가는 $P_E$이고 균형실질GDP는 $Y_E$이다. 정상적인 경제라면 균형실질GDP $Y_E$와 균형물가 $P_E$ 이외에 어떤 것도 균형이 될 수 없다. 가령 물가수준이 $P_E$ 아닌 $P_1$에 있다고 하자. 그러면 $P_1$수준에서는 기업부문으로 하여금 기껏해야 $Y'$까지 생산하도록 하는 반면에 국내소비자, 기업, 정부, 해외구매자들은 $Y''$만큼 구입하고자 할 것이다. 현재 가능한 실질GDP수준 $Y'$를 구입하기 위한 구매자들 간의 경쟁은 물가수준을 $P_E$로 끌어올릴 것이다. 그림의 화살표에서 보는 바와 같이 $P_1$에서 $P_E$로의 물가상승은 생산자들로 하여금 $Y'$에서 $Y_E$로 산출량을 확장토록 하고, 구매자들로 하여금 $Y''$로부터 $Y_E$로 그들의 구매량을 감소시키게 할 것이다. 만약 물가가 최초에 $P_E$보다 높은 수준에 있었다고 하면 반대의 논리가 성립한다. 따라서 공급되는 실질GDP의 양과 구입되는 실질GDP의 양이 같아질 때 경제는 균형에 있게 되는 것이다.

일단 균형이 달성되면, 경제는 항상 그 상태에 머물러 있겠는가? 물론 그렇지는 않다. 물가수준과 실질GDP는 끊임없이 변하기 마련이며, 이것이 주기적으로 나타나는 것을 경기변동이라고 하는 것이다. 이것은 총수요의 변화와 총공급의 변화가 균형점을 이동시키는 것으로 파악할 수 있다.

이제 총공급곡선 $AS$는 변화가 없는데, 어떤 이유로 총수요가 증가하여 〈그림 4-16〉의 (a)에서 보는 바와 같이 총수요곡선이 $AD_0$에서 $AD_1$으로 우상향 이동했다고 하자. 총수요곡선 자체가 이동한 것은 물가 이외의 다른 요인이 변동된 것을 의미한다. 가령 총수요를 구성하는 요인 중에 어느 하나가 급격히 증가하거나 감소하면 총수요곡선 자체가 이동된다. 이를테면 기업의 투자지출은 기업가가 기대하는 이윤과 경제여건의 불확실성으로 말미암아 가변성이 매우 크다고 할 수 있으며, 비교적 안정적이라고 볼 수 있는 민간소비지출도 미소한 폭으로나마 변동하고 있다. 정부지출도 총수요변동의 요인이 될 수 있으며, 해외의존도가 높은 우리나라는 수출이 총수요변동의 주요 요인이 되고 있음은 주지하는 바와 같다. 물론 소비지출, 투자지출, 정부지출, 순수출 등은 화폐의 흐름을 수반하므로 통화당국에 의한 통화량의 변화도 총수요변동에 크게 영향을 미친다. 어떤 이유로든 총수요가 증가하면, 균형물가수준은 $P_1$으로 상승하고 균형실질GDP는 $Y_1$으로 증가할 것이다. 이 경우에 우리는 인플레이션이 발생하고 실업이 감소했다고 한다.

그림 (b)는 (a)와는 반대로 총수요가 감소하는 경우를 보여준다. 총수요곡선이 $AD_0$에서 $AD_2$로 이동하면, 균형물가수준은 $P_2$로 하락하고 균형실질GDP는 $Y_2$로 감소할 것이다. 이 경우에 우리는 디플레이션이 발생하고 실업이 증가했다고 한다.

그림 (c)에서는 총수요곡선은 변함이 없는데, 어떤 이유로 총공급이 증가하여 총공급곡선이 $AS_0$에서 $AS_1$로 우하향 이동한 사정을 보여준다. 총공급곡선 자체가 이동한 것은 물가 이외의 다른 요인이 변동된 것을 의미한다. 예를 들어 인구증가로 노동공급이 증가하거나 기술진보가 일어나는 경우이다. 이와 같이 총공급이 증가하면, 균형물가수준은 $P_1$으로 하락하나 균형실질GDP는 $Y_1$으로 증가할 것이다. 이 경우 국민경제는 디플레이션과 실업감소를 경험할 것이다.

그림 (d)에서는 (c)의 반대 경우를 보여준다. 총공급곡선이 $AS_0$에서 $AS_2$로 상향이동하면, 균형물가수준은 $P_2$로 상승하고 균형실질GDP도 $Y_2$로 감소할 것이다. 이 경우에 우리는 인플레이션이 발생하고 동시에 실업이 증가하는 스태그플레이션(stagflation)이 발생했다고 한다. 이는 제1, 2차 오일쇼크 당시에 경험했던 일이다.

**그림 4-16** 균형실질GDP 및 물가의 변동

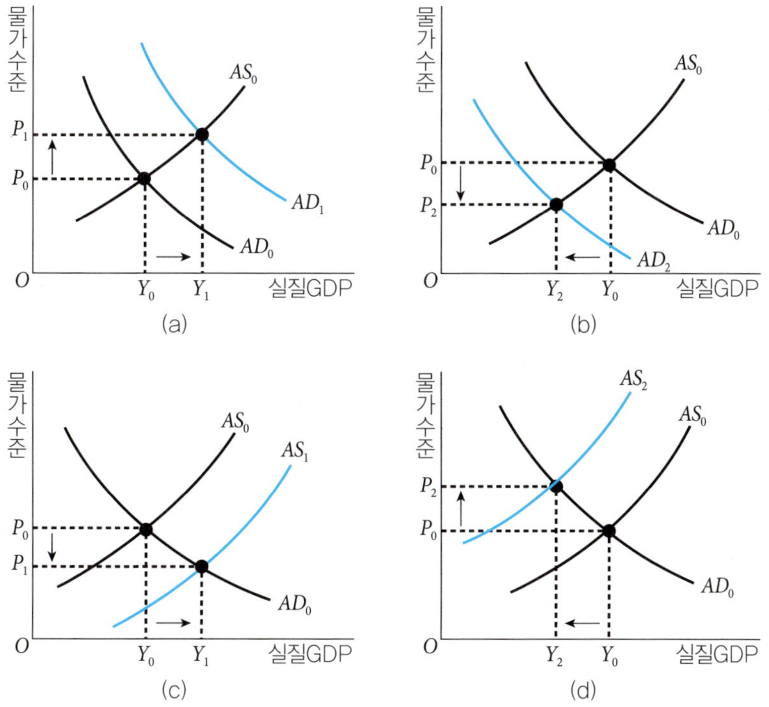

이러한 총수요와 총공급의 개념은 거시경제이론 및 정책을 이해함에 있어서 필수적인 분석도구이다. 그림의 종축에 표시된 물가수준의 변동으로 나타나는 인플레이션과 디플레이션, 그리고 횡축에 나타나는 실질산출량과 고용의 변화는 거시경제정책에 있어서 중요한 과제가 된다. 횡축을 따라서 오른쪽으로 경제가 이동하는 것을 모든 사람들이 소망스럽게 여길 것이다. 왜냐하면 다른 사정이 일정하다면, 이것은 사람들에게 보다 많은 일자리를 허용하며, 생활수준을 향상시킬 것이기 때문이다. 한편 물가안정이 정책의 목표라면 종축을 따르는 어떠한 움직임도 바람직하지 않을 것이다.

## 요 약

1. 시장은 구매자와 판매자를 '불러 모아' 거래가 성립되도록 하는 모든 매개체를 말한다.
2. 수요란 특정한 기간 동안에, 팔릴 수 있는 각 가격들에 대응하여 주어진 제품을 구매하려고 하는 구매자들의 의도를 요약해 주는 예정표를 말한다. 수요의 법칙에 따르면 소비자들은 보통 상품의 가격이 높을 때보다는 낮을 때 더 많이 구매할 것이다. 그러므로 다른 사정이 일정하다면, 가격과 수요량과는 부(−)의 관계를 가지며, 수요곡선은 우하향한다.
3 기본적인 수요의 결정요인들, 즉 소비자의 기호, 시장에서의 구매자의 수, 소비자의 화폐소득, 연관재들의 가격, 소비자의 기대 중에서 하나 또는 그 이상의 요인이 변하게 되면 시장수요곡선은 이동하게 될 것이다. 오른쪽으로 이동하면 수요의 증가이고, 왼쪽으로 이동하면 수요의 감소이다. '수요의 변화'와 '수요량의 변화'는 구별되는데, 후자는 제품의 가격의 변화 때문에 유발되므로 고정된 한 수요곡선 상에서 한 점에서 다른 한 점으로의 이동을 의미한다.
4. 공급은 특정기간에, 팔릴 수 있는 가능한 가격들에 대응하여 생산자들이 시장에 공급하려고 하는 상품의 양을 보여주는 예정표이다. 공급의 법칙이란 다른 사정이 일정할 때 생산자들은 낮은 가격에서보다는 높은 가격에서 더 공급하려 한다는 것을 말한다. 결과적으로 가격과 공급량은 정(+)의 관계를 보이며 공급곡선은 우상향한다.
5. 요소가격, 생산기술, 조세 또는 보조금, 타재화의 가격, 가격기대, 공급자의 수 등이 변하게 되면, 한 제품의 공급곡선은 이동할 것이다. 오른쪽으로의 이동은 공급의 증가이고, 왼쪽으로의 이동은 공급의 감소이다. 반대로 제품의 가격변화는 공급량을 변화시키게 될 것이다. 이는 공급곡선 상에서 한 점에서 다른 점으로의 이동으로 나타난다.

6. 경쟁하에서는 시장수요와 시장공급의 상호작용으로 인하여 가격이 수요량과 공급량이 일치될 때까지 조정될 것이다. 이것이 균형가격이고, 여기에 대응되는 수량이 균형수량이다.
7. 발생 가능한 과잉이나 부족을 제거하기 위해서, 구매결정이나 판매결정을 일치시키는 시장의 능력을 '가격의 배분기능'이라고 부른다.
8. 수요 혹은 공급의 변화는 균형가격과 균형수량을 변화시킬 것이다. 수요의 변화와 그로 인한 균형가격과 수량은 정(+)의 관계를 갖는다. 공급의 변화와 그로 인한 균형가격의 변화는 부(−)의 관계를 가지지만, 공급의 변화와 그로 인한 균형수량의 변화는 정(+)의 관계를 갖는다.
9. 정부에 의한 최고가격 또는 최저가격의 설정은 시장의 불균형을 초래한다. 즉 정부의 가격통제는 초과수요 혹은 초과공급을 유발시킨다.
10. 수요와 공급분석이 적용될 수 있는 곳이 국제시장이다. 만약 어떤 상품의 국내가격이 국제가격보다 높다면, 그 나라는 국내가격과 국제가격이 같아질 때까지 그 상품을 수입할 것이다.
11. '새'의 입장에서 경제를 보는 거시경제분석에서도 수요와 공급의 개념을 활용할 수 있다. 그러나 개별상품에 대한 수요·공급모형과는 달리 총수요·총공급모형으로 그래프에서 종축은 물가지수, 횡축은 실질국민생산(GDP)으로 표시된다.

## 용어 및 개념

| | |
|---|---|
| 수요/수요곡선/수요의 법칙 | 최저(최고)가격제도 |
| 한계효용체감 현상 | 국제무역 |
| 대체효과와 소득효과 | 총수요/총공급 |
| 개별수요곡선과 시장수요곡선 | 이자율효과 |
| 정상재/열등재/대체재/보완재 | 자산효과 |
| 수요의 변화와 수요량의 변화 | 해외대체효과 |
| 공급/공급곡선/공급의 법칙 | 균형실질GDP와 균형물가 |
| 공급의 변화와 공급량의 변화 | 실업 |
| 균형가격과 균형수급량 | 인플레이션/디플레이션 |
| 초과수요/초과공급 | 스태그플레이션 |
| 가격의 배분기능 | 거시경제정책 |

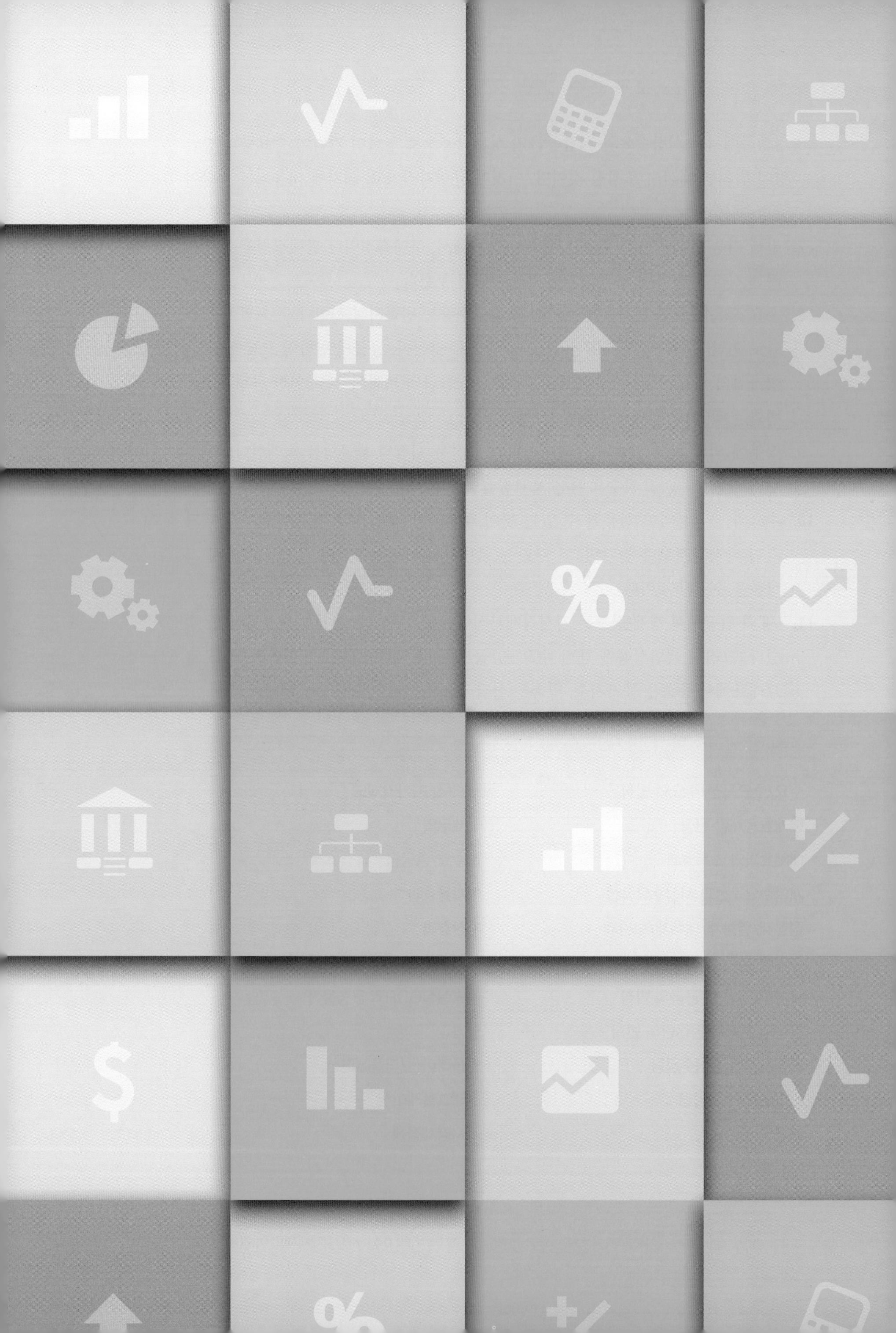

P A R T | E C O N O M I C S

# 02 '벌레'의 입장에서 보는 경제학

경제논리상 구성의 모순이 존재하기 때문에 경제를 '새'의 입장과 '벌레'의 입장에서 따로 분석해야 한다. 제2편에서는 경제를 '벌레'의 입장에서 분석하는 미시경제이론부터 공부하고자 한다. 미시경제이론은 경제성장, 실업, 물가 등 국민경제 전체적인 성과보다는 가계, 기업, 정부 등 개별경제주체의 행위에 초점을 맞춘다. 소비자로서의 가계는 어떻게 구매의사를 결정하는가? 생산자로서의 기업은 어떻게 판매의사를 결정하는가? 가계와 기업은 시장에서 어떻게 구매의사와 판매의사를 나타내며, 상품의 가격 및 생산량은 어떻게 결정되는가? 시장에서의 기업의 수와 규모, 시장구조는 가계와 기업의 의사결정과정과 가격에 어떠한 영향을 미치는가? 이 질문들은 시장경제체제의 운용방법에 관한 것으로, 독자들이 이 편을 공부하고 나면 이 질문들에 대해서 대답할 수 있을 것이다.

E C O N O M I C S

CHAPTER | ECONOMICS

# 05 가계의 수요의사결정(1): 수요의 법칙이 성립하는 이유

SECTION



제4장에서 공부한 바와 같이 수요의 법칙이 성립하는 이유, 즉 수요곡선이 우하향하는 이유는 한계효용체감의 법칙 혹은 가격효과(대체효과 + 소득효과)로 설명할 수 있다. 이 장에서는 한계효용의 개념을 통해서 수요의 법칙이 성립하는 이유에 대해서 보다 자세히 공부한다.

소비자는 구매의사결정 시에 자신의 소득범위 내에서 가장 만족스러운 상품들을 구매함으로써 그들의 행복감 혹은 효용(utility)을 극대화하는 행동을 할 것이다. 수요곡선은 이러한 소비자의 합리적 의사결정의 결과로서 도출되며, 우하향하는 모양을 갖는다. 경제학에서는 소비자의 구매의사결정 과정을 두 가지 접근방법을 사용하여 설명한다. 하나는 기수적 효용(cardinal utility)을 가정한 한계효용 접근방법(marginal utility approach)이고 다른 하나는 서수적 효용(ordinal utility)의 개념을 채용한 무차별곡선 접근방법(indifference curve approach)이다. 여기서는 한계효용 접근방법을 소개한다. 무차별곡선을 통한 설명은 부록으로 엮어 놓았다.

## 5.1 한계효용체감의 법칙

한계효용(marginal utility: MU)이 체감한다는 사실은 우리의 일상생활에서 쉽게 알 수 있다. 가령 배고픈 사람에게 햄버거 1개를 주면, 매우 고마워하면서 먹을 것이나 연속해서 몇 개를 더 먹게 하면 오히려 화를 낼 것이다. 승용차를 마련하기 전에는 승용차를 가지고 싶어하는 욕망이 매우 강할 것이나, 일단 승용차를 구입한 후에는 두 번째 차에 대한 욕망은 크게 줄어들 것이며, 세 번째 차나 네 번째 차를 구입하려는 마음은 별로 없을 것이다. 경제학자들은 바로 이러한 사실을 가리켜 한계효용체감의 법칙(law of diminishing marginal utility)이라고 부른다.

이제 이 법칙의 의미를 자세히 살펴보자. 효용(utility)이란 인간의 욕구를 만족시키는 힘, 즉 만족감을 말한다. 이것은 유용성(usefulness)과는 구별되는 개념이다. 가령 다이아몬드 반지나 피카소의 그림은 귀부인이나 그림 수집가에게는 기능적으로 볼 때 유용성은 없을 수 있으나, 효용은 대단히 클 것이다. 또한 효용은 주관적인 개념으로, 사람에 따라서 특정상품에 대한 효용은 다를 수 있다. 술은 애주가에게는 상당한 만족감을 주지만 술을 싫어하는 사람에게는 0 또는 (−)의 효용을 가져다 줄 것이다. 따라서 효용의 크기를 객관적으로 정확히 계측하기는 어렵다. 그러나 분석의 편의를 위해서 효용을 기수적(cardinal)으로, 즉 '점수'로 평가된다고 가정한다. 한계효용이란 상품 한 단위를 추가적으로 소비할 때 얻는 추가적인 만족감을 말한다. 이를 수식으로 표시하면,

**표 5-1** 사과 소비에 적용되는 한계효용의 법칙

| 사과소비량(*Q*) | 한계효용(*MU*) | 총효용(*TU*) |
|---|---|---|
| 1 | 100점 | 100점 |
| 2 | 60점 | 160점 |
| 3 | 20점 | 180점 |
| 4 | 0점 | 180점 |
| 5 | −50점 | 130점 |

$$MU = \Delta TU/\Delta Q$$

여기서 *MU*는 한계효용(marginal utility), *TU*는 총효용(total utility)이다. 한계효용이 체감한다는 것은 소비자가 상품을 더 많이 소비해 감에 따라 *MU*의 값이 감소하는 것을 말한다.

〈표 5-1〉에는 갑이라는 소비자가 사과를 소비할 때 한계효용체감의 법칙이 적용되는 가상적인 예가 나타나 있다. 여기서 사과의 소비량이 증가함에 따라 갑이 느끼게 되는 총효용과 한계효용이 나타나 있는데, 사과의 소비량이 증가함에 따라 총효용은 100, 160, 180점으로 증가하지만 추가적인 사과 소비로 인한 효용의 증가분은 100, 60, 20점으로 감소한다. 네 번째 사과의 경우는 총효용이 180점으로 한계효용은 0이며, 심지어 다섯 번째 사과의 소비로 인한 한계효용은 −50점으로 총효용을 감소시킨다. 〈그림 5-1〉은 〈표 5-1〉에 나타난 총효용과 한계효용의 관계를 그래프로 그려 놓은 것이다.

이상에서 우리가 유의할 점이 있다. 첫째로 일정기간을 가정했다는 점이다. 가령 소비자 갑의 사과 소비량이 1시간에 국한된 것이 아니고 1주간이라고 한다면, 사과 한두 개 정도가 아니라 적어도 수십 개는 있어야 될 것이므로 몇 개 정도에서의 한계효용은 체감하기는커녕 오히려 증가할지도 모른다. 둘째로 갑이 지금까지는 사과를 좋아하는 습관을 가지고 있었으나 귤을 좋아하는 습관을 가지게 되었다면, 역시 사과에 대해 느끼는 효용은 달라질 것이다. 즉 한계효용체감의 법칙이 성립되기 위해서는 소비자의 기호 및 취향이 불변이라는 가정이 전제되어야 한다.

**그림 5-1** 사과소비에 따른 총효용과 한계효용

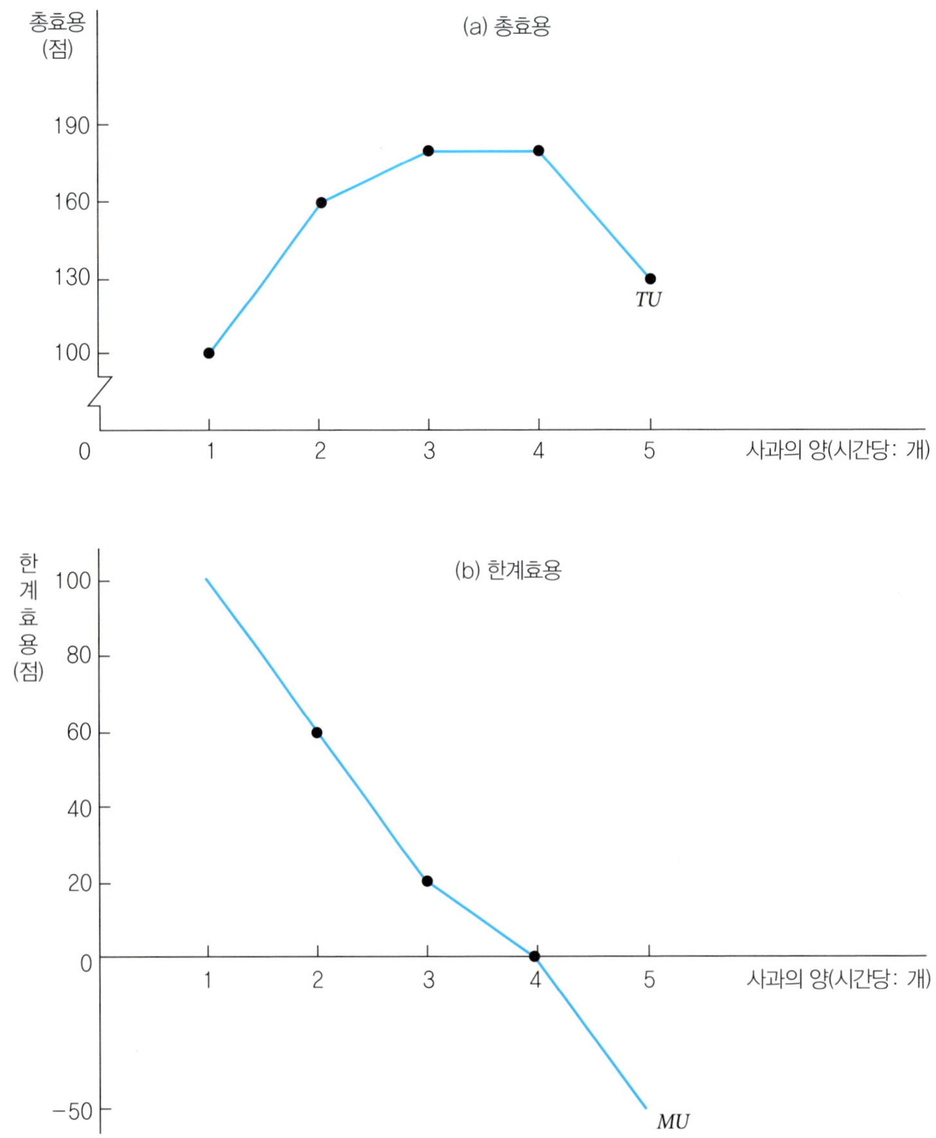

## 5.2 소비자의 최적 선택

### 기본가정

한계효용체감의 법칙하에서 소비자는 어떻게 행동할 것인가? 이 문제를 다룸에 있어서 소비자가 직면하는 상황을 분명히 해 두어야 한다.

가정 1: 우리가 분석대상으로 하는 소비자는 합리적인 행동을 한다고 가정한다. 다시 말해서 소비지출에 있어서 제한된 소득으로 최대한의 총효용을 추구한다.

가정 2: 소비자가 느끼는 각 재화에 대한 효용은 명확하게 알려져 있다. 즉 소비자는 일련의 소비를 통해 느끼는 효용에 대한 기수적인 정보를 가지고 있다.

가정 3: 소비자의 소득은 일정불변이라고 가정한다. 소비자는 자기가 공급하는 노동 등 생산요소량에 비례해서 소득을 얻게 되므로 일부 사람—인기 연예인, 재벌 총수—을 제외하고는 대부분 예산의 제약을 받게 될 것이다.

가정 4: 소비자가 구매하는 상품의 가격은 당분간 일정불변이라고 가정한다.

이와 같은 상황에서 소비자가 직면하는 문제는 제한된 소득하에서 최대의 총효용을 얻기 위해서 어떠한 '시장바구니(market basket)'를 선택하느냐 하는 것이다.

### 소비자균형

여러 가지 가능한 시장바구니 중에서 어느 것이 가장 큰 효용을 가져다 줄 것인가? 결론부터 말하자면 소비자가 가지고 있는 화폐소득으로 여러 가지 상품을 구입할 때, 각 재화 1원어치의 한계효용이 같아지도록 시장바구니를 선택하면 된다. $X$재와 $Y$재 두 재화만 생각할 경우, 이를 수식으로 표시하면,

$$\frac{MU_X}{P_X} = \frac{MU_Y}{P_Y}$$

이다. 왜 그런 것일까? 만약 좌변이 우변보다 큰 경우 소비자는 $Y$재 구입에 사용하던 돈을 $X$재 구입으로 돌리면, 총효용을 증가시킬 수 있고, 반대로 우변이 좌변보다 큰 경우는 $X$재 구입에 사용하던 돈을 $Y$재 구입에 돌리면, 총효용을 증가시킬 수 있다. 이러한 조정은 좌변이 우변과 같아질 때까지 이루어지며, 이 때 총효용은 극대화된다. 이 원칙을 가리켜 경제학에서는 한계효용균등의 법칙(law of equal marginal utility)이라고 부

른다. 소비자가 한계효용균등의 상태에 있게 되면, 더 이상 그의 지출 패턴을 변경시킬 의도가 없게 된다. 즉 소득, 가격, 선호 등이 일정한 하에서 소비자는 균형상태에 있게 되는 것이다.

### 소비자균형의 예

앞에서 설정한 가정에 따라서 구체적인 상황을 먼저 상정해 보자.

① 소비자 갑은 효용극대화를 추구하는 합리적인 소비자이다.

② 갑은 $X$재와 $Y$재 두 재화만 구입하며, $X$재 가격($P_X$)은 2원, $Y$재 가격($P_Y$)은 1원으로 주어져 있다.

③ 갑의 지출가능한 소득은 10원이며, 이를 $X$재와 $Y$재 구입에 모두 사용한다. 즉 저축이나 차입이 없다는 가정이다.

④ 갑의 선호는 〈표 5-2〉와 같이 기수적으로 명확하게 주어져 있다. 여기에는 편의상 총효용은 생략하고 한계효용과 각 재화에 대한 1원어치의 한계효용을 예시해 놓았다. 독자들은 $X$재와 $Y$재에 대해서 모두 한계효용체감의 법칙이 작용하고 있음을 발견할 수 있을 것이다.

이제 갑이라는 소비자가 제한된 10원이라는 돈으로 효용을 극대화하는 시장바구니를 선택하는 과정을 살펴보자. 각 재화에 대한 1원어치의 한계효용을 나타내는 (2)란의 (b)와 (3)란의 (b)에 눈을 돌려 단계별로 살펴보자.

**표 5-2 갑의 효용「스케줄」**

| (1) 상품소비량 | (2) $X$재, $P_X$ = 2원 | | (3) $Y$재, $P_Y$ = 1원 | |
|---|---|---|---|---|
| | (a) $MU_X$(점) | (b) $MU_X/P_X$(점) | (a) $MU_Y$(점) | (b) $MU_Y/P_Y$(점) |
| 1 | 240 | 120 | 100 | 100 |
| 2 | 200 | 100 | 80 | 80 |
| 3 | 180 | 90 | 70 | 70 |
| 4 | 160 | 80 | 60 | 60 |
| 5 | 120 | 60 | 50 | 50 |
| 6 | 60 | 30 | 40 | 40 |
| 7 | 40 | 20 | 30 | 30 |

1단계: 우선 소비자 갑은 X재 첫 단위를 구입하기 위해 2원을 지불할 것이다. 왜냐하면 X재의 첫 번째 구입 시의 한계효용 120점이 Y재 첫 번째 구입 시의 한계효용 100점보다 크기 때문이다. X재 첫 단위 구입 후 소비자의 수중에는 8원이 남아 있으므로 계속 재화를 구입하고자 할 것이다.

2단계: 소비자 갑은 두 번째 X재와 첫 번째 Y재 중 어느 것을 구입할 것인가? 이 두 재품의 한계효용이 각각 100점이므로 소비자 입장에서는 어느 것이든 상관없다. 따라서 소비자는 두 번째 X재와 첫 번째 Y재를 모두 구입할 것이다. 이렇게 되면 구입하는 시장바구니는 X재 2단위, Y재 1단위가 된다. 여기서 독자들은 X재와 Y재의 한계효용이 각각 100점이므로, 한계효용균등의 법칙이 성립함을 알 수 있을 것이다. 이 때 갑의 총효용은 극대화될 것인가? 그렇지 않다. 왜냐하면 이 시장바구니를 얻는 데 갑은 5원밖에 쓰지 않았고, 수중에는 아직도 5원이 남아 있기 때문이다.

3단계: 소비자 갑은 남은 5원을 가지고 재화를 구입할 때 우선적으로 X재 세 번째 단위를 선택할 것이다. 왜냐하면 세 번째 단위의 한계효용은 90점으로 다른 어떤 경우—예를 들어 Y재 두 번째의 한계효용 80점—보다도 크기 때문이다. 이제 시장바구니는 X재 3단위, Y재 1단위가 되었고 남아 있는 돈은 3원이 된다.

4단계: 갑은 다시 2단계와 같은 문제에 봉착하게 되었다. 즉 X재 네 번째 단위와 Y재 두 번째 단위의 한계효용이 각각 80점으로 어느 것을 구입해도 마찬가지이다. 이제 소비자가 이 두 재화를 모두 구입하면 선택된 시장바구니는 X재 4단위, Y재 2단위가 된다. 이 경우에 한계효용균등의 법칙이 성립하는데, 갑의 효용은 극대화될 것인가? 2단계에서와는 달리 효용이 극대화된다. 왜냐하면 갑의 소득 10원이 모두 지출되고 있기 때문이다(4×2+2×1=10).

따라서 갑의 소비자균형점은 X재 4단위와 Y재 2단위로 구성된 시장바구니라고 결론지을 수 있다. 이 때 총효용은 X재 4단위로부터 780점(240+200+180+160)과 Y재 2단위로부터 180점(100+80)을 합한 총 960점이 된다. 〈표 5-3〉에는 소비자균형의 달성과정이 요약되어 있다.

물론 위에서 소비자가 화폐소득 10원을 모두 지출할 경우의 무수한 시장바구니를 생각해 볼 수 있다. 예를 들어 시장바구니 X재 3단위, Y재 4단위의 선택 시에도 꼭 10원(3×2+4×1)이 든다. 그러나 이 경우에는 한계효용균등의 법칙이 성립되지 않으므로 총효용은 극대화되지 않는다. 즉

**표 5-3** 소비자균형의 달성과정

| 단계 | 시장바구니 | 1원당 한계효용 | 구입결정내역 | 남은 소득(원) |
|---|---|---|---|---|
| 1 | 첫 번째 $X$재<br>첫 번째 $Y$재 | 120점<br>100점 | 2원으로 첫 번째 $X$재 구입 | 8=10−2 |
| 2 | 두 번째 $X$재<br>첫 번째 $Y$재 | 100점<br>100점 | 2원으로 두 번째 $X$재 구입<br>1원으로 첫 번째 $Y$재 구입 | 5=8−3 |
| 3 | 세 번째 $X$재<br>두 번째 $Y$재 | 90점<br>80점 | 2원으로 세 번째 $X$재 구입 | 3=5−2 |
| 4 | 네 번째 $X$재<br>두 번째 $Y$재 | 80점<br>80점 | 2원으로 네 번째 $X$재 구입<br>1원으로 두 번째 $Y$재 구입 | 0=3−3 |

$$\frac{MU_X\text{: 180점}}{P_X\text{: 2원}} > \frac{MU_Y\text{: 60점}}{P_Y\text{: 1원}}$$

이며, 이 때의 총효용수준은 930점이다. 따라서 소비자는 $Y$재 구입을 줄이고 $X$재 구입을 늘리는 쪽으로 움직일 것이다. 언제까지 이러한 조정이 계속되는가? 물론 한계효용균등의 법칙이 성립할 때까지이다. 우리가 살펴본 바와 같이,

$$\frac{MU_X\text{: 160점}}{P_X\text{: 2원}} = \frac{MU_Y\text{: 80점}}{P_Y\text{: 1원}}$$

이 성립할 때까지이며, 이는 '$X$재 4단위와 $Y$재 2단위'라는 시장바구니를 선택하면 가능하다. 이러한 소비자균형점에서 총효용은 960점이며, '$X$재 3단위와 $Y$재 4단위'라는 시장바구니가 주는 총효용 930점에서 조정 후 효용이 30점 증가한 것이다.

만약 갑이 구매할 수 있는 재화가 $N$개가 있어, 이들의 한계효용을 각각 $MU_1$, $MU_2$, $MU_3$, ⋯, $MU_N$, 가격을 $P_1$, $P_2$, $P_3$, ⋯, $P_N$이라고 하면 효용극대화조건은 $MU_1/P_1 = MU_2/P_2 = MU_3/P_3 = \cdots = MU_N/P_N$이 될 것이다.

## 5.3 수요곡선의 도출

이상에서 살펴본 한계효용균등의 법칙은 수요곡선이 우하향하는 이유를 설명해준다. 이제 갑의 예를 통해서 수요곡선을 유도하여 보기로 하자.

먼저 제4장에서 배운 바와 같이 독자들은 개별수요곡선은 다른 사정이 일정하다는

가정하에 당해 재화의 가격만이 변할 때, 이에 대응하여 구매하려는 상품의 양을 나타낸다는 사실을 상기하라. 따라서 *X*재의 수요곡선을 유도하려면, 소득, 기호, *Y*재의 가격 등은 일정하다고 보고, *X*재의 가격만 변한다고 가정해야 한다. 갑의 예에서는 소득은 10원, *Y*재의 가격은 1원으로 불변이며, 소비자 갑의 선호를 나타내는 〈표 5-2〉는 불변이라고 보아야 한다.

이제 최초의 소비자균형에서 *X*재의 가격만이 2원에서 1원으로 하락하였다고 하자. 이것은 〈표 5-2〉에서 1원당 X재의 한계효용이 두 배가 됨을 의미한다. 이렇게 되면 최초의 균형점(*X*재 4단위, *Y*재 2단위)은 더 이상 소비자균형이 아니다. 즉 최초의 균형에서는

$$\frac{MU_X\text{: 160점}}{P_X\text{: 1원}} > \frac{MU_Y\text{: 80점}}{P_Y\text{: 1원}}$$

이 성립하며, 따라서 갑은 *X*재를 더 많이 구입하려고 할 것이다. 물론 이러한 움직임은 한계효용균등의 법칙이 성립되는 순간까지 계속될 것이다.

즉

$$\frac{MU_X\text{: 60점}}{P_X\text{: 1원}} = \frac{MU_Y\text{: 60점}}{P_Y\text{: 1원}}$$

이 성립될 때까지 조정이 일어나며, 이것이 성립하는 시장바구니는 *X*재 6단위와 *Y*재 4단위이다. 이상에서 *X*재의 가격하락 전후를 비교해 보면, 〈그림 5-2〉에서 보는 바와 같이 가격이 2원이었을 때에는 *X*재 수요량이 4단위였으나(*A*점), 가격이 1원으로 하락한 후에는 *X*재 수요량이 6단위로 증가하였음을 발견할 수 있다. 요컨대 *X*재 가격의 하락으로 말미암아 *X*재에 대한 수요량은 증가하는데, 이것은 가격하락이 갑이라는 소비자로 하여금 총효용을 극대화시키기 위하여 *X*재를 더 사게 만들었기 때문이다. 따라서 우리는 새로운 균형점 *B*를 구할 수 있으며, 〈그림 5-2〉에서와 같이 *A*점과 *B*점을 연결한 선을 도출할 수 있다. 바로 이 선이 *X*재의 가격변화에 대한 수요량을 나타내는 수요곡선(demand curve)인 것이다. 독자들은 이제는 수요곡선 상의 점들이 예사로운 점이 아닌 소비자균형점이라는 사실을 알 수 있을 것이다.

그런데 특별한 경우에 한계효용곡선 자체가 수요곡선이 된다. 화폐도 하나의 상품으로 볼 수 있으므로 화폐 한 단위의 한계효용을 $MU_M$, 가격을 $P_M$이라고 하면, 효용극대화 조건은

$$\frac{MU_X}{P_X} = \frac{MU_M}{P_M}$$

**그림 5-2** 수요곡선의 도출($X$재)

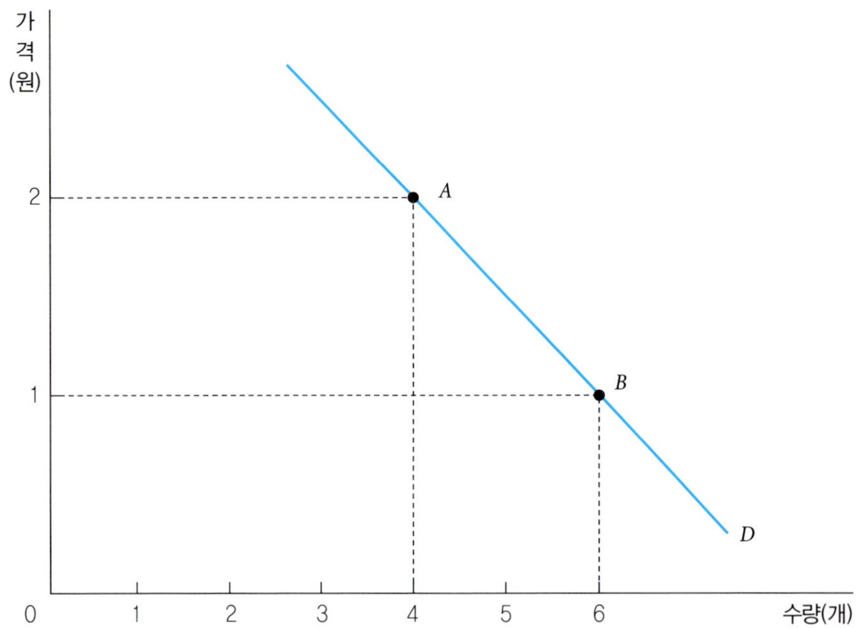


이 된다. 화폐는 가치척도의 기준으로 화폐 1단위의 가격은 1원이므로 $P_X = MU_X/MU_M$이 되는데, 우리는 이미 $X$재 소비량에 대한 한계효용을 알고 있으므로 $MU_M$에 적당한 정(+)의 값을 줌으로써, 수요곡선을 도출할 수 있다. 이 때 화폐 1단위의 한계효용 $MU_M$을 특별히 1이라고 가정하면, $P_X = MU_X$가 되어 한계효용곡선 자체가 수요곡선이 된다.

## 5.4 한계효용 개념의 응용

### 가치의 역설

물과 같이 인간생활에 없어서는 안될 재화는 아주 싼 값으로 팔리는 데 반하여, 단순한 장식물에 불과한 다이아몬드가 그토록 비싸게 팔리는 까닭은 무엇일까? 이는 분명 역설적인 현상이다. 다시 말해서 왜 가격(교환가치)은 재화의 유용성(사용가치)을 측정해 주지 못하는가 하는 질문이다. 이것이 바로 아담 스미스를 비롯한 고전학파 경제학자

들을 괴롭혔던 가치의 역설(paradox of value)이다. 즉,

사용가치: 물 > 다이아몬드

교환가치: 물 < 다이아몬드

가치의 역설은 한계효용과 총효용을 구분하면 쉽게 풀릴 수 있다. 먼저 물과 다이아몬드의 한계효용부터 살펴보자. 물은 풍부하므로 가격이 매우 싸고 많은 양을 소비한다. 예를 들어, 물은 식수뿐만 아니라 세차하는 데도 사용할 수 있으므로 추가적인 물 한 양동이로부터 얻는 효용, 즉 한계효용은 매우 작다(사막이나 전쟁터에서는 예외). 반대로 다이아몬드는 희소하여 공급이 제한되므로 가격이 매우 높고 사용이 제한된다. 당연히 추가적인 다이아몬드 1 캐럿의 효용, 즉 한계효용은 매우 크게 될 것이다.

다음으로 총효용을 살펴보자. 물의 한계효용은 작으나 물의 사용량이 많기 때문에 총효용은 매우 크다. 반면에 다이아몬드는 적은 양을 사용하기 때문에 총효용은 매우 작다.

한계효용분석에 의하면, 가격(교환가치)을 결정하는 것은 총효용이 아니라 한계효용이라고 설명한다. 즉 물의 총효용(사용가치)은 다이아몬드의 총효용보다 크지만, 물의 가격(교환가치)은 다이아몬드의 가격보다 낮게 되는 것이다. 그러므로 앞에서 제시된 가치의 역설에 대한 의문점은 해소된다.

## 소비자잉여

소비자잉여(consumer surplus)란 소비자가 어떤 재화를 구매할 때 기꺼이 지불하고자 하는 금액보다 낮은 금액으로 구입했을 때 얻게 되는 잉여가치 또는 잉여만족을 말한다. 가격지불의사는 한계효용을 의미하므로 소비자잉여의 개념도 한계효용분석을 통해 쉽게 이해할 수 있다.

이제 을이라는 학생이 연필을 구매할 때 연필에 대한 수요스케줄이 〈그림 5-3〉과 같고, 연필 한 자루의 시장가격은 200원이라고 가정하고 을이 누리게 될 소비자잉여를 생각해 보자. 마침 을이 시험 보러 들어가는 데 연필이 없어서 연필을 사려고 한다면, 을은 첫 번째 연필은 필요불가결하므로 500원까지 주고도 사려고 할 것이고, 한 개 가지고는 불안하므로 1개를 더 살 때에는 400원까지 주려고 할 것이다. 그럼에도 불구하고 문방구점 주인은 을의 긴급성 여부에 관계없이 시장가격인 200원씩에 4자루를 판매했을 것이므로 을은 분명히 이득을 볼 것이다. 즉 이 학생은 첫 번째 연필에 대해서 300원(500−200), 두 번째 연필에 대해서 200원(400−200), 세 번째 연필에 대해서 100

**그림 5-3 소비자잉여**

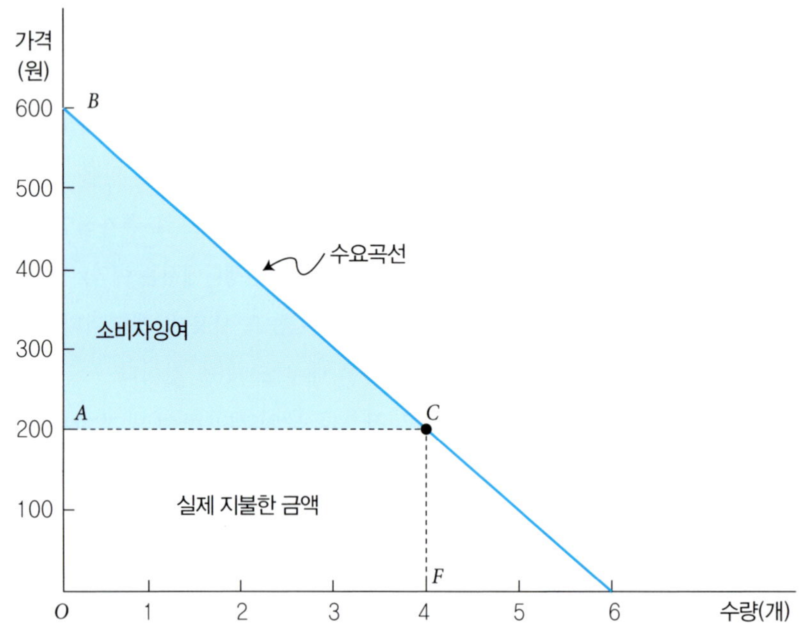


원(300−200)의 예상 외의 이득을 얻었다고 생각할 것이다. 이러한 예상 외의 이득이 소비자잉여로서, 연필 4자루의 구입으로 인한 소비자잉여는 300원, 200원, 100원을 더한 600원이 된다. 다시 말해서 소비자잉여는 소비자가 기꺼이 지불하려는 금액 1,400원에서 실제 지불한 금액 800원을 뺀 600원이 되는 것이다.

만약 연필의 수량을 무한대로 세분할 수 있다면, 소비자잉여는 〈그림 5-3〉에서 보는 바와 같이 $\Delta ABC$로서 이는 소비자가 기꺼이 지불하고자 하는 금액(총효용)을 나타내는 □OBCF에서 실제 지불한 금액인 □OACF를 뺀 것이다. 이러한 소비자잉여가 존재하기 때문에 거래가 성립된다고 볼 수 있다.

# 부 록 수요의 법칙에 대한 대안적 설명: 무차별곡선

본문에서 우리는 수요곡선이 우하향하는 이유에 대한 설명방법으로서 한계효용분석을 채용하였다. 여기서는 또 하나의 설명방법인 무차별곡선분석을 소개한다. 그러나 이 두 접근방법은 서로 배타적인 것이 아니라, 오히려 약간의 수정만 가하면 서로 동일한 것이 된다.

무차별곡선분석은 한계효용분석이 기수적 효용(cardinal utility)이라는 비현실적인 가정에 바탕을 두고 있다는 점에 착안하여 서수적 효용(ordinal utility)의 개념을 도입한 것이다. 무차별곡선분석에서는 소비자의 선호를 나타내주는 무차별곡선(indifference curve)과 소득수준을 나타내는 예산선(budget line)이라는 두 개의 분석도구가 사용된다.

## 무차별곡선

이제 무차별곡선의 개념을 통하여 소비자가 무엇을 좋아하는지를 파악해 보기로 하자. 무차별곡선은 효용의 가측성 또는 기수적 효용을 전제하지 않고, 다음의 네 가지 단순한 가정하에서 도출할 수 있다.

가정 1: 소비자들은 여러 가지 시장바구니들을 좋고 나쁜 순서대로 서열을 매길 수 있다. *A*와 *B*라는 시장바구니가 있을 때 소비자는 *A*가 *B*보다 더 좋은지, 아니면 *B*가 *A*보다 더 좋은지 또는 *A*와 *B*가 무차별하다고 판단할 수도 있다는 말이다. 한계효용분석과는 달리 서수적 효용의 개념을 전제로 한다.

가정 2: 소비자들은 어떤 재화든 적은 것(less)보다는 많은 것(more)을 좋아한다. 이 가정은 소비자의 욕망은 끝이 없기 때문에 현실과 크게 동떨어진 것은 아니며, 쓰레기나 공해와 같이 한계효용이 부(−)인 재화는 우리의 분석대상이 아니라는 의미를 갖고 있다.

가정 1과 가정 2로부터 우리는 무차별곡선은 우하향한다는 사실을 알 수 있다. 〈그림 5−4〉의 (a)에는 여러 개의 시장바구니가 있는데, *A*라는 시장바구니에 초점을 맞추어 보자. 먼저 가정 1은 시장바구니 *A*는 *B*, *C*, *D*, *E*, *F*, *G* 등과 좋고 나쁜 순서대로 서열을 매길 수 있다는 것을 말해 준다. 가정 2에 의하면 *B*, *C*, *D*를 포함하는 I상한의 시장바구니들은 *A*보다 선호된다. *B*는 *A*보다 *X*재가 더 많으므로 선호되고, *D*는 *A*보다 *Y*재가 더 많으므로 선호되며, *C*는 A보다 *X*재와 *Y*재가 모두 많기 때문에 선호된다. 마찬가

**그림 5-4 무차별곡선의 개념**

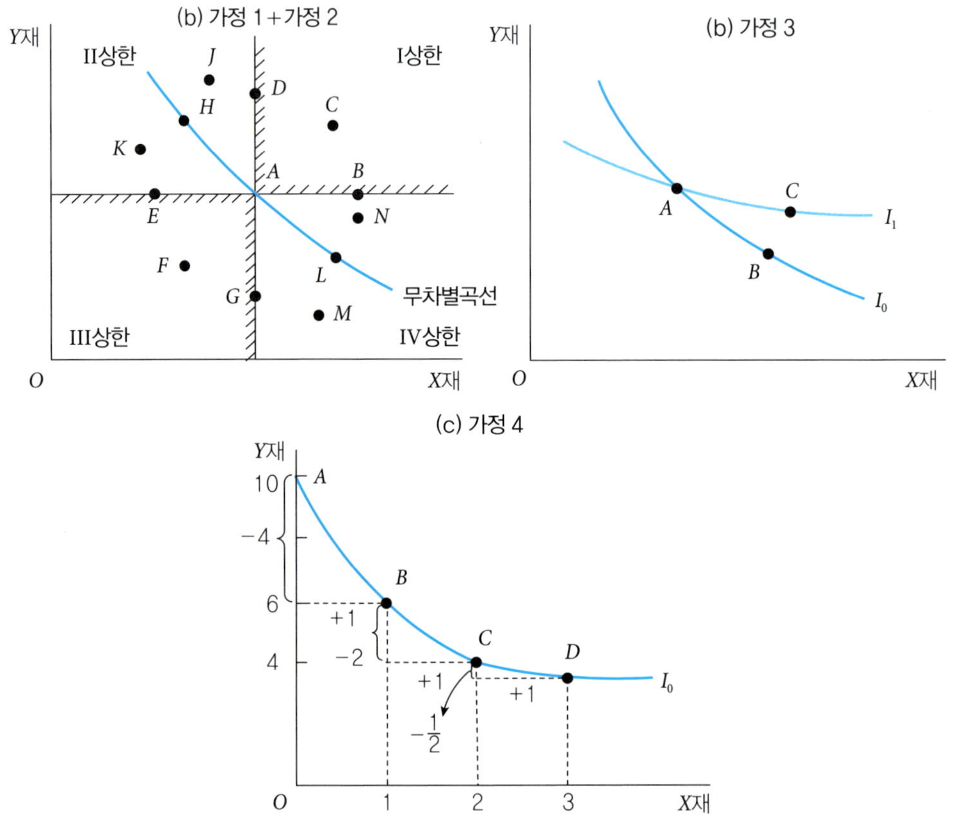


지 이유로 III상한에 있는 *E*, *F*, *G* 등의 모든 시장바구니들은 *A*에 비해 열등하다.

이제 시장바구니 *A*와 II상한과 IV상한에 있는 시장바구니들의 서열을 가려 보자. 먼저 시장바구니 *A*와 II상한에 있는 시장바구니 *H*, *J*, *K* 등은 어떠한가? 가정 1과 2에 의해서는 서열을 매길 수 없다. 마찬가지로 IV상한에 있는 *L*, *M*, *N* 등도 *A*와 비교하여 서열을 매길 수 없다. 따라서 우리는 개념적으로 II상한과 IV상한 중에서 *A*와 선호가 무차별한 시장바구니들을 생각할 수 있는데, 만약 II상한의 *H*와 IV상한의 *L*이라는 시장바구니가 *A*와 효용수준이 같아서 *A*, *H*, *L*이 서로 무차별하다고 하면, 무차별곡선은 *H*, *A*, *L*을 연결하는 궤적이 된다. 요컨대 무차별곡선은 동일한 만족감을 주는 시장바구니들의 궤적으로서, 가정 2가 성립하면 무차별곡선은 우상향하거나, 수직이거나, 혹은 수평일 수가 없으며, II상한과 IV상한을 지나는 우하향하는 형태를 가질 수밖에 없

**그림 5-5 무차별지도**

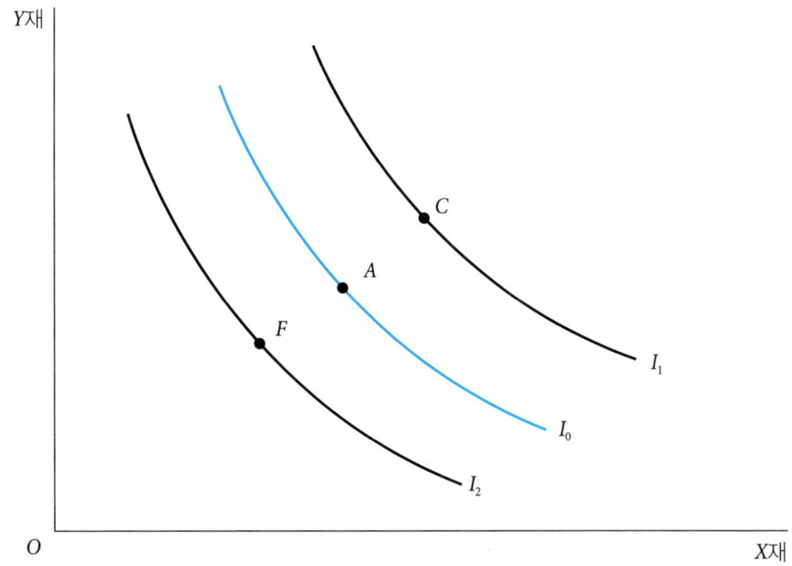


게 된다.

일단 무차별곡선이 도출되면, II상한과 IV상한에 있는 나머지 시장바구니들도 *A*와 비교하여 서열을 매길 수 있다. 다시 말해서 무차별곡선은 선상의 특정한 시장바구니—예를 들어 *A*점—와 비교해서 더 좋은 시장바구니들과 더 나쁜 시장바구니들을 구분시켜 주는 경계선이다. 가령 *K*와 같이 무차별곡선 아래에 있는 시장바구니들은 *A*에 비해서 열등하고, *J*와 같이 무차별곡선의 위에 있는 시장바구니들은 *A*보다는 우월하다고 판정할 수 있다.

지금까지 우리는 *A*라는 시장바구니에 초점을 맞추어 왔으나, 시장바구니 *C*에도 초점을 맞추어 앞과 동일하게 분석하면 *C*를 지나는 하나의 무차별곡선 $I_1$을 도출해 낼 수 있다. 시장바구니 *F*에 초점을 맞추어 분석하면 $I_2$라는 무차별곡선을 도출해 낼 수 있다. 따라서 〈그림 5-5〉와 같이 이론적으로 그래프상에 효용의 수준을 달리하는 무차별곡선을 얼마든지 그릴 수 있는데, 우상향에 위치하는 무차별곡선일수록 보다 큰 만족을 준다. 이와 같이 그려지는 무차별곡선들을 우리는 지도의 등고선에 비유하여 무차별지도(Indifference map)라고 한다.

가정 3: 소비자들은 시장바구니들의 서열을 일관성 있게 매긴다. 만약 어떤 소비자가

① 시장바구니 $A$를 시장바구니 $B$보다 더 좋아하고,

② 시장바구니 $B$를 시장바구니 $C$보다 더 좋아하는데,

③ 시장바구니 $C$를 시장바구니 $A$보다 더 좋아한다고 하자.

이 소비자를 일관성 있는 소비자라고 볼 수 없을 것이다. 따라서 가정 3은 ①과 ②가 성립하면 당연히 $A$를 $C$보다 더 좋아하는 소비자만을 분석대상으로 삼는다는 뜻이다. 이 가정이 성립하면 무차별지도 상에 있는 무차별곡선들이 서로 교차하지 않는다. 〈그림 5-4〉 (b)에서처럼 두 개의 무차별곡선 $I_0$과 $I_1$이 서로 만난다고 하자. 동일 무차별곡선 상의 시장바구니들은 동일한 동시에 유일한 만족수준을 나타내므로, $I_0$선 상에 있는 $A$와 $B$는 무차별하고 $I_1$선 상에 있는 $A$와 $C$는 무차별할 것이다. 따라서 $B$와 $C$가 무차별해야 함에도 불구하고 무차별곡선이 교차하는 경우에는 $C$가 $B$보다 선호된다는 모순이 초래된다. 요컨대, 일관성 있는 소비자의 무차별곡선은 서로 만나지 않아야 하며, 이런 의미에서도 무차별곡선은 지도 상의 등고선과 같다고 볼 수 있다.

가정 4: 무차별곡선은 원점에 대하여 볼록하다. 이 가정은 곧 한계대체율(Marginal Rate of Substitution: MRS)이 체감한다는 것을 의미하므로, 먼저 한계대체율의 개념부터 알아보자.

〈그림 5-4〉 (c)에서 보는 바와 같이 무차별곡선 상에서는 소비자가 시장바구니 $A$에서 출발하여 $Y$재 일정분량을 덜 갖는 대신 $X$재 일정 분량을 더 가짐으로써 동일한 만족수준을 유지할 수 있다. 가령 소비자가 $A$에서 $B$로 움직일 때, $X$재 1단위를 얻는 대가로 $Y$재 4단위를 포기해도 만족수준은 전과 동일하다. 다시 말해서 $X$재 1단위를 얻기 위해서는 $Y$재 4단위를 '기꺼이 포기할 용의(willingness to pay)'가 있다는 것이다.

이와 같이 소비자가 총효용을 동일하게 유지하면서 $Y$재를 $X$재로 대체하고자 하는 비율을 우리는 $Y$재의 $X$재로의 한계대체율이라고 말한다. 그러므로 한계대체율은 $Y$재 감소분의 $X$재 증가분에 대한 비율이 된다. 즉

$$MRS = -\Delta Y/\Delta X$$

이다. 그런데 가정 4는 이 비율이 점차 감소한다는 것을 의미한다. 가령 소비자가 $B$에서 $C$로 움직이면, $X$재 1단위를 얻기 위해서 $Y$재 2단위만을 포기하고자 할 것이다. 다시 $C$에서 $D$로 움직이면 $X$재 1단위를 얻기 위해서 $Y$재 1/2단위만을 포기하고자 할 것이다. 경제학에서는 이를 한계대체율체감의 법칙이라고 한다.

지금까지 우리는 무차별곡선이 원점에 대하여 볼록한 것은 한계대체율체감의 법칙을 반영한다는 사실을 실례를 통해서 확인해 보았다. 만약 한계대체율이 일정하다면 무차별곡선은 우하향하는 직선이 될 것이고, 한계대체율이 체증한다면 원점에 대하여 오목하게 될 것이다.

그러면 왜 한계대체율이 체감한다고 가정할 수 있는가? 한계대체율체감의 법칙은 제1절에서 본 한계효용체감의 법칙과 유사한 개념이다. 일반적으로 소비자가 *X*재의 보유량을 1단위씩 증가시키게 되면 추가되는 *X*재의 중요도(한계효용)는 점차 작아질 것이고, 반대면 점차 커질 것이다. 가령 갑의 경우를 보면 그가 *Y*재 10단위를 가지고 있을 때는 *X*재 1단위를 얻기 위하여 비교적 많다고 느껴질 수 있는 *Y*재 4단위를 포기할 의도가 있었다. 그러나 *Y*재 6단위와 *X*재 1단위를 가지고 있는 경우에는 *X*재 1단위를 추가적으로 더 얻기 위하여 먼저보다 더 적은 2단위를 포기하려 하지 않는다. 이것은 갑이 *Y*재의 보유량이 감소함에 따라 마지막 한 단위에 주는 중요도가 커졌기 때문이다. 거꾸로 보면, *X*재 보유량이 증가됨에 따라 갑이 *X*재 마지막 1단위에 주는 중요도가 감소된다는 것을 의미한다.

이제 한계대체율의 계산문제를 생각해 보기로 하자. 〈그림 5-4〉 (c)에서 무차별곡선 상에 있는 두 점 $A(0, 10)$와 $B(1, 6)$ 간의 한계대체율은 사선 $AB$의 기울기일 것이므로 $(6-10)/(1-0)=-4$이고, $B$와 $C$ 간의 기울기는 $(4-6)/(2-1)=-2$가 될 것이다. 미분의 기초지식이 있는 독자라면 무차별곡선상 한 점에서의 한계대체율은 그 점에서의 접선의 기울기가 됨을 쉽게 이해할 수 있을 것이다. 예를 들어 $A$와 $B$의 구간을 무한히 좁힌다면 $AB$의 기울기는 $B$점에서의 접선의 기울기가 될 것이다

## 예산선

### 예산선이란

소비자가 상품을 구매할 때 자신이 좋아한다고 해서 모두 선택할 수 있는 것은 아니며, 구매할 수 있는 능력도 고려해야 한다. 구매능력은 소득수준에 의해서 제약을 받으며, 이를 보여주는 것이 바로 예산선(budget line)이다. 분석의 편의를 위해서 월수입이 2,000원인 갑이라는 소비자가 *X*재와 *Y*재 두 개의 상품만을 구입한다고 가정하자. 이 때 *X*재의 가격을 400원, *Y*재의 가격을 200원이라고 하면 2,000원으로 구입할 수 있는 시장바구니들은 〈표 5-4〉와 같을 것이다. 〈표 5-4〉에서 보는 바와 같이 만약 월소득 2,000원을 모두 *Y*재 구입에 지출한다면 그는 10단위의 *Y*재를 구입할 수 있을 것이

**표 5-4** 갑의 소비가능 시장바구니

| 시장바구니 | X재(개) | X재에 대한 지출(원) | Y재(개) | Y재에 대한 지출(원) | 총지출(원) |
|---|---|---|---|---|---|
| *A* | 0 | 0 | 10 | 2,000 | 2,000 |
| *B* | 1 | 400 | 8 | 1,600 | 2,000 |
| *C* | 2 | 800 | 6 | 1,200 | 2,000 |
| *D* | 3 | 1,200 | 4 | 800 | 2,000 |
| *E* | 4 | 1,600 | 2 | 400 | 2,000 |
| *F* | 5 | 2,000 | 0 | 0 | 2,000 |

며, 반대로 모두 *X*재를 구입하기로 한다면, 5단위의 *X*재를 살 수 있을 것이다. 물론 *X*재와 *Y*재를 조금씩 나누어 살 수도 있을 것이다. 가령 시장바구니 *B*와 같이 *X*재 1단위, *Y*재 8단위를 살 수 있을 것이며 시장바구니 *C*와 같이 *X*재 2단위 *Y*재 6단위를 살 수 있을 것이다. 요컨대, 갑은 주어진 가격과 소득 범위 내에서 *X*재와 *Y*재를 적당히 섞은 시장바구니들을 선택할 수 있다.

이와 같은 시장바구니를 그림으로 표시한 것이 〈그림 5-6〉이다. 즉, 직선상의 점

**그림 5-6** 예산선

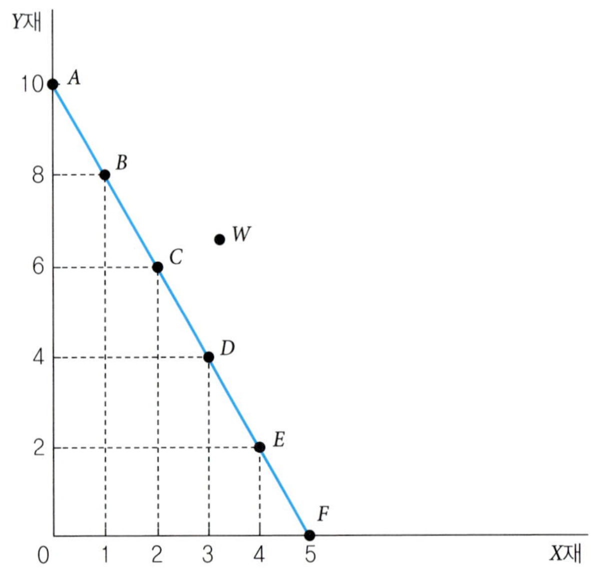

*A*, *B*, *C*, *D*, *E*, *F*는 갑이 2,000원의 소득으로 구입할 수 있는 *X*재와 *Y*재의 수량적 배합, 즉 시장바구니를 나타낸다. 우리는 각 점을 연결한 직선 *AF*를 예산선 혹은 가격선이라고 부른다. 그러므로 예산선은 주어진 가격하에 일정소득으로 살 수 있는 두 재화의 수량적 배합을 나타내는 직선으로서, 예산선을 기준으로 왼쪽 아래의 부분은 살 수 있는 시장바구니들을 의미하고 오른쪽 위의 부분은 살 수 없는 시장바구니—예를 들어 *W*점—를 의미한다.

예산선에서 주목해야 할 부분은 기울기이다. 〈그림 5-6〉에서 예산선 *AF*의 기울기는 *Y*재 가격(200원)에 대한 *X*재 가격(400원)의 비율, 즉 $PX/PY = 2$이다. 그러므로 예산선의 기울기는 갑이 *Y*재를 *X*재로 대체하는 비율을 나타내는바, 두 재화의 가격이 불변인 한 대체율은 일정하며, 예산선 어디에서도 그 값은 동일하다. 가령 *B*에서 *C*로 갈 경우에 *Y*재 2단위를 포기하는 대신에 *X*재 1단위를 더 살 수 있음을 말해 준다. *C*에서 *D*로 갈 경우에도 마찬가지이다.

### 예산선의 이동

예산선은 항상 고정되어 있는 것은 아니다. 우리가 처음에 주어졌다고 가정한 소득수준과 가격수준이 변하면 예산선도 이동하게 된다. 먼저 소득수준이 변하는 경우를 보자. 갑의 소득이 2,000원에서 3,200원으로 증가하였다고 하자. 그러면 〈그림 5-7〉에서 보듯이 갑은 *X*재를 8단위(*F*′)까지 살 수 있을 것이며 Y재도 16단위(*A*′)까지 살 수 있다. 물론 *A*′와 *F*′의 사이에는 무수한 시장바구니들이 선택 가능할 것이다. 이는 갑의 소득 증가로 예산선이 *AF*에서 *A*′*F*′로 이동한 결과이며, 종전보다 예산제약이 완화되어 그만큼 소비가능성이 커짐을 말해 준다. 반대로 소득이 감소된 경우에는 예산선이 좌측으로 평행 이동되어 예산제약을 종전보다 더 받게 될 것이다.

재화의 가격변화 역시 예산선의 이동을 가져온다. 갑의 소득은 여전히 2,000원이고 *Y*재 가격도 그대로 200원인데, *X*재의 가격만 400원에서 200원으로 하락되는 경우를 생각해 보자. 그러면 예산선의 기울기가 2에서 1로 변하면서 예산선이 〈그림 5-7〉에서처럼 *AF*에서 *AF*″로 시계 반대방향으로 이동할 것이다.

*Y*재 가격만 하락하는 경우는 예산선이 어떻게 되겠는가? 또 소득이 2배 증가함과 동시에 *X*재와 *Y*재 가격도 2배 상승하는 경우에는 예산선이 어떻게 이동하겠는가? 각각에 대하여 독자들이 생각해 보기 바란다.

**그림 5-7** 소득증가 및 가격하락시 예산선의 이동

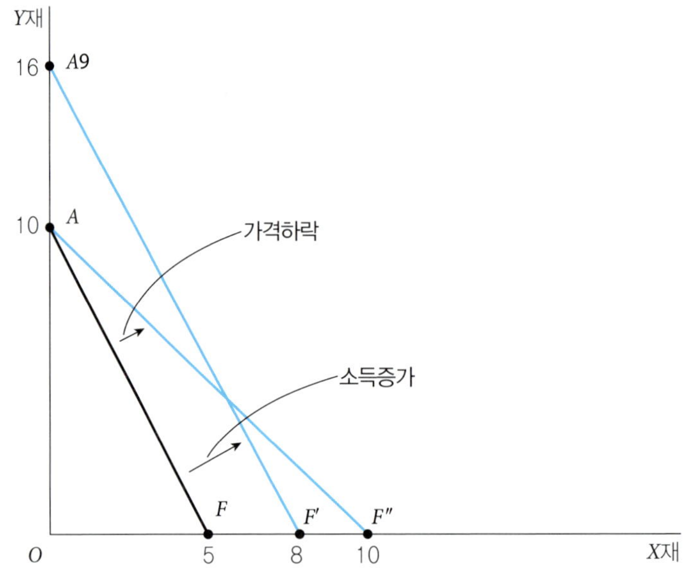


## 소비자균형

소비자는 상품을 구매할 때 자신이 좋아하는 것과 살 수 있는 능력이라는 두 가지 정보를 함께 고려하여 선택할 것이다. 앞에서 배운 무차별곡선과 예산선은 각각 소비자의 선호와 소득제약에 대한 정보를 말해 주므로, 이제는 이 두 분석도구를 사용하여 소비자가 어떤 시장바구니를 선택하는 것이 가장 바람직한가를 알아보기로 하자.

〈그림 5-8〉에는 소비자균형(consumer equilibrium)의 세 가지 측면이 나타나 있다. (a)에는 예산선이 그려져 있다. 예산선은 시장에서 주어지는 가격과 소비자의 소득이라는 객관적 자료가 주어졌을 때 구매할 수 있는 시장바구니를 보여준다. 따라서 예산선은 소비자의 구매할 수 있는 능력을 나타내는 객관적 사실만을 반영한다. (b)에는 무차별곡선이 그려져 있다. 무차별곡선은 소비자가 좋아하는 것만을 나타내므로 예산선과는 아무런 관계가 없다. 그러나 호주머니 사정을 고려하지 않고 무작정 좋아하는 것만을 선택할 수 없는 것이 현실이므로 양자가 타협할 수밖에 없다. (c)에는 이러한 사정을 반영하여 예산선과 무차별곡선이 함께 그려져 있다.

이제 갑은 어떠한 시장바구니를 선택할 것인가? 무차별곡선이 우상향에 위치할수록 만족이 더 크다고 했으니, *W*를 선택할 것인가? 아니면 *S*를 선택할 것인가? 그러나

그림 5-8 소비자균형

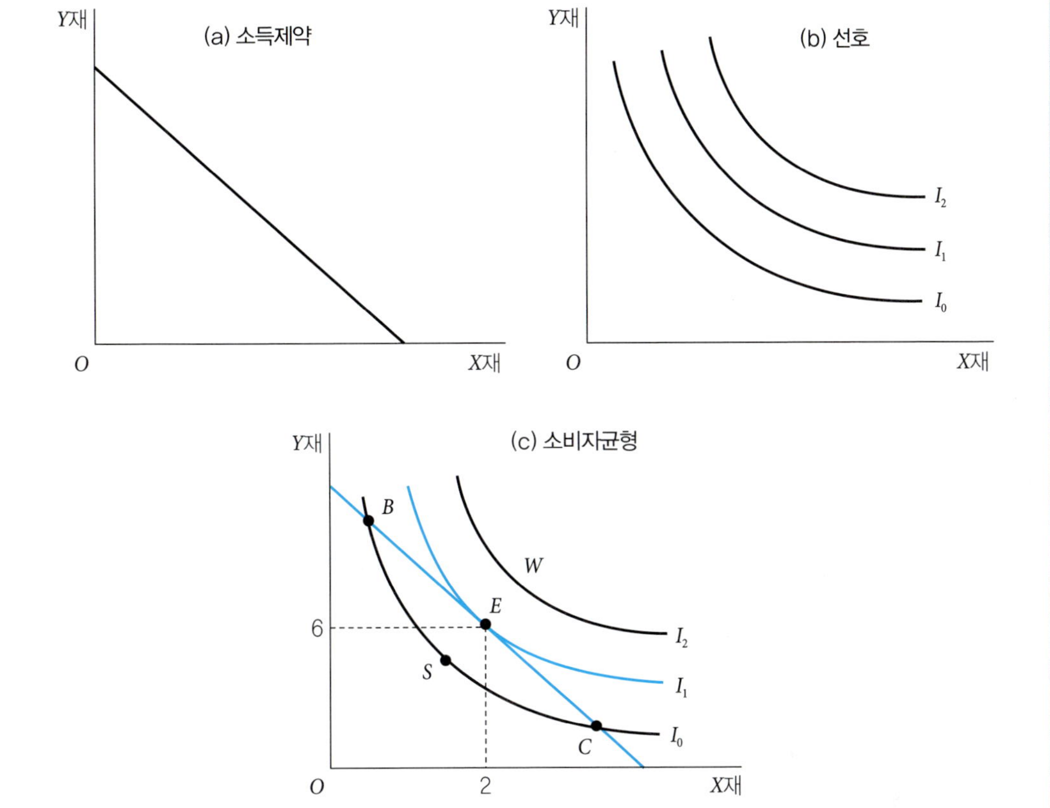


*S*와 *W*는 일단 고려대상에서 제외된다. 왜냐하면 *S*는 주어진 소득 모두로 구매할 수 있는 시장바구니가 아니므로 당연히 제외될 것이고, *W*는 비록 최대의 만족을 주는 것은 사실이나 갑의 소득으로서는 도저히 구매할 수 없는 시장바구니이기 때문이다.

그렇다면 문제는 선택되는 시장바구니가 예산선의 한 점이어야 한다는 데까지 좁혀진 셈이다. 즉 *A*, *B*, *E*, *C* 중 어느 시장바구니를 택할 것인가의 문제다. 그런데 이 소비자는 *A*, *B*, *C*는 제외시키고 *E*를 선택할 것이다. 왜냐하면 같은 지출로 $I_1$ 수준의 만족을 얻을 수 있는 시장바구니 *E*가 있는데, 구태여 $I_0$ 수준의 적은 만족을 주는 시장바구니들을 선택할 이유가 없기 때문이다. 따라서 *E*가 최대 만족을 주는 소비자균형점이 된다.

소비자균형점은 어떻게 찾아낼 수 있는가? 소비자균형점은 그림상에서 예산선과 무차별곡선이 접하는 시장바구니를 찾으면 된다. 따라서 소비자균형점에서는 무차별곡선의 기울기인 한계대체율과 예산선의 기울기인 가격비가 같아진다. 즉 *E*점에서는

$$(-)\ \Delta Y/\Delta X = (-)\ P_X/P_Y$$

라는 관계식이 성립한다. 다시 말해서 소비자 균형조건은 "$Y$재의 $X$재로의 한계대체율이 $Y$재 가격에 대한 $X$재의 가격비율과 같아야 한다"는 것이다.

그러면 소비자 균형조건의 경제학적인 의미는 무엇인가? 이를 보기 위하여 이 조건이 성립하지 않는 경우를 보자. 먼저 $B$점을 살펴보자. $B$점에서는 한계대체율, 즉 무차별곡선의 기울기가 가격비보다 크다. 예를 들어

$$\frac{\Delta Y: 3}{\Delta X: 1} > \frac{P_X: 2}{P_Y: 1}$$

이라고 하자. 한계대체율이 3이라고 하는 것은 곧 $X$재 1단위를 얻는 대신에 $Y$재 3단위를 포기해도 좋다는 말이므로, 소비자는 $X$재 1단위의 중요성과 $Y$재 3단위의 중요성을 같게 평가하고 있는 것이다. 한편 두 재화의 가격비가 2라는 것은 소비자가 실제로 시장에 나가 보니까 $X$재 가격은 $Y$재 가격의 2배밖에 되지 않는다는 말이다. 따라서 소비자는 $X$재 1단위를 더 얻기 위해서 $Y$재 가격에 3배를 지불할 용의가 있는데, 시장에서는 2배밖에 지불하지 않아도 됨으로 소비자는 $Y$재에 비하여 $X$재가 상대적으로 싸다고 느낄 것이다. 당연히 소비자는 $B$점에 머물러 있지 않고, $Y$재를 덜 사고 $X$재를 더 사려고 할 것이다. 이와 같이 소비자가 $B$점과 같이 그 자리에 머물러 있지 않고 또 다른 시장바구니로 움직이려는 힘이 작용하는 선택점은 균형이 아닌 것이다. 그러면 언제까지 $Y$재를 덜 사고 $X$재를 더 살 것인가? 물론 소비자는 자기가 주관적으로 평가하는 X재의 가치(즉 한계대체율)와 시장에서 실제로 평가되는 $X$재의 가치(즉 가격비)가 같아지는 $E$점에 이를 때까지 조정을 계속할 것이다. 이럴 때 비로소 $X$재와 $Y$재의 구매량 증감에 의한 효용 증가의 여지가 없어져, 소비자의 효용이 극대화되는 상태가 되기 때문이다. 반대로 $C$점에서와 같이 한계대체율이 가격비보다 작은 경우도 동일한 논리로 증명할 수 있다.

## 수요곡선의 도출

앞에서 설명한 소비자균형은 시장가격, 소득, 기호가 불변임을 전제로 한 것이므로, 이와 같은 전제가 완화될 경우에는 소비자균형점도 이동하게 된다. 이때 우리는 시장가격의 변화에 따른 수요량의 변화를 추적함으로써 우하향하는 수요곡선을 유도할 수 있다. 다시 말해서 "다른 사정이 일정한 한 어떤 상품의 가격이 하락(상승)하면, 수요량이 증가(감소)한다"는 수요의 법칙을 유도해 낼 수 있다는 말이다.

〈그림 5-9〉를 통하여 X재의 수요곡선을 도출해 보기로 하자. 먼저 (a)에는 무차별 곡선 $I_0$, $I_1$, $I_2$에 의해서 소비자의 기호가 나타나 있다. 소득은 2,000원이며 X와 Y재의 가격은 각각 400원과 200원이라고 하면, 최초의 균형점은 앞에서와 같이 $E_0$점이 될 것이다. 이제 X재의 수요곡선을 유도하기 위하여 소득, 기호, Y재의 가격 등은 일정한데, X재의 가격만 200원으로 하락하였다고 하자. 그러면 X재의 수요량은 증가할 것인가

**그림 5-9 수요곡선의 도출**

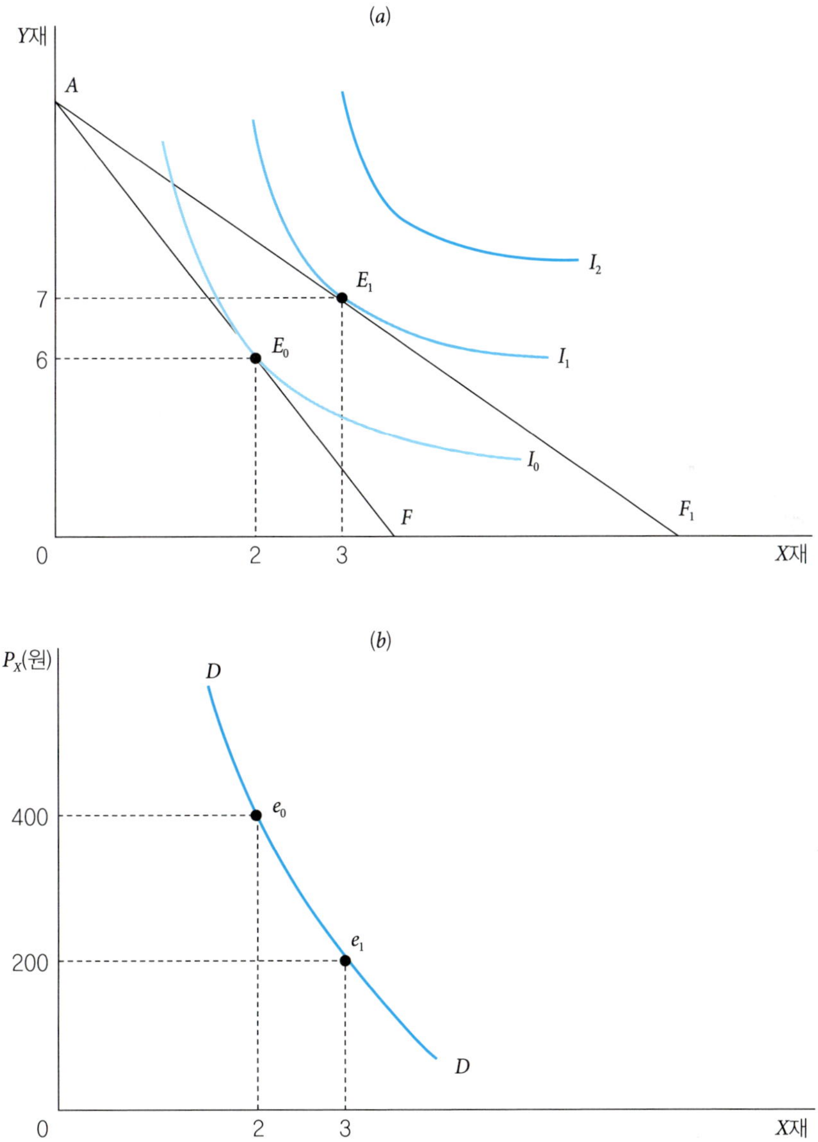

아니면 감소할 것인가? 만약 수요량이 증가하면 우하향하는 수요곡선을 도출할 수 있을 것이다.

다른 사정은 일정한데, X재의 가격만 하락하면 예산선은 $AF$에서 $AF_1$로 변동할 것이다. 그러면 소비자균형점은 $E_0$에서 $E_1$로 이동할 것이다. 물론 $E_1$점에서도 무차별곡선 $I_1$과 가격선 $AF_1$이 접하여 소비자균형 조건이 성립한다. $E_1$은 X재 3단위, Y재 7단위로 구성되는 시장바구니이므로, 종전보다 X재를 1단위 더 많이 소비하게 된 것이다. 이 정도의 정보를 가지면 X재의 수요곡선을 도출할 수 있다. 다시 말해서 X재의 가격이 400원일 때, 균형점은 $E_0$, 수요량은 2단위이고, X재의 가격이 200원일 때 균형점은 $E_1$, 수요량은 3단위이다.

이것을 그림으로 그려 놓은 것이 〈그림 5-9〉의 (b)이다. (a)와 (b)의 횡축은 X재의 양으로서 동일하나, (b)의 횡축은 X재의 가격을 표시한다. 수요곡선이란 있을 수 있는 가격에 대응하여 구매하려 하고 또한 구매할 수 있는 상품량을 나타내는 것이므로, X재에 대한 수요곡선을 도출해 낼 수 있다. 즉 $e_0$점은 X재 가격이 400원일 때 소비자가 2단위를 사려는 것을, $e_1$점은 가격이 200원일 때 소비자가 3단위 사려는 것을 나타내므로 이 두 점을 이은 선이 바로 수요곡선이 되는 것이다. 여기서 유의할 점은 수요곡선이 우하향하는 것은 단지 X재 가격만이 변할 때이므로, 수요의 법칙은 다른 사정이 일정한 한이라는 가정하에서 유도되었다는 것이다. 즉 Y재의 가격, 소득, 기호는 일정하다는 전제하에 수요곡선을 도출한 것이다.

## 대체효과와 소득효과

앞에서 살펴본 바와 같이 가격변화로 인한 수요량의 변화를 우리는 가격효과(price effect)라 부르는데, 이 효과는 대체효과(substitution effect)와 소득효과(income effect)에 기인된 것이다. 즉

$$가격효과 = 대체효과 + 소득효과$$

그런데 가격하락시에 수요량이 증가하므로 가격효과는 마이너스(−)의 부호를 갖는다. 가격효과로 말미암아 수요의 법칙이 성립하는 것이다. 가격효과는 대체효과와 소득효과로 이루어져 있으므로 수요의 법칙은 대체효과와 소득효과 때문에 성립한다고 볼 수 있다.

이제 가격효과를 대체효과와 소득효과로 분해해 보기로 하자. 우선 〈그림 5-10〉에서 같은 최초의 균형점 $E_0$에서 X재를 $OX_0$, Y재를 $OY_0$만큼 소비하여 $I_0$수준의 만족

**그림 5-10 가격효과의 분해: 대체효과 소득효과**

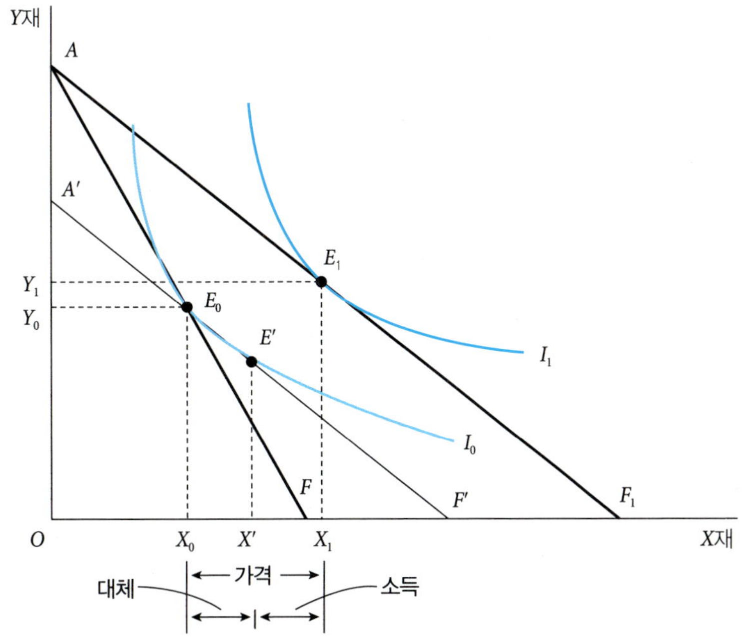


을 느끼고 있었는데, 다른 사정은 일정한 상태에서 X재 가격만 하락하여 예산선이 $AF$에서 $AF_1$로 이동되었다면 갑의 새로운 균형점은 X재를 $OX_1$, Y재를 $OY_1$만큼 소비하는 $E_1$이 될 것이고, 이 때의 효용수준은 $I_1$이 될 것이다. 최초의 균형점 $E_0$와 새로운 균형점 $E_1$을 비교해 볼 때, X재의 가격하락으로 말미암아 소비량이 $X_0X_1$만큼 증가되었으므로, 가격하락으로 인한 가격효과는 $X_0X_1$이 된다.

이러한 가격효과 $X_0X_1$은 대체효과와 소득효과로 분해될 수 있다. 대체효과란 가격의 하락으로 X재 가격이 Y재에 비해 저렴해졌으므로, 갑으로 하여금 Y재 대신에 X재를 구입하게 한 부분이다. 소득효과란 명목소득은 불변일지라도 가격하락으로 인한 실질소득의 증가로 인해 X재를 구입을 증가시킨 부분이다. 그러면 가격효과를 대체효과와 소득효과로 어떻게 분해할 수 있을까? 한 가지 분명한 사실은 두 효과 중 한 효과만 분명히 하면 나머지 효과는 자연히 도출된다는 것이다.

먼저 대체효과를 추출하기 위하여 일단 소득효과를 묶어 놓아 보자. 가격하락 후에도 실질소득이 불변이라는 것은 무엇을 의미하는가? 이는 가격변화 전이나 후에 효용수준이 일정하다는 것을 의미한다고 볼 수 있다. 실질소득의 증가는 효용수준의 증가를 말하는 것이다. 따라서 우리는 가격변화 후의 예산선 $AF_1$에는 평행하고, 가격변화 전의 효용수준을 보여주는 $I_0$에 접하는 선 $AF'$를 그을 수 있다. 이때 임의의 접점은 $E'$점으로 $X$재 $OX'$단위를 구입하는 시장바구니이다.

이제 우리는 대체효과와 소득효과를 구분할 수 있게 되었다. 먼저 $E_0$점에서 $E'$점으로의 이동으로 증가한 $X$재 구입량은 대체효과이다. 이는 가격변화전과 동일한 효용을 유지하면서, 즉 실질소득의 변화가 없다고 본 상태에서 상대가격만의 변화에 의한 $X$재 구입량의 증가분이다. 한편 $E'$에서 $E_1$로의 이동으로 증가한 $X$재 구입량 $X'X_1$은 소득효과로 인한 것이다. 이것은 상대가격은 묶어 둔 상태에서 예산선이 $AF'$에서 $AF_1$로 평행 이동한, 즉 소득만의 증가에 의한 $X$재 구입의 증가분이다. 이러한 소득효과는 효용수준이 $I_0$에서 $I_1$로 증가한 것을 측정하는 것이기도 하다. 이상을 요약하면,

$$X_0X_1(\text{가격효과}) = X_0X'(\text{대체효과}) + X'X_1(\text{소득효과})$$

**더 알아보기** **기펜재(Giffen goods)**

가격이 하락하면 항상 수요는 증가하는 것일까? 다시 물으면 가격이 하락할 때, 대체효과와 소득효과가 항상 같은 방향으로 움직일 것인가라는 질문이다. 물론 정상재의 경우에는 그렇다. 그러나 열등재의 경우에는 대체효과는 수요를 증가시키는 방향을 가지나, 소득효과는 수요를 감소시키는 쪽으로 작용한다. 이때 대체효과보다 소득효과가 더 커서, 가격하락에 따라 수요가 오히려 감소하는 경우가 있는데, 이러한 재화를 우리는 기펜재(Giffen goods)라고 부른다. 즉 열등재 중에서 대체효과보다 소득효과가 더 큰 재화가 바로 기펜재로서, 수요의 법칙이 지켜지지 않게 된다(독자들 스스로 그림을 그려서 이를 확인해 볼 수 있을 것이다). 경제학에서 감자가 열등재의 대표적인 예가 되지만, 동시에 기펜재로 등장하는 이유가 여기에 있는 것이다.

## 요 약

1. 수요의 법칙은 한계효용체감의 법칙에 의해서 설명되어질 수 있다.
2. 한계효용체감의 법칙이란 특정재화의 추가적인 소비로 인한 추가적인 만족감은 점차 감소한다는 것이다. 따라서 상품의 가격이 하락되어야만 소비자들은 상품을 더 구입하고자 할 것이다.
3. 한계효용균등의 법칙이란 소비자가 각 재화의 1원당 한계효용을 같도록 '시장바구니'를 선택하면 총효용이 극대화된다는 것이다. 한계효용균등의 법칙은 우하향하는 수요곡선과 논리적으로 일치한다.

4. 한계효용은 개념을 활용하면 '가치의 역설'은 더 이상 역설이 아님을 이해할 수 있다.
5. 소비자잉여란 기꺼이 지불하고자 하는 금액에서 실제 지불한 금액을 뺀 금액이다.
6. 수요곡선이 우하향하는 이유를 설명하는 또 하나의 방법은 무차별곡선분석이다. 무차별곡선은 소비자의 선호에 대한 정보를 주고, 예산선은 소비자의 소득제약을 나타낸다. 합리적인 소비자는 무차별곡선과 예산선이 접하는, 즉 소비자균형을 달성하는 '시장바구니'를 선택한다.
7. 가격이 변하면 예산선이 이동하면서, 소비자균형점이 새로 결정된다. 이러한 과정에 우하향하는 수요곡선을 도출해낼 수 있다.
8. 가격효과는 대체효과와 소득효과로 분해할 수 있다.
9. 기펜재는 열등재 중에서 소득효과가 대체효과보다 큰 재화를 말한다.

## 용어 및 개념

| | |
|---|---|
| 한계(총)효용 | 예산선 |
| 한계효용체감의 법칙 | 가격효과 |
| 한계효용곡선 | 소득효과 |
| 기수(서수)적 효용 | 대체효과 |
| 한계효용균등의 법칙 | 실질소득 |
| 소비자균형 | 정상재 |
| 가치의 역설 | 열등재 |
| 소비자잉여 | 기펜재 |
| 무차별곡선 | |

# E C O N O M I C S

CHAPTER | ECONOMICS

# 06 가계의 수요의사결정(2): 수요의 탄력성

SECTION



우리는 수요곡선이 우하향한다는 사실, 즉 수요의 법칙에만 초점을 맞추어 왔다. 그러나 수요곡선이 우하향하는 정도가 다른 것이 현실이다. 이는 구매의사를 결정하는 소비자와 상품에 따라서 가격변화에 반응하는 정도가 다르기 때문이다. 이 장에서는 수요의 탄력성에 대해서 자세히 알아본다.

## 6.1 수요의 탄력성이란

시장수요곡선은 현실적인 문제에 대한 답을 얻는 데 중요한 실마리를 제공해 준다. 가령 독자가 한 기업—자동차회사, 전자제품회사, 전력회사—의 판매책임자가 되었다고 하자. 그러면 독자는 판매책임자로서 제품의 가격이 변하거나, 소비자들의 소득이 증대하거나, 또는 관련재화의 가격이 변한다고 할 경우에 제품의 판매량이 어떻게 될 것인가에 대해서 궁금해질 것이다. 왜냐하면 올바른 판매계획을 세우기 위해서는 단순히 수요곡선이 우하향한다는 사실뿐만 아니라 자기가 판매하는 제품의 가격이 상승하거나 하락할 때, 소득이 증가하거나 감소할 때 소비자들이 어떻게 반응할 것인가에 대한 계량적인 정보를 알아야 하기 때문이다. 독자가 경제정책을 수립하는 공무원이 되었다고 해도 마찬가지이다. 공무원 입장에서 가격이나 소득에 영향을 미치는 정책을 취할 경우 소비자들이 어떻게 반응할지에 대한 정확한 정보를 알아야만 올바른 정책을 수립할 수 있을 것이다.

이러한 문제들에 해답은 수요의 탄력성(elasticities of demand) 개념을 통해서 얻을 수 있다. 탄력성이란 함수관계에 있는 변수 중에 하나가 변할 때 다른 경제변수가 어느 정도 민감한 반응을 보이는가를 측정하는 개념이기 때문이다. 시장수요곡선으로 표시되는 수요함수에서도 제품의 가격, 소득, 다른 제품의 가격 등이 수요량에 영향을 미치므로, 각각 수요의 가격탄력성(own price elasticity), 소득탄력성(income elasticity), 교차탄

**표 6-1** 수요의 탄력성 유형

$Q_x = f(P_x, P_y, P_z, \cdots, M, \cdots)$

$\dfrac{\%\,\Delta Q_x}{\%\,\Delta P_x}$ = 수요의 가격탄력성: $\varepsilon_d$ ← 가) $P_y$, $P_z$, $M$ 등은 고정되었다고 가정
나) 우하향하는 수요곡선을 반영하여 항상 (−) 값을 가짐

$Q_x = f(P_x, P_y, P_z, \cdots, M, \cdots)$

$\dfrac{\%\,\Delta Q_x}{\%\,\Delta P_Y}$ = 수요의 교차탄력성: $\varepsilon_{XY}$ ← 가) $P_x$, $P_z$, $M$ 등은 고정되었다고 가정
나) $X$재와 $Y$재가 대체재, 독립재, 보완재 관계에 있느냐에 따라 (+), 0, (−)의 값을 가짐

$Q_x = f(P_x, P_y, P_z, \cdots, M, \cdots)$

$\dfrac{\%\,\Delta Q_x}{\%\,\Delta M}$ = 수요의 소득탄력성: $\varepsilon_M$ ← 가) $P_x$, $P_y$, $P_z$ 등은 고정되었다고 가정
나) $X$재가 정상재냐, 열등재냐에 따라 (+)와 (−) 값을 가짐

력성(cross-price elasticity)이 계산될 수 있다.

〈표 6-1〉에는 탄력성의 개념들이 요약되어 있는데, 여기에서 각각의 탄력성은 다른 사정이 일정하다는 전제하에서 수요량의 '퍼센트(%)' 변화를 변화요인의 '퍼센트(%)' 변화로 나눈 값임에 유의해야 한다. 각각의 수요탄력성의 개념에 대해서 자세히 살펴보기로 하자.

## 6.2 수요의 가격탄력성

### 측 정

가격의 변화에 대해서 수요량의 변화 정도를 나타내는 수요의 가격탄력성 공식은 다음과 같다.

$$\varepsilon_d = \frac{\text{수요량의 변화율(\%)}}{\text{가격의 변화율(\%)}} = \frac{\%\ \Delta Q_x}{\%\ \Delta P_x} = \frac{\Delta Q_x/Q_x \times 100}{\Delta P_x/P_x \times 100}$$

위의 식에서 우리는 탄력성 개념을 절대적인 변화량 대신에 변화율—%로 표시된—을 사용하고 있는데, 그 이유는 무엇일까? 다시 말해서 탄력성 개념으로 '기울기'($\Delta Q_x/\Delta P_x$)를 쓰지 않는 이유는 무엇인가라는 질문이다. 이는 변화의 절대량, 즉 기울기 개념을 사용할 때 일어날 수 있는 다음과 같은 문제점을 없애기 위해서이다.

첫째, 수요량의 계산단위로부터 야기되는 문제점이다. 예를 들어 쌀가격이 1kg당 1,500원에서 2,000원으로 상승하여, 수요량이 100kg에서 110kg으로 증가되었다고 하자. 이 때 쌀가격이 500단위 변했음에도 불구하고 수요량이 10단위밖에 변하지 않았으므로 쌀의 수요는 가격에 대해서 탄력적이지 못하다고 생각할 것이다. 그러나 쌀 수요량의 측정단위를 'kg'에서 'g'으로 바꾸면 얘기가 달라진다. 즉 쌀가격이 500단위 변할 때 수요량은 10,000단위가 변한 셈이 되어 쌀의 수요는 가격에 대해 탄력적이라는 느낌을 가지게 된다. 이러한 문제점은 변화량이 아닌 변화율을 사용함으로써 피할 수 있다. 앞의 두 경우에 모두 변화율은 10%가 되기 때문이다(10kg/100kg = 0.1; 10,000g/100,000g = 0.1).

둘째, 가격의 절대적인 변화만을 사용할 경우에는 재화간 탄력성의 비교가 무의미해진다는 문제점이다. 가령 쌀과 승용차의 탄력성을 비교할 때, 쌀과 승용차의 가격이 동일하게 단위당 10,000원씩 상승하였다고 하자. 그러면 쌀의 수요량은 크게 줄겠지만, 자동차에 대한 수요량은 쌀의 수요만큼 줄지는 않을 것이다. 그렇다고 해서 쌀의 수요가 승용차의 수요보다 탄력성이 훨씬 크다고 결론지을 수 없다는 것은 자명하다. 왜냐하면 쌀의 경우 10,000원의 가격변화는 엄청난 변화이지만(kg당 1,500원에서 11,500원으로 666% 상승), 자동차의 경우 10,000원의 가격변화는 그다지 큰 변화가 아니기 때문이다(대당 5,000,000원에서 5,010,000만원으로 0.2% 상승). 이 문제 역시 앞에서와 마찬가지로 가격의 변화율을 사용하면 풀리게 된다.

한편 수요의 가격탄력성 공식을 자세히 살펴보면, (−) 기호를 무시하고 있음을 발견할 수 있다. 수요의 법칙상 가격이 상승(하락)하면 수요량이 감소(증가)하므로 공식의 분모와 분자의 값은 항상 다른 부호를 가지게 되어, 탄력성의 값은 (−) 값을 가지게 된다. 그러나 탄력성 값에 (−) 부호를 무시하는 것이 관례이다. 이는 탄력성 앞에 (−) 부호를 붙임으로써 생기는 혼동을 막기 위해서이다. 예를 들어 탄력성이 −2 혹은 −4라고 할 때, −2가 −4보다 더 크다고 볼 수도 있으므로 탄력성 계수의 절대치를 사용하여

**그림 6-1 탄력성의 계산**

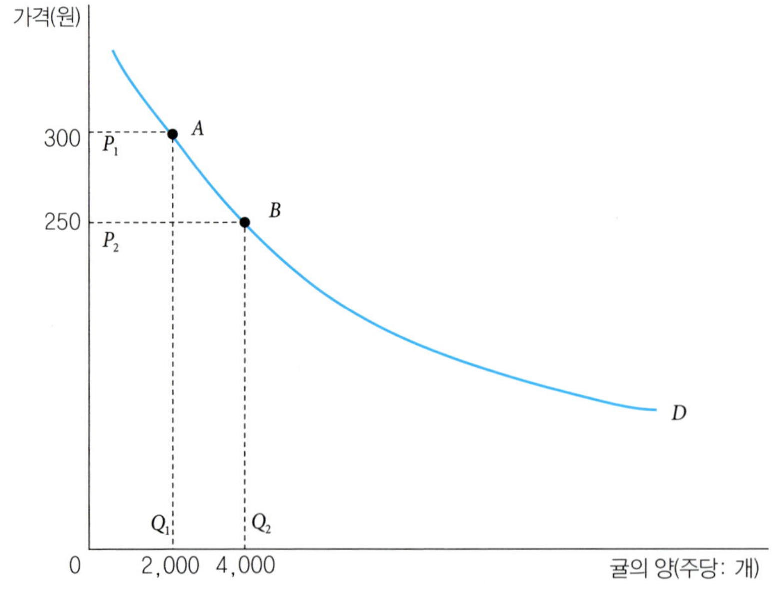

2 또는 4라고 표시한다.

이제 위의 공식을 사용하여 수요의 가격탄력성 값을 구해 보기로 하자. 수요곡선이 〈그림 6-1〉과 같이 주어져 있고 *A*점에서 *B*점으로 이동하였다고 하자. 즉 가격이 300원에서 250원으로 하락하고, 이에 따라 수요량이 2,000개에서 4,000개로 증가하였다면 탄력성 값은 얼마가 될 것인가? 공식에 따르면,

$$\varepsilon_d\,(\mathrm{A} \rightarrow \mathrm{B}) = \frac{2{,}000 \div 2{,}000}{50 \div 300} = 6$$

이 될 것이다.

## 탄력성의 해석

그러면 위에서 계산한 6이라는 탄력성의 값은 어떻게 해석할 수 있을 것인가? 이제 탄력성의 값을 판정하는 기준에 대해서 알아보자.

### 탄력적 수요

수요량의 변화율이 가격의 변화율보다 클 때, 즉 $\varepsilon_d$가 1보다 클 때 수요는 가격에 대해 탄력적(elastic)이라고 한다. 가격 1%의 변화가 수요량 1% 이상의 변화를 가져올 경우이다. 따라서 6이라는 탄력성의 값은 가격이 1% 변할 때 수요량이 6% 변하는 것을 의미하며, 매우 탄력적인 반응이라고 해석할 수 있다.

### 비탄력적 수요

수요량 변화율이 가격의 변화율보다 작을 때, 즉 $\varepsilon_d$가 1보다 작을 때 수요는 가격에 대해 비탄력적(inelastic)이라고 한다. 가격 1% 변화가 수요량 1% 이하 변화를 가져오는 경우이다.

### 단위탄력적

수요량의 변화율과 가격의 변화율이 같을 때, 즉 $\varepsilon_d$가 1일 때 우리는 수요가 가격에 대해 단위 탄력적(unit elastic)이라고 한다. 가격 1% 변화가 정확히 수요량 1%의 변화를 가져오는 경우이다.

그런데, 수요가 비탄력적이라고 해서 가격변화에 대해 수요량의 변화가 전혀 일어나지 않는다는 것은 아님에 유의해야 한다. 만약 가격변화에 대해서 수요량의 변화가

전혀 일어나지 않는 경우라면 우리는 '완전비탄력적'이라는 용어를 따로 사용한다. 반대로 수요가 탄력적이라고 해서 가격변화에 대해 수요량이 무한정 반응을 보이는 것이 아니며, 이런 경우에는 완전탄력적이라는 용어를 사용한다. 수요가 완전비탄력적인 경우에는 수요곡선이 수직선으로 나타나고, 수요가 완전탄력적인 경우에는 수요곡선이 수평선으로 나타난다.

## 유의점

앞에서 우리는 탄력성이란 무엇이며, 어떻게 측정하며, 또 어떻게 해석하는가에 대해서 알아보았다. 이러한 탄력성의 개념은 경제학에서 중요하고도 널리 활용되는 것이므로 확실히 이해하도록 해야 한다. 이제 우리가 탄력성 문제를 접할 때 혼동하기 쉬운 다음 두 가지 문제를 명확히 해 둠으로써 독자들의 이해를 돕고자 한다.

첫째는 동일한 수요곡선 상에서의 탄력성 값에 대한 문제이다. 일반적으로 동일한 수요곡선 상에서도 낮은 가격대의 경우 탄력성이 작고, 높은 가격대의 경우 탄력성이 크게 나타난다. 〈그림 6-2〉에서 보는 바와 같이 귤의 수요곡선에서도 가격이 낮을 때보다 가격이 높을 때 훨씬 더 탄력성의 값이 크게 나타나고 있다. 높은 가격대(*A*점에서 B점으로 이동)에서 탄력성은 6인 데 비하여, 낮은 가격대(*F*점에서 *G*점으로의 이동)에서는 1.36이다. 그 이유는 다음과 같이 생각해 보면 쉽게 납득이 갈 것이다. 가격이 하락함에 따라

**그림 6-2 동일 수요곡선 상에서의 탄력성 비교**

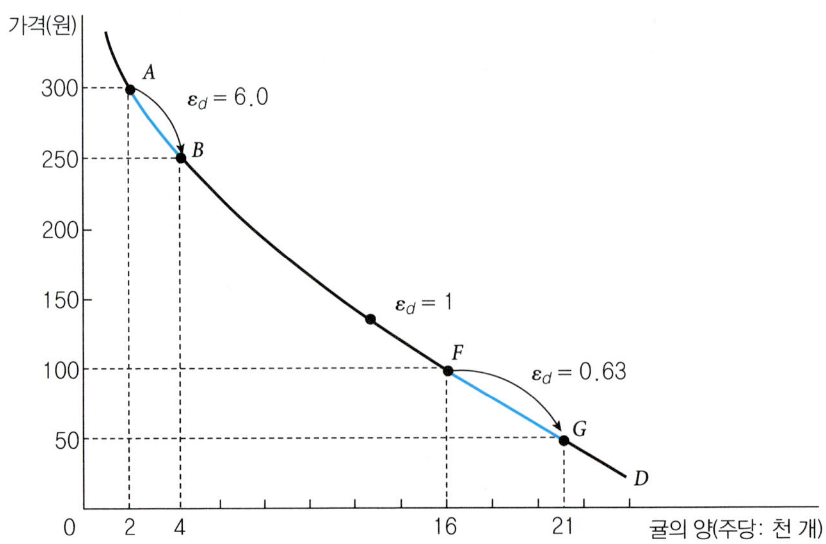

수요량은 점차 늘어나 포화점에 이르고 더 이상 가격이 하락하더라도, 수요량이 별로 늘지 않게 된다. 반대로 가격이 비교적 높은 수준일 때는 더 이상 가격이 상승한다면, 대체재를 찾거나 혹은 구매를 아예 포기해 버리므로 수요의 급격한 감소를 초래한다.

둘째는 가격하락의 경우와 가격상승의 경우에 탄력성의 값이 다르게 나타난다는 것이다. 가령 가격하락($A$점에서 $B$점으로의 이동)의 경우에는 탄력성이 6인데, 가격상승($B$점에서 $A$점으로의 이동)의 경우에는 탄력성이 2로 계산된다. 이것은 변화율을 계산하는데 있어서 무엇을 기준으로 삼을 것인가 하는 문제이다. 즉 가격하락의 경우에는 300원과 2,000개를 기준으로 삼은 반면에 가격상승의 경우에는 250원과 4,000개를 기준으로 삼았기 때문에 나타나는 문제이다. 경제학자들은 기준선택에 따른 상이한 결과에 대해 평균치를 사용함으로써, 계산상의 편의를 구하고 있다. 위의 경우 기준가격을 (300 + 250)/2 = 275원으로 하고 기준수요량을 (2,000 + 4,000) ÷ 2 = 3,000개로 하여 $\varepsilon_d = (2{,}000 \div 3{,}000)/(50 \div 275) = 3.7$의 값을 얻어낸다. 이와 같이 평균치를 이용하여 정의한 공식을 다시 정리해 보면,

$$\varepsilon_d = \frac{\text{수요량의 변화분}}{\text{수요량의 합/2}} \Big/ \frac{\text{가격의 변화분}}{\text{수요량의 합/2}}$$

로 된다. 우리는 이렇게 구한 탄력성을 호탄력성(arc elasticity)이라 부른다.

**그림 6-3 수요곡선간의 탄력성 비교**

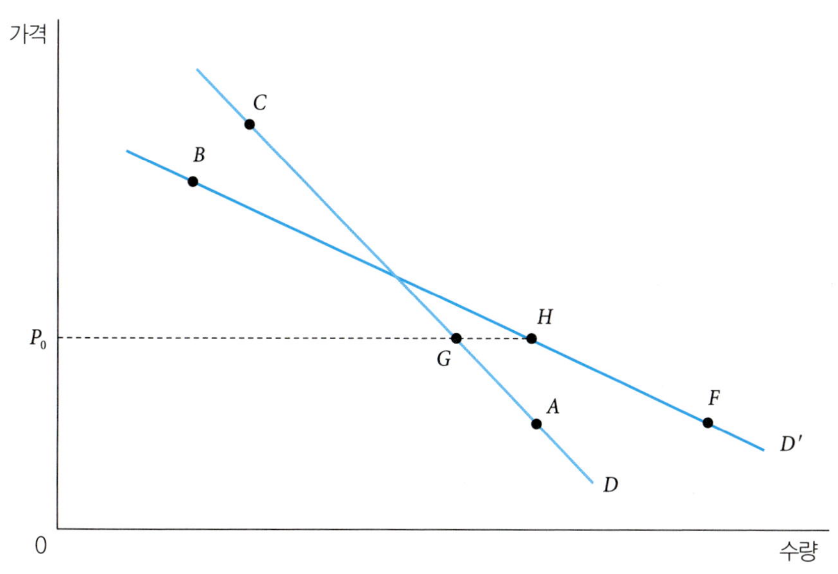

셋째는 수요곡선들 간의 탄력성 비교문제이다. 〈그림 6-3〉에는 두 개의 수요곡선이 그려져 있다. 하나는 가파르고($D$), 다른 하나는 평평한 모양($D'$)을 가지고 있다. 이 중에서 어느 수요곡선이 더 탄력적인가? 물론 평평한 모양의 $D'$가 더 탄력적일 것이라는 선입견을 가질 수 있다. 왜 그런 것일까? 두 개의 수요곡선을 비교함에 있어서 염두에 두어야 할 일은 같은 가격대에서 비교해야 한다는 것이다. 만약 $D$의 $A$점과 $D'$의 $B$점을 비교하면 $B$가 분명 더 탄력적으로 나타나고 반대로 $D$의 $C$점과 $D'$의 $F$점을 비교하면, $C$가 더 탄력적으로 나타나기 때문이다. 따라서 두 개의 수요곡선을 같은 가격대에서 비교해야 하며, 모든 동일한 가격대에서 $D'$가 $D$보다는 항상 탄력성이 더 크게 된다. 예를 들어 $P_0$ 수준에서 $D'$의 $H$점은 $D$의 $G$점보다 탄력성이 더 크다.

## 총수입과 탄력성

수요탄력성의 개념은 "생산자는 무조건 높은 가격을 책정할 것이다"라는 일반적인 생각이 틀렸다는 것을 말해 준다. 수요가 완전비탄력적이라는 경우를 제외하고는 이 생각이 적용되지 않는다. 가격이 상승하게 되면 총수입(total revenue)의 크기가 감소될 수도 있기 때문이다. 이에 대해서 알아보기로 하자.

### 탄력적 수요

만일 수요가 탄력적이라면, 가격이 하락할 때 기업가의 총수입은 증가한다. 왜냐하면 가격이 떨어진다고 해도 그 대신에 판매량의 증가율이 더 크므로 총수입은 증가할 것이기 때문이다. 〈그림 6-4〉는 이를 잘 보여주고 있다. 처음에 가격이 300원, 수요량이 2,000단위였을 때 총수입은 □$OP_1AQ_1$로 표시되며, 화폐액으로는 600,000원이 된다. 이제 감귤의 가격이 300원에서 250원으로 하락한다면, 수요량은 4,000단위로 증가할 것이고 총수입은 1,000,000원(□$OP_2BQ_2$)이 된다. 가격하락 전후를 비교하면 가격하락 후 총수입을 나타내는 □$OP_2BQ_2$은 가격하락 전 총수입을 나타내는 □$OP_1AQ_1$보다 분명히 크다. 이는 단위당 가격이 하락함으로써 생기는 총수입의 감소분이 판매량 증가로 인한 총수입의 증가분보다 더 작기 때문이다.

이러한 사정은 가격이 상승할 때도 마찬가지이다. 즉 수요가 탄력적일 때, 가격이 상승한다면 가격상승률보다 수요량의 감소율이 더 크므로 총수입은 감소하게 된다. 따라서 생산자가 "가능한 한 높은 가격"을 책정할 것이라는 생각은 틀린 것이다.

**그림 6-4** 탄력성과 판매수입의 관계

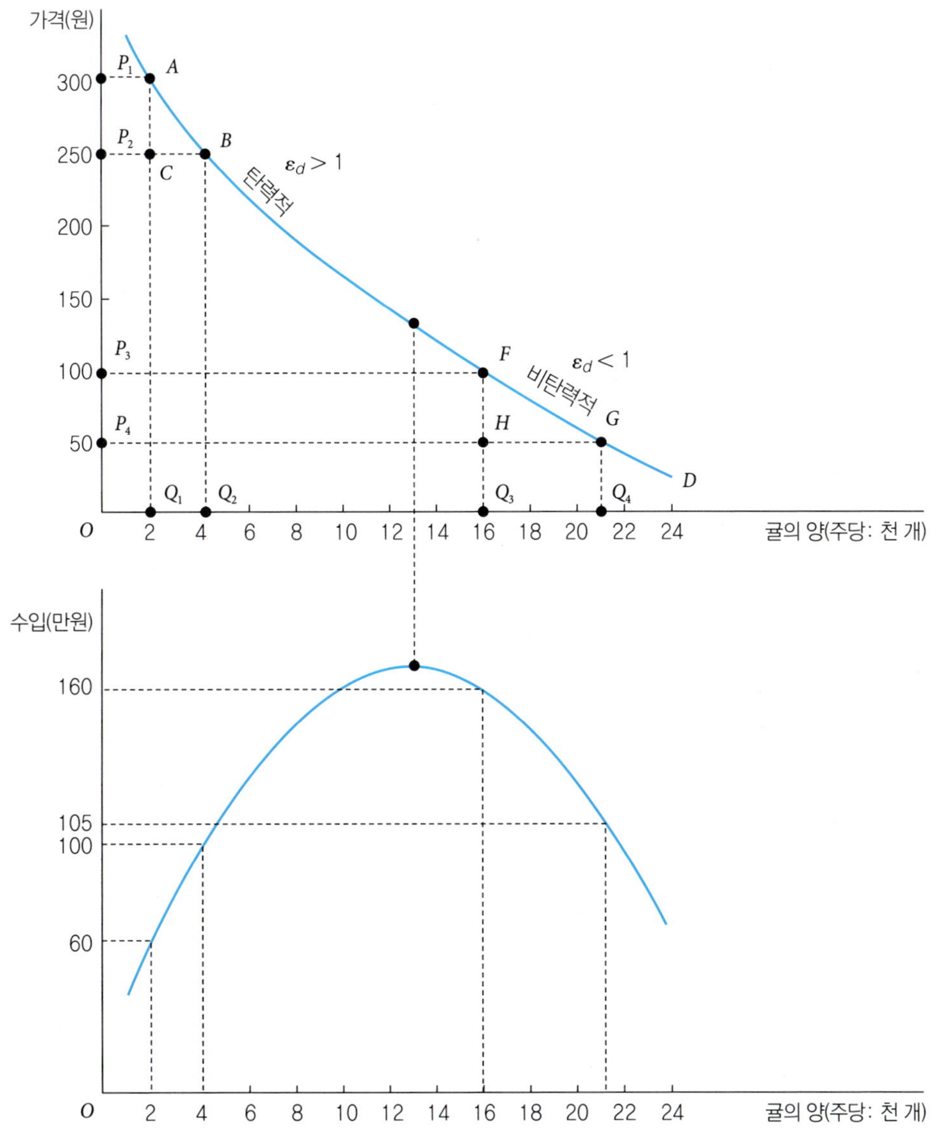


### 비탄력적인 수요

만일 수요가 비탄력적이라면, 가격이 하락할 때 기업가의 총수입은 감소한다. 왜냐하면 수요가 비탄력적이라는 것은 가격의 변화율보다 수요량의 변화율이 더 작다는 것을 의미하므로, 가격이 하락으로 인한 판매량의 증가율이 가격하락률에 미치지 못하게 되어 총수입은 감소하게 된다. 〈그림 6-4〉에서는 가격이 100원에서 50원으로 하락하는 경우이다. 처음에 가격이 100원, 수요량이 16,000단위였을 때 총수입은 □$OP_3FQ_3$으로 표시되며, 화폐액으로는 1,600,000원이 된다. 이제 가격이 150원에서 100원으로 하락한다면, 수요량은 21,000단위로 증가할 것이고 총수입은 1,050,000원(□$OP_4GQ_4$)이 된다. 가격하락 전후를 비교하면 가격하락 후 총수입을 나타내는 □$OP_4GQ_4$는 가격하락 전 총수입을 나타내는 □$OP_3FQ_3$보다 분명히 작다. 이는 단위당 가격이 하락함으로써 생기는 총수입의 감소분이 판매량 증가로 인한 총수입의 증가분보다 더 크기 때문이다.

이때에도 탄력적인 경우와 마찬가지로 역의 논리가 성립한다. 즉 수요가 비탄력적일 때, 가격이 상승한다면 수요량의 감소율보다 가격상승률이 더 크므로 총수입은 증가하게 된다.

### 단위탄력적 수요

수요가 단위탄력적일 때는 가격이 상승하거나 하락하거나 간에 총수입액은 변하지 않는다. 가격하락으로 인한 총수입의 감소분은 수요량의 증가로 인한 총수입의 증가분에 의해 정확하게 상쇄된다. 반대로 가격상승으로 인한 총수입의 증가는 수요량의 감소로 인한 총수입의 감소에 의해 정확히 상쇄된다.

이상을 종합해 볼 때 〈그림 6-4〉에서 보는 바와 같이 동일 수요곡선 상의 탄력적인 구간에서는 가격이 하락함에 따라서 총수입이 증가되고, 비탄력적이 구간에서는 가격이 하락함에 따라서 총수입이 감소된다. 단위탄력적인 구간에서는 총수입이 극대화된다. 물론 각 구간에서 가격상승은 반대의 효과를 갖는다.

## 수요의 가격탄력성 결정요인

그러면 수요의 가격탄력성을 결정하는 요인은 무엇인가? 이에 대한 일반화된 이론은 없지만 대체로 다음과 같은 요인들이 지적되고 있다.

### 대체가능성

일반적으로 상품의 대체재의 수가 많을수록 그 상품에 대한 수요는 탄력적이다. 야채와 사과를 예로 들어보자. 야채는 가격이 오르더라도 이를 마땅히 대체할 상품이 없기 때문에 수요는 비탄력적이다. 야채를 고기로 대체할 수 없지 않은가? 반대로 사과는 배나 포도 등 대체할 상품이 존재하기 때문에 가격이 조금만 상승해도 소비자들은 민감한 반응을 보일 것이다.

### 소득 중 지출비중

다른 사정이 일정한 한, 상품에 대한 소비지출이 가계소득에서 차지하는 비중이 크면 클수록 수요의 탄력성은 커진다. 예를 들어 껌이나 학용품 가격의 10% 증가는 작은 화폐액의 증가를 가져와 수요량에는 크게 영향을 미치지 못한다. 반대로 소득 중 지출비중이 엄청난 승용차나 아파트 값이 10% 오르면 수요량이 급격히 감소될 수 있다.

### 사치품과 생필품

생필품에 대한 수요는 비탄력적, 사치품에 대한 수요는 탄력적으로 나타난다. 밥이나

**더 알아보기** 현실 속에서의 가격탄력성

수요의 가격탄력성을 실제로 추정하기는 쉽지 않다. 왜냐하면 주어진 수요곡선을 찾아내기도 어려울 뿐만 아니라 수요곡선 자체가 시간에 지남에 따라 이동하기 때문이다. 마침 미국 소비자들을 대상으로 하여 가격탄력성을 추정한 자료가 있어서 소개한다. 〈그림 6-5〉에 나타난 가격탄력성들은 장기에 걸쳐서 추정된 것으로서 1927년부터 1980년대 이전의 상황을 반영한다.

그림에서 보듯이 물은 생필품으로서 탄력성이 0.4로 비탄력적이다. 담배(0.35)와 맥주(0.8)도 비탄력적인 것으로 나타나고 있다. 휘발유(1.0)는 단위탄력적이며, 자동차(1.5)의 경우도 탄력적이다. 사치재에 속한다고 볼 수 있는 고급승용차(4.0)와 항공기 여행(2.4)은 예상대로 매우 탄력적이다. 흥미로운 사실은 미국 소비자들의 경우 가정용 전기(1.9) 소비에 있어서 상당히 탄력적이라는 점이다.

**그림 6-5** 주요 상품의 가격탄력성 추정치(미국소비자 대상)

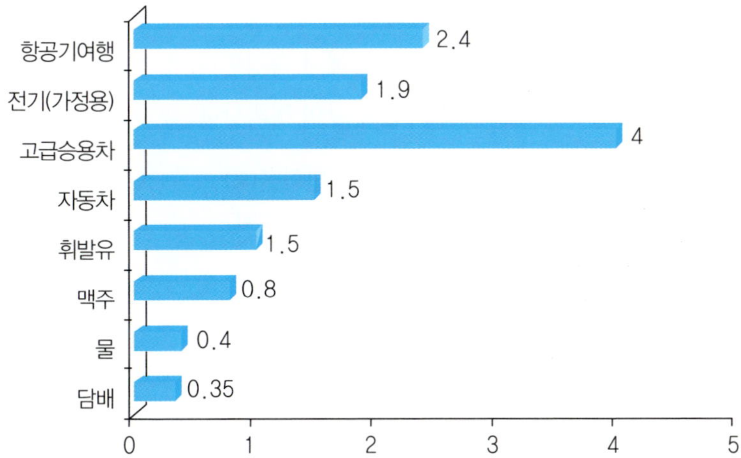


자료: Edgar K. Browning and Mark A. Zupan, *Microeconomic Theory & Application*, Addison-Wesley Educational Publishers, 1998, p. 38.

전력 같은 생필품은 없이는 지낼 수 없는 상품이므로 가격변동에 민감하지 않다, 반면에 「코냑」이나 보석 같은 사치품은 없이도 지낼 수 있으므로 가격변화에 민감하게 된다. 그런데 생필품과 사치품의 구분은 어디까지나 상대적인 개념임에 유의해야 한다. 왜냐하면 술을 좋아하는 사람에게는 「코냑」은 생필품이 될 수도 있기 때문이다.

소금의 경우는 위에서 열거한 세 가지 이유 때문에 수요가 비탄력적이다. 첫째로 소금가격이 오른다고 하더라도 이를 마땅히 대체할 상품이 없다. 둘째로 소금에 대한 지출이 가계소득에서 차지하는 비중이 미미하다. 셋째로 소금은 우리 생활에 없어서는 안 될 생필품이다.

### 기 간

일반적으로 장기의 수요탄력성은 단기의 수요탄력성보다 더 크다. 가령 휘발유 가격이 폭등할 경우에 단기에 있어서는 차량 운행량을 줄이는 정도의 반응을 보일 수밖에 없지만, 장기에 있어서는 대형차를 소형차로 바꾸어 휘발유 사용을 크게 줄이는 반응을 보일 수 있다.

## 6.3 수요의 교차탄력성

앞에서 언급한 바와 같이 한 상품($X$재)의 수요는 다른 상품($Y$재)의 가격변화에도 영향을 받으며, 이 정도는 수요의 교차탄력성에 의해서 측정된다. 경제학자들은 $X$재에 대한 수요의 교차탄력성(cross elasticity)을 다음과 같이 정의한다.

$$\varepsilon_{XY} = \frac{X\text{재 수요량의 변화율(\%)}}{Y\text{재 가격의 변화율(\%)}} = \frac{\%\ \Delta Q_x}{\%\ \Delta P_y} = \frac{\Delta Q_x/Q_x \times 100}{\Delta P_y/P_y \times 100}$$

사려 깊은 독자라면 교차탄력성의 개념은 제4장에서 소개한 대체재와 보완재와 관련이 있음을 쉽게 알 수 있을 것이다. 만약 $\varepsilon_{XY} > 0$이면, 즉 $X$재의 수요량이 $Y$재의 가격과 같은 방향으로 변하면, $X$재와 $Y$재는 대체재이다. 예를 들어 커피($Y$)의 가격이 상

**더 알아보기** 교차탄력성과 시장의 정의

기업전략을 수립할 때 첫 단계는 시장을 정확하게 정의하는 일이다. 가령 우유와 콜라는 같은 음료수이지만 같은 시장으로 보기는 어려울 것이다. 마찬가지로 경차(예: 스파크)와 고급승용차(예: 에쿠우스)는 같은 자동차이지만 별도의 시장으로 분석하는 것이 타당할 것이다. 그 이유는 우유와 콜라, 그리고 경차와 고급승용차는 서로 대체되는 정도가 매우 낮기 때문이다. 반대로 빨간 사과와 파란 사과는 대체가능성이 매우 크기 때문에 같은 시장으로 볼 수 있다.

경제학에서는 시장을 다음과 같이 정의하고 있다.

시장이란 대체가능성이 매우 높은 재화를 교환하는 구매자들과 판매자들의 그룹이다.

따라서 시장을 정의할 때, 앞에서 배운 교차탄력성을 활용할 수 있다. 즉 두 재화 간 교차탄력성이 클수록 동일한 시장으로 묶을 수 있다. 가령 빨간 사과의 가격이 10% 상승할 때 파란 사과의 수요가 40% 증가한다면, 교차탄력성이 4가 된다. 따라서 빨간 사과와 파란 사과는 같은 시장으로 분석하는 것이 타당하다. 반대로 신발의 가격이 10% 상승해도 아이스크림의 수요는 전혀 변화가 없을 것이다. 즉 교차탄력성은 0이다. 따라서 신발과 아이스크림은 독립재로서 별도의 시장으로 분석해야 한다.

교차탄력성은 지역적인 차원에서도 적용된다. 가령 서울에서 맥주 값이 올랐음에도 불구하고, 부산에서 맥주 수요가 전혀 변하지 않는다면 지역 간 맥주의 교차탄력성은 0으로, 별도의 시장으로 분석하는 것이 타당할 것이다. 반대로 부산에서 맥주 수요가 감소한다면 서울과 부산을 동일한 시장으로 묶으면 된다. 지역 관점에서 보면, 주식시장과 금시장은 하나의 글로벌시장(global market)이 되었다. 반면 벽돌, 빵, 레미콘 등은 현지시장(local market)의 성격이 강하다.

승하면 소비자들은 율무차($X$)를 더 마시게 될 것이다. 물론 교차탄력성의 값이 크면 두 재화 간의 대체성은 더 크다고 볼 수 있다. 반대로 $\varepsilon_{XY} < 0$ 이면, $X$재와 $Y$재는 보완재가 된다. 예를 들어 카메라($Y$)의 값이 상승하면, 필름($X$)의 수요는 감소할 것이다. 이 경우에는 교차탄력성의 값이 클수록, 두 재화간 보완의 정도는 크게 된다. 교차탄력성의 값이 0이냐 0이 아니냐는 두 재화 간에 관련이 있느냐 없느냐를 판정하는 기준이 된다. 만약 교차탄력성의 값이 0이면, 두 재화는 독립재이다. 예를 들어 커피 값의 상승은 필름의 수요에 거의 영향을 주지 않는다.

## 6.4 수요의 소득탄력성

소득의 변화로 인한 수요의 변화 정도를 측정하는 소득탄력성 역시 퍼센트(%) 변화로 측정한다. 즉

$$\varepsilon_m = \frac{\text{수요량의 변화율(\%)}}{\text{소득의 변화율(\%)}} = \frac{\%\ \Delta Q_x}{\%\ \Delta M}$$

$$= \frac{\Delta Q_x / Q_x \times 100}{\Delta M / M \times 100}$$

제4장에서 살펴본 바와 같이 소득탄력성의 값은 정상재와 열등재의 구분과 관련이 있다. 대부분 재화의 소득탄력성은 정(+)의 값을 가지는데, 이러한 재화를 우리는 정상재라고 부른다. 즉 정상재는 소득이 증가함에 따라서 수요가 증가하는 재화이다. 같은 정상재라도 상품에 따라 소득탄력성은 크게 차이가 난다. 일반적으로 자동차의 소득탄력성은 큰 데 반하여, 농산물의 소득탄력성은 작게 나타난다. 반대로 어떤 재화의 소득탄력성이 부(−)의 값을 가지면, 우리는 그 재화를 열등재라고 부른다. 감자, 연탄, 직행버스표, 소주 등이 여기에 속한다고 볼 수 있다.

뿐만 아니라 소득탄력성은 경제성장과정에서 어떤 산업이 성장산업이고, 어떤 산업이 사양산업인지를 판가름하는 기준이 되기도 한다. 다른 사정이 일정한 한 소득탄력성이 매우 높은 산업은 성장산업이 되고, 소득탄력성이 낮거나 부(−)의 값을 가지는 산업은 사양산업임을 의미한다. 예를 들어 높은 소득탄력성을 가지는 자동차산업은 오랫동안 성장할 가능성이 있는 반면에, 낮은 소득탄력성을 가지는 농업부문은 심각한 문제에 직면할 것임을 짐작할 수 있다.

## 6.5 가격탄력성의 응용

### 농부는 흉년에는 항상 우는가?

이 물음은 "농부는 풍년에는 항상 웃는가"라는 물음과 마찬가지이다. 풍년에 농부들이 풍년가를 부르는 것을 보면, "풍년에는 항상 웃는다"라고 답할 수 있을 것이다. 그러나 역설적으로 농부들은 풍년보다는 흉년에 더 소득이 증대되는 경우가 있다. 우리는 이것을 〈그림 6-6〉의 곡물에 대한 수요곡선에서 알 수 있다. $P_A$부터 $P_B$까지의 가격대는 비탄력적인 구간으로 수요의 가격탄력성의 값이 작다.

농부들이 씨를 뿌린 후에 날씨에 따라 추수량은 달라지게 마련이다. 만약 가뭄 때문에 추수량이 적어 공급곡선이 $S'$라고 한다면, 가격은 매우 높게 결정될 것이다. 반대로 날씨가 좋아서 공급량이 많아 공급곡선이 $S$라고 한다면 가격은 매우 낮게 될 것이다. 농부들은 이 두 경우에 언제 더 많은 수입을 얻을 수 있겠는가? 이에 대한 답은 수요의 탄력성과 총수입과의 관계를 이해하면 쉽게 얻을 수 있다. 수요가 비탄력적이므

그림 6-6 농부는 흉년에 항상 우는가?

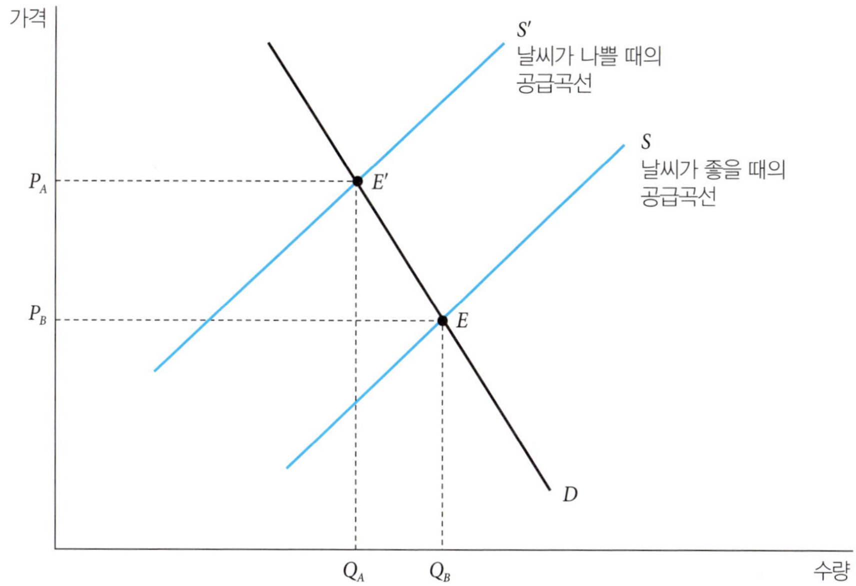


로 가격이 하락하면 총수입은 감소한다. 그러므로 풍년으로 곡물가격이 떨어지면 질수록 소비자들은 덜 지출하게 되며 농부들의 수입은 점차 감소하게 된다. 반대로 흉년이 들어 가격이 상승하면 할수록 농부들의 총수입은 증가하게 되어 공급곡선이 $S'$일 때 가장 유리하다.

이러한 결론은 농부 전체를 함께 생각할 때 가능하다는 점에 유의해야 한다. 가령 한 농부만이 화재로 추수한 곡식의 상당부분을 잃어버렸다고 하면, 얘기가 달라지기 때문이다. 그 농부가 잃은 곡식은 시장가격에 전혀 영향을 줄 수 없으므로 단지 그 자신만 손해를 보는 데 그칠 것이다.

### 생산자와 소비자 중 간접세를 누가 더 부담하나?

수요공급의 탄력성 개념은 특정상품에 간접세를 부과하였을 때 그 세금을 과연 누가 부담하게 되는가 하는 문제—경제학적인 용어로 조세귀착(tax incidence)의 문제—를 분석하는 데 활용할 수 있다.

〈그림 6-7〉의 시장균형 상태에서 귤의 균형수량은 7,000개이고, 균형가격은 200원이라고 하자. 만일 정부가 귤 1개 거래당 50원씩의 종량세를 부과한다면, 이 50원의

세금을 누가 부담할 것인가?

세금의 부과는 먼저 공급의 변화를 가져온다는 점을 이미 배운 바 있다. 즉 세금을 부과하면, 추가비용이 되어 생산물의 공급가격이 세금만큼 증가하게 되므로 공급곡선 자체를 세금만큼 상향 이동시키게 된다. 예를 들어, 조세부과 전에는 귤 1개당 300원일 때 생산자들이 주당 12,000개를 공급할 의도가 있었지만, 1개당 50원씩의 세금이 부과된 후에는 개당 350원을 받아야만 종전과 동일한 양을 공급하려 할 것이다. 마찬가지로 개당 300원을 받아야만 10,000개를 공급하려 할 것이고, 개당 250원을 받아야만 7,000개를 공급하려 할 것이다. 이 관계가 〈그림 6-7〉의 공급곡선 $S_t$로 나타난다.

공급곡선이 $S$에서 $S_t$로 이동하게 되면, 시장균형은 $E$에서 $E'$로 이동된다. 새로운 균형에서의 균형가격은 225원이고 균형수량은 5,000개가 된다.

그렇다면 세금의 크기는 얼마이며, 이를 누가 부담하게 되는 것일까? 먼저 세금의 크기는 거래량(5,000개)에다가 단위당 세금(50원)을 곱한 250,000원이 된다($\square P_1P_2E'B$). 이 세금은 기업의 총수입 중에서 정부에 지불된 것이므로 일차적으로 기업이 부담한 것이고 볼 수 있다. 그러나 궁극적인 조세귀착은 이렇게 단순한 것이 아니다. 소비자도 이 중 일부를 부담하고 있기 때문이다. 왜냐하면 소비자는 세금부과 전에 개당 200원에 구입하던 것을 세금부과 후에는 개당 225원씩 지불해야 하므로 개당 25원, 총

**그림 6-7** 조세의 귀착

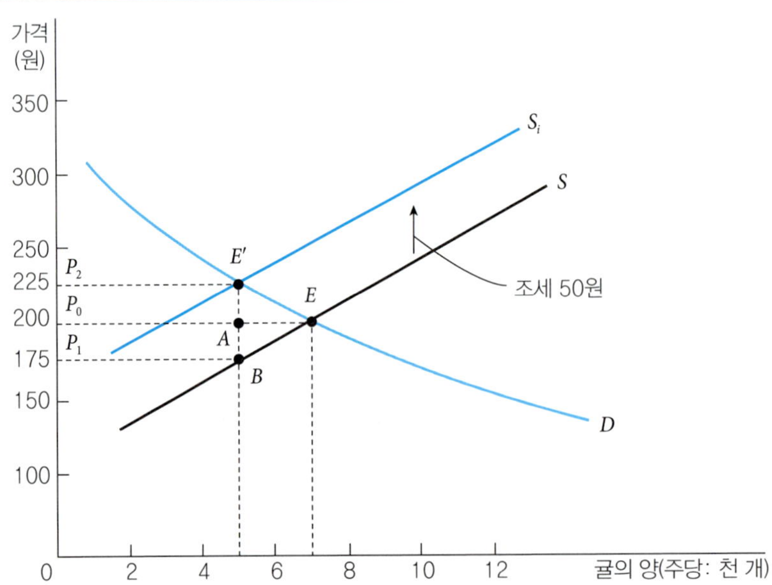

125,000(25×5,000)원의 부담을 안게 된 것이다(□$P_0P_2E'A$). 한편 기업은 세금부과 전에 개당 200원 받던 것을 세금부과 후에는 225원씩 받게 되었으나 개당 50원의 세금을 납부해야 하므로, 실제수입은 개당 25원밖에 되지 않는다. 결국 기업도 개당 25원, 총 125,000원의 세금을 부담하여야 한다(□$P_1P_0AB$). 요컨대 우리가 가정한 예에서 기업은 부과된 세금의 반을 소비자에게 전가시키고, 나머지 반은 스스로 부담함으로써, 생산자와 소비자가 똑같이 세금을 분담하고 있다.

그러나 수요와 공급의 탄력성이 〈그림 6-7〉과 다를 때는 조세의 귀착 또한 달라지게 된다. 그러면 수요와 공급의 탄력성에 따라 조세의 귀착이 어떻게 달라지는지를 두 가지 경우로 크게 나누어 생각해 보기로 하자. 먼저 공급이 일정하게 주어져 있을 경우에는 수요가 비탄력적일수록 부과된 세금 중에서 소비자에게 전가되는 세금의 비중이 커진다. 극히 단적인 예로 수요가 완전비탄력적인 경우와 완전탄력적인 경우를 그려봄으로써 이를 쉽게 확인해 볼 수 있다. 완전비탄력적인 경우는 부과된 세금의 전부가 소비자에게 전가되는 반면에, 완전탄력적인 경우에는 부과된 세금을 전부 생산자가 부담하게 된다.

〈그림 6-8〉은 수요가 탄력적인 경우와 비탄력적인 경우를 같이 그려 놓은 것이다.

**그림 6.8** 수요의 가격탄력성에 따른 조세부담의 차이

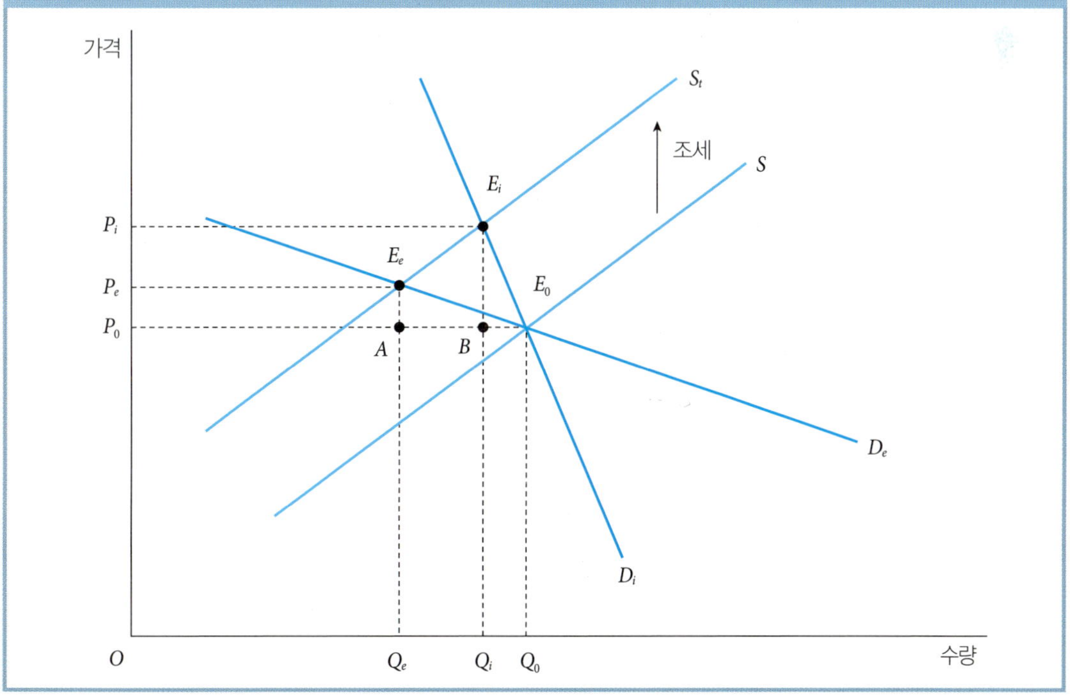

수요가 탄력적일 때는 부과된 세금 중에서 적은 부분($AE_e$)만이 소비자에게 전가되고 나머지 대부분은 생산자가 부담하게 된다. 반대로 수요가 비탄력적일 경우에는 부과된 세금 중에서 대부분($BE_i$)을 소비자에게 전가시키고 극히 적은 부분만을 생산자가 부담하게 된다. 또한 수요가 탄력적일수록 균형량의 감소폭도 더 크게 나타나고 있다.

## 요 약

1. 수요의 가격탄력성, 교차탄력성, 소득탄력성은 각각 당해상품의 가격, 타상품의 가격, 소득의 변화에 대한 소비자들의 반응 정도를 측정해 준다.
2. 수요의 가격탄력성은 가격의 변화율에 대한 수요량의 변화율로 측정한다.
3. 가격탄력성이 1보다 크면 탄력적인 수요라 하고, 가격탄력성이 1보다 작으면 비탄력적인 수요라 한다. 가격탄력성이 1이면 단위탄력적이라고 한다.
4. 가격탄력성에 따라서 판매수입의 크기가 달라진다. 가격탄력성이 탄력적이면, 가격과 판매수입은 부(−)의 관계를 가지며, 가격탄력성이 비탄력적이면 정(+)의 관계를 갖는다.
5. 가격탄력성은 대체재가 많을수록, 총지출 중 차지하는 비중이 클수록, 생필품보다는 사치재가, 그리고 단기보다 장기에서 그 값이 더 크다.
6, 어떤 두 상품 간 교차탄력성이 크면, 동일한 시장으로 묶을 수 있다.
7. 수요의 가격탄력성이 작을수록 간접세의 소비자 부담이 더 커진다.

## 용어 및 개념

수요의 가격탄력성
수요의 교차탄력성
수요의 소득탄력성
(비)탄력적 수요
단위탄력적 수요
완전(비)탄력적 수요
총수입과 탄력성
간접세
조세의 귀착

CHAPTER 07 | ECONOMICS

# 기업의 공급의사결정시 고려요인: 비용

SECTION



기업은 시장정보—대표적으로는 가격—와 자신의 비용조건을 함께 고려하여 상품의 공급 여부와 공급량을 결정한다. 시장정보는 앞에서 배운 수요곡선을 통해 파악할 수 있으므로, 이 장에서는 비용조건에 대해서 공부한다. 먼저 비용의 개념을 검토하고 생산 및 생산비의 일반적 성질에 관하여 알아본다.

## 7.1 비용의 개념

### 경제적 비용: 기회비용

경제학에서 말하는 비용의 개념은 무엇인가? 경제학자들은 비용의 개념을 자원이 희소하고, 여러 용처에 쓸 수 있다는 사실에서 찾는다. 즉 특정 재화의 생산에 요소를 투입하면, 다른 재화의 생산 기회가 포기된다는 사실이다. 따라서 경제학에서는 비용을 한 재화의 생산에 요소를 투입함으로써 포기된 다른 재화의 수량으로 정의한다. 가령 X재 1단위를 생산하기 위한 비용은 Y재 생산에 투입되었더라면, 생산할 수 있었던 Y재 생산량이라는 것이다. 요컨대 경제학에서 말하는 비용은 기회비용(opportunity cost)의 개념이다.

### 암묵적 비용과 명시적 비용

이상에서 설명한 기회비용은 사회 전체적 관점에서 본 것임에 유의해야 한다. 그렇다면 개인적인 입장에서 기회비용은 어떻게 보아야 하나? 가령 독자가 지금 이 책을 읽는 기회비용은 어떻게 측정될 수 있을까? 물론 독자가 책을 읽는 동안 포기되는 시간으로 할 수 있었을 다른 것으로서, 예를 들어 애인과의 데이트가 될 수 있다. 그러면 생산의 주체인 개별기업의 입장에서 본 비용은 어떻게 측정되나? 기회비용의 개념을 활용하면, 기업의 생산비용은 다음과 같이 정의 내릴 수 있다.

> X재의 생산비용은 기업이 고용하는 요소공급자(노동자, 기계소유자, 토지소유자)들이 X재 생산에 전념하게끔 지불해야만 하는 화폐액(임금, 이자, 지대)이다.

여기서 말하는 화폐액은 명시적 비용(explicit cost)뿐만 아니라 암묵적 비용(implicit cost)도 포함한다. 명시적 비용이란 기업이 소유하지 않은 요소에 대해 지불하는 돈이다. 명시적 비용은 흔히 회계사나 경리직원이 사용하는 개념이다. 즉 회계학에서는 비용을 단순히 기업 외부에서 노동, 원재료, 연료, 전력 등을 제공하는 요소소유자에게 기업이 그 대가로 지불하는 금액으로 보고 있다.

그러나 기업은 생산을 위해 직접 요소를 소유하며, 이에 대해서도 비용이 발생한다. 왜냐하면 기회비용이란 생산요소를 누가 소유 또는 고용하고 있느냐에 관계없이 발생하기 때문이다. 바로 기업이 내부적으로 보유하고 있는 요소에 대해서 발생하는 비용이 암묵적 비용으로, 기업에 있어서 암묵적 비용은 자가고용된 요소가 다른 용도로 사용되었을 때 얻을 수 있는 화폐액이다. 예를 들어 갑이라는 사람이 동네에서 자기 소유의 점포와 자본금을 가지고 식품점을 부인과 함께 운영하고 있다고 하자. 그는 명시적인 임대료나 임금은 지불하지 않지만 암묵적인 임대료와 임금은 발생하고 있다. 왜냐하면 자기소유의 건물을 식품점으로 이용함으로써 갑은 타인에게 임대했을 경우 얻을 수 있었던 임대료—예를 들어 월 100만원—를 희생하고 있으며, 이와 마찬가지로 그와 부인의 노동력과 자본을 자신의 식품점에 투입함으로써, 만일 그와 부인이 다른 회사에 고용되거나 그의 자본을 타인에게 대여했더라면 얻을 수 있는 임금과 이자를 희생하고 있는 것이다.  뿐만 아니라 갑은 그 자신의 기업경영능력을 식품점 경영에만 전념시킴으로써 그렇지 않으면 다른 회사에서 발휘하여 얻을 수 있었던 소득도 포기하고 있는 것이다. 이와 같이 생산요소를 고용한 대가로 기업 외부에 돈을 지급하지는 않았지만 마땅히 생산비용에 넣어야 할 비용을 경제학에서는 암묵적 비용이라 한다. 이상을 요약하면 다음의 관계가 성립한다.

기회비용(경제적 비용) = 명시적 비용(회계적 비용) + 암묵적 비용

## 정상이윤

앞의 예에서 갑은 기업가로서의 능력과 재능을 식품점경영에 투입하고 있는데, 이와 같이 기업가능력이 어떤 용처—앞의 예에서는 식품점—에 계속 투입되도록 하기 위해 지급되어야 하는 최소한의 보수를 정상이윤(normal profit)이라고 한다. 혹시 일부 독자들은 정상이윤이 말 그대로 이윤이지 왜 비용개념에 포함되느냐고 물을 수도 있다. 그러나 경영능력도 자기소유의 요소이므로 암묵적 임금이나 암묵적 이자와 마찬가지로 암묵적 비용이다. 만일 기업가가 이러한 최소한의 이윤을 얻지 못한다면 그의 기업가로서의 능력을 다른 재화의 생산으로 돌리거나, 혹은 개인에 따라서는 사업을 포기하고 고용살이를 희망할 것이다. 요컨대 경제학에서 말하는 비용은 재화의 생산과정에서 고용되는 모든 생산요소에 대해서 지급되는 일체의 지급액을 말하는 것으로서, 명시적 비용은 물론이고 정상이윤을 포함하는 암묵적 비용까지 포함하는 개념이다.

## 경제적 이윤(순수이윤)

앞의 비용분석을 통해 독자들은 이윤에 대해서 경제학과 회계학에서 각기 그 해석을 달리하고 있음을 짐작할 수 있었을 것이다. 〈그림 7-1〉에서 보는 바와 같이 회계학에서 말하는 이윤은 총수입에서 명시적 비용만을 뺀 잔여분이라고 보나, 경제학에서는

그림 7-1 경제적 이윤과 회계적 이윤

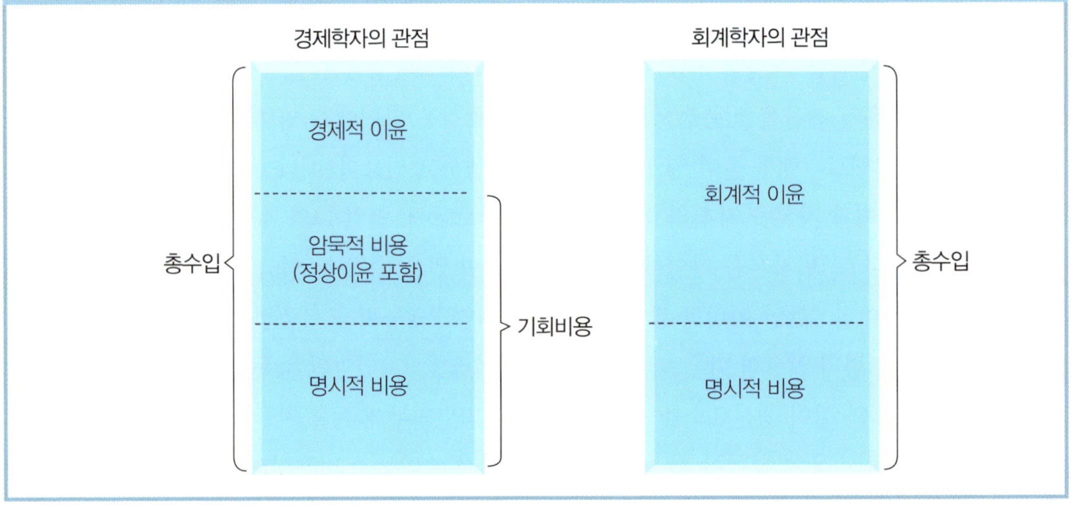


총수입에서 모든 명시적 비용과 암묵적 비용(정상이윤 포함)을 뺀 잔여분을 말한다.

그러므로 경제학자가 "A 기업은 비용을 보상받고 있다"라고 말할 경우, 그가 의미하는 것은 모든 명시적 비용과 암묵적 비용이 '커버'되고 있으며, 따라서 A 기업의 경영자는 기존재화의 생산에 그의 경영능력을 계속 투입하기에 충분한 수입을 얻고 있다는 것이다. 만약 기업의 총수입이 기회비용을 초과할 경우 잔여분은 기업가에게 귀속되는데, 이 잔여분을 경제적 이윤(economic profit) 혹은 순수이윤(pure profit)이라고 부른다. 즉,

$$\text{경제적 이윤(순수이윤)} = \text{총비용} - \text{경제적 비용(기회비용)}$$

순수이윤은 기업가로 하여금 특정재화 생산에 계속 종사하도록 하는 데 필요한 정상이윤을 초과하는 수입이기 때문에 비용이 아니다.

## 단기비용과 장기비용

이상에서 살펴본 비용은 기업이 생산에 소요되는 생산요소의 투입량을 변화시키는 데 걸리는 기간에 따라 단기비용(short-run cost)과 장기비용(long-run cost)으로 구분된다. 가령 승용차를 생산한다고 할 때, 노동력 등은 쉽고도 짧은 기간 내에 증가시킬 수 있으나, 공장 기계 등 플랜트를 증가시키는 데는 몇 년씩 걸릴 것이다. 단기란 기계설비는 일단 주어진 것으로 보고 노동만을 변경시킬 수 있는 비교적 짧은 기간이다. 만약 $X$재 생산과정에 노동($L$)과 기계설비($K$) 두 요소만 투입된다고 하면, 단기의 생산관계는 다

음과 같이 표현된다.

$$Q = f(L),\ K\text{는 주어짐}$$

여기서 $Q$는 생산량을 나타낸다. 이러한 단기생산관계에서 노동을 가변요소

**더 알아보기 초장기(very long-run)**

경제학에서는 생산과정을 일반적으로 단기(short-run)와 장기(long-run)로 구분하여 설명하고 있다. 하지만 최근 기술이 급속하게 변화함에 따라서 초장기(very long-run)의 개념이 등장하고 있다. 사실 우리는 단기와 장기를 구분하면서 암묵적으로 기술을 주어진 것으로 보았다. 즉,

$$Q = f(L, K),\ \text{given Technology}$$

그러나 주어졌던 것으로 가정한 기술이 변하게 되면 생산함수 자체가 변하게 된다. 즉,

$$Q = g(L, K)$$

이러한 상황을 우리는 초장기라고 부른다. 예를 들어 어떤 사람이 호두과자 굽는 기계 1대로 창업을 했다고 하자. 만약 기계 1대인 상태에서 종업원을 고용하면 단기상황이다. 만약 사업이 번창하여 기계를 2대로 증가시키면서 종업원을 추가로 고용하면 장기상황이 된다. 그런데 이 사람이 옛날 기계를 개선하여 자동화된 새로운 기계를 발명한다면 그때는 생산관계가 전혀 달라지게 된다(〈그림 7-2〉 참조). 즉 기존의 생산함수 $Q = f(L, K)$가 자동화라는 기술혁신을 반영한 새로운 생산함수 $Q = g(L, K)$로 변한다. 그 결과 기존 인력을 모두 해고시키고 혼자 일을 하더라도 더 많은 호두과자를 생산하여 판매할 수 있다. 이러한 상황이 바로 초장기이다. 따라서 우리는 "기업은 단기에서 운영하고(operate), 장기에서는 계획(plan)하며, 초장기에서는 기술혁신(innovate)한다"라고 말할 수 있다. 기술혁신은 기본적으로 연구개발(research and development: R&D) 활동을 말하며 이와 관련된 비용을 초장기비용(very long-run cost)이라고 할 수 있다.

초장기는 앞으로 전개될 제4차 산업혁명 시대에서 일어날 상황이라고 보면 된다. 기업 입장에서도 운영 및 계획 활동을 넘어서서 초장기적 관점에서 기술혁신을 해야만 생존하는 시대가 되고 있다. 세계 1위의 모바일 폰 회사였던 노키아가 2012년 삼성과 애플의 기술혁신전략에 밀려서 갑자기 도산했던 사례가 이를 잘 말해주고 있다.

**그림 7-2 호두과자 만드는 기계의 기술혁신**

(옛날 기계)

(자동화된 새 기계)

(variable inputs), 기계 설비를 고정요소(fixed inputs)라 부르며, 이 때 발생하는 비용을 단기비용이라고 한다.

그러므로 이제 장기와 장기비용의 개념은 스스로 명백해졌다. 기업 입장에서 보면 장기란 노동뿐만 아니라 기계 설비를 포함한 모든 요소를 변경시킬 수 있는 비교적 긴 기간이다. 이를 생산관계로 표시하면,

$$Q = f(L, K)$$

이다. 따라서 장기에 있어서 모든 요소가 가변요소이며, 이 때 발생하는 비용이 장기비용이다.

그러나 이와 같은 장단기 개념은 어떤 구체적인 기간을 지칭하는 것이 아니라 관념적인 기간의 개념임에 유의해야 한다. 가령 Y-셔츠를 만드는 기업의 경우 1~2개월 이내에 재봉틀과 섬유절단기를 주문하고 설치하여 설비를 쉽게 증가시킬 수 있으나, 자동차 제조회사의 경우는 1~2년이 소요될 것이다. 물론 각각의 경우 같은 장기 개념이다. 이제 생산비용을 장단기로 구분하여 자세히 분석해 보기로 하자.

## 7.2 단기에서의 생산과 생산비

### 수확체감의 법칙

기업이 한 제품을 생산하는 데 드는 생산비는 소요되는 요소의 가격뿐만 아니라 요소의 양에도 의존한다. 그런데 생산기술이 요소의 양을 좌우하므로 이제부터 생산비의 기술적 측면을 분석해 보기로 한다. 앞에서 언급한 바와 같이 단기에서 기업은 고정설비에 가변요소의 양을 증가시킴으로써 산출량을 증가시킬 수 있다. 이 때 가변요소의 투입량이 증가함에 따라 산출량은 어떻게 달라질 것인가?

이 질문에 대한 대답을 우리는 수확체감의 법칙(law of diminishing returns)을 통해서 구할 수 있다. 일반적으로 고정설비에 가변요소, 즉 노동을 1단위씩 계속 증가시켜 주면 총생산량은 증가한다. 이와 같은 생산량의 증가는 노동의 분업 및 전문화 등에 의해서 생산효율이 증가된 데 따른 것이다. 그러나 가변요소의 투입량을 계속 증가시킴에 따라 총생산량은 계속 증가하지만, 궁극적으로 그 증가율은 점차 감소하게 되며, 마침내 그 증가율은 0이 되고 총생산량은 더 이상 증가하지 않을 것이다. 만약 이 수준을

넘어서 계속 가변요소의 투입량을 증가시킬 경우에는 총생산량은 오히려 감소하게 될 것이다. 이와 같은 현상을 우리는 수확체감의 법칙이라고 부른다.

수확체감의 법칙을 예를 들어 설명해 보기로 하자. 가령 어느 학생이 겨울방학을 이용하여 학비도 벌 겸, 집 근처에 10평짜리 점포를 빌려 빵 굽는 기계 2대를 놓고 빵집을 차렸다고 하자. 장사가 잘되자 혼자하기가 바빠 친구들을 한두 명 더 고용하게 되었다. 그 결과 처음에는 혼자서 밀가루도 사 오고, 빵도 굽고, 판매하고, 경리장부까지 정리하던 일을 서로 나누어 맡게 되어 능률이 올라 빵의 생산량이 크게 증가할 것이다. 그러나 계속해서 친구들을 더 고용하게 되면—가령 기계 1대당 한 사람이 하던 것을 세 사람이 하게 되면—오히려 초기에 누리던 효율이 비효율로 변하게 될 것이다. 극단적인 경우에는 손님보다 친구 종업원들로 붐비게 될 것이고, 처음에 기대했던 종업원수의 증가에 따른 생산량의 증가를 기대할 수 없게 될 것이다.

또 다른 예를 들어보자. 목제 문짝을 만드는 회사가 톱, 망치 등 일정량의 설비를 갖추고 한 명의 목수만 고용하고 있다고 하자. 그러면 문짝 생산량과 생산성은 매우 낮은 수준에 머무를 것이다. 왜냐하면 목자 혼자서 목재를 재단하고, 자르고, 맞추고, 못질하는 등 여러 가지 일을 해야 할 뿐 아니라 한 가지 일이 끝나고 다른 일로 넘어갈 때 시간이 걸리고, 그동안 설비가 활용되지 않기 때문이다. 요컨대 기계에 비해서 목수가 너무 적어서 생산이 비능률적이다. 이러한 비능률은 목수를 더 고용함으로써 해결할 수 있다. 즉 사람을 더 쓰면 일이 전문화되고, 시간이 덜 걸리며, 기계가 놀지 않고 활용될 수 있다. 그 결과 생산성이 향상되어 추가적으로 고용되는 목수의 기여도는 증가하게 될 것이다. 그러나 목수가 자꾸 충원될수록 목수들이 작업장에 붐비게 되는 문제가 생긴다. 즉 기계설비는 고정되어 있는데 목수가 계속 증가되면, 나중에는 기계를 서로 사용하려고 줄까지 서게 될 것이다. 처음과는 달리 목수가 남아 돌게 된 것이다. 따라서 비능률이 증가되고 추가적으로 고용되는 목수의 기여도는 감소하여 생산량의 증가율은 떨어질 것이다. 극단적으로 어떤 순간에서 추가로 고용되는 목수의 기여도는 0이 되고, 그 이상에서 고용되는 목수는 오히려 작업장의 방해꾼이 될 것이다.

이와 같이 설비를 고정시켜 놓고, 이와 결합되는 노동력(가변요소)을 계속 증가시켜 나갈 경우 총생산량은 증가하지만, 일정수준을 넘어서면 총생산량의 증가분은 점차로 감소하게 된다.

그림을 통해서 수확체감의 법칙을 설명해 보기로 하자. 먼저 〈표 7-1〉을 보자. (1)란에는 가변요소인 노동의 투입량을 표시하고, (2)란은 노동의 투입에 따른 총생산(Total

Product: TP)을 표시한다. 따라서 (1)란과 (2)란은 투입과 산출량과의 관계를 보여준다. 즉

$$Q = f(L), \quad K\text{는 주어짐.}$$

(3)란은 노동 한 단위의 추가 투입에 따른 총생산물의 변화, 즉 한계생산(Marginal Product: MP)을 표시하고 있다. 즉

$$MP = \Delta Q/\Delta L$$

(4)란은 평균생산(Average Product: AP)을 나타내며 단순히 총생산(2란)을 노동투입량(1란)으로 나눈 것이다. 즉

$$AP = Q/L$$

〈표 7-1〉을 그래프로 옮긴 것이 〈그림 7-3〉이다. 이 그림을 통해서 우리는 수확체감의 법칙과 *TP*, *AP*, *MP*의 관계를 보다 명확히 이해할 수 있다.

먼저 〈그림 7-3〉의 (a)에서 총생산은 세 가지 다른 국면을 나타내고 있다. 1단계에서는 노동투입량이 증가함에 따라 *TP*는 크게 증가한다. 2단계에서는 *TP*는 증가하나 그 증가율은 점차 둔화되고, 3단계에서는 *TP*가 최대점에 달한 뒤에 오히려 감소한다. 그런데 그래프상으로 *MP*는 총생산곡선의 접선의 기울기이므로 *TP*의 3단계 변화 국면은 *MP*에 반영되어진다. 즉 *TP*가 크게 증가하는 1단계에서는 *MP*가 증가한다. *TP*가 증가하나 그 증가율이 둔화되는 2단계에서는 *MP*는 (+) 값을 가지지만 그 크기는 감소한다. *TP*가 극대화되는 순간 *MP*는 0이 되고, *TP*가 감소하면 *MP*는 (−) 값을 갖게 된다.

**표 7-1** 수확체감의 법칙

| (1)<br>노동량 | (2)<br>총생산 | (3)<br>한계생산<br>Δ(2) | (4)<br>평균생산<br>(2)÷(1) |
|---|---|---|---|
| 0 | 0 | | – |
| 1 | 12 | 12 | 12 |
| 2 | 26 | 14 | 13 |
| 3 | 35 | 9 | $11\frac{2}{3}$ |
| 4 | 40 | 5 | 10 |
| 5 | 39 | −1 | $7\frac{4}{5}$ |
| 6 | 35 | −4 | $5\frac{5}{6}$ |

그림 7-3 총생산, 평균생산, 한계생산

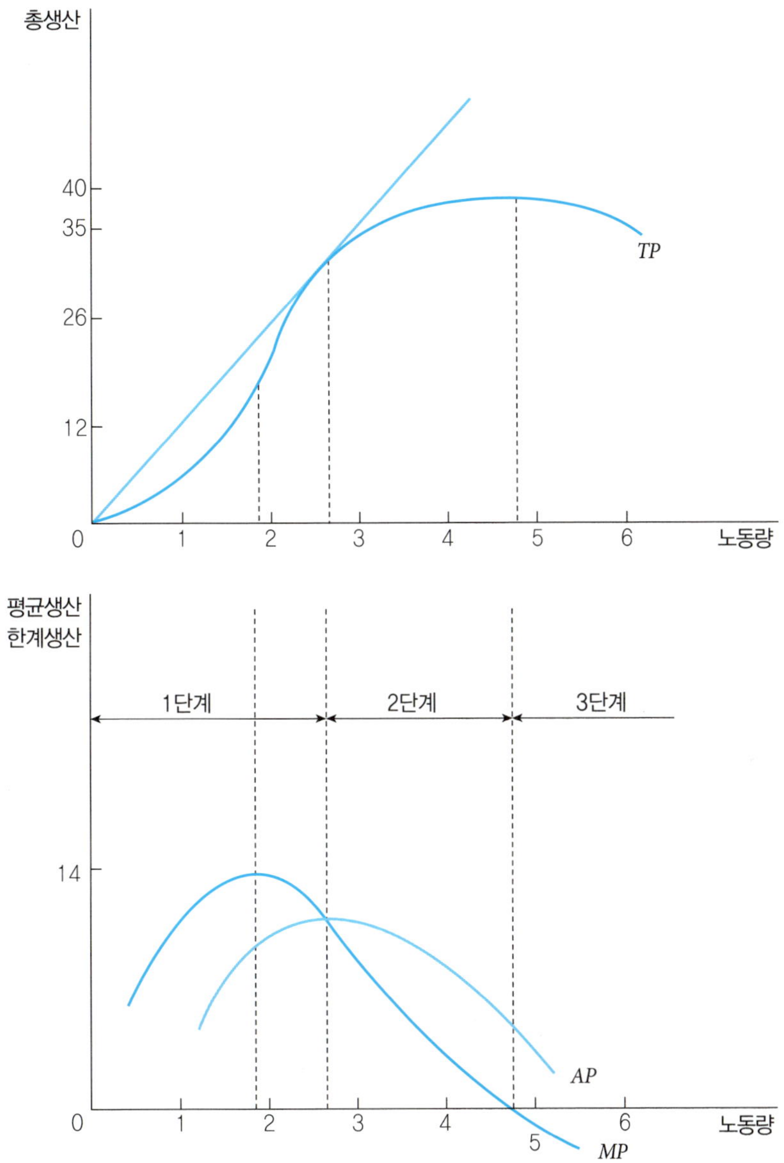


*AP* 역시 *MP*처럼 증가하다가 최고점에 도달한 이후 감소한다. 그러나 *AP*와 *MP*의 관계는 산술적인 관계임에 유의해야 한다. 즉 *MP*가 *AP*보다 크면 *AP*는 증가하고, 반대로 *MP*가 *AP*보다 작으면 *AP*는 감소한다. 당연히 *MP*곡선은 *AP*곡선의 최고점을 지난다. 이러한 관계는 학생들이 시험성적을 받을 때 쉽게 알 수 있을 것이다. 만일 4과

> **더 알아보기** 경제학은 '음울한 학문'(dismal science)?
>
> 18C 경제학자 맬더스(Malthus)는 그의 저서 인구론에서 "식량은 산술급수적으로 증가하나, 인구는 기하급수적으로 증가한다"고 하였다. 이는 농업생산에서 경작지가 고정되어 있을 때(즉 단기) 수확체감의 법칙이 작용하여, 증가하는 인구를 먹여 살리기에 어려움이 있다는 의미로 받아들여져, 당시 경제학자들이 미래를 비관적으로 보는 근거를 제공하였다. 이를 반영하여 카알라일은 경제학은 음울한 학문이라고 하였다. 그러나 200년이 지난 지금에 와서 보면, 이러한 예측이 빗나갔음을 확인해 볼 수 있다. 식량은 농기계의 개발, 농업기술의 진보 등으로 산술급수 이상으로 크게 증가하였으며, 인구도 전쟁이나 전염병 등으로 기하급수적으로 증가하지 않았다는 것이 정설이다. 즉 맬더스는 농업분야에서의 변화를 장기적 관점에서 바라보지 못했던 것이다.
>
> 따라서 수확체감의 법칙은 이제는 의미 없는 경제원리가 아닌가라고 생각할 수 있을 것이다. 그러나 그렇지 않다. 우리가 경제분석 시에 토지든 기계설비든 어떤 생산요소가 고정되었다고 전제하면, 수확체감의 법칙은 여전히 나타날 수 있는 불변의 경제원리인 것이다.

목의 평균점수가 80점인 학생이 다섯 번째 과목에서 90점—한계점수임 —을 받았다면 그의 새로운 평균점수는 올라갈 것이고, 반대로 60점을 받았다면 새로운 평균점수는 떨어질 것이다. 이런 이유로 해서 *AP*곡선은 *MP*곡선과 아래에서 교차할 때까지 상승하다가, *MP*가 *AP*보다 작아지는 곳부터는 우하향하게 된다.

수확체감의 법칙은 *TP*곡선, *AP*곡선, *MP*곡선의 모양에 그 의미가 함축되어 있다. 그러나 앞서 지적한 바와 같이 수확체감의 법칙은 한계생산(*MP*)에 초점을 맞추어 정의된다. 그러므로 수확체감의 법칙은 한계생산이 체감하는 제2단계를 지칭한다고 볼 수 있다.

## 기업의 단기비용

앞에서 살펴본 순수한 생산정보에다가 '화폐'로 평가되는 요소가격을 고려하면 생산비용이 결정된다. 즉 노동량에 노동의 가격인 임금을 곱하면 생산비가 결정된다. 이제 기업의 단기비용으로 눈을 돌려보자. 단기비용에 관한 정보가 〈표 7-2〉에 나타나 있으며, 〈그림 7-3〉은 이 정보를 그래프로 그려 놓은 것이다.

### 총비용: 고정비용과 가변비용

우리는 앞에서 단기에서는 생산설비와 같은 고정요소가 있고, 노동 등과 같은 가변요소가 있음을 배웠다. 이는 단기에서 총비용(Total Cost: *TC*)은 고정비용(Total Fixed Cost: *TFC*)과 가변비용(Total Variable Cost: *TVC*)으로 구성된다는 것을 의미한다. 즉

$$\text{총비용}(TC) = \text{총고정비용}(TFC) + \text{총가변비용}(TVC)$$

**표 7-2** 기업의 단기비용구조

| (1) 산출량 $Q$ | (2) 총고정비용 $TFC$ | (3) 총가변비용 $TVC$ | (4) 총비용 $TC$ $(TFC+TVC)$ | (5) 한계비용 $MC$ $\left(\frac{\Delta TC}{\Delta Q}\right)$ | (6) 평균고정비용 $AFC$ $\left(\frac{TFC}{Q}\right)$ | (7) 평균가변비용 $AVC$ $\left(\frac{TVC}{Q}\right)$ | (8) 평균비용 $AC$ $\left(\frac{TC}{Q}\right)$ |
|---|---|---|---|---|---|---|---|
| 0 | 2,500 | 0 | 2.500 | | – | – | – |
| 1 | 2,500 | 1,000 | 3,500 | 1,000 | 2,500 | 1,000 | 3,500 |
| 2 | 2,500 | 1,600 | 4,100 | 600 | 1,250 | 800 | 2,050 |
| 3 | 2,500 | 2,000 | 4,500 | 400 | 833 | 667 | 1,500 |
| 4 | 2,500 | 2,200 | 4,700 | 200 | 625 | 550 | 1,175 |
| 5 | 2,500 | 2,400 | 4,900 | 200 | 500 | 480 | 980 |
| 6 | 2,500 | 2,700 | 5,200 | 300 | 417 | 450 | 867 |
| 7 | 2,500 | 3,200 | 5,700 | 500 | 357 | 457 | 814 |
| 8 | 2,500 | 4,000 | 6,500 | 800 | 313 | 500 | 813 |
| 9 | 2,500 | 5,400 | 7,900 | 1,400 | 278 | 600 | 878 |
| 10 | 2,500 | 7,500 | 10,000 | 2,100 | 250 | 750 | 1,000 |

### 고정비용

고정비용은 생산량에 관계없이 일정하게 지불해야 하는 비용이다. 고정비용은 생산설비 그 자체에 대해서 발생하는 비용이므로 생산량이 0이라고 하더라도 지불되어야 한다. 예를 들어 이자, 감가상각비, 임대료 등이 여기에 속한다. 그러므로 〈그림 7-4〉에서 보는 바와 같이 고정비용 2,500원은 0을 포함한 모든 산출량 수준에서 동일하다.

### 가변비용

가변비용은 생산량의 증감에 따라서 변동하는 비용이다. 예를 들어 임금, 원자재비, 연료비, 수송비 등이 여기에 속한다. 〈그림 7-4〉에서 보는 바와 같이 가변비용은 생산량의 증가와 함께 증가한다. 그런데 변동비의 증가율은 일정하지가 않다. 즉 1단위에서 4단위까지 생산할 때까지 가변비용은 서서히 증가하다가, 4단위를 넘어서서는 빠른 속도로 증가한다. 왜 그런 것일까? 이는 앞에서 배운 수확체감의 법칙 때문이다. 처음에는 한계생산이 증가하기 때문에 1 단위의 재화를 생산하는 데 드는 요소의 증가분은 점차 줄어들 것이고, 요소에 대해서 동일가격이 적용되므로, 이는 가변비용이 서서히 증

그림 7-4 총비용, 평균비용, 한계비용

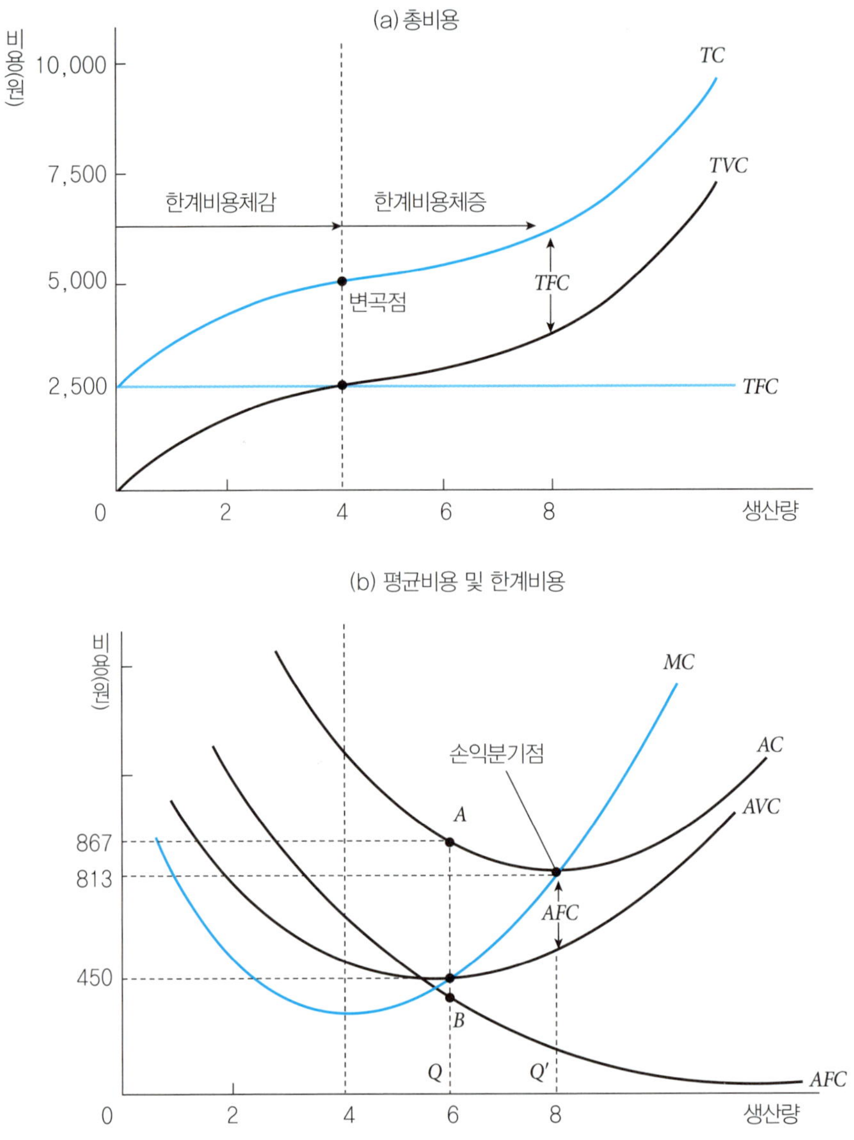


가함을 의미한다. 반대로 한계생산이 감소하는 국면에서는 한 단위의 재화를 생산하는 데 드는 요소량의 증가분은 많아질 것이고, 역시 요소에 대해 동일한 가격이 적용되므로 가변비용이 빠르게 증가한다.

이상과 같이 총비용을 고정비용과 가변비용으로 구분하는 것은 기업을 직접 경영하는 사람에게는 매우 중요하다. 가변비용은 단기에서 경영자가 생산량 수준을 변동시킴으로써 통제할 수 있는 비용이지만, 고정비용은 생산량수준에 관계없이 발생하므로 경영자의 통제범위를 벗어나는 비용이기 때문이다.

### 평균비용

생산자는 총비용이 얼마냐 하는 것도 중요하게 여기지만, 생산량 1단위를 생산하는 데 드는 비용, 즉 생산단가 또는 평균비용(Average Cost: *AC*)에 대해서도 관심을 갖지 않을 수 없다. 특히 제품 1단위를 기준으로 할 때 평균비용은 제품가격과 비교되는 아주 유용한 지표가 된다.

〈표 7-2〉의 (6),(7),(8)란을 옮겨 놓은 〈그림 7-4〉 (b)에는 평균고정비용, 평균가변비용, 평균비용이 나타나 있다.

**더 알아보기** **매몰비용(sunk cost)**

고정비용 중에는 매몰비용이라는 이름을 가지는 비용이 있다. 예를 들어 독자가 사업을 하기 위해 사무실을 1년 동안 임대한다고 하면, 이에 대해 매월 임대료를 지불하여야 한다. 이러한 임대료는 생산량에 관계없이 지불하여야 하므로 고정비용이다. 이제 쾌적한 업무 분위기를 위해 사무실 내벽을 도배하고, 소파를 샀다고 하자. 이 때 도배한 비용을 우리는 매몰비용이라고 한다. 왜냐하면 이는 회수 불가능한 비용이기 때문이다. 소파의 경우는 중고로 팔아서 일부 회수할 수 있으므로 전부가 매몰된 비용이 아니다.

구체적인 수치를 가지고 생각해 보자. 금년 1월 1일에 은행에서 2,000만원을 10%의 이자율로 빌려, 이 중 1,200만원을 1년치 임대료로 지불하고, 200만원을 들여 도배를 한 다음에 600만원짜리 소파를 사 놓았다고 하자. 1년이 지난 12월 31일에는 은행에 원금 2,000만원과 이자 200만원을 갚고, 소파는 500만원에 중고로 팔았다고 하자. 매몰비용은 얼마가 될 것인가? 물론 회수할 수 없는 비용을 더 해주면 될 것이다. 즉 임대료 1,200만원 + 이자 200만원 + 도배비용 200만원 + 소파에서 회수 불가능한 100만원 = 1,700만원이다.

경제적 의사결정시에 매몰비용, 즉 회수할 수 없는 비용과 회수할 수 있는 비용을 구분하여 생각하는 일은 매우 중요하다. 미국의 경우 중고 대학교재 시장이 잘 발달되어 있어서 100달러(약 11만원)짜리 경제학 책을 사서 깨끗하게 쓰면 중고로 70달러(약 7만 7천원) 받고 팔 수 있다. 우리의 실정에서는 한 권의 책을 사는데 100달러는 과도한 비용이라고 생각할 수 있으나, 실제 매몰비용은 30달러(3만 3천원) 정도밖에 안 된다. 따라서 중고시장이 발달되어 있지 않아 비용의 모두가 매몰되는 우리의 사정과는 사뭇 대조된다.

이러한 매몰비용의 개념은 신규로 사업을 선정할 때도 매우 중요한 의사결정의 기준이 된다. 유태인들이 주로 금은방, 채소가게 등 비교적 매몰비용이 작은 업종에 종사하게 되는 것도 우연이 아니라 할 수 있다. 그들은 유대인에 대한 핍박으로 살던 곳을 언젠가 떠나게 되는 상황을 내다보았던 것이 아닌가 한다.

매몰비용의 개념은 앞으로 배우게 되는 시장이론에서도 매우 중요한 위치를 차지하고 있다. 미국의 경제학자 Baumal은 매몰비용이 전혀 없는 아주 극단적인 시장을 경합시장이라고 부르고, 기업수(즉 독점이야 과점이냐)에 관계없이 완전경쟁시장과 같은 좋은 결과를 가져올 것이라고 주장하였다. 어떤 사업에 매몰비용이 전혀 없다는 것은 진입장벽이 전혀 없다는 것을 뜻하므로 잠재적 경쟁기업들이 주변에서 위협하기 때문에 기존의 기업들이 마음대로 행동할 수 없기 때문이다.

### 평균고정비용

평균고정비용(Average Fixed Cost: *AFC*)은 총고정비용을 생산량으로 나눈 값이다. 즉

$$AFC = TFC/Q$$

그러므로 (6)란의 평균고정비용은 (2)란의 숫자를 (1)란의 숫자로 나누어서 구한 것임을 알 수 있다. 여기서 보면 2,500이라는 주어진 고정비용은, 산출량이 증가함에 따라 점점 다량의 생산량에 분할되기 때문에 계속적으로 감소한다. 예를 들어 1단위를 생산할 때, *TFC*와 *AFC*는 2,500원으로 똑같다. 그러나 2단위 생산할 때는 *TFC*는 여전히 2,500원이나 *AFC*는 1,250원이다. 3단위 째는 *TFC*는 여전히 2,500원이나 *AFC*는 833원으로 줄어든다. 〈그림 7-4〉에서 보는 바와 같이 *AFC*곡선은 생산량이 증가함에 따라 계속적으로 감소한다. 그러나 결코 0이 되지는 않는다.

### 평균가변비용

평균가변비용(Average Variable Cost; *AVC*)은 총가변비용을 생산량으로 나눈 값이다. 즉

$$AVC = TVC/Q$$

*AVC*곡선은 〈그림 7-4〉 (b)에서 보는 바와 같이 U자로 처음에는 감소하다가 생산량이 6단위일 때 최소점에 이르고, 그 뒤로는 증가한다. 그 이유는 *TC*가 수확체감의 법칙을 반영하기 때문에 총비용에서 도출된 평균비용도 수확체감의 법칙을 반영한다는 데 있다. 처음 4단위를 생산할 때까지는 수확체증이 작용하므로, 생산을 증가시킴에 따라 요소량이 더 적게 들고, 결과적으로 단위당 가변비용이 감소한다. 6단위 째는 최소치에 도달하고 그 뒤부터는 수확체감의 법칙을 반영하여, 단위당 가변비용은 상승하게 된다.

이러한 *AVC*곡선이 말해 주는 경제적인 의미는 무엇인가? 적은 양을 생산할 때는 기업의 고정설비가 모두 활용되지 않기 때문에 생산이 비효율적이다. 즉 가변요소(노동)가 고정요소(기계)와 적절하게 협력하여 활용되지 않기 때문에 생산이 비효율적이고 단위당 비용이 높다. 그러나 생산량이 점차 확대됨에 따라서 전문화가 가능하게 되고 기계설비도 적절하게 활용되므로 생산의 효율성이 향상된다. 이는 당연히 단위당 가변비용이 감소함을 뜻하는 것이다. 그러나 이러한 현상이 끝없이 진행되는 것은 아니다. 생산이 계속 증가하면 일정수준에서 수확체감의 법칙이 다시 작용하게 된다. 기계설비가 고정된 상황에서 생산증대에 따라 가변요소가 너무 많이 고용되면, 생산의 효율성이 떨어지며, 이는 *AVC*가 상승함을 뜻하는 것이다. 요컨대 *AVC*곡선은 수확체감의 현상을 반영하여 U자 형태를 가지게 되는 것이다.

### 평균비용

평균비용(Average Cost: $AC$)은 총비용을 생산량으로 나눈 값으로, 각 생산량 수준에서 평균고정비용과 평균가변비용을 더하여 구할 수 있다. 즉,

$$AC = TC/Q = AFC + AVC$$

〈그림 7-4〉에서 보면, $AC$는 $AFC$와 $AVC$를 수직으로 합한 것이다. 따라서 $AC$와 $AVC$의 수직거리는 각 생산량 수준에서의 $AFC$를 나타낸다. 예를 들어 6단위 생산시 $AC$의 값은 $QA$(867원)이고 $AVC$의 값은 $QB$(450원)로서, $AC$에서 $AVC$를 뺀 $AB$(417원)가 $AFC$의 값이다.

## 한계비용

마지막으로 비용개념 중 가장 중요하다고 볼 수 있는 한계비용(Marginal Cost: $MC$)에 대해서 살펴보자. $MC$는 생산량을 추가적으로 한 단위 더 생산하는 데 드는 $TC$의 증가분이다. 즉

$$MC = \Delta TC/\Delta Q$$

예를 들어 〈표 7-2〉에서 1번째 단위를 생산하면 $TC$가 2,500원에서 3,500원으로 증가하여, $MC$는 1,000원이 된다. 2번째 단위의 $MC$는 600원(4,100 − 3,500), 3번째 단위의 $MC$는 400원(4,500 − 4,100)이다. 10단위 각각의 한계비용이 (5)란 계산되어 있다. 그런데 생산량이 증가함에 따라서 고정비용은 불변이므로, 총비용의 증가분은 가변비용의 증가분과 같다. 가령 생산량이 2단위일 때와 3단위일 때를 비교해서 그 변화를 살펴보자. 2단위 째의 $TC$는 4,100원이고, 3단위 째의 $TC$는 4,500원으로 한계비용은 400원이다. 이 때 $MC$는 $TVC$의 변화분인 400원(2,000 − 1,600)과 같다.

경제학에서는 총비용이나 평균비용보다도 한계비용을 중시하는 경향이 있는데 그 이유는 무엇일까? 이는 한계비용은 기업이 직접 통제할 수 있는 비용으로 전략적인 변수가 되기 때문이다. 좀 더 부연해서 설명하자면, 한계비용은 마지막 한 단위를 더 생산하는 데서 발생하는 추가적인 비용으로, 그 마지막 한 단위를 생산하지 않는다면 절약될 수 있는 비용이다. 평균비용은 이러한 정보를 주지 못한다. 예를 들어 기업이 3단위를 생산할지 4단위 생산할지 고민에 빠져 있다고 하자. 4단위를 생산하면 $AC$가 1,175원이다. 그러나 기업이 4단위 째를 생산하면 1,175원이 더 들어가거나, 생산하지 않음으로써 1,175원이 절약되는 것이 아니다. 비용의 변화분은 1,175원이 아니라 (5)란의 $MC$가 나타내는 바와 같이 200원이다. 기업이 얼마만큼 생산하느냐를 결정하는 일은

결국 한계개념에 그 바탕을 두고 있는 것이다. 가령 한계수입이 주어지면, 이것과 한계비용을 비교하여 한계수입이 한계비용보다 더 크다면 더 생산하기로 결정하는 것이 더 현명하고, 반대로 한계수입이 한계비용보다 더 작다면 생산을 감소시키기로 결정하는 것이 더 현명할 것이다.

〈그림 7-4〉에서 보는 바와 같이 *MC*는 처음에는 급격히 감소하다가 최소점에 도달한 이후에는 급격히 상승한다. 즉 *MC*곡선은 U자 형태를 띠는데, 이는 수확체감의 법칙을 반영하고 있기 때문이다. 〈표 7-1〉에 비용정보를 첨가시킨 〈표 7-3〉을 통해서 *MC*와 *MP*의 관계를 알아보자. 만약 가변요소(노동)의 가격(임금)이 일정하게 주어져 있다면, 한계생산이 증가하고 있는 경우에는 한계비용은 감소하고 있다고 말할 수 있다. 이는 한계비용이란 한 사람 더 고용함으로써 드는 비용, 즉 임금을 단순히 한계생산으로 나누어준 값이기 때문이다. 따라서 다음의 관계가 성립한다.

$$MC = W/MP$$ [1)]

〈표 7-3〉에서 각 노동자가 1,000원에 고용된다고 가정하자. 첫 번째 노동자의 한계생산이 12이고 임금이 1,000원이므로 한계비용은 83원이 된다. 두 번째 노동자의 한계생산은 14이므로 한계비용은 71원이 된다. 이와 같이 *MP*가 증가하는 한 *MC*는 감소한다. 그러나 수확체감현상이 나타나면 한계비용은 상승하게 된다. 예를 들어 세 번째 노동자의 한계생산은 9로 감소하며 한계비용은 111원으로 상승하고, 네 번째 노동자의

**표 7-3** 한계생산과 한계비용의 관계

| (1)<br>노동량<br>(*L*) | (2)<br>총생산<br>(*TP*) | (3)<br>한계생산<br>(*MP*) | (4)<br>임금(원)<br>(*W*) | (5):(4)÷(3)<br>한계비용(원)<br>(*MC*) |
|---|---|---|---|---|
| 0 | 0 | – | – | – |
| 1 | 12 | 12 | 1,000 | 83 |
| 2 | 26 | 14 | 1,000 | 71 |
| 3 | 35 | 9 | 1,000 | 111 |
| 4 | 40 | 5 | 1,000 | 200 |
| 5 | 39 | −1 | 1,000 | – |
| 6 | 35 | −4 | 1,000 | – |

[1)] $MC = \Delta TC/\Delta Q = \Delta(W \cdot L)/\Delta Q = W \cdot \Delta L/\Delta Q = W/MP$

그림 7-5 생산과 비용과의 관계

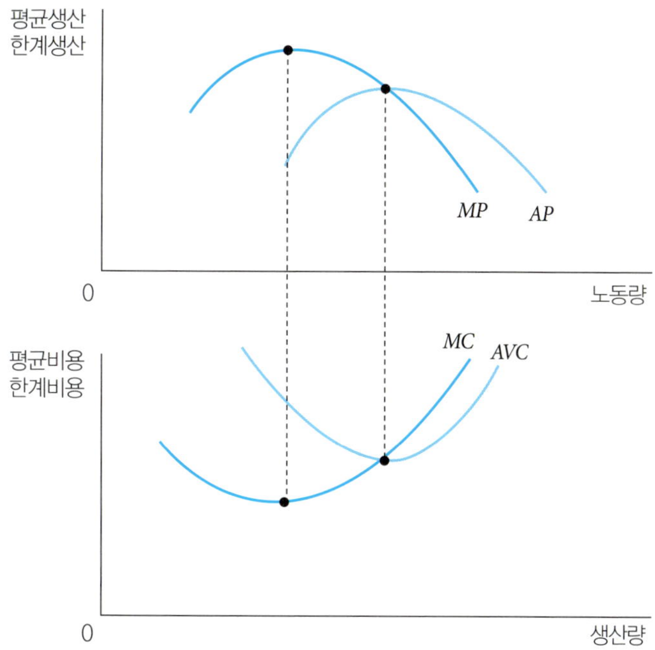


한계생산은 5로 한계비용은 200원으로 증가한다. 요컨대 요소가격이 주어진 상태에서, *MC*의 하락은 *MP*의 증가를 반영하고 *MC*의 상승은 *MP*의 감소를 반영한다.

흔히들 생산성의 향상을 비용절감으로 동일시하는 이유도 여기에 있는 것이다. 이를 〈그림 7-5〉를 통해서 보면, 한계생산이 상승할 때 한계비용은 필연적으로 감소하며, 한계생산이 최고점에서는 한계비용은 최소가 되고, 한계생산이 감소할 때 한계비용은 필연적으로 증가한다.

## 단기비용곡선 간의 관계

〈그림 7-4〉에서 살펴본 단기에 있어서의 총비용, 평균비용, 한계비용간의 관계를 요점을 집어 설명해 보기로 하자.

첫째, 〈그림 7-4〉 (a)에서 *TFC*는 산출량에 관계없이 일정하지만, *TVC*와 *TC*는 산출량에 따라 변한다. 이는 *TVC*와 *TC*가 가변요소투입과 한계생산성의 변화에 의존하기 때문이다.

둘째, *AC*와 *AFC*와의 관계이다. 그림 (b)에서 보면 생산량이 증가함에 따라서 *AC*

곡선과 AVC곡선이 서로 가까워지고 있는데, 그것은 AC와 AVC의 수직거리인 AFC가 생산량이 증가함에 따라 점차 작아지기 때문이다. 다시 말해서 생산량이 적을 때에는 AFC가 크기 때문에 AC와 AVC의 차가 크지만 생산량이 커짐에 따라서 AFC가 작아지기 때문에 AC곡선과 AVC곡선의 거리는 점차 좁혀진다.

셋째, MC, AC 및 AVC의 관계이다. 그림 (b)를 주의 깊게 살펴보면 MC곡선이 AC곡선과 AVC곡선의 최저점에서 교차함을 발견할 수 있다. 이러한 한계와 평균의 관계는 앞에서 MP와 AP의 관계에서 언급한 바와 같이 산술적 이유로 성립한다. 즉 MC가 AC보다 작을 때에는 AC가 감소하나, 반대로 MC가 AC보다 클 때에는 AC가 증가한다. MC는 TC의 증가분임과 동시에 TVC의 증가분이므로 MC가 AVC보다 작을 경우에는 AVC가 감소하고, 반대로 MC가 AVC보다 클 때에는 AVC가 증가한다. 따라서 MC곡선은 AC곡선과 AVC곡선의 최저점을 지난다.

### 단기비용곡선의 이동

기업의 단기비용곡선들은 항상 그 자리에 머물러 있는 것은 아니다. 요소가격이나 기술수준이 변하면 비용곡선 자체가 이동하게 된다. 만약 임금수준이 종전보다 상승한다면, AC곡선, AVC곡선, MC곡선은 상향이동할 것이다. 물론 이 경우에는 고정비용에는 변화가 없으므로 AFC는 변동되지 않는다. 만약 이자율이 올라 고정비용이 100원에서 200원으로 증가하면 어떻게 될까? 이 때는 AFC가 상향이동하고, AFC는 AC의 구성요소이므로 AC곡선 역시 상향 이동하게 된다. 그러나 AVC곡선과 MC곡선은 변동되지 않는다. 왜냐하면 AVC와 MC는 고정비용이 아닌 가변비용에 의존하기 때문이다.

기술수준의 변화도 비용곡선의 위치에 큰 영향을 미친다. 만약 보다 효율적인 생산방법(기술)이 개발된다면, 모든 생산요소의 생산성은 향상될 것이다. 그 결과로서 단기비용곡선들은 하향 이동될 것이다.

## 7.3 장기에서의 생산과 생산비

장기에 있어서 기업은 단기와 달리 모든 생산요소를 조정할 수 있다. 기업은 대규모 생산설비를 건설할 수 있고, 혹은 작은 규모의 생산설비로 감축시킬 수 있으며, 기업들로 구성된 산업도 역시 시설규모를 조정할 수 있다. 장기에서는 기존기업이 다른 산업으로 전출해 갈 수도 있으며, 신규기업이 전입해 올 수도 있다. 이와 같이 생산설비를 비롯한 모든 생산요소가 가변적이기 때문에 장기에 있어서 비용은 모두 가변비용이며, 고정비용과 가변비용의 구분도 필요없게 된다.

뿐만 아니라 장기에서는 단기에서 나타나는 수확체감의 법칙이 작용하지 않게 되는데, 이 역시 생산시설의 규모를 변경시킬 수 있기 때문이다.

## 장기비용곡선의 형태

A라는 승용차제조회사가 처음에 소규모의 생산설비로 시작하여 점차 설비의 규모를 확대해 나간다고 하자. 이 기업의 생산량이 증가함에 따라서 평균비용은 어떻게 변화할 것인가? 결론부터 말하자면 이 기업이 점차 생산설비를 확대해 나감에 따라서 장기평균비용(Long-run Average Cost: *LAC*)은 감소하나, 계속해서 더 큰 설비를 지어 나가면 장기평균비용은 상승한다. 그림을 통해서 이를 설명해보기로 하자.

〈그림 7-6〉에는 A기업에 있어서 다섯 개의 상이한 생산설비가 나타나 있다. 가령 시설규모를 크기에 따라서 $K_1$, $K_2$, $K_3$, $K_4$, $K_5$라 하고, 각각의 생산시설에 대응하는 단기평균비용곡선들은 $SAC_1$, $SAC_2$, $SAC_3$, $SAC_4$, $SAC_4$, $SAC_5$라 하자. 그러면 그림에서 보는 바와 같이 시설규모가 $K_3$일 때까지는 공장의 시설규모를 확장함으로써 평균비용을 감소시킬 수 있으나, 생산시설규모를 $K_3$보다 더 크게 할 경우에는 오히려 평균비용이 상승한다.

특히 점선으로 표시된 생산량수준은 매우 중요한 의미를 지닌다. 왜냐하면 이들은 단위당 생산비, 즉 평균비용을 극소화시키기 위하여 기업이 변경시켜야만 하는 생산량을 말해 주기 때문이다. 이를테면 승용차생산량이 연간 20만대까지는 생산시설규모가 $K_1$일 때 대당 생산비를 가장 적게할 수 있으며, 생산량이 20만 대에서 30만 대까지는 시설규모가 $K_2$이어야만 대당 생산비를 최소화시킬 수 있다. 가령 승용차 25만 대를 시설규모 $K_1$, $K_2$, $K_3$로 각각 생산하는 경우를 생각해보자. 승용차 25만 대를 설비규모 $K_1$로 생산하는 경우($SAC_1$)는 평균생산비용이 *a*수준이나 $K_2$($\mathrm{SAC}_2$)와 $K_3$($\mathrm{SAC}_3$)로 생산하는 경우는 각각 *b*와 *c*로서 $K_2$의 경우가 가장 낮고, 그 다음이 $K_1$, $K_3$순으로 될 것이다. 마찬가지로 생산량이 30만 대에서 50만 대 사이에서는 생산시설규모가 $K_3$, 50만 대와 60만 대 사이에서는 $K_4$, 60만 대 이상에서는 시설규모가 $K_5$로 더욱 확장되어야만 승용차 한 대당 비용을 최소화할 수 있다.

이상에서 우리는 A라는 승용차제조기업의 장기평균비용곡선(*LAC*)은 상이한 시설

**그림 7-6** 시설규모의 변경과 평균비용

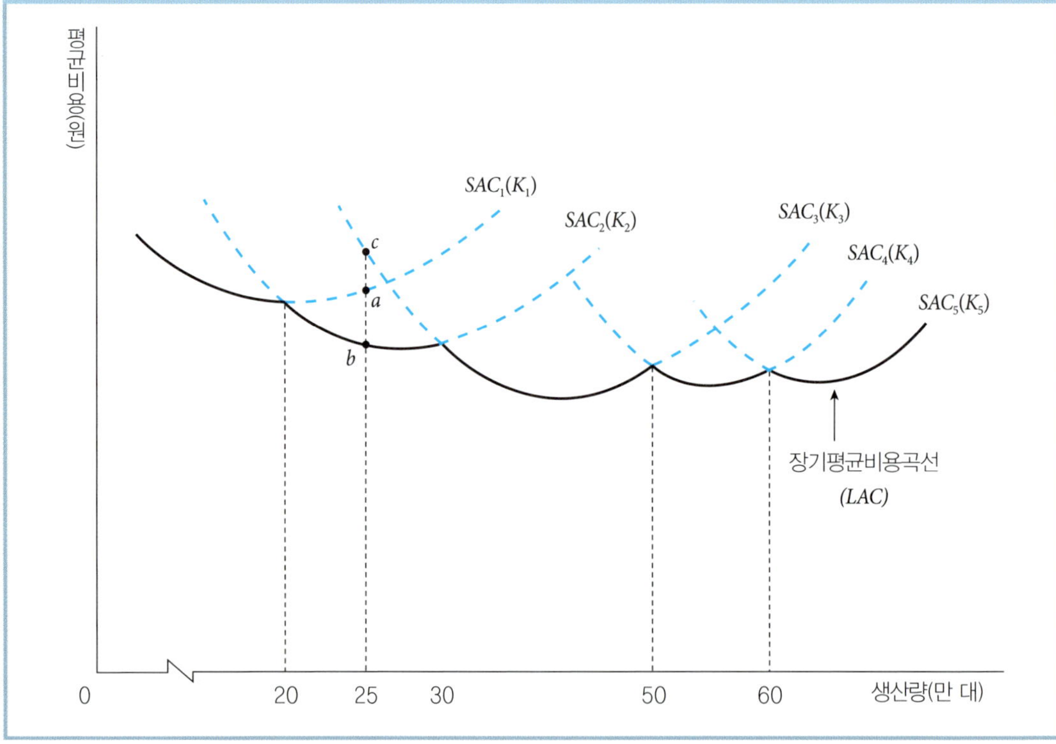


규모에 대응하는 단기평균비용곡선(*SAC*)들의 일부분을 포함하고 있음을 알 수 있다. 이런 뜻에서 경제학자들은 *LAC*를 *SAC*들의 포락선(envelope curve)이라고 한다. 그러므로 장기평균비용곡선은 기업이 시설규모를 포함한 일체의 생산요소의 투입량을 변경시킬 수 있는 충분한 시간적 여유를 가졌을 경우, 각 생산량수준에 대응한 단위당 최소비용을 보여준다. 〈그림 7-6〉에서 굵은 선으로 표시된 선이 기업의 장기비용곡선으로, 우리는 장기비용곡선을 기업의 경영계획곡선(planning curve)이라고 부른다. 이는 시설이 고정되어 있는 단기에서 기업은 단지 운영(operate)하고, 시설변경이 가능한 장기에서는 기업은 계획(plan)한다는 점에서 연유한다.

우리는 위에서 승용차제조회사를 예로 들면서 5개의 시설규모만을 가정하였는데, 시설규모의 선택폭은 이보다 더 넓을 수가 있다. 이론상이나 실제상으로도 여러 산업에서 선택가능한 시설규모의 수는 무한하다. 이는 생산량의 조그마한 변화도 비용을 최소화하는 시설규모의 미세한 조정을 통해서 가능하다는 것을 말해 준다. 〈그림 7-7〉에는 〈그림 7-6〉에서와는 달리 단기평균비용곡선들이 무수히 많이 그려져 있는

**그림 7-7** 장기평균비용곡선

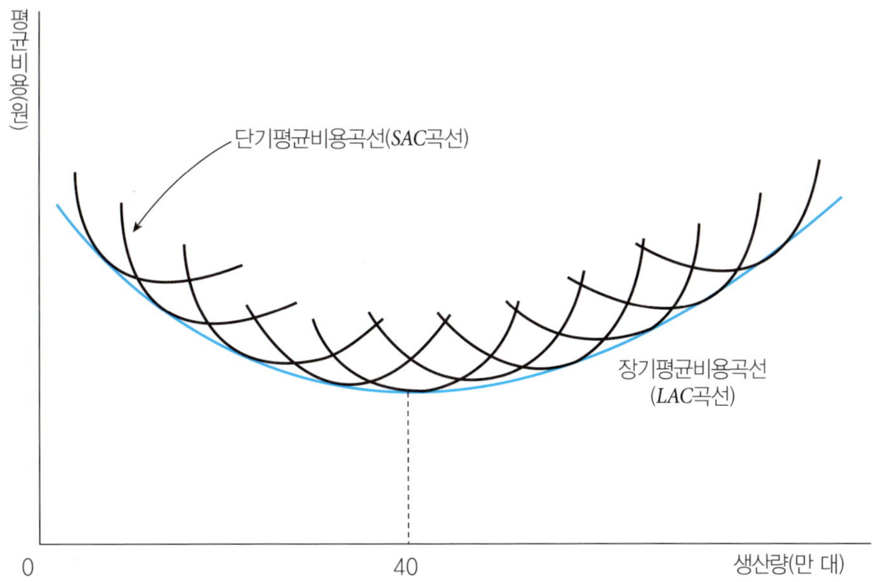


데, 이는 시설규모의 변경가능성이 무수히 많음을 나타낸다. 따라서 *LAC*곡선은 크기를 달리하는 무수한 설비규모에 대응한 *SAC*곡선 상의 한 점의 연속으로 이루어질 것이므로 완만한 U자형의 곡선이 될 것이다.

## 규모의 경제와 규모의 비경제

위에서 우리는 U자 형태의 *LAC*곡선을 도출하였다. 즉 생산량이 적을 때에는 시설규모를 점차 늘려감에 따라서 평균비용이 감소하나, 어떤 일정수준을 넘어서면, 시설규모를 늘려 가더라도 평균비용은 증가하게 된다. 왜 그런 것일까? 독자들은 단기에서 평균비용곡선(*SAC*)이 역시 U자형의 모양을 가지기 때문에, 수확체감의 법칙에서 답을 구하려 할지도 모른다. 그러나 *SAC*곡선이 U자형으로 되는 이유와 *LAC*곡선이 U자형으로 되는 이유를 혼동해서는 안된다. *SAC*곡선이 U자형으로 되는 것은 고정요소와 결합하는 가변요소의 평균생산성의 변화를 반영하는 것이고, *LAC*곡선이 U자형이 되는 것은 시설규모를 반영하는 것이기 때문이다. 다시 말해서 *SAC*곡선이 U자형을 띠는 것은 수확체감의 법칙에 의한 것이나, *LAC*곡선이 U자형을 띠는 것은 경제학자들이 규모의 경제와 규모의 비경제라고 부르는 용어에 의해서 설명되어진다.

### 규모의 경제

〈그림 7-8〉에서 승용차의 생산량이 0에서 40만 대까지 *LAC*곡선이 우하향하고 있음을 발견할 수 있다. 즉 생산규모가 확대되면서 단위당 비용이 감소하고 있다. 이와 같이 *LAC*곡선의 하향부분은 규모의 경제(economies of scale: EOS) 혹은 대량생산의 경제로 설명될 수 있다. 이는 기업의 시설규모가 확대됨에 따라서 내부적으로 생산의 효율성이 높아져 평균생산비가 감소하기 때문인데, 구체적인 이유로는 다음을 들 수 있다.

첫째, 설비규모의 확대는 노동의 전문화를 가능하게 하기 때문이다. 시장규모확대로 설비규모가 증가하였을 경우에 기업은 생산요소의 투입량을 증가시킬 것이고, 이는 분업에 의한 생산요소(노동)의 전문화를 통해서 생산의 효율성을 제고시킬 것이다. 예를 들어 어떤 무역회사에서 처음에 두 사람이 모여 기업을 운영할 때는 한 사람의 사장 이외에 한 사람의 사원이 제품검사도 하고, 외국에 편지도 내고 경리와 타이핑까지 했다고 하자. 그러나 일이 너무 벅차서 컴퓨터 1대와 이를 다룰 줄 아는 여직원을 1명 더 채용했다면, 각자가 업무를 분담함으로써 효율성을 제고시킬 수 있을 것이다.

둘째, 기업규모가 증가하여 대기업이 되면 중소기업이었을 때에는 활용할 수 없었

**그림 7-8** 장기평균비용곡선과 규모의 경제

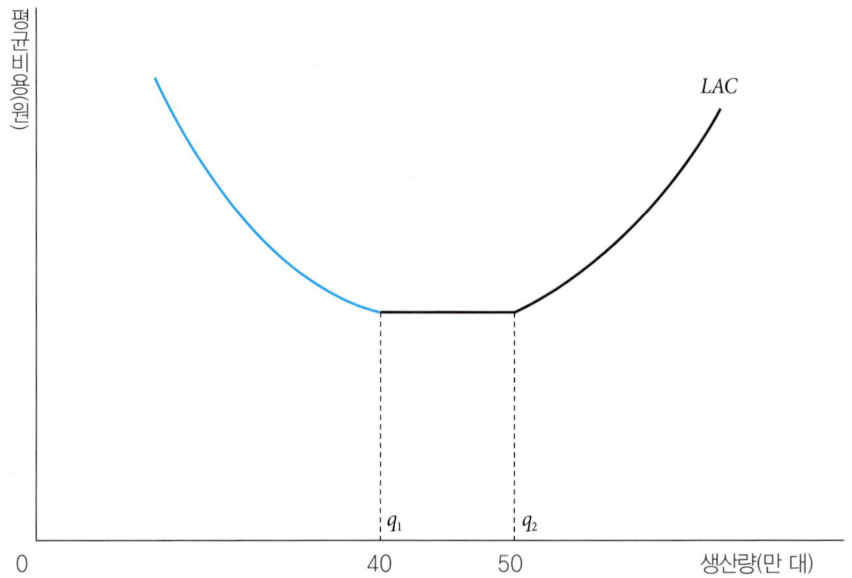

**더 알아보기** **규모의 경제와 범위의 경제**

우리는 흔히 규모의 경제(economies of scale)의 시대가 지나고 범위의 경제(economies of scope)의 시대가 왔다는 말을 듣는다. 소품종 대량생산의 이득보다는 다품종 소량생산의 이득이 더 커졌다는 의미일 것이다. 이는 한국경제의 발전과정에서도 관찰할 수 있는 현상이다. 1960~80년대까지는 우리는 와이셔츠, 신발, 모자, 철강 등의 제품을 대량 생산하여, 값싸게 외국으로 수출하여 경제성장을 이룰 수 있었다. 그러나 1990년대 들어오면서부터 이러한 성장전략에 한계를 보이기 시작하였으며, 2000년대 들어와서는 성장이 크게 둔화되는 조짐을 보이고 있다. 이는 종전의 대량생산의 이득보다는 다품종 소량생산, 즉 범위의 경제가 주는 이득이 커짐에도 불구하고, 산업 및 생산구조가 이에 적절하게 대비하지 못했기 때문으로 보여진다.

왜 범위의 경제가 가능하게 되었는가? 먼저 수요측면에서는 소비자의 욕구가 다양화 및 개성화되었기 때문이며, 공급측면에서는 컴퓨터 및 통신기술의 발달로 유연생산체제(flexible manufacturing system: FMS)가 가능해졌기 때문이다. 유연생산체제란 CAD(computer-aided design), CAM(computer-aided manufacturing), CIM(computer integrated manufacturing) 등을 주요 구성요소로 하는 생산체제로, 종전의 일관생산체제인 포드 시스템과는 대비되는 개념이다. 그러므로 한국경제의 지속적 성장을 위해서는 기업들이 범위의 경제가 주는 이득을 향유하는 쪽으로 변신해야 하며, 이를 위해 소비자의 욕구와 생산체제의 변화에 적절하게 부응해야 할 것이다.

그렇다면 규모의 경제는 이제 박물관에 들어갈 골동품 같은 경제원리가 되었는가? 그렇지는 않다. 인터넷 시대에 있어서 규모의 경제는 매우 중요한 경제법칙으로 작용할 것이기 때문이다. 가령 인터넷 사이트에서 혼자만 사용자로 등록되었다면 그 사이트는 전혀 가치가 없을 것이다. 사용자들이 점점 증가할수록 그 사이트의 가치는 급격하게 증가하는 것을 우리는 목격하고 있지 않은가? "기술은 변하지만 경제원리는 변하지 않는다(Technology changes. Economic laws do not)"는 말처럼 규모의 경제라는 기본 경제원리는 인류가 존재하는 한 영원히 성립할 것이다.

던 기계장비를 보다 정교하고 효율적으로 활용할 수 있다. 가령 자동차조립회사의 경우 조립을 가장 효율적으로 하기 위해서는 로봇, 정교한 조립장비 등 고가의 설비를 갖추어야 하는데, 이것은 대량생산—예를 들어 20만 대 내지 40만 대—의 경우에만 가능하다. 대규모 기업만이 이 장비들을 구입할 수 있으며, 효율적으로 사용한다.

셋째, 대기업은 중소기업보다 각종 부산물을 활용함에 있어서도 유리한 입장에 있다. 통조림회사를 예로 들어보자. 기업규모가 소규모일 경우에는 통조림을 만든 후에 남는 기름, 가죽, 뼈 등 여러 가지 부산물을 버릴 수밖에 없을 것이나, 시설규모가 큰 회사에서는 부산물을 이용하여 피혁제품, 비료, 약품 등을 생산할 수 있을 것이다.

이상의 요인들이 작용하면 규모를 확대시킴에 따라서 단위당 비용을 떨어뜨릴 수 있게 된다. 다른 관점에서 보면, 노동력과 기계설비를 포함한 모든 요소를 각각 10% 증가시키면, 생산량이 20% 증가하는 경우로 평균비용은 감소하게 될 것이다.

### 규모의 비경제

〈그림 7-8〉에서 *LAC*곡선의 상승부분은 대규모생산의 비효율성을 반영한다. 규모의 비경제(diseconomies of scale)는 대부분이 기업관리 문제에 관련된 내부적 비효율성에

기인한다. 기업의 규모가 작을 때에는 경영자가 생산, 판매 등 경영전반을 일목요연하게 효율적으로 관리할 수 있다. 그러나 기업의 규모가 확대됨에 따라서 의사소통이 다단계화되고, 인적 · 물적 생산요소 간의 조절이 어려워지기 때문에 기업의 의사결정과 효율적인 관리에 많은 어려움이 따르게 된다. 뿐만 아니라 시설규모가 커지고 여러 가지 권한이 계속 하급관리자에게 이양됨에 따라 최고경영자는 생산, 판매 등 실제적 경영문제로부터 멀어지게 된다. 이러한 관료화경향은 대규모 생산의 비효율성을 초래한다. 그 결과 시설규모가 적정규모를 넘어서면 *LAC*곡선은 우상향하게 된다.

노동력과 기계설비를 포함한 모든 요소를 각각 10% 증가시키면, 생산량이 5%밖에 증가하지 않는 경우로 평균비용이 상승하는 경우이다.

### 규모에 대한 보수불변

규모가 확대됨에 따라서 장기평균비용이 변하지 않는 경우는 규모에 대한 보수불변(constant return to scale)이라고 한다. 〈그림 7-8〉에서 보면, *LAC*곡선의 중간부분, 즉 규모의 경제가 끝나는 점($q_1$)과 규모의 비경제가 시작되는 점($q_2$) 사이에서 규모의 보수불변이 나타난다. 이 구간에서는 노동력과 기계설비를 포함한 모든 요소를 10% 증가시키면, 생산량도 10% 증가하여 평균비용은 변하지 않게 된다.

## 최소효율규모와 산업조직

장기평균비용(*LAC*)곡선의 형태는 기업과 산업에 따라서 다르다. *LAC*곡선의 형태가 다르게 되면 장기평균비용이 최소화되는 생산량수준, 즉 최소효율규모(minimum efficient scale: MES) 역시 다르게 된다. 〈그림 7-9〉에서 보는 바와 같이 A산업에서는 매우 낮은 생산량수준에서 최소효율규모가 실현되나, B산업에서는 매우 높은 생산량수준에서 최소효율규모가 실현된다.

이러한 최소효율규모는 산업조직의 중요한 결정요인 중 하나이다. 음식, 가구, 의복 등과 같은 산업에서는 기업들이 낮은 생산량수준에서 최소효율규모를 실현하므로 많은 중소기업들로 구성되어 있다. 반대로 자동차, 전력 등과 같은 산업에서는 기업들이 매우 높은 생산량수준에서도 최소효율규모를 실현하기가 어려우므로 소수의 기업만이 존재한다. 그러므로 최소효율규모는 산업의 경쟁정도를 결정하는 데 있어서 중요한 역할을 하게 되는 것이다.

그림 7-9 최소효율규모와 시장구조

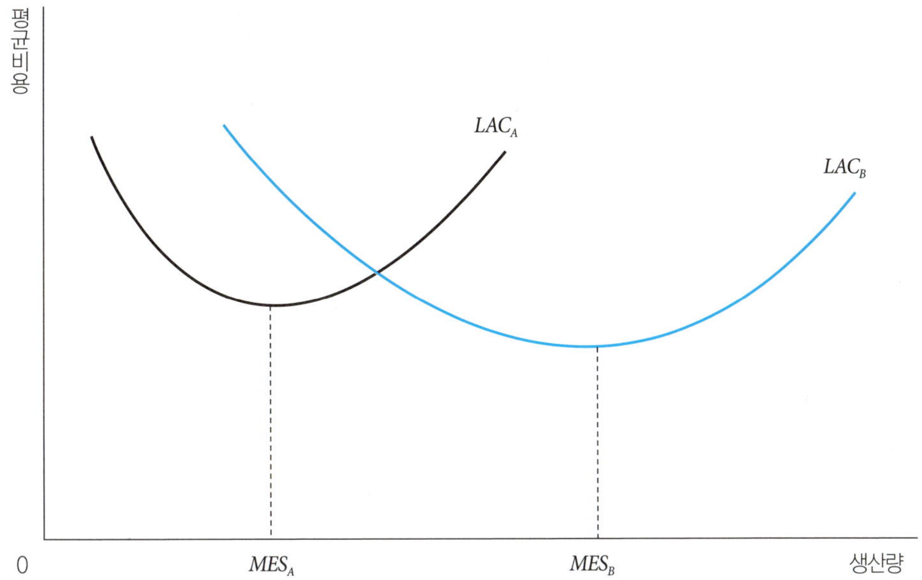


## 요 약

1. 기업은 가격뿐만 아니라 생산기술에 의해 제약을 받는 생산비용을 고려하여 공급의도를 결정한다.
2. 경제학에서 말하는 비용은 단순히 회계적 비용이 아닌 기회비용이다. 어떤 행동의 기회비용이란 그 행동을 함으로써 포기되는 다른 행동 중에서 가장 값진 것이다. 기업입장에서 기회비용은 생산요소공급자로 하여금 생산활동에 전념하도록 지불되어져야 하는 화폐금액을 말한다. 이러한 화폐금액에는 명시적 비용과 암묵적 비용이 포함된다.
3. 경제적 이윤은 총수입에서 기회비용을 뺀 값이다. 정상이윤이란 기업가능력이 계속 투입되도록 지불되어져야 하는 최소한의 이윤으로, 총수입과 기회비용이 같다면 정상이윤이 보장된 상태라고 할 수 있다. 정상이윤 혹은 그 이상의 이윤이 존재해야만 기업가는 생산활동을 계속할 것이다.
4. 단기는 생산요소중 일부가 고정되어 있는 기간을 말하며, 고정요소에 대하여 발생하는 비용을 고정비용이라 한다. 그러므로 단기비용은 고정비용과 가변비용으로 구성

된다. 장기에서는 모든 요소가 자유롭게 증감될 수 있으며, 따라서 고정비용은 없다.

5. 한계생산은 생산요소 한 단위 증가에 따른 생산물의 증가분이다. 수확체감의 법칙이란 다른 생산요소는 고정된 상태에서 하나의 생산요소를 증가시킬 때 한계생산이 일정수준을 지나면 점차 감소하는 현상을 말한다.
6. 한계비용은 생산물 한 단위를 더 증가시키는 데 따른 비용의 증가분이다. 수확체감의 법칙 때문에 한계비용은 결국 체증하게 된다. 한계비용곡선은 평균가변비용곡선과 평균비용곡선의 최소점을 지난다.
7. 장기에서는 규모의 경제 혹은 규모의 비경제가 장기평균비용(*LAC*)곡선의 형태를 결정짓는다. *LAC*는 모든 생산요소가 가변적일 때, 각 생산물수준에서 생산할 수 있는 최소비용을 의미한다. 규모의 경제가 작용하면 *LAC*는 감소하고, 규모의 비경제가 작용하면 LAC는 증가한다. 만약 규모에 대한 보수가 불변이면, *LAC*곡선은 수평선이 된다.
8. 최소효율규모란 *LAC*가 최소화되는 생산량수준을 말한다. 최소효율규모는 한 산업에 속한 기업의 수와 규모를 결정해 주는 중요한 요인이다.

## 용어 및 개념

경제적(기회) 비용
포락선
암묵적 비용과 명시적 비용
경영계획곡선
정상이윤
규모의 (비)경제
경제적(순수) 이윤
규모에 대한 보수불변
단기비용과 장기비용
최소효율규모
수확체감의 법칙
한계생산, 총생산, 평균생산
한계비용, 총비용, 평균비용
고정비용과 가변비용
장기평균비용

CHAPTER | ECONOMICS

# 08 완전경쟁시장에서 가격 및 생산량 결정

SECTION



이 장에서는 완전경쟁시장에서 가격 및 생산량이 어떻게 결정되는지를 분석하고, 시장성과를 평가한다. 특히 완전경쟁시장에 속한 기업의 공급의사결정에 주목할 필요가 있다.

어느 한 기업의 공급의사는 시장정보, 즉 상품의 가격과 자신의 비용조건을 함께 고려하여 결정된다. 제7장에서 우리는 비용조건에 대해서 살펴보았으므로 여기에다가 가격정보를 감안하게 되면 기업의 공급의도를 파악할 수 있을 것이다.

그러나 문제는 기업이 시장에서 얻을 수 있는 가격정보가 그 기업이 속해 있는 시장의 특성에 따라 크게 차이가 있다는 것이다. 만약 대표적 혹은 평균적인 시장형태 하나만 상정할 수만 있다면 문제는 아주 쉬울 것이나, 현실경제에서는 천차만별의 무수한 시장형태가 존재한다. 한편에는 한국전력과 같이 하나의 기업이 시장을 지배하는 독점시장(monopoly)이 있고, 다른 한편에는 수천 개 정도의 기업으로 구성된 완전경쟁시장(perfect competitive market)이 있다. 독점시장과 완전경쟁시장 사이에는 무수히 많은 시장형태가 있고, 따라서 각각의 시장을 하나하나 분석한다는 것은 거의 불가능한 일이라고 할 수 있다. 그러므로 경제학자들은 분석의 편의상 무수한 시장형태를 4가지로 구분한다. 〈표 8-1〉에서 보는 바와 같이 양극단으로서 완전경쟁시장과 독점시장을 설정하고, 이 두 시장 사이의 시장유형을 독점적 경쟁시장(monopolistic competitive market) 과 과점시장(oligopoly)으로 구분한다. 이들 4개의 시장형태는 시장 내에 존재하는 기업의 수가 몇 개인지, 상품이 동질적인지 아니면 차별화되는지, 그리고 신규기업의 시장진입이 쉬운지, 아니면 어려운지에 따라서 구분된다.

〈표 8-1〉에서 보는 바와 같이 완전경쟁시장에서는 동질적인 상품(예: 밀이나 옥수수)을 생산하는 다수의 기업들이 존재한다. 여기서 '다수'란 어떤 한 기업이 시장가격에 영향을 미칠 수 없을 정도로 많은 수이다. 또한 새로운 기업은 시장에 쉽게 진입하거나

**표 8-1** 4가지 시장유형

| 특징 | 완전경쟁 | 독점적 경쟁 | 과점 | 독점 |
|---|---|---|---|---|
| 기업의 수 | 매우 많음 | 많음 | 소수 | 하나 |
| 제품형태 | 동질적 | 차별화 | 동질적 또는 차별화 | 유일; 대체제 없음 |
| 가격통제력 | 없음 | 제한된 범위 내에서 약간 | 상호의존성에 의해 제한<br>담합의 경우 상당한 통제력 | 상당한 통제력 |
| 진입여건 | 매우 쉬움<br>장벽 없음 | 비교적 쉬움 | 상당한 진입장벽 존재 | 봉쇄 |
| 비가격경쟁 | 없음 | 광고, 상표 등을 강조 | 제품차별화의 경우 상당 | 대부분 PR광고 |
| 예 | 농산물 시장 | 소매업, 의복, 신발 | 철강, 자동차, 가정용품 | 전력, 통신 |

이탈할 수 있다.

독점시장은 하나의 기업이 상품이나 서비스의 유일한 판매자인 시장을 말한다. 시장에는 제품이 하나이기 때문에 차별화되지 않는다. 그러나 다른 상품으로 대체할 수 없는 상품이다. 신규기업은 진입이 봉쇄되어 있어서 기업이 바로 산업이 된다. 우리나라의 경우 전력시장이 독점시장에 속한다.

독점적 경쟁시장은 차별화된 제품들(예: 여성의류, 가구, 책, 약, 화장품)을 생산하는 기업들이 상대적으로 많은 시장이다. 따라서 제품개발과 광고활동이 매우 활발하다. 독점적 경쟁시장으로의 진입은 비교적 쉽다.

과점시장(oligopoly)은 소수의 판매자가 존재하는 시장을 말한다. 여기서 '소수(few)'란 가격과 생산량에 대한 의사결정이 기업 간에 상호의존적인 상황을 의미한다. 즉 각 기업은 경쟁기업의 의사결정에 의해 영향을 받는다. 상품은 동질적일 수도 있고(예: 철강이나 알루미늄), 차별화될 수도 있다(예: 자동차나 스마트폰).

이상과 같이 경제학자들은 4가지 시장을 상정하지만, 현실에서는 완전경쟁시장을 찾아보기 어렵고, 독점시장은 매우 드물다. 대부분 시장은 완전경쟁시장과 독점시장 사이에 속한다. 제8장부터 제11장에 걸쳐서 4가지 시장을 차례대로 공부한다.

## 8.1 완전경쟁시장이란

어떤 시장이 완전경쟁시장이 되기 위해서는 다음의 네 가지 요건을 구비하여야 한다.

### 다수의 판매자와 구매자

완전경쟁시장(perfectly competitive market)의 가장 기본적인 요건은 상품의 판매자와 구매자가 '다수' 존재하여야 한다는 것이다. 그렇다면 다수란 도대체 몇 개의 기업을 말하는 것일까? 여기서 다수란 어느 한 기업이나 구매자가 시장가격에 영향을 미칠 수 없을 정도로 많다는 것을 의미한다.

가령 *X*산업에 10,000개의 기업이 각기 100단위씩 생산하고 있다고 하면, 이 산업의 총공급량은 1,000,000단위가 될 것이다. 그런데 그 중 *A*라는 기업이 어떤 사정으로 인하여 생산량을 종전의 절반인 50단위로 감축하였다면, 지금까지 시장에서 성립하고 있던 가격은 어떻게 되겠는가? *A*기업의 생산량 감축으로 인하여 시장의 총공급량은 1,000,000단위에서 999,950단위로 감소될 것이다. 그런데 이러한 변화는 종전보다 0.005%가 감소한 것이므로 시장가격은 종전과 다름없을 것이다. 큰 호수에서 물 한 컵을 떠내었다고 해서 그 호수의 수면이 얼마나 낮아지겠는가?

이러한 이치는 구매자에 대해서도 마찬가지다. 가령 서울의 쌀 시장을 생각해 보자. 어느 한 가계가 소비하는 쌀의 구매량은 전체 시장구매량에 비하면, 십만 분의 일, 혹은 백만 분의 일에 불과하므로, 이 가계가 쌀 소비량을 아무리 증감시킨다 해도 쌀의 시장가격은 전혀 영향을 받지 않을 것이다.

## 동질적인 상품

완전경쟁시장에서의 제품은 '동질적(homogeneous)'이어야 한다. 다시 말해서 완전경쟁시장에 속한 기업들은 표준화되거나 혹은 동질적인 상품을 공급한다. 따라서 실제로 수많은 제품이 상이한 기업들에 의해서 생산되고 있지만 제품이 상호 완전대체될 수 있으므로, 소비자들 입장에서는 동일한 가격이라면 어떤 기업의 제품인가가 문제가 되지 않는다. 뿐만 아니라 제품이 동질적이기 때문에 기업들은 품질, 광고, 판매촉진 등 비가격경쟁을 할 필요를 느끼지 않는다.

## 완전한 정보

완전경쟁시장에서 모든 판매자와 구매자들은 시장상황에 대해서 완전한 정보를 가지고 있다. 구체적으로 가격, 거래량 등의 시장정보가 신속 정확하게 모든 거래자에게 인지되는 시장이다. 이에 따라 하나의 동질적인 제품에 대해서 두 개 이상의 가격이 성립하지 않는다. 즉 '일물일가'의 원칙이 성립한다. 만약 어떤 기업이 동질적인 제품에 대해서 현행가격보다 더 높은 가격을 받는다면, 이것은 모든 구매자에게 알려진 정보로서, 어느 누구도 그 제품을 구입하려 하지 않을 것이기 때문이다.

## 자유로운 진입과 이탈

완전경쟁시장에서는 기업의 진입과 이탈이 자유롭다. 어떠한 기업이라도 원하기만 하면 원하는 산업에 진입하여, 생산판매활동을 개시할 수 있으며, 동시에 어떤 기존기업이라도 그 산업을 이탈하여 다른 산업으로 전출하기를 원한다면 그것을 제약하는 어떠한 법적, 기술적 혹은 금융 면에서의 장애가 없다.

완전경쟁시장이 갖추어야 할 요건으로 우리는 이상의 네 가지를 열거하였는데, 현실에서는 이 조건 모두를 충족시키는 시장을 찾아보기 어려우며, 또 찾을 수 있다고 기대할 수도 없을 것이다. 그럼에도 불구하고 완전경쟁시장을 배우는 이유는 무엇일까? 첫째, 농산물시장처럼 완전경쟁시장에 가까운 시장이 있기 때문에 이들 시장을 이해하는 데 도움이 된다. 둘째, 시장에서의 가격과 생산량 결정이론을 공부하는 데 유용한 출발점이 된다. 셋째, 완전경쟁시장에 입각한 경제모형은 현실시장의 성과를 평가하는 데 하나의 기준을 제공해 주기 때문이다.

## 8.2 기업이 직면하는 수요

### 가격수취자

완전경쟁시장에 속한 각 기업은 총공급 중 아주 미미한 양만을 공급하기 때문에 기업은 시장에서 결정된 가격에 영향을 미칠 수 없다. 이것은 앞에서 살펴본 요건이 성립하면 당연히 뒤따르게 되는 결론이다. 다시 말해서 판매자가 다수이고 이들이 동질적인 제품을 공급한다면, 기업은 시장가격을 설정하는 입장에 있는 것이 아니라 오히려 단순히 시장가격에 순응하는 가격수취자(price taker)의 입장에 서게 된다.

### 완전탄력적 수요

가격수취자의 입장에 서게 되면, 기업이 직면하는 수요곡선은 완전탄력적인 형태를 띤다. 〈그림 8-1〉의 (a)는 (b)에서 시장가격이 1,000원으로 결정되었다고 가정할 때 완전탄력적인 수요곡선을 보여준다. 이러한 수요곡선하에서는 기업은 생산량을 감축시킴으로써 가격을 올려 받을 수도 없고, 반대로 판매량을 늘리기 위하여 가격을 낮출 필요도 없다.

여기서 독자들에게 강조하고 싶은 것이 있다. 수요곡선이 완전탄력적이라는 말은 하나의 기업이 직면하는 수요에 대해서 성립하는 것이지, 시장 전체의 수요가 그렇다는 것은 아니다. 물론 시장수요곡선은 앞에서 배운 바와 같이 우하향하는 모양을 가질 것이다. 이러한 차이에 대해서 좀 더 설명해 보자.

동질적 제품을 생산하는 모든 기업들, 즉 산업 전체로는 가격을 낮춤으로써 판매량을 늘릴 수 있다. 동시적으로 그리고 독립적으로 행동하는 모든 기업들은 시장공급량에 영향을 미칠 수 있고, 실제로도 영향을 미침으로써 시장가격의 변화를 가져올 수 있다.

**그림 8-1** 완전경쟁시장에서 기업이 직면하는 수요곡선

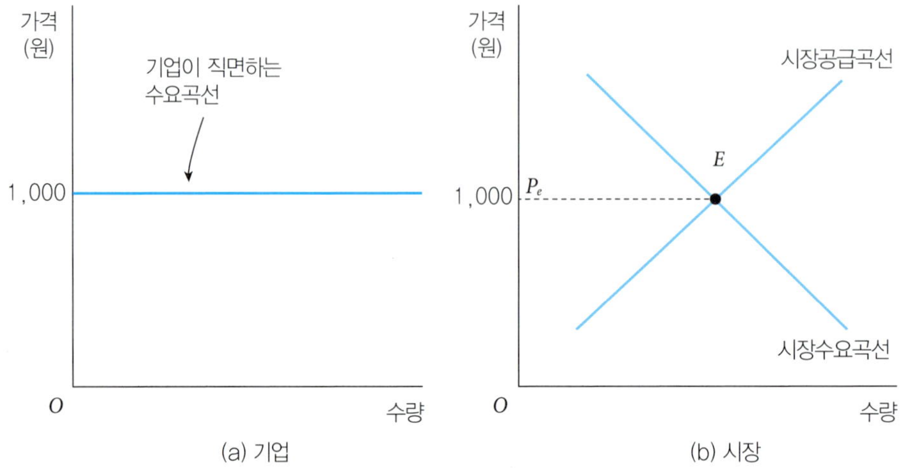


그러나 하나의 기업에 대하여는 다르다. 다른 모든 기업의 공급량이 일정한 상태하에서 어느 한 기업만이 판매량을 증가 혹은 감소시킨다 하더라도 시장 전체의 판매량과 시장가격에는 거의 영향을 줄 수 없을 것이다. 그러므로 시장수요곡선과 달리 한 기업의 판매예정표는 〈그림 8−1〉 (a)에서처럼 완전탄력적이다. 다시 강조하면, 어떤 상품의 시장수요곡선은 항상 우하향하나, 완전경쟁기업이 직면하는 수요곡선은 수평선이다.

적절한 예가 될지는 몰라도 2,000만 명의 투표자가 대통령을 선거한다고 할 때, 동시적 그리고 독립적으로 투표하는 투표자 전체가 대통령 당선자를 결정하나, 갑이라는 사람의 한 표는 선거결과에 영향을 미칠 수 없는 것과 같은 이치라고 볼 수 있다. 이는 제1장에서 공부한 바 있는 '구성의 모순'의 한 예이다. 전체, 즉 시장에 대해서 사실인 것은 개별, 즉 기업에 대해서는 사실이 아니다.

## 총수입, 평균수입, 한계수입

기업이 직면하는 수요곡선은 기업의 판매수입에 관한 정보를 제공해 준다. 〈표 8−2〉에서 보는 바와 같이 구매자에게 있어서 제품 한 단위당 가격($P$)은 판매자에게 있어서는 제품 한 단위당 수입, 즉 평균수입(Average Revenue: $AR$)과 같다. 구매자가 단위당 1,000원이라는 가격을 지불한다는 것은 판매자가 받는 단위당 수입, 즉 평균수입이 1,000원이라는 의미이다. 즉 $P = AR$로서, $P$와 $AR$은 같은 것을 다른 측면에서 본 것이다.

**표 8-2** 완전경쟁시장에 속한 기업의 수입스케줄

| (1)<br>제품가격($P$, 원) | (2)<br>수요량($q$, 개) | (3)<br>총수입($TR$, 원) | (4)<br>한계수입($MR$, 원) |
|---|---|---|---|
| 1,000 | 0 | 0 | |
| 1,000 | 1 | 1,000 | 1,000 |
| 1,000 | 2 | 2,000 | 1,000 |
| 1,000 | 3 | 3,000 | 1,000 |
| 1,000 | 4 | 4,000 | 1,000 |
| 1,000 | 5 | 5,000 | 1,000 |
| 1,000 | 6 | 6,000 | 1,000 |
| 1,000 | 7 | 7,000 | 1,000 |
| 1,000 | 8 | 8,000 | 1,000 |
| 1,000 | 9 | 9,000 | 1,000 |
| 1,000 | 10 | 10,000 | 1,000 |

**그림 8-2** 완전경쟁기업의 총수입, 평균수입, 한계수입

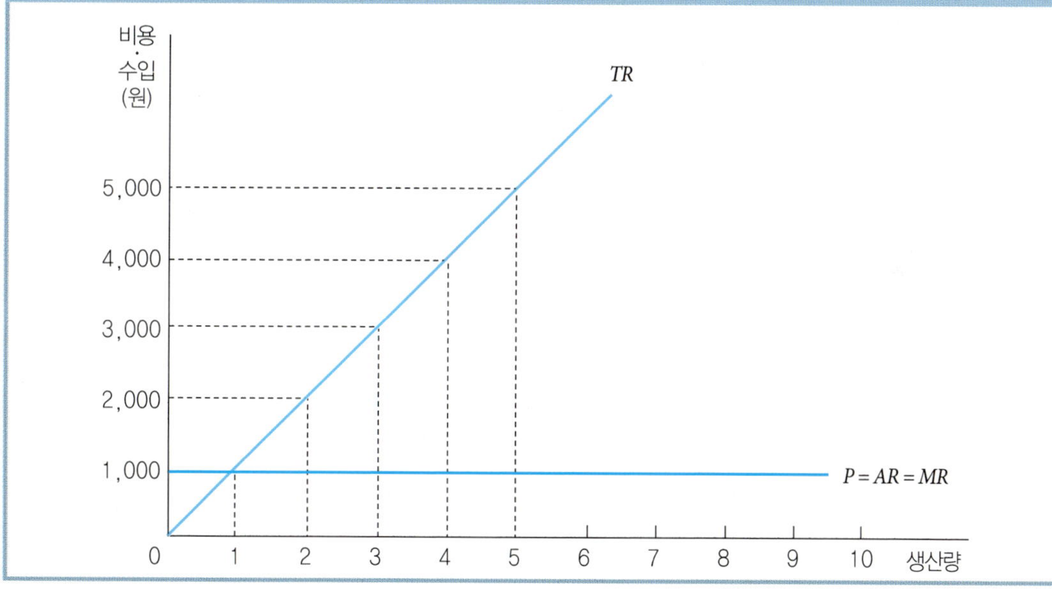


총수입(Total Revenue; $TR$)은 기업이 판매한 양($q$)에다가 단위당 가격($P$)을 곱한 것이다. 완전경쟁기업에 대해 가격은 주어지므로 판매량이 증가하면 가격만큼씩 총수입이 증가한다. 따라서 총수입곡선은 〈그림 8-2〉에서 보는 바와 같이 원점을 지나는 직선으로 나타난다.

그러면 기업이 추가적으로 상품 한 단위를 더 판매하면, 수입은 추가적으로 얼마만

큼 증가할 것인가? 이것이 한계수입(Marginal Revenue: *MR*)개념으로서, $MR = \Delta TR/\Delta q$ 이 된다. 기업이 한 단위도 판매하지 못하면 총수입은 0이지만 1단위를 판매하면 총수입은 1,000원이 된다. 즉 한계수입은 1,000원이다. 다시 1단위를 더 팔면 총수입은 1,000원에서 2,000원으로 증가하여 한계수입은 1,000원이 된다. 여기서 독자들은 한계수입이 1,000원으로 일정하다는 사실을 발견할 수 있을 것이다. 이것은 가격이 기업에게 일정하게 주어지므로 가격을 인하시키지 않고서도 상품을 추가적으로 판매할 수 있기 때문이다. 그러므로 한계수입은 단위당 가격과 같다. 즉 $P = MR$이다. 그러므로 완전경쟁시장에 속한 기업에 대해서 $P = AR = MR$이 성립한다.

## 8.3 단기에서 기업의 공급의도와 시장균형

### 경쟁기업의 이윤극대화 행동

기업은 완전경쟁시장에 속하든, 불완전경쟁시장에 속하든 이윤극대화(profit maximization)를 추구한다고 볼 수 있다. 그러나 현실적으로는 기업은 이윤극대화가 아닌 판매량 극대화를 추구하기도 하고 사회적 책임을 기업목표라고 주장하기도 한다. 그렇지만 역시 대부분의 기업가들은 돈을 벌기 위해서 기업을 경영하므로, 우리는 기업의 유일한 목표는 이윤극대화라고 전제한다. 기업이 이윤을 극대화하는 생산량을 선택하면, 기업은 균형에 도달했다고 한다. 이것은 수요이론에서 소비자들이 효용극대화를 추구하고, 소비자가 효용이 극대화되는 시장바구니를 선택할 경우를 소비자균형이라고 부르는 것과 유사하다.

그렇다면 단기에 있어서 경쟁적 기업은 어떻게 해야 균형상태에 도달할 수 있게 되는가? 다시 말해서 이윤극대화를 위한 행동규칙은 무엇인가? 단기에 있어서 경쟁적 기업은 생산설비가 고정되어 있기 때문에 생산에 소요되는 가변생산요소—노동력, 원료—의 양을 고정된 생산설비에 알맞게 조절함으로써 이윤을 극대화할 것이다. 여기서 이들이 취하는 경제적 이윤은 생산된 상품을 판매하여 얻은 총수입과 생산에 소요된 총비용의 차액이다. 즉,

$$\text{경제적 이윤}(\pi) = \text{총수입}(TR) - \text{총비용}(TC)$$

기업은 앞 절에서 배운 총수입에 관한 정보와 제7장에서 배운 비용에 관한 정보를 함께

고려함으로써 이윤을 극대화하는 생산량 수준을 결정할 것이다. 이러한 기업의 의사결정에서 한계원칙이 적용된다. 즉 한계수입(Marginal Revenue: *MR*)과 한계비용(Marginal Cost: *MC*)을 비교하여 이윤극대화를 꾀할 수 있다. 다시 말해서 각기 다른 가격수준에서 시장에 공급하고자 하는 생산량은 생산량을 한 단위씩 증가시킴에 따른 총수입의 변화분과 총비용의 변화분을 비교함으로써 결정하는 것이다.

만약 어떤 상품 한 단위를 생산할 때 한계수입이 한계비용보다 크다면, 그 상품은 생산되어야 한다. 왜냐하면 기업이 한 단위를 더 생산하여 판매함으로써 얻는 수입이 그 한 단위를 생산하기 위해 들어가는 비용보다 더 크므로 그 한 단위의 생산은 총이윤을 증가시키기 때문이다. 이와는 반대로 어떤 한 상품 한 단위를 생산할 때 한계수입이 한계비용보다 작다면, 기업은 이를 생산하지 말아야 한다. 왜냐하면 이 경우에는 생산량을 1단위 더 추가함으로써 들어가는 비용이 그로부터 얻게 되는 수입보다 크므로 총이윤이 감소되기 때문이다. 그러므로 기업은 한계수입과 한계비용이 같아지는 점에서 조정을 끝낼 것이다. 즉, 기업은 한계수입(*MR*)과 한계비용(*MC*)이 일치하는 생산량을 공급함으로써 이윤을 극대화할 수 있다. 편의상 앞으로 우리는 이러한 이윤극대화 원리를 '$MR = MC$ 준칙'이라고 부르기로 한다.

어떤 상품의 시장가격이 이미 결정되어 기업에 주어지면, 기업은 이윤극대화 과정에서 다음과 같은 세 가지 문제에 직면하게 될 것이다.

> **경제원리 #5**
>
> 합리적인 경제주체는 한계원칙하에서 생각하고 행동한다. 합리적인 의사결정자는 어떤 행동이 가져다주는 한계편익(marginal benefit)—기업가의 경우에는 한계수입—이 한계비용(marginal cost)보다 큰 경우에만 그 행동을 취한다.

문제 1: 현행 시장가격수준에서 생산을 할 것인가, 안할 것인가?
문제 2: 생산을 한다면 얼마만큼 할 것인가?
문제 3: 얼마만큼의 이윤 또는 손실이 생기겠는가?

이러한 문제에 대한 답은 시장에서 주어지는 가격수준에 따라서 달라질 것이다. 이제 비용조건은 동일하다는 전제하에 위의 세 가지 문제를 기업이 어떻게 해결하는가를 알아보자. 물론 각각의 경우에 이윤극대화 원리인 '$MR = MC$ 준칙'이 적용된다.

### Case 1: 이윤극대화

〈그림 8-3〉에는 한 경쟁기업의 비용정보와 시장정보가 나타나 있다. 비용정보는 한계비용과 평균비용으로 구분되어 있고, 시장정보는 시장에서 가격이 1,000원으로 결정된

**그림 8-3** 경쟁기업의 이윤극대화

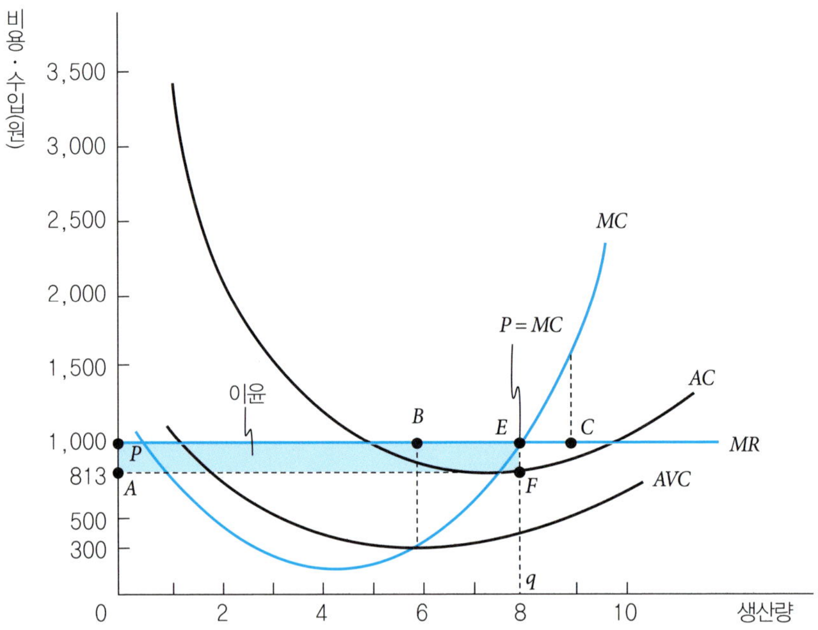


다는 것이다. 이로부터 우리는 한계수입이 1,000원임을 알 수 있다. 이제 위에서 제기했던 세 가지 질문에 답해 보기로 하자.

첫째, 이 기업은 생산을 할 것인가, 하지 않을 것인가? 물론 생산을 할 것이다. 왜냐하면 〈그림 8-3〉에서 보는 바와 같이 가격수준이 평균비용수준보다 높으므로 경제적 이윤을 얻을 수 있기 때문이다.

둘째, 그렇다면 얼마만큼 생산할 것인가? 물론 '$MR = MC$ 준칙'에 따르면 된다. 그림에서 보는 바와 같이 $E$점에서 '$P$(1,000원) $=$ $MC$(1,000원) 준칙'이 성립하며, 이 때 생산량수준은 8단위이다. 즉 $E$점은 가격이 1,000원일 때 기업의 단기균형점이 된다. 만약 이 기업이 $B$점에서 생산한다면, $P$(1,000원) $>$ $MC$(300원)의 상태가 되므로 총이윤을 증가시키기 위해서 생산을 더 하려고 할 것이고, 반면에 $C$점에서 생산한다면, $P$(1,000원) $<$ $MC$(1500원)의 상태가 되므로 총이윤을 증가시키기 위해서 생산량을 줄이려고 할 것이다. 결국 $P = MC$인 상태가 되는 $E$점에서 더 이상 움직이려 하지 않을 것이다.

셋째, 얼마만큼의 이윤이 생기겠는가? 기업의 총수입은 □$OPEq$, 총비용은

□*OAFq*로서 경제적 이윤은 □*APEF*가 된다. 경제적 이윤은 단위당 이윤을 먼저 구하고 이윤극대화 산출량을 곱하여 구할 수도 있다. 여기서 단위당 이윤은 *AP*의 길이로 표시되므로 여기에 8을 곱하면 경제적 이윤이 계산된다.

기업의 행동 중에서 유의할 점은 기업이 단위당 이윤을 극대화하고자 하는 것이 아니라 총이윤을 극대화하고자 한다는 것이다. 〈그림 8-3〉을 보면 기업의 단위당 이윤은 7단위와 8단위의 사이인 7.5단위 정도에서 가장 크지만, 여기서는 아직도 총이윤이 늘어날 여지가 있기 때문에 기업은 8단위로 생산량을 늘릴 것이다. 다시 말해서 기업은 추가적으로 한 단위 더 판매함으로써 단위당 이윤이 다소 감소하더라도 총이윤을 증가시킬 수만 있다면, 단위당 이윤의 감소를 기꺼이 받아들인다는 것이다.

### Case 2: 손실극소화

이제 시장가격이 1,000원이 아니라 700원으로 하락하였다고 가정하고 앞과 똑같이 분석해 보자.

첫째, 이 경우에 기업은 생산을 할 것인가 하지 않을 것인가? 그림에서 보는 바와 같이 손실이 발생하므로 언뜻 조업을 중단할 것이라고 볼 수 있으나 정답은 '생산한다'이다. 왜냐하면 생산을 중단하더라도 부담하지 않으면 안 되는 고정비용만큼의 손실보다는 생산을 함으로써 더 적은 손실을 유도할 수 있기 때문이다. 생산을 하지 않을 경우에는 어떤 경우이든 고정비용만큼의 손실이 발생한다. 그러나 〈그림 8-4〉에서 보는 바와 같이 시장가격이 평균비용곡선의 최저점 *R*보다는 낮지만 평균가변비용곡선의 최저점 *T*보다는 높으면, 언제나 기업은 생산을 함으로써 얻는 수입으로 가변비용은 물론, 고정비용의 일부까지도 회수할 수 있게 된다. 이 경우에 시장가격이 700원이므로 *R*와 *T*점의 중간에 위치하므로 생산하지 않음으로써 사각형 *VARS*만큼의 손실을 보는 것보다는 생산하여, 이 중 일부를 회수하는 것이 더 유리할 것이다. 가령 공장문을 닫을 경우 고정비용 100만원만 만큼의 손실이 발생하고, 공장문을 열 경우 60만원만큼의 손실이 발생한다고 하자. 독자가 기업가라면 어떻게 하겠는가? 100만원 손실보다는 60만원의 손실이 더 적으므로 당연히 공장문을 열어 생산을 할 것이다. 요컨대, 기업은 손실을 보는 한이 있더라도 그 손실액이 고정비용보다 적은 액수라면 생산을 계속하는 것이 유리하다.

둘째, 생산한다면 얼마나 생산해야 하는가? 이 문제는 앞에서와 마찬가지로 '*MR* = *MC* 준칙'에 따르면 풀린다. 〈그림 8-4〉에서 보는 바와 같이 *S*점에서 '*P*(700원) =

**그림 8-4** 경쟁기업의 손실극소화와 조업중단

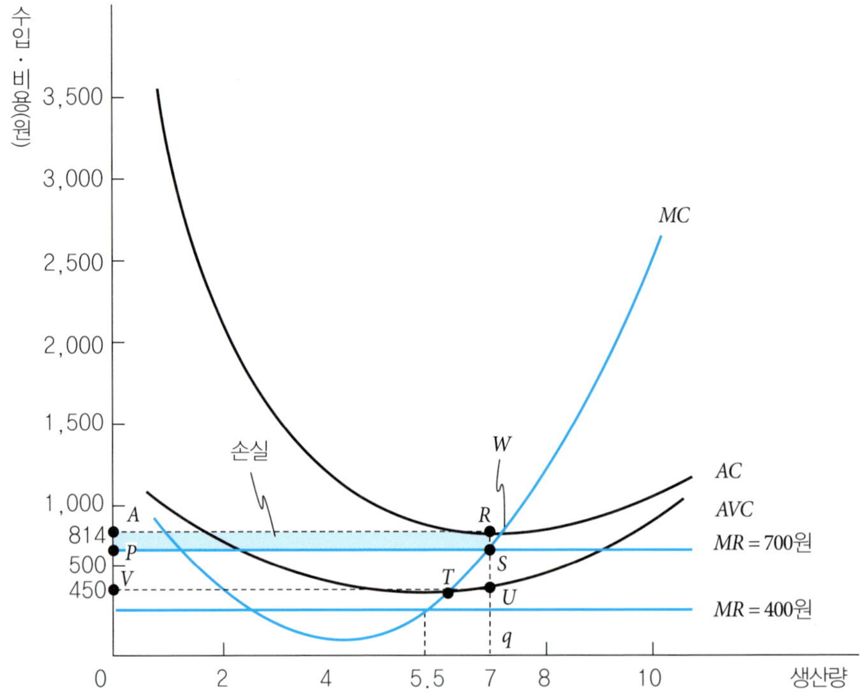


*MC*(700원) 준칙'이 성립하며, 이때의 생산량수준은 7단위이다. 7단위보다 적은 생산량에서는 시장가격이 한계비용보다 크기 때문에 더 생산할수록 전단위 생산에서 부담해야 하는 손실보다는 손실을 더 감소시킬 있으며, 반대로 7단위보다 많은 수준에서 생산하면 한계비용이 시장가격보다 커지게 되므로 생산을 줄이는 것이 손실을 더 감소시킨다.

셋째, 이 때 기업이 얻는 이윤 혹은 손실은 얼마가 되겠는가? 기업이 7단위를 생산할 때, 보게 되는 손실은 □*PARS*이다. 총수입은 □*OARq*인 데 비하여, 총비용은 □*OPSq*로 총수입에서 총비용을 빼면 오히려 (−)값이 나온다. 여기서도 우리는 이 기업이 생산하는 것이 왜 더 유리한가를 알 수 있다. 이 기업이 생산을 하지 않을 때에는 □*VARU*에 상당하는 고정비용만큼 손실을 보게 된다. 그러나 7단위를 생산하면 총고정비용인 □*VARU* 중 □*VPSU*에 해당하는 만큼의 고정비용을 회수할 수 있게 된다. 따라서 생산을 함으로써 손실이 □*PARS*로 감소될 수 있으며, 기업이 손실을 감수하면서까지 생산을 하는 이유가 바로 여기에 있는 것이다.

### Case 3: 조업중단

이번에는 재화의 시장가격이 400원으로 하락하는 경우를 생각해 보자. 이 경우에는 기업이 공장 문을 닫는 것이 손실을 극소화할 수 있는 유일한 방법이다. 〈그림 8-4〉에서 보는 바와 같이 시장가격이 400원일 경우에는 어느 생산량 수준에서도 가격($P$)으로 평균비용($AC$)조차도 회수할 수 없기 때문이다. 다시 말해서 생산을 함으로써 기업이 부담해야 하는 손실은 생산을 중단했을 때 발생하는 고정비용 상당의 손실보다도 항상 크기 때문이다.

만일 이 기업이 '$MR = MC$ 준칙'에 따라서 생산을 한다면 어떻게 될까? 그림에서 보는 바와 같이 $MR = MC$가 되는 생산량에서는 한계수입곡선이 평균가변비용곡선에 가장 가까이 접근한다. $MR = MC$가 되는 생산량 수준은 5.5단위일 때인데, 한계수입(400원)은 평균가변비용을 완전히 보상하지 못한다. 이 경우에는 생산을 하여 얻는 수입을 가지고는 고정비용은 물론이고 가변비용마저도 회수하지 못하게 된다. 따라서 시장가격이 400원인 경우에는 현명한 기업가라면 조업을 중단할 것이다.

우리는 지금까지 이윤을 극대화하거나 손실을 극소화하기 위해서는 $MR = MC$의 상태에서 생산량수준을 결정해야 한다는 $MR = MC$준칙을 논의하여 왔으나, 이 원리가 항상 성립하는 것은 아니라는 점을 강조하지 않을 수 없다. 즉 경쟁시장에서의 시장가격이 평균가변비용곡선의 최저점보다 높을 경우에는 이윤극대화 또는 손실극소화를 위해서 $MR = MC$준칙이 타당하지만, 시장가격이 평균가변비용곡선의 최저점보다 낮은 경우에는 $MR = MC$인 생산량수준에서 생산을 하는 것보다는 차라리 조업을 중단하는 편이 더 유리하게 된다. 그러므로 단기에 있어서 경쟁기업이 이윤을 극대화하거나 손실을 극소화하기 위해서는, 첫째, 시장가격이 평균가변비용곡선의 최저점보다 높을 때는 $MR = MC$인 생산량수준에서 생산을 해야 하며, 둘째, 시장가격이 평균가변비용곡선의 최저점보다 낮을 때는 생산을 중단해야 한다고 결론지을 수 있다.

## 기업의 단기공급곡선

이제 우리는 중요한 학습목표인 기업의 공급곡선을 도출할 단계에 이르렀다. 공급이란 무엇을 말하는가? 제4장에서 공부한 바와 같이 공급이란 "어느 일정기간에 있을 수 있는 가격에 대응하여 생산자가 판매하려고 하는 상품의 양을 나타내는 예정표"이다.

따라서 사려 깊은 독자라면 앞의 논의에서 공급곡선의 개념이 이미 언급되었음을 짐작할 것이다. 즉 있을 수 있는 가격으로는 1,000원, 700원, 400원 등 세 개의 가격이

그림 8-5 한계비용과 경쟁기업의 단기공급곡선

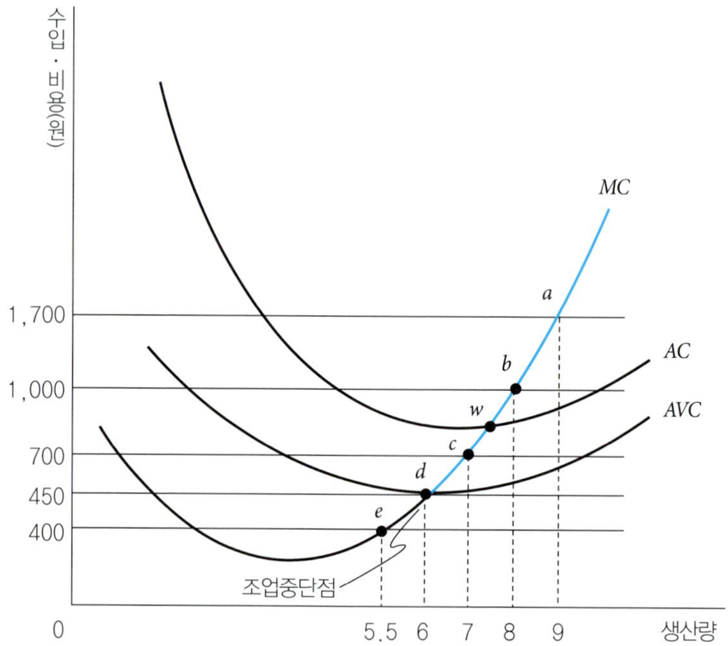


표 8-3 경쟁기업의 단기공급스케줄

| | 가격(원) | 공급량 | 최대이윤(+) 혹은 최소손실(-) |
|---|---|---|---|
| *a* | 1,700 | 9 | +7,400 |
| *b* | 1,000 | 8 | +1,500 |
| *c* | 700 | 7 | −800 |
| *d* | 450 | 6 | −2,500 |
| *e* | 400 | 0 | −2,900 |

주어졌고, 이에 대응하여 각각 8단위, 7단위, 0단위의 생산량을 공급하려 한다는 사실을 공부하였다. 따라서 〈그림 8-5〉에서 보는 바와 같이 *b*점과 *c*점은 각각 공급곡선상의 한 점이 된다. 〈표 8-3〉에는 세 개의 가격 이외에도 있을 수 있는 가격, 예를 들어 가격이 1,700원, 450원일 경우에 기업이 이윤을 극대화하기 위하여 공급하려고 하는 생산량을 추가로 나타내었다. 표에서 보는 바와 같이 각각의 가격수준에 대응하여 $P = MC$준칙에 따를 때 생산량은 각각 9단위, 6단위로 역시 *a*점과 *d*점도 각각 공급곡선상

의 한 점이 된다.

여기서 우리는 하나의 중요한 사실을 발견할 수 있다. 그것은 *MC*곡선 자체가 공급곡선이 된다는 것이다. 예를 들어 가격이 1,000원일 경우에 기업이 공급하려는 생산량 8단위는 '$P = MC$준칙'이 성립하는 *MC*곡선상의 *b*점에서 결정된다. 물론 이 경우에는 경제적 이윤이 가능하므로 당연히 공급곡선상의 한 점이 된다. 평균비용의 최소점보다 높은 가격대에 대응되는 *a*점과 *c*점도 마찬가지 이유로 공급곡선상의 한 점이 된다. 가격이 450원일 경우에 기업이 공급하려는 생산량 6단위는 역시 '$P = MC$ 준칙'이 성립하는 *MC*곡선상의 *d*점에서 결정된다. 이 경우에는 손실최소화 상태로서 고정비용의 일부를 회수할 수 있으므로 역시 공급곡선상의 한 점이 될 수 있다. 일반적으로 가격이 평균비용의 최소점 *w*와 평균가변비용의 최소점 *d* 사이에 주어지는 경우에 *MC*곡선은 공급곡선이 된다.

단 독자들이 유의해야 할 사항은 *MC*곡선의 전 구간이 공급곡선이 아니라는 것이다. 예를 들어 가격이 400원대로 주어지면 공급을 중단하는 것이 유리하다는 사실을 이미 배운 바 있는데, 이는 가격이 *AVC*곡선의 최소점보다 낮게 주어지면 공급의도가 없다는 것을 의미로, 엄밀히 말해서 *e*점은 공급곡선상의 한 점이 아니라는 것이다. 바꾸어 말하자면 가격이 평균가변비용의 최소점보다 높게 주어질 때만 공급의도가 생기는 것이다. 따라서 공급곡선은 *MC*곡선의 전 구간이 아닌 *AVC*곡선의 최저점을 통과한 이후의 *MC*곡선에 국한된다. 결론적으로 경쟁기업의 단기공급곡선은(short-run supply curve)은 그 기업의 *AVC*곡선의 최저점(*d*점)을 통과한 이후의 *MC*곡선이라고 말할 수 있다.

이상에서 우리는 공급곡선이 우상향하는 형태임을 알 수 있다. 즉 "다른 사정이 일정한 한, 가격이 상승하면 공급량은 늘고 가격이 하락하면 공급량이 감소한다"는 공급의 법칙이 성립한다. 그렇다면 거꾸로 공급곡선은 왜 우상향하느냐고 묻는다면 독자들은 어떻게 대답하겠는가? 이에 대한 대답은 두 가지로 볼 수가 있다. 첫째는 한계비용이 체증하기 때문이다. 다시 말해서 한계생산이 체감하기 때문이다. 둘째는 기업이 이윤극대화 행동을 하기 때문이다. 만약 기업이 이윤극대화 행동을 하지 않는다면 '$P = MC$ 준칙'이 성립되지 않기 때문에 *MC*곡선 자체가 공급곡선이 될 수 없는 것이다.

## 기업과 산업의 균형가격

앞에서 우리는 '$MR(P) = MC$ 준칙'을 통해서 경쟁기업의 공급곡선을 도출하였는데, 이

**표 8-4** 기업 및 시장공급과 시장수요

| (1)<br>기업의 공급량($q$) | (2) 1,000개 기업의<br>시장공급량($Q$) | (3)<br>가격 ($P$, 원) | (4)<br>시장수요량($Q$) |
|---|---|---|---|
| 10 | 10,000 | 2,500 | 4,000 |
| 9 | 9,000 | 1,700 | 5,000 |
| 8 | 8,000 | 1,000 | 8,000 |
| 7 | 7,000 | 700 | 9,000 |
| 6 | 6,000 | 450 | 11,000 |
| 0 | 0 | 400 | 13,000 |
| 0 | 0 | 300 | 16,000 |

제는 여러 가지 가능한 가격들 중에서 어느 것이 실제로 균형가격이 되는지를 알아보아야 한다. 이미 우리는 제4장에서 시장공급곡선은 개별기업의 공급곡선을 '수평으로 합한' 것과 같다는 사실과 완전경쟁시장의 균형가격은 시장의 수요와 공급에 의해 결정된다는 것을 배웠다.

〈표 8-4〉는 시장균형가격의 결정을 설명하기 위한 가상적인 예로서, 〈표 8-3〉에서 도출된 공급스케줄을 그대로 원용한 것이다. 편의상 시장에는 1,000개의 기업이 있으며, 각 기업의 비용조건은 모두 동일하다고 가정하자. 또한 각 개별기업의 비용조건은 우리가 지금까지 예로 들어왔던 자료를 그대로 사용하기로 한다. 따라서 시장공급스케줄은 각 가격수준에서의 개별기업의 공급량에 1,000을 곱하여 구할 수 있게 된다. 그런데 균형가격이 결정되려면 시장수요스케줄을 알아야 하므로 〈표 8-4〉에는 각 가격수준에 대응하는 가상적인 시장수요스케줄도 함께 보여주고 있다.

완전경쟁시장에서 시장균형가격은 시장수요스케줄과 시장공급스케줄이 일치하는 상태에서 결정된다. 이 표에서 볼 때 시장의 균형가격은 1,000원이 되며, 이때의 시장공급량과 시장수요량은 각각 8,000단위로서 수요와 공급은 일치하게 된다.

시장균형상태에서 각 개별기업의 공급량은 8단위가 되는데, 8단위는 시장가격이 1,000원일 경우에 각 개별기업들이 이윤을 극대화할 수 있는 생산량수준이다. 즉 각 개별기업은 8단위씩 생산함으로써 8,000원의 수입을 얻게 되며, 각 개별기업의 비용조건이 모두 동일하다고 가정했으므로 8단위를 생산하기 위한 총비용은 6,504원(8단위 × 평균비용 813원)이 된다. 따라서 개별기업의 이윤은 가격 8,000원에서 비용 6,504원을 뺀 1,496원이 되어 산업 전체의 이윤은 1,496,000원이 된다(1,000개 기업 × 1,496원). 그러므

**그림 8-6　기업과 산업의 단기균형**

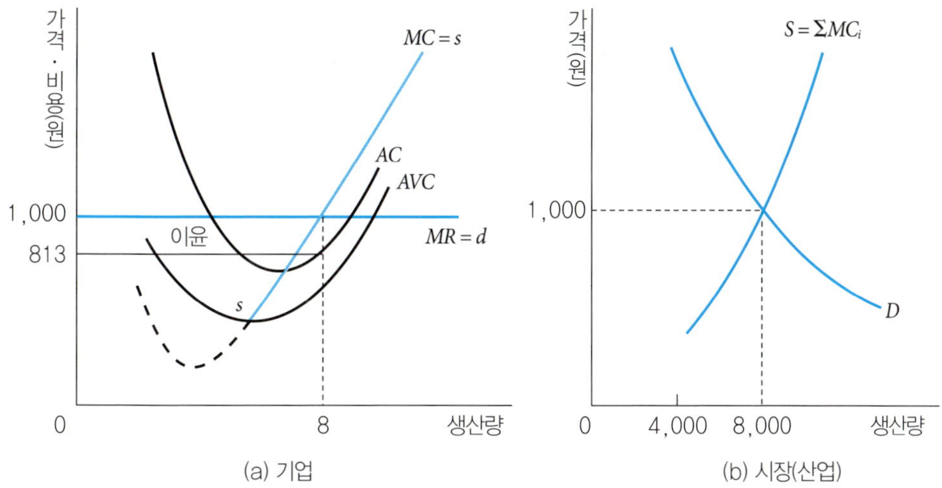


(a) 기업　　　(b) 시장(산업)

로 이 산업은 성장산업이라고 판단할 수 있다.

〈그림 8-6〉의 (a)와 (b)는 이상에서 설명한 개별기업과 시장의 균형을 잘 보여주고 있다. 그림 (a)에서 개별기업의 *MC*는 개별기업의 단기공급곡선이며, 이들을 수평으로 합한 것이 (b)의 *S*로서, 이것이 시장공급곡선이 됨은 앞에서 설명한 바와 같다. 가상적인 시장수요곡선이 *D*로 주어진다고 하면, 시장균형가격은 1,000원, 시장균형수량은 8,000개가 된다. 시장수요와 시장공급에 의해 결정된 1,000원이라는 시장가격은 개별기업의 입장에서 보면 주어진 가격이므로 개별기업이 직면하는 수요곡선은 *d*와 같이 1,000원 수준에서 완전탄력적이다. 〈그림 8-6〉 (a)에서 보는 바와 같이 '$MR(P) = MC$ 준칙'이 성립하는 점에서 개별기업의 균형은 달성된다. 이 때 기업의 균형수량은 8단위이며 시장균형가격이 평균비용보다 높기 때문에 경제적 이윤을 얻게 된다.

이와 같이 기업의 비용조건과 시장수요에 변화가 없다고 가정하면 완전경쟁하에서의 개별기업과 산업의 단기균형상태는 〈그림 8-6〉이 보여주는 바와 같다. 이 균형상태에서는 균형가격이나 균형수량에 영향을 주는 초과공급 또는 초과수요가 없으며, 각 개별기업이 생산량을 변경함으로써 이윤을 증가시킬 수도 없다. 그러나 만약 기업의 비용조건이나 시장수요가 달라지면 시장균형가격과 균형생산량이 변하게 됨은 물론, 각 개별기업의 균형생산량 수준도 변하게 된다. 예를 들어 개별기업의 시장수요가 감소한다거나 생산성이 떨어지게 되면 균형가격이 하락하여 개별기업의 이윤이 줄어

**더 알아보기** 〈그림 8-6〉에서 '구성의 모순' 찾기

〈그림 8-6〉에서 보는 바와 같이 시장에서 결정된 제품가격은 개별경쟁기업에게는 하나의 정보로 주어진다. 그러나 동시에 하나의 집단으로서 모든 경쟁기업들의 공급의도는 제품가격결정에 중요한 요인이 된다. 따라서 언뜻 우리는 모순이라고 생각할 수 있으나 전체와 부분을 구분해 주는 '구성의 모순'이라는 논리를 기억하는 독자라면 전혀 문제가 되지 않는다. 총공급 중에서 아주 미미한 부분을 공급하는 각 기업은 제품가격에 영향을 미칠 수 없을지라도, 시장에서는 모든 개별기업의 공급곡선—MC곡선의 일부—들을 수평으로 합한 것이 시장공급곡선이 되며, 이 시장공급곡선은 가격에 영향을 미친다. 요컨대 완전경쟁시장에서 경쟁가격은 개별기업에게 하나의 정보로 주어지는 동시에 집단으로서 모든 기업들이 공급하기로 결정한 의사결정의 결과이기도 한 것이다.

들거나 적자상태가 될 것이다. 독자들은 비용곡선이 얼마나 상향 이동하고 시장수요가 얼마나 감소되어야 단기균형상태에서 경쟁기업이 손실을 보게 되는지를 각자 생각해 보기 바란다.

## 8.4 장기에서 기업과 산업의 공급의사결정

### 기업의 장기균형과 장기공급곡선

단기에서는 산업 내에 속해 있는 기업의 수가 일정하며, 각 기업의 시설규모가 고정되어 있다. 그러나 장기에서는 기업이 단기적으로 불가능했던 일련의 조정이 가능해진다. 앞에서 본 바와 같이 단기에서 기업은 0의 생산량을 택함으로써 생산을 중단할 수도 있으나, 그렇다고 기업이 공장을 처분하여 기업활동을 청산할 정도로 충분한 시간적 여유를 가지는 것은 아니다. 이와 달리 장기에서는 기업들이 시설규모를 확장하거나 축소할 시간적 여유를 가질 뿐만 아니라 더욱 중요한 것은 새로운 기업이 산업에 진입하거나 기존기업이 이탈함으로써 기업수가 증가하거나 감소할 수 있다.

그러면 우리가 앞에서 살펴본 단기에서의 상황이 장기에서는 어떻게 달라지는지를 살펴보기로 하자. 설명에 앞서 분석의 단순화를 위하여 다음과 같은 몇 가지 가정을 세우기로 한다.

첫째, 장기적인 조정은 기업들의 진입과 퇴출을 통해서만 가능하다고 가정한다. 또한 장기조정의 성격을 분명히 하기 위해서 앞에서 분석한 단기조정은 무시하기로 한다.

둘째, 산업 내의 모든 기업은 동일한 비용곡선을 가진다고 가정한다. 이 가정하에서는 분석대상이 되는 어떤 한 기업을 대표적 혹은 평균적 기업이라고 말할 수 있다. 따라

**그림 8-7 경쟁기업의 장기균형과 장기공급곡선**

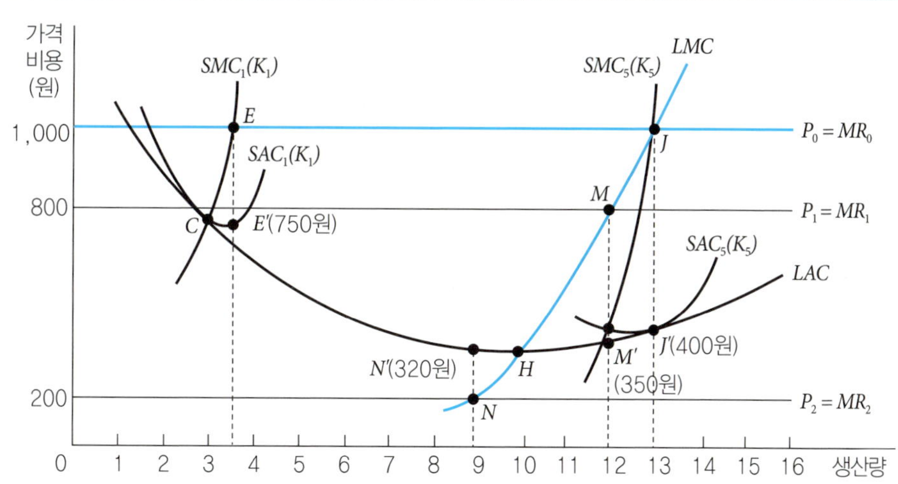


서 한 기업이 장기조정을 겪으면 다른 모든 기업들도 똑같이 장기조정을 겪게 된다.

셋째, 당분간 분석대상이 되는 산업은 비용불변산업이라고 가정한다. 이 말은 기업의 진입과 퇴출이 발생하더라도 생산요소에는 영향을 미치지 않는다는 것이며, 따라서 개별기업들의 비용곡선은 변하지 않는다.

### 기업의 장기균형

장기에서도 '$MR(P) = MC$준칙'이 성립한다. 즉 장기에서 기업의 최적—이윤극대화—생산량수준은 한계수입($MR$) 또는 가격($P$)이 장기한계비용($LMC$)과 같아지는 곳에서 결정된다. 그리고 최적설비는 기업이 가장 낮은 비용으로 최적생산량을 공급할 수 있게 하는 설비규모이다. 이것은 〈그림 8-7〉에서 기업의 최적생산량 수준에서 기업의 $LAC$에 접하는 $SAC_5$로 표시된 설비규모이다. 이제 〈그림 8-7〉을 통해서 기업의 단기균형과 장기균형을 비교해 봄으로써 장기균형의 의미를 분명히 해보자.

우리가 제7장에서 배운 바와 같이 $LAC$곡선은 $SAC$곡선들의 포락선(envelop curve)이다. 설비규모가 $K_1$로 주어진 단기상황이라고 가정하자. 만약 가격이 1,000원으로 주어지면 기업의 단기균형점은 $E$이고, 3.5단위를 생산하는 것이 최적이다. 이때 기업의 단위당 단기이윤은 250원이고, 총이윤은 875원이다.

이제 설비규모의 변경이 가능한 장기상황을 살펴보자. 장기에서도 '$MR = MC$준칙'이 성립하므로 기업은 $MR(P) = LMC$가 성립하는 $J$점에서 이윤을 극대화한다. 즉 이윤극대화를 추구하는 경쟁기업은 장기상황에서 $K_5$에 상당하는 규모의 설비를 짓고 $J$점에서 운영한다. 그러므로 $K_5$가 최적설비인 것이다. 이 때 기업은 단위당 600원의 이윤을 얻어 7,800원의 총이윤을 확보할 수 있으며, 이는 자본설비가 $K_1$로 고정되어 있는 단기상황의 이윤보다는 훨씬 크게 된다. 독자들은 기업이 장기균형에 있게 되면, $P = SMC = LMC$가 성립하므로 역시 단기균형도 성립함에 유의하라.

### 기업의 장기공급곡선

장단기를 막론하고 공급곡선은 있을 수 있는 가격에 대응하여 기업이 공급할 의도가 있는 생산량을 나타내는 예정표이다. 따라서 위에서 주어진 가격 $P$(1,000원)가 있을 수 있는 하나의 가격이라면, $J$점은 공급곡선상의 한 점이 된다. 만약 가격이 이보다 낮은 800원으로 주어진다면, 이 기업은 '$P_1 = LMC$준칙'이 만족되는 $M$점에서 12단위를 공급하고자 할 것이다. 왜냐하면 이 때 5,400원($800 \times 12 - 350 \times 12$)의 이윤이 생기기 때문이며, 따라서 $M$점도 공급곡선상의 한 점이 된다. 그런데 가격이 200원으로 주어진다면 어떻게 될까? 기업은 '$P_2 = LMC$준칙'이 만족되는 $N$점에서 9단위를 공급한다면, 1,080원($200 \times 9 - 320 \times 9$)만큼의 손실을 보게 될 것이므로 이를 공급할 의도가 전혀 없을 것이다. 따라서 기업의 장기공급곡선(long−run supply curve)은 '$LAC$의 최소점($H$)을 통과한 후의 $LMC$곡선 그 자체'이다.

## 산업의 장기균형과 장기공급곡선

### 산업의 장기균형

가격이 1,000원으로 주어질 때 $J$점에서 기업은 장기균형 상태에 있게 되지만, 산업은 균형상태가 아니다. 왜냐하면 이 기업을 비롯한 모든 다른 기업들이 누리고 있는 7,800원이라는 막대한 경제적 이윤은 이 산업으로 새로운 기업들이 진입하도록 유인하기 때문이다. 새로 진입하는 기업 중에는 새로 설립된 기업도 있을 것이고, 혹은 조건이 나쁜 타산업으로부터 전입하는 기업도 있을 것이다. 여하튼 새로운 기업이 진입함에 따라 이 상품의 공급은 증가할 것이며, 이로 말미암아 〈그림 8−8〉에서 보는 바와 같이 단기공급곡선을 우하향 이동될 것이고 가격은 하락하기 시작할 것이다. 그러면 기업진입은 언제까지 일어날 것인가? 기업진입의 동기가 기존기업들이 누리고 있는 경제적 이윤에 있었기 때문에, 당연히 경제적 이윤이 없어지면 기업의 진입이 멈추어질 것이다. 즉 기업의 진입은 단기공급곡선이 $S$에서 $S'$로 이동될 때까지 계속되는데, $h$점에 이르러서

그림 8-8 기업과 산업의 동시적 장기균형

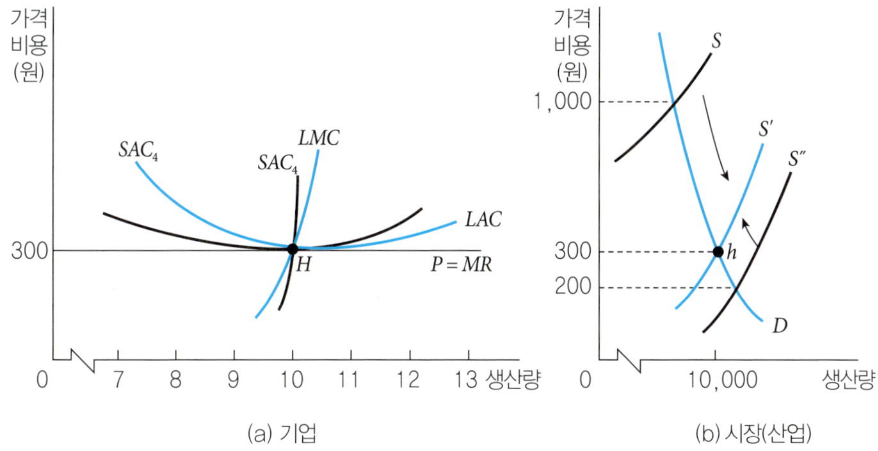


야 가격은 장기평균비용곡선의 최저점($H$)과 일치하여—300원 수준—기존기업이 누리고 있던 경제적 이윤은 소멸하며, 바로 이 $H$점에서 산업의 장기균형이 달성된다. 만약 기업진입이 과도하여 공급곡선이 $S''$ 이동하였다고 하자. 이는 가격을 200원으로 하락시켜 기업들로 하여금 손실을 보게 할 것이다. 따라서 이 산업으로부터 퇴출하는 기업이 생겨, 이 산업 내의 상품공급은 감소하게 될 것이다. 그러면 언제까지 기업퇴출이 일어날 것인가? 물론 손실이 없어지는, 즉 가격이 장기평균비용의 최소점과 일치할 때까지이다. 다시 말해서 공급곡선이 $S''$에서 $S'$로 이동할 때까지이다. 결국 산업의 장기균형점은 $H$점이 될 수밖에 없다.

〈그림 8-8〉에서 보면, 산업과 기업은 $H$점에서 동시적으로 장기균형상태에 있게 되는데, 균형점에서 $P = MR = LMC = SMC = LAC = SAC$라는 조건이 성립한다. 즉 기업은 $LAC$곡선의 최저점에서 생산하고, 이 때 총수입과 총비용이 일치하므로 경제적 이윤은 0이다. 여기서 기업들이 과연 경제적 이윤이 0인데도 생산을 계속할 것인가라는 의문이 생긴다. 물론 기업들이 계속 생산하므로 $H$점은 균형점이 된다. 왜냐하면 기업과 산업의 장기균형상태에서 경제적 이윤이 0이라는 것은 기업경영자가 생산을 계속하도록 유인하는 최소한의 이윤, 즉 정상이윤은 확보한다는 것을 의미하기 때문이다. 다시 말해서 0의 경제적 이윤은 총수입이 총비용, 즉 명시적 비용과 암묵적 비용(정상이윤 포함)을 모두 '커버'하는 상태이다. 요컨대 $H$점에서 비록 경제적 이윤은 0이

라 하더라도 생산을 계속할 정도의 최소한의 이윤은 건지고 있으므로 생산활동은 계속되는 것이다.

### 산업의 장기공급곡선

우리가 지금 장기분석을 하고 있음에도 불구하고 〈그림 8-8〉 (b)에서의 시장공급곡선은 단기공급곡선임을 강조한 바 있다. 이제 앞에서 배운 분석을 토대로 산업의 장기공급곡선을 도출해 보기로 하자. 산업의 장기공급곡선을 결정하는 가장 주요한 요인은 산업내의 기업수가 변화할 때, 개별기업들의 비용조건이 어떻게 변화하느냐 하는 것이다.

#### Case 1: 비용불변산업

장기균형을 분석하기 앞서 산업이 비용불변산업(constant cost industry)이라고 가정하였는데, 이는 말 그대로 기업이 진입하여 생산이 증대될 때 생산요소의 가격, 즉 생산비 자체에는 아무런 변동이 없다는 뜻이다. 이 가정 때문에 앞에서 기업이 진입할 때, 개별기업의 장기평균비용곡선은 그 위치가 변하지 않았음을 기억할 것이다. 그러면 비용불변산업이라는 가정이 계속 유지될 경우에 산업의 장기공급곡선은 어떤 모양을 띨 것인가? 결론부터 말하자면, 〈그림 8-9〉에서 보는 바와 같이 수평이다.

〈그림 8-8〉 (b)에서 $h$점은 산업과 기업의 장기균형점이었다. 이는 시장가격 300원에 대응하여 이 산업은 10,000단위의 생산량을 공급할 의도가 있음을 나타낸다. 그러므로 $h$점은 장기공급곡선상의 한 점이 됨을 알 수 있다. 그런데 만약 시장수요곡선이 〈그림 8-9〉에서 보는 바와 같이 $D$에서 $D'$로 이동하여 균형가격이 300원보다 높은 600원으로 주어진다면 어떤 일이 일어날 것인가? 일단 균형점이 $h'$로 균형점이 이동할 것이다. 하지만 이 상태에서는 경제적 이윤이 발생하므로 균형이 파괴되면서 새로운 기업이 진입할 것이다. 그런데 이 산업은 비용불변산업이므로 가격이 종전의 최저 장기평균비용과 같아질 때까지 기업의 진입과 생산량의 증가가 계속된다. 즉 단기공급곡선은 $S$에서 $S'$까지 이동한다. 따라서 새로운 균형은 $h''$점이며, 이때의 가격은 종전과 같은 300원이고 생산량은 11,000단위—이는 기업진입으로 인하여 기업의 수가 종전의 1,000개에서 1,100개로 증가한 결과임—가 된다. $h''$점도 산업의 장기공급곡선상의 한 점이 되므로 처음과 나중의 두 장기균형점을 연결한 궤적이 바로 이 산업의 장기공급곡선이 되며, 그림에서 보는 바와 같이 장기평균비용곡선의 최소점에서 수평으로 나타난다. 결국 비용불변산업의 장기공급곡선은 완전탄력적인 형태를 취한다고 말할 수 있다.

**그림 8-9 비용불변산업의 장기공급곡선**

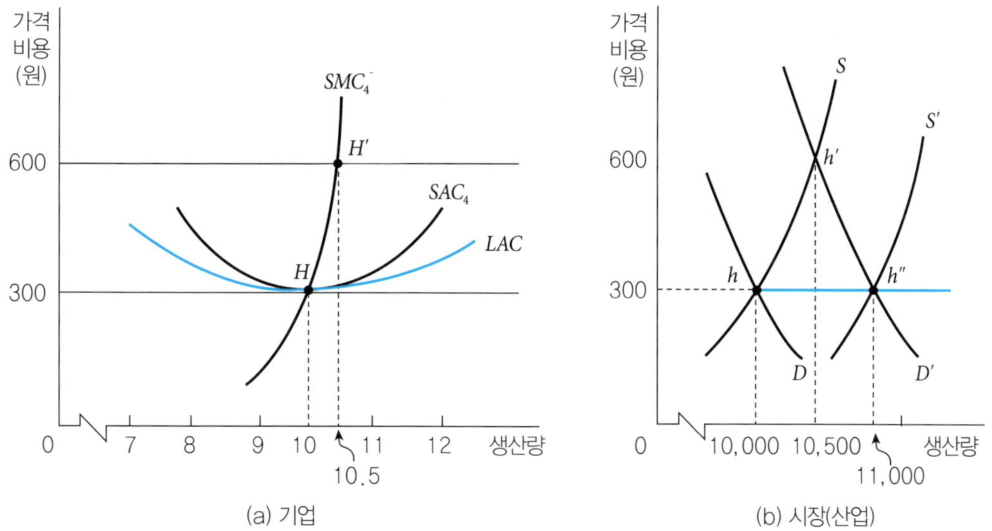


현실적으로 어느 경우 비용불변산업이 가능할 수 있겠는가? 만약 분석대상이 되는 산업의 요소수요량이 경제전체의 요소수요량에 비해서 극히 적을 경우라면, 이 산업은 요소가격과 비용의 변동 없이도 생산량을 증가시킬 수 있을 것이다. 또한 이 산업이 여러 산업에서 널리 사용되는 비전문적인 생산요소를 제공하고 있을 경우에도 비용의 변동이 없을 것이다.

### Case 2: 비용증가산업

앞에서 살펴본 비용불변산업은 특수한 경우에 한하며, 대부분의 경우 새로운 기업의 진입으로 제품의 생산량이 증가하면 생산요소의 가격에 영향을 미쳐 개별기업의 평균비용이 변하게 마련이다. 즉 비용불변산업의 경우와는 달리 특정 산업의 요소고용량이 전체 생산요소 중 비교적 큰 비중을 차지하거나, 고도로 전문화된 요소를 사용하고 있을 경우에는 새로운 기업이 진입함에 따라 생산요소에 대한 수요가 공급을 앞질러 요소가격을 상승시킨다. 그 결과 개별기업의 장기평균비용은 상승하여 장기평균비용곡선의 상향이동을 초래한다. 이 경우에는 산업의 장기공급곡선이 우상향할 것임을 짐작할 수 있을 것이다.

이를 그래프로 살펴보자. 〈그림 8-10〉 (b)에서 $h$점은 산업과 기업의 장기균형점이

**그림 8-10** 비용증가산업의 장기공급곡선

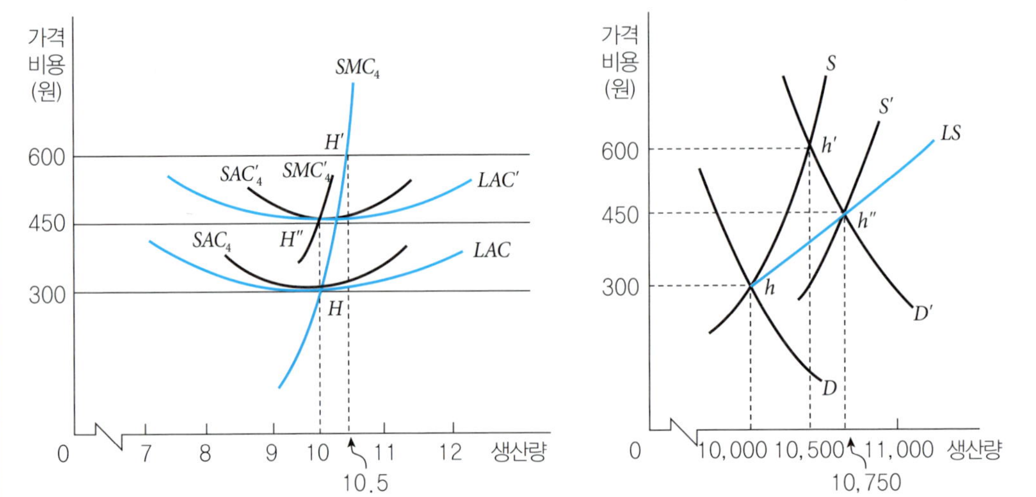


(a) 기업

(b) 시장(산업)

자 장기공급곡선상의 한 점이었다. 이제 비용불변산업에서와 마찬가지로 그림에서 보는 바와 같이 수요곡선이 *D*에서 *D'*로 이동하여 가격이 600원으로 상승하였다고 하자. 일단 수요가 증가하면서 균형점이 *h'*로 이동할 것이다. 하지만 이 상태에서는 경제적 이윤이 발생하고 새로운 기업들이 진입하게 되는데, 이는 비용불변산업에서와는 달리 두 가지 면에서 이윤을 삭감시킨다. 하나는 비용불변산업과 마찬가지로 새로운 기업이 진입함에 따라서 시장공급이 증가하여 가격을 하락시킴으로써 삭감되는 것이고, 다른 하나는 기업의 평균비용곡선이 상향 이동함으로써 삭감되는 것이다. 결국 이윤이 모두 삭감될 때 다른 장기균형점에 도달하게 되는데, 새로운 균형점은 *h''*이며, 이때의 가격은 450원이고, 산업 전체의 생산량은 10,750단위—이는 75개의 신규기업이 진입한 결과임—이다.

이 점도 산업의 장기공급곡선상의 한 점이 된다. 처음과 나중의 장기균형가격을 비교하면, 나중의 가격수준이 높아진다는 것을 알 수 있는데, 그 이유는 산업의 확대가 평균비용곡선을 이동시키면 장기가격은 이 비용을 회수할 수 있는 수준으로 상승하여야 하기 때문이다. 따라서 비용증가산업(increasing cost industry)에서는 보다 높은 가격수준에서만 생산량의 확대가 가능해진다. 그러므로 비용증가산업의 장기공급곡선은 〈그림 8-10〉 (b)의 *LS*처럼 우상향의 기울기를 갖는다.

### Case 3: 비용감소산업

아주 예외적이기는 하지만 어떤 산업은 기업이 진입하여 산업이 확장될 때 요소가격이 하락하여 생산비가 감소하는 현상을 경험할 수 있다. 이러한 산업을 비용감소산업(decreasing cost industry)이라고 부르는데, 이러한 현상은 주로 일시적인 외부경제에 기인한다. 외부경제란 순전히 기업의 외부적인 요인들에 의해 기업의 평균비용이 감소하게 되는 것이다. 한 예로 어떤 산업이 확장되면서, 철도가 부설되어 수송비가 절감되고 기업의 생산비가 감소하는 것을 들 수 있다. 외부경제가 작용하게 되면 새로운 기업이 진입하여 산업이 확장할 때, 기업의 평균비용곡선은 하향 이동하고, 따라서 비용감소산업의 장기공급곡선은 우하향의 기울기를 갖는다.

이상에서 비용의 불변, 증가, 감소가 일어날 경우의 장기공급곡선을 각각 분석하였으나, 비용증가일 경우가 가장 일반적일 것이다. 설사 특정산업이 비용불변이나 비용감소를 경험한다 하더라도, 규모가 확장됨에 따라 요소시장에 큰 영향을 미치게 되어 마침내 비용증가의 경우로 전환될 것이기 때문이다.

## 8.5 완전경쟁의 시장성과 평가

완전경쟁산업이 비용불변이든, 비용증가이든 간에 기업은 최종적인 장기균형상태에서는 공통적인 특성을 갖게 마련이다. 즉 〈그림 8-11〉에서 보는 바와 같이 장기균형점에서는 가격(한계수입)은 장기평균비용의 최저점에서 만나며, 한계비용은 평균비용의 최저점을 지나므로 $MR(P) = AC = MC$이다. 이 세 개의 값이 동일하다는 것은 단순히 기하학적 흥미를 끄는 이상의 의미를 갖는다. 즉 경쟁기업이 '$MR(P) = MC$준칙'에 의해 생산함으로써 단기적으로는 이윤을 얻거나 손실을 볼지라도 장기적으로는 정상이윤(normal profit)만을 얻게 된다는 것이며, 사회적 관점에서 완전경쟁이 매우 효율적이라고 결론지을 수 있다. 완전경쟁산업의 모든 기업들이 왜 정상이윤만을 얻게 되는지는 앞에서 설명했으므로, 여기서는 왜 효율적인가에 대해서만 잠깐 언급하기로 한다.

대부분의 경제학들은 완전경쟁상태가 사회의 희소한 자원을 가장 효율적으로 사용하게끔 한다고 믿고 있다. 즉 완전경쟁하의 가격은 소비자의 만족을 극대화시키는 방향으로 사회 전체의 가용자원을 배분시키는 경향이 있다는 말이다. 이와 같은 결론

그림 8-11 경쟁시장의 성과

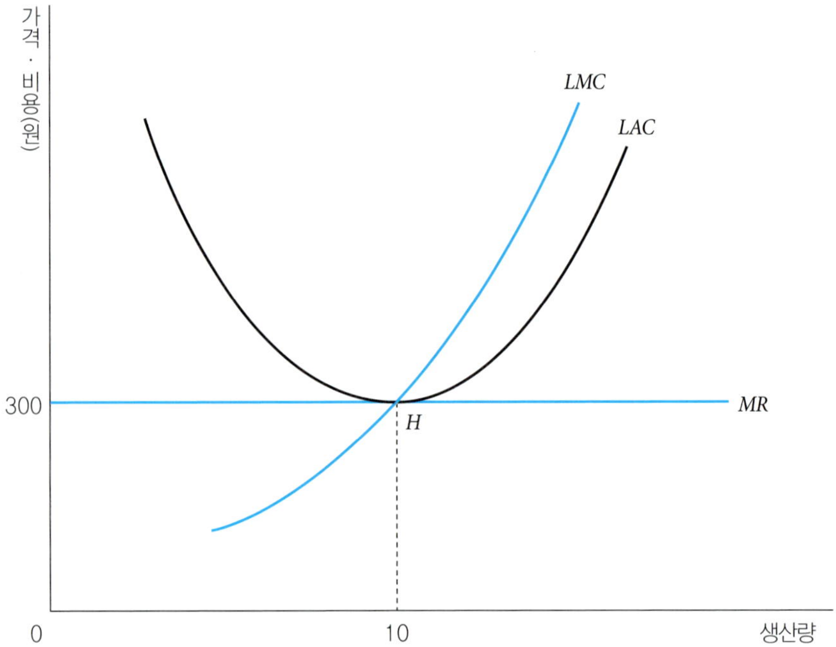


은 다음 두 가지 조건이 만족되어질 때 가능한 것이다. 하나는 완전경쟁하의 기업들은 소비자들이 가장 원하는 재화를 생산하게 된다는 것이고, 둘째로 완전경쟁기업들은 이 재화를 생산함에 있어서 가장 효율적인 방법을 활용하게 된다는 것이다. 이해를 돕기 위해 두 번째 것부터 알아보기로 하자.

## 생산적 효율성: $P = AC$

장기적으로 경쟁기업은 평균비용곡선의 최저점에서 생산을 하게 되고, 단지 비용을 회수할 정도의 가격만 부과한다. 이러한 상태는 무엇을 의미하는가?

첫째, 이렇게 되기 위해서는 기업들이 최고의 기술을 사용하여야 하며, 그렇지 못한 기업은 도태된다는 것을 뜻한다. 다시 말해서 주어진 생산량을 생산하는 데 가장 적은 양의 요소가 사용된다는 것이다. 그림을 통해서 이를 확인해 보자.

〈그림 8-11〉의 장기균형점에서 300원 상당의 자원을 사용하여 10단위의 생산량을 공급하고 있다. 만약 10단위를 생산하는 데 300원보다 높은 500원 상당의 자원이 사용된다면, 이는 분명 자원이 비효율적으로 사용되는 것이라고 말할 수 있다. 요컨대 장

기균형점에서는 200원의 생산비용이 절감된다.

셋째, 여기서 말하는 비용은 순전히 생산에 필요불가결한 비용만을 말하는 것이다. 왜냐하면 경쟁산업에서는 생산물이 동질적이므로 생산비에 추가하여 가격결정의 요인이 되는 판매비나 광고비 등이 전혀 없기 때문이다.

## 배분적 효율성: $P = MC$

그러나 재화의 생산이 경쟁적으로 이루어진다고 해서 반드시 자원의 효율적 배분이 이루어진다고 볼 수는 없다. 자원의 효율적 배분이 달성되려면 가장 효율적인 기술의 사용과 함께 소비자가 가장 원하는 재화를 생산해야만 한다. 그런데 경쟁적 시장가격체제에서는 소비자의 소망을 가장 잘 충족시킬 수 있도록 자원이 배분된다.

어떻게 이것이 가능한가를 자세히 살펴보자. 먼저 경쟁적인 재화와 생산요소의 가격이 사회적으로 어떤 의미를 갖는가를 확실히 이해할 필요가 있다. 어떤 재화—$X$재라고 하자—의 화폐가격이란 사회가 그 재화의 마지막 한 단위에 대해 부여하는 상대적인 가치를 말해주는 것이다. 이와 마찬가지로 $X$재 1단위의 한계비용이란 $X$재를 1단위 더 생산하는 데 사용된 생산요소로 타재화를 생산할 경우, 거기서 얻을 수 있었던 생산물의 상대적 가치를 측정한 것이다. 요컨대 생산물가격이란 사회가 $X$재를 1단위 더 생산함으로써 얻는 만족을 나타내며, 한계비용이란 $X$재를 추가 생산함으로써 사회가 희생한 타재화로부터의 만족을 나타낸다.

그런데 경쟁하에서는 모든 재화의 생산이 [그림 8-11]에서 보는 바와 같이 가격이 한계비용과 같은 점에 이루어진다. 다시 말해서 이윤을 추구하는 경쟁기업들은 $P = MC$준칙을 준수함으로써만 이윤을 극대화할 수 있다. 만일 $MR(P) = MC$수준보다 적은 생산량을 택한다면 개별기업은 이윤을 극대화할 수 없으며, 사회전체적인 관점에서 볼 때 이 재화의 생산에 대한 자원의 과소배분을 초래하는 것이 된다. 왜냐하면 이 수준에서는 가격이 한계비용을 초과하므로 $X$재의 추가생산에 사용하는 생산요소로 타재화를 생산하였을 경우보다 $X$재를 생산하는 것이 훨씬 큰 사회적 만족을 주기 때문이다. 이와 비슷한 이유로, $P = MC$수준 이상의 점에서 생산을 한다면 경쟁기업은 이윤을 극대화할 수 없고, 사회적으로는 이 재화의 생산에 대해 자원을 과잉배분하게 된다. 결국 경쟁기업들은 가격이 한계비용과 같은 점에서 생산하지 않을 수 없으며, 이것은 완전경쟁하에서 자원이 효율적으로 배분되고 있음을 의미하는 것이다.

완전경쟁의 또 하나의 이점은 경제사회의 여건—소비자의 기호, 생산요소의 공급,

기술진보 등—이 변하였을 때, 이를 생산요소의 사용에 반영하여 자원의 배분을 적절히 조정할 수 있는 능력을 보유하고 있다는 점이다. 예를 들어 *X*재에 대한 소비자들의 수요가 증가하여 가격이 상승한 경우를 보자. 이때 현재의 생산량수준에서는 *X*재 가격이 한계비용을 초과하므로 불균형이 발생한다. 또한 *X*재 산업은 초과이윤을 누리게 됨으로써 규모가 팽창하게 되고, 보다 낮은 이윤을 얻는 산업으로부터 생산요소를 끌어올 수 있다. 그리하여 마침내 *X*재 가격이 다시 한계비용과 같아질 때, 즉 한계생산물의 가치가 *X*재를 생산하기 위해 포기한 타생산요소의 가치와 일치하게 될 때 산업의 확장은 끝난다. 마찬가지로 특정 생산요소의 공급상태가 변화하거나, 생산기술이 변하게 되면 한계비용이 변하게 되어 균형이 파괴된다. 이 불균형은 다시 경쟁기업이 이윤을 추구하고 손실을 회피하는 과정을 통하여 가격이 한계비용과 일치할 때까지 자원을 재배분시킨다. 이와 같이 하여 완전경쟁시장에서는 경제여건의 변동으로 야기될 어떠한 자원의 비효율적 배분도 자동적으로 조정됨을 알 수 있다.

마지막으로 완전경쟁하의 효율적 자원배분은 어떤 외부의 간섭 없이 기업가나 생산요소공급자의 자유로운 이윤추구에 의해 자동적으로 이루어진다는 점이다. 즉 완전경쟁하에서는 '보이지 않는 손'이 작용하고 있다.

이것은 앞에서 본 바와 같이 완전경쟁상태에 있는 기업들이 자기 자신의 이윤을 극대화하기 위하여 가격과 한계비용이 일치하는 점에서 생산을 할 경우, 이것이 동시에 소비자의 만족을 극대화하는 자원의 배분을 초래하게 되는 사실로서 알 수 있다. 다시 말해서 경쟁체제는 생산자 개인의 이익과 사회 전체의 이익이 일치하도록 유도한다.

## 요 약

1. 경쟁시장이란 하나 혹은 몇 개의 기업이 가격에 통제권을 행사하는 독과점시장과는 대비되는 시장형태이다. 완전경쟁시장은 ① 다수의 생산자와 구매자, ② 동질적 인 제품, ③ 완전한 정보, ④ 진입과 퇴출의 자유 등 네 가지 조건을 갖춘 시장이다.
2. 완전경쟁기업이 직면하는 수요곡선은 완전탄력적이다. 이는 완전경쟁기업이 가격수취자임을 의미한다.
3. 이윤극대화 혹은 손실최소화를 추구하는 기업들은 '*MR* = *MC*준칙'이 성립되는 수준의 생산량을 공급한다. 완전경쟁기업들은 시장가격에서 제품을 판매할 수 있으므로 가격(*P*)과 한계수입(*MR*)은 일치한다. 완전경쟁기업은 시장가격에서 그들이 원하는 제품을 판매할 수 있다고는 하나, 한계비용곡선이 우상향하고 또한 '*MR* = *MC*준

칙'을 지켜야 하므로 생산제약을 받게 된다.

4. 평균가변비용($AVC$)곡선의 최소점 이상에 있는 한계비용($MC$)곡선이 완전경쟁기업의 단기공급곡선이다.
5. 장기에서는 진입이 자유로우므로 완전경쟁기업은 0의 경제적 이윤, 즉 정상이윤만을 누릴 수 있을 뿐이다. (+)의 경제적 이윤은 가격이 정상이윤 수준으로 하락할 때까지 새로운 기업의 진입을 유인하는 힘이다. 손실은 오히려 가격이 정상이윤 수준을 회복할 때까지 기업들을 퇴출시킨다. 장기에서 완전경쟁기업은 평균비용곡선이 최소화되는 수준에서 기업을 운영한다.

## 용어 및 개념

완전경쟁시장

가격수취자

기업이 직면하는 수요

손익분기점

이윤극대화

손실극소화

$MR(P) = MC$준칙

기업의 단기공급곡선

기업(산업)의 장기공급곡선

비용불변(증가, 감소)산업

배분적 효율

생산적 효율

# E C O N O M I C S

CHAPTER ECONOMICS

# 09 독점시장에서 가격 및 생산량 결정

SECTION



이 장에서는 완전경쟁시장과는 극단적으로 대비되는 시장형태인 독점시장으로 눈을 돌려 가격 및 생산량의 결정과정과 시장성과를 공부하고자 한다.

# 9.1 독점시장이란

## 유일한 공급자

독점시장은 완전경쟁시장과는 극단적으로 대립되는 시장으로, 상품의 공급자가 하나밖에 존재하지 않는다. 즉 하나의 기업이 시장을 지배하는 시장형태이다. 한 산업에 오직 하나의 기업만이 존재하므로 독점기업 그 자체가 산업을 형성한다. 따라서 경쟁시장과는 달리 기업과 산업을 구분하여 분석할 필요가 없다.

## 대체상품의 부재

독점시장에서는 한 기업이 한 상품의 유일한 공급자이므로 일반적으로 그 상품을 적당히 대체할 만한 상품이 존재하지 않는다. 그러므로 구매자가 독점기업의 제품을 소비하려면 그 상품을 독점기업에서 구입하든지 아니면, 그 상품 없이 그냥 지내야 한다. 대표적인 예가 전력, 수도 등이다. 가정에서 전등을 켜기 위해 전력을 구입할 수도 있지만, 촛불로 대신할 수도 있다. 하지만 전력과 촛불은 넓은 의미에서 대체관계에 있으나, 엄격히 말해서 적당한 대체상품이라고 할 수는 없을 것이다.

## 가격결정자

완전경쟁시장하에서는 한 기업의 공급량이 시장 전체의 공급량에 비해 극히 일부에 지나지 않으므로 어느 기업도 제품의 시장가격에 영향을 미칠 수 없다. 완전경쟁기업은 시장에서 결정된 가격을 그대로 받아들일 수밖에 없는 가격수취자(price-taker)이다. 이와 달리 독점시장에서 기업은 제품가격을 임의로 조정할 수 있는 힘을 가진 가격결정자(price-maker)이다.

왜냐하면 독점기업의 공급량은 이 시장 전체의 공급량이 되기 때문이다. 독점기업이 가격결정자라는 것은 독점시장의 가격 및 생산량의 결정과정을 분석하는 데 가장 중요한 특징이다.

# 9.2 독점기업의 행동

우리가 분석대상으로 하는 기업은 특허획득이나 원료독점을 통해 신규기업의 진입을 완전히 봉쇄할 수 있는 순수독점기업으로서,[1] 정부의 규제를 일절 받지 않는다고 가정하자. 즉 이 독점기업은 신규기업의 진입위협 없이 자기의 독점력을 시장에서 십분 활용할 수 있다는 것이다. 만약 이러한 가정을 하지 않으면 독점기업은 신규기업의 진입위협에 시달리게 되거나 정부의 눈치를 보게 되어, 독점기업의 가격결정행동을 정형화시키기 어렵기 때문이다.

독점기업도 경쟁기업과 마찬가지로 시장에서 직면하는 수요와 자신의 비용여건을 비교하여 이윤을 극대화하는 가격과 산출량을 결정한다. 이제 단기와 장기로 나누어 독점기업의 의사결정과정을 알아보기로 하자.

## 단기에서 독점기업의 공급의사결정

### 독점기업이 직면하는 수요

완전경쟁기업과 독점기업 사이의 가장 뚜렷한 차이는 각 기업이 시장에서 직면하는 수요곡선의 형태에서 나타난다. 제8장에서 본 바와 같이 완전경쟁시장하의 기업들은 시장수요와 시장공급에 의해 결정되는 유일한 가격에서 완전탄력적인 수요곡선에 직면한다. 이것은 개별경쟁기업이 판매량의 많고 적음에 관계없이 현행 시장가격에서 판매할 수밖에 없는 가격수취자임을 뜻한다. 따라서 제품 한 단위를 더 판매함으로써 얻게 되는 수입도 항상 일정하다(즉 $MR = P =$ 불변). 시장에서 힘이 전혀 없는 완전경쟁기업은 싫든 좋든 주어진 시장가격을 받아들여야 하며, 임의적인 가격정책은 존재하지 않는다.

한편 독점기업이 시장에서 직면하는 수요는 완전경쟁기업의 경우와 다르다. 결론부터 말하자면, 독점기업이 직면하는 수요곡선은 우하향한다. 왜냐하면 독점기업 그 자신이 산업이므로 그 산업에 대한 수요를 혼자서 해결하게 되는데, 우리가 배운 바로는 시장의 수요곡선은 항상 우하향하기 때문이다.[2] 이 관계가 〈표 9-1〉의 (1)란과 (2)란에 나타나 있다. 독점기업이 우하향하는 수요곡선에 직면하기 때문에 우리는 경쟁기업에서 볼 수 없었던 다음의 두 가지 사실을 알 수 있다.

첫째, 독점기업이 판매량을 늘리기 위해서는 반드시 재화의 가격을 인하하여야만 한다. 그런데 이러한 사실은 가격인하 시 첫 단위 판매량을 제외한 모든 생산량 수준에서 한계수입(marginal revenue)이 가격(=평균수입)보다 작다는 것을 의미한다. 이는 독점

---

[1] 독점의 발생 원인으로는 규모의 경제를 들 수 있다. 규모의 경제란 산출량이 증가함에 따라서 평균비용이 감소하는 현상으로서 규모의 경제가 작용하는 산업은 하나의 기업이 시장에 존재하는 것이 더 효율적이다. 규모의 경제로 인해서 초래되는 독점을 자연독점(natural monopoly)이라고 한다.

[2] 물론 경쟁시장의 수요곡선도 우하향한다. 단지 개별기업이 직면하는 수요가 수평이라는 것이다.

**표 9-1** 독점기업의 수입과 비용 (단위: 원)

| 수입 | | | | 비용 | | | |
|---|---|---|---|---|---|---|---|
| (1) 생산량 $Q$(개) | (2) 가격 (평균수입) ($P=AR$) | (3) 총수입 ($TR$) | (4) 한계수입 ($MR$) | (5) 평균비용 ($AC$) | (6) 총비용 ($TC$) | (7) 한계비용 ($MC$) | (8) 이윤(+) 혹은 손실(−) (3)−(6) |
| 0 | 1,600 | 0 | | − | 2,500 | | −2,500 |
| 1 | 1,500 | 1,500 | 1,500 | 3,500 | 3,500 | 1,000 | −2,000 |
| 2 | 1,400 | 2,800 | 1,300 | 2,050 | 4,100 | 600 | −1,300 |
| 3 | 1,300 | 3,900 | 1,100 | 1,500 | 4,500 | 400 | −600 |
| 4 | 1,200 | 4,800 | 900 | 4,700 | 4,700 | 200 | 100 |
| 5 | 1,100 | 5,500 | 700 | 980 | 4,900 | 200 | 600 |
| 6 | 1,000 | 6,000 | 500 | 867 | 5,200 | 300 | 800 |
| 7 | 900 | 6,300 | 300 | 814 | 5,700 | 500 | 600 |
| 8 | 800 | 6,400 | 100 | 813 | 6,500 | 800 | −100 |
| 9 | 700 | 6,300 | −100 | 878 | 7,900 | 1,400 | −1,600 |
| 10 | 600 | 6,000 | −300 | 1,000 | 10,000 | 2,100 | −4,000 |

기업이 가격을 인하할 때 인하된 가격이 가격인하로 인해 늘어나 판매량은 물론이고, 가격인하 전의 판매량—보다 높은 가격을 받을 수 있었던—에까지도 적용되기 때문이다. 따라서 판매량 증가로부터 오는 단위당 수입의 순증가는 단위당 가격이 아니라, 그 가격에서 가격인하 후의 가격으로 평가한 종전 판매량들에 대한 수입감소분을 공제한 금액만큼 밖에 이루어지지 않는다. 〈그림 9-1〉을 통해서 이를 확인해 보자. 가령 독점기업이 제품가격을 1,300원에서 1,200원으로 낮추어 판매량을 3단위에서 4단위로 증가시키려고 하면 추가적으로 4번째 단위의 가격인 1,200원(면적 *a*)을 얻을 수 있을 것이다. 그러나 1,200원에서 4단위를 판매하기 위해서는 독점기업은 1,300원에 판매하던 처음 3단위에 대한 가격도 1,200원으로 낮추어야 할 것이다. 이와 같이 종전에 판매되던 3단위에 대한 100원의 가격하락은 300원의 손실을 가져올 것이다. 따라서 총수입의 순증가, 즉 한계수입은 가격 1,200원에서 300원(면적 *b*)을 뺀 900원이 될 것이다. 지금까지의 설명으로 독자들은 〈표 9-1〉의 (4)란에 표시된 한계수입이 (2)란의 가격보다 작게 되는 이유를 이해할 수 있을 것이다.

둘째, 수요곡선이 우하향의 기울기를 가진다는 것은 기업 측에서 볼 때 가격정책을 실시할 수 있다는 것을 의미한다. 독점기업은 총공급량을 마음대로 조정할 수 있으므로, 그들이 생산량을 결정하게 되면 반드시 생산물가격에 영향을 미친다. 그런데 앞

**그림 9-1** 독점시장에서 가격과 한계수입의 관계

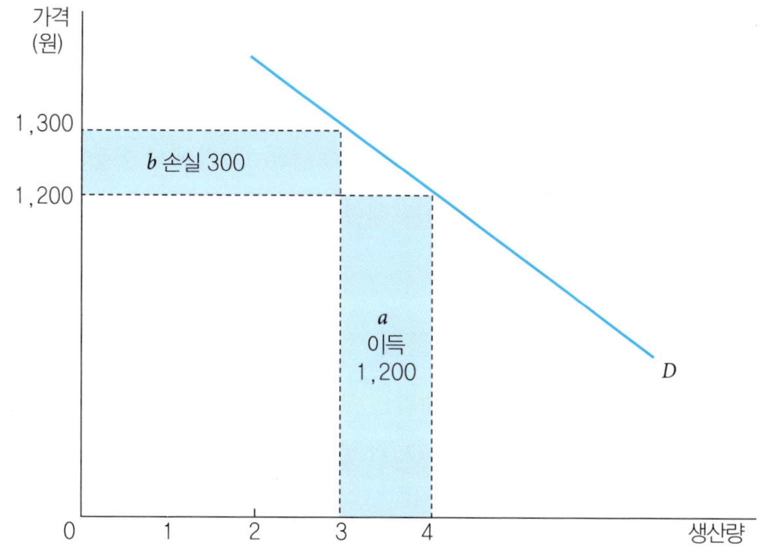


에서 본 바와 같이 우하향의 기울기를 가진 수요곡선은 생산물의 양과 그에 대응한 가격을 보여주므로, 독점기업이 생산량을 결정하면 가격은 자동적으로 결정된다. 즉 〈표 9-1〉에서 독점기업은 1단위를 생산하여 1,500원을 받을 수도 있고, 2단위를 생산하여 1,400원을 받을 수도 있다.

그러나 그렇다고 해서 독점기업이 자유롭게 시장가격과 생산량을 결정할 수 있고, 소비자는 그저 그에 순응할 수밖에 딴 도리가 없다는 것을 의미하는 것은 아니다. 앞서 말한 바와 같이 독점기업이 직면하는 수요곡선은 우하향의 수요곡선이기 때문에 판매량을 증가시키려면 가격을 인하해야 하고, 반대로 가격을 인상시키면 판매량은 감소된다. 그렇다면 독점기업은 구체적으로 수요곡선상의 어떤 점을 선택할 것인가?[3] 즉 얼마만큼을 생산하여 얼마를 받을 것인가? 이것은 수요 및 한계수입은 물론, 생산비에도 의존한다.[4]

---

3) 독점기업은 수요곡선의 탄력적인 부분에서만 가격을 책정할 것이다. 왜냐하면 제6장에서 배운 바와 같이 수요곡선의 비탄력적인 부분에서는 한계수입이 마이너스(−)의 값을 가지므로 고려의 대상조차 되지 않기 때문이다.

4) 순수독점을 포함한 불완전경쟁시장에서는 판매자가 생산물의 가격을 임의로 조절할 수 있기 때문에 공급곡선의 개념이 적용될 수 없다. 왜냐하면 공급곡선이란 주어진 가격에 대응하여 생산자가 공급하려고 하는 생산물의 양을 가리키는 데 반하여, 공급독점자에게는 가격이 주어진 것이 아니

### 독점기업의 생산비

비록 생산물시장이 독점이라고 하더라도, 독점기업은 완전경쟁적인 생산요소시장에 속해 있는 것이 일반적이다. 즉 독점기업은 제7장에서 공부한 완전경쟁기업과 마찬가지로 생산요소를 경쟁적으로 고용하고, 동일한 기술을 이용하고 있다고 봐도 무리가 없을 것이다. 그러므로 독점기업의 비용조건은 제7장에서 이용한 비용곡선을 그대로 사용하기로 한다. 〈표 9-1〉의 (5)란에서 (7)란까지는 제7장의 비용조건을 그대로 옮겨 놓은 것이다.

### 독점기업의 가격 및 생산량 결정

독점기업의 행동준칙도 이윤극대화를 추구하는 이상, 경쟁기업의 그것과 다르지 않다. 다시 말해서 독점기업은 총수입(*TR*)과 총비용(*TC*)의 차이를 가장 크게 하는, 즉 '*MR* = *MC*준칙'이 성립하는 생산량을 선택함으로써 이윤을 극대화한다. 〈그림 9-2〉의 (b)는 〈그림 9-1〉에다가 비용곡선을 포개어 그린 것이다. 여기서 독점기업은 6단위를 생산하여 이윤을 극대화하는 것으로 나타나고 있다.

먼저 〈그림 9-2〉의 (a)를 보자. *A*점의 왼쪽이나 *B*점의 오른쪽에서는 총비용이 총수입보다 많기 때문에 손실이 발생하는 생산량수준이다. 따라서 이윤극대화 생산량은 *A*점과 *B*점 사이에서 결정되는데, 여기서 생산량이 6단위일 때 총수입과 총비용은 가장 큰 차이를 나타내어 6단위가 이윤극대화 생산량임을 알 수 있다.

〈그림 9-2〉의 (b)에 있는 한계수입-한계비용 접근법에서도 같은 결론이 도출된다. 여기서 각 생산량 수준에서의 총수입곡선의 기울기는 한계수입곡선의 높이로 표시되고, 각 생산량 수준에서의 총비용곡선의 기울기는 한계비용곡선의 높이로 표시된다. '*MR* = *MC*준칙'이 성립하면 이윤극대화가 되므로 독점기업은 *F*점에서 생산량을 결정할 것이다. 즉 6단위를 생산할 때 이윤이 극대화된다. 이 때 소비자가 지불하려는 가격은 *MR*과 *MC*가 만나는 *F*점에서 수직선을 그어 시장수요곡선과 만나는 *E*점의 종좌표—$P_m$ 혹은 1,000원—를 읽으면 된다. 만일 독점기업이 $P_m$보다 높은 가격을 요구한다면 판매량은 이윤극대화 생산량($Q_m$)에 미달할 것이고 이와 반대로 $P_m$보다 낮은 가격을 요구한다면 판매량은 $Q_m$보다 더 커지게 될 것이다. 여기서 한 가지 덧붙이고 싶은 것은 〈그림 9-2〉 (a)의 이윤극대화 생산량수준에서 *TR*의 기울기와 *TC*의 기울기는 동일해

라 자신이 가격을 결정하기 때문이다. 따라서 우리는 '공급곡선'이라는 표현 대신 '독점기업의 비용'을 분석하게 될 것이다

**그림 9-2 독점기업의 단기균형**

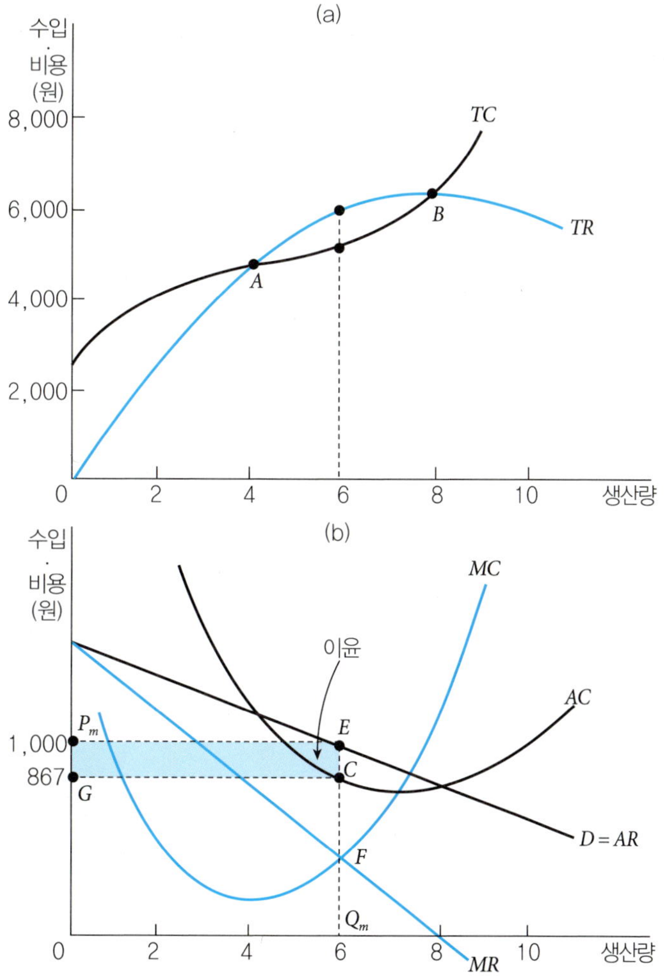


야 하는데, 이 말은 $MR = MC$라는 것과 표현을 달리하였을 뿐 결국 같은 내용이라는 사실이다.

그러면 이 때 독점기업의 이윤은 얼마인가? 〈그림 9-2〉에서 총수입이 $\square OP_mEQ_m$(6,000원 = 6단위×1,000원)이고 총비용은 $\square OGCQ_m$(5,202원 = 6단위 × 867원)이므로 총수입에서 총비용을 뺀 총이윤은 $\square GP_mEC$(798원 = 6단위 × 133원)이다.

## 더 알아보기 독점가격에 대한 오해

이상의 분석을 통해서 우리가 독점가격에 대해서 흔히 범하기 쉬운 다음과 같은 오해를 불식시킬 수 있다.

첫째, 독점기업은 생산량과 가격을 스스로 설정할 수 있다는 이유로, 일반사람들은 독점기업이 가능한 한 최고의 가격을 매길 것이라고 생각하기 쉽다. 그러나 이것은 잘못된 생각이다. 왜냐하면 독점기업은 무조건 높은 가격을 책정하는 것이 아니라 총이윤을 극대화하는 가격을 설정하기 때문이다. 〈그림 9-2〉에서 보는 바와 같이 독점기업이 $P_m$(1,000원)보다 높은 가격을 요구할 수도 있지만 이것은 오히려 총이윤을 감소시키는 결과를 초래할 뿐이다. 총이윤은 총수입과 총비용의 차액이며, 이들은 가격뿐만 아니라 판매량에 의해서도 결정된다는 사실을 간과한 데서 이와 같은 오해가 생기는 것이다.

둘째, 흔히 독점기업은 항상 높은 이윤을 누리는 것으로 생각하지만, 반드시 그렇지만은 않다는 점이다. 물론 동일한 비용과 수요조건하에서는 독점기업이 경쟁기업에 비해 보다 높은 이윤을 누리는 것이 사실이다. 그러나 비용조건이 나쁜 경우에는 단기적으로 손실을 보면서 조업을 할 수도 있다. 비용조건이 〈그림 9-2〉보다 불리하게, 즉 전반적으로 높게 나타나는 경우에는 독점적 지위에도 불구하고, 적은 수요와 높은 비용으로 말미암아 손실을 보게 된다. 만약 〈그림 9-3〉에서처럼 독점가격이 평균가변비용보다는 높고 평균비용보다는 낮다면, 독점기업은 손실극소화 행동을 하는 상황에 처했다고 볼 수 있다.

셋째, 현실적인 문제로서 독점기업이 이윤을 극대화하는 가격 $P_m$보다 높거나 낮은 가격을 책정하는 경우가 있다는 점이다. 그 이유로 다음 세 가지 경우를 들 수 있다.

① 독점기업이 '*MR* = *MC* 준칙'을 지키지 못함으로써 이윤을 극대화하지 못하는 경우다. 현실적으로 기업이 수요상황, *MR*, *MC* 등에 대한 정확한 정보를 가지기 어려우며, 이에 따라 $P_m$보다 높은 가격 혹은 낮은 가격을 책정하는 경우가 더 많다고 보는 것이 타당할 것이다.

**그림 9-3 독점기업의 손실극소화 행동**

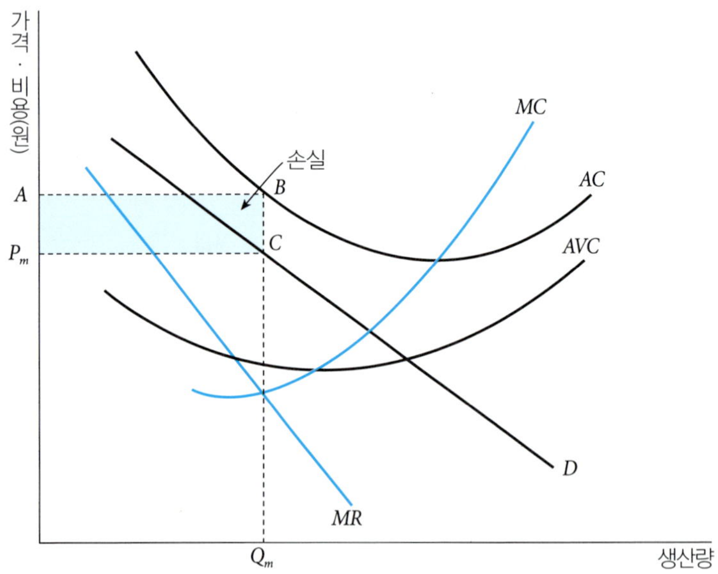

② 독점기업이 단기적 이윤보다는 장기적 이윤을 극대화하려는 계획을 수립하는 경우가 흔히 있는데, 이때에는 단기적으로 이윤을 극대화하는 가격보다 낮게 가격을 책정한다. 가령 독점기업이 이윤을 얻고 있다고 하면, 이를 보고 신규기업이 진입하려고 할 것인바, 진입을 막기 위해 고의적으로 낮은 가격을 설정하는 경우이다. 독점기업이 신규기업의 진입을 막기 위해 설정하는 가격을 진입저지가격(limit pricing)이라고 한다.[5]

③ 사회적인 이목이나 정부규제 때문에 $P_m$보다 낮은 가격을 설정하는 경우가 있다. 왜냐하면 독점기업은 일반에게 널리 알려져 있고 그로 인해 대중들에게 비판의 대상이 되기 쉬우므로 과다한 이윤추구는 독과점금지법과 같은 정부규제를 자초할 우려가 있기 때문이다.

## 장기에서 독점기업의 의사결정

경쟁기업은 장기적으로 볼 때, 신규기업의 진입으로 정상이윤밖에 건지지 못한다. 그러나 독점시장에서는 신규진입에 대한 장벽이 존재하므로 장기상황에서도 정상이윤은 물론 경제적 이윤을 지속적으로 획득할 수 있다. 다시 말해서 경쟁시장과는 달리 독점시장에서의 진입장벽은 공급증대 → 가격하락 → 경제적 이윤의 소진이라는 일련의 과정을 가져올 잠재적 기업의 시장진입을 막아 준다. 장기에서 손실을 보는 경우에는 어떤가? 경쟁기업과 마찬가지로 그 손실을 감내하면서까지 생산을 계속하지는 않을 것이다. 그러므로 우리는 장기상황에서 독점기업은 정상이윤 또는 그 이상의 경제적 이윤을 누리기 때문에 조업을 계속하는 것으로 예상할 수 있다.

위와 같이 독점시장에서는 진입장벽이 존재하기 때문에 독점시장 분석시에 단기와 장기를 구분하는 자체가 별로 중요하지 않다. 그러나 현실적으로 완벽한 진입장벽은 찾아보기 어렵다. 독점기업이 '엄청난' 독점이윤을 챙기고 있을 경우에는 그 상품에 대한 대체재를 개발하려는 움직임이 나타나는 것이 일반적인 현상이다. 예를 들어 미국의 철도산업이 오랜 동안 독점상태에서 독점이윤을 누리고 있었으나, 항공운수와 화물트럭의 발전으로 독점적 지위를 잃게 되었다. 요컨대, 독점시장에서는 이윤 수준이 정상이윤으로 낮아지게 하는 자동적인 힘은 작용하지 않지만, 장기적인 관점에서는 높은 독점이윤은 대체재를 개발하게끔 하는 유인을 제공한다.

[5] 이것은 처음에 언급했던 가정, 즉 독점기업이 신규기업의 진입위협을 전혀 받지 않는다는 가정을 완화시킨 것이다.

**더 알아보기** **가격차별**

지금까지 우리는 독점기업이 여러 구매자들에 대해 하나의 가격, 즉 $P_m$만을 설정하는 것으로 가정하였다. 그러나 독점기업은 여건이 허락만 되면 자신의 독점적 지위를 십분 활용하여 동일한 제품에 대해 각기 다른 가격으로 판매함으로써 이윤을 더 증대시킬 수 있다. 이러한 예는 우리 주변에서 쉽게 찾아 볼 수 있다. 술집에서 일반손님보다는 단골손님에게는 술값을 싸게 받는다거나, 한국전력공사가 가정용 전력요금과 공장용 전력요금을 구분하여 매긴다거나, Time지의 연간 구독료를 일반인보다 학생에게 싸게 책정한다거나, 더 나아가서 우리나라 자동차회사가 수출가격을 국내판매가격보다 낮게 매기는 것 등이 그 대표적인 예이다. 이러한 독점기업의 행동을 경제학에서는 가격차별(price discrimination)이라고 하며 독점에서 생겨날 수 있는 재미난 현상이다. 가격차별이란 동일한 상품을 소비자에게 각기 다른 가격으로 판매하는 행동으로 정의되며, 이는 비용상의 차이 때문이 아니라 구매상황이나 소비자행태의 차이에서 연유된다.

독점기업이라고 해서 모두 가격차별을 할 수 있는 것은 아니며, 다음 세 가지 조건이 만족되어야 가격차별이 가능하다.

첫째, 구매자들이 각 특성에 따라 소집단으로 구분되어야 한다. 이는 소득수준, 연령, 입지적 조건, 기호 등의 차이로 말미암아 구매자들 간에 수요의 탄력성이 달라야 함을 말한다. 수요의 탄력성이 달라야 동일상품에 대한 지불의사에 차이가 있기 때문이다. 수요의 탄력성이 작은 집단의 소비자들은 더 많이 지불할 의도가 있을 것이고, 수요의 탄력성이 큰 집단의 소비자들은 그 반대일 것이다.

둘째, 독점기업은 구매자의 수요행태가 집단별로 차이가 있음을 인식해야 하며, 이를 손쉽게 구분해야 한다. 가령 Time지 구독의 경우, 학생임을 확인하기 위해 '신원조회'까지 해야 한다면 가격차별을 하지 않는 편이 나을 것이다.

셋째, 구매자의 전매가 불가능해야 한다. 즉 구매자가 싼 가격으로 구입하여 비싼 가격으로 다시 팔 수 없도록, 분할된 시장 사이에 분리가 가능해야 한다. 만일 분할된 시장 간에 전매가 가능하다면 가격차별의 이득이 없게 될 것임은 당연한 이치다.

## 9.3 독점시장의 성과: 완전경쟁시장과의 비교

흔히들 사회적인 관점에서 독점은 나쁘다고 한다. 즉 독점은 완전경쟁에 비해서 비효율적일 뿐만 아니라 불공정한 결과를 초래하는 것으로 인식되고 있다. 앞에서 독점기업의 행태를 분석했으므로 이러한 통념의 진위 여부에 대해서 검토해 볼 차례가 되었다. 독점시장에서의 산업은 독점기업 자체이므로 독점시장과 완전경쟁시장의 성과를 분석함에 있어서 이를 산업의 입장에서 효율성(efficiency)과 공평성(equity)의 기준을 가지고 비교하고자 한다.

### 자원배분의 효율성

이 기준은 과연 독점시장과 경쟁시장 중 어느 시장에서 사회적으로 바람직한 양의 상품이 생산되는지를 따져보는 것이다.

먼저 경쟁시장의 상황부터 복습해 보기로 하자. 〈그림 9-4〉에서 경쟁시장의 공급곡선 *S*는 그 산업 내에 존재하는 모든 개별기업—가령 200개—의 한계비용곡선들을 수평으로 합한 것이다. 한편 시장수요곡선 *D*도 개별소비자의 수요곡선을 수평 합한 것으로 우하향한다. 우리는 수요와 공급이 일치하는 $E_c$점이 완전경쟁시장의 균형점이고, 이때의 균형가격은 $P_c$, 균형수량은 $Q_c$임을 알 수 있다.

이제 독점상황으로 눈을 돌려보자. 이제 이 산업이 독점화되었다고 가정하자. 가령 어느 한 독점기업이 200개의 경쟁기업들을 인수하여 공장을 계속 가동시키는 경우이다. 이렇게 되면 종전의 200개 개별기업은 이제 200개의 분리된 공장으로 이루어진 순수독점기업이 될 것이다. 〈그림 9−4〉에서 시장공급곡선은 독점기업의 *MC*곡선이 되며, 이는 다름 아닌 각 분리된 공장의 한계비용곡선을 합한 것이 된다. 물론 수요곡선 *D*는 시장수요곡선이자, 독점기업이 직면하는 수요곡선으로 우하향의 기울기를 갖는다. 이는 곧 독점기업의 *MR*곡선이 가격보다 낮은 것을 의미하는데, 독점기업은 이윤극대화를 위하여 $MR = MC$가 되는 생산량 수준을 택할 것이므로 독점기업의 생산량은 $Q_m$, 가격은 $P_m$이 된다.

이상의 비교에서 우리는 만약 독점시장과 경쟁시장이 동일한 비용과 수요조건에 직면한다면, 독점은 경쟁시장에 비해 덜 생산할 뿐만 아니라($Q_m < Q_c$) 더 높은 가격($P_m > P_c$)을 받게 됨을 알 수 있다. 이와 같이 독점기업은 생산량을 제한하고, 가격을 올

**그림 9−4 독점과 경쟁의 성과비교**

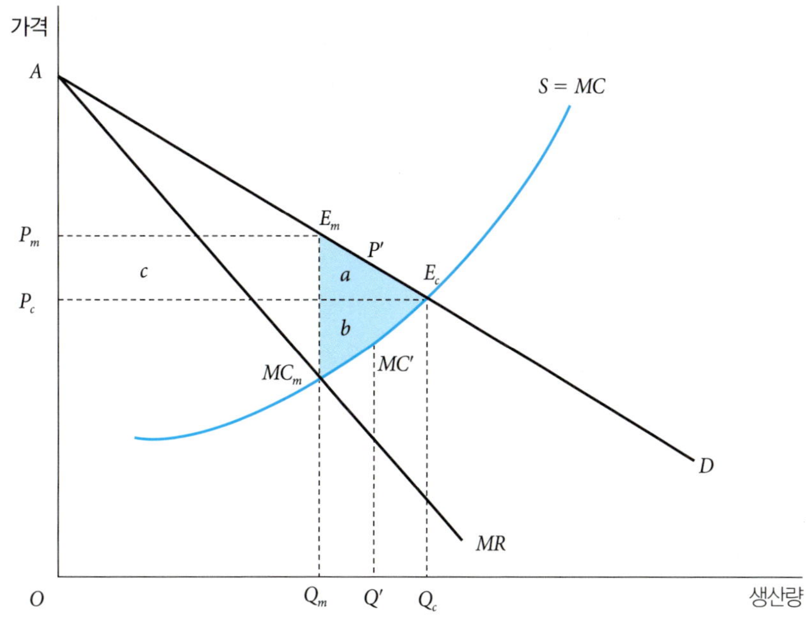

린다는 점이 바로 독점기업이 자원배분상 비효율적이라고 비난받는 기본적 이유이다. 이에 대해서는 자세한 설명이 필요하다.

먼저 $Q_c$를 생산하게 되는 경쟁시장에서는 가격과 한계비용은 같게 된다. 즉

$$P = MC$$

그렇다면 좌변의 가격은 무엇을 의미하는가? 가격은 수요곡선상에서 결정되므로 수요곡선의 개념부터 다시 상기해 보자. 수요곡선이란 있을 수 있는 가격에 대응하여 소비자가 구입하고자 하는 상품의 량을 나타내는 예정표로서, 이를 거꾸로 해석하면 수요곡선은 각 수요량의 수준에서 상품 한 단위에 대해서 소비자가 지불하고자 하는 가격을 보여준다고 할 수 있다. 따라서 가격은 추가적인 상품 1단위에 대해서 소비자들이 부여하는 가치를 나타내는 지표가 된다.

한편 우변의 한계비용이란 무엇인가? 이것은 말 그대로 상품 1단위를 더 생산하는 데 들어가는 추가적인 비용이다. 따라서 $P = MC$는 소비자가 1단위의 상품에 대해서 부여하는 가치와 생산자가 그 상품 1단위를 생산하는 데 소요되는 비용이 같다는 것의 의미한다. 이러한 상태에서 생산과 소비가 이루어지면 우리는 배분적 효율(allocative efficiency)이 달성된다고 한다. 즉 균형가격에 생산되는 $Q_c$는 사회적으로 적정한 생산량인 것이다.

그러나 $Qm$를 생산하는 독점균형에서는 가격이 한계비용보다 크다. 즉

$$P_m > MC_m$$

이는 1단위의 상품에 대해서 부여하는 가치가 그 상품 1단위를 생산하는 데 소요되는 비용보다 크다는 것을 의미한다. 따라서 타산업에서라도 자원을 끌어와서 이 상품의 생산과 소비를 추가적으로 늘려 주는 것이 비용에 비해서 이득이 더 클 것이며, 궁극적으로는 사회의 후생수준을 증가시킬 것이다. 거꾸로 말하자면, 독점시장에서는 $(P_m - MC_m)$만큼 사회적으로 손실이 발생하고 있다고 할 수 있다. 이러한 손실을 없애기 위해 가령 $Q'$로 생산량 수준을 올린다고 하면 어떻게 될까? 여기서는 $(P - MC)$의 크기는 줄어들지언정 여전히 $P' > MC'$이므로 사회적 손실이 여전히 발생한다. 결국 경쟁시장의 생산량인 $Q_c$까지 생산이 확대되어야만 $P = MC$가 되어 사회적 손실이 없어지게 된다. 그러므로 독점시장은 생산량을 제한하고 가격을 올림으로써, 경쟁시장에 비해 $\Delta MC_mE_mE_c$만큼의 사회적 손실을 가져온다고 평가할 수 있다.[6)]

---

6) $\Delta$의 면적은 각 생산량 수준에서의 $P_m - MC_m$의 크기를 누적적으로 합한 것으로, 후생의 삼각형이라고도 한다..

## 생산방법의 효율성

독점과 경쟁의 성과를 비교함에 있어서 우리는 기업내부적 비용조건이 동일한 것으로 가정하였으나 실제에 있어서는 반드시 그런 것만은 아니다. 규모의 경제가 작용한다던가 *X*-비효율(X-inefficiency)이 존재하는 경우에는 독점기업의 단위당 비용이 경쟁의 경우보다 작을 수도 있고 클 수도 있다. 더 나아가서 어느 시장에서 기술진보가 활발하게 일어날 것인가의 여부도 따져 보아야 한다.

### 규모의 경제

규모의 경제가 현저하게 작용하는 산업이라든가 시장수요가 불충분하여 독점을 통하여서만 규모의 경제를 실현할 수 있는 경우에는 독점을 허용하는 것이 오히려 비용을 절감하는 방법이 될 수 있다. 그림을 통해 이를 분명히 해 보자.

〈그림 9-5〉에는 규모의 경제가 작용하는 산업의 장기평균비용곡선이 나타나 있다. 이 산업이 경쟁시장이라고 하면, 이 산업은 수많은 중소기업들로 구성되어 있을 것이고, 각 기업의 생산량은 $Q_c$로서 이때 평균비용은 $AC_c$로 매우 높다. 이는 규모의 경제가 실현되지 못하고 있음을 말해 준다.  반대로 이 시장이 독점기업에 의해 장악된다면 이 기업은 규모의 경제를 실현하여 평균비용을 낮출 수 있다. 그림에서 보는 바와 같이 독점기업은 경쟁의 경우보다 낮은 평균생산비로 $Q_m$을 생산하여, 결국 완전경쟁의 경

**그림 9-5** 규모의 경제와 X-비효율

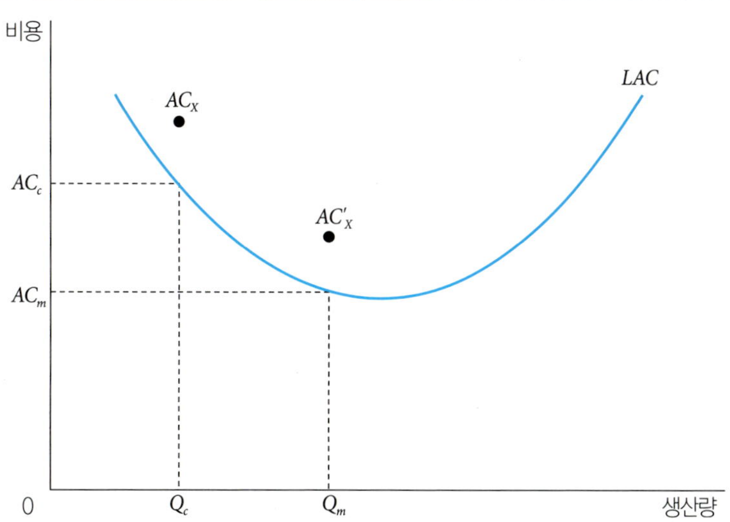

우보다 더 낮은 가격을 책정할 수 있다. 규모의 경제가 작용하여 독점이 형성되는 경우를 자연독점(natural monopoly)이라고 한다.

그러나 이와 같은 경우는 철도나 전력 등과 같은 공익사업에만 예외적으로 적용될 수 있을 뿐, 독점이 가져오는 자원배분의 효율성을 상쇄할 만큼 사회적으로 중요하다고 보기는 어렵다.

### X-비효율

규모의 경제와는 반대로 X-비효율은 경쟁기업에 비해 독점기업의 비용을 높게 하는 역할을 한다. X-비효율이란 기업의 실제비용이 평균비용곡선상의 비용보다 높을 때 발생한다. 〈그림 9-5〉에서 보면 X-비효율은 $Q_m$을 생산할 때 $AC_x{}'$에 의해서 표시된다. 이러한 X-비효율이 발생하는 이유는 한마디로 경영자나 근로자들이 최선을 다하지 않기 때문에 생긴다. 예를 들어 경영자가 비용최소화를 위해 노력하기보다는 판매액을 극대화하거나, 사업위험의 감소에 너무 신경 쓰거나, 친인척들을 중심으로 직원을 채용하는 경우에는 X-비효율이 생긴다. 근로자들도 동기부여가 되지 않아 낭비를 방관할 때 발생한다.

그러면 왜 이러한 X-비효율이 경쟁기업보다 독점기업에서 발생할 것으로 볼 수 있는가? 경쟁기업은 타기업과의 경쟁으로 기업내부의 효율을 달성하지 못하면 도태될 수밖에 없는 반면에, 독점기업은 그렇게 하지 않더라도 최소한 망할 염려는 없기 때문이다.

## 소득분배의 공정성

독점은 우리 사회의 소득분배를 보다 불균등하게 만드는 경향이 있다. 앞에서 살펴본 바와 같이 독점기업은 그가 점하고 있는 시장지배력을 이용하여 경쟁기업보다 높은 가격을 소비자에게 부과함으로써 소비자들이 누리던 소비자잉여를 가져가 버린다. 다른 표현을 빌린다면 독점기업이 소비자에게 사적으로 조세를 부과하여 초과이윤을 누리는 셈이다. 〈그림 9-4〉에서 경쟁상태에서 소비자잉여는 $\Delta P_cAE_c$였으나 독점가격부과 후에는 $\Delta P_mAE_m$으로 $\square P_cP_mE_mE_c$만큼 줄어들었다. 이 중 면적 $a$와 $b$는 사회적 손실로 없어져 버렸으나 면적 c는 독점기업의 손으로 넘어간 부분이다. 문제는 대다수의 소비자들이 누리던 소비자잉여가 고소득층에 속하는 일부 주주들에게 귀속됨으로써 공평성이 저해된다는 것이다. 뿐만 아니라 독점기업의 이윤증대는 주식가치를 상승시켜 주주들의 부의 증대를 가져온다. 요컨대 독점기업의 소유주들은 이들을 제외한 대다수의 소비자들의 희생 위에 그들의 부를 축적한다고 볼 수 있다.

## 기술진보

이제 독점기업이 경쟁기업보다 기술혁신에 더 힘을 기울이는가 그렇지 못한가 하는 문제, 즉 동태적 효율성(dynamic efficiency)에 눈을 돌려보자. 결론적으로 동태적 효율성 측면에서 어느 시장형태가 더 바람직한지 여부는 판가름하기 어렵다.

경쟁기업은 생존을 위해 이미 개발되어 알려진 기술을 채용하지 않을 수 없다. 만약 현행 기술수준보다 낮은 생산방법을 택하고 있다면 정상이윤도 얻지 못하여 도태하고 말 것이기 때문이다. 그러나 신공정이나 신제품의 개발에 대한 유인은 별로 없다고 할 수 있다. 왜냐하면 어떤 한 기업이 기술개발에 성공하면 일시적으로 경제적 이윤을 얻을 수 있으나, 결국 타경쟁기업들이 이를 모방하여 기술진보로 인한 이득이 없어질 것이기 때문이다. 즉 기술진보의 이득은 서로 나누어 가지나 기술개발에 소요된 비용은 기술을 개발한 기업만이 지게 된다. 요컨대 경쟁기업은 기존의 최고기술을 채용할 동기는 가지지만, 신기술의 개발에는 미온적일 가능성이 있다.

독점기업의 경우는 이와 다르다. 독점기업은 진입장벽 덕분에 장기간 높은 이윤을 누림으로 해서 경쟁기업보다는 기술진보를 위한 재원 면에서 훨씬 풍족하기 때문에 중소기업으로서는 불가능한 대대적인 R&D활동을 할 수 있다. 특히 반도체 산업과 같이 대규모 기술개발투자비가 요구되는 첨단산업에서는 독점기업이 오히려 기술개발에 적극적일 수 있다. 그러나 그 반대의 힘도 작용한다. 독점기업에게는 진입장벽으로 경쟁자가 출현하기 어렵고 그로 인해 안정적인 지위를 장기적으로 누릴 수 있다. 경쟁자가 없다는 말은 다시 기술진보를 적극 추진할 만한 자발적인 유인이 존재하지 않는다는 말과도 상통한다. 즉 독점기업은 그의 독점적 지위로 말미암아 가장 효율적인 생산기술을 사용할 만한 자극을 받지 않으며, 더구나 신기술을 개발할 의욕을 느끼지 않으므로 해서 기술진보를 저해하는 경향이 있다. 예를 들어 독점의 대표적인 예로 손꼽히는 철도, 전화, 전력과 같은 공기업들은 기존시설의 경제적 노후화를 억제하기 위해 고의적으로 신상품의 개발을 미루는 측면도 없지 않다.

따라서 독점과 경쟁 중 어느 시장이 더 기술개발을 촉진하는지에 대한 분명한 결론을 내리기 어려우며, 실증분석에 맡길 수밖에 없는 문제이다.

## 9.4 독점의 규제

앞에서 살펴본 바와 같이 독점이 나쁜 이유는 기본적으로 독점기업이 생산량을 제한하여 가격을 인상시킴으로써 자원의 비효율적 배분을 초래한다는 점이다. 이를 시정하기 위해 정부는 독점시장에 개입하게 되는데, 정부의 개입방법에는 크게 두 가지가 있다. 하나는 독점가격을 직접 통제하는 것이고, 다른 하나는 조세제도를 통한 것이다. 물론 이 중에서 어느 방법도 독점의 문제점을 완전히 해결할 수는 없지만, 그 정도를 다소나마 완화시키는 데 도움이 될 수 있다. 여기서는 전자의 방법, 즉 가격을 정책수단으로 하는 방법만을 살펴보기로 한다. 가격을 직접 통제하는 방법은 전력, 철도, 체신 등과 같이 규모의 경제로 인한 자연독점(natural monopoly)의 경우에 해당되므로 이에 국한하여 살펴본다.

〈그림 9-6〉은 자연독점인 경우의 수요와 비용조건을 보여준다. 여기서 중요한 특징은 초기투자가 매우 크기 때문에 규모의 경제가 상당히 오랫동안 작용하고, 수요곡선이 평균비용이 하락하는 *F*점에서 평균비용곡선과 교차한다는 것이다. 만약 정부의 통제가 없다면 독점기업은 '$MR = MC$준칙'에 따를 것이고, 이 때 이윤을 극대화하는 가격과 생산량은 각각 $P_m$과 $Q_m$이다. 이 상태에서는 가격이 한계비용을 초과함으로써

**그림 9-6** 독점의 규제

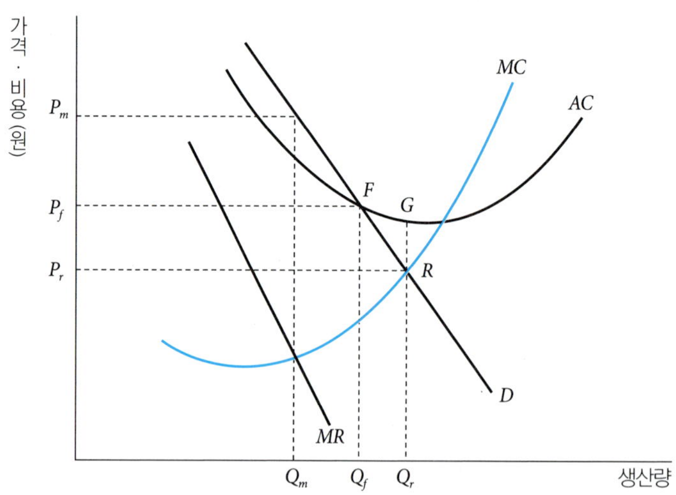

배분적 효율이 저해되고, 가격이 평균비용을 상회함으로써 독점기업은 상당한 이윤을 누리게 되어 소득의 불균등화를 심화시킨다. 이 경우에 정부의 정책과제는 가격통제를 통하여 사회적으로 바람직한 상태로 가게 할 수 있느냐는 것이다.

## 한계비용가격의 책정($P = MC$)

이제 만일 정부의 목적이 자원의 효율적 배분을 달성하기 위한 것이라면 정부는 법정가격(최고가격)을 한계비용과 일치하도록 설정하여야 할 것이다. 전술한 바와 같이 시장수요곡선상의 모든 점은 가격과 수요량의 조합을 나타내는데, 〈그림 9-6〉에서 수요곡선과 한계비용곡선은 $R$점에서 교차하며, 이 점의 가격 $P_r$에서만 한계비용과 가격이 일치한다. 그러므로 정부가 $P_r$을 상한으로 하는 최고가격제를 실시한다면 독점기업의 실제 수요곡선은 $P_rRD$로 변하고, 한계수입곡선도 바뀌어서 수요곡선이 완전탄력적인 $R$점까지는 수요곡선과 동일하게 나타난다($P_r = MR$). 이처럼 새로운 수요조건하에서 독점기업의 이윤을 극대로 하는($MR = MC$) 산출량을 찾으면 $Q_r$이 된다. 그런데 여기서 중요한 점은 $P_r$을 최고가격으로 하였을 때, 독점기업의 이윤극대화 생산량이 바로 $Q_r$이라는 사실이다. 즉 $P_r$ 이상의 가격을 받지 못하게 함으로써 독점기업으로 하여금 가격을 올리기 위한 생산제한유인을 완전히 제거한 것이다. 요컨대 $P_r$을 최고가격으로 정하고 독점기업이 스스로 이윤을 극대로 하는 생산수준을 택하도록 하면, 생산은 $P = MC$되는 점에서 이루어져 완전경쟁의 자원배분과 같은 효율적인 자원배분이 달성된다.

자원의 최적배분을 위한 가격 $P_r$이 물론 사회 전체적인 관점에서는 소망스럽다고 할지라도, 〈그림 9-6〉에서 보는 바와 같이 만약 그 수준이 평균비용보다 낮다면, 가격통제를 받고 있는 독점기업의 입장으로서는 계속해서 손실을 보게 된다. 이러한 비용조건은 공익기업에서 흔히 볼 수 있는 것인데, 일반적으로 공익기업에서는 수요가 정상일 때라도 성수기의 수요를 충족시키기 위하여 상당한 초과생산능력을 보유하는 것이 통례이다. 이와 같이 자본설비에 대해 과잉투자를 하게 되면 생산물 단위당 생산비—평균비용—는 생산량이 상당한 수준에 이를 때까지 계속 감소되어 〈그림 9-6〉에서처럼 수요곡선이 $MC$곡선과 만나는 점이 $MC$와 $AC$ 교차점의 왼쪽에 위치하게 되며, 따라서 최적자원배분가격은 항상 평균비용보다 낮다. 그러므로 독점기업에 대해 최고가격을 실시하면 단기적인 손실을 발생시키고 장기적으로 기업은 파산을 면치 못할 것이므로, 정부가 계속해서 단위당 $RG$만큼의 보조금을 지급해야 하는 부담을 안게 된다.

## 평균비용가격의 책정($P = AC$)

만약 정부가 보조금지급을 위한 충분한 재정을 확보하고 있다면, 한계비용가격의 책정은 사회적으로 가장 바람직한 자원배분을 초래하므로 우선적으로 추천할 만한 정책이다. 그러나 정부라고 해서 매년 누적되는 적자를 어떻게 감당할 수 있겠는가? 이 문제를 해결하기 위해 생각해낼 수 있는 방법은 독점기업 스스로 비용을 회수할 수 있는 가격을 책정하는 것이다. 이것이 평균비용가격정책으로 독점기업에게 정상이윤만을 허용하는 가격정책이다. 이를 〈그림 9-6〉에서 보면, 가격은 수요곡선이 평균비용과 만나는 점 $F$에 결정되는 $P_f$가 되며, 이때의 생산량은 $Q_f$로 사회적으로 바람직한 수준 $Q_r$에는 미치지 못한다. 정부가 가격을 $P_f$로 유지하는 데는 두 가지 방법이 가능하다.

첫 번째 방법은 독점기업의 성과에 관계없이 항상 가격을 평균가격과 같이($P = AC$) 책정하는 것이다. 그런데 문제는 이렇게 하면 독점기업이 비용최소화 노력을 해야 할 동기가 없어진다는 것이다. 다시 말해서 X-비효율이 발생할 가능성이 존재한다.

두 번째 방법은 정부가 일정한 $P_f$를 목표로 설정하여 $P = AC$가 되게끔 하는 것이다. 이 경우는 독점기업이 경영합리화를 달성하면, 그만큼 이윤을 얻을 수 있으므로 첫 번째 방법의 문제점은 사라진다. 그러나 문제는 정부가 과연 목표치로 제시하는 가격수준을 올바르게 정할 수 있는 능력과 정보를 가지고 있느냐 하는 것이다.

## 독점규제의 딜레마

여하튼 정부가 $P_f$를 최고가격으로 정하면 앞에서와 같은 원리로 생산량은 $Q_f$에서 결정된다. 비록 정상이윤만을 허용하는 가격이 독점가격보다 낮고 생산량은 독점생산량보다 많기는 하지만, 최적자원배분가격 $P_r$보다는 아직도 높고 생산량 또한 적다. 결국 정상이윤만을 허용하는 가격에서는 독점의 초과이윤은 소멸되고, 생산비는 보상되지만 최적자원배분의 목표는 달성치 못한다. 그러므로 여기서 독점기업을 규제할 경우 최고가격을 최적자원배분을 보장하는 선으로 책정할 것이냐, 아니면 최적자원배분보다는 정상이윤을 보장하는 선으로 할 것이냐는 정책상의「딜레마」가 생긴다. 하지만, 우리가 여기서 분명히 알 수 있는 사실은 규제가 없는 것보다는 규제를 함으로써 사회적으로 독점의 피해를 어느 정도 감소시킬 수 있다는 점이다.

## 요 약

1. 독점기업은 가격설정자(price maker)이다.
2. 순수독점기업은 시장의 유일한 공급자로서 우하향하는 수요곡선에 직면한다. 가격설정자로서의 독점기업은 기존가격에서 자신이 원하는 양만큼 판매할 수 없다. 즉 더 많이 팔기 위해서는 가격을 낮추어야만 한다. 따라서 가격은 한계수입보다 크다.
3. 이윤극대화를 추구하는 경쟁기업과 마찬가지로 독점기업도 '$MR = MC$준칙'에 따른다. 그러나 이때 결정되는 생산량수준에서 가격은 한계비용보다 크게 된다.
4. 가격이 한계비용보다 크다는 것은 독점의 비효율성을 보여주는 하나의 신호이다.
5. 독점에 대한 정책으로는 한계가격설정과 평균가격설정이 있다.

## 용어 및 개념

독점시장
자연독점
규모의 경제
가격설정자
진입저지가격
평균가격설정
가격차별
사회적 손실
X-비효율
기술진보
한계가격설정

E C O N O M I C S

CHAPTER 10 | ECONOMICS

# 독점적 경쟁시장에서 가격 및 생산량 결정

SECTION



본 장에서는 완전경쟁시장과 독점시장 사이에서 비교적 경쟁시장에 가까운 독점적 경쟁시장을 분석한다. 어떤 시장이 독점적 경쟁시장이며, 독점적 경쟁시장에서 가격과 생산량은 어떻게 결정되는가? 독점적 경쟁시장에서 광고나 품질경쟁 같은 비가격경쟁의 역할은 무엇인가? 독점적 경쟁시장은 사회적으로 바람직한가? 이러한 질문들에 답하는 순서로 진행될 것이다.

## 10.1 독점적 경쟁시장이란

독점적 경쟁(monopolistic competition)이란 그 말이 암시하는 바와 같이 완전경쟁과 순수독점의 중간에 위치하는 시장의 한 형태이다. 독점적 경쟁시장은 이들 두 극단적인 시장의 특성을 공유하고 있으나, 대체로 완전경쟁시장에 가깝다. 그 중요 특징은 다음과 같다.

### 비교적 많은 다수

완전경쟁과 마찬가지로 독점적 경쟁시장에서도 상호 독립적인 판매자가 다수 존재하나, 다수의 정도가 완전경쟁처럼 천 개, 만 개 등의 고단위가 아니라 삼십 개, 사십 개, 혹은 백 개 정도의 비슷한 기업들이 존재함을 뜻한다. 이와 같이 비교적 많은 다수의 기업들이 존재하기 때문에 각 기업은 총공급량의 일부분만을 공급할 뿐더러 다른 기업들을 의식하지 않고 행동할 수 있다. 따라서 독점시장에서의 분석과는 달리, 다시 기업과 산업을 구분하여 분석해야 한다.

### 차별화된 제품

독점적 경쟁시장에서는 완전경쟁시장과는 달리 상당한 정도의 제품차별화(product differentiation)가 이루어진다. 제품차별화란 한 산업 내에 존재하는 제품의 기능적 혹은 질적 차이뿐만 아니라 포장, 상표, 디자인, 입지 그리고 심지어는 소비자에게 제공하는 신용, 배달, 친절 등 각종의 서비스까지도 포함하여 말하는 것이다. 가령 같은 휘발유라고 하더라도 고속도로 입구의 주유소가 제공하는 휘발유와 도심의 주유소가 제공하는 휘발유는 소비자 입장에서 분명 동일제품이라고 볼 수 없다. 그러므로 한 산업 내의 모든 기업들은 일반적으로 동종의 제품을 생산하고 있지만, 개별회사의 제품은 다른 회사의 제품과 구별되는 특성을 가지고 있다. 달리 표현하면, 독점적 경쟁기업들의 제품은 상호 유사성은 크나, 그렇다고 해서 상호 완전대체적인 것은 아니다.

### 비가격경쟁

독점적 경쟁시장에서는 제품차별화가 이루어지므로 가격경쟁뿐만 아니라 비가격경쟁도 행해진다. 즉 품질, 광고, 판매조건, 서비스 등 가격 이외의 분야에서 치열한 경쟁이 벌어진다. 특히 독점적 경쟁기업들은 자기 회사 제품이 다른 회사의 유사제품과는 다른 것이라는 것을 강조해야 할 필요성 때문에 상표나 상호 등을 중시한다.

### 시장진입과 퇴출의 용이

독점적 경쟁시장의 진입은 비교적 쉬운 편이다. 왜냐하면 독점적 경쟁시장에서 많은 중소기업이 존재한다는 것은 이 산업에 규모의 경제가 크게 작용하지 않거나, 기업설립시에 그다지 큰 자본이 필요하지 않음을 뜻하기 때문이다. 물론 제품차별화 때문에 완전경쟁시장에 비해서는 진입이 어렵다. 기존기업은 상표권 등에서 기득권을 가지므로 이를 극복하기 위해서는 추가적인 노력이 필요하다. 예를 들어 기존제품과 구별되는 특성을 지닌 제품의 개발을 위해 많은 연구비를 투입해야 함은 물론 소비자들에게 자기네들의 신제품 개발사실을 알리고, 신제품으로의 대체를 권유하기 위한 광고비까지도 투입해야 한다. 요컨대 독점적 경쟁시장으로의 진입은 제품차별화로 인하여 완전경쟁에 비해 어려우나, 장기에서는 비교적 용이하다고 할 수 있다.

한국경제에서 상당수의 산업들은 독점적 경쟁시장에 가깝다고 하겠다. 각종 소매업, 커피전문점, 세탁소, 주유소, 식당, 약국 등이 제각기 차별화된 제품이나 서비스를 공급해 주고 있는 독점적 경쟁시장의 좋은 예이다.

## 10.2 독점적 경쟁기업의 행동: 가격 및 생산량 결정

독점적 경쟁시장의 분석방법은 단지 시장에서 직면하는 수요조건만 차이가 있을 뿐 완전경쟁이나 독점의 경우와 다를 바 없다. 독점적 경쟁하의 개별기업의 비용조건은 완전경쟁 및 순수독점과 같으며, 이윤극대화를 위해 '$MR = MC$준칙'을 지킨다. 물론 제품차별화로 비가격경쟁이 이루어질 수 있으나, 분석을 쉽게 하기 위해 품질이나 광고수준은 당분간 일정하게 주어진 것으로 가정한다.

### 독점적 경쟁기업이 직면하는 수요

〈그림 10-1〉에는 독점적 경쟁시장에서 개별기업이 직면하는 수요곡선이 그려져 있다. 그림에서 보는 바와 같이 독점적 경쟁에서의 수요곡선이 완전경쟁이나 순수독점에서의 수요곡선과 다른 점은 단지 그 탄력성의 크기에 있을 뿐이다. 독점적 경쟁시장에서 개별기업이 직면하는 수요곡선 $d_{mc}$는 독점의 경우보다는 탄력적이지만, 완전경쟁의 경우처럼 완전탄력적이지는 못하다. 독점적 경쟁의 경우가 독점의 경우보다 더 탄력적인 이유는 순수독점에서는 경쟁자가 전혀 없는 데 비하여 독점적 경쟁하에서는 유사한 대

**그림 10-1** 기업이 직면하는 수요곡선의 시장형태별 비교

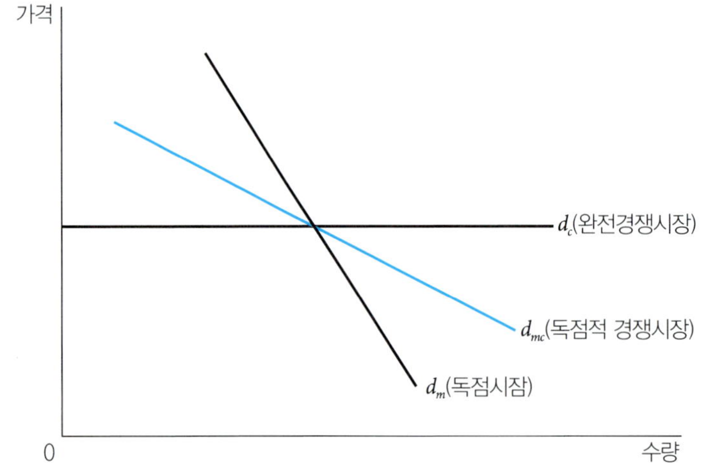


체재들을 생산하는 경쟁기업들이 다수 존재하기 때문이다. 독자들은 상품의 대체 정도가 높으면 높을수록 수요의 가격탄력성이 커진다는 것을 배운 바 있다. 한편 독점적 경쟁의 경우가 완전경쟁의 경우보다 완전탄력적이지 못하는 이유는 독점적 경쟁시장에서는 완전경쟁시장에서보다 적은 경쟁자를 가지고, 개별기업들이 생산하는 제품이 유사하여 대체성을 지니기는 하나 서로 완전대체재가 아니기 때문이다.

일반적으로 독점적 경쟁기업이 직면하는 수요곡선이 어느 정도 탄력적이냐 하는 것은 경쟁자의 수와 제품차별화의 정도에 달려 있다. 경쟁자가 많고 제품 간의 차이가 작을수록 개별기업이 직면하는 수요곡선의 탄력성은 커지고 완전경쟁과 유사한 상황에 이를 것이다.

## 단기에서 가격 및 생산량 결정

독점적 경쟁기업도 완전경쟁기업이나 독점기업과 마찬가지로 '$MR = MC$준칙'에 따라 이윤을 극대화하거나 손실을 극소화할 수 있다. 〈그림 10-2〉 (a)에서 독점적 경쟁기업은 '$MR = MC$준칙'이 성립하는 $E$점에서 생산량 $Q_{mc}$를 결정하고, 독점에서와 같은 원리로 가격 $P_{mc}$를 매김으로써 $\square AP_{mc}EB$의 면적과 동일한 경제적 이윤을 단기적으로 누릴 수 있다. 그러나 〈그림 10-2〉 (b)에서와 같이 비용이 높거나, 적은 수요에 직면하는 기업은 단기적으로 $\square P_{mc}FGH$만큼의 손실을 보게 된다. 요컨대 독점적 경쟁하의 기업은 단기적으로 수요 및 공급조건에 따라 이윤을 누릴 수도 있고, 손실을 경험할 수도

**그림 10-2 독점적 경쟁기업의 단기균형**

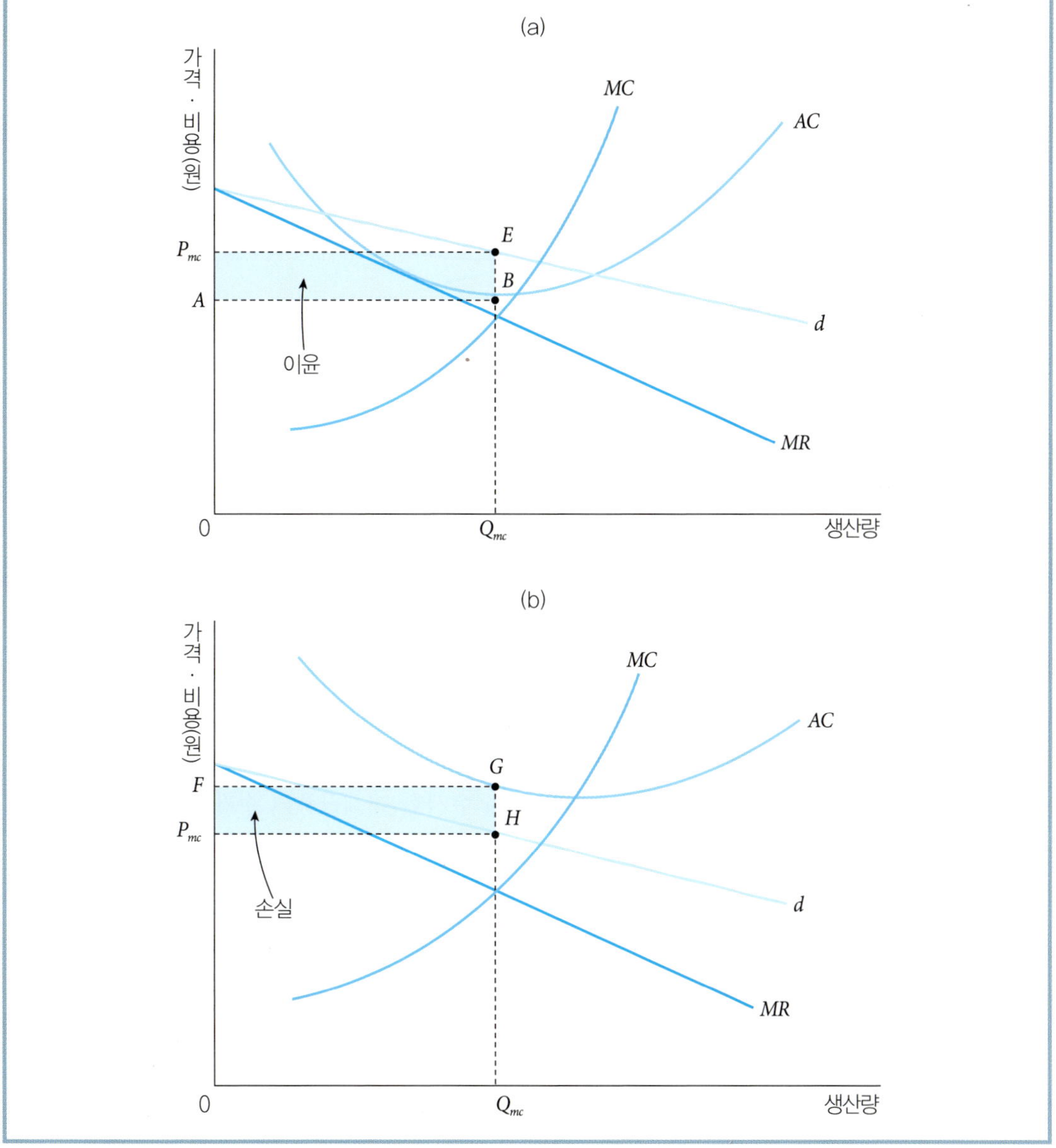


있는 것이다.

## 장기에서 가격 및 생산량 결정

단기의 경우와는 달리 장기상황에서 독점적 경쟁기업들은 정상이윤만을 얻는 수준, 즉 손익분기점에서 안정을 유지하는 '경향'이 있다. 먼저 〈그림 10-2〉 (a)에서와 같이 단

**그림 10-3** 독점적 경쟁기업의 장기균형

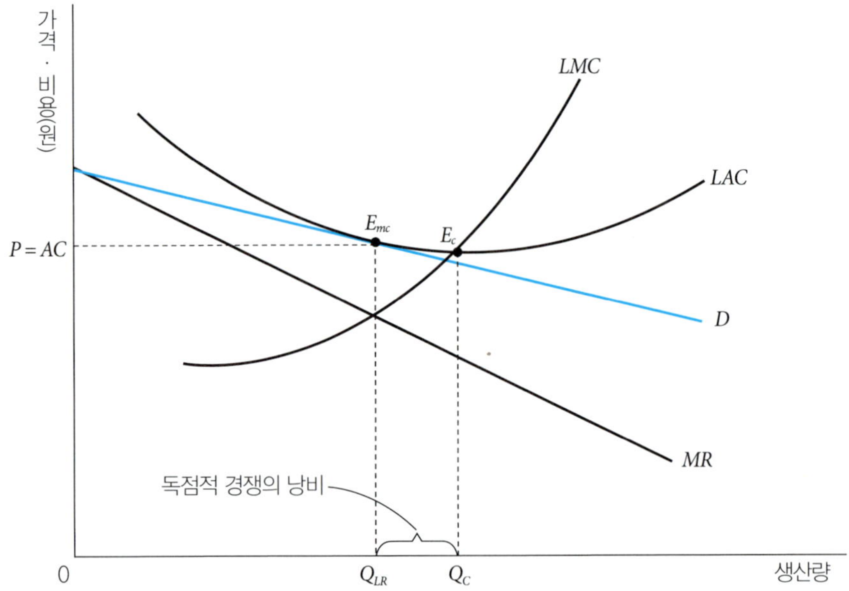


기적으로 이윤을 누리고 있을 경우, 독점적 경쟁에서는 새로운 기업의 진입이 비교적 자유로우므로 초과이윤은 새로운 경쟁자들을 자극하여 이 산업으로 진입토록 한다. 이와 같이 새로운 기업들이 진입함에 따라 유사한 대체상품의 수가 많아져서 지금까지 전체 수요의 일부분을 담당하던 기존기업의 제품에 대한 수요는 감소한다. 그 결과 기존기업의 수요곡선은 좌하향 이동하고 보다 탄력적으로 된다. 이는 기존기업의 초과이윤을 소멸시킨다. 그리하여 〈그림 10-3〉에서 보듯이 수요곡선이 이윤극대화 생산량수준에서 평균비용곡선과 접하게 될 때 기업은 균형상태에 이르게 되며, 이 때 기업의 장기균형생산량은 $Q_{LR}$이 된다. 만일 $Q_{LR}$이 아닌 다른 수준에서 생산을 한다면 평균비용이 제품가격을 초과하여 손실이 발생하기 때문이다. 한편 〈그림 10-2〉 (b)처럼 기업이 단기적으로 손실을 보는 경우, 이러한 상태가 계속된다면 장기적으로는 타산업으로 전출하는 기업이 생기게 된다. 그 결과 유사한 대체상품의 수는 감소하고 잔여기업은 보다 많은 수요를 담당하게 되어—수요곡선의 상향이동—손실은 감소하고 점차 정상이윤상태로 회복된다.[1)]

1) 여기서는 분석을 단순화하기 위해 비용불변을 가정하였다. 기업이 진입하거나 전출할 때 비용조건이 변화한다면 추론과정은 더욱 복잡해지지만 결론은 마찬가지이다.

앞에서 우리는 장기분석의 결과를 언급함에 있어서 '경향'이라는 표현을 사용하였는데, 굳이 '경향'이라는 표현을 사용한 이유는 다음에 보게 되는 요인들로 말미암아 장기적인 독점적 경쟁의 균형이라고 해서, 모든 기업이 항상 정상이윤만을 획득하는 것은 아니기 때문이다. 첫째로, 어떤 기업은 장기간 동안 경쟁기업이 모방할 수 없도록 제품차별에 특별한 조치를 취할 수도 있다. 즉 타기업이 모방할 수 없도록 특허권을 보유한다든지, 인근에 주유소를 설치할 수 없는 도심지의 십자로에 주유소를 설치한 경우 등은 이의 좋은 예로, 이러한 조치를 취한 기업은 장기간 초과이윤을 누릴 수 있다. 둘째로, 기업의 진입이 완전히 자유로운 것은 아니다. 독점적 경쟁시장에서는 제품차별이 생기므로 타기업이 진입하는 데 제품차별이 없을 경우 보다 큰 재정적인 장애가 발생한다. 따라서 기존기업은 장기간 초과이윤을 누릴 수도 있다. 셋째로, 위의 경우와는 반대로 장기간 손실을 발생시키는 경우도 있다. 물론 이러한 경우는 그다지 흔한 것은 아니지만, 자기의 직업을 천직으로 받아들이고 정상이윤에 미달하는 보수로 평생을 바치는 자영영세기업에서 볼 수 있는 현상이다.

## 10.3 독점적 경쟁기업의 행동: 비가격경쟁

〈그림 10-3〉에서 보는 바와 같이 독점적 경쟁하의 기업은 장기적으로 정상이윤만을 유지하는 경향이 있으며, 가격을 인하하여 수요량을 늘리더라도 손실만을 자초할 뿐이다. 따라서 각 기업은 비가격경쟁을 통하여 수요곡선을 상향 이동시킴으로써 〈그림 10-2〉 (a)의 경우와 같은 초과이윤상태를 유지하려고 노력하게 된다. 비가격경쟁이란 제품의 질, 포장, 디자인 및 이에 따르는 서비스, 판매촉진활동 등 가격 이외의 요소로서 자사제품에 대한 수요를 증가시키기 위한 경쟁활동을 말하며, 크게는 제품차별 및 개발과 광고로 나누어진다. 물론 이러한 비가격경쟁이 기업의 비용을 증가시키기는 하지만, 수요증가가 비용증가보다 크기만 하다면 가격경쟁이 불가능한 기업측으로서는 비가격경쟁에 눈을 돌리지 않을 수 없을 것이다.

### 제품차별과 제품개발

제품의 다양화와 제품의 개선은 독점적 경쟁상태에 내재하고 있는 낭비의 요소를 상쇄하는 중요한 요소이기도 하다. 여기서 제품의 차별 내지 다양화는 일정시점에서 본 현상이며, 제품의 개발 내지 개선은 일정기간에 걸쳐서 본 현상이다.

제품의 차별이란 일정시점에서 볼 때 특정생산물의 형태, 스타일, 품종, 등급 등이 다양한 것을 말하며, 이것은 소비자의 기호나 취향에 맞추어 선택을 할 수 있는 여지를 넓혀 주고 있다. 그러나 상품이 다양하다고만 해서 좋은 것은 아니며, 오히려 다양함으로 해서 소비자의 사고에 혼란을 일으켜 합리적인 선택을 그르칠 우려도 있다. 더욱이 어떤 소비자는 산더미처럼 쌓여 있는 비슷비슷한 상품더미 앞에서 가격으로 상품의 질을 평가하는 우를 범하는 경우도 생기게 된다.

제품경쟁은 일정기간에 걸쳐 보면, 기술진보와 제품의 개선을 위한 첩경이기도 하다. 이와 같은 제품의 개선 및 개발은 일면으로 해당기업의 시장을 확대시켜 이윤을 가져오며, 다른 일면으로는 축적된 이윤을 이용하여 신제품개발에 박차를 가할 수도 있다.

## 광 고

수요를 증가시키는 데는 제품차별 및 개발 이외에도 광고라든가 판매촉진활동 등에 의해서도 같은 결과를 얻을 수 있다. 제품의 다양화가 생산물을 소비자 수요에 적응시키는 것이라면, 광고는 소비자의 수요를 생산물에 적응시키는 방법이라고 할 수 있다. 그러나 사실상 비가격경쟁의 이러한 양측면을 서로 분리해서 생각하기가 곤란할 때도 가끔 있다.

광고를 통해서 제품개발이 촉진되는 경우가 있다. 광고가 성공을 거두기 위해서는 제품의 특유한 장점을 활용해야 하는데, 이러한 '판매상품의 강점'을 살리기 위해서 기업은 제품개선을 소홀히 할 수 없기 때문이다.

**더 알아보기** **광고, 제품차별화, 그리고 시장구조**

현대는 '광고시대'라고 할 수 있을 정도로 우리는 광고의 홍수 속에서 살고 있다. TV, 신문 등 매스미디어에서는 물론이고 인터넷, 전단지, 간판, 정보지 등에서도 광고가 물결을 이루고 있다. 따라서 광고현상은 경영학, 신문방송학, 사회학 등 여러 학문분야에서 주요 과제로 다루어지고 있다. 그렇다면 경제학에서 광고는 어떠한 의미를 가지는가? 한마디로 제품차별화(product differentiation)의 한 수단이다. 아무리 성능과 품질과 A/S가 같은 상품이라고 하더라도 광고는 소비자들이 서로 다르게 느끼게 함으로써 제품에 대한 충성심(loyalty)을 유도한다. 예를 들어 감기약은 쌍화탕, 광동탕, 갈근탕 등은 그 원료가 비슷함에도 불구하고, 유명한 탤런트가 광동탕을 손에 쥐면서 "감기, 이 손 안에 있소이다"라고 광고하면, 많은 소비자들은 그 약이 감기에 대해서는 만병통치약으로 인식할 수 있다는 것이다. 또한 광고는 경쟁의 무기가 될 수 있다. 파스퇴르 우유는 소나기식 광고를 퍼부음으로써 기존 우유시장에 성공적으로 진입한 바 있고, "당신의 비누 다이알"이라는 광고문구로 유명한 다이알 비누회사도 광고를 통해 경쟁우위를 획득한 것으로 알려지고 있다. "침대는 가구가 아니라 과학입니다"라는 광고문구 하나로 획기적인 매출증가를 기록했던 에이스 침대도 광고의 위력을 보여주는 대표적인 사례가 될 것이다.

그러면, 어떤 제품, 어떤 시장형태에서 광고활동이 많이 이루어지는가? 완전경쟁시장과 독점의 중간형태의 시장에서 광고가 활발하게 이루어진다. 완전경쟁시장에서 제품은 동질적이므로 광고가 전혀 기능하지 않는다. 전력시장과 같은 독점에서도 전기를 대체할 마땅한 상품이 없기 때문에 광고할 필요가 거의 없다. 그러나 이 두 시장의 중간에 있는 독점적 경쟁시장에서 광고가 활발히 이루어진다. 약, 화장품 같은 제품들이 그 예이다. 자동차, 가전제품 등의 광고도 많이 볼 수 있는데, 이들은 과점시장에 속하는 상품들이다.

그러나 우리는 생각을 유연하게 가질 필요가 있다. 왜냐하면 독점시장에서도 광고활동을 관찰할 수 있기 때문이다. 한국전력도 공익성을 띠지만 광고를 하고 있다. 또한 남아프리카 공화국의 다이아몬드 독점회사인 드비어스(DeBeers)—전 세계 다이아몬드 시장의 80% 이상 점유—도 광고에 막대한 비용을 지불하고 있다고 한다. 즉 '다이아몬드는 영원하다'라는 광고는 금, 사파이어, 루비 등 다른 보석들은 그렇지 않다는 인식을 소비자들에게 심어줌으로써 막강한 시장지배력을 그야말로 '영원히' 유지하기 위한 행동인 것이다.

## 10.4 독점적 경쟁시장의 성과

이미 배운 완전경쟁시장의 성과를 기준으로 독점적 경쟁시장의 성과를 평가하면 쉽게 이해할 수 있다. 〈그림 10-3〉을 다시 살펴보면, 독점적 경쟁기업이 직면하는 수요곡선은 독점적 요소, 즉 제품차별화로 인해 우하향하며, 결과적으로 독점적 경쟁기업의 장기균형점($E_{mc}$)은 완전경쟁기업의 장기균형점($E_c$)과 일치하지 않게 된다.

여기서 우리는 완전경쟁시장과 독점적 경쟁시장의 같은 점을 발견할 수 있다. 그것은 $E_{mc}$에서 독점적 경쟁기업들은 정상이윤을 얻는 수준, 즉 손익분기점에서 안정을 유지하려는 '경향'이 있다는 것이다. 기업들이 단기적으로 이윤을 누리고 있는 경우에, 독점적 경쟁시장에서는 기업의 진입이 비교적 자유로우므로 초과이윤이 경쟁자들을 자극하여 시장에 진입토록하기 때문이다. 이렇게 하여 정상이윤상태로 회복하게 되는 과정은 완전경쟁시장의 경우와 유사하다.

다른 점은 독점적 경쟁시장에서는 '독점적 요소', 즉 제품차별화 때문에 자원배분이 다소 왜곡될 수 있다는 것이다. $Q_{mc}$에서는 가격이 한계비용을 초과함으로써 자원배분의 효율성을 달성할 수 없게 된다. 더구나 독점적 경쟁기업은 가장 효율적—최저의 단위당 비용—인 생산량 수준보다 다소 적은 양을 생산함으로써 실제 가능한 단위당 최저 생산비보다 높은 단위당 생산비를 부담하여야 한다는 것이다. 이는 완전경쟁의 경우보다 기업이 높은 가격을 받아야 한다는 의미로, 소비자는 비용조건이 허용하는 한도 내에서 '최대의 재화를 최저의 가격으로' 이용할 수 없게 된다. 사실 독점적 경쟁기업들은 장기적으로 정상이윤을 획득하기 위하여 경쟁가격보다 높은 가격을 요구하지 않을 수 없다. 이것을 달리 보면, 모든 기업이 가장 효율적인 생산량 수준에서 조업을 할 경우 똑같은 생산량을 보다 적은 수의 기업으로 생산할 수 있으며, 생산물은 보다 낮은 가격으로 판매될 수 있다. 독점적 경쟁시장에서는 일반적으로 기업의 수가 필요 이상으로 난립하여, 각 기업은 최적수준 이하로 조업을 하게 되므로 항상 초과생산능력—그림에서는 $Q_{mc}Q_c$로 표시—을 보유하기 마련이다. 이러한 예는 우리 주변에서 흔히 볼 수 있는데, 오밀조밀하게 모여 있는 약국, 커피전문점, 주유소 등을 들 수 있다. 요컨대 독점적 경쟁시장에서는 완전경쟁시장과는 달리 기업이 최적 조업률 이하로 가동하고 이로 인해 소비자는 경쟁가격보다 높은 가격을 지불하게 된다. 이를 경제학에서는 '독점적 경쟁의 낭비'라고 한다.

그러나 이와 같은 비능률이 따른다고 해서 독점적 경쟁 상태를 항상 나쁘다고만은 할 수 없다. 일부 경제학자들은 독점적 경쟁하에서 개별기업들이 직면하는 수요곡선의 탄력성이 매우 크므로, 이때 가격과 생산량 수준은 완전경쟁과 크게 다를 바 없고 주장한다. 더구나 이러한 다소의 괴리는 제품차별화 및 제품개선을 통해 소비자가 기호에 맞추어 다양한 상품을 선택할 수 있게 하는 장점에 비추어 볼 때, 충분히 상쇄될 수 있다고 보기도 한다.

그러나 여기에서도 비판의 여지는 충분히 있다. 많은 상품들은 실제 내구성이라든가 유용성 면에서는 전혀 개선 없이 단지 외양면에서 피상적인 변화만을 일으켜 놓고는 품질개선을 하였다고 떠들어 대는 경우가 있다. 더군다나 내구소비재의 경우에는 「~년형」 식의 모델을 만들어놓고 소비자의 감정에 '고의적인 진부화'를 강요하는 경우도 있다. 그러므로 제품의 다양화와 개선이 항상 독점적 경쟁의 낭비를 상쇄할 정도로 소비자에게 유용한 것이라고는 일률적으로 말할 수 없으며, 구체적인 사례에 따라 결론이 달라질 수 있다.

더 나아가서 광고활동이 초래하는 사회적 비용에 대해서도 논쟁의 여지가 있다. 광고가 사회적으로 낭비가 매우 큰 행위라면, 다양한 제품의 선택이라는 독점적 경쟁의 장점은 무색하게 될 것이기 때문이다.

## 요 약

1. 독점적 경쟁시장은 완전경쟁시장의 조건 중에서 동질적 제품이라는 조건이 완화된, 즉 제품차별화가 이루어지는 시장이다.
2. 독점적 경쟁기업이 직면하는 수요곡선은 수평선인 완전경쟁시장과 달리 우하향하나, 독점기업이 직면하는 수요곡선에 비해서는 완만하다.

3. 독점적 경쟁기업은 제품차별화가 가능하므로 약간의 가격통제력을 갖는다. 장기에서는 완전경쟁시장과 마찬가지로 기업의 진입으로 인해 경제적 이윤은 소멸된다. 그러나 제품차별화로 독점적 경쟁기업이 직면하는 수요곡선이 우하향하므로 최소효율규모보다 적게 생산하게 된다.

## 용어 및 개념

| | |
|---|---|
| 독점적 경쟁시장 | 기업이 직면하는 수요 |
| 제품차별화 | $MR = MC$준칙 |
| 광고 | 독점적 경쟁의 낭비 |

E C O N O M I C S

CHAPTER 11 | ECONOMICS

# 과점시장에서 가격 및 생산량 결정

SECTION



한국경제를 구성하고 있는 대부분의 산업들은 앞에서의 분석과는 달리 '소수(few)'의 기업들에 의해서 지배되고 있다. 예를 들어 이동통신시장은 SK, KT, LG 등 3사가 지배하고 있으며, 가전산업에서도 삼성전자, LG전자, 대우일렉트로닉스 등 3사가 시장을 지배하고 있다. 이러한 시장을 과점시장이라고 부른다. 이 장에서는 과점시장에 속한 기업들의 가격 및 생산량 결정행위를 분석하고 시장성과를 평가한다.

## 11.1 과점시장의 특징

### 소 수

과점시장(oligopoly)이 독점시장이나 경쟁시장과 가장 뚜렷하게 구별되는 특징은 기업 수가 '소수(few)'이기 때문에 기업 간 상호의존성(interdependence)이 존재하게 된다는 것이다. 예를 들어 맥주시장의 경우 동양맥주, 조선맥주, 진로맥주 등 3개 기업이 있는데, 이 중 동양맥주가 맥주 값을 50% 인하했다고 가정하자. 이 때 나머지 두 회사도 가격을 인하하지 않는 한, 시장을 동양맥주에 빼앗길 것은 당연한 일이고, 이에 따라 판매액도 감소될 것이다. 그러므로 나머지 두 회사들도 가격을 동양맥주와 같은 정도로 인하하든지, 아니면 오히려 더 가격을 인하하여 역습으로 나올 수도 있다.

이와 같이 과점시장에서는 어느 기업도 타기업의 반응을 고려하지 않고 독자적인 행동을 취할 수 없다. 즉 기업 간 상호의존성이 존재하며, 바로 이것이 완전경쟁이나 독점과 다른 점이다. 과점시장 하에서는 한 기업이 가격 및 생산량 결정에 있어서 상대방 경쟁기업의 반응을 고려해야 하는데, 이는 경쟁상대의 속셈을 파악해야 하는 것이므로 결코 용이한 일이 아니다. 결국 한 기업이 상대 경쟁기업의 반응을 확실하게 예측할 수 없다는 것이 그 기업이 직면해 있는 수요량이나 한계수입이 얼마나 되는지를 정확히 예측할 수 없게 하는 것이다.

### 동질적 혹은 차별화된 과점

과점기업은 동질적인 제품을 생산할 수도 있고, 이질적인 제품을 생산할 수도 있다. 전자를 우리는 동질적 과점(homogeneous oligopoly)이라 하고 후자를 이질적 과점(heterogeneous oligopoly)이라고 부른다. 철강, 구리, 시멘트 등 원료 및 반제품을 생산하는 과점기업들은 동질적 과점에 속하며 자동차, 타이어, 맥주, 가전 등 소비제품을 생산하는 과점기업들은 이질적 과점에 속한다고 볼 수 있다

### 비가격경쟁

이질적 과점하에서는 제품차별화가 가능하므로 광고, 판촉활동 등 비가격경쟁이 이루어진다. 자동차, 맥주 등이 가장 좋은 예이다. 반면에 동질적 시장 하에서는 개별기업은 어떠한 제품을 생산하고 있다는 사실만 알리는 광고만으로 충분하다. 예를 들어 철강의 경우 구매자들은 어떤 회사의 제품을 구입하든 간에 질적 차이가 거의 없음을 알고

있을 것이므로 과점기업들은 자사제품이 타사제품보다 더 우월하다는 식의 광고를 할 필요가 없을 것이다.

### 상당한 정도의 진입장벽

새로운 기업이 과점시장에 진입한다는 것은 결코 용이한 일이 아니다. 기존기업들은 특허권이나 핵심원료를 보유하고 있는 경우가 많으므로 신규기업의 진입은 사실상 봉쇄된 것이나 다름없다. 그 밖에도 기존기업들은 그동안 닦아 놓은 사업기반에 의한 여러 가지 경쟁우위를 가지고 있으므로 신참기업이 섣불리 뛰어들어가기가 쉽지 않다. 그러나 독점의 경우처럼 신참기업의 진입이 완전 배제되는 것은 아니다.

이러한 과점시장이 생성 · 유지되는 이유는 규모의 경제, 진입장벽 등 독점의 경우와 본질적으로 같으며, 다만 그 정도가 약할 따름이다.

## 11.2 과점시장에서의 기업행동

앞에서 살펴본 바와 같이 과점시장에서는 소수의 기업 간 상호의존성이 존재하므로 과점시장에 대한 정형화된 이론이 존재하지 않는다. 그러나 과점기업의 반응과 관련하여 두 가지 경우로 나누어 기업행동을 살펴볼 수는 있다. 하나는 경쟁기업의 반응이 예측불가능하여 기업들이 서로 경쟁기업을 이기기 위해서 전략적으로 행동하는 경우이고, 다른 하나는 기업반응의 패턴이 관습이나 협정에 의해서 모든 과점기업들에게 인식되어 있는 경우이다.

### 전략적 행동

먼저 과점기업들이 담합하지 않고 전략적으로 행동하는 경우부터 살펴보자. 분석을 단순화하기 위해서 다음과 같이 가정한다.

가정 1: 과점시장에는 *A*와 *B*라는 두 기업만 존재한다. 즉 복점시장(duopoly)의 형태를 가진다.

가정 2: *A*기업의 이윤은 *B*기업이 가격을 어떻게 책정하는가에 따라서 달라진다. 마찬가지로 *B*기업의 이윤은 *A*기업의 가격에 의존한다.

가정 3: 만약 두 기업이 동일한 가격을 책정하다면, 두 기업을 동일한 이윤을 얻는다.

그러나 한 기업이 다른 기업보다 낮은 가격을 책정한다면, 그 기업은 높은 이윤을 얻으나 가격을 높게 책정한 다른 기업은 낮은 이윤을 얻게 될 것이다.

〈그림 11-1〉의 ‘상자’[1]에서는 이러한 상황을 수치적으로 보여주고 있다. 각 기업은 가격을 2만원으로 책정할 수도 있고, 1만원으로 책정할 수도 있다. *A*기업의 가격선택은 상자의 왼쪽에 나타나 있고, *B*기업의 가격선택은 상자의 위쪽에 나타나 있다. 한편 각 기업이 얻게 되는 이윤은 각 기업이 선택한 가격이 무엇이냐에 따라서 달라진다. 각 기업의 이윤은 상자 안에 있는 ‘방(cell)’에 표시되어 있는데, 방의 왼쪽 아래에 나타난 수치가 *A*기업의 이윤이고 방의 오른쪽 위에 나타난 수치가 *B*기업의 이윤이다. 만약 두 기업이 모두 높은 가격인 2만원으로 책정하면, 두 기업은 각각 5천만원의 이윤을 얻는다. 만약 *A*기업이 높은 가격(2만원)을 책정하고 *B*기업이 낮은 가격(1만원)을 책정하면, *A*기업은 3천만원의 이윤을 얻는 반면에 *B*기업은 6천만원의 이윤을 얻는다.

이러한 상황하에서 기업은 어떻게 행동할 것인가? *A*기업의 경우 *B*기업이 높은 가

**그림 11-1 복점기업의 행동**

| | | *B* 기업의 가격전략 | |
|---|---|---|---|
| | | 2만원 | 1만원 |
| *A* 기업의 가격전략 | 2만원 | 5천만원<br>5천만원 | 6천만원<br>3천만원 |
| | 1만원 | 3천만원<br>6천만원 | 4천만원<br>4천만원 |

[1] 이와 같이 상자 혹은 행렬에 의해서 과점기업의 행동을 분석하는 것은 게임이론(game theory)에 속한다. 흔히들 게임이론은 경제원론 수준을 넘어서는 것으로 생각하고 있으나, 여기서 논의되는 것은 매우 초보적 수준이므로 독자들이 충분히 이해할 수 있을 것이다. 특히 게임이론을 통해 전략적 개념을 익히게 되면, 기업경영전략이나 정치문제 등에도 활용할 수 있다.

격(2만원)을 책정한다면, 낮은 가격(1만원)을 책정함으로써 6천만원이라는 높은 이윤을 얻을 것이다. 이것은 *B*기업의 경우에도 마찬가지이다. 그런데 문제는 이 두 기업이 담합하지 않은 상태이므로 상대방 기업이 어떻게 행동할지 모르는 상태에서 의사결정을 해야한다는 것이다. 그러므로 의사결정시에 다른 기업이 어떤 반응을 보일 것인가를 추측해야 한다. 아마도 *A*기업의 경영자라면 다음과 같이 추측할 것이다. "경쟁기업인 *B*기업은 우리 기업이 낮은 가격(1만원)을 책정하는 경우를 두려워하여 높은 가격(2만원)을 책정하는 위험을 감수하지는 않을 것이다. 나는 *B*기업이 낮은 가격(1만원)을 책정할 것으로 확신한다. 이 경우에 내가 가격을 높은 가격(2만원)으로 책정하면 3천만원의 이윤을 얻고, 낮은 가격(1만원)으로 책정하면 4천만원의 이윤을 얻을 것이다. 그러므로 나는 낮은 가격(1만원)을 책정할 것이다." 만약 경쟁기업인 *B*기업도 *A*기업과 똑같이 생각하여 낮은 가격(1만원)을 책정한다면, 두 기업은 서로의 행동을 정확히 예측하여 적절한 가격전략을 구사한 셈이 된다.

위와 같은 상황이 전개되면, *A*기업과 *B*기업은 모두 1만원이라는 저가전략을 채택하며, 각각 4천만원이라는 이윤을 얻는다. 그러나 이 두 기업은 여기에 만족하지 않을 것이다. 두 기업 모두 2만원의 고가전략을 채택하면, 각각 5천만원의 이윤을 얻게 된다는 것을 알게 될 것이기 때문이다. 즉 장기간에 걸쳐 가격에 대한 의사결정이 반복되게 되면, 이 두 기업이 모두 고가전략을 채택할 경우 두 기업 모두에게 유리해진다는 사실을 알게 될 것이다. 물론 두 기업이 고가전략을 택하자는 협정을 맺으면, 각각 즉각적으로 5천만원이라는 이윤을 향유하게 될 것이다.

## 담합하의 과점시장

과점시장의 '소수성'과 이로 인한 상호의존성으로 과점기업들이 담합행동을 할 가능성이 항상 존재한다. 담합은 과점기업들이 가격이나 판매량에 대해 신사협정을 맺거나 경쟁을 하지 않기로 약속할 때 일어나는 행동이다. 물론 이러한 협정은 공식적일 수도 있고, 비공식적일 수도 있다.

담합이 일어나는 이유는 무엇인가? 이는 기업이 앞에서 지적한 바와 같이 비담합 상황에서는 확실성 있는 시장행위를 기대할 수 없기 때문이다. 비록 현재의 가격이 안정적이라고 하더라도 언제 어떻게 가격전쟁(price war)과 같은 심각한 상황에 빠질는지는 예측할 수 없다. 특히 불황인 경우 각 기업은 가동률을 높이기 위한 방편으로 시장점유율을 증대시키려 할 것이고, 시장확보를 위한 무리한 가격인하경쟁, 즉 가격전쟁을 시도할 수도 있다. 또한 새로운 기업이 여러 가지 진입장벽에도 불구하고 과점시장에 뛰어들 때, 자신의 발판을 구축하기 위해서 파격적인 가격인하를 단행할 수도 있을 것이다. 이러한 비담합 상황의 불확실성을 제거하고, 이윤을 확보하며, 신참기업의 진입을 막기 위하여 카르텔(cartel)을 형성하는 등 담합행동을 하게 된다.

### 공식적 담합: 카르텔

이제 카르텔과 같은 공식적 담합과점 하에서의 가격과 생산량은 어떻게 결정되는지를 알아보자. 이를 위해서 다음과 같이 상황을 단순화시켜 보자.

가정 1: *A*, *B*, *C*라는 세 기업이 동질의 제품을 생산하고 있으며, 각 기업의 비용조건은 동일하다고 하자.

가정 2: 각 기업은 자신이 가격을 변화시킬 때 상대 과점기업의 반응을 알고 있다고 가정한다. 이 경우 각 기업이 직면하는 수요곡선은 〈그림 11−2〉의 *D*가 될 것이다.

가정 3: 세 기업이 각각 직면하는 수요곡선은 동일하다고 가정한다.

그러면 이러한 가정하에서 과연 각 기업은 가격과 생산량을 어떻게 결정하겠는가? 물론 위의 가정이 성립하면 각 기업의 비용조건, 수요곡선, 한계수입곡선이 동일하므로 세 기업 각각에 대해 〈그림 11−2〉와 같은 결과를 얻을 수 있다. 따라서 한 기업에 초점을 맞추어 분석하면 그 결과는 다른 기업에게도 동일하다. *A*기업에 초점을 맞추어 분석해 보자. 만약 *A*기업이 독점기업이라면 문제는 간단하다. 즉 〈그림 11−2〉에서와 같이 $MR = MC$ 준칙이 성립되는 *E*점에서 가격 *P*와 생산량 *Q*를 결정하면 간단히 이윤극대화를 달성할 수 있다.

그러나 *A*기업에게는 동일상품을 판매하는 *B*와 *C*라는 타경쟁기업이 존재하므로 만약 가정 2, 즉 *A*기업의 가격정책에 *B*와 *C*가 동조한다는 가정이 지켜지지 않는다면 A기업은 당초의 기대와는 다른 엉뚱한 결과를 당할 것이다. 특히 *B*기업과 *C*기업이 *P* 이하로 가격인하를 단행했다면, 종전에 *A*기업의 고객 중 상당수가 *B*기업이나 *C*기업으로 돌아설 것이며, 이에 따라 *A*기업이 직면하는 수요곡선은 좌하향 이동할 것이다. 이렇게 되면 치열한 가격전쟁에 불이 당겨진 셈이며, 결과적으로 세 기업의 수요곡선은 모두 좌하향 이동됨으로써 이윤이 감소되거나 심지어는 가격이 평균비용보다 낮아지는 수준으로까지 하향 이동될 수도 있을 것이다. 이러한 불행한 사태를 예견하면서까지 과연 *B*기업과 *C*기업이 *A*기업이 책정한 가격 *P* 이하로 가격인하를 단행하려고 하겠는가? 그렇지는 않을 것이다. 위에서 세운 가정하에서라면, 각 과점기업들은 적당한 이

**그림 11-2 공식적 담합과 결합이윤의 극대화**

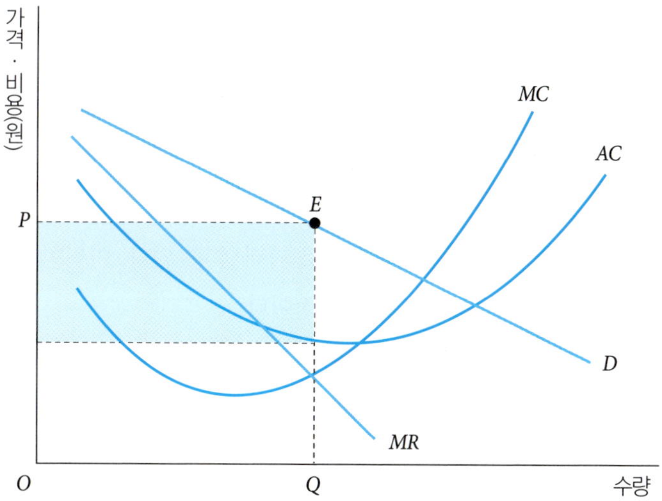


윤을 유지하는 한 동일한 가격 하에서 행동을 통일하는 것이 각자에게 유리함을 인식하게 될 것이기 때문이다. 결국 *A*기업과 동일한 수요조건과 비용조건을 가진 *B*기업과 *C*기업은 *Q*만큼 생산하고 가격을 *P*로 매기는 것이 현명할 것이다. 그러나 아직도 문제는 남아 있다. 각 기업은 *P*로 동일하게 가격을 매기는 것이 유리하다는 것을 알고 있으나, 이는 타경쟁기업이 실제로 동일한 가격을 매기는 경우에만 가능하다는 것이다. 과연 이 세 기업은 어떻게 각자에게 유리한 가격 *P*와 생산량 *Q*를 실현시킬 수 있겠는가? 그 방법은 하나밖에 없을 것이다. 그것은 동일가격을 책정하기 위한 담합을 꾀하는 방법일 것이다. 이러한 담합의 형태는 다양하나 가장 흔한 형태가 가격과 판매량에 대해서 공식협정을 맺는 카르텔로서, 대표적인 예로 OPEC(석유수출국기구)를 들 수 있다.

이와 같은 과점시장하에서의 기업간 공식적 담합은 사회적 관점에서 보면 하나의 독점기업과 같은 결과를 초래할 수 있으며, 이러한 독점적인 성격은 담합과 이윤극대화와의 관계를 잘 설명해 주고 있다. 그러나 여기서 한 가지 유의해야 할 점이 있다. 아무리 담합하의 과점이 독점적인 성격을 띠더라도 근본적으로 독점기업과 다르므로 이윤극대화의 개념도 독점과 구별하여 이해되어야 할 것이다. 즉, 카르텔이 추구하는 이윤극대화라는 개념은 소속 회원기업들이 모두 제각기 이윤을 극대화한다는 뜻이 아니라, 산업전체적으로 비용을 극소화하고 각 회원기업의 결합이윤(joint profit)을 극대화한다는 말이다.

### 비공식적 담합과점: 가격선도제

카르텔과 같은 공식적 담합은 사회적으로 바람직하지 않다는 이유로 대부분의 나라에서 독과점금지법에 의해 규제되고 있다. 따라서 과점기업들이 카르텔과 같은 기업연합체를 형성하는 공개적인 담합행위는 제한받지 않을 수 없다. 그렇다고 해서 이러한 법적 규제로 인하여 과점기업의 담합행위가 완전히 봉쇄되어 있다는 뜻은 아니다. 오히려 담합현상은 법적 규제 혹은 여론의 지탄을 피하기 위해서 공식적으로 드러나는 형태보다도 묵시적 또는 비공개적 형태로 나타날 수 있다. 이러한 비공식적 형태의 담합행위는 소위 말하는 '신사협정'식의 약정이다.

이러한 암묵적 담합에 속하는 대표적인 예가 가격선도제(price leadership)이다. 가격선도제는 공식적인 협정이나 모임이 없이, 다만 지배기업—대체로 과점시장에서 점유율이 가장 크거나 효율적인 기업—이 가격을 변화시키면 다른 추종기업들이 이에 자동적으로 동조하는 하나의 관례이다. 이렇게 비공식적으로 담합하면, 가격전쟁 등 비담합의 불리한 점을 극복할 수 있을 뿐 아니라 정부의 규제도 피할 수 있다.

가격선도제의 사례는 여러 산업에서 찾아 볼 수 있다. 철강회사와 같이 시설규모에 현저한 차이가 있는 업종에서는 한 기업이 계속적으로 가격선도자로서의 지위를 유지할 수 있을 것이다. 이외에도 신문, 자동차, 비료 등의 업종에서도 가격선도제의 실례가 발견되고 있다. 특히 미국의 자동차산업에서의 가격선도제가 대표적 예로 자주 인용되고 있다. 즉 GM이 새로운 모델을 개발하여 가격을 정하면 Ford와 Chrysler가 이를 기준으로 동급의 자동차에 대해 가격을 정하는 것이 관례로 되어 있었다.

**더 알아보기** **비용할증에 의한 가격결정**

우리가 살펴볼 마지막 과점모형은 비용할증가격설정 방식이다. 이 모형의 요지는 기업이 평균비용에 적당하다고 생각되는 이윤을 붙여서 가격을 설정한다고 보는 것으로, '주먹구구식' 가격설정방법으로도 불린다. 다시 말해서 실제 과점가격은 정교하게 결정된다기보다는 대충 결정된다는 주장이다. 구체적으로는 다음과 같은 공식에 따라 가격이 결정된다.

$$P = AC(1 + m)$$

여기서 $m$은 마진율(margin rate)이라고 불리는데, 여기서 유의할 점은 비용할증 가격설정방법은 앞에서 살펴본 카르텔이나 가격선도제와 상충되지 않는다는 것이다. 한 산업에서 여러 기업들의 비용조건이 동일하다면, 공통되는 가격설정공식으로 말미암아 비슷한 가격수준과 가격변화가 가능하게 될 것이다. GM의 경우 미국 자동차산업에서 가격선도자의 역할을 하기도 했지만, 비용할증가격설정을 해 온 것으로 알려지고 있다.

## 11.3 과점의 장기적 조정

우리는 지금까지는 단기적 관점에서 과점시장을 분석하였다. 그러나 다른 시장형태와 마찬가지로 과점시장도 장기조정을 겪게 될 것이다. 다시 말해서 과점기업 역시 장기적 관점에서 최적설비규모를 선택해야 하며, 신규기업이 진입하게 되는 문제에 직면하게 된다.

장기상황에서 어떤 과점기업이 최적설비를 선택한 후에도 손실을 보고 있다면, 이 기업은 산업을 떠날 것이다. 반대로 이윤을 얻고 있다면 새로운 기업이 진입하려고 할 것이며, 만약 진입이 봉쇄되지 않는다면 정상이윤을 얻는 수준으로까지 기업진입이 이루어질 것이다. 이렇게 되면 수많은 기업이 시장에 존재하게 되어 과점시장의 가장 중요한 특징인 '소수성'이 깨지며, 기업상호간의 영향력은 전혀 작용하지 않게 된다. 이 경우에 산업은 더 이상 과점시장이 아니다.

그러나 과점기업에서는 상당한 정도의 진입장벽이 존재하므로 위와 같은 일은 벌어지지 않을 것이다. 이것은 기본적으로 독점과 마찬가지이다. 예를 들어 규모의 경제가 작용하거나, 특허 또는 핵심원료를 과점기업이 쥐고 있는 경우이다. 여기서 과점시장의 장기조정에서 한 가지 중요한 현상을 지적한다면, 그것은 진입저지가격(limit price)의 설정이다. 진입저지가격이란 기존의 과점기업이 신규기업의 진입을 막기 위하여 단기이윤극대화를 가져다주는 가격보다는 낮게 설정하는 가격이다. 과점기업의 진입저지가격 설정은 장기이윤을 극대화하기 위해서 단기이윤을 희생하는 행동이라고 볼 수 있다.

## 11.4 과점시장의 성과

앞에서 우리는 만족스럽지는 못하지만 과점시장에서의 가격 및 생산량에 관한 분석을 시도해 보았다. 이제 남은 과제는 과점이 가져올 수 있는 경제적 성과를 평가해 보는 일이다. 구체적으로 과점시장은 완전경쟁시장에 비해서 바람직한가라는 질문에 답하는 것이다. 그런데 앞에서 살펴본 과점모형들—전략적 행동모형, 카르텔, 가격선도제, 비용할증가격설정모형—은 기업 간 상호의존관계가 작용하는 과점시장에 대한 분석

중 '빙산의 일각'에도 못 미칠 정도로 미흡하므로 이는 사실 어려운 작업이다. 그럼에도 불구하고 과점의 경제적 성과를 효율성, 기술진보, 공정성 면에서 평가해 보기로 하자.

## 효율성

독점과 독점적 경쟁에 있어서와 마찬가지로 과점기업들은 장기평균비용곡선의 최소점에서 생산하지 않는다. 단지 완전경쟁시장에서만 기업들이 장기평균비용의 최저점에서 생산한다. 따라서 과점시장도 완전경쟁시장에 비해서 생산적 효율성 면에서 뒤떨어진다고 하겠다.

배분적 효율성 면에서는 어떤가? 역시 독점과 독점적 경쟁에 있어서와 마찬가지로 과점에서는 $P > MC$인 상태로 생산이 중단된다. 그러므로 가격이 한계비용을 초과하는 만큼 사회적 비효율이 발생한다고 평가할 수 있다.

## 기술진보

과점에서는 독점과 마찬가지로 경제적 이윤을 얻으므로 가격이 평균비용보다 크다는 사실을 알 수 있다. 이는 완전경쟁시장과 독점적 경쟁시장에서 $P = LAC$가 달성된다는 점과 대조된다. 그런데 과점기업들이 이러한 이윤을 R&D지출에 활용하여 생산기술이나 제품개발을 선도할 수 있다는 주장이 가능하다. 이에 동조하는 경제학자들은 과점기업의 기술진보동기는 독점, 완전경쟁, 독점적 경쟁 등에 비해서는 월등하게 높다고 주장한다. 이러한 주장의 근거는 다음과 같다.

첫째, 앞서 보았듯이 같은 경쟁이라도 위험부담이 큰 가격인하경쟁과는 달리 기술개발이나 비용절감을 위한 경쟁은 항상 긍정적인 결과를 가져올 수 있다.

둘째, 과점기업이 가격전쟁에 어쩔 수 없이 휘말렸다고 해도 이를 극복할 수 있는 최선의 방책은 역시 기술우위를 유지하는 것이다.

셋째, 과점체제하에서는 기업이 많은 연구비와 노력을 들여서 일단 얻은 혜택에 대해서는 비교적 안심하고 보장받을 수 있다. 왜냐하면 독점적 경쟁에서와는 달리 상대경쟁자들의 수도 적고, 자체의 보안유지가 비교적 용이하므로 공들여 얻은 정보를 타기업에게 빼돌린다든지, 기술을 모방하는 일이 쉽지 않기 때문이다. 그러나 경쟁자가 많은 경우라면 비록 기술개발을 통한 비용절감이 이루어졌다 해도 상호경쟁에 의해서 서로 가격을 인하하려고 할 것이므로 기대했던 이득의 증가는 크지 않을 것이다.

### 공정성

과점에서는 단기뿐만 아니라 장기에서도 경제적 이윤을 얻을 수 있다. 따라서 독점분석에 있어서와 마찬가지로 소득분배 면에서 완전경쟁시장에 비해서 불공정하다고 볼 수 있다.

## 11.5 과점시장에 대한 규제

독점시장이 사회적 관점에서 나쁜 이유는 기본적으로 독점기업이 생산을 제한하여 가격을 인상시킴으로써 자원의 비효율적 배분을 초래한다는 데 있다. 이러한 자원배분의 비효율성은 정도는 다르겠으나 과점시장에서도 나타난다. 따라서 정부는 과점시장에 개입하여 기업 간 경쟁을 도모하는데, 이를 우리는 독과점정책 혹은 경쟁정책이라고 부른다. 이와 관련된 몇 가지 정책수단을 알아보기로 하자.

### 독과점 금지법

독과점 금지법은 기업활동에 대한 '게임의 법적 규칙'을 규정한다. 일반적으로 독과점 금지법은 시장의 구조 자체에 대한 것과 기업의 행동에 대한 것으로 나누어 볼 수 있다. 시장구조에 대한 것으로는 기업결합의 제한, 재벌의 규제 등이 있으며, 기업행동에 대한 것으로는 부당한 공동행위, 불공정 거래행위, 불공정한 국제계약 등에 대한 규제가 있다. 우리나라에서는 1980년 "독점규제 및 공정거래에 관한 법률"이 제정되어 시행되어 오고 있다.

### 수입자유화 정책

대부분의 나라에서는 자국 내의 기업을 보호하기 위해서 관세장벽 혹은 비관세장벽을 설치하고 있다. 이러한 무역장벽들은 과점시장 형성의 중요한 요인으로 이들이 제거된다면, 해외 기업이 국내시장에 진입하게 되어 국내시장의 경쟁정도는 크게 향상될 것이다. 다시 말해서 국내시장의 개방은 가격을 낮추게 하고, 생산비를 인하시킬 것이다.

## 규제완화

규제완화란 가격, 생산량, 품질 등에 대한 정부의 통제를 제거하는 정책이다. 경쟁에 대한 잠재력이 존재하는 경우에 정부관료가 아닌 전문경영인이 가격을 결정하게 되면 경쟁이 촉진된다. 또한 정부의 각종 인허가 사항을 없애거나 민간에 자율권을 주게 되면 경쟁이 촉진되면서 자원배분상의 효율성이 증가될 수 있다.

### 요 약

1. 과점시장은 진입장벽과 가격설정능력을 가진 '소수'의 상호의존적인 기업으로 구성되어 있다.
2. 과점기업은 경쟁기업에 대해 전략적으로 행동하기도 하지만, 가격협정이나 전략적 제휴를 위해 담합을 시도하기도 한다.
3. 담합에는 카르텔과 같은 공식적인 담합과 가격선도제와 같은 비공식적 담합이 있다. 카르텔은 여러 기업들이 공식적인 모임을 통해 하나의 독점기업처럼 행동하는 것이고, 가격선도제는 가격리더십을 가진 기업의 가격설정에 다른 기업들이 암묵적으로 추종하는 것이다.
4. 과점시장에서도 비효율의 문제가 나타나므로 정부가 시장에 개입한다.

### 용어 및 개념

| | |
|---|---|
| 과점시장 | 게임이론 |
| 소수성 | 담합행동 |
| 동질적 과점시장 | 카르텔 |
| 이질적 과점시장 | 비용할증에 의한 가격설정 |
| 상호의존성 | 독과점정책 |
| 전략적 행동 | 경쟁정책 |

CHAPTER 12 | E C O N O M I C S

# 생산요소시장: 임금, 지대, 이자, 이윤의 결정

SECTION



우리는 가계가 상품을 수요하고, 기업이 상품을 공급하는 상품시장을 4가지 시장형태로 나누어 분석하였다. 그런데 어떤 상품을 생산하든지 기업은 가계가 공급하는 생산요소, 즉 노동, 자본, 토지, 경영능력 등을 일정한 대가를 치르고 고용해야만 한다. 이러한 거래는 경제순환모형의 하단부에 위치한 요소시장(factor market)에서 이루어지므로 이제 요소시장에서의 가격 및 고용량 결정에 대해서 분석할 차례가 되었다. 물론 요소시장이론은 상품시장이론의 특수한 경우로서 상품시장에서의 경제원리가 요소시장에도 적용되지만, 가계와 기업의 역할이 서로 바뀔 뿐만 아니라 생산요소는 상품과 다른 독특한 특성을 가지기 때문에[1] 따로 분석할 필요가 있는 것이다.

이 장에서는 노동, 토지, 자본, 경영능력 등 생산요소에 공통되는 가격결정원리를 소개하고, 이 원리에 비추어 각 생산요소의 독특한 특성을 찾아보고자 한다

1) 예를 들어 상품은 그 자체를 사용하나 생산요소는 이와 달리 요소로부터 나오는 서비스를 사용한다. 노동의 경우는 그 공급주체가 인격체라는 것도 분석상 많은 차이를 가져다준다.

## 12.1 요소가격결정의 기본원리: 수요와 공급

상품시장에서 시장수요곡선과 시장공급곡선이 있는 것과 마찬가지로 생산요소에 대해서도 시장수요곡선과 시장공급곡선이 존재한다. 그리고 노동의 가격(임금), 토지의 가격(지대), 자본의 가격(이자율) 등은 상품시장에서 상품가격이 결정되는 것과 마찬가지로 요소의 수요와 공급에 의해서 결정된다.

### 요소의 공급

상품의 공급곡선이 우상향하는 것과 마찬가지로 생산요소의 공급곡선도 우상향한다. 즉, 기업이 상품가격의 상승에 따라서 공급량을 증가시키는 것처럼 요소공급자는 요소가격이 높아질수록 요소공급량을 증가시킨다. 차이점이 있다면 우상향하는 이유가 서로 다르다는 것이다.

요소공급곡선이 우상향하는 이유는 기회비용의 원리가 작용하기 때문이다. 노동을 예로 들어보자. 노동공급곡선이 우상향한다는 것은 완전고용상태하에서 기업이 더 많은 노동자를 고용하기 위해서는 더 높은 임금을 지불하여야 한다는 사실을 반영한다. 그 이유는 무엇일까? 노동자들은 일정범위 내에서 여러 가지 직업선택의 기회를 가질 수 있는데, 기업은 노동자를 더 채용하기 위해서 다른 산업, 다른 직업, 다른 지역에 있는 사람들을 빼내어 와야 한다. 가령 어떤 사람이 현재 서울에서 은행에 근무하고 있다면, 증권회사 등 다른 직종에서 일할 수도 있고, 아니면 부산이나 광주에 있는 은행에 근무할 수 있을 것이다. 그러므로 특정노동시장에서 기업은 더 높은 임금을 주어야만 노동자로 하여금 다른 직업기회를 버리고 이 산업에 종사하게 할 수 있다. 마찬가지로 더 높은 임금을 주어야만 신규 노동자를 끌어들일 수 있을 것이다. 요컨대 노동에 대한 시장공급곡선은 그 자체가 기회비용을 의미하므로 우상향한다고 할 수 있다. 특정 산업으로 노동자들을 끌어오기 위해서는 지불되는 임금은 이로 인해 포기되는 시간의 가치(예를 들어 다른 산업에의 종사, 여가, 가사활동 등), 즉 기회비용을 상쇄해 주어야 한다. 그러므로 더 높은 임금은 기회비용이 높기 때문에 낮은 임금에서는 일을 하려고 하지 않는 사람들을 일하게끔 하는 유인이 되는 것이다.

이러한 기회비용의 원리는 자본이나 토지에도 적용된다. 만약 어떤 회사의 사채수익률이 높다면, 자금의 공급자인 가계는 그 회사에게 돈을 빌려주는 것이 다른 용도로 쓰는 것보다 유리하다고 결론지을 것이다. 만약 주택가의 좋은 길목에서 채소가게를

**그림 12-1** 요소의 시장공급곡선: 노동의 경우

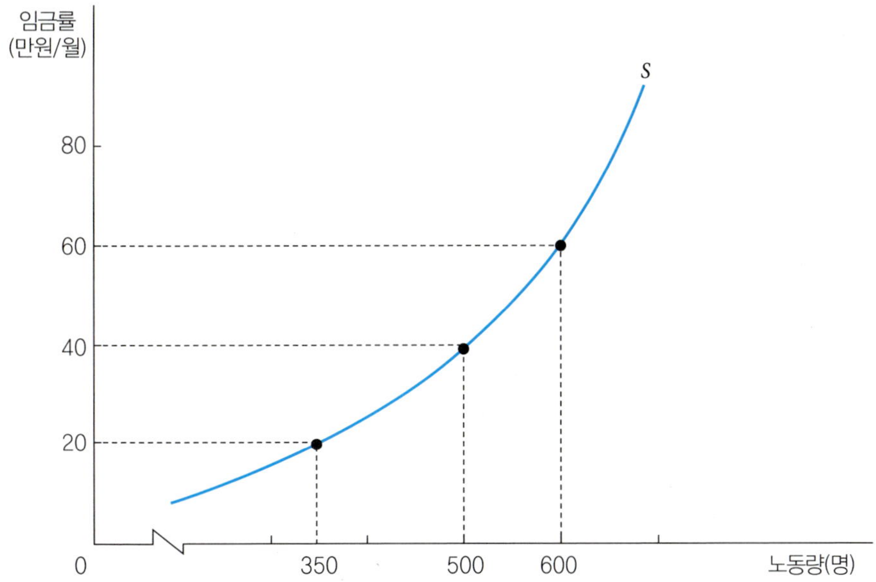


열려고 하는 사람이 다른 용도로 사용할 경우의 임대료보다 더 높은 임대료를 지불하지 않는다면, 그 토지는 채소가게 주인에게 제공되지 않을 것이다.

〈그림 12-1〉에는 노동에 대한 가상적인 시장공급곡선이 나타나 있다. 여기서 횡축은 노동자의 수를 측정하고, 종축은 임금률을 측정한다. 이 공급스케줄에 따르면 임금률이 20만원이면 400명의 노동자가 이 시장에 참여하려 하고, 만약 임금률이 40만원이면 600명의 노동자가 이 시장에 참여하려고 할 의도가 있음을 알 수 있다. 요소에 대한 시장공급곡선은 자본과 토지에 대해서도 그릴 수 있는데, 노동과 같은 일반적인 원리가 적용된다. 즉 낮은 요소가격에서보다 높은 요소가격에서 더 많은 요소가 공급될 것이다.

위와 같이 기회비용의 원리가 노동, 토지, 자본 등 생산요소의 공급을 결정하지만, 각 요소공급곡선은 다음과 같은 특징을 가지고 있다.

- 노동: 노동의 공급주체는 사람이므로 직업에 대해서 분명한 선호를 가지고 있다. 가령 넝마주이로 일할 것인지 아니면 사무실에서 일할 것 인지, 서울에서 직장을 가질 것인지 아니면 부산에서 직장을 가질 것인지에 대해서 아주 민감하다. 따라서 노동공급의사를 결정할 때 임금보다 자기의 직업관을 절대적인 판단기준으

로 삼을 수 있다. 또한 일정 수준 이상으로 임금률이 높아져 오히려 노동공급량이 감소할 수 있다. 이런 경우에는 노동공급곡선이 후방굴절공급곡선(backward-bending supply curve) 형태를 가질 수 있다.

- 토지 및 자연자원: 토지 및 자연자원은 '자연의 선물'이므로 기본적으로 그 공급이 고정되어 있다. 따라서 아무리 그 가격이 높아지더라도 공급량이 증가될 수 없는 것이다.
- 자본: 플랜트, 기계, 장비 등은 진부화될 때까지 수년간에 걸쳐서 수익을 창출한다는 특징을 가진다. 이러한 자본설비는 자금차입에 의해서 구입되며, 차입된 자금은 자본설비의 수명기간에 걸쳐서 자금공급자에게 상환된다. 그런데 '지금의 돈' 1원과 '내일의 돈' 1원은 그 가치가 틀리므로 시간(time)이라는 개념이 필요하게 된다. 그러므로 자본설비확대에 대해서 자금을 빌려 주는 공급자들은 자신의 자금을 '지금' 내어 주는데 대한 것뿐 아니라 그럼으로써 '지금' 상품을 구입할 수 없기 때문에 발생하는 기회비용에 대해서도 보상 받아야 하는 것이다.

## 요소에 대한 수요

기업은 재화시장에서 소비자들에 의해 구매되는 상품을 생산하기 위해서 생산요소를 수요한다. 따라서 생산요소에 대한 수요는 그 요소를 고용하여 만들어 내는 생산물의 수요에 의존한다. 이러한 의미에서 요소에 대한 수요를 파생수요(derived demand)라고 부른다. 가령 컴퓨터 사용이 증가함에 따라 컴퓨터제조업체는 더 많은 기술자를 찾게 되고, 보험에 드는 사람이 많아질수록 보험회사는 직원을 더 많이 뽑으려고 할 것이다. 반대로 연탄에 대한 수요가 감소됨에 따라 광부에 대한 수요는 감소한다.

### 한계수입생산(*MRP*)과 한계요소비용(*MRC*)

요소수요가 파생수요라는 특성으로부터 우리는 요소에 대한 수요가 ① 요소가 상품생산에 기여하는 정도, 즉 생산성과 ② 요소를 활용하여 생산한 상품의 시장가치, 즉 상품가격에 의존한다는 것을 유추해 낼 수 있다. 바꾸어 말하면 요소의 생산성과 요소에 의해 생산된 상품의 가격이 요소에 대한 수요를 결정한다는 것이다. 그러므로 사회적으로 높이 평가되는 상품생산에 종사하는 사람에 대한 수요는 매우 클 것이고, 반대로 사회적으로 낮게 평가되는 상품생산에 참여하는 사람에 대한 수요는 별로 크지 않을 것이다. 극단적으로 아무도 구입하기를 원하지 않는 상품 생산에 효율적인 사람에 대한 수요는 0일 것이다. 이제 요소에 대한 수요를 결정하는 데 있어서, 이 두 요인이 어떻게

**표 12-1** 노동의 수요스케줄로서의 *MRP*

| (1) 노동량 $L$ | (2) 총생산 $Q_X$ | (3) 한계생산 $MP_L$ | (4) 상품가격 $P_X$ | (5) 한계수입생산 $MRP_L = VMP_L$ | (6) 한계요소비용 $MRC_L = w$ |
|---|---|---|---|---|---|
| 0 | 0 | – | 10 | – | 40 |
| 1 | 12 | 12 | 10 | 120 | 40 |
| 2 | 22 | 10 | 10 | 100 | 40 |
| 3 | 30 | 8 | 10 | 80 | 40 |
| 4 | 36 | 6 | 10 | 60 | 40 |
| 5 | 40 | 4 | 10 | 40 | 40 |
| 6 | 42 | 2 | 10 | 20 | 40 |

작용하는가를 구체적으로 살펴보기로 하자.

〈표 12-1〉은 기업이 생산성과 상품가격을 감안하여 얼마만큼 노동을 고용할 것인가를 보여주기 위한 가상적인 예이다. 여기서 기계설비는 고정되어 있고 노동만 변화시킬 수 있는 단기상황을 가정하면, 〈표 12-1〉의 (1)란, (2)란, (3)란에서 보는 바와 같이 수확체감의 법칙을 반영하여 노동의 투입량이 증가됨에 따라 총생산물은 증가하되, 그 증가분은 감소하고 있다. 노동에 대한 수요는 상품가격에도 의존하므로 가격에 대한 정보도 있어야 한다. (4)란에는 상품가격이 10만원으로 일정하게 주어져 있다. 이는 상품시장이 완전경쟁적이어서 기업이 가격수취자라는 사실을 반영하는 것이다.

이제 총생산물(2란)과 상품가격(4란)을 곱하면 총수입액을 얻게 되는데, 총수입액의 증가분이 바로 한계수입생산(Marginal Revenue Product: *MRP*)이다. 다시 말해서 *MRP*는 노동 한 단위를 추가적으로 고용함에 따른 총수입의 증가분이다. 이것이 (5)란에 나타나 있다. *MRP*는 노동의 한계생산(3란)에 가격(4란)을 곱하여 직접 구할 수도 있다. 즉

$$MRP_L = MP_L \times P_x$$

우리는 분석의 편의를 위하여 생산물시장과 노동시장이 모두 완전경쟁적이라고 가정할 경우의 *MRP*를 특별히 한계생산가치(Value of Marginal Product: *VMP*)라고 부른다.

이와 같이 기업이 노동 한 단위를 추가로 고용할 때 *VMP*라는 이득을 얻을 수 있는 반면에 기업은 대가, 즉 비용을 지불해야만 한다. 우리는 이러한 비용을 한계요소비용(Marginal Resource Cost: *MRC*)이라고 한다. 다시 말해서 $MRC_L$은 노동을 한 단위 추가로 고용할 때 들어가는 추가적인 비용이다. 이것은 〈표 12-1〉의 (6)란에 나타나 있다.

(6)란에서 $MRC_L(W)$은 월 40만원—이하 특별한 표기가 없는 한 월급기준임—으로 일정하게 주어져 있는데, 이는 노동시장이 완전경쟁시장이라는 가정을 반영하는 것이다. 요소시장이 경쟁적이라 함은 요소를 수요하는 기업의 수가 너무 많아서 어느 한 기업의 수요량은 노동가격에 영향을 전혀 미치지 못할 정도로 미미하다는 것을 의미한다. 따라서 완전경쟁시장하의 개별기업은 임금수취자(wage-taker)라고 할 수 있으며, 이렇기 때문에 기업이 '직면'하는 노동공급곡선은 완전탄력적 혹은 수평으로 나타나게 되는 것이다.

### MRP = MRC 준칙

기업이 이윤극대화를 추구한다면, 노동 한 단위 추가로 고용할 때의 이득과 손실을 비교하여 이득이 손실을 초과하는 한, 노동을 더 수요하려고 할 것이다. 물론 우리가 배운 경제학 지식에 따르면 추가적 이득과 손실이 같아질 때까지 노동을 수요할 것이다. 즉,

$$MRP_L = MRC_L$$

가 될 때까지이다. 이를 우리는 '$MRP = MRC$ 준칙'이라고 한다. 이 준칙은 상품시장에서 '$MR = MC$ 준칙'과 같은 원리이다. 다만 차이점이 있다면 '$MRP = MRC$ 준칙'은 생산요소시장에서 본 이윤극대화 원리이고, '$MR = MC$ 준칙'은 생산물시장에서 본 이윤극대화 원리이다. 생산물시장과 요소시장이 모두 완전경쟁일 경우 $MRP_L$은 $VMP_L$이고, $MRC_L$은 기업에게 $W$로 일정하게 주어지므로 완전경쟁하의 '$MRP = MRC$ 준칙'은 다음과 같이 표현할 수 있다.

$$VMP_L = W$$

이제 〈그림 12-2〉를 통해서 기업의 노동에 대한 수요행태를 이해해 보기로 하자. 이 기업은 첫 번째 노동자를 고용할 것인가 고용하지 않을 것인가? 기업이 이 사람을 고용함으로써 얻는 추가적 수입은 120만원(즉 $VMP_L$ = 120만원)인 반면에 추가적인 비용은 단지 40만원(즉 $W$ = 40만원)이다. 첫 번째 노동자에 대해서 $VMP_L > W$이므로 이 기업은 그를 고용하여 임금을 지불할 것이다. 두 번째 노동자에 대해서는 어떤가? 역시 $VMP_L$(100만원) > $W$(40만원)이므로 그도 고용할 것이다. 이렇게 하여 기업은 $VMP_L$(40만원) = $W$(40만원)이 되는 다섯 번째 노동자까지 고용할 것이다. 그러나 여섯 번째 노동자는 고용하지 않을 것이다. 왜냐하면 기업이 이 사람을 고용함으로써 얻는 추가적 수입은 단지 20만원(즉 $VMP_L$ = 20만원)인 반면에 추가적인 비용은 이보다 큰 40만원(즉

**그림 12-2** 기업의 이윤극대화 고용량

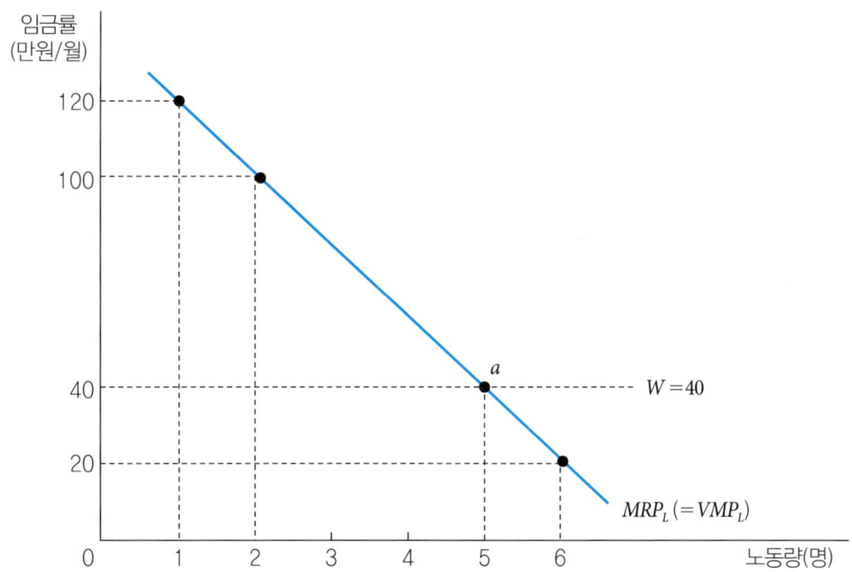


$W$ = 40만원)이기 때문이다. 요컨대 완전경쟁적 노동시장에서 임금이 40만원으로 주어지면 기업은 5명을 고용하고자 할 것이다.

### *VMP*곡선 자체가 노동수요곡선

이제 노동수요곡선을 도출할 차례가 되었다. 먼저 노동수요곡선이란 있을 수 있는 주어진 임금에 대응하여 기업이 고용하려고 하는 노동의 양을 나타내 주는 예정표임을 상기하라.

앞에서 살펴본 바와 같이 여러 가지 가능한 임금 중에서 임금이 40만원으로 주어지면 '$MRP = MRC$ 준칙'에 의해서 5명을 고용하고자 할 것이다. 따라서 일단 $a$점은 노동수요곡선상의 한 점임을 알 수 있다. 이제 여러 가지 가능한 임금 중에서 임금이 100만원으로 주어진다면 기업은 노동 몇 단위를 고용하고자 할 것인가? 〈그림 12-3〉에서 보는 바와 같이 '$MRP = MRC$ 준칙'이 성립하는 $b$점에서 2명을 고용하고자 할 것이고, 따라서 $b$점도 노동수요곡선상의 한 점이 된다. 마찬가지로 임금이 80만원으로 주어지면 기업은 3명을 고용하고자 하고, 임금이 60만원으로 주어지면 기업은 4명을 고용하고자 할 것이다. 이와 같이 각 임금수준에 대응하여 기업이 고용하고자 하는 노동량은 $a$점, $b$점, $c$점, $d$점에서 결정되므로 이 점들을 연결한 궤적이 노동에 대한 수요곡

**그림 12-3 노동의 수요곡선 도출**

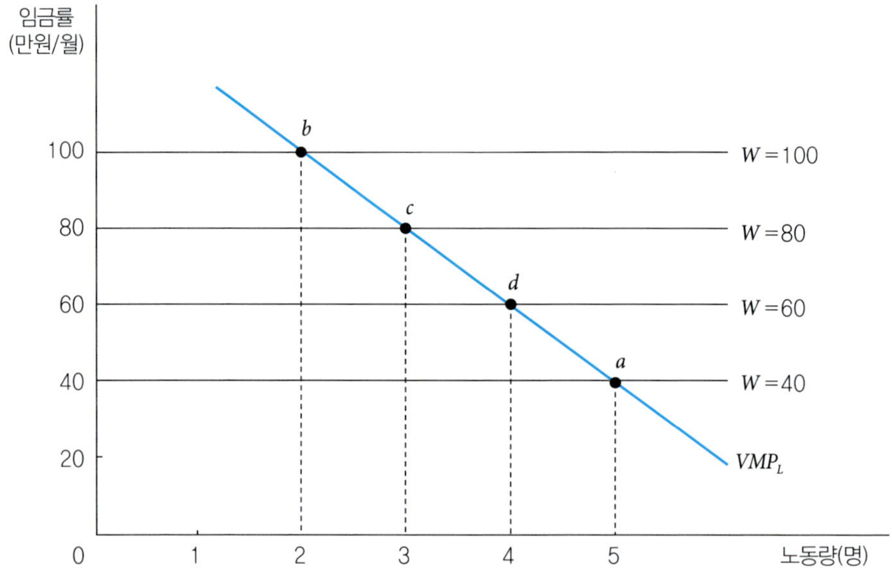


선이 된다. 그런데 *a*점, *b*점, *c*점, *d*점은 $VMP_L$곡선과 기업이 직면하는 임금수준 *W*와 교차하는 점이므로 $VMP_L$곡선 자체가 바로 노동에 대한 수요곡선이 된다.

이상에서 우리는 자본설비는 고정되어 있고 노동만이 변할 수 있는 단기상황에서의 노동수요곡선을 도출하였다. 그렇다면 노동뿐만 아니라 자본설비도 변할 수 있는 장기상황에서의 노동에 대한 수요곡선은 어떻게 될 것인가? 이 경우에도 "$MRP = MRC$ 준칙"을 확대 적용하면 된다. 즉 노동의 $VMP/W$ = 자본의 $VMP/R = 1$이 되도록 수요하면 된다.

### 노동에 대한 시장수요곡선

우리는 제4장에서 상품에 대한 시장수요곡선은 개별수요곡선의 수평 합이라고 배웠다. 마찬가지로 요소에 대한 시장수요곡선도 생산물시장과 요소시장의 연관성을 고려하지 않을 경우 개별수요곡선, 즉 *VMP*곡선을 수평 합함으로써 도출할 수 있다.[2)] 따라서 노

2) 생산물시장과 요소시장의 연관성을 고려한 시장수요곡선은 개별수요곡선을 수평 합한 것보다 더 비탄력적일 것이다. 그 이유는 다음과 같다. 만약 임금이 하락한다고 하면 기업은 고용량을 늘릴 것이고, 이는 상품생산의 증가를 가져와 다른 사정이 일정한 한 시장가격을 하락시킬 것이다. 시장가격이 하락하면 *VMP*곡선이 좌하향 이동되어 하락된 임금하에서의 고용량은 생산물시장을 고려하지 않을 경우보다 줄어들 것이다. 여하튼 이 경우에도 시장수요곡선은 우하향한다.

그림 12-4 노동에 대한 시장수요곡선

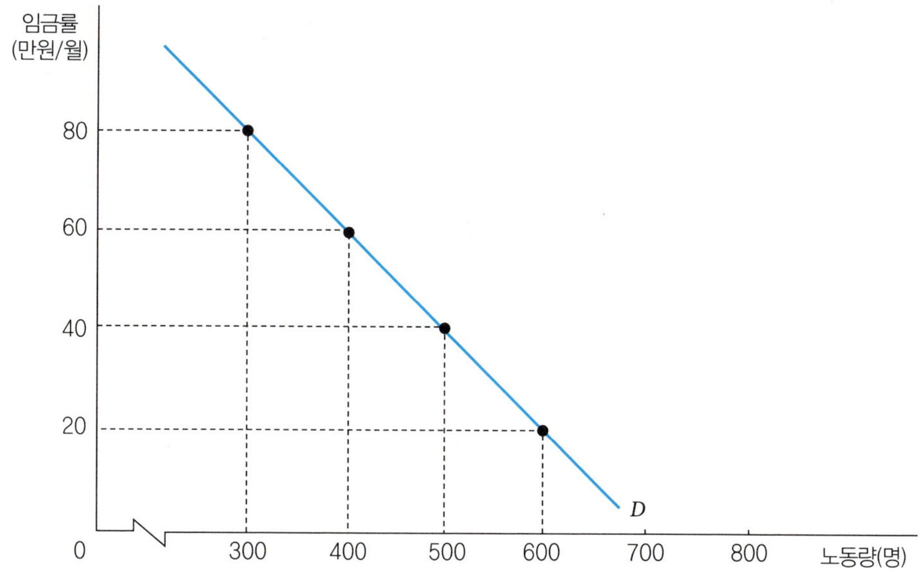


동에 대한 시장수요곡선 역시 우하향하는 모양을 가진다. 만약 우리가 예로든 기업과 동일한 생산기술을 가지는—즉 $VMP_L$이 같은—기업이 100개가 존재한다면, 노동의 시장수요곡선은 〈그림 12-4〉와 같이 될 것이다.

## 요소시장에서의 가격결정

이상에서 우리는 분석의 편의상 요소(노동)에 대한 수요와 공급을 각각 살펴보았다. 이제는 이들을 결합하여 노동의 가격, 즉 임금(임금률)이 어떻게 결정되는가를 분석할 차례가 되었다. 먼저 우리가 분석하는 시장은 생산물시장과 노동시장 모두 완전경쟁시장임을 염두에 두라.

노동시장에서의 균형임금과 균형고용량은 생산물시장에서와 마찬가지로 노동의 시장수요와 노동의 시장공급이 일치하는 곳에서 결정된다. 〈그림 12-5〉 (b)에서 *D*는 노동에 대한 시장수요곡선이고 *S*는 노동에 대한 시장공급곡선으로서, *E*점에서 *D*와 *S*가 만나고 균형임금률은 $W_e$(40만원), 균형고용량은 $L_e$(500명)로 결정된다. 만약 임금률이 균형임금률보다 낮은 20만원으로 결정된다면 기업은 600명을 고용하려 하나, 일을 하려고 하는 사람은 350명밖에 안되어 노동의 초과수요가 나타난다. 따라서 기업들은 경쟁적으로 더 높은 임금을 주고서라도 사람을 고용하려 하고 그 결과 임금은 올라갈 것이다. 반대로 임금률이 균형임금률보다 높은 60만원에서 결정된다면 기업은 400명을 채용하려고 하나, 일을 하려는 사람은 600명이므로 200명만큼의 노동의 초과공급이 나타난다. 따라서 일하려는 사람은 경쟁적으로 더 낮은 임금을 받고서라도 취직하려 하고, 그 결과 시장임금률은 하락할 것이다. 결국 40만원에서 이러한 조정이 끝나므로, 여기서 균형이 달성된다.

이제 개별기업의 상황으로 눈을 돌려보자. 일단 시장에서 균형임금이 40만원으로 결정되면, 각각의 기업은—동일한 *VMP*곡선을 가지는 100개의 기업으로 가정하자—5명을 고용하려 할 것이다. 왜 그런 것일까? 이에 대한 대답은 앞에서 배운 것을 확인해 보면 알 수 있다. 노동시장이 완전경쟁시장이라고 가정하고 있으므로 개별 기업들은 시장공급량의 극히 일부만을 고용하게 되어, 어느 기업도 시장에서 결정되는 임금률에 영향력을 행사할 수 없게 된다. 다시 말해서 〈그림 12-5〉 (a)에서 보는 바와 같이 개별기업은 시장균형임금 40만원에서 수평 또는 완전탄력적인 노동공급곡선에 직면하는 임금수취자(wage-taker)가 된다.[3] 이러한 상황하에서 개별기업은 시장에서 결정된 현행 임금과 *vmp*가 같아지는 점에서 고용량을 결정함으로써 이윤을 극대화시킬 수 있다.

**그림 12-5 경쟁적 요소시장에서의 가격결정: 노동의 경우**

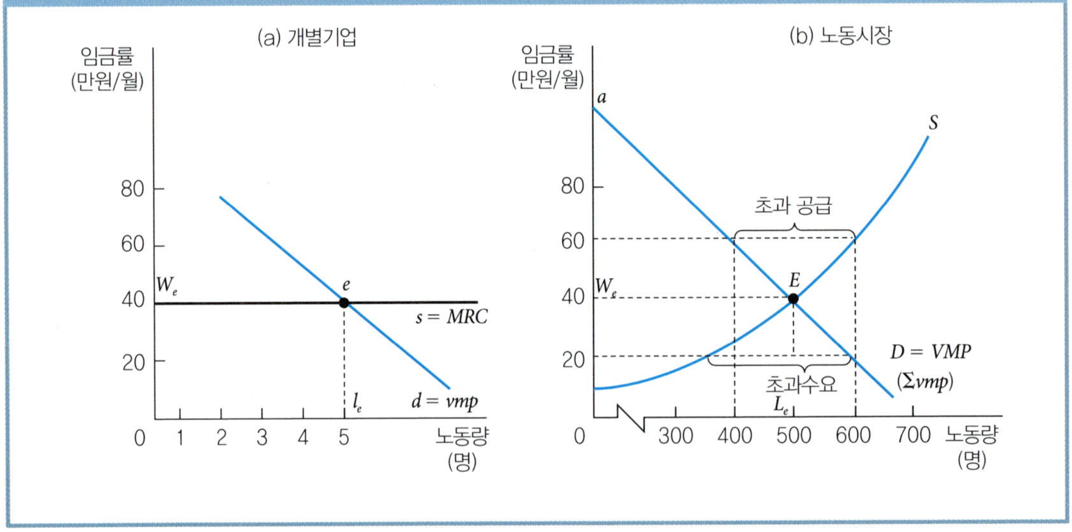


[3] 이것은 완전경쟁적인 생산물시장에서 개별기업은 완전탄력적인 수요곡선에 직면하는 가격수취자라는 것과 유사하다.

이는 결국 '$MRP = MRC$ 준칙'을 재현한 것에 지나지 않으며, 기업은 임금률($W$)이 완전경쟁이라는 특수한 경우의 $MRP$, 즉 $VMP$가 같아지는 $e$점에서 5명을 고용함으로써 이윤을 극대화할 것이다.

그러면 노동시장이 균형에 있다는 것은 어떠한 경제적 의미를 가지는가? 첫째, 균형임금수준에서는 임금과 $VMP$가 일치하므로, 노동자가 기여한 만큼 소득을 분배받는다는 의미에서 이상의 분석을 한계생산력설(theory of marginal product)이라고 부른다. 둘째, 균형임금수준이 결정되면 소득의 분배 몫에 대해서 알 수 있다. 산업이 500명을 고용함으로써 얻는 총수입은 $VMP$를 집계하면 되는데, 이 경우에 500명으로부터의 총수입은 사각형 $OaEL_e$이다. 이 중 사각형 $OW_eEL_e$가 임금으로 지불되고 나머지 삼각형 $W_eaE$가 이자, 지대, 이윤으로 분배되어질 것이다. 셋째, 임금으로 지불되는 사각형 $OW_eEL_e$ 속에는 경제적 지대(economic rent)로 볼 수 있는 부분도 포함되어 있다. 이는 보다 자세한 분석을 요하므로 지대 부분에서 다시 다루기로 한다.

## 12.2 노동시장과 임금

위에서 요소가격 결정원리를 설명하면서 그 예로 노동을 들었기 때문에, 노동시장에서의 임금결정원리를 이미 설명한 것이나 다름없다. 즉 경쟁적 시장에서 임금은 노동에 대한 시장수요와 시장공급이 일치하는 곳에서 결정된다. 그러나 실제 노동시장에서 임금이 결정되는 원리를 한계생산이론으로만 설명한다는 것은 현실을 지나치게 단순화시킨 것이라고 볼 수 있다.

현실적으로 한 노동시장에서는 직종에 따라서 여러 가지 노동의 가격(임금)들이 존재한다. 어떤 노동시장은 지방에 국한될 수도 있고 어떤 노동시장은 전국적 혹은 국제적 범위를 가진다. 가령 맥도날드 햄버거 같은 회사는 10대 청소년을 현지 노동시장에서 채용하지만, 최고경영자는 전국적 시장에서 고용한다. 프로축구선수 같은 경우는 국가를 초월하여 채용된다. 어떤 노동시장은 정부에 의해서 규제되고 있기도 하지만, 어떤 노동시장은 노동조합에 의해서 고용, 해고 및 작업조건이 통제 받기도 한다.

토지시장이나 자본시장에 비해서 노동시장만이 가지는 독특한 특성은 다음과 같이 요약할 수 있다.

- 토지나 자본과는 달리 노동의 주체인 사람은 거래대상이 아니다. 단지 사람으로부터 나오는 노동서비스만이 거래될 따름이다.
- 사람들은 직업에 대해서 서로 다른 선호를 가지고 있다.
- 노동자들은 작업조건과 임금수준에 영향을 미치기 위하여 노동조합을 결성한다.

## 임금격차

실제로 임금은 '직종'에 따라 혹은 동일한 직종이라 하더라도 '사람'에 따라서 다른 경우가 허다하다. 그러면 왜 이러한 현상이 나타나는가? 수요공급분석을 통하여 이를 이해할 수 있다.

### 직종에 따른 임금격차

특정한 직종에 대한 노동의 공급곡선에는 그 직업의 작업조건 등이 반영되어 있다. 다른 조건이 일정하다면, 사람들은 단조롭거나 위험한 직업을 싫어하고, 쾌적한 환경 속에서 즐겁게 일할 수 있는 직종을 원할 것이다. 〈그림 12-6〉에는 이러한 직업조건이 두 직종—해외건설 중장비기사와 봉제공—의 임금수준에 미치는 영향이 나타나 있다.

**그림 12-6 임금의 균등화 격차**

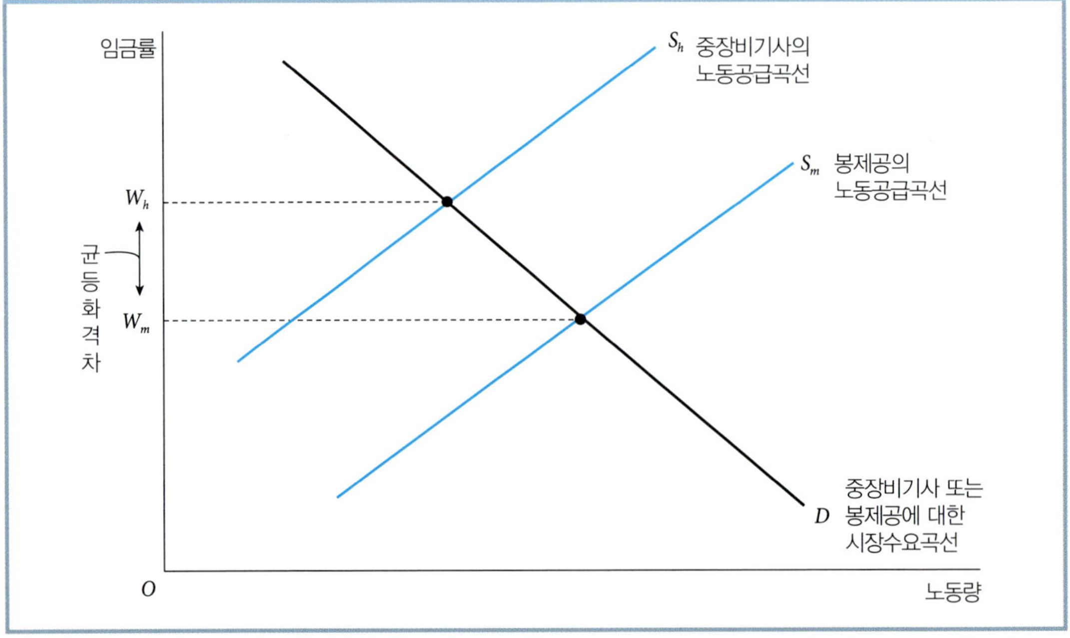

분석의 편의를 위해서 두 직종의 수요곡선은 동일하다고 가정하자. 그러나 노동공급곡선은 작업조건을 반영하여 다르다. 외롭고, 단순하며, 비교적 위험한 직종인 해외건설 현장의 중장비 기사는 봉제공에 비해서는 덜 선호되기 때문에 중장비기사의 노동공급곡선($S_h$)은 봉제공의 노동공급곡선($S_m$)보다는 위쪽에 위치할 것이다. 이에 따라 중장비 기사는 봉제공보다 높은 임금을 받게 될 것이다. 이와 같이 불리한 작업여건을 가진 직종의 근로자를 보상하기 위해서 발생하는 임금격차를 우리는 균등화격차(equalizing difference)라고 부른다. 주변에서 흔히 볼 수 있는 균등화격차의 예로서는 비행수당, 벽지수당, 야간수당, 현지수당 등이 있다.

### 사람에 따른 임금격차

임금의 균등화격차는 작업조건이 나쁜 직종의 임금을 좋은 직종의 임금보다 더 높게 해준다. 그러나 작업조건이 좋은 직종의 임금이 나쁜 직종의 임금보다 더 높게 결정되는 경우는 어떻게 설명될 수 있는가? 이는 직종 간의 차이가 아니라 사람 간의 차이로 인해 발생하는 임금격차 때문이다. 어떤 사람은 다재다능하나 어떤 사람은 한 가지 일밖에 하지 못한다. 비교적 소수의 사람들만이 대학총장, 음악가, 변호사, 뇌수술 전문의사, 프로야구선수가 될 선천적인 재능을 가지고 태어난다. 뇌수술 전문의사는 민감하고 정교한 손재주를 가져야 하며, 프로야구선수는 강한 정신력과 육체적인 조건을 갖추어야 한다. 그러므로 사람들은 비경쟁집단(noncompeting group)에 속하게 된다. 막일꾼은 뇌수술 전문의사와 경쟁하지 않으며, 뇌수술 전문의사는 프로야구선수와 경쟁하지 않을 것이다.

여하튼 대학총장, 음악가, 뇌수술전문가 등 특정한 재능을 가진 사람들의 수는 막일꾼이나 백화점 점원에 비해서 매우 적다. 이와 같이 특별한 노동에 대한 공급은 일반적인 노동에 대한 공급보다 적게 되어 더 높은 임금을 받게 되는 것이다. 특히 최근과 같이 기술이 고도화되고 전문화된 재능을 요구하는 사회에서는 이러한 현상이 일반적이다.

## 노동조합

노동의 공급자들은 임금과 고용조건에 영향력을 행사하기 위하여 노동조합을 결성한다. 우리나라의 경우에 〈그림 12-7〉에서 보는 바와 같이 노동자 10명 중에 1명 정도는 노동조합에 가입하고 있다.

**그림 12-7** 우리나라 노조원수 및 노동조직률

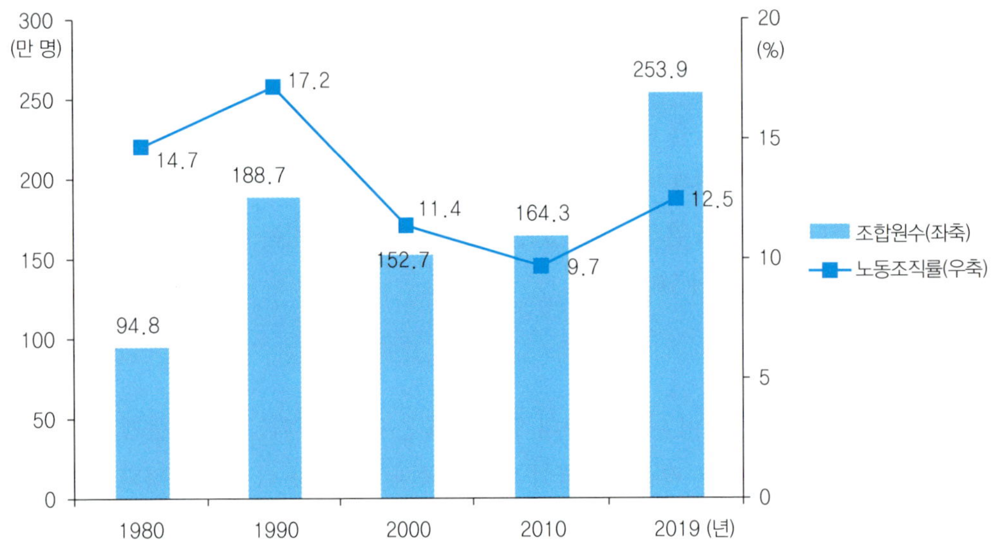


자료: 고용노동부

노동조합의 경제적인 목표는 조합원들에게 더 높은 임금과 직업안정을 보장하는 것이다. 이를 달성하기 위해서 단체교섭을 하게 되는데, 경우에 따라서는 파업과 같은 단체행동을 불사하기도 한다. 단체교섭이란 노동조합이 조합원들을 대표하여 경영진과 협상하는 것이다. 파업이란 협상이 타결되지 않는 경우에, 노동조합의 요구사항이 받아들여질 때까지 조업하지 않는 단체행동의 한 방법이다.

그런데 노동조합의 두 가지 목표, 즉 임금인상과 고용안정은 동시에 달성하기 어려운 과제이다. 이는 노동에 대한 기업의 수요곡선이 우하향하기 때문이다. 〈그림 12-8〉에서 보는 바와 같이 노동조합이 시장균형임금($W_c$)보다 더 높은 임금($W_u$)을 요구하고, 이것이 관철되지 않으면 파업할 것을 주장한다고 하자. 이와 같이 관리임금을 설정하면 $W_u$ 이하의 임금에서는 노동을 공급하지 않으므로 노동공급곡선은 $SS$에서 $W_uaS$로 이동한다. 따라서 고용주가 파업으로 인하여 더 큰 손해를 보느니 차라리 임금인상을 수락하기로 결정한다면, 고용수준은 $L_c$로부터 $L_u$로 감소한다. 다시 말해서 균형임금률 이상의 임금수준에서는 반드시 일부 노동자들의 실업이라는 희생을 감수하여야 한다. 이러한 임금관리로 야기되는 실업의 정도는 노동수요곡선의 탄력성에 따라서 달라질 것이다. 즉 노동수요곡선이 탄력적일수록 감수해야만 하는 실업의 크기는 커진다. 따

**그림 12-8** 관리임금 설정의 효과

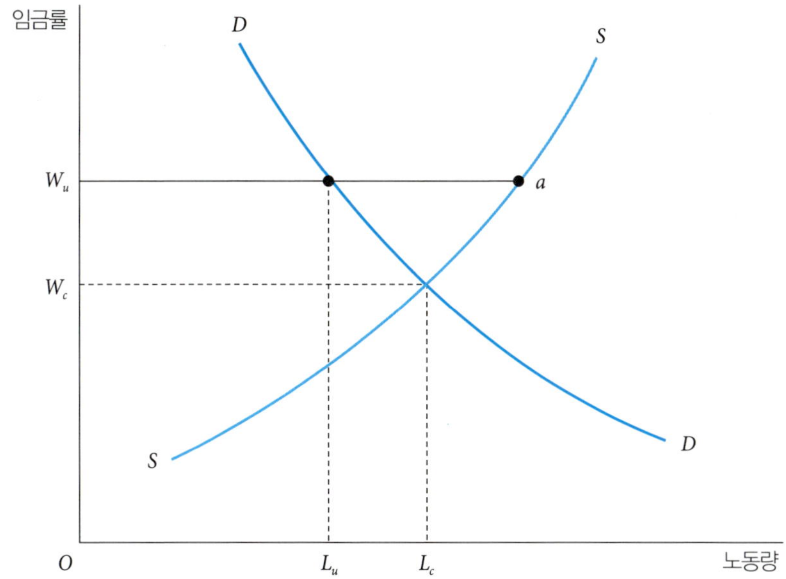


라서 노동조합은 임금인상으로 인한 고용감소를 완화시키기 위하여 정년에 가까운 근로자를 보호하는 제도를 만들거나, 노동수요 진작의 일환으로 외국상품의 수입을 억제하는 보호관세를 정부에 요청하기도 한다.

## 수요독점

노동의 공급측면에서 시장지배력을 행사하는 노동조합과는 달리 노동수요자가 단 하나 뿐이어서 독점권을 행사하는 경우가 있는데, 이를 수요독점(monopsony)이라고 한다. 수요독점은 광산촌이라든가 농촌마을에 커다란 공장이 들어섰을 경우와 같이 어느 지역의 주수입원이 되는 기업이 하나뿐일 때 성립될 수 있다. 물론 더 흔한 경우로는 특정지역에서 수개의 기업이 그 지역의 인력을 대부분 고용하는 수요과점상태를 생각할 수도 있지만, 이들 수요과점기업들은 담합을 통해 노동수요에 있어서 독점처럼 행동하므로 수요독점과 같은 것으로 볼 수 있다.

사실 이러한 수요독점적 노동시장은 현실에서는 흔하지 않다. 굳이 예를 찾는다면 프로야구선수에 대한 시장이 이에 속한다고 할 수 있다. 이 시장에서 많은 프로팀들이 선수들을 고용하지만 경쟁을 피하기 위해서 담합하여 수요독점자로 되는 것이 주요 특징이다. 예를 들어 아무리 성적이 좋은 야구선수라도 소속팀에 매여 있어야 하며 공개적으로 혹은 경쟁적으로 더 많은 연봉을 주려고 하는 다른 팀에 갈 수 없다는 규칙이 있다. 또한 소속팀이 다음 '시즌'에도 기존선수를 채용할 배타적인 권리를 갖는 등 수요독점적인 성격을 보여주는 규정이 있다. 따라서 현행 야구선수들의 연봉은 선수 스카웃이 완전경쟁적일 경우보다 낮게 책정되어 그들의 기여도, 즉 *MRP*보다 적게 지급받고 있다고 추정할 수 있겠다.

## 정부의 노동시장개입: 최저임금제

만약 노동시장에서 임금이 적정하게 결정된다면 정부는 노동시장에 개입할 필요가 없을 것이다. 그러나 현실은 그렇지 못하다. 임금수준이 최저생계비에도 못 미치게 지급되는 일이 발생하는데, 특히 청소년, 여성 등의 노동서비스가 이러한 취급을 받는 경우가 많다. 이에 따라 정부는 노동시장에 개입하게 된다. 이의 구체적인 정책수단이 최저임금제이다. 노동시장이 불완전한 경우에도 정부가 개입한다. 이하에서는 정부가 노동시장에 개입하는 사례로서 최저임금제를 분석한다.

### 한국의 최저임금제

최저임금제도란 정부가 생각하는 수준—생계유지—이하의 임금을 기업이 종업원에게 지급하는 것을 불법화하는 제도로서 미국을 비롯한 대부분의 나라에서 실시되고 있다. 우리나라도 1986년 12월 31일 최저임금법을 제정 · 공포하고, 1988년 1월 1일부터 이

**표 12-2** 우리나라의 최저임금제도

| 기간 | 적용업종 | 최저임금 (시간급) | 최저임금 (월환산액) | 전체근로자수 (A) | 수혜근로자수 (B) | 영향률 (B/A) |
|---|---|---|---|---|---|---|
| 1988 | 10인 이상 제조업 | 462.5원 | 111,000원 | 2,267,000명 | 94,000명 | 4.2% |
| 1990 | 10인 이상 전산업 | 690 | 165,600 | 4,386,000 | 187,000 | 15.9 |
| 2001.9~2002.8 | 1인 이상 전산업 | 2,100 | 474,600 | 7,152,000 | 201,000 | 2.8 |
| 2010 | 1인 이상 전산업 | 4,110 | 858,990 | 16,103,000 | 2,566,000 | 15.9 |
| 2015 | 1인 이상 전산업 | 5,580 | 1,116,220 | 18,240,000 | 2,668,000 | 14.6 |
| 2020 | 1인 이상 전산업 | 8,590 | 1,795,310 | 20,045,000 | 4,153,000 | 20.7 |
| 2021 | 1인 이상 전산업 | 8,720 | 1,822,480 | 20,559,000 | 4,077,000 | 19.8 |
| 2022 | 1인 이상 전산업 | 9,160 | – | – | – | – |

주) 2021년 7월 현재 자료로 2022년은 미실시 자료

자료: 고용노동부

제도를 실시해 오고 있다. 최저임금제 도입 첫해인 1988년에는 상시고용인 10인 이상의 제조업체에 한정하여 실시하였으나 1990년에는 상시근로자 10인 이상의 전산업으로 확대하였고, 2001년 9월부터는 1인 이상 전 산업에 적용되고 있다. 2021년 현재 최저임금은 전 산업에 대해서 시간급 8,720원, 월환산액 1,822,480원이다. 최저임금제도하에서 직접적으로 영향을 받는 근로자의 수는 〈표 12-2〉에서 보는 바와 같이 2021년 기준으로 407만 7천여 명인데 이는 전체 대상근로자의 19.8% 수준이다.

### 최저임금제의 경제적 효과

앞에서 살펴본 바와 같이 최저임금제도에 직접 영향을 받는 근로자는 대상근로자의 14.7%로서 이들은 일반적으로 숙련노동자 또는 고학력자라기보다는 비숙련노동자나 십대 근로자들이다. 이제 〈그림 12-9〉를 이용하여 최저임금제가 이들에게 미치는 경제적 효과를 분석해 보기로 하자. 그림에서 *DD*는 노동에 대한 시장수요곡선이고 *SS*는 비숙련노동자의 노동공급곡선이다. 완전경쟁적 노동시장에서는 시장균형은 *DD*와 *SS*가 만나는 *e*점에서 달성되며, 이때의 균형임금은 월 80만원, 균형고용량은 300만 명이라고 하자. 이 상태에서 정부가 비숙련노동자들을 위해 기준 최저임금을 100만원으로

**그림 12-9 최저임금제의 경제적 효과**

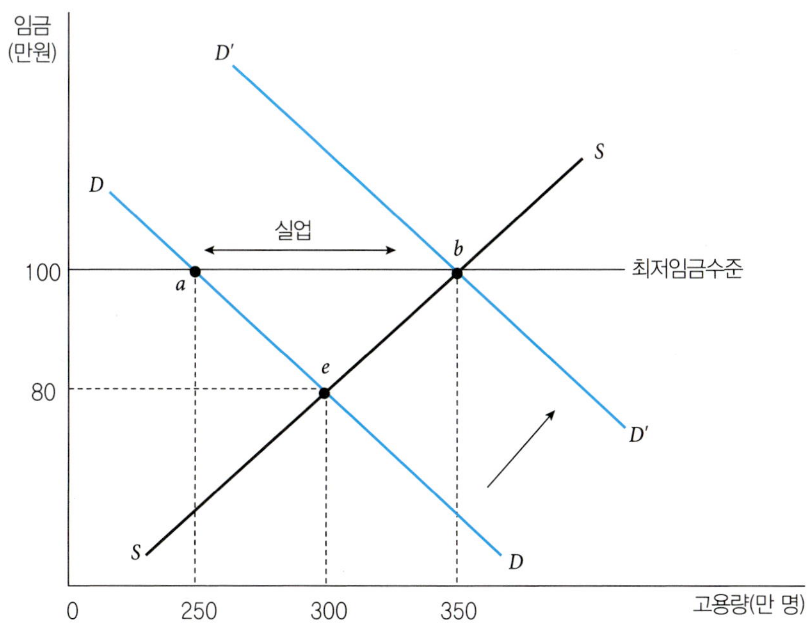

규정했다고 하자. 이러한 최저임금제의 효과는 부정적 측면과 긍정적인 측면으로 나누어 분석할 수 있다.

### 부정적 측면

최저임금제의 부과로 인해 나타날 수 있는 첫 번째 효과는 비숙련노동자의 고용감소이다. 〈그림 12-9〉에서 보는 바와 같이 최저임금 100만원에서 기업은 250만 명을 고용하려 하나(*DD*곡선의 *a*점), 350만 명이 노동을 공급하려고 할 것이다(*SS*곡선의 *b*점). 그 결과 종전의 시장균형임금 80만원에서는 없었던 100만 명의 노동초과공급, 즉 실업이 발생한다. 이 중 50만 명은 최저임금수준에서 일하기를 원하나 채용되지 못한 사람들이고(*SS*곡선상에서 *b*점에서 *e*점으로의 이동), 50만 명은 기업이 최저임금수준에서 고용을 줄이려 하기 때문에 채용되지 못한 사람들이다(*DD*곡선상에서 *e*점에서 *a*점으로의 이동). 이것은 최저임금제의 적용을 받는 사람은 저소득층이므로 오히려 이들의 고용을 줄임으로써 오히려 복지수준을 낮출 수 있음을 말해 준다.

이외에도 최저임금제가 비숙련노동자들에게 줄 수 있는 부정적 효과가 존재한다. 일부 기업들이 임금수준을 높인 것을 만회하고자 종전에 주던 월급 이외의 복지급여—급량비, 피복비, 의료비 등—를 감축시킬 수도 있다. 뿐만 아니라 최저임금제가 실시되기 전에 비숙련노동자를 훈련시키기 위해 활용하던 OJT(On the Job Trainning)나 도제제도를 꺼려할 수 있다. 이러한 부정적 효과는 단기보다는 장기에서 더 크게 나타날 것이다. 왜냐하면 임금상승으로 기업은 첨단장비를 많이 쓰는 쪽으로 기술진보를 진행시켜 결국은 기계가 사람을 대체하게 되는데, 일반적으로 기술진보는 장기적인 현상이기 때문이다. 이에 따라 최저임금제는 산업구조를 고도화시킨다. 즉 노동집약적 산업에서 기술집약적 산업으로, 경공업중심에서 기계공업중심으로 산업구조를 고도화시켜 고생산성 · 고임금경제로의 구조변화를 가져올 수 있다. 그러므로 만약 정부가 최저임금제의 이러한 비숙련노동자의 고용감소라는 부정적 효과를 인식한다면, 정책의 초점이 단순한 임금규제보다는 비숙련노동자에 대한 교육훈련에 맞추어야 할 것이다.

### 긍정적 측면

이상의 결론은 완전경쟁적 노동시장에 대한 분석에서 비롯되었으므로 최저임금제의 부정적 효과는 비현실적이라고 주장하는 사람들도 있다. 현실적으로 노동시장은 불완전경쟁적이므로 최저임금제는 고용을 감소시키지 않고도 시행될 수도 있다는 것이다. 사실 완전경쟁시장에 비해 고용이 제한되는 불완전경쟁시장에서는 최저임금제로 임금이 상승하면 오히려 더 많은 직장을 창출할 수도 있다.

더 나아가서 최저임금제를 효과적으로 실시하면 노동자들의 생산성이 증가되고, 이것은 노동수요곡선을 $D'D'$로 우상향 이동시켜 실업발생효과가 상쇄될 수도 있다. 그렇다면 최저임금제가 어떻게 생산성을 증가시킬 수 있는가? 첫째로 최저임금제는 주로 생산성이 낮은 비숙련노동자를 고용하는 기업에 적용되므로 최저임금제는 노동을 보다 더 효율적으로 사용하게끔 하는 일종의 충격이 될 수 있으며, 그 결과 노동의 생산성은 향상될 것이다. 둘째로 임금수준의 증가는 가계의 실질임금의 증가를 가져오고, 이에 따라 노동자의 건강과 근로의욕이 향상되면서 생산성이 증가될 수 있다.

**더 알아보기** **최저임금 인상과 외국인의 국내 유입**

최저임금 인상의 또 하나의 부작용으로 외국으로부터의 급격한 노동력 유입을 들 수 있다. 〈그림 12-10〉에서 보는 바와 같이 2022년 우리나라의 시간당 최저임금은 9,160원으로 중국의 1,770원, 베트남의 1,050원, 몽고 1,150원에 비해서 매우 높은 수준이다. 따라서 국가 간 임금 수준에 차이가 있으면 임금 수준이 낮은 수준의 국가에서 높은 수준의 국가로 노동력의 이동이 일어날 수 있다.

**그림 12-10** 최저임금의 국제비교

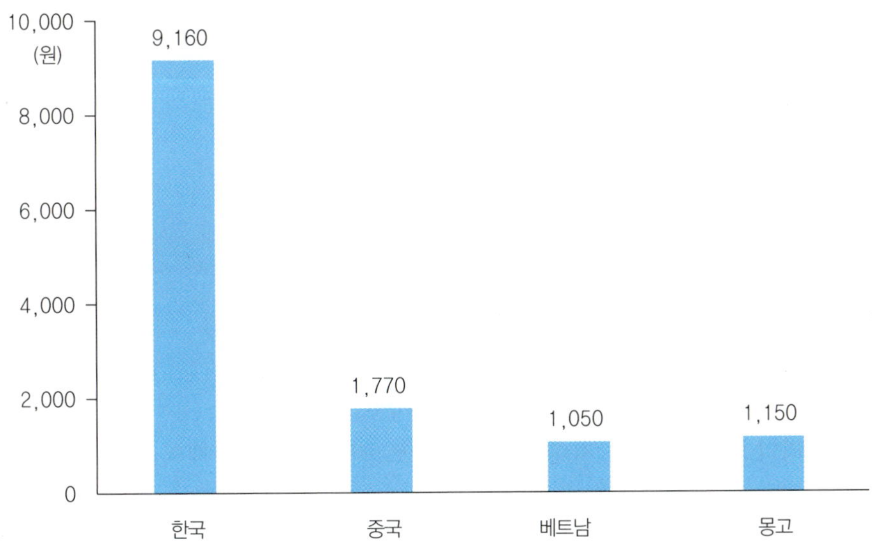


자료: 고용노동부 등

실제로 〈그림 12-11〉에서 보는 바와 같이 2018년 우리나라의 최저임금이 전년의 6,470원에서 7,530원으로 16.4%로 급격히 인상되면서 외국인 불법체류자수가 2017년 25만 1,041명에서 2018년 34만 4,589명으로 37.3%나 증가하였다. 동기간 외국인 유학생수가 증가한 것도 우리나라 최저임금의 인상에 기인하는 것으로 보인다. 외국인 유학생수가 2017년 12만 3,858명에서 2018년 14만 2,205명으로 14.8%가 증가하였다. 외국인 유학생의 경우 학업보다는 취업을 목적으로 국내로 유입되는 현상이 발견되기 때문에 문제가 되고 있다. 이는 우리나라의 노동시장뿐만 아니라 대학교육에도 악영향을 미칠 수 있다.

그림 12-11 최저임금과 외국인의 국내유입

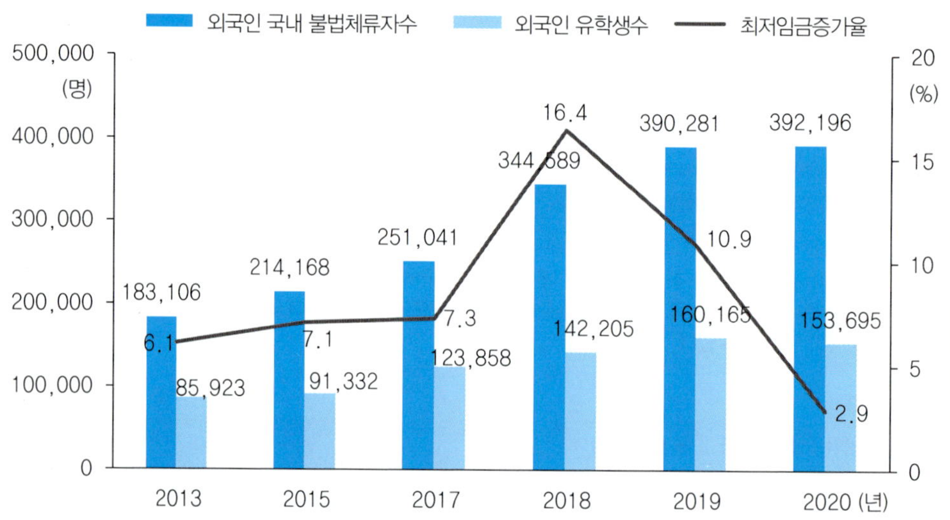


자료: 법무부, 교육부, 고용노동부

# 12.3 지 대

## 토지사용에 대한 가격으로서의 지대

우리의 일상생활에서 지대(rent)란 아파트, 자동차 등 내구재의 사용에 대한 대가로 여겨지고 있다. 만약 독자가 학교기숙사를 빌리는 학생이라면 기숙사 사용료가 바로 지대이고, 렌트카 회사로부터 승용차를 빌린다면 렌트비용이 지대인 것이다. 그러나 이러한 상식선에서 얘기되는 지대의 개념은 애매모호하다. 가령 기숙사 사용료에는 대학당국이 기숙사 건축을 위해 빌려 온 돈에 대한 이자뿐만 아니라 관리인에 대한 임금 등이 포함되기 때문이다.

그러므로 지대에 대한 보다 명확한 정의가 요구되는데, 전통적으로 경제학자들은 지대를 총공급이 완전히 고정된 토지—기타 천연자원 포함—의 사용에 대한 대가로 정의하고 있다. 다시 말해서 지대를 임금, 이자, 이윤 등과 구분할 수 있는 유일한 기준이 있다면, 그것은 토지의 총공급이 고정되어 있다는 공급측면에서의 특성이다. 단순한 수요 · 공급모형을 통해서 이를 자세히 살펴보기로 하자. 먼저 분석을 단순화하기 위해서 다음과 같이 가정하자.

가정 1: 모든 토지는 동일한 비옥도, 즉 생산성을 가진다.

가정 2: 토지는 쌀 하나만을 생산할 수 있다. 다른 대안이 없다는 뜻이다.

가정 3: 토지시장은 완전경쟁시장이다. 수많은 농부들이 경작지를 수요하며, 수많은 지주들이 자신의 땅을 공급하고 있다.

이러한 가정하에서 〈그림 12-12〉에는 경제전체적인 토지의 총공급곡선 *S*와 그 경작지의 사용에 대한 농부들의 수요곡선 *D*가 나타나 있다. 토지에 대한 수요 역시 노동과 마찬가지로 파생수요로서, 수요곡선이 우하향하는 이유는 토지의 한계생산이 체감하기 때문이다.

**그림 12-12 지대의 결정**

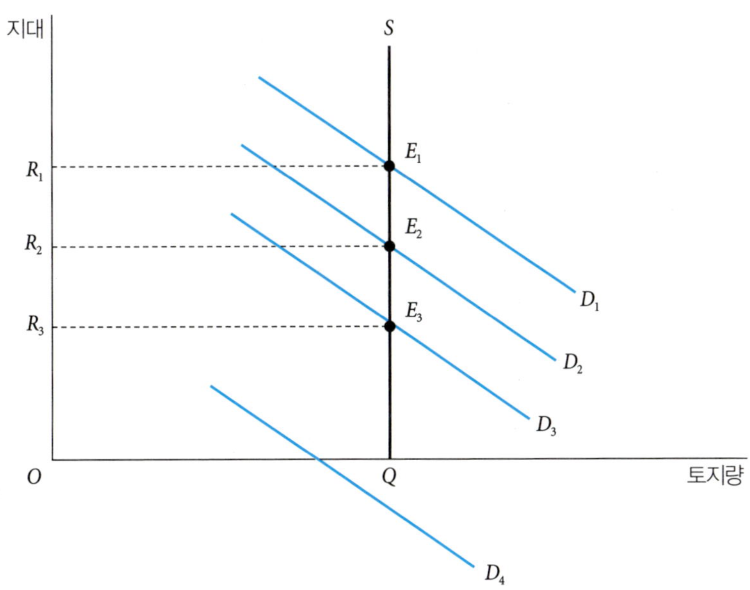

토지의 공급측면에서의 독특한 점은 토지의 공급곡선이 $S$처럼 완전비탄력적이라는 것이다. 물론 간척지개발이나 관개시설을 통해서 토지의 공급이 증가할 수도 있지만, 이런 부분은 전체 토지 중 극히 일부이므로 공급이 고정되어 있다고 보아도 무방할 것이다.

이제 토지사용에 대한 보수, 즉 지대는 어떻게 결정될 것인가를 알아보자. 토지의 수요곡선이 $D_1$이라면 완전경쟁적인 시장을 가정하였으므로 수요와 공급이 일치하는 $E_1$점에서 균형지대 $R_1$이 결정될 것이다. 이 때 지주에게 돌아가는 지대액은 $\square OR_1E_1Q$이다. 토지의 공급은 고정되어 있으므로 지대를 결정하는 유일한 요인은 수요측면이다. 만약 수요곡선이 $D_1$에서 $D_2$로 좌하향 이동하면 지대는 $R_2$로 하락할 것이다. 요컨대 토지의 공급은 전혀 변화가 없으므로 수요의 변화만이 가격변화를 가져온다. 만약 수요가 $D_4$로 급격히 하락한다면 지대는 0이 될 것이며, 이것은 더 이상 토지가 희소하지 않으므로 토지는 자유재(free good)가 된다는 것을 의미한다. 이러한 상황은 미국의 서부 개척시대에 토지가 자유재로서, 원하는 사람 누구나 땅을 가질 수 있었던 상황과 같다고 볼 수 있다.

## 생산성의 차이와 지대

앞에서는 가정 1, 즉 모든 경작지가 질 면에서 동일한 등급을 가진다는 전제하에서 지대의 개념을 살펴보았다. 그러나 현실적으로는 토지마다 생산성이 다르다. 왜냐하면 토지의 생산성은 토지 자체의 비옥도나 강우량, 기온 등과 같은 기후적 조건에 의해서 차이가 나기 때문이다. 이러한 요인들은 강원도 산간지역의 논과 경기도 이천군의 논이 왜 마지기당 산출량에 차이가 나타나는지를 설명해 준다. 이와 같은 토지간 생산성의 차이는 토지수요에 반영되어진다. 예를 들어 농부들은 경쟁적으로 경기도 이천군의 논을 선호할 것이고, 이는 지대를 높게 형성시킬 것이다. 아무래도 강원도 산간지역의 논은 이보다는 낮은 지대가 형성될 것이다.

토지의 위치도 지대의 차이를 설명하는 데 중요한 요인이 된다. 다른 사정이 일정한 한 고객, 원료, 인력 면에서 전략적으로 유리한 위치에 있는 땅에 대해서 더 높은 지대를 지불하고자 할 것이다. 예를 들어 서울 근교의 땅은 다른 지역에 비해서 분명 높은 지대가 지불될 것이다.

이와 같이 토지의 비옥도나 위치에 연유하는 지대의 차이는 〈그림 12−12〉를 다른 관점에서 보면 쉽게 이해할 수 있다. 4개의 다른 등급을 가진 토지로 벼만을 경작한다고 하자. 동일한 농기계, 인력 등이 토지에 투입된다고 할 때 각 등급의 한계수입생산

($MRP$)은 $D_1$, $D_2$, $D_3$, $D_4$에 각각 반영된다. 즉 가장 생산성이 높은 1등급 토지의 수요곡선은 $D_1$이고, 가장 생산성이 낮은 4등급 토지의 수요곡선은 $D_4$이다. 결과적으로 1등급, 2등급, 3등급 토지에 대한 지대는 각각 $R_1$, $R_2$, $R_3$으로 결정될 것이며, 4등급은 생산성이 너무 낮기 때문에 지대가 형성되지 않는다. 이 경우 토지는 자유재로서 단지 부분적으로 사용될 것이다.

## 경제적 지대

이상에서 우리는 지대를 토지에 국한하여 분석하였지만 오늘날 지대는 모든 생산요소에 적용되는 광의의 개념으로 사용되고 있다. 즉 노동이든 기계든 어떠한 생산요소라도 총공급이 고정된 경우에 그 소유자에게 지급되는 금액은 지대로 볼 수 있다. 우리는 이와 같이 넓은 개념의 지대를 토지에 국한시킨 지대와 구분하여 경제적 지대(economic rent)라고 부른다. 예를 들어보자. 피카소의 걸작은 공급이 고정되어 있으므로 그림 애호가가 원하는 가격에서 팔릴 것이고, 피카소 그림을 판 대금은 모두 경제적 지대가 될 것이다.

더 나아가서 요소의 공급이 고정되어 있지 않고, 공급곡선이 우상향하는 경우에도 경제적 지대의 개념을 구분해 낼 수 있다. 결론부터 말하자면, 경제적 지대는 모든 생산요소에 대해 전용수입을 초과하는 지급액을 말한다. 그러면 전용수입이란 무엇인가? 전용수입이란 "어떤 요소가 현재의 용처에서 다른 용처로 전용되게 하지 않기 위해서 지급되어야 할 금액"을 뜻하는 것으로, 말하자면 경제적 지대는 잉여지급액이 되는 것이다. 노동을 예로 들어 이 두 개념을 이해해 보자.

〈그림 12-13〉에서 산업의 노동공급곡선 $S_L$은 우상향하고 있다. 이는 앞에서 살펴본 바와 같이 더 높은 임금수준은 더 많은 노동자로 하여금 이 산업에 노동을 공급하게 유인한다는 사실을 반영하는 것이다. 만약 노동의 시장수요곡선을 $D_L$이라고 한다면, $D_L$과 $S_L$이 만나는 $E$점에서 균형임금이 40만원으로 결정될 것이다. 우리는 경제적 지대와 전용수입을 구분할 수 있다. $E$점에서 노동에 대한 총지급액은 직사각형 부분($OW_eEL_e$) —즉 임금률에다 노동량을 곱한 것—으로 이 중에서 검게 표시된 부분이 전용수입이고, 나머지 부분이 경제적 지대 또는 잉여지급액이다. 이제 그 이유를 알아보자.

시장공급곡선 $S_L$은 노동자로 하여금 노동을 제공하도록 유도하는 데 필요한 여러 가지 임금수준을 가리키므로 임금률 자체가 곧 전용수입이 된다. 즉, 전용수입은 노동공급에 대한 기회비용이라고 할 수 있다. 예를 들어 첫 번째 노동자는 최소한 20만원만

**그림 12-13** 경제적 지대와 전용수입

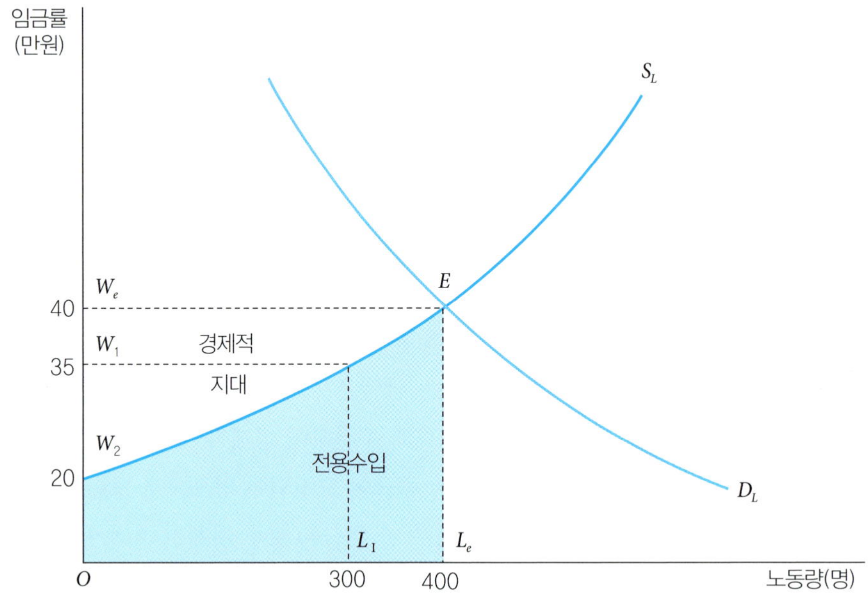


받으면 노동을 공급할 의도를 가지고 있음을 뜻한다. 300명의 노동자들은 각각 35원 임금만 받으면 노동을 공급할 의도가 있음을 말해 준다. 그러나 실제로는 균형임금 수준에서 고용되는 400명 모두가 40만원의 임금을 받는다. 그러므로 첫 번째 노동자와 300명의 노동자는 자기가 받으려는 임금보다 실제로 각각 20만원과 5만원을 더 받게 된다. 이러한 잉여가 바로 경제적 지대로 전체적으로는 삼각형 $W_2W_eE$가 된다. 경제적 지대는 상품거래시에 발생하는 생산자잉여와 유사한 개념이라고 볼 수 있다.

경제적 지대의 크기는 공급곡선의 탄력성에 의존하게 된다. 만약 요소의 공급곡선이 완전비탄력적이어서 공급이 고정되어 있는 경우는 요소수입의 전부가 경제적 지대로 구성된다. 이는 〈그림 12-12〉에서처럼 토지의 경우와 마찬가지이다. 즉 토지처럼 요소공급이 완전비탄력적이면, 토지사용에 대한 지대는 전용수입이 전혀 없는 특수한 경우의 경제적 지대라고 볼 수 있다. 이러한 경우는 노동에서도 찾아볼 수 있다. 가령 갑이라는 뛰어난 프로야구선수가 연봉 2억원을 받는다면 그것의 대부분은 슈퍼스타의 희소성에 기인한 경제적 지대가 된다. 왜냐하면 그가 야구 이외의 다른 직업을 갖는다고 한다면, 그의 연봉은 1,000만원 정도를 오르내릴 것이므로 야구에 종사하는 기회비용, 즉 전용수입은 매우 적기 때문이다.

반대로 요소의 공급곡선이 완전탄력적이면 기업의 요소가격은 전용수입으로만 구성된다. 예를 들어 경쟁적 시장에서 비숙련노동을 고용하는 경우가 이에 해당한다고 볼 수 있다.

## 12.4 이 자

### 이자의 본질

이자율(interest rate)이란 화폐사용에 대한 대가로 지불되는 가격이다. 구체적으로 말해서 이자율은 어떤 사람이 1년 동안 1원을 빌려 사용할 때 지불하는 화폐금액이다. 이러한 이자소득에 대해 다음 두 가지 측면을 지적할 수 있다.

첫째, 이자는 보통 절대치보다는 빌린 화폐액에 대한 백분율(%)로 표시된다. 가령 10,000원을 1년 빌리는데, 이자가 1,200원이라고 얘기하기보다는 이자율 12%라고 하는 것이 더 자연스럽다. 이렇게 이자율을 백분율(%)로 표시하면 서로 다른 화폐금액에 대해서도 비교하기가 쉽다. 매년 28,800원에 대해 4,320원의 이자를 지급하는 것과 매년 120,000원에 대해 18,000원의 이자를 지급하는 것은 이자율이 모두 15%로 같다.

둘째, 화폐는 노동이나 토지처럼 직접 생산에 투입되는 생산요소가 아니다. 화폐만 가지고는 상품을 생산할 수 없다. 그러나 기업은 화폐를 가지고 기계, 공장, 건물 등 자본재를 구입할 수 있기 때문에 화폐의 사용을 '구입'한다. 이러한 자본재는 생산활동에 직접 기여할 수 있으므로 기업이 화폐자본의 사용을 구입한다는 것은 궁극적으로는 실물자본의 사용을 '구입'하는 것이라고 할 수 있다.

### 이자율의 결정

자금사용에 대한 가격인 이자율 역시 시장에서의 수요와 공급의 원리에 의해서 결정된다. 즉 이자율은 대부가능한 자금에 대한 수요와 공급이 일치하여 결정된다.

자금에 대한 공급곡선은 우상향한다. 즉 자금공급자는 낮은 이자율에서보다 높은 이자율에서 자금을 더 공급하려고 할 것이다. 자금공급에 대한 의사결정은 기회비용에 바탕을 두고 있다. 사람들은 지금 자신의 돈을 쓸 것인가 아니면 미래에 더 많은 돈을 얻기 위해서 빌려줄 것인가를 결정해야 한다. 이 문제는 기본적으로 지금 상품을 가지느냐 아니면 저축을 해서 미래에 더 많은 돈을 가질 것인가를 결정하는 것과 마찬가지이다. 그러므로 대부되는 자금의 기회비용은 현재의 소비를 포기한 대가이다. 이자율이 높을수록 미래에 더 많은 상품을 가질 수 있으며, 따라서 더 많이 저축하려고 할 것이다. 반대로 이자율이 낮을수록 소비를 미래로 연기시키는 데 대한 대가는 작아지고, 저축의욕은 감소될 것이다.

한편 기업은 자금의 수요자가 된다. 기업은 자금에 대한 수요를 결정함에 있어서 다양한 투자사업이 가져다 주는 수익률을 고려하게 된다. 예를 들어 공장을 건설하는 첫 번째 사업의 연간 기대수익률이 20%이고, 새로운 조립라인을 설치하는 두 번째 사업의 연간 기대수익률은 10%이며, 새로운 화물창고를 짓는 세 번째 사업의 연간수익률은 5%일 수 있다. 합리적인 기업이라면 각 사업의 투자수익률이 이자율을 초과하거나 이자율과 같은 한 그 사업에 착수할 것이다. 만약 이자율이 10%라면 위에서 예로 든 사업 중에서는 기대수익률 20%인 첫 번째 사업과 기대수익률이 10%인 두 번째 사업을 착수할 것이고 이를 위해 자금을 필요로 할 것이다. 그러므로 자금에 대한 수요곡선은 우하향한다. 매우 높은 이자율하에서는 극히 소수의 투자사업만이 고려될 것이고 자금에 대한 수요도 그만큼 줄어든다. 예를 들어 만약 이자율이 30%라면 이 정도의 기대수익률을 보장해 주는 사업이 거의 없을 것이므로 자금수요는 크게 위축될 것이다. 반대로 매우 낮은 이자율하에서는 자금수요가 크게 늘어 날 것이다.

**그림 12-14 이자율의 결정과 투자**

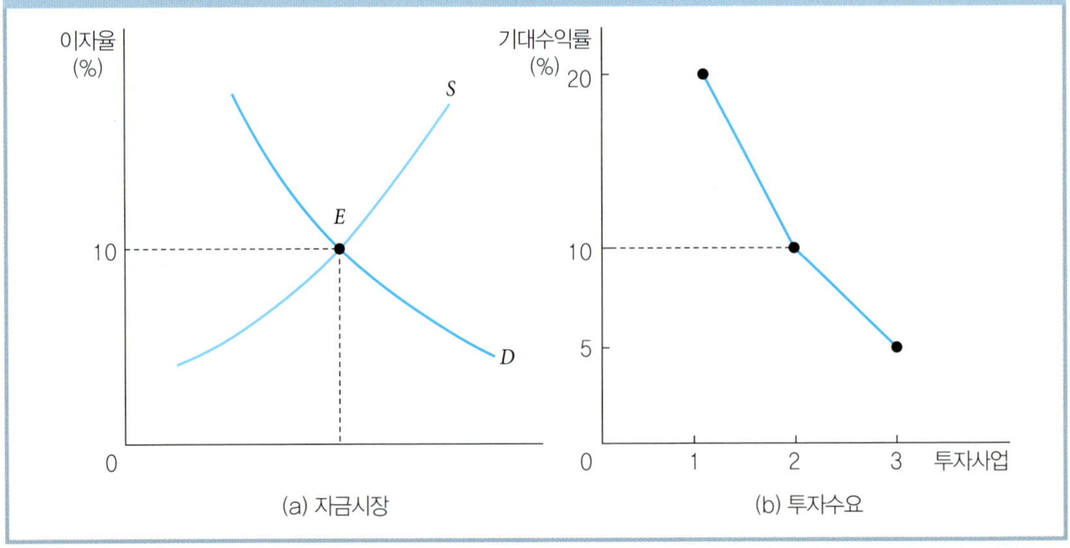

〈그림 12-14〉에는 이상에서 살펴본 자금수요곡선과 공급곡선이 그려져 있다. 이자율은 다른 가격과 마찬가지로 수요와 공급이 일치하는 $E$점에서 10%로 결정된다. 그리고 이러한 시장이자율보다 높은 기대익률을 가지는 투자사업에 대한 자금만이 조달될 것이다.

## 이자율의 구조

우리는 흔히 분석상의 편의를 위해 이자율이 마치 하나만 존재하는 것처럼 가정하고 있으나, 실제에 있어서는 그렇지 않다. 경제신문을 펼쳐 보면 손쉽게 여러 가지 이자율이 존재함을 알 수 있다. 예금이라도 종류에 따라 이자율이 다르며, 각종 공채에 있어서도 각기 다양한 특색이나 만기일에 따라서 이자율이 다르다. 왜 이러한 차이가 나타나는 것일까? 그 이유로 다음의 네 가지를 들 수 있다.

### 위험도

화폐를 빌려주는 데 대한 위험의 정도가 이자율의 차이를 가져오는 가장 중요한 요인이 된다. 자금을 빌리는 사람이 돈을 갚지 않을 확률이 크면 클수록 자금을 빌려주는 사람 편에서는 이러한 위험을 보상받기 위해서 더 높은 이자율을 요구할 것이다.

### 만 기

대출기간은 역시 이자율에 영향을 미친다. 다른 조건이 모두 같다면 장기대부는 단기대부보다 더 높은 이자율을 요구할 것이다. 왜냐하면 돈을 장기간 빌려주는 사람은 그 기간동안 다른 용도로 쓸 수 없다는 기회비용과 불편함을 감수해야 하기 때문이다.

### 대출액

만약 대출기간과 위험도가 동일한 경우라면, 두 개의 대출건수 중에 금액이 적은 쪽의 이자율이 더 높게 될 것이다. 이는 대출관리비용은 금액의 다소에 관계없이 동일하기 때문이다.

### 불완전한 시장

화폐시장이 불완전하다면 분명 여러 가지 이자율이 나타날 것이다. 가령 은행이 독점화 되어 있다면, 이자율도 상품처럼 가격차별화가 가능할 것이다. 정보가 불완전할 경우에도 마찬가지이다. 정보망이 갖추어져 있는 대기업은 경쟁적인 은행들을 조사하여 가장 낮은 이자율로 돈을 빌릴 수 있을 것이나, 지방의 중소기업들은 정보의 부족으로 더 높은 이자율로 돈을 빌리는 경우가 생길 것이다.

### 이자율의 자본재 배분기능

독자들은 가격이 자원배분기능을 가지고 있음을 기억할 것이다. 하나의 가격으로서의 이자율 역시 마찬가지 기능을 수행한다. 이자율은 화폐자본을 배분하는 기능을 가지며, 그럼으로써 실물자본을 여러 기업과 투자사업에 배분시키는 역할을 한다. 이자율은 가용한 화폐 및 유동성을 기대수익률이 이자율보다는 충분히 큰 투자사업에 활용되게끔 한다. 예를 들어 컴퓨터산업에서 순기대수익률이 14%인 반면에, 필요한 자금을 빌릴 수 있는 이자율이 10%라면 컴퓨터 산업은 차입자의 위치에 서게 되며 자본설비를 확장시킬 것이다. 반대로 사양산업인 석탄산업에서는 기대수익률이 5%라면 이 산업이 설비를 확장하는 것은 손해가 될 것이다. 요컨대 이자율은 돈을 배분시킴으로써 궁극적으로 실물자본을 보다 생산적이고 이윤발생 가능한 산업으로 배분시킨다. 이렇게 자본재가 배분되면 사회적으로 바람직한 결과가 초래될 것이다.

그러나 현실적으로 볼 때 이자율은 완벽하게 자본을 생산적인 부문으로 이동시키지는 않는다. 가령 대기업은 명성을 통해서 좋은 조건으로 돈을 빌릴 수 있는 반면에, 무명의 중소기업은 순기대수익률이 높음에도 불구하고 돈을 빌리지 못해 자본설비를 확장시키지 못하는 경우가 일반적이다.

## 12.5 이 윤

지금까지 우리는 네 가지 요소소득 중 임금, 지대, 이자에 관해 살펴보았다. 이제 요소소득의 나머지 부분인 이윤에 대해 알아보기로 하자.

### 이윤의 개념

A라는 컴퓨터 제조회사가 회계장부상 10억원의 이윤을 얻고 있다고 하자. 이와 같이 회계장부상에 나타나는 이윤을 회계적 이윤이라고 부르는데, 회계적 이윤은 지대와 마찬가지로 애매모호한 개념이다. 기숙사 사용료에는 이자, 임금 등이 포함되어 있는 것처럼 회계적 이윤에도 진정한 의미에서 이윤이라고 볼 수 없는 부분이 섞여 있기 때문

이다.

진정한 의미에서의 이윤, 즉 경제적 이윤(economic profit)에 대해서는 제7장에서 공부한 바 있다. 일반적으로 경제학자들은 이윤을 기업가적 능력(entrepreneurial ability)이라는 특별한 인적 자원에 대한 보상 또는 수익이라고 보고 있다. 그러면 기업가가 하는 일은 무엇인가? 다음과 같이 요약될 수 있겠다.

- 상품을 생산하는 과정에서 노동, 자본, 토지 등 다른 요소를 동원하여 조합하는 일
- 기업경영 전반에 관한 의사결정을 하는 일
- 생산공정이나 제품 면에서 기술혁신을 도모하는 일
- 이상의 기능과 관련하여 발생하는 경제적 위험을 감수하는 일

이미 독자들은 이러한 기업가의 역할에 대한 보상의 일부가 정상이윤임을 알고 있을 것이다. 즉 정상이윤이란 특정한 생산활동에 자신의 기업가적 역할을 계속 수행하는 데 필요한 최소한의 보상 또는 수익이다. 그러나 정의상 정상이윤은 비용의 개념에 속한다. 그러므로 기업의 총수입이 총비용—명시적 비용+정상이윤을 포함하는 암묵적 비용—을 초과한다면 총비용을 초과하는 이윤이 바로 경제적 이윤인 것이다. 이와 같이 총수입에서 총비용을 뺀 나머지 부분은 정상이윤까지도 초과하는 부분이므로 비용이 아니며, 순전히 기업가에게 귀속되는 경제적 이윤이다.

## 경제적 이윤의 원천

그렇다면 경제적 이윤을 가져오게끔 하는 원천은 무엇인가? 이는 경제적 이윤이 0이 되는 상황과 현실을 비교해 보면 알 수 있다.

역시 우리가 제8장에서 배운 바로는 정태적인 완전경쟁시장에서는 경제적 이윤은 0이 될 것이다. 여기서 정태적이라는 말은 요소공급, 기술, 소비자기호 등이 변하지 않는 상황을 의미한다. 이러한 상황에서는 미래가 완전히 예측가능하여 경제적인 위험이 전혀 없다. 더 나아가서 정태적인 시장은 어떠한 유형의 기술혁신도 배제되는 상황이다. 완전경쟁시장에서는 정(+)이든 부(−)이든 이윤이 존재하기만 하면, 이것이 모두 소멸될 때까지 기업의 진출입이 일어난다. 이 상태에서는 기업들이 정상이윤만 얻게 된다. 만일 이와 같은 상태의 세계에서도 신문지상에 발표되는 기업의 손익계산서에 여전히 이윤이 나온다면, 이 때의 이윤은 다름 아닌 자가고용된 노동에 대한 수익이나 정상이윤을 포함하는 암묵적 비용에 지나지 않는다. 왜냐하면 만약 생산요소의 소유주가 자신이 소유하고 있는 생산요소를 자신의 사업에 고용하여 얻는 대가가 다른

용도에 임대할 경우의 대가가 자가고용보다 못하다면 자신의 사업에 투입했었을 것이기 때문이다. 요컨대 모든 경제주체들이 시장상태에 대해 완전한 지식을 갖고 있는 정태적인 세계에서는 다수의 경쟁자들이 자유롭게 경제적 이윤이 발생한 산업에 참가할 수 있으므로 마침내 생산물의 가격은 단위당 생산비와 같아지게 될 것이고, 따라서 경쟁적 임금, 이자 및 경제적 지대 이외의 이윤은 소멸되고 말 것이다.

그러므로 경제적 이윤이 존재할 수 있다는 것은 기술, 소비자의 기호 등이 변하면서 경제적인 위험이 존재하는 동태적인 상황이다. 경제적 이윤의 중요한 원천은 기업가가 기업활동에 대해서 감수하는 불확실성이다. 또 하나는 독점이윤이다.

### 불확실성: 위험과 이윤

동태적인 상황에서 미래는 항상 불확실하다. 이는 기업가들은 사업착수시에 실패할 위험을 가정하게 된다는 것을 의미한다. 그러므로 이윤은 이러한 위험을 감수하는 데 따른 보수로 여겨질 수 있다.

그러나 모든 위험이 이윤과 연결되어지는 것은 아니다. 위험은 보험가능한 위험(insurable risk)과 보험불가능한 위험(uninsurable risk)으로 구분할 수 있는데, 보험가능한 위험은 이윤의 원천이 아니다. 왜냐하면 위험을 분산시킴으로써 불확실성을 완전히 제거할 수만 있다면, 이윤이란 문제는 애초에 거론할 필요조차 없기 때문이다. 보험가능한 위험이란 화재, 홍수, 도난 등과 같이 확률적으로 예측이 가능한 위험이다. 그렇다면 이윤의 원천이 되는 보험불가능한 위험은 무엇인가? 보험불가능한 위험은 기본적으로 기업이 직면하는 수요 및 공급 조건이 통제불가능하고 예측불가능함을 의미한다. 대표적인 예가 경기변동과 같은 일반경제상황의 변화이다. 만약 호경기라면 이윤이 증가하나 불경기라면 이윤이 감소할 것이다. 더 나아가서 소비자 기호, 정부정책의 변화 등도 기업이 보험에 들 수 없는 외생적인 위험들이다. 요컨대 이윤 또는 손실은 경제의 순환적 또는 구조적인 변화로부터 발생하는 보험불가능한 위험을 기업가가 감수하는 데 대한 보수라고 할 수 있다.

### 불확실성: 기술혁신과 이윤

위에서 언급한 위험은 기업이 통제할 수 없는 외생적인 변수이다. 이와 달리 기업에 내생적으로 존재하는 위험이 있는데, 그것은 기업가가 착수하는 기술혁신(innovation)에 대한 불확실성이다. 이러한 불확실성을 감수하는 대가가 바로 이윤이라고 볼 수 있다.

앞에서 지적한 바와 같이 정태적인 상황에서는 기술혁신이 일어나지 않는다고 할 수 있다. 그러나 현실 세계에서는 새로운 아이디어를 가진 사람이 혁신적인 기계를 발명하고 제품의 개선 내지는 개발을 통해서 비용을 절감시킬 수 있는 기회는 얼마든지 있는 것이다. 이제 이러한 일을 하는 사람들을 기업가(entrepreneur) 혹은 혁신자(innovator)라 부르자. 물론 분명한 한계를 설정하기는 힘들겠지만 이들은 기존사업을 단순히 관리하기만 하면 되는 기업의 단순 경영자와는 구별된다. 그리하여 슘페터(Joseph Schumpeter)를 위시한 많은 경제학자들은 기업경영자에 대한 급여는 이윤이 아니라고 본다. 그들은 경영자에 대한 급여는 그것이 명시적이든 혹은 암묵적이든 간에 단순한 급여일 뿐 이윤은 될 수 없으며, 이윤은 오로지 기업가나 혁신자에 대한 보수라고 말한다.

특히 오늘날의 대기업은 소유권과 경영권이 분리되어 있어 기업의 경영은 기업의 소유 여부와는 관계없이 전문경영자에 의해 수행되고 있으며, 이들은 회계사나 생산공정감독 등과 같이 일정한 보수를 지급 받고 있다. 다시 말해서 이들이 가지고 있는 경영능력도 하나의 기술이며, 따라서 이러한 기술을 가진 사람들 역시 요소시장에서 상호경쟁함으로써 임금이 높은 사용처로 이동해 갈 것이다.

그러나 혁신자는 다르다. 비록 그가 항상 성공하리라는 보장은 없어도, 즉 미래가 불확실해도 그는 항상 새로운 활동을 하고자 하며, 안목과 독창력은 물론 패기를 가지고 새로운 방식을 개발 · 채택하고자 한다. 그는 새로운 기계나 방식을 발명하는 발명가는 아닐 수도 있으나, 분명히 그것을 성공적으로 도입하고 소개하는 사람이다. 한 예로, 맥스웰(Maxwell)은 전자파의 이론을 발전시켰고, 헤르츠(Hertz)는 그것을 실험을 통하여 입증하였으나, 그것을 상업화시킨 사람은 마르코니(Marconi)와 사르노프(Sarnoff)였던 것이다.

물론 이들이 얻게 되는 이윤은 일시적이어서 새로운 경쟁자와 모방자들의 출현에 의해 삭감되지만 비록 하나의 이윤원천—혁신—이 없어진다 해도 곧 다른 원천이 나타나므로 이와 같이 혁신이 지속적으로 이루어지는 이상 혁신에 따른 이윤은 계속 존재하게 된다.

### 독점이윤

이상에서 우리는 이윤을 불확실성 및 위험과 관련지어 설명하였다. 그러나 이윤을 '필요악'으로 생각하는 사람들도 적지 않다. 이들은 지금까지 설명한 암묵적 임금이니 위험부담에 대한 할당금이니 하는 생각은 아예 하지도 않고, 다만 이윤을 얻고 있는 사람을 무자비하게 착취하거나 기껏해야 극도로 이해타산적인 사람이라 생각한다. 이와 같은 편견은 어디서 비롯된 것인가? 이들이 머리 속으로 생각하고 있는 이윤은 다름 아닌 독점이윤(monopoly profit)인 것이다. 이윤을 이렇게 보는 것도 물론 일면의 타당성은 갖고 있다. 이제 독점이윤에 대한 견해를 파악해 보자.

우리는 제9장에서 독점이윤을 얻기 위해서는 그 기업이 반드시 순수독점기업일 필요는 없다는 것을 배웠다. 다만 판매량과 가격을 조절할 수 있는 정도의 독점력만 행사할 수 있다면, 그 기업은 독점이윤을 얻을 수 있었다. 그러나 이러한 조건은 독점이윤을 누릴 수 있는 가능성을 말해 줄 뿐 반드시 독점이윤을 보장하지는 않는 것이다. 가령 기업의 진출입이 비교적 자유로운 독점적 경쟁에서는 독점이윤이 삭감될 수 있었으며, 또 수요가 아주 작을 때는 오히려 손실을 볼 수도 있었다. 그러나 기업의 진입이 제한된다면 기업이 가격을 조작할 수 있는 독점력으로 인하여 독점이윤을 누릴 수 있는 가능성은 한층 커지게 됨은 물론이다.

그러면 독점기업은 어떻게 행동할 것인가? 그는 우선 요소고용량에 제한을 함으로써 경쟁기업에서보다 훨씬 낮은 수준으로 산출량을 제한하여 인위적으로 생산물을 희소하게 만들 것이다. 우리는 앞에서 지대는 공급이 고정된 생산요소에 대한 보수임을 보았는데, 이와 마찬가지로 독점이윤은 생산과정에서 소요되는 요소를 '인위적'으로 희소하게 만든 데 기인된 결과라고 볼 수 있다. 따라서 요소소유자가 얻는 수익을 요소의 '자연적' 희소성으로 인한 경제적 지대라고 한다면, 독점자의 '인위적' 희소성으로 인한 수입은 독점이윤이 되는 것이다. 그러므로 독점기업이 누리는 이른바 이윤에는 '자연적' 희소성에 기인된 경제적 지대가 일부 포함되어 있으며, 여기서 말하는 독점이윤은 독점자가 인위적으로 요소의 공급량이나 생산량을 제한함으로써 얻게 되는 추가적 수입이라 할 수 있다.

## 이윤의 중요성

현실 세계에서는 이윤극대화를 기도하는 사람은 누구도 환영을 받지 못하며, 때문에 대다수의 기업가들은 자기 기업이 이윤극대화를 추구하는 기업임을 공표하려고 하지 않는다. 그럼에도 불구하고 기업의 전문경영인은 주주총회에서 자기가 얼마나 기업의 이윤극대화를 위해 고심했는가를 열심히 변명하지 않으면 안된다. 이와 같이 이율배반적인 현상을 독자들은 최소한 상식적으로라도 이해할 수 있을 것이다. 그러면 이윤은 도대체 어떤 기능을 하는 것일가?

이윤은 자본주의경제체제를 움직이는 '힘'이라 할 수 있다. 이윤은 생산요소의 고용수준은 물론이고 생산요소의 사용처간 배분에도 영향을 미친다. 혁신의 유인은 이윤 혹은 이윤에 대한 기대이며, 혁신은 다시 투자를 촉진하여 소득 및 고용수준을 증대시킨다. 혁신은 경제성장과정에서 필수적인 것이며, 대부분의 경우 혁신의 배후에는 이윤추구동기가 개입되어 있다.

한편 이윤은 자원의 효율적 배분을 가능하게 한다. 기업가는 이윤을 추구하는 동시에 손실을 회피하며, 경제적 이윤의 발생은 곧 사회가 이윤이 발생된 산업의 확장을 원하고 있다는 신호가 된다. 사실상 이윤은 생산확장의 유인에 그치는 것이 아니라 기업설비확장의 재원이 된다. 반대로 손실은 그 생산이 축소되어야 한다는 신호가 됨은 물론이다.

## 요 약

1. 임금, 이자, 지대, 이윤 등 생산요소의 가격은 요소시장에서 결정된다. 요소시장이란 기업이 노동, 자본, 토지, 경영능력 등을 구입하는 시장이다.
2. 요소의 공급의도는 공급자의 기회비용에 의존한다. 공급곡선은 우상향하는데, 이는 요소의 가격이 높을수록 그 요소가 다른 용도로 쓰일 경우의 보수보다 커져서, 요소공급을 유인하기 때문이다.
3. 요소의 수요는 최종상품에 대한 파생수요로서, 요소수요곡선은 우하향한다. 기업의 수요곡선은 한계수입생산(*MRP*)곡선 자체가 된다. *MRP*란 요소 한 단위를 추가적으로 고용함으로써 유발되는 수입의 증가분이다.
4. 요소의 가격은 상품과 마찬가지로 요소의 시장수요곡선과 시장공급곡선이 일치할 때 결정된다. 그러나 요소에 대해 독점력을 가지는 경우에는 요소가격의 결정자가 존재할 수 있다.
5. 사람 혹은 직종에 따라서 임금수준이 달라진다. 직업은 천차만별이므로 임금의 균등화격차가 발생한다. 사람 역시 천차만별이므로 노동력은 비경쟁집단으로 나누어진다. 근로자들은 근로조건과 임금수준에 영향력을 행사하기 위해서 노동조합을 결성한다.
6. 이자율은 자금시장에서 결정된다. 이자율은 활용가능한 자금의 공급과 수요를 일치시킨다. 기업은 어떤 기업의 기대수익률이 이자율과 같거나 클 때, 그 사업에 투자할

것이다.

7. 경제적 지대란 요소에 대한 지급액 중 전용수입을 초과하는 부분이다. 순수한 지대는 토지처럼 완전히 고정된 요소에 대한 대가이다.
8. 경제적 이윤은 위험을 감수하거나 혁신을 하는 기업가에 대한 대가이다. 그러나 경제적 이윤은 단순히 진입장벽에 의해서도 발생할 수 있다.

## 용어 및 개념

요소공급의 기회비용
후방굴절공급곡선
파생수요
한계수입생산(*MRP*)
한계요소비용(*MRC*)
한계생산가치(*VMP*)
임금수취자
*MRP* = *MRC* 준칙
기업(시장)의 요소수요곡선
균형요소가격 및 균형고용량
한계생산력설
최저임금제
균등화격차
비경쟁집단
노동조합
임금관리
수요독점
경제적 지대
전용수입
이자율
기대수익률
경제적 이윤
정상이윤
기업가(혁신자)
보험(불)가능한 위험

CHAPTER 13 | ECONOMICS

# 시장실패와 정부정책

SECTION



만약 경제 내에 존재하는 '모든' 시장이 완전경쟁적이라면 자원배분은 효율적으로 이루어질 것이다. 반대로 시장이 독과점적이거나 공공재의 경우, 외부효과가 존재하는 경우, 그리고 정보가 불완전할 경우에는 시장이 제 기능을 발휘하지 못하게 된다. 경제학에서는 이를 시장실패(market failure)라고 한다. 독과점이 자원의 효율적 배분을 달성할 수 없다는 점은 이미 배운 바 있다. 그러므로 이 장에서는 공공재, 외부효과, 정보의 불완전성 등이 왜 비효율적 자원배분을 가져오는지를 소개하고, 이에 대한 정부의 정책에 대해서 알아본다.

# 13.1 공공재

## 공공재의 특성

만약 어떤 한 사람이 상품을 소비할 때, 그 상품을 쓰는 다른 사람의 소비량을 감소시키지 않는다면, 그 상품은 공공재(public good)이다. 다시 말해서 일단 공공재가 어느 누군가에게 주어진다 하더라도, 다른 사람들이 아무 비용을 지불하지 않고서 그것을 소비할 수 있다. 대표적인 공공재로는 국방, 소방, 등대 등을 들 수 있으며 라디오방송, TV방송 등도 공공재에 속한다.

이렇게 보면 공공재를 식별할 수 있는 가장 중요한 특성은 소비의 비경합성이라고 할 수 있다. 예를 들어 어떤 한 학생이 라디오를 듣는다고 해서 다른 학생이 못 듣는다고 하는 경우는 없다. 이러한 공공재의 특성은 소비가 경합되는 사적재(private good)와는 대조적이다. 사과와 같은 사적재는 어느 누군가가 특정량을 소비한다면, 그 소비되는 부분은 다른 사람에 의해서 절대 소비될 수 없는 것이다.

공공재의 또 다른 특성으로는 비배제성을 들 수 있다. 이 특성은 소비의 비경합성과는 구분되는데, 비배제성이란 일부 선택된 사람—예를 들어 대가를 지불한 사람—에게만 상품소비의 혜택을 한정시키기가 불가능하거나 한정시키는 데 막대한 비용이 들어가는 것을 의미한다. 가령 국방이라는 서비스에 대해서 일정한 대가만 지불한 사람에게만 그 혜택을 누리게 할 수 있겠는가?

요컨대 공공재의 두 가지 특성은 소비의 비경합성과 비배제성이다. 만약 이 중 공공재의 더 중요한 특성을 고르라고 한다면, 그것은 소비의 비경합성이다. 예를 들어 국방과 TV방송이라는 공공재는 모두 소비에 있어서 비경합적이지만, 국방은 비배제성의 특성을 가지는 반면에 TV방송은 유선을 통해 배제할 수 있다.

## 공공재의 최적산출량

우리의 분석목적은 완전경쟁이라 하더라도 민간기업에 의해 공급되는 공공재의 경우에는 '적정'량이 생산되지 않기 때문에 정부의 개입이 불가피함을 설명하는 데 있다. 그러므로 공공재의 '적정'한 생산량수준을 결정하는 것이 순서일 것이다.

**더 알아보기 재화의 유형**

우리는 공공재의 두 가지 특성, 즉 소비의 비경합성과 비배제성을 기준으로 모든 재화 및 서비스를 구분해 볼 수 있다. 〈그림 13-1〉에서 가로축은 소비가 경합하지 않는 정도를 나타내고, 세로축은 배제할 수 없는 정도를 나타낸다. 먼저 $D$ 영역에서처럼 소비가 경합하지 않을뿐더러 배제할 수 없는 재화를 우리는 순수 공공재(pure public goods)라고 부른다. 국방이라는 서비스가 가장 대표적인 예이다. 우리 국민 중 어느 누군가가 국방의 혜택을 누린다고 해서 다른 사람이 국방의 혜택을 누리지 못하는 것은 아니며, 국방비를 내지 않았다고 그 사람만 따로 연평도 앞바다에 격리시켜 놓을 수도 없지 않은가? 특허기간이 지난 기술도 이러한 유형에 속한다고 할 수 있다. 이와 정반대로 소비가 경합하고 배제가 가능한 재화 및 서비스는 사적재($A$ 영역)가 되는 것이다. 아이스크림은 돈을 지불해야 먹을 수 있으며, 다른 사람이 먹으면 나는 먹지 못하게 되기 때문이다.

그렇다면 소비는 경합하지 않으나, 배제가 가능한 재화가 있는가($B$ 영역)? 유선방송이 대표적인 예이다. 내가 유선으로 TV를 본다고 다른 사람이 못 보는 것은 아니나, 돈을 내지 않으면 볼 수 없다. 이런 이유로 유선TV 사업에서는 배제시키는 기술이 사업성패의 가장 중요한 요인이 되고 있다. 이와 정반대가 되는 재화($C$ 영역)의 예로는 공해상에 있는 참치 떼를 들 수 있다. 소유권이 없는 넓은 바다 위에서 누가 참치잡이를 제재할 것이며, 어떤 사람이 참치를 잡았다고 해서 다른 사람이 잡지 못하는 것은 아니다. 저수지 낚시터에 있는 물고기의 경우는 어떠한가? 저수지에는 비교적 풍부한 물고기가 사육되므로 내가 물고기를 잡았다고 다른 사람이 물고기를 잡을 수 없지는 않으나, 즉 소비가 경합하지 않으나, 입장료를 받을 수 있으므로 ★에 위치한다고 볼 수 있다. 독자들은 오늘 하루 동안에 접하는 모든 재화 및 서비스들이 어느 유형에 속하는지 생각해 보는 것도 재미있는 일이 될 것이다.

**그림 13-1** 재화 및 서비스의 유형

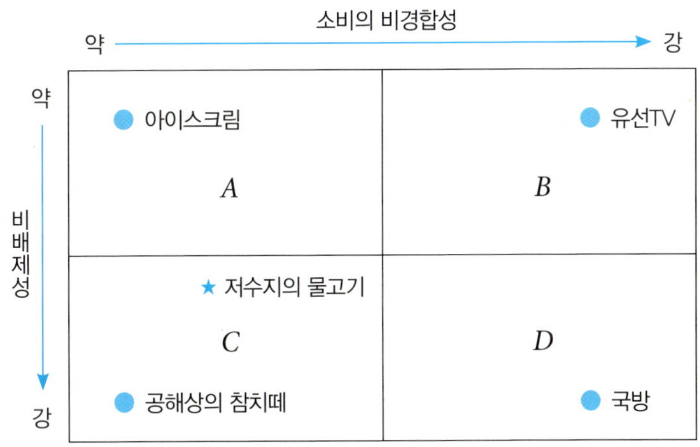


### 공공재에 대한 수요

분석의 단순화를 위해서 갑과 을이라는 두 사람만이 있고 이들의 특정 공공재—예를 들어 국방서비스—에 대한 진정한 수요가 〈표 13-1〉과 같이 주어져 있다고 가정하자. 이러한 수요예정표는 이 두 사람이 시장에서 '수요의도'를 나타내지 않는다는 의미에서 일종의 '환상'이라고 말할 수 있다.

**표 13-1 공공재에 대한 수요스케줄(2명인 경우)**

| (1)<br>가격(원) | (2)<br>갑의 수요량 | (3)<br>을의 수요량 |
|---|---|---|
| 5,000 | 0 | 1 |
| 4,000 | 1 | 2 |
| 3,000 | 2 | 3 |
| 2,000 | 3 | 4 |
| 1,000 | 4 | 5 |

만약 정부가 공공재 1단위를 공급하기로 결정했다고 하자. 공공재에는 소비의 경합성과 배제성의 원칙이 적용되지 않으므로 이 두 사람은 자발적으로 지불의사를 표시하지 않을 것이다. 그러나 두 사람이 함께 지불하고자 하는 금액은 〈표 13-1〉의 정보를 통해서 알 수가 있다. 갑은 공공재 1단위에 대해서 4,000원을 지불하려고 하고 을은 5,000원을 지불하려고 한다. 그리고 4,000원과 5,000원을 합친 9,000원이 갑과 을이 함께 지불하려고 하는 금액이 된다. 마찬가지로 공공재 2단위에 대해서 이 두 사람이 함께 지불하려는 가격은 7,000원(갑 3,000원+ 을 4,000원)이다. 이런 식으로 하여 공공재 3단위째와 4단위째에 대해서도 갑과 을이 함께 지불하려는 가격을 구하면, 공공재에 대한 집합적인 수요곡선을 도출할 수 있다.

이와 같은 공공재의 수요곡선의 도출방법은 사적재와는 전혀 다르다. 사적재의 시장수요곡선은 제4장에서 배운 바와 같이 각 가격에 대응한 개별수요량을 '수평 합'하여 도출하였다. 이와 반대로 공공재에 대한 수요곡선은 〈그림 13-2〉에서 보는 바와 같이 각 수요량에서 공공재의 마지막 한 단위 대해서 집단적으로 지불하고자 하는 가격을 '수직 합'하여 도출한 것이다. 즉 $D_{공공재}$는 $D_{갑}$과 $D_{을}$을 '수직 합'하여 구한 것이다. 다시 강조하건대 이렇게 할 수 있는 이유는 갑과 을, 두 사람 모두가 공공재 각 단위를 동시적으로 사용할 수 있기 때문이다.

공공재의 수요곡선은 사적재의 경우처럼 우하향하는데, 이는 한계효용체감의 법칙을 반영하는 것이다. 공공재를 추가적으로 사용할수록 전 단위의 공공재 소비보다 그 만족도는 감소한다.

### 공공재의 공급

한편 공공재의 공급곡선은 어떤가? 〈그림 13-2〉에서 보는 바와 같이 공공재의 공급곡

그림 13-2 공공재의 최적생산량

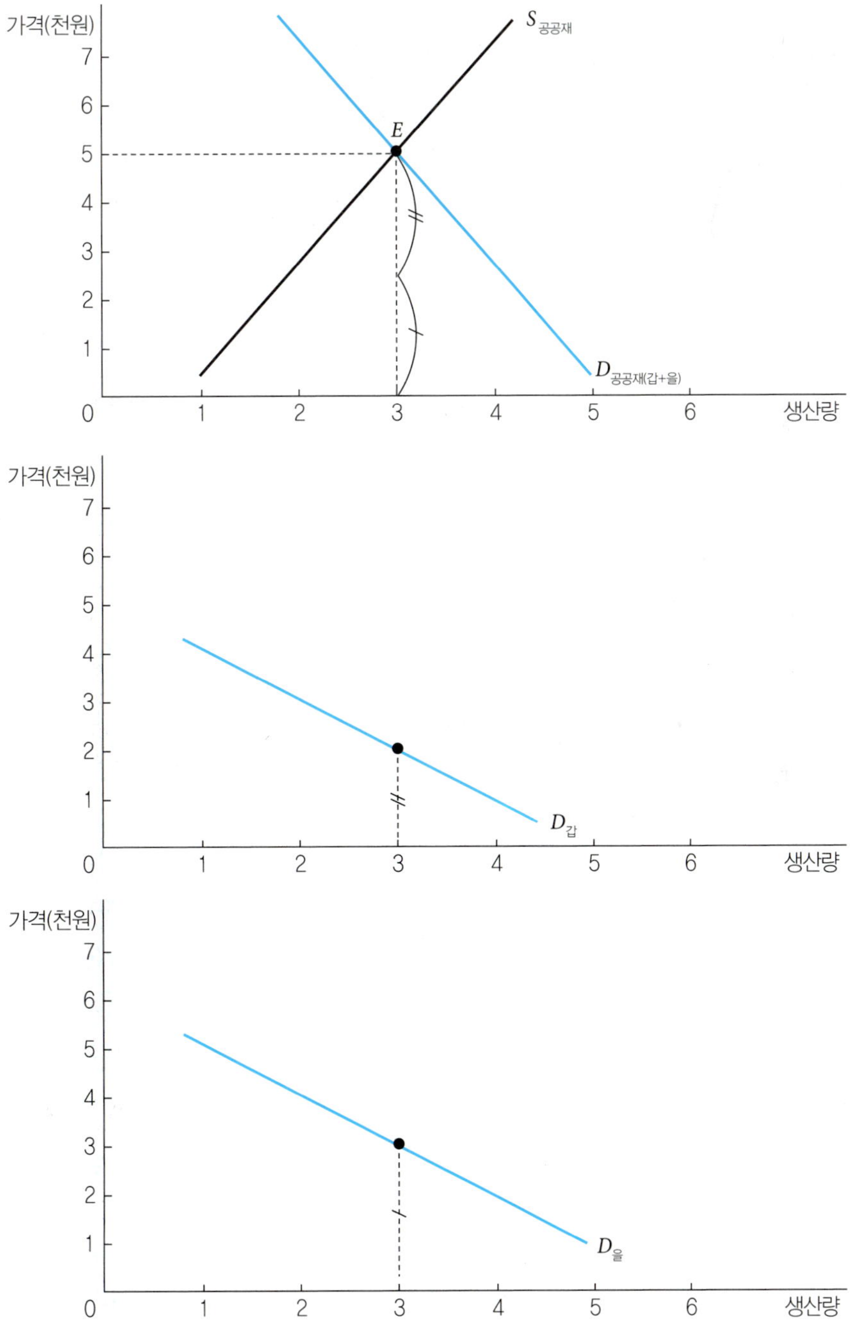

선은 사적재와 마찬가지로 우상향한다. 왜냐하면 단기상황에서 볼 때 수확체감의 법칙은 엽총(사적재) 생산뿐만 아니라 미사일(공공재) 생산시에도 적용되기 때문이다.

### 최적생산량의 결정

공공재의 최적생산량도 사적재와 마찬가지로 수요와 공급의 원리에 의해서 결정된다. 즉 각 개인의 수요곡선을 '수직 합'한, 즉 집합적 수요곡선과 공급곡선이 만나는 *E*점에서 균형이 달성되며, 이 때 공공재의 균형가격은 5,000원, 균형수량은 3단위로 결정된다. 만약 공공재가 2단위 공급된다면 2단위에 대해서 집합적으로 지불하려는 금액(7,000원)은 한계비용(3,000원)을 초과한다. 이러한 상황은 공공재가 덜 생산되고, 이에 따라 공공재 생산에 자원이 적게 배분되고 있음을 뜻한다.

한편 공공재가 4단위 공급된다면 4단위에 대해서 집합적으로 지불하려는 금액(3,000원)은 한계비용(7,000원)보다 적다. 이는 2단위의 경우와 반대로 공공재가 더 생산되어, 자원이 공공재 생산에 과도하게 배분되고 있음을 뜻한다. 결국 공공재의 최적생산량은 3단위로서, 이때 공공재 한 단위에 대해서 소비자들이 집합적으로 지불하려는 금액(5,000원)과 한계비용(5,000원)이 일치한다. 이와 같이 공공재의 최적공급량은 '한계편익 = 한계비용 준칙'이 성립될 때 결정되는데, 이는 우리가 앞에서 배운 '*MR* = *MC* 준칙' 및 '*MRP* = *MRC* 준칙'과 유사한 원리이다.

## 공공재와 시장실패

이상에서 우리는 공공재가 민간에 의해서 공급되는 경우 최적생산량이 3단위임을 알았다. 그런데 문제는 공공재 생산을 민간에 맡길 경우에 "실제 공급되는 양이 최적생산량보다 적거나, 심지어는 전혀 공급되지 않을 가능성이 있다"는 것이다. 즉 시장실패의 가능성이 존재한다.

왜 그런 것일까? 이는 공공재가 비배제성의 특성을 가지기 때문이다. 공공재는 비배제성으로 인하여 개별수요자들이 차를 공짜로 타려는 경향을 보인다는 것이다. 이러한 경향을 경제학에서는 '무임승차문제(free-rider problem)'라고 부르는데, 이는 소비자들이 공공재에 대해서 대가를 지불하든 지불하지 않든 공공재가 어떤 방법으로든지 공급될 것으로 믿기 때문에 생긴다. 다시 말해서 공공재를 공급하는 데 드는 비용을 여러 사람들이 분담하는 과정에서, 개별소비자들은 자신이 재정부담을 하지 않는다고 해서 그 사실이 다른 사람에게 알려지지 않으며, 공공재 공급에 영향을 미치지 않을 것으로 믿는다는 것이다. 가령 서울에서 부산으로 가는 기차가 어떤 한 사람이 요금을 내지 않고 몰래 탔다고 해서 출발을 포기할 리 없다는 심리다. 문제는 한 사람뿐만 아니라 대부분의 사람이 이런 식으로 생각하고, 그 결과 실제로 공공재가 최적 수준보다 적게—가령 〈그림 13-2〉에서 2단위—공급된다는 것이다.

구체적인 예를 들어보자. 어떤 마을의 반상회에서 방범등을 설치하기로 결정했다고 하자. 마침 사고가 생긴 지도 얼마 안 되어 모인 사람들이 만장일치로 찬성하였다. 그런데 문제는 방범등을 설치하는 비용을 각각에게 분담하는 과정에서 생긴다. 만약 방범등의 혜택을 많이 받는 사람이 돈을 더 내고 혜택을 적게 받는 사람은 돈을 덜 낸다고 하자. 이때 '공짜심리'가 생길 수 있다. 가령 철수엄마는 방범등이 어떻게 해서든지 설치될 것으로 믿고, 자신은 방범등의 필요성이 별로 없다는 것을 강조하는 발언을 할 수가 있다. 예를 들어 자기는 밤마실을 안 다닐 뿐더러 자기 가족들도 일찍 귀가한다는 등등이다. 철수엄마뿐만 아니라 영희엄마, 더 나아가서 반상회에 참석한 '모든' 엄마들이 이런 식으로 생각하는 경향이 있게 되고, 결국 방범등이 설치되지 않는 불상사가 생길 가능성이 있다.

이와 같은 무임승차의 문제는 수요자들의 수가 많아질수록 더 심각하게 된다. 이 문제를 해결하기 위해서 정부는 공공재에 대한 대가로서 조세를 부과하는 것이 일반적이다. 가장 대표적인 예가 국방서비스라는 공공재라고 할 수 있다.

## 13.2 외부성

### 외부성이란

완전경쟁시장이 효율적이라는 결론 뒤에 숨겨진 하나의 가정은 상품의 소비 및 생산과 관련된 모든 이득과 손실이 각각 시장수요곡선과 시장공급곡선에 반영된다는 것이다. 다시 말해서 어떤 상품을 소비하거나 생산할 때 외부성(externality)이 존재하지 않는다는 가정이다. 외부성이란 생산 및 소비로 인해 발생하는 비용과 편익이 거래당사자 외의 제3자에게 영향을 미칠 때 발생한다. 이 때 제3자에게 손해를 끼치게 되는 경우도 있고 반대로 이득을 주는 경우도 있다. 우리는 전자를 외부불경제라 하고 후자를 외부경제라 한다.

외부불경제가 발생하는 구체적인 예를 들어보자. 한강 상류에 제지공장이 있고 하류에는 양어장이 있다고 하자. 제지공장은 펄프를 처리하는 과정에서 각종 화학물질을 강물에 흘려보낼 것이고, 제지공장과 직접 거래를 하지 않는 제3자인 양어장은 심각한 피해를 입게 될 것이다. 제3자로서 피해를 입기는 한강을 식수원으로 하는 서울 시민들도 마찬가지일 것이다. 우리 생활 주변에서도 외부불경제의 예를 손쉽게 찾아볼 수 있다. 좁은 사무실에서 마구 담배를 피워 대는 사람, 새벽 3시에 아파트에서 음악을 있는 대로 크게 틀어 놓는 사람, 시커먼 연기를 내뿜으며 달리는 시내버스 등은 외부불경제를 초래하는 주범들이다.

한편 외부경제를 가져오는 경우도 없지는 않다. 가장 대표적인 예로 복숭아밭 옆에서 양봉업자가 꿀벌을 치는 경우를 들 수 있다. 복숭아의 수확은 봄에 피는 꽃이 얼마나 잘 수정되느냐에 따라서 달라질 수 있다. 암술과 수술의 수정은 바람에 의존하는 것이 보통인데, 극성스러운 복숭아밭 주인이라면 인위적으로 꽃을 하나하나 건드려 주기도 할 것이다. 그런데 마침 양봉업자가 복숭아밭 옆에 있기 때문에 꿀벌들이 꽃에 찾아오게 되고 꿀을 채취하는 과정에서 암술과 수술의 수정을 도와주므로 복숭아는 많이 열리게 될 것이다. 그러므로 복숭아밭 주인과 양봉업자는 직접 시장거래행위를 하지 않은 상태에서 양봉업자가 복숭아밭 주인에게 이득을 주는 셈이 되는 것이다.

## 외부성과 시장실패

위의 논의에서 우리는 직관적으로 공해문제는 외부불경제와 관련이 있음을 알 수 있을 것이다. 그러면 공해현상이 왜 외부불경제와 관련되는가를 분석해 보기로 하자.

화학공장과 양어장의 예에서 볼 때 제3자에게 아무 보상 없이도 손해를 끼친다는 것은 화학공장이 자기가 부담하지 않는 비용을 추가로 발생시킨다는 의미를 가진다. 경제학자들은 이러한 비용을 '넘치는 비용'(spillover cost) 또는 사회적 비용(social cost)이라고 부른다. 사회적 비용은 화학공장이 생산과정에 직접 투입하는 사적 비용(private cost)과는 대조되는 개념이다.

바로 이러한 사회적 비용이 시장실패를 가져오는 원인이 된다. 〈그림 13-3〉을 통해서 이를 알아보자. 만약 외부불경제가 존재하지 않는다면, 따라서 사회적 비용이 존재하지 않는다면 시장균형은 수요와 공급이 일치하는 *E*점에서 달성될 것이다. 이 때 균형가격과 균형생산량은 각각 *OP*와 *OQ*이다. 여기서 공급곡선은 사적 한계비용만을 감안하고 있음에 유의하라. 이제 생산시에 사회적 비용이 발생한다면 균형은 어떻게 될

그림 13-3 외부불경제(공해)가 있는 경우의 시장실패

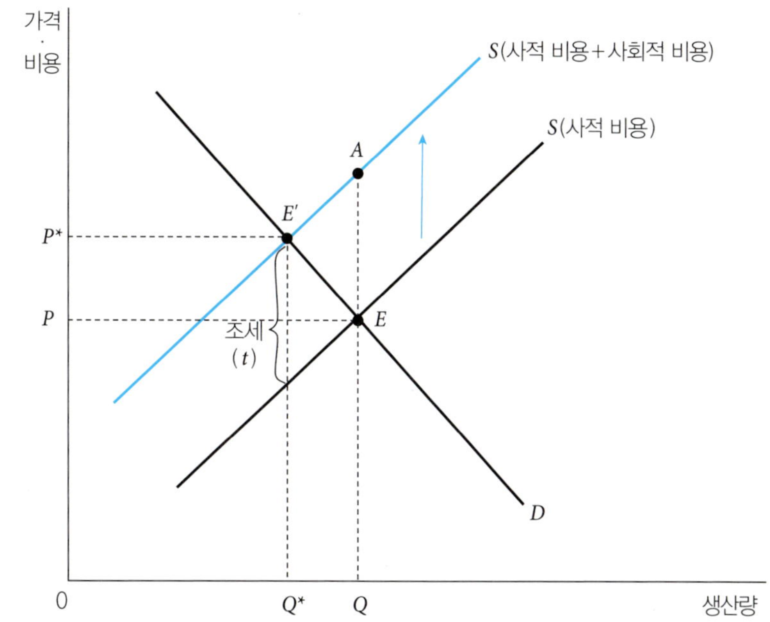


까? 사회적 비용은 공급여건을 변화시켜 공급곡선을 S에서 S′로 우상향 이동시킨다. 그 결과 균형점은 E에서 E′로 이동하며, 최적생산량은 OQ*가 된다. 그러므로 종전의 균형생산량 OQ는 사회적 비용을 고려했을 때의 최적생산량 OQ*보다 많게 되어, 우리는 자원이 이 상품생산에 과도하게 배분되었다고 할 수 있다. 이 때 삼각형 EE′A만큼의 사회적 비용이 발생하는데, 바로 이것이 화학공장과 양어장의 예에서는 공해부담을 의미한다고 볼 수 있다.

## 사회적 비용에 대한 정부정책

사적인 이윤만을 추구하는 민간기업은 일반적으로 사적 비용만을 고려하여 생산량을 결정하기 때문에 사회적 비용이 발생하는 경우에는 자원배분이 왜곡되기 마련이다. 다시 말해서 앞에서 살펴본 바와 같이 공해현상은 오염물질을 방출하는 기업이나 개인이 윤리적으로 타락하거나 돈에 눈이 어두워서 발생한다기보다는 시장경제체제에 내재하는 제도적인 결함으로 인해 초래되므로 시장경제체제에서 오염물질 배출에 따른 사회적 손실을 기업 스스로 감안하여 오염물질을 낳는 제품의 생산을 줄이거나, 오염물질

의 양을 줄이기 위해 환경오염방지기계를 설치하는 등의 노력을 기대한다는 것은 어려운 일이다.

따라서 정부의 개입이 요구되는데, 정부는 어떻게 이를 바로잡을 수 있겠는가? 한마디로 외부불경제로 인한 사회적 비용을 '내부화'시키면 될 것이다. 예를 들어 오염을 유발하는 기업들이 오염으로 인한 사회적 비용을 사회에 전가시키지 못하도록 하는 것이다. 〈그림 13-3〉에서는 공급곡선은 *S*에서 *S*'로 이동시키는 방안을 강구하면 된다. 구체적으로는 다음 세 가지 방법을 생각할 수 있겠다.

### 직접규제

가장 직접적인 방법은 수질오염이나 대기오염의 예에서 알 수 있듯이 정부가 오염을 금지하거나 제한하는 법률을 제정하는 것이다. 이러한 법률이 제대로 시행되기만 한다면 오염발생 주범들로 하여금 산업폐기물 등을 처리하는 비용을 부담하게 할 수 있다. 예를 들어 해당 기업들이 공기청정기를 구입하거나 폐수처리시설을 갖추게 한다. 법이라는 강제적 수단을 통해 기업이 사적 비용뿐만 아니라 사회적 비용을 포함하는 모든 비용을 부담케 하는 것이다. 요컨대 법률은 공급곡선을 *S*에서 *S*'로 상향 이동시켜 자원배분을 최적상태로 만든다.

### 조세

보다 간접적인 정책으로서 정부가 사회적 비용을 보상하기에 충분할 만큼 해당기업에 조세를 부과하는 방법이 있다. 이는 조세는 기업에게 비용으로서 공급의 결정요인이 된다는 점에 착안한 것이다. 〈그림 13-3〉에서 보는 바와 같이 정부가 *t*만큼의 물품세를 부과하면 공급곡선은 S에서 S'로 이동될 것이다. 그 결과 균형점은 *E*'로 이동되어 균형생산량은 최적인 $OQ^*$가 될 것이다. 그러므로 자원은 이 산업에서 다른 산업으로 재배분되어 자원배분의 왜곡이 수정될 것이다.

### 시장의 창출

시장을 통한 공해 예방은 외부성이 발생하는 근본적 이유에 대한 인식에서 출발한다. 그러면 어떤 경우에 외부성이 존재하고 어떤 경우에 외부성이 존재하지 않는가? 예를 들어 설명해 보자. 독자가 승용차를 소유하고 있다고 하자. 승용차에 대해서는 분명한 소유권(property right)이 주어져 있기 때문에 누군가가 차를 손상시킨다면 법정에서는 이를 보상하라고 판결할 것이다. 이 경우에는 사적 비용과 사회적 비용이 일치하여 외부성의 문제가 없게 된다. 한편 기업이 대기를 오염시키는 경우를 보자. 기업도 인근주민 아무도 공기를 소유하지 않는다. 즉 공기는 공동소유재산(common property)이다. 주민이 공기를 소유하지 못하기 때문에 기업이 발생시킨 대기오염으로 인한 피해에 대해 고소할 수 없다. 기업은 아무 제약 없이 오염물질을 배출하여 주민들에게 비용을 부담시킨다. 이상의 예에서 우리는 소유권이 분명하게 규정되어 있지 않기 때문에 외부성 문제가 발생한다는 점을 알 수 있다. 승용차의 경우 소유권이 분명했고, 따라서 외부성 문제가 없었다. 반대로 공기의 경우에는 아무도 소유권이 없었고, 그래서 외부성 문제가 나타났다. 이러한 논리는 이른바 코우즈 정리(Coase theorem)의 바탕이 되고 있다.

코우즈 정리에 따르면, 다음의 조건이 만족되면 정부개입이 전혀 없어도 외부성문제, 즉 공해문제가 해결될 수 있음을 말해 준다. 달리 말하자면 완전경쟁시장이 자연스럽게 외부성을 내부화시킨다는 것이다.

조건 1: 소유권이 분명하게 규정된다. 이때 소유권자가 누구이건 상관없다.

조건 2: 당사자 간에 협상비용이 거의 없다.

따라서 정부가 할 일은 피해 주는 편과 피해 받는 편과의 협상이 진행될 수 있는 여건만 마련해 주면 된다. 이렇게 되면 소유권이 분명해지므로 공해에 대해 가격이 매겨져 외부성 문제가 해결된다. 다시 제지공장과 양어장의 사례를 가지고 설명해 보자. 양어장은 생선에게 깨끗한 물을 공급하기 위하여 상류에서 오염된 물을 정제하는 데 매달 1,000만원이 들어간다고 하자. 반면에 제지공장이 화학물질을 자체적으로 정제하는 데는 400만원이 든다고 하자. 이제 깨끗한 강물에 대한 소유권이 양어장에게 있다고 하면, 제지공장은 400만원의 비용을 기꺼이 지불하여 폐수를 정제하여 내보낼 것이다. 그렇지 않으면 양어장의 입는 피해액인 1,000만원에 대해서 고발당할 것이기 때문이다. 반대로 강물에 대한 소유권이 제지공장에 있다고 하면, 양어장은 제지공장이 오염시키지 않는 대가로 매달 400만원을 기꺼이 지불할 것이다. 왜냐하면 오염된 연후에 물을 정제하는 데는 매달 1,000만원이 들기 때문이다. 외부성이 처음의 경우에는 제지공장에 의해서 내부화된 것이고 두 번째 경우에는 양어장에 의해서 내부화된 것이다. 이와 같이 누구에게 소유권을 주더라도 외부성의 문제는 해결된다. 요컨대 소유권만 분명하게 주어진다면 완전경쟁시장은 최적상태를 가져다준다고 볼 수 있다. 외부경제가 있을 경우에 대한 분석은 독자들의 몫으로 남겨 둔다.

**읽을거리** '공유'란 그럴듯한 원칙 앞세워 공짜심리 유도해선 해결 안 돼

강의 시간에 학생들에게 물었다. "갑과 을, 두 학생이 한 방에서 공부하고 있다. 갑은 방에서 하루에 담배 2갑을 피우고, 을은 비흡연자다. 어떻게 하면 이 문제를 해결할 수 있겠나?" 바로 대답이 나왔다. 을이 하숙집을 옮겨 독방을 쓰면 된다는 것이다. 다시 질문했다. "그 방이 지구라고 하면?" 뾰족한 대답이 나오지 않았다.

이 문제에 대한 처방을 내린 사람이 노벨 경제학상을 받은 코우즈(Ronald H. Coase)이다. 그는 하숙방 공기에 대한 소유권이 명확하지 않기 때문에 과도한 공기오염이 발생하는 것이므로, 따라서 하숙방 공기의 소유권을 제3자(정부)가 지정해 주면 문제가 해결된다고 했다. 가령 비흡연자인 을에게 공기의 소유권을 주면, 갑이 담배를 피울 때마다 공기를 오염시킨 부분에 대해 일정 금액을 받을 수 있고, 이 때문에 갑은 전보다 담배를 덜 피우게 될 것이다. 즉 공기의 가격이 책정되면 '공짜심리'(경제학 용어로는 '무임승차심리')가 없어져, 결과적으로 적정한 오염수준을 달성할 수 있다. 환경문제에도 시장원리가 작동된다는 것이다.

최근 서울시의 쓰레기 소각장 광역화 조치를 보면서 코우즈가 생각나는 것은 우연일까? 그간의 사정을 알아보니, 당초 목동 신시가지용으로 설립된 쓰레기 소각장이 나중에는 양천구 전체로 광역화되었고, 이때 서울시가 약속한 것이 '1구 1소각장'이라고 한다. 그런데 서울시는 올해 벽두에 양천구 목동 소각장에 다른 구의 쓰레기를 반입하여 태우는 조치를 강행하여, 주민들과 물리적으로 대립하는 사태가 벌어졌다. 이 조치는 서울시가 양천구 지역의 공기는 서울시민 모두의 공기라고 소유권을 지정한 것이나 마찬가지이다. 이는 공유 혹은 공동 활용 등 비판하기 어려운 가치를 가지는 정책으로, 그럴 듯하다. 그러나 허울 좋은 반시장적인 정책이어서 실패할 수밖에 없다. 시장친화적 정책이란 가능한 한 소유권을 명확히 지정하여, 각자가 '공짜심리'를 갖지 못하도록 하는 것이다. 그래야만 내 집 쓰레기는 내가 책임지는 시장원리가 작동된다. 그럼에도 불구하고 서울시는 이를 역행한 것이다.

실제로 '1구 1소각장' 원칙은 이미 폐기된 것이나 다름없다. '공유'라는 그럴듯한 원칙하에 공짜로 다른 지역 마당에서 쓰레기를 태울 수 있는데, 누가 자기 지역에 소각장 설립을 허용하겠는가? 따라서 이번 서울시의 조치는 님비들을 광범위하게 양산하는 정책이기도 하다. 목동 쓰레기 소각장은 거주지와 담장 하나를 사이를 둔 유일한 소각장이라든지, 뿜어 대는 연기에 다이옥신이 포함되어 인체에 치명적이라든지, 서울시가 환경부 승인도 없이 쓰레기 반입을 강행했다는 등등은 잘 모르겠다. 그러나 분명한 것은 환경정책은 시장원리에 입각해서 수립 · 시행되어야 한다는 것이다.

(조선일보 2008년 2월 8일, 성태경, 전주대 교수)

## 정보기술과 네트워크 외부성

지난 20여 년간에 걸쳐 우리 사회에서 일어난 가장 큰 변화는 정보기술(information technology: IT)의 발달로 인한 경제의 정보화일 것이다. 경제학자들은 이러한 경제를 신경제(new economy) 혹은 지식기반경제(knowledge-based economy)라고 부르고 있다(The Economist, 23 Sep., 2000). 보다 구체적으로 말하면 인터넷시대의 도래이다. 우리는 IT라는 용어를 종종 사용하는데, 'I'가 뜻하는 정보(information)와 'T'가 뜻하는 기술(technology)의 보다 명확한 개념은 무엇인가? 한 마디로 '정보와 기술'의 관계는 '포도주와 병'의 관계에 비유할 수 있다. 프랑스에서 오래 숙성된 맛좋은 '포도주'는 '병'에 담아 세계 각지로 유통되기 때문에 그 가치가 더욱 빛나게 되는 것과 마찬가지로, '정보' 혹은 '지식'은 인터넷 '기술'의 발달로 누구나 활용할 수 있기 때문에 그 부가가치가 엄청나게 커지게 되는 것이다.

인터넷의 웹사이트(Web site)들은 새로운 정보를 창출하기 때문이 아니라, 정보에 쉽게 접근할 수 있게 하기 때문에 가치 있는 것이다. 사실 웹상에서 접근할 수 있는 HTML 형태의 정보는 대충 150만 권의 책의 분량에 불과하다고 한다. 800만 권의 양질의 책을 소장하고 있는 캘리포니아 주립대학의 버클리 분교 도서관에 비하면 아무것도 아니다. 그러나 정보의 가치는 그 활용 가능성에 있는 것이지 존재 그 자체가 아니다. 만약 버클리대학 도서관의 책이 연간 1%(8만 권)만 대학 구내에서만 활용되는 반면에, 웹상의 정보 10%(책으로는 약 15만 권의 분량)가 세계 어디서나 활용된다면, 어느 것이 더 가치 있겠는가? 인터넷 기술의 가치는 바로 새로운 지식을 증가시킨 것이 아니라 정보를 활용할 수 있는 우리의 능력을 증진시켰다는 데 있다.

이와 같은 정보화된 경제에서 나타날 수 있는 외부성이 바로 네트워크 외부성(network externality)이다. 네트워크 외부성은 상품에 대한 어떤 사람의 효용이 이 상품을 사용하는 다른 사람들이 얼마나 존재하는지에 의존한다는 점에서 특수한 경우의 외부성이라 할 수 있다. 예를 들어 교수가 인터넷 강의를 위해 모뎀을 설치하는 경우, 수강생 모두가 의사소통할 수 있는 모뎀을 설치해야만 그 모뎀이 가치를 가지게 되는 경우이다. 이러한 네트워크 외부성은 경제적인 사고를 불러일으킨다. 예를 들어 임계치(critical mass)라는 개념이다. 어느 인터넷 사이트에 대한 사용자의 수요가 현재 그 사이트를 사용하고 있는 사람들의 숫자에 의존한다면, 초기단계에서 일정수준의 사용자들을 확보하는 것이 매우 중요하게 된다. 여기서 일정수준의 사용자의 수가 바로 임계치를 뜻한다. 많은 인터넷 사이트에서 처음에 무료로 혹은 싸게 사용하게 하는 것은 과거에 존재하지 않았던 '시장을 창출'하기 위한 전략이라고 할 수 있다. 물론 적정 임계치가 얼마가 될 것인지는 재화 혹은 서비스의 특성이나 사용자가 그것을 수용하는데 들어가는 비용과 이득에 의존할 것이다.

네트워크 외부성은 정부정책의 역할에도 시사하는 바가 크다. 인터넷의 발전역사에서 이를 확인해 볼 수 있다. 인터넷은 미국에서 초기에 소수의 일부 연구실 등에서 데이터 파일를 주고받기 위해 사용되었다. 그 후 1980년대 중반에 미국정부는 여러 지역에 위치한 12개의 슈퍼컴퓨터에 몇몇 주요 대학을 연결시키기 위해서 인터넷기술을 사용하였다. 즉 대학의 연구자들은 슈퍼컴퓨터에 자료를 주고받는 정도에 그쳤다. 그러나 통신 네트워크의 특성상 많은 사람들이 하나, 즉 슈퍼컴퓨터에 연결되면, 서로가 연결되므로, 슈퍼컴퓨터와 아무 상관없이 서로 이메일을 주고받게 되었다. 일단 임계치 이상의 사용자들이 인터넷에 연결되면서, 신규 사용자에 대한 인터넷의 가치는 눈덩이처럼 커지게 되었다. 요컨대 정부는 네트워크를 구축하기 위해서 슈퍼컴퓨터 센터를 활용하였지만, 신규 사용자들의 대부분은 슈퍼컴퓨터에 대해서는 관심을 가지지 않고도 인터넷을 사용하게 된 것이다.

## 13.3 불완전한 정보

완전경쟁시장이 성립하기 위한 조건 중의 하나는 구매자와 판매자가 거래되는 상품의 가격이나 품질에 대해서 완전한 정보를 갖는다는 것이었고, 이는 확실성의 세계를 상정한 것이라 할 수 있다. 그러나 그렇지 못한 것이 현실이다. 구매자들은 상품의 가격이나 품질에 대해 알기 위해 부단히 노력해야 하며, 구매자와 판매자 간에 어느 한쪽이 정보를 더 많이 가지는 경우가 있다. 이와 같이 정보가 불완전한 경우에도 시장이 기능을 제대로 발휘하지 못하게 된다.

### 탐색비용

만약 구매자가 정보가 완전한 세계에 산다면, 이는 상품에 대한 정보—품질, 가격, 대체재, 안정성 등—을 획득할 때 아무런 비용도 지불하지 않는다는 것을 의미한다. 그러나 정보가 불완전한 것이 현실이므로 상품에 대한 정보를 획득하는 데는 비용이 들며, 경제학에서는 이러한 정보획득비용을 탐색비용(search cost)이라고 부른다. 탐색비용은 상품구입을 위하여 광고지를 읽는다든가, 전화를 한다든가 혹은 더 값싼 제품을 찾기 위하여 쇼핑하는 데 소요되는 시간을 포함하는 개념이다. 물론 소비자는 정보를 획득하려고 직접 돈을 지불하기도 한다. 예를 들어 구매자는 상품의 질을 알아보기 위하여 '상품소개책자'를 사기도 하고, 주식투자 시에 소정의 수수료를 내고 투자전문가[1]로부터 자문을 받기도 한다.

[1] 투자자문가는 일종의 중개인(intermediary)이라고 할 수 있다. 중개인이란 정보획득사업에 특화한 사람으로서 개인이 직접정보를 수집하는 경우보다 더 낮은 비용으로 정보를 제공하는 기능을 수행한다. 중개인의 다른 예로서는 투기자(speculator)를 들 수 있는데, 이들은 시간에 걸친 재정거래(arbitrage through time)에 종사한다. 시간에 걸친 재정거래란 가격이 싼 시점에서 상품을 구입하고 비싼 시점에서 상품을 파는 것을 말한다. 그러므로 투기자들은 한 시점에서 상품이나 외환 등을 사고 다른 시점에서 그것을 판다. 미래의 가격은 확실히 예측될 수 없기 때문에 투기는 매우 위험한 사업이다. 따라서 투기자는 정보에 특화되어 있어야 한다.

어떤 제품이 표준화[2]되어 있고 판매조건이 동일하다고 하더라도, 구매자가 완전한 정보를 가지지 못하는 경우에는 다양한 가격대가 존재할 수 있다. 정보를 획득하는 데는 시간과 돈이 들고, 구매자들이 그러한 시간과 돈에 대해서 부여하는 가치가 모두 다를 수 있으므로 제품이 완전히 동질적인 경우에도 다양한 가격대가 일정기간 지속될 수 있는 것이다. 이와 같이 한 상품에 대해서 하나의 가격이 존재하지 않을 경우—즉 일물일가의 법칙이 성립되지 않을 경우—에는 '가격($P$) = 한계비용($MC$)'의 조건이 성립되지 않아, 효율적 자원배분이 이루어지지 않게 된다.

## 정보의 비대칭성

앞에서도 잠깐 언급했듯이 제품의 품질이나 서비스에 대해서 구매자와 판매자 중 어느 한쪽이 정보를 더 많이 가지는 경우가 있는데, 이를 경제학에서는 비대칭적 정보(asymmetric information)라고 부른다. 이의 가장 대표적인 예가 중고차시장인데, 이 시장에서 판매자는 자기 차의 성능이나 결함에 대해서 정확히 알고 있는 반면에 구매자는 그렇지 못한 것이 현실이다. 이와 같이 정보의 비대칭성이 존재하는 중고차시장에서는 중고차의 가격이 '평균적'인 중고차의 품질에 의존하게 된다. 그러므로 결함이 있는 중고차의 판매자는 차의 실제가치보다 더 높은 가격을 받는 반면에 결함이 없는 차의 판매자는 차의 실제 가치보다 더 낮은 가격을 받게 되는 경향이 나타나게 될 것이다. 따라서 성능이 좋은 차의 소유자는 중고시장에 차를 내놓으려고 하지 않을 것이고, 이는 거래가능한 중고차의 평균가격과 품질을 낮게 할 것이다. 뿐만 아니라 중고시장에서 형성된 '평균'보다 높은 성능을 가진 차량의 판매자도 중고시장에 참여하기를 꺼려할 것이고, 이는 중고시장에 매물로 나와 있는 차량의 가격과 품질을 낮출 것이다. 이러한 과정은 가장 성능이 낮은 차량들이 적정하게 낮은 가격으로 판매될 때까지 계속될 것이고, 결과적으로 중고차시장에서 성능이 나쁜 중고차가 성능이 좋은 중고차를 '밀어내는' 셈이 된다. 이러한 현상을 경제학에서는 역선택(adverse selection)이라고 부른다.

역선택의 문제는 비대칭적 정보가 존재하는 어떤 시장에서도 발생하는데, 또 하나의 예가 보험시장(insurance market)이다. 가령 어떤 사람이 건강보험에 가입할 경우에, 그 사람은 자신의 건강상태에 대해서 잘 알지만 보험회사 측에서는 그렇지 못하다.

---

[2] 상표나 품질보증서 등은 상품의 규격이나 품질에 대한 정보를 제공해 준다.

이 경우에 보험회사가 평균적인 사람을 기준으로 보험요율을 책정한다면, 건강상 문제가 있는 사람들이 건강한 사람들보다 보험에 더 가입하려고 할 것이다. 이와 같은 역선택의 문제 때문에 보험회사는 보험요율을 높게 책정하려는 경향이 있으며, 그럼으로써 건강한 사람들이 보험에 가입하는 것을 불리하게 한다. 이는 보험가입자들 중에 건강하지 못한 사람들의 비중을 높여 보험요율을 더욱 상승시킬 것이고, 심지어는 건강하지 못한 사람들까지도 보험에 가입하기를 꺼려할 정도로 보험요율이 올라 갈 수 있다. 이러한 역선택의 문제를 해결하기 위해서 보험회사는 피보험자에게 건강진단을 요구한다든가[3] 혹은 연령이나 직업에 따라 보험요율을 다르게 책정하기도 한다.

보험시장에서 역선택의 문제 때문에 나타나는 또 하나의 현상이 있는데, 그것은 도덕적 해이(moral hazard)이다. 도덕적 해이란 보험회사가 피보험자의 행동에 대한 정보를 파악할 수 없을 때 나타나는 현상으로서, 어떤 사람이 보험에 가입하기 전보다 보험에 가입한 후에 사고—발병, 화재, 교통사고—의 확률이 더 높아지게 된다는 것이다. 예를 들어 어떤 사람이 의료보험에 가입한 후에는 자기 건강에 대해서 덜 조심하게 되고, 병이 났을 경우에도 보험가입 전에 비해서 고급치료를 요구하게 되는 경향이 있다. 이러한 도덕적 해이의 문제를 해결하기 위해서 보험회사는 완전보험(full insurance)을 제공하지 않는다. 즉 사고 발생 시에 일정부분을 피보험자가 부담하게 함으로써 사고에 대한 주의를 유도하고 있다.

이상에서 살펴본 역선택과 도덕적 해이의 문제는 모두 정보의 비대칭성 때문에 발생한다는 점에서 공통점을 갖는다. 그러나 역선택은 은폐된 정보(hidden information)의 문제라 할 수 있고, 도덕적 해이는 은폐된 행동(hidden action)의 문제라 할 수 있다.

## 역선택과 도덕적 해이의 해결방안

정보의 비대칭성으로 말미암아 발생하는 역선택의 문제는 해결 불가능할 것인가? 만약 이를 시장의 가격기구에 맡겨 놓으면 해결이 되지 않는다. 예를 들어 2010년식 중고차의 경우 품질이 나쁜 차에 대해 시장이 따로 형성되어 가격이 200만원으로 결정되고, 품질이 좋은 차에 대해서도 시장이 따로 형성되어 300만원으로 거래된다면 아무 문제가 없을 것이다. 그러나 이는 품질 나쁜 차를 가진 사람들이 자기 차의 문제를 정확히

[3] 이와 같이 보험회사가 피보험자에 대한 정보를 획득하는 데 드는 비용을 여과비용(screening cost)이라고 한다.

자진 신고하는 경우가 아니면 불가능하다. 누가 자기 차의 문제를 속속 알려주어 낮은 가격을 받으려고 할 것인가? 오히려 가만히 중간 정도인 250만원을 받으려는 것이 일반적인 경제적 행동일 것이다. 그렇다면 가격 이외의 방안은 없는가? 그것은 품질 좋은 차의 소유자들이 보내는 신호(signal)이다. 가령 구매자가 중고차에 대한 정보가 없는 상태에서 판매자들이 자신의 차에 대해서 1년 정도 보증(warranty)을 제공한다면, 구매자들은 좀 비싼 가격이라 할지라도 구매하려 하기 때문에 역선택의 문제는 어느 정도 해결된다. 평판(reputation)도 하나의 방법이다. 가령 A라는 자동차 딜러의 경우 좋은 차만 선정하여 판매한다는 오랜 명성을 유지한다면, 역시 좋은 중고차가 비싼 가격에 거래될 수 있을 것이다.

도덕적 해이의 경우에는 적절한 유인(incentive)을 제시하면 해결될 수 있다. 전통적인 지주-소작인의 관계 속에서 알아보자. 지주가 소작인에게 논을 빌려줄 경우 소작인이 지주 자신의 이득을 위해 최선을 다 할지를 알지 못한다는데 문제가 있다. 만약 추수한 곡식을 지주가 80% 소작인이 20%를 갖는다고 하면 어떻게 될까? 날씨가 가물어도 소작인은 몸달아하지 않을 것이고 그 해의 소출은 매우 적어질 것이다. 그러나 반대로 지주가 20%, 소작인이 80%를 가져간다고 하면, 소작인은 새벽부터 밤까지 농사에 힘을 쓸 것이다. 따라서 후자의 유인제도가 전자의 유인제도의 경우보다 소출이 크게 늘어날 것이며, 오히려 지주가 가져가는 곡식의 양이 많아질 수도 있는 것이다.

### 더 알아보기 그레샴의 법칙과 정보의 비대칭성

우리는 "악화(bad money)가 양화(good money)를 구축한다"는 말을 듣는데, 경제학에서는 이 현상을 발견한 사람의 이름을 따서 그레샴의 법칙(Gresham's law)이라고 부른다. 영국의 재정담당관이자 외환금융업자였던 그레샴(1519~1579)이 살던 16세기는 금이 화폐로 통용되던 시대였다. 즉 화폐로서의 금은 실질가치를 지니고 있었다. 가령 1파운드(£)는 금 1온스(oz)의 가치를 가지고 있었다. 그런데 문제는 새로 발행된 주화는 명목가치 1파운드와 실질가치 금 1온스와 일치하지만, 이 주화가 시장에서 유통되면서 가장자리가 닳아 없어지면서 명목가치 1파운드는 1온스보다 작은—예를 들어, 0.9온스—가치를 가지게 된다는 것이었다. 심지어 어떤 사람들은 새 돈이 나오면 그것을 자루에 넣어 흔들어 금가루를—당시는 주조기술이 조악하였음—모으기도 하였고, 어떤 사람들은 주화의 가장자리를 칼로 도려내기도 하였다. 따라서 사람들은 물건을 사고 대금을 지불할 때, 헌 돈(악화)은 1파운드라는 명목가치를 가지지만 1온스라는 실질가치를 가지지 못하기 때문에 새 돈(양화)보다는 헌 돈(악화)을 지불하는 현상이 나타났다. 이와 같이 시장에서는 악화만 유통되고 양화는 장롱 속으로 들어가, 결국 악화로만 거래된다는 것이 바로 그레샴의 법칙이다.

그레샴의 법칙은 정보의 비대칭성 문제를 내포하고 있다는 점에서 주목을 받은 바 있다. 1960년대에 경제학자 Akerof가 레몬시장(lemon market; 품질이 안 좋은 재화가 거래되는 시장으로 중고차시장, 보험시장 등)을 예로 들어 정보의 비대칭성 문제를 제기하자, 경제학자들은 이를 현대판 그레샴의 법칙이라고 하였다. 그레샴의 법칙은 화폐를 지불하는 사람과 그 화폐를 받는 사람 간 정보가 대칭적이지 않기 때문에 성립하기 때문이었다. 즉 악화를 지불하는 사람은 그 돈의 실질가치가 명목가치에 미치지 못한다는 사실을 알지만, 대금을 지불받는 사람은 그것을 알지 못하고 거래하기 때문이며, 이로 말미암아 악화만이 시장에서 통용되는 현상, 즉 역선택이 초래된다는 것이다.

마지막으로 우리는 역선택의 문제는 도덕적 해이의 문제에 속하며, 그 해결방안으로서의 신호도 유인의 일종임을 알 수 있다. 즉 역선택 문제의 경우 품질 나쁜 중고차의 소유자들이 솔직하게 자진 신고하지 않은 것은 도덕적으로 해이한 탓으로 볼 수 있다. 만약 이들이 100% 정직하다면, 역선택의 문제는 전혀 나타나지 않을 것이기 때문이다. 따라서 역선택의 경우도 적절한 유인을 제공하면 해결 될 수 있다. 극단적인 예로 자신의 중고차에 대해서 100% 솔직하게 신고하지 않으면 무기징역에 처한다고 하면—즉 마이너스의 유인제도—역선택의 문제가 해결될 수 있을 것이다.

## 요 약

1. 독과점시장, 공공재, 외부성, 불완전한 정보 등의 상황에서는 시장실패가 초래된다. 즉 시장에서의 가격신호등이 제대로 작동하지 않는다.
2. 공공재는 소비의 비경합성과 비배제성이라는 두 가지 특성을 가지기 때문에 무임승차의 문제가 나타난다.
3. 외부성이란 생산 및 소비활동이 제3자에게 영향을 미치는 현상으로서 편익을 주면 외부경제, 비용을 초래하면 외부불경제라고 한다.
4. 네트워크 외부효과는 정보화 시대에서 나타나는 매우 중요한 현상이다.
5. 어떤 상품에 대한 정보(예: 품질)가 판매자와 구매자 간 비대칭적일 경우에는 역선택 및 도덕적 해이가 발생한다. 역선택은 '숨겨진 정보'의 문제이고 도덕적 해이는 '숨겨진 행동'의 문제로서 도덕적 해이가 역선택을 포함하는 개념이다.
6. 역선택의 문제는 신호를 통해서, 도덕적 해이는 유인을 통해서 각각 해결될 수 있다.

## 용어 및 개념

공공재
소비의 비경합성
비배제성
무임승차
외부성
넘치는 비용
사회적 비용
사적 비용
외부(불)경제
소유권
코우즈정리
정보기술
네트워크 외부성
정보의 비대칭성
역선택
도덕적 해이
그레샴의 법칙

PART 03 | ECONOMICS

# '새'의 입장에서 보는 경제학

우리는 제2편에서 경제를 '벌레'의 입장에서 분석하는 미시경제이론을 공부해 왔다. 이제는 경제를 '새'의 입장에서 분석하는 거시경제이론을 공부할 차례가 되었다. 거시경제이론에서는 소비자, 생산자, 정부 등 개별경제주체의 행위보다는 국민경제 전체적인 성과에 초점을 맞춘다. 거시경제정책의 주된 관심사는 국민소득수준(경제성장), 실업률, 물가수준 등이다.

# E C O N O M I C S

CHAPTER 14 | ECONOMICS

# 거시경제정책의 목표와 그 측정

SECTION



이 장에서는 앞에서 배운 경제순환모형을 토대로 하여 경제활동수준, 즉 GDP, 물가수준, 실업률 등을 측정하는 문제를 다루고, 이 변수들의 실제 움직임에 대해 알아본다.

## 14.1 거시경제정책의 목표

경제순환모형으로 보면 건강한 경제는 실물의 흐름과 화폐의 흐름이 원활하게 돌아가면서 국민생산이 지속적으로 증가하는 경제이다. 즉 소비지출, 투자지출, 정부지출, 순수출 등 총수요를 구성하는 요인들과 실질산출량이 지속적이고도 안정적으로 증가한다면 바람직한 경제라고 할 수 있다. 따라서 국내외를 막론하고 지속적인 경제성장, 완전고용, 물가안정 등이 경제정책의 목표가 되고 있다.

### 지속적 경제성장

경제성장은 한 나라 국민경제에서 산출물의 크기가 커가는 것을 의미하며, 경제순환모형에서는 각 경제변수—예를 들어 투자지출, 임금 등—의 흐름이 집계되는 국민생산 또는 국민소득의 규모가 증가하는 것으로 볼 수 있다.

우리나라는 1960년대부터 성장우선정책을 추구하여 왔고, 실제로 연평균 7~8%의 고도경제성장을 달성하였다. 중국, 인도네시아, 태국, 브라질 등 개발도상국들은 경제성장을 국가정책의 최우선 목표로 삼고 있으며, 미국, 일본, 독일 등 선진국들도 일정수준의 경제성장을 추구하고 있다. 그러면 왜 대부분의 나라들이 경제성장을 정책목표로 삼고 있는 것일까? 한마디로 말해서 인구규모에 비해서 산출량이 더 증가한다는 것은 생활수준이 높아지기 때문이다. 실질산출량의 증대는 물질적인 풍요를 뜻하며, 경제문제에 보다 더 만족스러운 답을 제공할 수 있음을 의미한다. 달리 표현하면 성장하는 경제는 새로운 욕구를 충족시키고 사회경제적인 문제를 해결할 수 있는 유리한 위치에 있게 된다. 성장하는 경제는 연간 실질산출량이 증가하는 경제이므로 기존의 욕구를 효과적으로 만족시키거나 새로운 계획에 착수할 수 있다. 우리나라의 경우에도 경제성장으로 가계의 실질임금이 증가하면서 해외여행이 보편화되었고, 마이카(my car) 시대가 열렸으며, 자녀를 대학에 보내는 일이 경제적 측면에서 과거보다는 쉬워졌다. 뿐만 아니라 성장하는 경제는 현재의 소비, 투자, 정부지출 등을 그대로 유지하면서도 빈곤을 완화시키고, 환경을 깨끗하게 하는 각종 장치를 마련할 수 있다.

요컨대 경제성장은 사회의 부담을 경감시킨다. 이는 국민경제의 생산제약을 완화시키는 것을 의미하며, 이렇게 됨으로써 기존의 다른 경제적 목표들도 성공적으로 달성할 수 있게 된다.

## 완전고용

가용한 자원이 고용되지 못한 상태를 실업(unemployment)이라고 하는데, 완전고용(full employment)은 실업이 없는 상태이다. 완전고용이 경제정책목표가 되는 이유는 대공황 사례에서처럼 실업이 주는 폐해가 너무나 크기 때문이다. 실업은 국민경제적 측면에서 커다란 비용을 초래한다. 실업의 국민경제적 비용은 실업이 없었더라면 생산할 수 있었던 산출량의 크기이다. 또한 개인적으로 볼 때 실업은 소득의 감소를 초래하고, 일하고자 하는 욕구를 충족시키지 못하는 데 따른 심리적 부담을 가져오며, 피고용경험에 따른 기술축적의 기회를 빼앗아 간다.

뿐만 아니라 실업은 사회적인 관점에서도 하나의 재앙으로까지 간주된다. 사회적으로는 실업이 만연하면 일차적으로 범죄율이 높아지고, 정치적 불안정까지 초래할 수 있다. 특히 남북이 대치되어 있는 우리나라의 경우 높은 실업률은 국가안보적 차원의 문제가 될 수도 있다.

## 물가안정

인플레이션은 개별상품 및 서비스 가격들의 평균값이 지속적으로 상승하는 것을 뜻하는데, 물가가 완만하게 상승할 때에는 기업이 낙관적인 예측을 하여 투자를 늘리고 생산을 확대시키는 역할을 하기도 한다. 그러나 물가가 전혀 예측할 수 없게 진행되면 가계나 기업이 합리적인 계획을 세우고 이에 따라 행동할 수 없게 만듦으로써 정상적인 경제활동을 방해한다. '예측되지 못한' 인플레이션의 가장 큰 폐해는 사람들이 처한 입장에 따라서 부와 소득을 임의적으로 재분배시킨다는 것이다. 예를 들어 봉급이나 연금 등 정액소득을 받는 사람들이 손해를 보게 된다. 이는 물가가 오르게 되면 고정된 소득으로 구매할 수 있는 상품의 양이 줄어들어 실질적으로 소득이 감소한 것과 동일한 결과를 초래하기 때문이다. 또한 인플레이션은 화폐의 가치를 하락시켜 현금을 가지고 있는 사람, 은행에 예금한 사람, 그리고 채권자들에게는 손해를 끼치는 반면에, 채무자나 실물자산을 가진 사람에게는 이득이 된다.

'예상된' 인플레이션도 그 정도가 심하면 문제를 야기시킨다. 급속한 인플레이션은 그것이 예측되었다 할지라도 경제주체들로 하여금 생산적인 활동보다는 투기적인 활동에 전념하게 만든다. 가령 연간 인플레이션율이 100%로 예상된다면 사람들은 화폐를 보유하는 대신에 아파트, 그림, 부동산 등 물건을 구입하려 할 것이다. 기업들도 인플레이션을 기대하여 생산을 위한 자본설비를 구입하기보다는 부동산 구입에 열을 올리게 된다. 우리나라의 경우에도 1970년대 말에 인플레이션이 장기화되면서 일부 회사원, 공무원, 의사, 변호사, 주부, 심지어는 교수들까지도 자신들의 전문 직업에 전념하기보다는 아마추어 경제학자가 될 정도로 인플레이션을 예측하여 부동산 투기에 열을 올린 적이 있다. 사회적 관점에서 보면 이러한 활동은 생산적 자원의 낭비이며, 인플레이션이 초래하는 가장 큰 비용이라고 할 수 있다. 그러므로 물가안정(price stability)도 경제성장이나 완전고용에 못지않게 중요한 경제정책목표가 되는 것이다.

## 14.2 국내총생산(GDP)

경제성장 또는 산출량 수준은 한 경제의 국내총생산(Gross Domestic Product: GDP)으로 측정된다.

### GDP란

GDP란 "일정 기간 동안 국내에서 생산된 모든 최종적인 재화와 서비스의 시장가치"를 말한다. 여기서 독자들은 몇 가지 표현에 유의할 필요가 있다.

첫째, '생산된 것'이라는 표현이다. 이것은 GDP는 특정년도에 생산된 것 모두를 포함하나 생산과 관련 없는 경제활동은 포함하지 않는다는 것이다. 예를 들어 금년도에 생산된 것이라면 시장에서 팔리지 않은 상품, 즉 재고도 GDP에 포함되나, 생산과 관련 없는 금융거래나 중고품거래는 제외된다. 증권시장에서의 주식거래, 학생이 부모님으로부터 받은 용돈 등은 금융거래로서 GDP에 포함되지 않는다. 중고상품의 거래도 마찬가지이다. 가령 2010년에 생산된 승용차가 2020년도에 중고시장에서 거래되었다고 하여 이를 2020년 GDP에 포함시키면, 2020년의 GDP는 과대평가될 것임은 자명하다.

둘째, '최종적'이라는 표현이다. 이것은 총산출량을 정확히 측정하기 위해서는 특정년도에 생산된 모든 재화와 서비스는 한 번만 계산되어야 함을 말해 준다. 대부분의 상품은 시장에 도달하기 전에 여러 단계의 생산과정을 거치므로 원재료나 부품 등은 여러 번 구입되고 판매되기 마련이다. 따라서 여러 번 팔리는 부품이나 원재료를 매번 계산하는 오류를 피하기 위해서 GDP계산 시에 중간재의 거래는 제외시키고 최종재화 및 서비스만을 포함시킨다. 최종재화의 가치는 그 생산과정에서 발생한 모든 중간거래를 포함하므로, 만일 중간거래를 GDP에 포함시키면 이중계산이 되어 GDP가 과대하게 계산될 것이다. 간단한 예를 들어보자. 〈표 14-1〉에서 보는 것과 같이 빵이 생산되

**표 14-1 생산단계별 부가가치**

| 생산단계 | 원료 및 제품가격 | 부가가치 |
|---|---|---|
| | 0 | |
| 농부 | 600원 | 600원 (600-0) |
| 제분업자 | 1,000원 | 400원 (1,000-600) |
| 제빵업자 | 1,300원 | 300원(1,300-1,000) |
| 판매업자 | 1,500원 | 200원 (1,500-1,300) |
| 합계 | 4,400원 | 1,500원 |

어 소비자에게까지 도착하는 데는 4단계의 생산과정이 있다고 하자. 첫 번째 단계에서 농부가 밀을 재배하여 600원 어치를 제분업자에게 판 것으로 나타나 있다. 두 번째 단계에서는 제분업자가 밀가루를 만들어 1,000원에 제빵업자에게 판다. 그러면 이 중에서 600원은 밀 대금으로 농부에게 돌아가고 나머지 400원은 밀가루 생산에 투입된 생산요소에 대한 대가, 즉 임금, 이자, 지대, 이윤 등으로 지급될 것이다. 세 번째 단계에서는 제빵업자가 빵을 1,300원에 소매상에게 판매한다고 하면, 이 중 1,000원은 밀가루 대금으로 제분업자에게 돌아가고 나머지 300원은 임금, 이자, 지대, 이윤 등으로 지급될 것이다. 마지막 네 번째 단계에서 소매상은 소비자에게 1,500원에 빵을 판매한다. 이 중 1,300원은 제빵대금으로 제빵업자에게 지불되고, 나머지 200원은 역시 임금, 이자, 지대, 이윤 등으로 지급된다.

이와 같은 빵 생산 시에 과연 얼마가 GDP에 계산되어져야 하는가? 답은 1,500원으로, 이는 최종상품의 가치이다. 만일 답이 4,400원이라고 한다면 이는 이중계산의 오류를 범하는 것이 되기 때문인데, 이중계산을 피하기 위해서는 각 생산단계에서 발생한 부가가치(value−added)만을 더해 주면 된다. 부가가치란 각 생산단계에서 생산된 산출물의 시장가치에서 구입한 중간재의 가치를 뺀 것으로서, 〈표 14−1〉에서 보는 바와 같이 1,500원이 된다.

셋째, '시장가치'라는 표현으로, GDP가 화폐적인 척도임을 의미한다. 이는 상이한 연도 간에 수많은 상품들을 집계하여 비교하고, 그 상대적인 가치를 계산하기 위함이다. 가령 어떤 경제가 1기에는 귤 3개와 사과 2개를 생산하고, 2기에는 반대로 귤 2개와 사과 3개를 생산하였다고 한다면, 어느 기에 더 많이 생산했겠는가? 이것은 그 나라 국민들이 사과와 귤에 부여한 가치인 가격을 생각하지 않는다면 답하기 어려운 질문이다. 〈표 14−2〉에서 보는 바와 같이 귤 가격이 개당 200원이고 사과가격이 개당 300원이라

**표 14-2** 시장가격을 통한 상이한 재화의 가치평가

| 연도 | 연간 산출량 | 시장가치 |
|---|---|---|
| 1기(2020년) | 귤 3개와 사과 2개 | 3 × 200 + 2 × 300 = 1,200원 |
| 2기(2021년) | 귤 2개와 사과 3개 | 2 × 200 + 3 × 300 = 1,300원 |

면, 2기의 산출량(1,300원)이 1기의 산출량(1,200원)보다 더 크다고 결론지을 수 있다.

여기서 하나의 질문이 생길 수 있다. 만약 2기에 가격이 변하여, 귤의 가격이 2,000원, 사과의 가격이 3,000원으로 각각 10배 상승하면 어떻게 되겠는가? GDP는 13,000원이 될 것이다. 이는 실질생산은 크게 변화하지 않았는데, 가격이 10배로 상승했기 때문에 GDP가 10배 이상으로 증가한 것이다. 즉 경제에 바람이 들어간 것이다. 경제학 용어로는 인플레이션(inflation)이 일어난 것이다. 이 경우에는 GDP를 디플레이트(deflate)시켜주어야 한다. 즉 화폐가치의 변동으로부터 실질GDP를 분리시켜야 하며, 이를 위해서는 물가수준의 변동에 따른 조정을 해주어야 한다. 이러한 조정을 거친 GDP를 실질GDP—혹은 불변가격에 의한 GDP—라고 한다. 특히 명목—혹은 경상—GDP를 실질GDP로 바꾸어 주는 물가를 GDP디플레이터(deflator)라고 한다. 따라서.

$$\text{실질GDP} = \frac{\text{명목GDP}}{\text{GDP디플레이터}}$$

## GDP의 측정방법

이상에서 우리는 경제활동과 경제성장의 측정수단으로서 GDP의 정의에 대해 살펴보았다. 그렇다면 GDP는 어떻게 측정될 수 있을까? 이 질문에 대한 답은 경제순환모형을 통해서 얻을 수 있다. 〈그림 14-1〉에서 보는 바와 같이 경제순환모형에서는 상품에 지불된 금액은 그 상품을 생산하는 데 참여한 사람들이 얻는 소득과 같기 때문에, 총산출물에 대한 지출액과 국민소득은 항상 동일하다. 그러므로 GDP는 〈표 14-3〉에 요약해 놓은 바와 같이 지출측면과 소득분배측면에서 파악할 수 있다.

### 지출접근법

지출접근법(expenditure approach)은 최종소비자가 재화 및 서비스에 대해 얼마를 지불하느냐를 보는 것이다. 〈그림 14-1〉의 오른쪽 위에는 GDP가 각 경제주체들에 의해 구매(수요)되는 크기가 표시되어 있다. 다시 말해서 가계부문에 의한 소비지출, 기업부문에 의한 투자지출, 정부부문에 의한 정부지출, 해외부문에서의 순수출 등의 흐름이

**그림 14-1 경제순환모형**

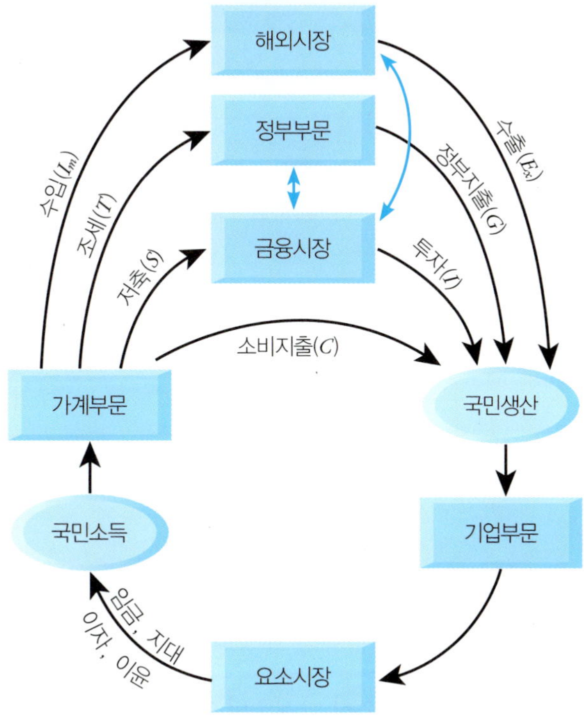


주: 〈그림 3-5〉를 다시 그린 것임

나타나 있다. 그런데 GDP에 포함된 재화와 서비스는 경제 내에 있는 어느 누군가에 의해 구입되어지기 마련이므로 이들의 흐름을 합하면, GDP를 계산할 수 있다.

〈표 14-3〉 왼쪽에는 지출접근법에 의한 우리나라의 GDP가 나타나 있다. 표에서 보는 바와 같이 한국경제는 2020년 한 해 동안 그해 가격으로 1,933조원에 상당하는 재화와 서비스를 생산하였고, 이것은 가계에 의해서 897조원, 기업에 의해서 616조원, 정부에 의해서 349조원씩 각각 구매되었다. 그리고 704조원 어치가 해외소비자들에 의해서 구매되었는데, 반대로 국내의 소비자, 기업, 정부가 외국에서 생산된 상품을 633조원만큼 수입하였기 때문에, 해외부문에서 순수하게 우리나라가 생산한 상품을 구입한 것은 (+)71조원이다.

총지출을 구성하는 소비지출, 투자지출, 정부지출, 순수출은 거시경제분석에서 매우 중요하므로 각각에 대해서 알아보기로 하자.

**표 14-3** GDP 측정의 두 가지 방법(2020년)

| 지출접근법 | | | | | 소득접근법 | | |
|---|---|---|---|---|---|---|---|
| 소비지출 | 897조원 | | | | 소득: 요소비용 | | |
| (+) | | | | | | 임금 | 918조원 |
| 투자지출 | 616조원 | | | | | 지대 | |
| (+) | | = | GDP | = | | 이자 | 426조원 |
| 정부지출 | 349조원 | | 1,933조원 | | | 이윤 | |
| (+) | | | | | (+) | | |
| 순 수 출 | 71조원 | | | | 비소득항목 | | |
| (수출) (+) | 704조원 | | | | 간접세 | | 203조원 |
| (수입) (−) | 633조원 | | | | 자본소모충당금 | | 399조원 |
| | | | | | (−) | | |
| | | | | | 정부보조금 | | 13조원 |

주: 조 이하 단위는 절사함

자료: 한국은행 경제통계시스템

### 민간소비지출(C)

민간소비지출은 우리가 단순히 가계소비지출이라고 부르는 것을 의미한다. 이것은 승용차, 냉장고와 같은 내구소비재, 식료품, 의복, 치약 등과 같은 비내구소비재, 그리고 의료, 이발과 같은 서비스에 대한 지출 등 가계에 의해 이루어지는 지출 모두를 포함한다.

### 총투자지출(I)

이것은 한국기업에 의한 투자지출(investment expenditure) 모두를 포함한다. 투자지출에 포함되는 것으로는 기업에 의한 기계 · 장비의 구매, 공장 · 창고 · 주택 등 모든 건물의 건축, 재고의 변화 등 세 가지가 있다. 이러한 투자지출의 개념은 흔히 사용하는 투자의 개념과 차이가 있으므로 이 세 가지 항목에 대해서 설명하기로 하자.

첫째, 기계 · 장비의 구매가 투자지출에 해당되는 것은 자명하다. 둘째, 공장이나 창고의 건설이 투자지출에 포함됨은 물론이다. 그러나 주택건설까지 소비가 아닌 투자에 포함시키는 까닭은 무엇인가? 우선 아파트의 건설은 공장이나 창고건물과 같이 수익창출자산(income-earning assets)이기 때문에 분명 투자재에 속하는 것임을 납득할 수 있을 것이다. 같은 이유로 임대주택도 투자재이며, 자가소유주택도 그 소유주가 원한다면 수익을 얻기 위해 임대할 수 있기 때문에 투자재로서 분류할 수 있다. 따라서 모든 주택건설은 투자재로 간주되는 것이다. 셋째, 재고가 투자에 포함되는 이유는 무엇인가? 우선 GDP가 총생산물을 측정하기 위한 것이라면, 당해년도에 생산되었으나 판매되지 않고 기업의 창고에 저장되어 있는 생산물이라도 GDP에 포함시켜야 할 것이다. 다시 말해서 GDP가 총산출물의 측정치가 되기 위해서는 당해년도에 발생한 재고증가분에 대한 시장가치를 포함해야 한다. 그러면 재고가 감소하였을 경우는 어떠한가? 재고감소분은 GDP의 계산에서 감해져야 할 것이다. 왜냐하면 당초에 보유하고 있던 재고는 전년도의 생산물이므로, 특정년도의 재고감소는 그 해에 생산된 상품량보다 더 많이 소비했음을 의미하기 때문이다. 역시 GDP가 당해년도의 총산출물의 측정치임을 생각할 때, 전년도에 생산된 상품의 소비부분은 제외되어야 마땅하다. 2020년 우리나라 국민계정에서 재고증가는〈표 14-3〉에는 나타내지 않았지만 14조원이었다.

이상에서 우리는 투자의 개념을 분명히 하였다. 마찬가지로 투자가 아닌 것을 분명히 하는 것도 중요하다. 흔히들 주식이나 채권을 구입할 때 '투자'한다고들 한다. 그러나 이와 같이 현존하는 자산의 단순한 소유권 이전은 경제학에서 말하는 투자가 아니다. 기존자산—예를 들어 공장, 설비, 장비—의 재판매도 마찬가지이다. 따라서 투자란 새로운 자본재의 제작활동으로서, 일자리와 소득을 유발하는 활동으로 결론지을 수 있다.

우리는 국민소득계정에서 투자를 나타내는 항목으로 총고정자본형성이라는 계정을 볼 수 있는데, 투자 앞에 붙어 있는 용어인 '총'이라는 용어에 대해서 관심을 가질 필요가 있다. 총투자는 당해 연도에 새로이 증가된 자본재, 즉 자본스톡의 순증가분뿐만 아니라 생산활동에 사용된 기계장비의 소모분을 보충해 주기 위한 투자재 생산을 모두 포함한다. 간단히 말하여 총투자는 대체투자(replacement investment)와 순투자(net investment)의 합이다. 즉

$$총투자(I_g) = 대체투자(I_r) + 순투자(I_n)$$

그러므로 순투자를 구하기 위해서는 총투자에서 기존시설의 보수나 대체에 사용된 투자재, 즉 대체투자를 공제하지 않으면 안 된다. 예를 들어 한국경제는 2022년에 경상가격으로 약 100조원의 자본재를 생산하였으나 그 해 생산과정에서 약 60조원의 기계와 장비를 소모하였다고 하자. 결과적으로 2022년도에 한국경제는 40조원의 자본스톡의 증가를 가져온 것이다. 즉 2022년에 총투자는 100조원이고 대체투자는 60조원이며, 총투자와 대체투자의 차이인 40조원이 순투자가 되는 셈이다.

## 더 알아보기 순투자와 경제성장

총투자, 그중에서도 순투자는 경제성장, 즉 실질GDP의 증가와 밀접하게 연관되어 있다. 즉 순투자의 크기는 경제가 성장하느냐, 그 자리에 머물러 있느냐 아니면 침체하느냐를 보여주는 지표가 되기 때문에 중요하다. 〈그림 14-2〉를 통해서 이 세 경우를 살펴보기로 하자.

첫째, 순투자가 플러스(+)이면($I_n > 0$), 성장하는 경제이다. 다시 말해서 총투자가 대체투자를 능가하는 경우에는 생산설비가 증가하고 있는 상태이므로 성장하는 경제라고 할 수 있다. 〈그림 14-2〉 (a)에서 보는 바와 같이 2022년 1월 1일에 자본스톡이 100이라면 순투자는 0보다 크므로 2022년 12월 31일의 자본스톡은 100보다 커진다. 따라서 이 경제는 2023년 1월 1일에는 2022년보다 더 큰 생산능력을 가지고 경제활동을 시작할 수 있다.

둘째, 순투자가 없는 경우($I_n = 0$)는 정체하는 경제이다[그림 (b)]. 즉 총투자가 대체투자와 일치하는 상황으로 이 경제는 자본재가 소모된 부분만을 겨우 보충해 주는 상태이다. 순투자는 0이므로 2022년 12월 31일의 자본스톡량은 2022년 1월 1일과 같은 100 그대로이며, 2023년 1월 1일에도 2022년도와 같은 자본스톡량으로 경제활동을 시작하게 된다.

셋째, 순투자가 마이너스(−)($I_n < 0$) 인 경제는 침체하는 경제이다[그림 (c)]. 총투자가 대체투자에도 미치지 못하는 경우로 2022년 12월 31일의 자본스톡량은 2022년 1월 1일보다 작게 될 것이다. 물론 2023년 1월 1일에는 2022년보다 작아진 자본스톡량으로 경제활동을 시작할 것이다.

**그림 14-2** 순투자와 경제성장의 연관성

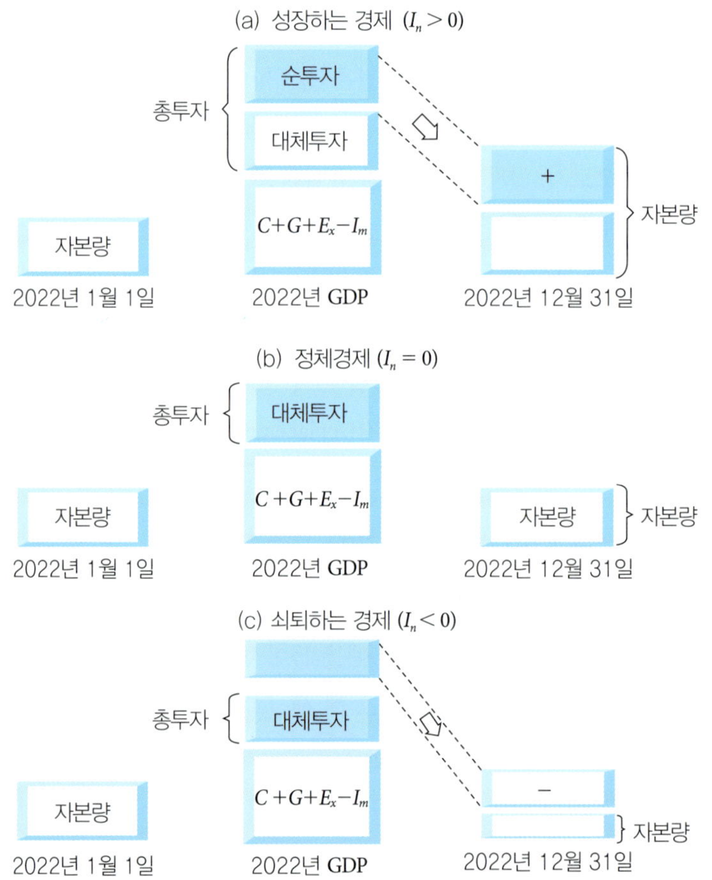

이제 〈그림 14-3〉을 통해 한국경제에 있어서 설비투자와 경제성장과의 관계를 살펴보기로 하자. 그림을 보면 1971년부터 2020년까지 설비투자증가율과 경제성장률은 같은 방향으로 움직이고 있음을 알 수 있다. 1970년대 말에 설비투자가 급격히 감소하면서 경제성장률은 마이너스(−)를 기록하였고, 이러한 현상은 1997년 IMF위기 상황에서도 뚜렷하게 나타났다. 따라서 경제가 성장하기 위해서는 설비투자, 엄격히 말하여 순투자가 선행되어야 함을 확인할 수 있다.

**그림 14-3** 한국경제에 있어서 설비투자와 경제성장 추이

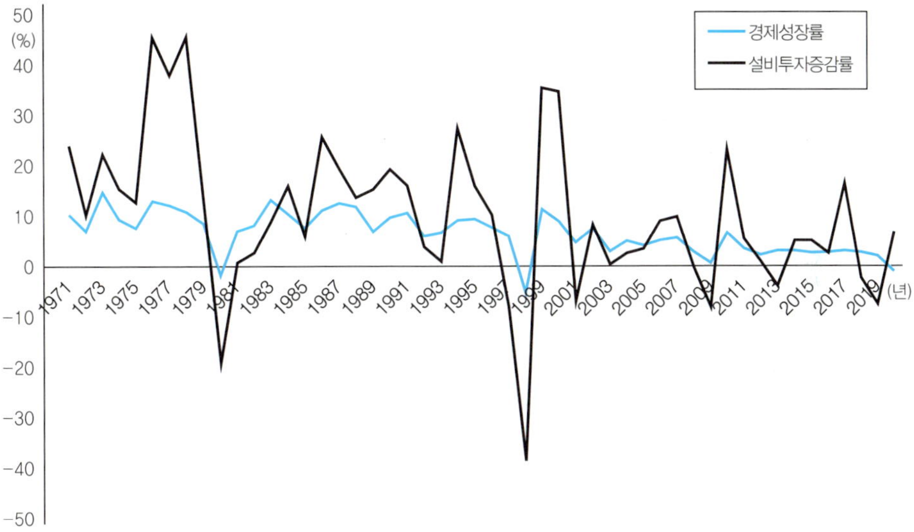


자료: 한국은행 경제통계시스템

### 정부지출(G)

정부지출은 중앙 및 지방정부의 상품 및 서비스에 대한 모든 지출과 생산요소—특히 공무원, 군인 등 인력—의 직접적인 구입을 포함한다. 그러나 가계나 기업으로의 이전 지출은 해당년도의 생산을 반영하지 않기 때문에 제외된다. 이와 같이 정부지출은 소비지출과 투자지출을 구별하지 않는 것이 상례이나 우리나라에서는 소비지출과 투자지출을 구분하여 정부투자지출을 투자항목에 포함시킨다.

### 순수출($E_x - I_m$)

우리는 지금 국내에서 생산된 모든 재화 및 서비스에 대한 총지출을 집계하고자 하므

로 우리나라가 생산한 것 중에서 외국인이 구입해 간 부분, 즉 수출(exports)은 우리 국민의 지출과 마찬가지로 GDP에 포함되어야 한다. 반면에 외국이 생산한 것을 우리나라의 가계, 기업, 정부 등이 구입한 부분, 즉 수입(imports)은 한국에서의 경제활동을 반영하지 않으므로 GDP에서 제외된다. 그런데 국민소득계정에서는 수출과 수입을 따로 취급하기보다는 이 둘의 격차인 순수출(net exports)을 이용한다.

지금까지의 내용을 요약하면, 다음과 같다.

$$C + I_g + G + E_x - I_m = \text{GDP}$$

### 소득접근법

소득접근법(income approach)은 각 생산단계에서 창출된 부가가치가 생산요소에 대한 대가, 즉 임금, 이자, 지대, 이윤 등으로 분배된 것 모두를 더하는 것이다. 이를 〈그림 14-1〉에서 보면 왼쪽 아래에 위치하고 있는 타원의 크기를 계산하는 것이다. 이와 같이 GDP를 소득분배측면에서 파악하는 것을 소득접근법이라고 부른다.

빵의 예를 들어 지출접근법과 소득접근법을 구분해 보자. 지출접근법에 의하면 최종소비자가 빵에 지불한 금액 1,500원이 GDP에 계산되며, 소득접근법에 의하면 각 생산단계에서 농부, 제분업자, 제빵업자, 빵가게에 의해 창출된 각각의 소득 600원, 400원, 200원, 300원의 합 1,500원이 GDP에 계산된다. 지출접근법과 소득접근법은 동일한 것을 다른 측면에서 본 것에 불과하다. 즉, 상품에 지불된 금액 1,500원은 그 상품을 생산하는 데 참여한 사람들이 얻는 소득 1,500원과 같다. 이러한 논리는 경제전체로 봐서도 마찬가지이다. 따라서 GDP를 측정하는 두 가지 방법은 〈표 14-3〉과 같이 요약된 것이다. 여기서 유의할 점은 소득접근법에 의해서 GDP를 측정할 경우에 비소득항목인 간접세와 자본소모충당금이 포함되고 있다는 것이다. 이는 자본소모충당금은 가계로 흘러들어 가는 소득은 아닐지라도, GDP 중에서 각각 기업이 앞으로의 투자를 위해서 떼어놓은 금액이고, 간접세 역시 가계부문의 소득은 아니지만 GDP 중에서 정부가 강제로 가져가는 금액이므로 분배측면에서 파악되기 때문이다.

2020년 한 해 동안 한국경제에서 기업이 상품의 제공 대가로 받은 1,933조원은 어떻게 분배되었을까? 이것이 〈표 14-3〉의 오른쪽에 나타나 있다. 먼저 근로자들에게 피용자보수라는 이름으로 918조원이 분배되었고, 영업이익(지대 + 이자 + 이윤)이 426조원으로 이를 합하면 1,344조원이 된다. 그런데 이 값이 지출국민소득 1,933조원과 일치하지 않는 이유는 앞에서 말한 바와 같이 자본소모충당금과 간접세와 같은 비소득항목이 있기 때문이다. 그러나 자본소모충당금 399조원과 간접세 203조원도 각각 기업과 정부가 가져간 것으로 보아 이 두 값을 합친 602조원을 더해 주고, 정부보조금 13조원을 공제하면 1,933조원이 되어, 지출측면에서 계산된 1,933조원과 일치한다.

## 국민소득의 여러 가지 개념

독자들은 이미 국민경제가 생산한 GDP가 가계부문으로 분배되어 흘러들어 가므로 GDP 자체가 국민소득이 됨을 알고 있을 것이다. 그러나 GDP는 엄밀한 의미에서의 국민소득이라고 보기는 어렵다. 따라서 보다 정확한 의미의 국민소득을 말해 주는 측정치들을 알아보고자 한다.

### 국민총소득(Gross National Income: GNI)

GDP가 '장소'를 기준으로 생산활동의 크기를 측정하는 것이라면, GNI는 '사람'을 기준으로 국민소득의 크기를 측정하는 것이다. '장소' 기준인 GDP는 외국인이 국내에 거주하면서 버는 소득(해외지급 요소소득)은 포함하나, 우리나라 사람들이 해외에 나가서 벌어들이는 소득(해외수취 요소소득)은 포함하지 않는다. 반대로 '사람' 기준인 GNI는 외국인이 국내에 거주하면서 버는 소득(해외지급 요소소득)은 포함하지 않으나, 우리나라 사람들이 해외에 나가서 벌어들이는 소득(해외수취 요소소득)은 포함한다.

그러므로 GNI와 GDP 간에는 다음과 같은 관계가 성립한다.

GNI = GDP + 해외순수취 요소소득(해외수취 요소소득 − 해외지급 요소소득)

따라서 외국과의 교역이 없는 봉쇄경제의 경우 GNI와 GDP는 항상 같으나 개방경제에서는 해외순수취소득이 우연히 영(0)이 되는 경우를 제외하고는 차이가 난다. 2020년의 경우 GNI와 GDP는 각각 1,948조원과 1,933조원으로 발표되었는데, 이는 해외에서 생산된 부가가치 중 한국에 들어온 금액이 한국 내에서 생산된 부가가치 중 해외로 빠져나간 금액보다 15조원 더 많았음을 의미하는 것이다. 만약 우리나라가 외국에 투자를 많이 하여 해외에서 경제활동을 활발히 하면, GNI가 GDP보다 더 커질 수 있을 것이다.

### 국민순소득(Net National Income: NNI)

앞에서 살펴본 GNI는 당해연도의 생산에 소모된 자본재를 대체하는 데 필요한 만큼의 생산물을 차감해 주지 않음으로써 그해에 생산된 생산물을 다소 과장되게 나타내는 결함이 있다. 다음의 예를 통하여 이를 좀 더 명확히 살펴보자. 한 나라의 경제가 연초에 100억원의 자본재를 가지고 한 해 동안 800억원의 GNI를 생산하는 데 40억원어치만큼의 자본재를 소모하였다고 하자. 그러면 그해 말의 자본재 '스톡'은 60억원밖에 되지 않는다. 그럼에도 불구하고 생산물을 정확히 800억원이라고 말할 수 있겠는가? 그동안 GNI를 생산하는 데 소모된 기계와 장비는 어떻게 되는가? 여기서 우리는 보다 정확한 개념인 순생산물이라는 개념을 사용함으로써 이러한 문제점을 피할 수 있다. 즉, GNI 800억원에서 이를 생산하는 데 소모된 40억원을 공제한 760억원만이 순생산물이 되는 것이다.

간단히 말해서, 그해의 생산물을 보다 정확히 나타내는 것은 총생산물이라기보다는 순생산물이다. 결국 우리가 논의하는 개념체계에서의 국민순소득은 GNI로부터 그해의 생산에 소모된 자본의 가치, 즉 자본소모충당금을 공제함으로써 구할 수 있다. 그러므로

$$\text{NNI} = \text{GNI} - \text{자본소모충당금}$$

*NNI*는 국민경제(가계, 기업, 정부)가 다음 해의 생산능력을 위축시킴이 없이 소비할 수 있는 연간 소득을 측정한 것으로서, 현실적으로 자본소모분을 정확하게 측정하기 어려운 난점이 있기는 하지만 적어도 개념상으로는 GNI보다 엄밀한 국민소득개념이라 할 수 있다.

### 국민소득(National Income: NI)

경제분석에 있어서 우리는 종종 토지, 노동, 자본 및 기업가의 경영능력을 투입함으로써 이들 요소 소유자들이 실제로 벌어들이는 소득의 크기에 관심을 갖게 된다. NNI의 구성요소들 가운데서 실제로 생산에 기여하지 않는 항목은 기업의 간접세뿐이다. 앞에서 설명한 바와 같이 정부는 간접세를 징수하면서 생산에는 아무런 기여도 하지 않는다. 따라서 그 해 생산으로 받은 임금, 임료, 이자 및 이윤 소득의 총액을 측정하기 위하여는 NNI로부터 기업에 대한 간접세를 제외시켜야만 한다. 반면에 정부가 기업에 보조금을 지급하였을 경우 이것은 생산요소비용에 포함되므로 NNI에 가산해 주어야 한다.

이와 같이 NNI에서 간접세를 공제하고 보조금을 가산한 것을 국민소득이라고 부르는데, 이는 생산요소를 공급하는 사람들의 입장에서 보면 실제 생산활동에 참가함으

로써 받는 소득을 측정한 것이다. 결국 NI란 당해 연도의 생산에 투입된 생산요소들의 비용을 시장가격으로 표시한 것이다. 그러므로

$$\text{NI} = \text{NNI} - \text{간접세} + \text{보조금}$$

### 개인소득(Personal Income: PI)

개인이 생산활동에 기여함으로써 벌어들이는 소득(수입소득, 즉 국민소득)과 실제 받은 소득(수취소득, 즉 개인소득)은 달라지기 쉽다. 왜냐하면 벌어들인 소득 중에서 사회보장 기부금, 법인소득세, 사내유보이윤 등과 같은 것들은 실제로 가계부문에 지불되지 않으며, 이전지급과 같은 것은 실제 생산에 기여하여 벌어들이지는 않았지만 가계가 수취하기 때문이다. 이와 같은 이전지급에는 사회보장계획에 의거한 노령보험, 실업수당 지급, 빈민구제금, 각종 연금, 정부와 소비자의 이자지급 등이 있다. 그러므로 국민소득으로부터 가계가 실제로 수취한 개인소득을 구하기 위해서는 NI로부터 벌어들이기는 했지만 실제로 수취하지 않는 항목을 제외하고, 벌어들이지는 않았지만 실제로 수취하는 항목을 포함하면 된다. 그러므로

$$\begin{aligned} \text{PI} = \text{NI} &- \text{사회보장기부금} - \text{법인세} - \text{사내유보이윤} \\ &+ \text{경상이전수입(정부 · 기업으로부터의)} \end{aligned}$$

### 개인가처분소득(Personal Disposable Income: PDI)

개인가처분소득이란 단순히 개인소득에서 직접세를 공제한, 즉 개인이 실질적으로 자유로이 처분할 수 있는 소득을 말한다. 직접세에는 (개인)소득세, 재산세, 상속세 등이 포함되는데, 이 중에서도 소득세가 가장 중요하다. 그러므로

$$\text{PDI} = \text{PI} - \text{(개인)소득세}$$

일반적으로 가계는 그들의 가처분소득을 소비, 저축, 이자지불 등에 사용한다. 이 중 가장 큰 비중을 차지하는 것은 소비이며, 다음은 저축, 끝으로 비교적 소액이나마 이자로서 지불된다. 그리고 개인저축은 잔여항목으로 간주될 수 있다. 개인저축은 개인가처분소득 중에서 소비와 이자를 지불한 후에 남는 것이기 때문이다.

**더 알아보기** **GDP와 국민후생**

GDP는 한 나라의 경제활동수준을 측정하는 지표로서 유용하나, 국민경제의 후생이라는 관점에서 이상적인 측정치라고는 보기 어렵다. 그 이유로는 다음과 같은 것들이 있다.

첫째, 산출물의 시장가치를 측정하는 GDP는 시장외거래는 포함하지 않는다. 그 예로서 주부의 가사활동, 목수의 자택수리, 보수를 받지 않고 쓴 교수의 논문 등을 들 수 있다. 그러나 농부 자신이 소비한 농산물처럼 중요한 몇몇의 시장외거래는 추정하여 국민소득계정에 포함시키고 있다.

둘째, GDP는 여가의 가치를 고려하지 못한다. GDP는 일에 몰두함으로써 얻는 근로자의 만족감을 측정할 수 없는 것처럼, 여가를 누리게 됨으로써 얻는 후생의 향상도 측정하지 못한다.

셋째, GDP는 질적인 측정치가 아닌 양적인 측정치이므로 상품질의 향상이 주는 경제적 후생을 측정하지 못한다.

넷째, 총산출물의 구성과 분배의 변화가 국민들의 후생에 미치는 영향이 매우 큼에도 불구하고, GDP는 이를 고려하지 못한다. 가령 운동화 한 켤레와 쌀 한 말은 다 같이 5만원으로 GDP에 계산될 뿐이다. 또 GDP가 가계에 균등하게 분배될수록 국민후생이 증가될 수 있는데도, 이를 반영하지 못한다.

다섯째, 경제성장은 GDP의 증가를 의미하는데, GDP에는 경제활동의 증대로 인한 공해발생의 비용이 포함되지 않고 있으므로 GDP만을 보아서는 국민들의 삶의 질을 파악하기 어렵다. 이러한 이유로 일부 국가에서는 GDP에서 공해의 비용을 빼준 '녹색'(green) GDP라는 측정지표를 발표하고 있다.

# 14.3 인플레이션

## 명목GDP와 실질GDP

GDP는 일정기간 중에 생산된 재화 및 서비스의 양에 물가수준을 곱한 것이므로 인플레이션(inflation)이 일어나는 경우에 GDP는 생산된 재화 및 서비스의 실질가치에 대한 정확한 측정치가 될 수 없다. 가령 실질산출량이 2배로 증가했다면 국민생활수준은 크게 향상되었다고 볼 수 있으나, GDP가 단순히 물가가 2배로 상승했기 때문에 2배로 증가한 것이라면 실질소득의 증가는 전혀 없는 것이다. 이러한 문제 때문에 화폐가치의 변동으로부터 실질국민소득을 분리시켜야 하며, 이를 위해서는 물가수준의 변동에 따른 조정을 해주어야 한다. 이러한 조정을 거친 GDP를 실질GDP－혹은 불변가격에 의한 GDP－라고 한다. 특히 명목－혹은 경상－GDP를 실질GDP로 바꾸어 주는 물가를 GDP디플레이터(deflator)라고 한다. 따라서

$$\text{실질GDP} = \frac{\text{명목GDP}}{\text{GDP디플레이터}}$$

## 물가상승률의 측정

우리는 앞에서 이미 물가지수의 개념에 대해서 공부하였다. 그것은 다름 아닌 GDP디플레이터이다. 복습하면, GDP디플레이터는 명목GDP를 실질GDP로 바꾸어 주는 일종의 물가지수였다. 물가지수는 어떤 특정연도를 기준으로 하여 어떤 한 해의 물가수준이 어떠한가를 보여준다. 가령 〈표 14-2〉에서는 물가의 변동이 없는 것으로 나타나는데, 2020년의 물가지수를 100으로 놓았을 때, 2021년에도 100이 된다. 만약 2021년에 물가가 2020년에 비해서 10배로 뛰었다면 물가지수는 1,000(100×10)이 될 것이다.

그러면 물가상승률은 어떻게 측정할 수 있는가? 물가상승률은 물가지수의 변화율이 된다. 즉

$$\text{물가상승률} = \frac{\text{금년도 물가수준} - \text{전년도 물가수준}}{\text{전년도 물가수준}} \times 100\%$$

한국경제의 경우 2020년 GDP디플레이터는 105.24였고(기준년도 2015년 = 100), 전년도인 2019년 GDP디플레이터는 103.87(기준년도 2015년 = 100)이었으므로, 2020년도 물가상승률은 다음과 같이 계산된다.

$$\text{물가상승률} = \frac{105.24 - 103.87}{103.87} \times 100\% = 1.3\%$$

## 인플레이션이란

그렇다면 경제흐름에 문제가 될 수 있는 인플레이션(inflation)은 어느 정도의 물가상승을 말하는가? 경제학에서는 인플레이션을 '일반물가수준의 현저한 상승'이라고 정의내리고 있다. 역사적으로는 독일의 하이퍼인플레이션이 대표적이다(제18장 참조). 이러한 인플레이션의 정의와 관련하여 유의할 점이 있다.

첫째, 물가수준의 평가대상을 분명히 해야 한다. 일반물가에는 GDP디플레이터, 소비자물가지수(CPI: Consumer Price Index), 생산자물가지수(PPI: Producer Price Index) 등이 있는데, 인플레이션의 척도로서는 주로 소비자물가지수를 사용하고 있다. 〈그림 14-4〉는 1965~2020년 기간 소비자물가지수, 생산자물가지수, GDP디플레이터의 움직임을 보여주고 있다.

둘째, 일반물가가 상승한다고 해서 모든 상품의 가격이 상승하지는 않는다. 예를 들어 2000년대에 들어 와서 일반물가는 꾸준히 상승하고 있지만, 개인용 컴퓨터의 가격은 꾸준히 하락하고 있다.

**그림 14-4** 물가지수의 변동추이

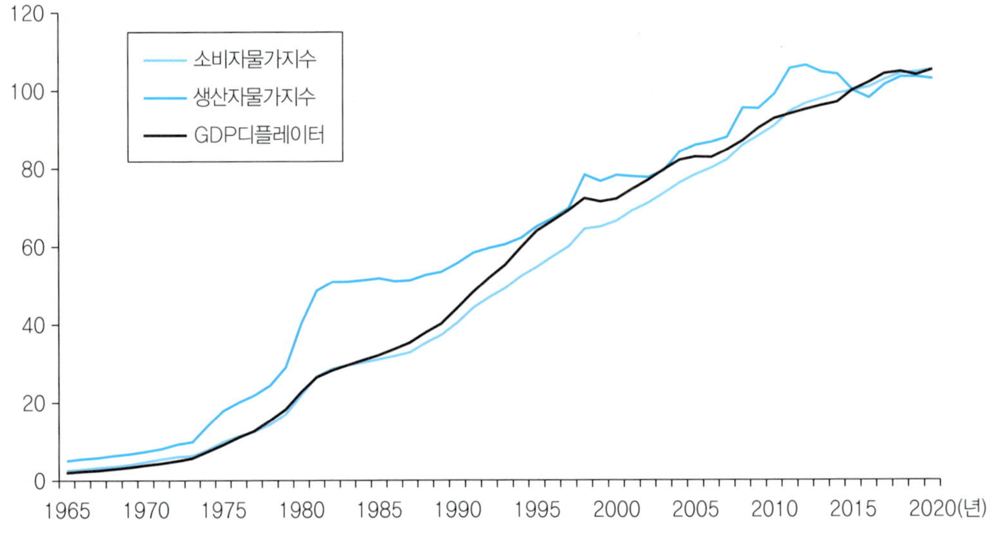


자료: 한국은행 경제통계시스템

셋째, 일정기간 동안에 인플레이션은 불규칙적으로 일어난다. 가령 1년을 기준으로 보면, 봄에는 물가가 상승하나 여름에는 감소할 수 있으며, 겨울에는 변하지 않을 수도 있다.

## 소비자물가지수의 작성방법

소비자물가지수, 생산자물가지수, GDP디플레이터 중에서 가장 많이 활용되는 물가지수

**표 14-4** 2020년 물가지수의 계산(2015년 기준)

| 연도 / 상품(단위) | 2015년 | 2020년 | |
|---|---|---|---|
| 달걀(개) | ₩40 = 100% | ₩60 = 150% | 2015년 가격대비 |
| 쇠고기(500g) | ₩2,800 = 100% | ₩3,600 = 129% | |
| 일반미(8kg) | ₩5,470 = 100% | ₩7,420 = 136% | |
| 밀가루(22kg) | ₩3,900 = 100% | ₩5280 = 149% | |
| | 4) 400%<br>100% | 4) 564%<br>141% | |

는 소비자물가지수라 할 수 있다. 이제 소비자물가지수의 작성방법을 간단히 알아보자.

〈표 14-4〉는 4개의 상품을 이용하여 간단한 물가지수의 산출방법을 보여주고 있는데, 이는 2015년을 기준연도로 하여 그해 각 상품가격을 100%로 잡은 후 2020년도의 가격을 백분율로 환산한 것이다. 예를 들어, 2020년도 달걀 1개의 가격 60원은 2015년도 가격의 150%에 해당하므로, 150%는 달걀에 대한 2020년도의 가격비라 할 수 있다. 물가수준의 변동을 알기 위해서는 2020년의 4개 상품의 가격비 평균을 구하면 되며, 여기서는 141%이다(%는 편의상 생략되어 사용된다). 물론 물가지수는 4개 상품보다 더 많은 상품을 포함하지만 기본적인 산출방법에 있어서는 이와 다를 바 없다.

그러나 이와 같은 물가수준의 계산방법을 실제로 사용하기에는 다소 어려움이 있다. 즉, 이 방법은 달걀, 쇠고기, 쌀, 밀가루 등에 똑같은 비중을 두어 계산함으로써 달걀 10%의 변화와 설탕 10%의 변화가 전체 물가수준에 미치는 영향을 동등하게 취급한 것이다. 그러나 실제로 설탕이 대부분의 가계예산에서 달걀보다 더 큰 비중을 차지한다면, 설탕의 가격변동이 물가수준에 미치는 영향은 더 클 것이다. 그러므로 대부분의 물가지수는 각 상품의 중요도에 따라 가중치를 주어 사용된다. 예를 들어, 소비자물가지수의 경우 전형적인 도시근로소비자 가계들이 일정기간 중 구입한 재화와 서비스 중

**표 14-5** 소비자물가 조사품목 및 가중치 (개, 천분비)

| 지출목적별 | 품목수 | | | 가중치 |
|---|---|---|---|---|
| | 2015년 | 2020년 | 증감 | 2017년 |
| 계 | 460 | 458 | −2 | 1,000.0 |
| · 식료품 및 비주류음료 | 133 | 140 | 7 | 137.6 |
| · 주류 및 담배 | 7 | 7 | 0 | 15.8 |
| · 의류 및 신발 | 30 | 25 | −5 | 61.1 |
| · 주택, 수도, 전기 및 연료 | 16 | 15 | −1 | 165.9 |
| · 가정용품 및 가사서비스 | 49 | 50 | 1 | 44.2 |
| · 보건 | 32 | 34 | 2 | 69.8 |
| · 교통 | 32 | 33 | 1 | 112.6 |
| · 통신 | 6 | 6 | 0 | 53.5 |
| · 오락 및 문화 | 55 | 47 | −8 | 61.2 |
| · 교육 | 20 | 20 | 0 | 89.6 |
| · 음식 및 숙박 | 44 | 44 | 0 | 131.8 |
| · 기타 상품 및 서비스 | 36 | 37 | 1 | 56.9 |

자료: 통계청

중요한 품목을 선정한 다음, 그 가계들의 상품에 대한 총지출액 중 이들 품목의 각각이 차지하는 비율을 구하여 각 품목의 가격변동률에 그 비율을 가중시키는 방법을 쓰고 있다.

2021년 현재 우리나라에서는 소비자물가지수를 작성할 때 458개 품목을 선정하고, 여기에 〈표 14-5〉에서 보여주는 가중치를 적용하고 있다. 표에서 보는 바와 같이 가중치를 1,000으로 놓았을 때, 2017년의 경우 가장 비중이 큰 항목은 주택 · 수도 · 전기 및 연료(165.9), 식료품 및 비주류음료(137.6), 음식 및 숙박(131.8), 교통(112.6) 등의 순으로 나타나고 있다.

이와 같이 물가수준은 개별가격의 가중평균치이기 때문에 상품의 포괄범위 및 가중치에 따라서 달라질 수 있음에 유의할 필요가 있다.

## 14.4 실 업

### 실업률의 측정

앞에서 언급한 바와 같이 완전고용이라는 정책목표의 달성 여부는 실업률(unemployment rate)에 의해서 측정된다. 정부는 매월 실업자를 조사하는데, 이에 따르면 가계에 소속된 사람 중 15세 이상의 생산활동가능인구는 취업자, 실업자, 비경제활동인구 중 한 그룹에 속하게 된다. 취업자는 한 직장에서 대부분의 시간을 보내는 사람을 말하며, 실업자란 현재의 임금수준하에서 일할 능력도 있고 일하고자 하는 의사를 가지고 있음에도 불구하고, 일자리가 주어지지 않는 사람을 말한다. 취업자와 실업자를 합하여 경제활동인구라고 한다. 실업자도 취업자도 아닌 사람은 학생, 노인, 군인, 취업의사가 없는 주부 등으로 비경제활동인구라고 한다.

실업률은 비경제활동인구를 제외한 경제활동인구 중 실업자가 차지하는 비율을 말한다. 즉,

$$\text{실업률} = \frac{\text{실업자}}{\text{경제활동인구}} \times 100\%$$

그러면 우리나라에서 실업자는 구체적으로 누구를 말하는가? 실업자는 매월 15일이 포함된 1주일 동안에 적극적으로 일자리를 구해 보았으나 전혀 일을 하지 못한 사람

그림 14-5 생산활동가능인구의 분해(2020년)

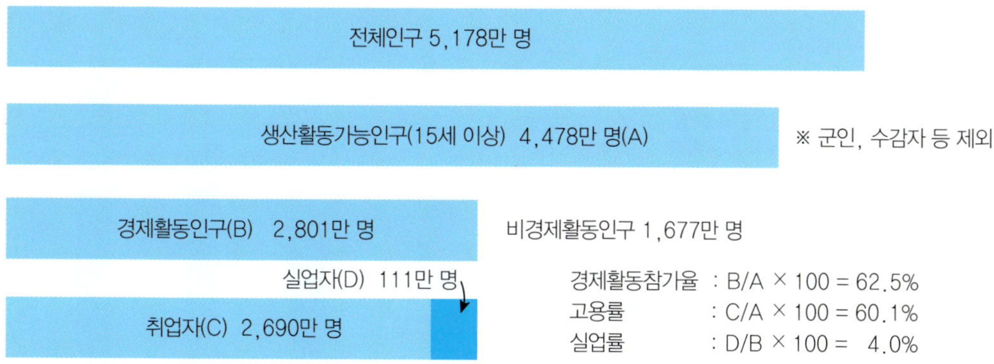


자료: 통계청

이며, 일자리를 구하여야 하나 일시적인 질병, 일기불순, 구직결과대기 등 특별한 사유로 구직활동을 하지 못한 사람도 포함된다. 반대로 취업자란 매월 15일이 포함된 1주일 동안에 수입을 목적으로 1시간 이상 일한 사람들로 정의되며, 그 밖에 자기에게 이득이나 수익이 오지 않더라도 가족이 경영하는 농장이나 사업장에서 18시간 이상 일한 가족종사자 등도 포함한다.

〈그림 14-5〉에서 보는 바와 같이 2020년의 경우 총인구 5,178만 명 중 15세 이상 인구(생산활동가능인구)는 4,478만 명이었고, 이 중 경제활동인구는 2,801만 명(62.5%), 비경제활동인구는 1,677만 명(37.5%)이었다. 다시 경제활동인구 중 취업자는 2,690만 명(96.0%), 실업자는 111만 명(4.0%)으로 조사되었다. 실업률은 경제활동인구 중 실업자가 차지하는 비율인 4.0%이다. 참고로 생산활동가능인구 중 경제활동인구가 차지하는 비중을 경제활동참여율이라고 하는데, 2020년 우리나라 경제활동참여율은 62.5%였다. 즉 우리나라의 경우 생산활동가능인구 중 약 3분의 2 정도가 취업의사를 가지고 있으며, 그중에서 4% 정도가 일자리를 구하지 못하고 있다.

## 실업률의 국제비교

주변에서는 대학을 졸업해도 일자리가 없다고 아우성이고, 많은 가계들이 실직의 아픔을 겪고 있다. 언론이나 정치인들도 일자리 창출이 최우선 과제라고 외치고 있다. 그렇다면 2020년 현재 한국경제가 기록하고 있는 4%대의 실업률은 높은 것일까, 낮은 것일까?

**그림 14-6** 주요국의 실업률 비교(2019년 현재)

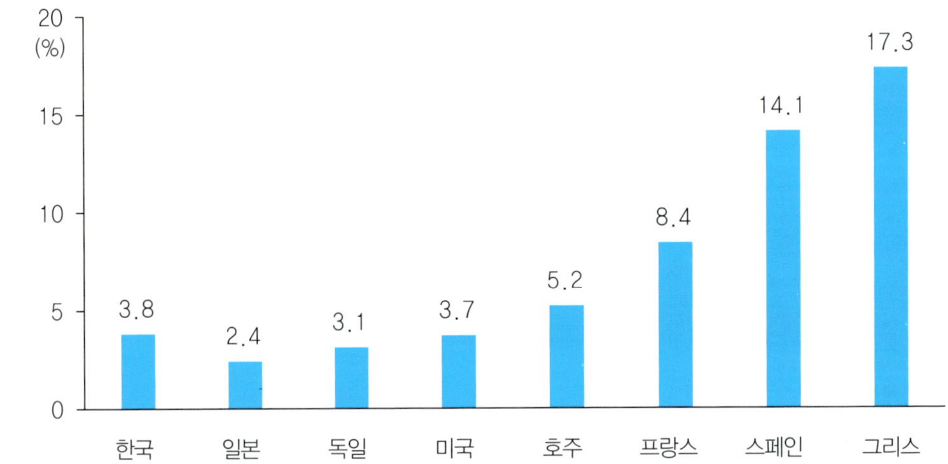


자료: OECD

우리나라의 실업률은 다른 나라들에 비해서는 상대적으로 낮은 수준이다. 〈그림 14-6〉에서 보는 바와 같이 2019년 현재 우리나라의 실업률은 3.8%로 일본(2.4%), 독일(3.1%), 미국(3.7%) 등에 비해서 높은 수준이나, 그리스(17.3%), 스페인(14.1%), 프랑스(8.4%) 등에 비해서는 낮은 수준이다. 하지만 청년실업률이 9%로 매우 높아서 실업문제가 심각한 것으로 나타나고 있다.

## 실업의 유형

사실 우리는 경제현실을 진단하기 위해서 실업률을 측정하는 것이라 할 수 있다. 그러면 실업률은 우리에게 무엇을 말해 주는가? 실업이라고 해서 모두 나쁜 것일까? 이를 알아보기 위해서는 실업의 발생 원인을 구분해야 하는데, 일반적으로 실업은 그 발생 원인에 따라 세 가지 유형으로 나누어진다.

### 마찰적 실업

어떤 사람들은 직장을 선택할 때 '직장과 직장 사이'에 있게 되는 경우가 흔히 있다. 이렇게 되는 이유는 두 가지로 나누어 볼 수 있다. 첫째는 사람들이 직업을 꾸준히 바꾼다는 것이다. 예를 들어 젊은 학생들은 학교를 졸업하고 그들의 첫직장을 구하며, 어떤 사람은 전직을 위해 자발적으로 직장을 그만 두거나 해고당한 다음에 새로운 직장을 구하기도 한다. 둘째는 수많은 기업들이 운명을 달리한다는 것이다. 일부 기업들이 도산하여 문을 닫고 종업원을 해고하는 반면에, 다른 기업들은 창업하여 새로운 종업원을 고용한다. 이러한 계속되는 변화는 '직장과 직장 사이'에 있게 하는 실업을 유발시킨다. 항상 일부 기업에는 일자리가 비어 있지만 일부 사람들은 일자리를 찾게 된다. 만약 독자가 대학을 졸업하고 취직을 할 때 첫직장을 선뜻 결정하겠는가? 만약 여러 개의 대안이 있다면, 가장 자기의 적성에 맞거나 월급이 높은 직장을 찾으려고 시간을 보낼 것이다. 직장에 있던 사람이 새로운 직장을 찾을 때도 마찬가지이다.

이와 같이 현재는 실직되었으나 직장을 찾거나 가까운 미래에 직장에 들어가기로 되어 있는 사람들에 대해서 마찰적 실업(frictional unemployment)이라는 용어를 사용한다. 여기서 마찰적이라는 의미는 노동시장이 직장과 근로자를 완벽하게 연결시키지 못한다는 것이다. 따라서 노동자와 사용자 간에 일자리에 대한 정보가 완벽하게 제공된다면, 마찰적 실업은 없어질 수도 있다. 대학졸업생들에게 취업정보를 제공하는 리쿠르트사나 각종 직업소개소는 마찰적 실업을 줄이는 기능을 한다고 볼 수 있다. 그러나 정보가 부족한 것이 현실이므로 마찰적 실업은 항상 존재하게 된다.

마찰적 실업은 피할 수 없는 것이지만 어떤 면에서는 바람직할 수도 있다. 왜냐하면 자발적으로 '직장과 직장 사이'에 있게 되는 많은 근로자들이 종전보다 더 생산적인 일자리로 옮겨가서 더 높은 임금을 받게 된다면, 개인적으로는 그들의 소득이 증대될 뿐만 아니라 국민경제 전체적으로는 자원배분이 효율적으로 되어 실질산출량이 증대될 수 있기 때문이다.

### 구조적 실업

마찰적 실업에 이어 두 번째로 생각해 볼 수 있는 실업의 유형은 구조적 실업(structural unemployment)이다. 여기서 구조적이란 말은 경제를 구성하는 산업들을 의미하는데, 구조적 실업이란 산업별로 노동에 대한 수요구조가 변화할 때 발생하는 실업이다. 노동에 대한 수요구조는 소비자 수요나 기술의 변화로 인해 발생한다. 예를 들어보자. 석탄에 대한 수요가 급격히 감소하면서 광부들에 대한 수요는 감소하고 그들의 기술은 낡은 것이 되었다. 반대로 컴퓨터 기술이 발전하게 되면서 하드웨어와 소프트웨어를 망라한 분야의 각종 신기술자에 대한 수요는 크게 증가하였다. 이 때 문제는 노동력의 구성이 새로운 직업구조에 곧바로 적합하지 못하게 되어 실업이 발생한다는 것이다. 즉 석탄산업에서 방출되는 광부들이 컴퓨터산업에서 필요한 전문인력으로 대체될 수 없어 실업상태가 된다. 이러한 실업을 구조적 실업이라고 하는데, 일반적으로 상당히 오랜 기간 지속된다. 몇 가지 예를 더 들어보면, 우선 기술진보로 인하여 이미 기술적으로 노후화된 노동자들은 전형적인 구조적 실업의 희생자이며, 불경기지역의 노동자, 교육수준이 낮은 노동자, 연소자나 노령자 등은 구조적 실업의 희생자가 되기 쉽다. 그러므로 직업훈련원은 구조적 실업을 감소시키는 역할을 한다고 할 수 있다.

구조적 실업이나 마찰적 실업은 노동시장이 기업의 빈 일자리와 실업자를 연결시키지 못하기 때문에 발생하기 때문에 그 구분이 불분명하다. 그러나 양자 간의 기본적 차이는 마찰적 실업자는 일할 능력을 가지고 있으나, 구조적 실업자는 재교육과 지역 간 재배치 없이는 쉽게 일자리를 얻을 수 없다는 것이다. 또한 구조적 실업은 오랜 기간 지속되는 경향이 있으나 마찰적 실업은 지속기간이 비교적 짧다는 점에서 차이가 있다.

### 경기변동적 실업

경기변동적 실업(cyclical unemployment)은 경기변동의 국면 중 침체기에 발생되는 실업이다. 즉 총수요가 부족하여 발생하는 실업이다. 따라서 경기변동적 실업은 특정부문의 노동수요감소 때문에 발생하는 것이 아니라 노동에 대한 전반적 수요가 감소할 때 발생한다. 1930년대 대공황 당시에 미국의 실업률은 25%에 달하였는데, 이러한 실업이 경기변동적 실업의 대표적인 예이다.

## 완전고용의 개념

지금까지 우리는 완전고용(full employment)이란 말을 수없이 쓰면서도, 단순히 실업이 없는 상태 정도로만 이해하였다. 이제 완전고용의 개념에 대해서 보다 자세히 알아보자. 실업률이 0%를 기록된다면 완전고용이 달성된다고 볼 수 있는가? 그렇지는 않다. 경제학자들은 마찰적 실업과 구조적 실업은 피할 수 없는 것으로 보고, 취업률 100% 미만을 완전고용수준으로 정의한다. 구체적으로 완전고용실업률이란 경제 내에 항상 존재할 수 있는 마찰적 실업률과 구조적 실업률을 합한 값이다. 달리 얘기하면 완전고용은 경기변동적 실업률이 0%일 때 달성된다.

이러한 개념의 완전고용실업률은 자연실업률(natural rate of unemployment)이라고 하며, 자연실업률에 대응되는 산출량수준을 잠재적 산출량이라고 한다. 다시 말해서 잠재적 산출량이란 경제가 가용자원을 완전고용할 때 달성가능한 산출량을 말한다.

자연실업률은 경기변동적 실업률이 0%일 때 달성된다고 했는데, 이는 노동시장에서 총수요와 총공급이 균형일 경우를 의미한다. 노동시장이 균형을 이룬다는 것은 빈 일자리 수와 일자리를 찾고 있는 사람의 수가 일치하는 상태이다. 만약 일자리를 찾고 있는 사람의 수가 빈 일자리 수보다 많다면 총수요가 부족하여 경기변동적 실업이 존재하게 될 것이다. 반대로 빈 일자리 수가 일자리를 찾고 있는 사람의 수보다 많다면, 즉 노동의 초과수요가 있다면 실제실업률은 자연실업률 이하가 될 것이다. 이 경우에는 임금이 상승할 가능성이 있으므로 인플레이션이 진행될 가능성이 존재하게 된다.

자연실업률과 관련하여 독자들이 유의할 두 가지 사항이 있다. 첫째 '자연'이라는 말은 경제가 항상 자연실업률하에서 운영되어 항상 잠재적 산출량을 달성한다는 뜻이 아니다. 만약 경제가 항상 자연실업률수준에 있는 경우에만 앞에서 경기변동이 없게 된다는 것이다. 둘째, 자연실업률의 수준은 일정불변이 아니라 시대와 나라에 따라서 달라진다. 1960년대에는 자연실업률의 수준이 4%—취업률은 96%—로 간주되었으나, 최근에 와서는 5~6% 수준이라는 데 의견의 일치를 보이고 있다. 이와 같이 자연실업률의 수준이 높아지게 된 이유로는 노동인구의 변화와 제도적 변화가 지적되고 있다. 즉 실업률이 상대적으로 높은 젊은 층과 여성이 노동력에서 차지하는 비중이 커 왔고, 실업보험제 등 제도적 요인이 마찰적 실업을 높임에 따라 자연실업률수준이 높아져 왔다는 것이다.

## 요 약

1. '새'의 입장에서 보는 거시경제학은 경제성장과 경기변동—실업 및 인플레이션—의 원인을 규명하고 처방하는 데 활용되는 경제이론이다.
2. 한 국민경제에서 지출의 가치와 소득의 가치는 동일하다. GDP, GNI, NNI, NI, PI, PDI 등은 국민소득의 크기를 보여주는 대안적인 측정치들이다.
3. 인플레이션은 일반물가수준의 현저한 상승을 말한다. 인플레이션은 소비자물가지수, 생산자물가지수, GDP디플레이터 등에 의해서 측정된다.
4. 인플레이션은 소득을 임의적으로 재분배시키고, 경제의 효율성을 떨어뜨린다.
5. 실업자란 매월 15일이 포함된 1주일 동안에 적극적으로 일자리를 구해보았으나 전혀 일을 하지 못한 사람을 말한다. 실업률은 경제활동인구 중 실업자가 차지하는 비율이다.

6. 실업은 그 발생요인에 따라 마찰적 실업, 구조적 실업, 경기변동적 실업으로 구분된다.
7. 어떤 한 국민경제가 자연실업률 수준에 있으면, 그 경제는 완전고용수준에 있다고 볼 수 있다.

## 용어 및 개념

경제성장
경기변동
완전고용
물가안정
인플레이션
국내총생산(GDP)
이중계산
부가가치
지출접근법과 소득접근법
민간소비지출
총투자
대체투자와 순투자
정부지출
순수출
자본소모충당금
간접세
국민총소득(GNI)
국민순소득(NNI)
국민소득(NI)
개인소득(PI)
개인가처분소득(PDI)
물가지수
생산자물가지수
소비자물가지수
GDP디플레이터
실질GDP
명목(경상)GDP
경제활동인구
실업률
마찰적 실업
구조적 실업
경기변동적 실업
자연실업률

CHAPTER | ECONOMICS

# 15 경기변동의 이해: 총수요와 총공급

SECTION



국민경제 전체적으로 볼 때, 소비자물가와 같은 물가수준은 왜 상승하거나 하락하는가? 한 나라의 GDP를 결정해 주는 요인은 무엇인가? 왜 GDP와 고용수준은 어떤 기간에는 급속히 증가하는 반면에, 다른 어떤 기간에는 급격히 감소하는가? 이러한 질문들은 경기변동, 실업, 인플레이션 등에 관한 것으로서, 이에 대답하기 위해서는 경제를 '새'의 입장에서 보는 거시경제분석이 필요하다. 본 장에서는 거시경제분석의 기초가 되는 총수요 · 총공급모형을 자세히 설명하고자 한다.

# 15.1 경기변동

## 사 례

흔히들 한국경제가 지난 60여 년간 지속적으로 꾸준히 성장해 왔다고 한다. 맞는 말이다. 그러나 과거를 돌이켜 보면, 단기적으로 경제가 불안정했기 때문에 많은 어려움을 겪어 왔음을 알 수 있다(〈그림 15-1〉 참조). 1970년대 말에 발행된 신문들의 경제면을 다시 펼쳐 보면, 이른바 '중동붐'이다 '아파트 투기붐'이다 해서 과열경기가 골칫거리로 등장하고 있으며, 한때는 한 자리 숫자(10% 이내) 물가상승은 있을 수 없는 것처럼 여겨진 적도 있었다. 반면에 IMF 외환위기 직후인 1998년에는 마이너스(-) 6.7%의 경제성장률과 7%의 실업률을 기록하였는데, 당시 기업가는 공장이 완전 가동되지 못해서, 근로자는 일자리를 구하기가 어렵거나 해고될 염려 속에서 모두가 불안해했던 기억이 있다. 이와 같이 어떤 때는 경기가 과열되어 물가가 급등하기도 하고 어떤 때는 산출량이 감소하여 실업자가 증가하는 현상을 경기변동(business fluctuation) 혹은 '호황과 불황'이

**그림 15-1** 한국경제의 실질GDP 변동추이

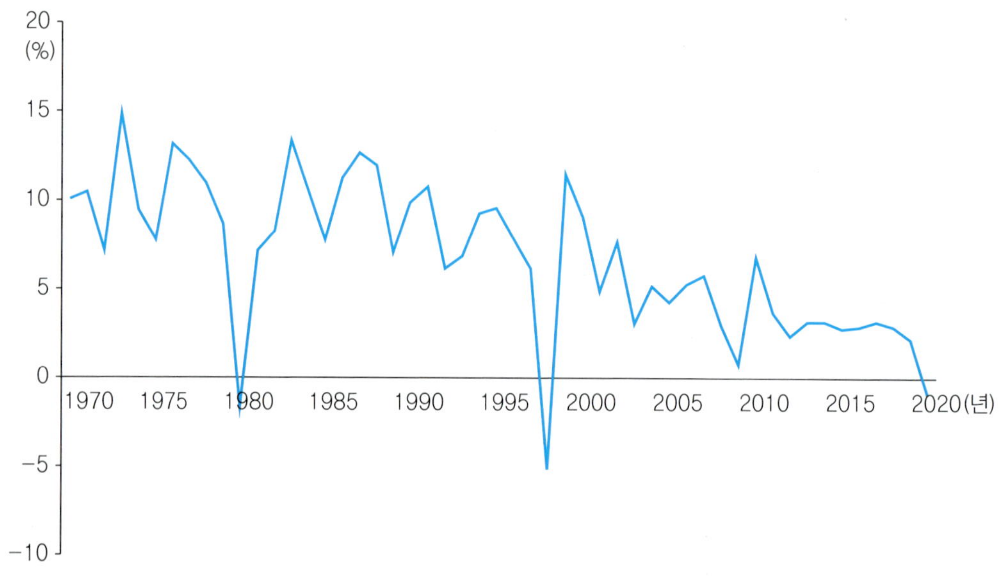


자료: 한국은행

라고 한다.

전 세계적으로도 불황 때문에 몸살을 앓은 적이 있다. 이를 대공황(The Great Depression)이라고 하는데, 1920년대 말에 시작되어 약 10여 년간 지속되었다. 미국의 경우 1929년에서 1934년까지 5년 사이에 경제활동이 절반 수준으로 위축되었으며, 25%의 실업률을 기록했던 것으로 알려지고 있다. 이 당시 실업의 고통을 실감한 미국 사람들 사이에서는 "이웃집 아저씨가 실직하면 경기침체이고, 나의 아버지가 실직하면 불황"이라는 우수개 소리도 나왔다고 한다. '신데렐라 맨', '포스트 맨은 벨을 두 번 울린다' 등의 영화를 보면 대공황 당시의 상황을 간접적으로 체험할 수 있다. 이러한 경험 때문인지 몰라도 지금도 미국에서는 실업문제가 가장 중요한 정책이슈가 되고 있다.

## 경기변동의 네 국면

이제 경기변동이라는 용어를 보다 정확하게 정의해 보자. 경기변동이란 실질GDP로 측정되는 국민경제활동이 일정기간동안 활발하기도 하고 위축되기도 하는 현상을 말한다. 이러한 경기변동은 규칙성을 가지고 순환하는 것이 보통이므로 경기순환(business cycle)이라고도 한다. 실질GDP의 증가는 다음 두 가지 요소로 분해될 수 있다.

- 실질GDP의 증가추세
- 실질GDP의 변동

경기변동을 알아보기 위해서는 실질GDP의 변동에 초점을 맞추어야 한다. 왜냐하면 실질GDP의 장기증가추세와 분리된 실질GDP의 변동만이 경제활동의 변동을 측정해 주기 때문이다. 경기변동은 자체가 확률적인 성격을 띨 뿐만 아니라 그 지속기간이나 정도가 다르므로 나타나는 양상도 다양하다. 그러나 모든 경기변동은 〈그림 15-2〉에서 보는 바와 같이 다음 네 가지의 국면을 포함하고 있다.

- 정상(peak)
- 침체(recession)
- 계곡(trough)
- 회복(recovery)

먼저 경제가 정상국면에 있으면 모든 자원이 완전 고용되어 실질GDP 역시 최대점에 가까운 상태가 된다. 이 때는 물가가 상승하는 것이 보통이고 지속기간은 비교적 짧다. 침체기에 들어서면 실질GDP와 고용은 모두 감소한다. 물가는 안정되는 것이 일반

**그림 15-2** 경기변동의 네 국면

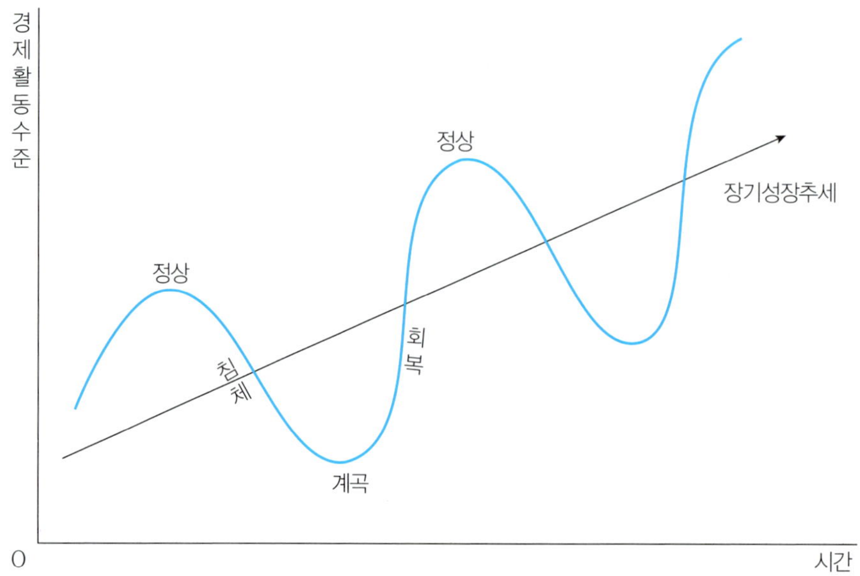


## 더 알아보기 경기변동의 영향

한 국민경제에서 경기변동이 일어나면, 어떤 경제주체도 그 영향권에서 벗어나기 어렵다. 왜냐하면 경제순환모형에서 본 바와 같이 경제주체들은 서로 연관되어 영향을 주고 받기 때문이다. 우리는 흔히 음식점이나 술집에서 "경기가 좋지 않아서 장사가 잘 안된다"라는 말을 듣는데. 이는 피부로 느끼는 경기변동의 영향을 표현한 것이라고 볼 수 있다. 물론 개별경제주체와 부문이 경기변동에 의해서 영향을 받는 정도와 방법은 다양하여 일률적으로 말할 수 없다.

그러나 자본재나 내구소비재를 생산하는 산업은 경기변동에 크게 영향을 받는다고 할 수 있다. 자동차, 아파트, 냉장고, 기계설비 등 자본재 및 내구소비재를 생산하는 기업들은 경기가 나빠지면 심한 타격을 받지만 경기가 좋아지면 생산이 크게 확대되는 것이 보통이다. 반면에 비내구소비재를 생산하는 산업은 영향을 덜 받는다. 그 이유는 다음 두 가지를 들 수 있다. 첫째는 일정범위 내에서 자본재 및 내구소비재는 구매를 연기할 수 있기 때문이다. 먼저 자본재의 경우부터 살펴보자. 경기가 침체되면 기업들은 공장을 신규로 짓거나 첨단장비를 구입하는 것을 꺼려할 것이며, 노후화된 설비나마 그대로 활용하려 할 것이다. 오히려 대부분의 기업에서는 기존 기계설비마저 활용되지 않는 현상이 나타난다. 반대로 경기가 좋아지면 노후화된 기계들을 빨리 대체하려는 경향이 있다. 소비재의 경우에도 논리는 마찬가지다. 경기가 침체되어 가계의 소득이 위축되면, 자동차와 같은 내구소비재의 구입은 연기될 공산이 커질 것이다. 자동차를 예를 들자면, 경기침체 시에는 차가 고장이 나더라도 새차를 구입하기보다는 차를 수리해서 계속 쓰는 것이 보통이다. 반대로 음식이나 의복 등 비내구소비재는 그 자체를 소비해야 하므로 연기가 불가능하다. 물론 경기침체 시에는 비내구소비재도 그 생산량이 감소하거나 질이 떨어질 수 있으나 그 정도가 비내구소비재에 비해서는 덜하다는 얘기다.

둘째는 자본재 및 내구소비재를 생산하는 산업은 대부분 독과점적 시장형태를 가지기 때문이다. 독과점시장에서는 일부 기업이 시장지배력을 가지며, 이에 따라 시장수요가 위축되는 불경기에는 생산량을 크게 줄임으로써 가격하락을 막을 수가 있다. 따라서 경기침체의 결과는 일차적으로 생산량과 고용의 감소로 나타난다. 반대로 곡물, 채소 등 비내구소비재 산업은 대부분 경쟁적 시장에 가까우므로 경기침체 시에 생산량이 감소되기보다는 가격이 하락하는 현상이 나타난다.

적인데, 침체의 정도가 극심할 경우, 즉 불황(depression)에는 물가가 하락하는 현상을 보이기도 한다. 계곡은 실질GDP와 고용이 최저인 상태이다. 마지막으로 회복기에는 실질GDP와 고용이 완전고용수준을 향해서 확대되는데, 이 과정에서 물가는 완전고용이 달성되기 전이라도 상승하는 것이 일반적이다.

## GDP와 실업률

실질GDP가 변동하면 실업률, 물가수준 등 다른 거시경제변수들도 변동한다. 이 중에서도 가장 중요한 변수는 실업률이라고 할 수 있다. 일반적으로 실질GDP의 증가율이 둔화되는 경기침체기에는 실업이 증가하고, 실질GDP의 증가율이 크게 증가하는 회복기에는 실업이 감소하는 것으로 알려져 있다. 먼저 우리나라의 실업률 통계를 살펴보고 실업과 실질GDP와의 관계를 확인해 보기로 하자.

〈그림 15-3〉에는 1970~2020년 기간 동안 우리나라의 실업률과 실질GDP 증가율의 추이가 나타나 있다. 그림에서 색선은 실업률의 변동을 나타낸다. 한편 흑선은 실질

**그림 15-3** 실업률과 실질GDP의 변동

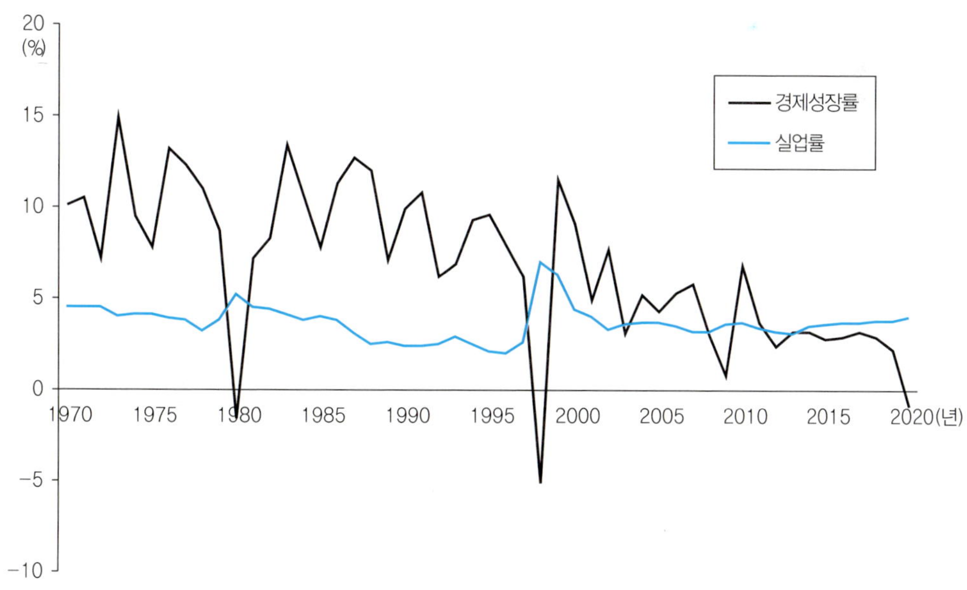


자료: 한국은행

GDP의 변동을 나타내는데, 우리가 예측한 대로 실질GDP의 변동과 실업률 간에는 부(−)의 관계가 있음을 발견할 수 있다. 그림에서 보는 바와 같이 제2차 오일쇼크와 정치적 혼란기를 겪은 1970년대 말과 1980년대 초에 닥쳐온 경기침체는 5% 정도의 높은 실업률을 동반하였으며, 1997년 경 IMF위기 기간에도 경제성장률이 마이너스(−) 5%를 기록하면서 실업률이 7%로 매우 높았다.

## GDP와 물가

실질GDP의 변동은 물가변동과 밀접히 관련되어 있다. 일반적으로 실질GDP가 크게 증가하는 호경기에는 물가도 상승하고, 실질GDP 증가율이 둔화되는 침체기에는 물가 상승률도 하락하는 것으로 예측되고 있다. 〈그림 15−4〉는 1970년부터 2020년까지 우리나라에서 물가지수와 실질GDP의 변동추이를 보여 주고 있다.

먼저 우리나라 물가변동부터 알아보자. 국내물가의 움직임은 제14장에서 공부한 바와 같이 GDP디플레이터, 소비자물가지수, 생산자물가지수 등의 변동에 의해 파악되는데, 여기서는 우리의 일상생활과 관련된 소비자물가지수를 통해서 알아보기로 하자.

**그림 15−4** 물가상승과 실질GDP의 변동

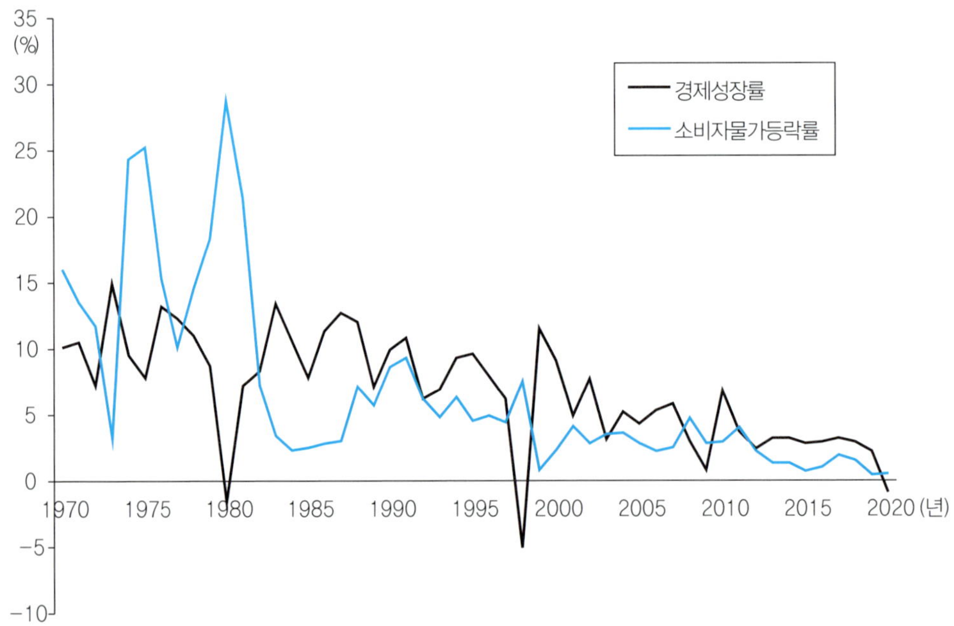


자료: 한국은행

**더 알아보기** **주가와 경기변동**

경기변동의 움직임을 민감하게 보여주는 또 하나의 변수는 주식시장에서 하루하루 형성되는 주가(stock price)이다. 우리가 신문지상이나 TV뉴스에서 주가동향을 매일 볼 수 있듯이 주가는 일상생활과도 매우 밀접하게 관련되어 있다. 주가변동은 투자자의 자산가치에 직접 변동을 가져오기 때문에 눈길을 끌지만, 거시경제적으로는 주가변동이 미래의 경제상황에 대해서 예측을 해주기 때문에 관심의 대상이 되고 있다.

그러면 주가는 실질GDP와 어떤 관계에 있는가? 다시 말해서 주가의 변동은 거시경제적 불안정을 가져오는가? 물론이다. 가령 주가가 폭락하는 경우를 생각해 보자. 주식 보유자들은 주식가치의 하락으로 더 가난해졌다고 느낄 것이고, 이로 인해 소비지출은 위축될 것이다. 기업 또한 주식을 새로 발행하여 자금을 끌어 모을 유인이 없어지고, 투자지출수준은 감소될 것이다. 이와 같은 소비지출과 투자지출의 감소는 총수요의 감소를 의미하므로 다른 사정이 일정한 한 경기가 침체될 것이다.

뿐만 아니라 주가변동은 미래의 경제상황을 예측해 주는 선행지표(leading indicator)가 될 수 있다. 만약 주가가 기업의 기대이윤에 근거하여 결정된다면, 주가의 변동은 미래의 경제상황을 말해 주는 요인이 된다. 사실 불경기가 오기 전에 주가가 하락하고, 호경기가 오기 전에 주가가 상승하는 경우가 종종 발견된다. 이러한 이유로 주가지수는 경기선행지표를 구성하는 몇 개의 요인들*중에 하나가 되고 있다.

* 경기선행지수의 구성요인에는 종합주가지수(코스피)를 비롯하여 건설수주액, 수출입물가비율, 기계류내수출하지수, 재고순환지표 등 8개 지표가 있다.

1970년대 한국은 세계에서 가장 높은 경제성장률을 기록하였으나 물가상승률 역시 높아서 “고성장 고물가국”으로서의 기쁨과 우려를 함께 해 왔다. 1973년 말에 닥친 제1차 석유파동은 국내물가를 치솟게 하여 1974년에는 소비자물가가 전년대비 24.3%가 상승하였고, 1980년에는 제2차 석유파동이 일어나고 유례없는 흉작, 정치적 및 사회적 혼란이 겹쳐 소비자물가지수가 전년대비 28.7%나 상승하였다. 이렇게 치솟기만 하던 소비자물가지수는 1982년 이래 그 동안의 물가안정을 위한 다양한 정책과 유가인하 등 해외요인에 힘입어 한 자리 숫자의 물가상승을 기록한데 이어, 지금까지 커다란 물가상승은 보이지 않고 있다.

한편 이 과정에서 실질GDP 어떠한 움직임을 보여주고 있는가? 우리가 앞에서 예측한 대로라면 경기상승 시에는 물가상승률이 높고, 경기침체 시에는 물가상승률이 낮거나 오히려 물가가 하락할 것이다. 그러나 〈그림 15-4〉를 언뜻 보면, 경기변동과 물가의 이러한 정(+)의 관계는 찾아보기 어렵다. 오히려 일부기간(1980년대 말과 1990년대 초)을 제외하고는 실질GDP와 물가는 반대 방향으로 움직이고 있다. 1973~82년 기간에는 두 차례에 걸친 오일쇼크로 경기가 침체되면서 물가상승률이 높아지는 현상을 뚜렷이 보여주고 있다. 그 이후에도 이러한 현상이 나타났으며, 현재까지도 이를 관찰할 수 있다.

이와 같이 물가상승을 동반한 경기침체 현상을 경제학에서는 스태그플레이션이(stagflation)라고 부른다. 스태그플레이션 현상은 우리나라뿐만 아니라 미국, 일본 등 선진국에서 쟁점으로 부각되었던 경제문제였다.

## 15.2 총수요 · 총공급 모형

경기변동의 요인과 이에 대한 처방전을 마련하기 위한 거시경제분석의 첫걸음은 경제 내에 있는 수많은 개별시장들을 하나로 통합시키는 것이다. 구체적으로 수천 개의 개별상품들—달걀, 쌀, 컴퓨터, 자동차, 휘발유, 화장품 등등—의 가격을 하나의 단일물가수준으로 통합시켜야 하며, 마찬가지로 개별상품의 수량들을 실질국민생산이라는 하나의 지표로 통합시켜야 한다. 개별상품의 가격들을 하나의 물가수준으로, 개별상품들의 수량들을 실질국민산출량으로 단일화시키는 일을 우리는 통합(aggregation)이라 부르고, 통합된 가격(물가수준)과 통합된 균형수량(실질산출량)을 통합변수(aggregation variable)라고 한다.

다행히도 거시경제분석에서도 개별상품에서와 마찬가지로 수요와 공급의 개념을 활용할 수 있다. 그러나 개별상품에 대한 수요와 공급과 달리 총수요(aggregate demand)와 총공급(aggregate supply)의 개념으로서, 그래프도 종축은 단일제품의 가격이 아닌 물가수준으로, 횡축은 특정제품의 수급량이 아닌 실질국민생산으로 표시된다는 점이 다르다. 이 점을 염두에 두고 총수요와 총공급을 자세히 이해해 보기로 하자.[1)]

### 총수요

총수요란 "소비자, 기업, 정부, 해외구매자 등이 있을 수 있는 물가수준에 대응하여 구입하고자 하는 상품과 서비스의 양, 즉 실질GDP를 보여주는 예정표"이다. 따라서 총수요는 경제순환모형에서 지출측면의 구성요소로서 다음과 같이 표현할 수 있다.

수요되는 GDP = 민간소비지출 + 투자지출 + 정부지출 + 순수출

1) 독자들은 총수요 · 총공급모형에 대해서 이미 제4장에서 간단하게 다루었다는 것을 기억할 것이다.

### 총수요곡선

한 상품의 수요곡선이 우하향하는 이유는 그 상품의 가격이 상승할 때, 대체효과로 인해 구매량이 감소하기 때문이다. 가령 코카콜라의 가격이 상승하면 소비자가 코카콜라 대신 펩시콜라나 사이다를 사 먹으려 하기 때문에 코카콜라의 수요곡선은 우하향한다.

총수요곡선 역시 대체효과 때문에 〈그림 15-5〉에서 보는 바와 같이 우하향한다. 만일 코카콜라, 펩시콜라, 사이다 등 청량음료의 가격들이 상승하면 사람들이 청량음료 대신에 다른 음료를 사 먹으려 하기 때문에 청량음료의 구매량은 감소한다. 그렇다면 왜 '모든' 상품들에 대한 수요곡선은 우하향하는 것일까? 한국경제에 존재하는 모든 상품의 가격들, 즉 물가가 상승하면 대체할 만한 상품이 있는가? 한국경제에서 실질 GDP를 대체할 수 있는 상품군은 다음의 세 가지로 구분된다.

- 화폐나 금융자산
- 미래의 상품이나 서비스
- 다른 나라에서 생산된 상품이나 서비스

**그림 15-5 총수요곡선**

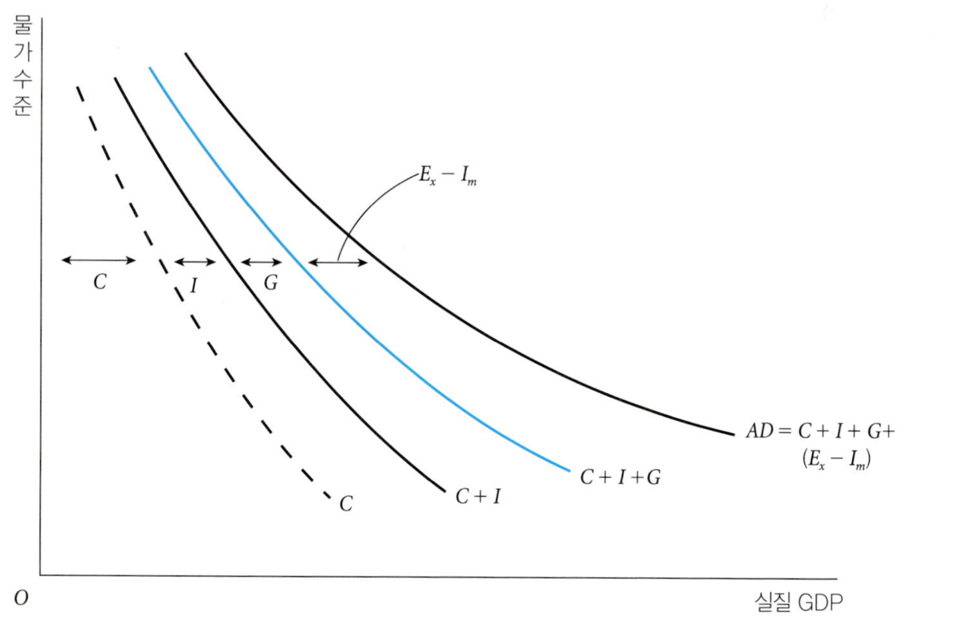

사람들은 실질GDP를 구성하는 재화나 서비스 대신에 화폐나 금융자산을 더 가지려는 계획을 세울 수 있다. 또 현재의 상품 및 서비스 구입을 줄이고 미래 일정시점에서의 상품 및 서비스의 구입을 원할 수 있으며, 한국산 제품의 구입을 줄이고 외국산 제품의 구입을 늘리려는 계획도 세울 수 있다. 이러한 의사결정은 물가수준에 의해서 영향을 받게 되는데, 이러한 영향은 바로 우하향하는 총수요곡선에 반영된다.

요컨대 다른 사정이 일정하다고 하면 물가수준이 높을수록 가계, 기업, 정부, 해외구매자 등이 구입하기를 원하는 실질산출량은 작아지고, 물가수준이 낮을수록 구매하고자 하는 실질산출량은 커진다. 즉 물가수준과 수요되는 GDP와는 부(-)의 관계를 갖는다. 이는 물가수준이 변할 때 이자율효과, 자산효과, 해외대체효과라는 세 가지 효과를 갖기 때문이다.

### 이자율효과

총수요곡선이 우하향하는 이유 중 이자율효과란 물가상승이 이자율을 상승시키고, 이자율의 상승은 다시 소비와 투자를 감소시킨다는 것이다. 왜 그렇게 되는 것일까? 물가수준이 상승하면 소비자들은 상품구입을 위하여 더 많은 돈이 필요하게 될 것이며, 기업들도 생산에 필요한 요소구입을 위하여 더 많은 돈을 가지려고 할 것이다. 이와 같이 물가수준이 상승하면 화폐수요를 증가시키는데, 이 때 경제 내의 화폐공급량이 고정되어 있다고 가정하면 화폐수요의 증가는 화폐사용에 대한 가격, 즉 이자율을 상승시킨다. 높은 이자율은 가계와 기업의 지출, 특히 이자율에 민감한 현재의 지출을 미래로 연기시킨다. 예를 들어 이자율이 상승하면 소비자들은 자동차나 냉장고와 같은 내구소비재의 구입을 꺼리게 될 것인데, 이는 앞으로 지불할 이자부담이 커지기 때문이다. 기업도 마찬가지다. 기업이 기계장비를 구입하여 10%의 수익률을 기대한다고 하면, 이자율이 10% 이하—이를테면 7%—인 경우에만 그 기계를 구입할 것이다.

요컨대 높은 물가수준은 화폐수요를 증가시켜 이자율을 상승시키고, 이자율상승은 소비지출수요와 투자지출수요, 즉 수요되는 실질산출량을 감소시킨다. 이러한 이자율효과는 경제학자 J. M. Keynes(1883~1946)에 의해서 강조되었다.

### 자산효과

총수요곡선이 우하향하는 두 번째 이유는 물가의 화폐 및 금융자산 대한 효과 때문이다. 이 효과는 물가수준이 상승하면 민간이 보유하고 있는 화폐, 주식, 국공채 등 금융자산의 실질가치(또는 구매력)가 하락할 것이라는 생각에 바탕을 두고 있다. 예를 들어 어떤 가계가 5,000만원 상당의 주식을 가지고 있다면 고급승용차나 모피코트를 사도 불안하지 않지만, 물가상승으로 주식의 실질가치가 3,000만원으로 삭감되면 상품구입을 연기할 것이다. 반대로 물가의 하락은 자산의 실질가치를 증가시키고 소비지출을 증가시킬 것이다. 자산효과는 경제학자 A. C. Pigou(1877~1959)에 의해서 강조되었기 때문에 피구효과라고도 불린다.

#### 해외대체효과

경제순환모형에서 수출(우리상품의 외국인 구입)과 수입(외국상품의 우리국민 구입)은 총지출의 중요한 구성요소이다. 그런데 다른 사정이 일정한 한 수출과 수입의 크기는 국내물가와 외국물가의 상대적 수준에 영향을 받는다. 이를 우리는 물가의 해외대체효과라 부른다. 만약 국내의 물가수준이 다른 나라에 비해서 상승한다면 우리나라 소비자들은 국산품보다는 수입품을 더 애용하여 수입은 증가할 것이고, 외국사람 역시 우리 제품 대신에 자국제품을 더 선호하여 우리의 수출은 감소할 것이다. 따라서 국내물가의 상승은 한국경제의 총수요 구성요인인 순수출(수출 − 수입)을 감소시킬 것이다. 해외대체효과는 경제학자 R. Mundel과 M. Fleming에 의해서 강조되었다.

### 총수요의 변화와 총수요량의 변화

앞에서 우리는 물가수준의 변화가 소비자, 기업, 정부, 해외구매자의 지출수준을 변화시켜 총수요의 변화를 초래한다는 점을 알아보았다. 즉 다른 사정이 일정한 한 물가상승은 수요되는 실질GDP를 감소시키고, 반대로 물가하락은 수요되는 실질GDP의 크기를 증가시킨다. 이러한 관계는 〈그림 15-6〉에서 총수요곡선 상에서 한 점에서 다른 점으로의 이동으로 나타난다. 이를 수식으로 표시하면,

$$GDP^D = f(P),\quad \text{단 다른 사정이 일정한 한}$$

여기서 $GDP^D$는 수요되는 실질산출량, $P$는 물가수준이다. 그러나 다른 사정—예를 들어 통화량, 환율 등—이 변화한다면 총수요는 전혀 영향을 받지 않을 것인가? 전혀 그렇지 않음은 자명한 이치이다. 이러한 사정을 감안하면 총수요는 다음과 같이 표현될 것이다.

$$GDP^D = f(\underbrace{P}_{\text{물가요인}};\ \underbrace{G, M, r, F, E}_{\text{비물가요인}})$$

위의 식은 한 경제의 총수요는 물가수준뿐만 아니라 정부지출($G$), 통화량($M$: Monetary stock), 이자율($r$: Interest rate), 환율 등 해외요인($F$: Foreign factor), 기대($E$: Expectation) 등 비물가요인에 의해서도 영향을 받고 있음을 보여준다. 여기서 총수요의 변화요인을 이해하기 위해서는 물가요인과 비물가요인을 구분할 필요가 있다. 물가수준변화에 의한 변화를 총수요량의 변화(change in quantity of real output demanded)라 하고, 비물가요인에 의한 변화를 총수요의 변화(change in aggregate demand)라고 한다. 이것은 제4장에서 살펴본 개별상품의 경우에서와 마찬가지다.

〈그림 15-6〉에서 보는 바와 같이 총수요의 증가는 $AD_0$에서 $AD_1$으로의 변화로 표시된다. 이러한 변화는 각각의 물가수준에서 경제주체들이 구매하려는 실질GDP가 종전보다 증가됨을 뜻한다. 반대로 총수요의 감소는 $AD_0$에서 $AD_2$로의 이동으로 나타난다. 이것은 각 물가수준에서 경제주체들이 종전보다 덜 구매하려 함을 뜻한다. 이제 총수요의 변화요인들을 살펴보기로 하자.

**그림 15-6 총수요량의 변화와 총수요의 변화**

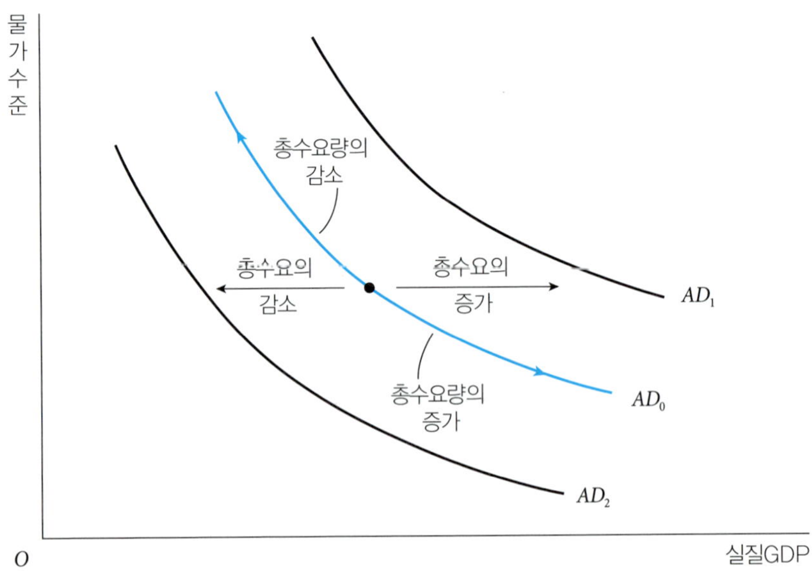

### 정부지출

정부지출의 변화는 직접적으로 총수요의 변화를 가져오는 비물가요인이다. 각각의 물가수준에서 상품 및 서비스에 대한 정부구입의 증대는 그것이 조세와 이자율을 변화시키지 않는 한, 총수요를 증가시킬 것이다. 정부에 의한 고속전철사업이나 국방부가 추진하는 무기구매사업이 이러한 유형의 정부지출에 속한다고 볼 수 있다. 반대로 정부지출의 감소는 총수요를 위축시킨다.

정부지출과는 반대로 정부에 의한 조세의 삭감은 총수요를 증가시킨다. 개인소득세가 감소되면 소비자가 마음대로 처분할 수 있는 소득이 증가하고, 이는 각각의 가능한 물가수준에서 소비자의 상품구입을 증대시킬 것이다.

### 통화량

통화공급량은 한국은행과 일반시중은행에 의해서 결정되는데,[2] 통화공급량이 증가하면 총수요는 증대된다. 예를 들어 설명해 보자. 가령 한국은행이 새로 찍어낸 돈 10조원을 헬리콥터에 싣고, 전국을 돌아다니면서 뿌린다고 하자. 돈이 공중에서 내려오면 사람들은 하던 일을 멈추고 돈을 주울 것이다. 사람들은 주운 돈을 모두 은행에 저축하지 않고, 일부는 상품을 사는 데 지출하려고 할 것이다. 이 예는 비현실적이지만 통화가 총수요에 미치는 영향을 극명하게 보여준다.

뿐만 아니라 통화공급량의 변화는 이자율을 변화시키고, 이자율의 변화는 투자지출과 내구재 소비지출을 변화시켜, 간접적으로 총수요에 영향을 미친다. 실제로 한국은행이 돈줄을 조이면 이자율이 상승하고, 반대로 한국은행이 돈줄을 풀면 이자율이 하락하는 현상이 나타나며, 이러한 변화는 총수요에 영향을 미친다.

### 이자율

다른 사정이 일정한 한, 물가수준 이외의 다른 요인에 의한 이자율의 상승은 소비지출과 투자지출을 감소시켜 총수요를 감소시킬 것이다. 우리는 이미 이자율의 상승이 총수요를 어떻게 변화시키는지를 설명하였다. 그러나 여기서의 효과는 물가수준의 변화로 인한 이자율효과와는 구분된다. 여기서 이자율의 변화는 물가수준의 변화 때문에 발생한 것이 아니라 물가 이외의 요인—예를 들어 통화량의 증가—에 의해서 초래되는

[2] 통화공급에 대해서는 제17장에 자세히 설명되어 있다.

경우이다. 통화공급의 증가는 이자율을 낮추어 소비와 투자를 증가시키고, 반대로 통화공급의 감소는 이자율을 상승시켜 소비와 투자를 감소시킨다.

### 기 대

미래 경제상황에 대한 기대(expectation)는 현재의 의사결정에 매우 중요한 역할을 한다. 특히 미래의 인플레이션, 미래의 소득, 미래의 이윤에 대한 기대가 중요하다.

#### 미래의 인플레이션

다른 사정이 일정한 한, 미래에 물가가 상승할 것이라고 기대하면 총수요가 증가할 것이다. 왜냐하면 인플레이션율이 높아질 것으로 기대될수록 미래에 상품 및 서비스의 가격이 상승하고 미래의 화폐가치가 낮아질 것이기 때문이다. 예를 들어 소비자들이 앞으로 물가가 더 상승할 것이라고 기대한다면, 그들은 실질소득 가운데서 더 많은 부분을 현재의 소비에 지출하게 될 것이다. 즉 현재의 소비지출은 증가하고 총수요곡선은 오른쪽으로 이동한다. 반대로 물가가 하락할 것이라고 예상한다면 현재의 소비지출을 연기하게 되어 총수요곡선은 왼쪽으로 이동하게 될 것이다.

#### 기대소득

다른 사정이 일정한 한, 앞으로 소득이 증가할 것으로 기대되면 소비자들은 현재의 소비지출을 증가시키고, 반대로 소득이 감소할 것으로 기대되면 현재의 소비를 감소시킬 것임은 당연한 이치이다.

#### 투자사업에 대한 기대이윤

투자사업에 대한 기대이윤이 높아지면, 자본재 수요가 증가하여 총수요곡선을 오른쪽으로 이동시킬 것이다. 경기가 좋아질 것이라는 기대는 착수 가능한 투자사업의 기대이윤을 높이고 투자의욕을 증가시킬 것이다. 반대로 경기가 침체될 것으로 기대하여 투자사업에 대한 이윤전망이 비관적이라면, 투자지출이 감소하여 궁극적으로는 총수요가 위축될 것이다.

### 해외요인

총수요를 변화시키는 마지막 비물가요인은 해외요인으로서, 이는 순수출에 영향을 미친다. 만약 미국의 소비자들이 한국의 물가수준에 관계없이 한국제품의 구입을 변화시킨다면 총수요 역시 변화할 것이다. 이러한 변화는 해외대체효과, 즉 물가수준의 변화로 인한 총수요의 변화와 구분되는데, 여기서는 물가 이외의 변화로 인한 순수출의 변화를 말하는 것이다.

수출이 증가하면 한국제품에 대한 외국사람들의 구매가 늘고 수입이 감소하면 한국제품에 대한 국내수요가 증가함을 의미한다. 따라서 순수출(수출 – 수입)의 증가는 총수요곡선을 오른쪽으로 이동시킨다. 순수출을 변화시키는 비물가요인에는 무엇이 있는가? 외국의 국민소득과 환율이 대표적인 요인이다.

### 외국의 국민소득

외국의 국민소득수준이 증가하면 외국사람들은 한국제품을 더 사려고 할 것이다. 따라서 해외수요와 한국의 총수요는 증가한다. 외국의 국민소득의 감소는 반대효과를 가져다준다.

### 환 율

원화와 외국통화와의 교환비율인 환율(exchange rate)의 변화는 순수출과 총수요를 변화시킨다. 예를 들어 환율이 1달러당 800원 하던 것이 1,000원으로 상승했다고 하자. 이것은 원화의 평가절하(depreciation)를 의미하는데, 이와 같이 원화의 달러화에 대한 상대가치가 하락하면 미국소비자들은 일정량의 달러화로 종전보다 더 많은 원화를 살 수 있게 된다. 마찬가지로 한국소비자들은 일정량의 원화로 종전보다 더 적은 달러를 얻게 된다. 다시 말해서 미국소비자들은 달러가격으로 계산되는 한국제품이 더 싸졌다고 느끼고, 반대로 한국 소비자들은 일정량의 원화로 미국상품을 조금밖에 살 수 없음을 발견하게 될 것이다. 예를 들어 수출의 경우를 보면, 환율이 1달러 = 800원일 때 8,000원짜리 국산 T셔츠의 값이 달러표시로 10달러이지만 환율이 1달러 = 1,000원이 되면 달러표시가격은 8달러로 하락한다. 수입의 경우는 200달러짜리 미국산 컴퓨터가 환율변동 전에는 160만원이었으나, 환율변동 후에는 200만원이 된다. 이렇게 되면 당연히 한국산 T셔츠의 수출은 증가하고, 컴퓨터의 수입은 감소하여 총수요는 증가할 것이다. 반대의 경우—평가절상(appreciation)—는 독자들이 각자 생각해 볼 수 있을 것이다.

## 총공급

### 총공급곡선

총공급(aggregate supply)이라 함은 "상이한 물가수준에서 공급 가능한 실질GDP를 나타내는 예정표"이다. 그러나 총공급곡선의 모양에 대해서는 경제학자들 간에 의견이 일치하지 않고 있다. 총공급곡선이 수평이라고 주장하는 사람도 있는 반면에, 총공급곡선이 수직이라고 주장하는 사람도 있다. 전자는 케인즈의 입장에 선 경제학자들이고, 후자는 케인즈 이전의 고전학파 입장에 선 경제학자들이다.

그러나 대부분의 경제학자들은 중간적인 입장을 취하고 있다. 즉 총공급곡선은 우상향한다고 보고 있다. 다른 사정이 일정한 한, 물가수준이 높을수록 실질GDP는 커지고, 물가수준이 낮을수록 실질GDP가 감소한다는 주장이다. 이상 세 가지 입장을 각각 보여주는 총공급곡선이 〈그림 15-7〉에 그려져 있다.

#### 케인즈의 총공급곡선: 수평선

〈그림 15-7〉에서 $Y_F$는 완전고용산출량을 나타낸다. 우리가 제2장에서 배운 생산가능곡선을 통해서 보면, 어떤 경제가 완전고용산출량을 달성한다고 하면, 이 경제는 생산가능곡선 상에서 운용되고 있다고 할 수 있다. 완전고용산출량은 잠재적 실질국민생산이라고도 한다.

〈그림 15-7〉 (a)에서처럼 총공급곡선의 형태가 수평이라고 보는 관점은 경제가 완전고용수준 $Y_F$에 훨씬 못 미치는 낮은 국민생산수준에 있다는 것을 전제로 한 것이다. 즉 어떤 경제가 수평영역에 있다는 것은 상당량의 실업자와 기계설비가 남아도는 것을 의미한다. 그러면 왜 총공급곡선은 수평인가? 이는 유휴자원—사람이든 실물이든—들이 너무 많이 남아돌기 때문에 물가에 대한 상승압력 없이도 다시 활용될 수 있기 때문이다. 그러므로 수평영역에서 실질국민생산이 증대함에 따라서 자원제약으로 인한 생산장애가 물가를 올리는 상황이 벌어지지 않는다. 가령 2년 정도 실업상태에 있던 사람이 경기가 좋아져 직장으로 다시 돌아올 때, 임금인상을 주장하겠는가? 기업도 안정적인 가격으로 노동력이나 기타 생산요소를 구입할 수 있으므로 생산을 확대하더라도 생산비용은 상승하지 않는다. 따라서 제품가격이 오를 이유가 없다. 반대로 수평영역은 실질국민생산과 고용이 위축된다 하더라도 물가와 임금이 고정되어 있음을 의미한다. 그러므로 수평영역에서는 임금과 물가가 하방경직적이다. 이것은 어떤 경우에 가능한가? 만약 노동조합의 힘이 크거나 시장이 독과점적 성격을 띤다면 가능할 것이다.

**그림 15-7 총공급곡선**

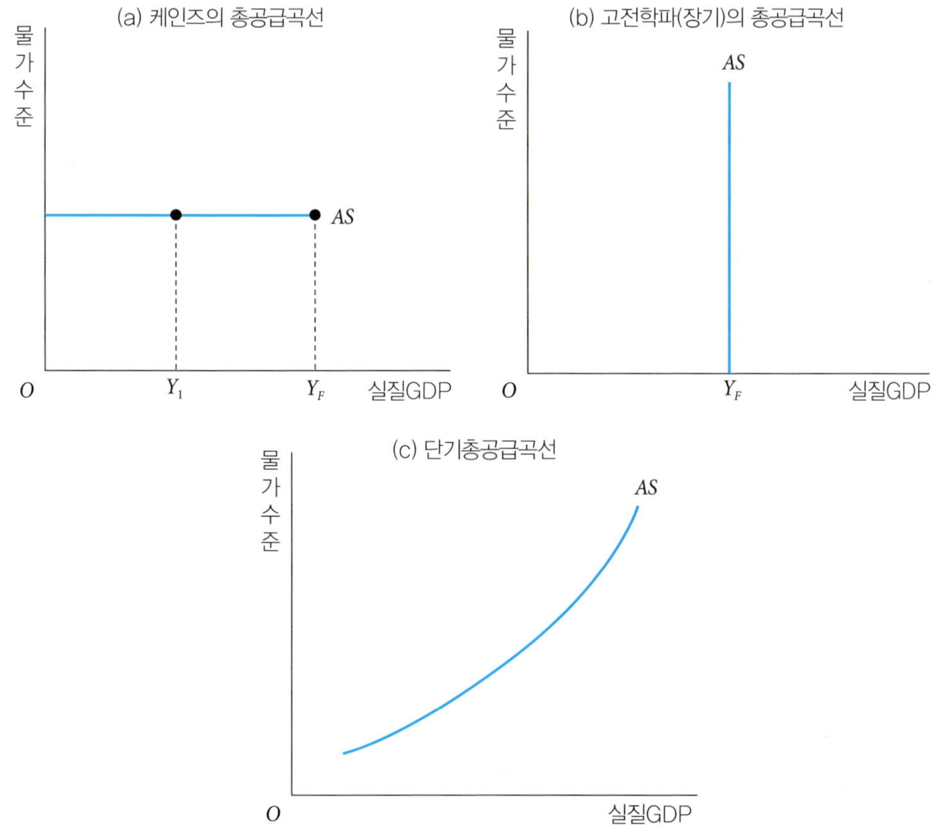


수평적인 총공급곡선은 케인즈의 총공급곡선이라고도 불린다. 앞에서 잠깐 언급했던 케인즈는 1930년대 미국이 대공황을 겪고 있을 때(실업률 25%), 시장경제의 기능을 재조명한 경제학자이다. 케인즈는 경제가 상당히 침체되어 있는 상황에서는 생산비용이나 물가상승에 대한 걱정 없이도 생산을 확장할 여지가 충분하다고 보았다.

### 고전학파(혹은 장기)의 총공급곡선: 수직선

이제 총공급곡선이 수직선이라고 보는 관점으로 눈을 돌려보자. 만약 어떤 경제가 수직영역에 있다면, $Y_F$에서 완전고용을 달성하고 있음을 뜻한다. 이 경제는 생산가능곡선상의 한 점에서 운용되고, '단기적'으로 실질생산의 확대는 불가능하다. 경제가 수직영역에 있다는 것은 경제가 이미 완전고용상태에 있기 때문에 물가상승이 추가적인 산출량 증가를 가져올 수 없음을 의미한다. 완전고용수준에서는 개별기업이 생산을 확장시키려면 다른 기업으로부터 자원을 뺏어 와야만 가능하다. 그러나 한 기업이 얻는 자원과 추가적인 산출물은 다른 기업입장에서는 잃는 것이 되므로, 이러한 과정에서 요소가격과 제품가격은 상승하지만 실질국민생산은 전혀 변화할 수 없게 된다.

〈그림 15-7〉 (b)에서처럼 수직적인 총공급곡선을 고전학파의 총공급곡선이라고 부른다. 왜냐하면 고전학파 경제학자들은 시장경제체제 자체가 완전고용을 항상 달성하도록 하는 내재적인 힘을 가진다고 보았기 때문이다. 고전학파의 총공급곡선은 경제를 '장기적'(long-run)인 관점에서 본 것이므로 장기총공급곡선이라고도 한다.

### 단기총공급곡선: 우상향

대부분의 경제학자들은 케인즈와 고전학파처럼 극단적인 입장에 서지 않고 절충적인 입장을 취한다. 그들은 '단기적'(short-run)—1년 혹은 2년—으로는 물가상승이 기업으로 하여금 실질생산을 증가시키도록 유도한다고 본다. 즉 총공급곡선은 〈그림 15-7〉의 (c)에서처럼 수직선도 수평선도 아닌 우상향한다. 총공급곡선이 우상향하는 이유는 무엇인가? 경제를 보는 관점의 차이에 따라서 크게 두 가지로 설명되고 있다. 하나는 노동시장이 불균형상태에 있기 때문이라는 것이고, 다른 하나는 공급자가 기대한 물가와 실현된 물가는 차이가 있기 때문이라는 것이다.

#### 노동시장의 불균형

총공급곡선이 우상향하는 이유를 노동시장의 불균형에서 찾고 있는 경제학자들에 의하면, 국민경제는 수많은 재화시장 및 요소시장으로 구성되어 있고 완전고용이 여러 산업에서 동시적으로 균등하게 달성되기 어렵다고 한다. 경제가 $Y$와 $Y_F$ 사이에서 확장됨에 따라서 컴퓨터나 자동차와 같은 성장산업에서는 숙련노동자가 부족한 반면에, 석탄과 같은 사양산업에서는 상당한 실업상태에 직면할 수 있다. 마찬가지로 어떤 산업에서는 원자재부족이나 이와 유사한 생산애로현상이 나타날 수 있다. 생산확장은 일부 기업으로 하여금 오래된 기계설비, 비효율적인 기계, 비능률적인 노동자를 어쩔 수 없이 활용하게끔 할 것이다. 이러한 이유로 단위당 생산비용이 상승하고, 기업은 이윤을 확보하기 위하여 더 높은 제품가격을 받아야만 할 것이므로 실질산출량의 증가는 물가상승을 동반한다는 것이다.

### 기대물가와 실제물가의 차이

총공급곡선이 우상향하는 이유를 기대물가와 실제물가의 괴리에서 찾는 경제학들의 공통점은 단기총공급곡선을 "일정한 기대물가수준하에서, 상이한 물가수준에서 공급하려고 하는 의도를 나타내는 예정표"로 본다는 것이다. 이들의 설명은 다음과 같다.

기업과 근로자는 기대한 물가수준을 근거로 하여 임금협상을 시도할 것이다. 만약 물가가 내년에 10% 상승할 것으로 기대한다면 근로자는 임금이 10% 상승되는 데 만족할 것이다. 극단적인 예로 내년 물가가 금년과 같을 것으로 기대한다면, 근로자들은 0%의 임금증가율도 받아들일 것이다. 그러므로 기대물가수준이 높으면 높을수록 기업이 근로자에게 지불하고자 하는 임금은 더 많아질 것이다.

〈그림 15-8〉에서처럼 기대물가수준이 100이라고 하자. 대부분의 근로자들은 이를 토대로 임금을 협상할 것이다. 만약 실제임금이 기대임금과 꼭 맞아떨어진다면 기업부문은 $Y_F$를 공급할 것이다. 그러나 단기에서는 실제물가와 기대물가가 꼭 일치하지는 않을 것이다. 만약 실제물가가 110으로 기대물가 100보다 더 상승한다면, 기업은 유리한 입장에 있다고 생각할 것이다. 제품가격은 기대물가 100을 토대로 결정된 계약임금[3)]보다 더 빨리 상승하고, 이에 따라 이윤이 증가할 것이다. 이것은 기업으로 하여금 더 생산하도록 할 것이다.

만약 실제물가가 90으로 기대물가 100에 미치지 못한다면 기업은 불리해질 것이다. 제품가격은 기대물가 100을 토대로 결정된 계약임금보다 더 빨리 하락하고, 이윤이 감소할 것이다. 이것은 기업으로 하여금 생산을 줄이도록 할 것이고, 이에 따라 기업들

---

3) 이와 같이 임금수준이 과거의 기대물가를 토대로 결정된 채로, 상당기간 고정되어 있다는 것이 단기 총공급곡선이 우상향하는 이유이다. 이것은 임금 협상이 매일매일 진행되는 것이 아니라, 한번 결정된 임금협상은 2년 내지 3년 정도 계속 효력을 발생하는 현실을 감안한 것이다. 원유나 천연가스와 같은 원자재도 장기공급계약을 통해서 구입가격이 장기간 고정되어 있는 경우가 많다.

이와 달리 기대물가와 실제물가의 괴리를 공급자들의 '정보인식의 오류'에서 찾는 경제학자—M. Friedman이나 R. Lucas 등 새고전학파—도 있다. 일반물가수준이 기대했던 것보다 하락하는 경우에, 공급자들은 자신의 제품가격도 그만큼 상대적으로 하락했다고 잘못 인식하여, 공급을 줄인다는 것이다. 예를 들어, 농부가 소비자로서 구입하는 제품들의 가격도 하락했다는 것을 인식하기 전에 자신이 공급하는 쌀의 가격이 하락했다는 것을 먼저 인식하여, 단기적으로 쌀공급이 불리하다고 생각하여 쌀공급을 줄인다는 논리이다. 마찬가지로 근로자들도 자신이 구입하는 상품들의 가격이 하락했다는 것을 인식하기 전에 명목임금이 하락했다는 것만을 관찰하여, 노동공급을 줄인다는 것이다. 요컨대, 물가하락은 상대가격에 대한 '인식오류'를 초래하며, 이러한 인식오류는 공급자들로 하여금 공급량을 감소시키게 한다는 주장이다.

**그림 15-8** 단기총공급곡선이 우상향하는 이유: 기대물가와 실제물가의 차이

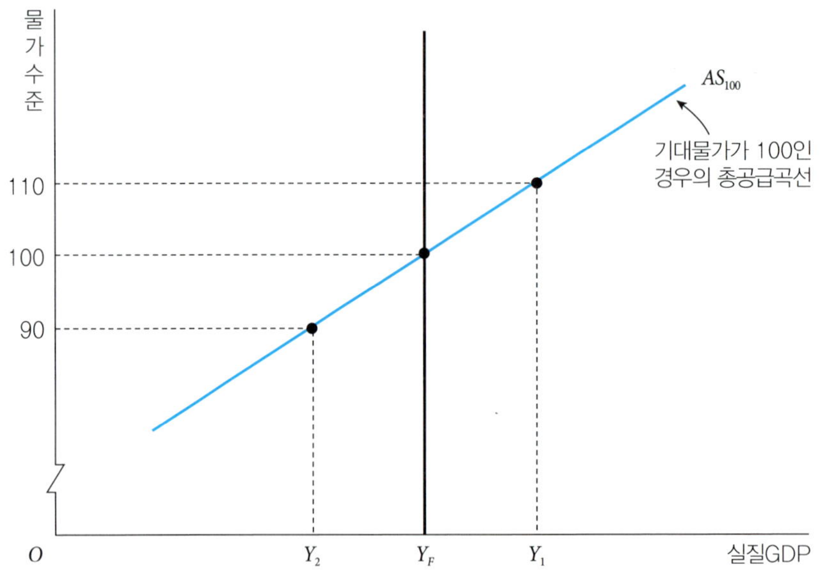


자료: 한국은행

은 비효율적인 근로자를 해고하려고 할 것이다.

따라서 우리는 〈그림 15-7〉의 (c)와 같이 우상향하는 단기총공급곡선을 그릴 수 있다.

### 총공급의 변화와 총공급량의 변화

총수요곡선과 마찬가지로 총공급곡선도 '다른 사정이 일정한 한'이라는 전제하에서 도출한 것이다. 즉 총공급을 변화시키는 중요하고도 유일한 요인은 물가뿐이고 요소가격, 생산성, 법적 제도적 환경 등 비물가요인은 총공급에 전혀 영향을 미치지 않는다는 가정에 입각한 것이었다. 이를 수식으로 다시 표시하면,

$$\text{실질}GDP^S = f(P), \quad \text{단 다른 사정이 일정한 한}$$

그러나 비물가요인들도 고려하면,

$$GDP^S = f(\underbrace{P}_{\text{물가요인}};\ \underbrace{L,\ K,\ Pi,\ Tech,\ En,\ E}_{\text{비물가요인}})$$

그림 15-9 총공급의 변화와 총공급량의 변화

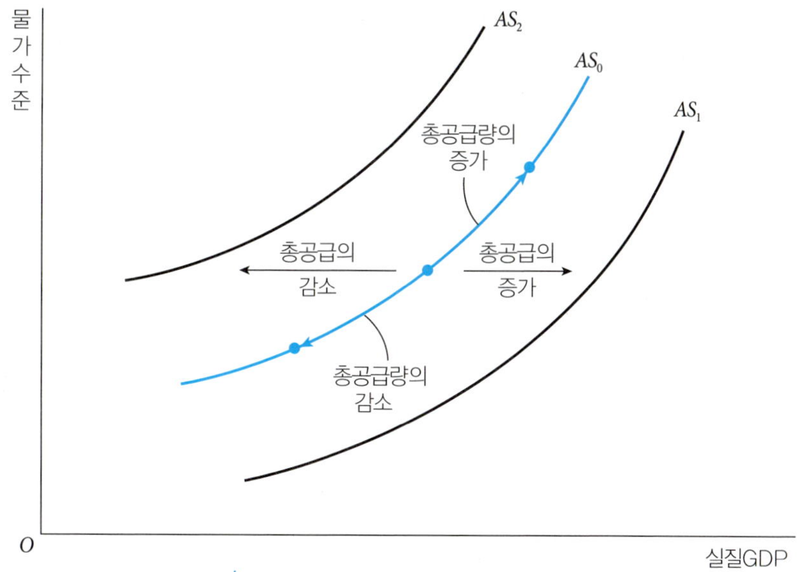


여기서 $L$은 노동력, $K$는 자본, $P_i$는 요소가격, *Tech*는 기술, *En*는 법적 · 제도적 환경, $E$는 물가기대 등 다른 사정들이다. 총수요의 변화와 총수요량의 변화를 구분하여 설명한 바와 마찬가지로 총공급의 변화(change in aggregate supply)와 총공급량의 변화(change in quantity of real output supplied)도 구별된다. 총공급량의 변화는 비물가요인을 묶어 놓은 상태에서 물가요인만 변할 때 총공급량이 변하는 것을 말하며, 〈그림 15-9〉에서는 총공급곡선 상에서의 점의 이동으로 나타난다. 반면에 총공급의 변화란 물가요인을 묶어 놓은 상태에서 노동, 자본, 요소가격, 생산성, 법적 · 제도적 환경 등 비물가요인 중 하나 혹은 그 이상이 변했을 때 총공급이 변하는 것을 말한다. 총공급의 증가 또는 감소는 〈그림 15-9〉에서 각각 총공급곡선의 우측 또는 좌측 이동으로 나타난다. 총공급이 증가할 경우에 총공급곡선은 $AS_0$에서 $AS_1$으로 우측 이동하며, 비물가요인이 총공급을 감소시키는 쪽으로 영향을 미치면 총공급곡선은 $AS_2$로 좌측 이동할 것이다.

이제 총공급곡선을 이동시키는 '다른 사정들'에 대해서 간단하게 설명해 보기로 하자. 위에서 우리는 총공급곡선을 기간에 따라 단기와 장기로 구분했으므로, 단기총공급곡선과 장기총공급곡선에 대한 '다른 사정들'도 각각 달라질 수 있다. 그러나 아래에서 열거되는 요인들 중 기대요인만 제외하고 같다고 볼 수 있다.

### 노동력

일할 수 있는 노동력이 많으면 많을수록, 공급되는 상품 및 서비스의 양이 많아지는 것은 당연하다. 다른 사정이 일정한 한, 혼자서 농사짓는 것보다는 10명이 농사짓는 것이 쌀을 더 많이 생산할 것이다. 이것은 국민경제전체로 봐서도 마찬가지이다. 노동가능인구가 1,000만 명 존재하는 경제가 생산하는 상품 및 서비스의 양이 100만 명 존재하는 경제보다 많을 것임은 분명하다.

### 자본설비

자본설비의 양이 증가하면 할수록 노동력의 효율성은 높아지고 생산능력은 증가한다. 다른 사정이 일정하다면 자본설비가 상대적으로 풍부한 한국경제는 북한경제보다 더 많은 상품 및 서비스를 생산하여 공급한다고 말할 수 있다.

### 요소가격

요소가격—물가수준을 구성하는 제품가격과는 구별됨—도 총공급의 비물가결정요인이다. 다른 사정이 일정한 한 요소가격이 상승하면, 단위당 생산비용을 증가시켜 총공급이 감소된다. 물론 이것은 총공급곡선의 왼쪽 이동으로 나타날 것이다. 예를 들어 1970년대 두 차례에 걸친 오일쇼크는 우리나라의 단위당 생산비용을 크게 상승시켜 우리나라의 총공급능력을 감소시킨 적이 있다. 원유가격의 급격한 상승이 우리나라의 총공급곡선을 왼쪽으로 이동시킨 경우라고 할 수 있다. 반대로 요소가격이 하락하면 총공급곡선은 오른쪽으로 이동될 것이다.

### 생산성

생산성(productivity)이란 평균산출량 또는 요소단위당 실질산출량을 말한다. 생산성의 증가는 현재의 가용한 요소수준에서 더 많은 실질산출량이 얻어질 수 있음을 뜻한다. 따라서 생산성의 증가는 단위당 생산비용을 하락시킴으로써 총공급곡선을 오른쪽으로 이동시킬 것이다. 구체적으로 생산기술이 개선되거나, 기업조직이 합리화되며, 교육훈련이 활발히 이루어지는 경우, 생산성이 향상되어 다른 사정이 일정한 한 총공급은 증가한다.

### 법적 · 제도적 환경

기업이 직면하는 법적 · 제도적 환경의 변화는 단위당 생산비용을 변화시켜 총공급곡선을 이동시킨다. 정부가 기업에 세금을 추가로 부담시키면 단위당 생산비용을 증가시켜 총공급을 감소시킨다. 반대로 정부가 기업에 보조금을 지급하면 단위당 생산비용이 감소되어 총공급을 증가시킨다. 가령 정부가 석유를 대신하는 에너지를 개발하는 기업에 보조금을 주고, 이것이 성공적이라고 한다면 총공급곡선은 오른쪽으로 이동할 것이다.

정부규제의 정도도 중요한 요인이다. 일반적으로 정부규제가 심하면 기업의 비용부담이 커진다. 그러므로 규제의 강화는 단위당 생산비용을 증가시켜 총공급곡선을 왼쪽으로 이동시킨다. 최근 우리 정부에서도 기업활동에 대한 규제완화를 시도하고 있는데, 이는 규제완화가 효율을 증진시킴으로써 단위당 생산비용을 감소시키고 궁극적으로는 총공급곡선을 오른쪽으로 이동시킬 것이라는 생각에 바탕을 두고 있다고 볼 수 있다.

### 물가기대

단기상황에서 물가가 크게 상승할 것이라고 기대하면 공급의도가 위축되어 단기총공급곡선은 왼쪽 이동하고, 물가가 하락할 것으로 기대하면 단기총공급곡선은 오른쪽으로 이동한다. 이는 단기에서 기대물가수준이 고정되어 있다고 보기 때문이다. 그러나 장기에서는 기대물가 자체가 조정되어 단기총공급곡선의 이동을 포함하게 된다. 그러므로 기대물가의 변화로 인한 단기총공급곡선의 위치변화는 장기에서 경제의 움직임과 단기에서 경제의 움직임을 연결시켜 준다고 할 수 있다.

## 거시경제의 균형: 실질GDP와 물가수준의 결정

우리는 제4장에서 특정제품의 수요곡선과 공급곡선이 만날 때, 그 제품의 균형가격과 균형수량이 결정된다는 것을 배웠다. 이와 마찬가지로 국민경제전체에 대해서도 총수요곡선과 총공급곡선이 만나는 곳에서 균형실질GDP와 균형물가수준이 결정된다. 다만 수요곡선과 공급곡선은 특정한 한 시장에서의 구매자들과 판매자들의 행동을 나타내어 주는 반면에, 총수요곡선과 총공급곡선은 경제전체의 시장활동을 나타내어 준다는 점이 다르다.

먼저 〈그림 15-10〉에서 총수요곡선 *AD*는 총공급곡선의 중간영역 *E*에서 만난다. 이 때 균형물가수준은 $P_E$이고 균형실질GDP는 $Y_E$이다. 왜 *E*점은 균형점이 되는가? 물

**그림 15-10** 균형실질GDP와 물가의 결정

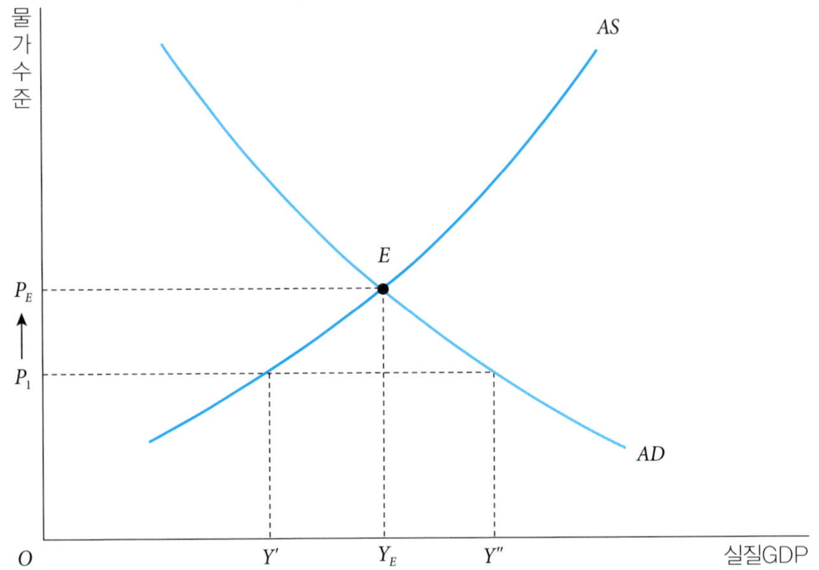


가수준이 $P_E$ 아닌 $P_1$에 있다고 하자. 그러면 $P_1$ 수준에서는 기업부문으로 하여금 기껏해야 $Y'$까지 생산하도록 하는 반면에 국내소비자, 기업, 정부, 해외구매자들은 $Y''$만큼 구입하고자 할 것이다. 이 상태는 구매자그룹과 판매자그룹의 의도가 일치하지 않는 불균형상태이다. 즉 총수요가 총공급을 초과한다. 따라서 현재 가능한 실질GDP 수준 $Y'$를 구입하기 위한 구매자들간의 경쟁은 물가수준을 $P_E$로 끌어올릴 것이다. 〈그림 15-10〉의 물가수준이 화살표에서 보는 바와 같이 $P_E$로 상승하면 생산자들은 산출량을 $Y'$에서 $Y_E$로 확장하고 구매자들은 $Y''$로부터 $Y_E$로 그들의 구매량을 감소시키게 할 것이다. 즉 공급되는 실질GDP의 양과 구입되는 실질GDP의 양이 같아질 때 경제는 균형에 있게 되는 것이다.

## 15.3 거시경제적 실패

〈그림 15-10〉에서 설명된 거시경제적 균형점은 다음과 같은 두 가지 문제점을 가질 수 있다.

- 실업과 인플레이션: 균형점에서 물가 및 산출량수준은 완전고용과 물가안정이라는 거시경제적 목표에 미치지 못할 수 있다.
- 경제불안정: 달성된 거시경제적 균형이 바람직하다고 하더라도, 거시경제적 교란에 의해서 쉽게 깨어질 수 있다.

### 실업과 인플레이션

〈그림 15-10〉에서 설명된 거시경제적 균형은 단순히 총수요곡선과 총공급곡선이라는 두 곡선이 만나는 점에서의 달성된 것이다. 거시경제의 균형이란 글자 그대로 일단 결정된 수준에서 더 이상 변동하려 하지 않는다는 상태의 실질GDP와 물가수준을 말할 뿐, 그것이 우리가 바람직하다고 여기는 완전고용상태의—실업과 기타 유휴자원이 존재하지 않는—GDP수준과 물가수준을 의미하는 것은 아니다.

균형실질GDP($Y_E$)는 완전고용수준의 실질GDP에 미치지 못하거나 그것을 넘어설 수 있다. 〈그림 15-11〉에서 보는 바와 같이 $Y_F$가 경제활동인구 모두 고용될 때 생산되어질 수 있는 GDP를 나타낸다고 하자. 균형GDP($Y_E$)는 완전고용GDP($Y_F$)에 미치지 못하므로, $Y_EY_F$ 만큼을 생산해 내는데 필요한 노동력은 활용되지 못하는 실업자가 된다. 시장의 힘은 GDP수준을 $Y_E$에 계속 머물게 하므로 일부 노동자들은 취업을 할 수 없게 된다.

위와 같은 문제가 균형물가수준에서도 나타난다. 만약 〈그림 15-11〉에서 가장 바람직한 물가수준을 $P^*$라고 하면, 균형물가수준 $P_E$는 목표물가수준 $P^*$를 상회하게 된다. 역시 시장의 힘이 물가수준을 결정하므로 물가수준은 목표물가수준 $P^*$보다 높게 될 것이다. 이로 말미암아 초래되는 물가의 상승이 바로 인플레이션이다.

물론 우리는 총수요곡선과 총공급곡선을 완전고용과 물가안정이 달성되는 $F$점에서 교차하도록 그릴 수는 있을 것이다. 그러나 현실에서 $F$점이 균형점이 되는 경우는 '건초더미에서 바늘을 찾는 것처럼' 극히 우연이므로 일반적인 경우로서 $E$점에서 교차하도록 그린 것이다.

그림 15-11 실업과 인플레이션

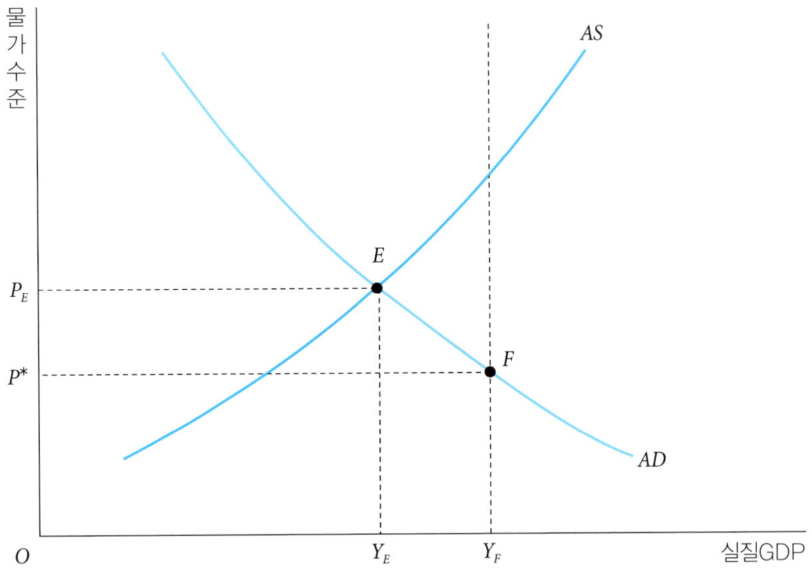


## 경제불안정

일단 균형이 달성되면 경제는 항상 그 상태에 머물러 있겠는가? 물론 그렇지 않다. 물가수준과 실질GDP는 끊임없이 변하기 마련이다. 이것은 총수요의 변화와 총공급의 변화가 균형점을 이동시키는 것으로 파악할 수 있으며, 이러한 현상이 바로 경기변동인 것이다. 비유하여 말하자면, 건초더미에서 바늘—바람직한 균형점—을 찾았다 하더라도 그것을 다시 건초더미에 떨어뜨릴 가능성은 매우 크다고 하겠다.

### 총수요의 변화

어떤 경제가 〈그림 15-12〉에서 보는 바와 같이 바람직한 수준인 *F*점에 위치하고 있었다고 하자. 이제 총공급곡선 *AS*는 변함이 없는데, 어떤 이유로 인해 총수요가 감소하여 총수요곡선이 왼쪽으로 이동했다고 하자. 이것은 가계부문, 기업부문, 정부부문, 그리고 해외구매자들이 각각의 물가수준에서 종전보다 더 적은 실질산출량을 구입하기로 결정했음을 의미한다. 왜 그들은 그러한 결정을 했을까? 앞에서 살펴본 총수요의 비물가요인이 그 답을 제공한다. 달러화 절하로 소비자들이 미국제품을 선호하고 한국상품을 덜 사기 때문일 수도 있고, 기업이 미래를 비관적으로 전망하여 투자를 감소시킨 데

**그림 15-12 총수요변화 및 총공급변화의 효과**

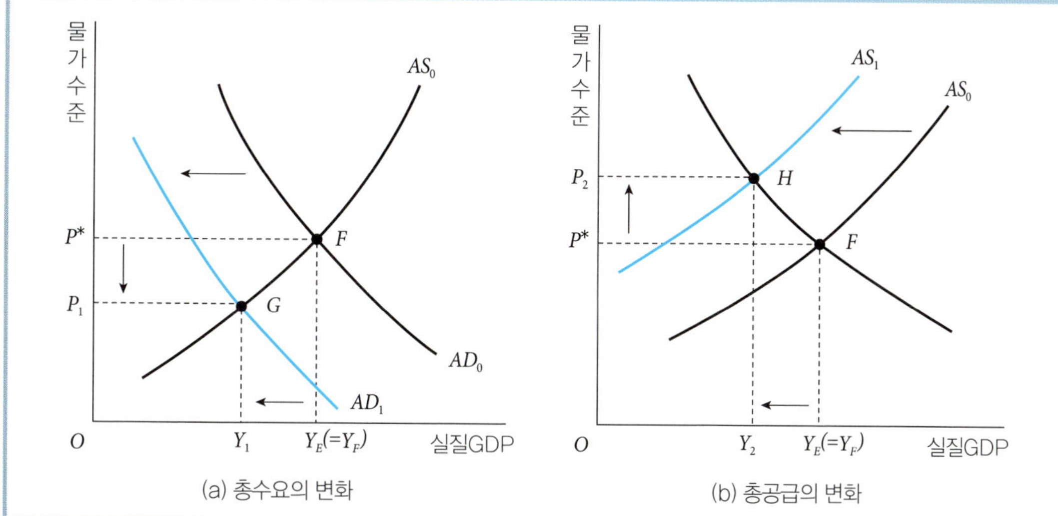


연유할 수 있다. 정부가 긴축재정을 펴거나 통화량을 감소시켰을 경우도 총수요곡선은 왼쪽으로 이동한다.

〈그림 15-12〉에서 보는 바와 같이 총수요가 감소하여 총수요곡선이 $AD_0$에서 $AD_1$으로 이동하면 균형점이 $F$에서 $G$점으로 이동하면서 균형GDP와 균형물가수준은 하락할 것이다. 이 경우에 우리는 디플레이션이 발생하고 실업이 증가했다고 한다.

### 총공급의 변화

〈그림 15-12〉 (b)에서는 총수요곡선은 변함이 없는데 오일쇼크로 인한 전반적인 생산비 상승으로 총공급이 감소하여 총공급곡선이 $AS_0$에서 $AS_1$으로 왼쪽으로 이동했다고 하자. 그러면 균형물가수준은 $P_2$로 상승하고 균형실질GDP도 $Y_2$로 감소할 것이다. 이 경우에 우리는 인플레이션이 발생하고 동시에 실업이 증가하는 스태그플레이션(stagflation)이 발생했다고 한다. 이는 우리나라를 비롯한 대부분의 나라들이 제1, 2차 오일쇼크 당시에 경험했던 일이다.

## 요 약

1. 우리나라는 GDP, 실업, 물가 등의 변동을 겪어 왔다. 이러한 국민경제활동의 변동을 경기변동이라고 한다. 경기변동은 규칙성을 가지며, 일반적으로 정상, 침체, 계곡, 회복 등 네 국면으로 나누어진다.
2. 경제학자들은 총수요 · 총공급모형을 이용하여 경기변동, 즉 인플레이션과 실업을 설명한다. 이 모형에 따르면, 총수요와 총공급이 균형을 이루는 상태에서 GDP와 물가수준이 결정된다.
3. 총수요곡선은 이자율효과, 자산효과, 해외대체효과가 보강적으로 작용하기 때문에 우하향한다. 총수요량의 변화는 다른 사정은 일정한 가운데 물가만 변할 때 실질GDP가 변하는 것을 말하며, 반대로 총수요의 변화는 물가는 고정되어 있는 상태에서 다른 사정이 변할 때 실질GDP가 변하는 것을 말한다. 총수요의 변화요인으로는 통화, 환율, 기대 등이 있다.
4. 총공급곡선은 경제를 보는 관점에 따라서 그 모양이 다르다. 극단적인 케인즈 경제학자들은 총공급곡선이 수평이라고 보는 반면에, 고전학파 경제학자들은 수직이라고 본다. 그러나 대부분의 경제학자들은 총공급곡선은 우상향한다고 생각한다. 총공급곡선은 기간에 따라서도 모양이 달라진다. 장기총공급곡선은 고전학파 경제학자들이 생각하는 것처럼 수직선이고 단기공급곡선은 우상향한다. 단기공급곡선이 우상향하는 이유로는 노동시장의 불균형과 기대물가와 실제물가와의 차이 등이 지적되고 있다. 총공급량의 변화는 다른 사정은 일정한 가운데 물가만 변할 때 실질GDP가 변하는 것을 말하며, 반대로 총공급의 변화는 물가는 고정되어 있는 상태에서 다른 사정이 변할 때 실질GDP가 변하는 것을 말한다. 총공급의 변화요인으로는 생산요소의 양, 기술진보, 법 및 제도, 기대 등이 있다.
5. 거시경제의 균형상태는 항상 바람직한 물가 및 고용수준을 의미하지는 않는다.
6. 거시경제의 균형상태는 총수요와 총공급의 변화에 의해서 쉽게 깨어질 수 있다. 이러한 변화는 총수요곡선과 총공급곡선의 이동으로 나타나는데, 이것이 바로 경기변동의 요인이 된다.

## 용어 및 개념

경기변동

총수요 · 총공급모형

총수요

총수요곡선

이자율효과

자산효과

해외대체효과

총수요의 변화와 총수요량의 변화

총공급

총공급곡선

케인즈의 총공급곡선

고전학파(장기) 총공급곡선

단기총공급곡선

기대물가와 실제물가

총공급의 변화와 총공급량의 변화

균형GDP와 균형물가

거시경제적 실패

경제불안정

# E C O N O M I C S

CHAPTER 16 | ECONOMICS

# 거시경제학의 양대 조류: 고전학파와 케인즈

SECTION



이 장에서는 앞에서 배운 총수요 · 총공급모형을 활용하여 거시경제학에서 등장하는 여러 가지 이론들과 정책대안을 가능한 한 쉽게 설명해 보고자 한다. 거시경제이론의 시초는 고전학파의 관점을 정면으로 비판하고 나선 케인즈에서 비롯되고 있으므로 먼저 고전학파의 고용이론을 이해하고, 이에 대한 비판으로서의 케인즈 이론을 살펴본다.

우리는 제15장에서 국민경제의 운용을 낙관적으로 보기는 어렵다고 배웠다. 즉 시장의 힘에 의한 완전고용과 물가안정의 달성은 '건초더미에서 바늘을 찾는 것'처럼 극히 우연이며, '설사 바늘을 찾는다 하더라도 그것을 다시 건초더미에 떨어뜨릴 가능성'이 매우 크다고 배웠다. 이러한 관점에서 보면 우리가 경기변동에 대해서 우려하는 것은 당연하다. 그러나 이것도 경제학자들이 가지는 하나의 관점일 뿐이다.

고전학파 경제학자들은 경기변동에 대해서 전혀 우려하지 않았다. 곧 공부하게 되겠지만 그들은 시장경제는 항상 완전고용상태로 회귀하려는 힘을 가진다고 보았다. 이와 대조적으로 케인즈 경제학자들은 완전고용은 우연—즉 실업문제가 존재함을 의미—이며, 따라서 정부가 경제에 적극 개입해야 한다고 주장하였다. 분석의 단순화를 위해 당분간 정부부문과 해외부문은 없다고 가정하고 논의를 진행한다.

## 16.1 고전학파의 고용이론

역사적으로 "시장경제체제가 완전고용을 자동적으로 유지할 수 있는가"라는 문제가 끊임없이 제기되어 왔으며, 이에 대한 대답은 시대에 따라 다르게 제시되어 왔다.

1930년대 세계적인 대공황 이전까지만 하더라도 고전학파 경제학자들[1]은 시장경제체제를 작동시키는 가격기구가 자원의 완전고용을 가져다주는 내재적인 힘을 가지고 있다고 믿었다. 단지 간헐적으로 발생하는 전쟁이라든가 정치적 혼란, 가뭄, 새로운 금광의 발견 등과 같은 특수한 상황에서만 경제가 완전고용상태를 벗어나게 되나 이러한 이탈도 일시적일 뿐, 결국은 가격기구에 내재하는 조정능력에 의해 곧 완전고용상태로 복귀하게 된다고 생각했다.[2]

[1] 고전학파 경제학자에는 스미스(A. Smith), 리카르도(D. Ricardo), 밀(J. S. Mill), 마샬(A. Marshall), 피구(A. C. Pigou) 등이 속한다.

[2] 이러한 고전학파의 관점은 어떻게 보면 박물관의 골동품쯤으로 생각될 수도 있을 것이다. 그러나 우리가 고전학파의 고용이론을 다루는 이유가 있다. 첫째는 거시경제이론의 주류라 할 수 있는 케인즈 이론을 이해함에 있어서 고전학파에 대한 이해가 필수적이다. 왜냐하면 케인즈는 고전학파를 정면으로 반박하고 이론을 전개했기 때문이다. 둘째는 최근에 와서 일부 경제학자들이 고전학파의 기본생각을 재정립하여 '새고전학파'(new classical)라는 이름을 등장시켰다. 통화주의와 합리적 기대가설은 새고전학파에 속하며, 공급중시경제학도 고전학파에 뿌리를 두고 있다. 따라서 이 이론들의 논지를 알기 위해서도 고전학파에 대한 이해가 필요하다고 볼 수 있다.

고전학파의 고용이론은 완전고용이론으로서 다음 두 가지 기본명제에 바탕을 두고 있다.

- 총수요가 부족하여 완전고용상태의 산출량을 구매하지 못하는 일이 거의 일어나지 않는다(세이의 법칙).
- 설사 총수요가 부족하다 하더라도 물가와 임금이 즉시 조정됨으로써 실질산출량(소득) 및 고용의 감소를 유발하지 않는다(물가와 임금의 신축성).

## 세이의 법칙

총수요 부족상태가 발생하지 않을 것이라는 고전학파 경제학자들의 생각은 그들이 부분적이기는 하지만, '세이의 법칙'(Say's law)[3]을 인정했던 데에서 비롯된다. 세이의 법칙이란 "재화를 생산하는 그 자체가 생산된 가치와 동일한 소득을 창출한다"는 지극히 단순한 명제이다. 즉 어떤 재화의 생산이든 자동적으로 그 재화가 시장에서 구매될 수 있을 만큼의 구매력을 창출한다는 것이다. 세이의 법칙을 한마디로 표현하면 다음과 같다.

공급은 스스로 그 자체의 수요를 창출한다(Supply creates its own demand).

세이의 법칙은 물물교환경제에서 쉽게 이해될 수 있다. 가령 구두 제조업자는 다른 사람이 만든 의복이나 식량을 구매하는 수단으로서 구두를 생산하여 공급할 것이다. 그러므로 구두의 공급은 바로 다른 재화에 대한 구두 제조업자의 수요이며, 이것은 다른 상품의 제조업자에게도 마찬가지일 뿐만 아니라 경제전체로 봐서도 적용되는 논리이다. 따라서 항상 수요는 공급과 같아야만 한다. 사실 경제순환모형에서 우리는 이와 유사한 현상을 발견할 수 있다. 총산출물수준이야 어떻든 그로부터 창출된 소득이 모두 소비되기만 한다면 총산출물과 동일한 수준의 총수요를 만들어 내는 데는 과부족이 있을 리 없을 것이다. 그러므로 만약 생산물의 구성이 소비자들의 기호와 일치할 경우에는 모든 시장이 그들의 생산물을 완전히 처분할 수 있을 것이며, 완전고용산출량을 판매하기 위해서 기업가가 해야 할 일이란 오직 소비자의 기호에 맞추어 생산하는 것 뿐이다.

### 저축의 문제

그러나 이와 같은 세이의 법칙을 단순히 적용하는 데에는 명백한 문제점이 하나 있다.

---

[3] 19C 프랑스 경제학자 J. B. Say의 이름을 딴 것이다.

**그림 16-1** 경제순환모형(정부와 해외부문이 없는 경우)

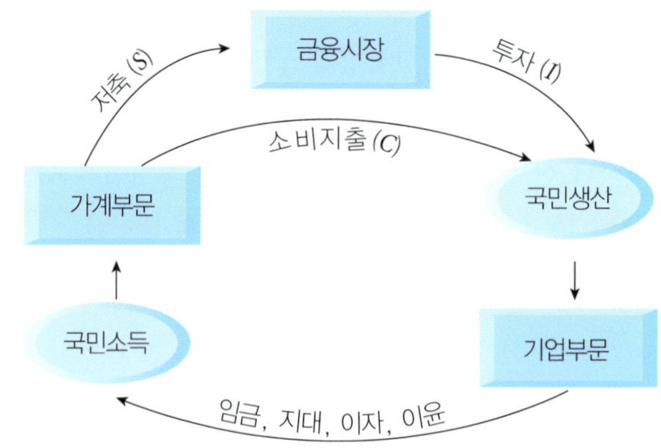


생산물이 동일한 금액의 화폐소득을 창출한다는 것은 명백한 사실이지만, 창출된 소득이 전액 소비된다는 보장이 없다는 점이 바로 그것이다. 〈그림 16-1〉의 경제순환모형에서 보는 바와 같이 가계는 소득 중의 일부를 소비하지 않고 저축할 수 있으므로 저축된 만큼이 생산물에 대한 수요부족으로 나타난다. 요컨대 저축은 경제순환과정에서 누출(leakage)을 의미하므로 저축이 발생할 경우 세이의 법칙은 성립되지 않는다. 즉 가계가 소득의 일정 부분을 저축한다면 공급은 자신의 수요를 스스로 창출할 수 없게 된다. 그 결과 총수요가 부족하게 되어 재고의 증가, 생산의 감축, 고용 및 소득의 감소를 가져오게 될 것이다.

### 저축 = 투자

그렇다면 고전학파 경제학들은 저축의 문제를 어떻게 설명하였는가? 이들은 저축은 한푼도 남김없이 기업에 의해 투자될 것이기 때문에 저축이 총수요의 부족을 초래할 수 없다고 주장하였다. 다시 말해서 저축이 모두 투자화되어 저축에 의해서 유발되었던 소비의 '갭'을 충분히 메워 준다는 것이다. 기업들은 산출물의 전부를 소비자에게만 판매하는 계획만 세우는 것이 아니라, 그중 상당부분은 기계, 설비 등 자본재를 생산하여 다른 기업에 판매한다. 자본재에 대한 지출, 즉 투자는 〈그림 16-1〉에서 보는 바와 같이 경제순환모형에서는 유입(injection)이 되므로 국민경제 전체에 존재하는 가계들이 저축하려 하는 만큼 기업들이 투자하려 한다면 총산출물수준과 고용수준은 변하지 않게 된다. 요컨대 저축이 있는 경우에도 저축($S$)과 투자($I$)가 일치하면, 세이의 법칙은 여전히 성립하게 된다. 그러므로 국민경제가 완전고용 산출량수준을 가져오는 충분한 총지출수준을 달성하고 유지할 수 있느냐의 문제는 결국 가계들이 저축하려 하는 만큼 기업들이 투자하려 하는가에 달려 있다고 하겠다.

이에 대해 고전학파 경제학자들은 시장경제체제는 이자율(interest rate)이라는 특수한 가격메커니즘을 통하여 저축계획과 투자계획을 항상 일치시킴으로써 완전고용을 스스로 달성할 수 있다고 보았다. 경제순환모형에서 보면 빠져나간 저축은 화폐시장에서 결정되는 이자율이라는 매개변수를 통하여 전액 자동적으로 투자재에 대한 지출로 다시 흘러들어 온다는 것이다. 이제 〈그림 16-2〉 (a)를 통해 이자율이 저축계획과 투자계획을 항상 일치시키는 과정을 살펴보기로 하자.

고전학파 경제학자들은 다른 모든 사정이 동일하다면, 소비자들은 저축하기보다는 소비하기를 더 좋아한다고 보았다. 왜냐하면 현재의 소비가 인간의 욕구를 채워 주는 반면에 놀고 있는 화폐는 그렇지 못하기 때문이다. 따라서 저축한다는 것은 현재의 소비를 미래로 연기하는 것이므로 이에 대한 대가가 지불되어야 하며, 그 대가가 바로 이자율이라는 것이다. 그러므로 가계는 그 대가가 커지면 커질수록, 즉 이자율이 높으면 높을수록 더 많이 저축하게 된다. 결국 고전학파 경제학자들이 생각하는 저축(자금공급) 곡선은 〈그림 16-2〉 (a)의 *SS*처럼 우상향한다. 한편 기업은 기계설비 및 공장을 신규로 구입하거나 노후시설의 대체를 위하여 자금을 필요로 하는데, 이 자금에 대한 비용이

**그림 16-2 금융시장에 대한 고전학파의 견해**

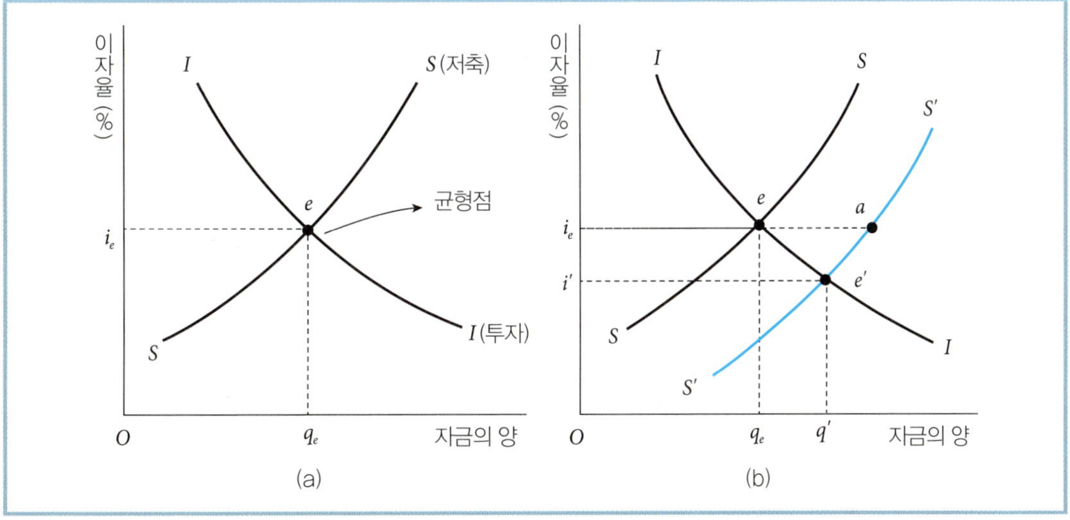

바로 이자율이다. 그러므로 이자율이 낮을수록 기업은 투자를 더욱 많이 하게 되어 투자(자금수요)곡선은 〈그림 16-2〉 (a)의 II처럼 우하향하는 형태를 가진다.

고전학파 경제학자들은 가계의 저축(자금의 공급)곡선과 기업의 투자(자금의 수요)곡선이 만나는 점에서 화폐시장의 균형이 이루어지며, 이 때 화폐사용에 대한 균형가격, 즉 균형이자율이 $i_e$, 균형수급량은 $q_e$로서 투자와 저축이 일치한다고 결론지었다. 가계의 저축은 화폐시장에서 이자율이라는 매개체를 통하여 자동적으로 기업의 투자로 전환되므로 저축이 경제순환모형에서 교란요인이 되거나 세이의 법칙의 결정적인 맹점이 되지 않는다는 것이다.

만일 저축곡선이 〈그림 16-2〉 (b)에서 보는 바와 같이 오른쪽으로 이동한다면, 기존 이자율수준에서는 *ea*만큼 저축이 투자를 초과함으로써 총수요의 부족 및 실업이 야기될 수 있을 것이다. 그러나 이는 어디까지나 일시적인 현상에 지나지 않으며, 초과저축은 이자율의 인하를 가져와 투자지출을 증가시킬 것이고, 저축과 투자가 다시 일치하는 새로운 균형 $e'$에서 완전고용이 이루어진다. 요컨대 저축이 존재하는 경제라 할지라도 이자율의 신축적인 변화를 통하여 세이의 법칙은 그 유효성을 갖는다는 것이 고전학파 경제학자들의 주장이다.

고전학파 경제학자들은 이러한 이자율의 역할을 수도관에 비유하였다. 경제를 목욕탕에 비유한다면 목욕탕 속에 있는 물의 양은 경제의 산출량 및 고용수준이라고 할 수 있다. 어떻게 하면 목욕탕의 물을 항상 일정하게 유지할 수 있겠는가? 만약 저축이라는 물이 하수관을 통해 빠져나갈지라도 그 만큼이 투자라는 물로 다시 목욕탕 안으로 흘러들어 온다면 가능할 것이다. 바로 나가는 물과 흘러 들어오는 물을 연결해 주는 것이 이자율이라는 것이다.

## 물가와 임금의 신축성

고전학파 경제학자들은 시장경제체제하에서는 완전고용이 항상 달성될 수 있다는 그들의 결론을 물가와 임금이 신축적이라는 또 하나의 명제를 도입함으로써 강화시켰다.

### 물가의 신축성

고전학파 경제학들은 기업이 판매할 수 있는 산출물수준은 총지출수준뿐만 아니라 물가수준에 의해서도 결정된다고 보았다. 이것은 일시적으로 이자율이 저축과 투자를 일치시키지 못한다 하더라도 이로 인해 발생하는 총지출의 감소는 이에 비례한 물가수준의 하락에 의해서 상쇄될 수 있음을 말해 준다. 예를 들어 설명해 보자. 10만원으로 단가 2만원짜리 가방 5개를 구입할 수 있을 것이다. 그런데 만약 구입금액이 10만원에서 5만원으로 감소했다고 하자. 이 때 단가가 1만원으로 하락한다면 여전히 가방 5개를 구입하는 데에는 문제가 없을 것이다. 국민경제 전체적으로도 저축이 투자보다 커서 총지출의 크기가 감소한다 하더라도—앞의 예에서는 10만원에서 5만원으로 구입금액이 감소—물가가 지출감소에 비례하여 신축적으로 하락한다면—2만원에서 1만원으로 가격 하락—사실상 실질산출량이나 고용은 종전과 마찬가지가 된다(가방은 5개 그대로).

고전학파 경제학자들은 이와 같은 현상이 기업들의 판매경쟁에 의해서 가능하다고 생각하였다. 만약 총수요가 감소하게 되면 기업들은 그들의 누적된 재고를 처분하기 위하여 가격을 인하하게 되고, 그 결과 물가는 하락하게 된다는 것이다. 저축의 결과는 물가하락으로 나타나고, 물가하락은 다시 화폐의 구매력을 증대시켜 동일한 지출로 더 많은 재화나 서비스를 구입하게 한다. 그러므로 저축은 물가하락만을 가져올 뿐 산출량이나 고용의 감소를 야기시키지는 않는다고 보는 것이다.

### 임금의 신축성

그러나 사려 깊은 독자라면 위의 논리에 다음과 같이 반문하게 될 것이다. 위의 분석에서 생산요소시장이 무시된 것은 아닌가? 가령 기업이 가격을 인하시킴으로써 동일한 판매수준을 유지할 수 있다 하더라도 생산요소의 가격—특히 임금—이 산출물의 가격이 하락한 만큼 하락하지 않는다면 기업은 손해를 볼 것이 아닌가? 이에 대해 고전학파 경제학자들은 임금은 반드시 하락하여야만 하고 또 하락하게 된다고 대답하고 있다. 즉 총산출물에 대한 수요감퇴는 즉시 생산요소시장에 반영되어 노동 및 기타생산요소에 대한 수요를 감퇴시키고, 이에 따라 종전과 같은 임금수준에서는 노동의 초과공급, 즉 실업이 발생한다는 것이다. 그러나 기업들은 종전과 같은 임금수준이라면 모든 노동력을 고용하지 않는다 하더라도, 보다 낮은 임금수준에서라면 노동을 추가로 고용하는 것이 이익이라는 것을 알게 될 것이다. 그러므로 종전의 임금수준에서는 고용기회를 상실하였던 노동력도 새로운 낮은 임금수준에서는 고용기회를 갖게 된다.

그러면 노동자들은 종전보다 낮아진 임금수준을 수락할 것인가? 고전학파 경제학자들은 생산물시장에서와 마찬가지로 노동시장에서도 노동자들 간의 경쟁에 의해서 임금이 하락하게 된다고 한다. 즉 노동자들은 잃어버린 고용기회를 얻기 위하여 경쟁적으로 낮은 임금을 받아들이고 결국은 기업이 다시 모든 노동자를 고용할 수 있을 정도로 임금이 하락되었을 때 새로운 균형임금수준이 형성된다. 따라서 일자리를 원하는 사람은 누구든지 시장에서 결정된 임금수준에서 고용될 수 있으므로 고전학파 경제학자들은 비자발적 실업이란 있을 수 없다고 보았다.

## 16.2 케인즈 이론

앞에서도 지적한 바 있거니와 고전학파 고용이론이 예측한 것과는 달리, 각국의 경제는 빈번한 실업과 인플레이션에 시달려 왔으며, 이러한 상황은 1930년 대공황에 이르러 극에 달하였다. 이에 많은 경제학자들이 고전학파 고용이론의 가정과 이론적 근거에 비판을 가하고, 고용수준을 결정하는 요인을 좀 더 현실적으로 설명하는 방법을 모색하기 시작하였다.

드디어 1936년 영국의 유명한 경제학자 케인즈(J. M. Keynes)가 그의 저서 「고용, 이자 및 화폐에 관한 일반이론」을 통하여 시장경제체제의 고용이론에 관한 새로운 이론을 전개하였다. 이 책에서 케인즈는 고전학파의 고용이론을 정면으로 비판하였고 거시경제문제에 관한 경제학적 사고에 일대변혁을 가져왔다. 그 후 많은 경제학자들이 그의 이론을 보완 · 발전시켜 현재의 케인즈 경제이론을 정립해 놓았다.

케인즈의 고용이론은 고전학파의 고용이론과는 극명하게 대조를 이룬다. 케인즈의 고용이론은 고전학파와는 달리 시장경제체제가 완전고용을 보장해 주는 어떠한 자동적인 메커니즘을 갖추고 있지 않다고 본다. 따라서 경제는 상당한 정도의 실업이나 극심한 인플레이션 하에서도 균형산출량수준에 도달할 수 있고, 또한 고전학파에서 완전고용이 하나의 '철칙'(norm)인 것과는 달리 완고용이 달성되는 경우는 극히 '우연'에 불과하다고 본다. 뿐만 아니라 경기침체현상을 전적으로 전쟁이나 가뭄 등의 경제외적 요인의 탓으로만 돌리지 않고, 그 원인을 기본적인 경제적 의사결정—특히 저축 및 투자결정—의 차질에서 찾는다. 한편 상품가격과 임금도 신축적이지 못하고 하방경직적인 경향을 갖는다고 주장한다.

이와 같이 케인즈의 고용이론은 고전학파의 두 가지 기본명제, 즉 세이의 법칙과 물가 및 임금의 신축성을 거부하는 데서 출발하고 있다.

## 저축과 투자의 불일치

케인즈 이론은 먼저 이자율의 완벽한 매개기능을 부정한다. 즉 이자율이 과연 가계의 저축계획과 기업의 투자계획을 일치시켜 주는가에 대한 의문을 제기함으로써 세이의 법칙이 유효성을 가지지 못한다고 주장한다. 이렇게 보는 이유는 다음 세 가지이다.

### 저축과 투자의 주체는 서로 다른 집단이다

시장경제체제에서 누가 저축하고 누가 투자하는가? 정부부문이 존재하지 않는다고 하면 대부분의 투자결정은 각종 형태의 기업들—특히 법인기업—에 의해서 이루어진다. 한편 저축결정은 누가 하는가? 저축은 수많은 가계—한국경제의 경우 1,700만 가구—에 의해서 행해진다. 뿐만 아니라 기업도 사내유보이윤의 형태로 상당액을 저축한다. 여기서 중요한 점은 저축결정과 투자결정이 대부분 각기 다른 집단이나 개인에 의해 이루어진다는 점이다.

### 저축동기와 투자동기는 서로 다르다

이상에서와 같이 저축과 투자의 주체가 서로 다르다고 하더라도 이자율이 그 의사결정의 공통된 동기가 되고 이자율에 의해서 양자가 일치될 수만 있다면 고전학파의 고용이론은 사실상 하자가 없을 것이다.

그러나 케인즈 경제학자들은 그렇게 보지 않는다. 저축은 이자율뿐만 아니라 여러 가지 다른 요인에 의해서 영향을 받는다는 것이다. 다른 요인들을 열거하면 다음과 같다.

- 저축을 통하여 점차적으로 생활수준을 향상시키기 위하여
- 미래에 발생할 투자기회를 활용하기 위한 여유자금을 확보하기 위하여
- 직장은퇴 후에 자녀교육과 노후생활대책을 위하여
- 질병이라든가 실직 등 예기치 못한 불행한 사태에 대비하기 위하여
- 특별한 목적 없이 단순히 절약하는 습관에 의하여

저축을 하게 되는 동기야 어떻든 여기서 강조하고자 하는 것은 다양한 저축동기들이 이자율과는 무관하다는 것이다. 케인즈 경제학자들은 특히 저축과 소비는 국민소득수준에 크게 영향을 받는다고 주장한다. 실제로도 낮은 소득수준에서는 일정한 소득수준을 유지하기 위하여 소득을 전부 소비하거나 오히려 빌려 쓰는 경우가 있으며, 소득수준이 높아질수록 저축과 소비가 모두 증가하게 된다.

한편 기업의 투자지출을 결정하는 요인은 무엇인가? 앞으로 이에 관해서 상세히 설명할 기회가 있겠지만 기업이 투자를 하는 동기는 간단치 만은 않다. 물론 고전학파 경제학자들이 말하는 이자율이 투자를 고려하는 하나의 요인이 될 수 있을지 몰라도 유일하고도 가장 중요한 요인이라고는 할 수 없다. 그보다는 오히려 기업이 투자를 했을 때 얻을 수 있는 이윤율에 대한 기대가 중요한 투자결정요인이라고 보는 것이 타당할 것이다. 실제로 기업가들이 투자계획을 결정하는 것을 보면 이자율의 변화는 거의 고려하지 않는 것이 일반적이며, 특히 경기가 하강국면에 있을 경우에는 이윤에 대한 기대가 좋지 않으므로 이자율이 대폭 하락한다 할지라도 투자수준은 낮거나 오히려 감소할 수도 있다.

#### 화폐잔고와 은행이 존재한다

케인즈 경제학자들은 고전학파가 설정한 금융시장이 너무 단순하여 어떻게 보면 오류를 범하고 있다고 주장한다. 구체적으로 보면 고전학파의 화폐시장은 현재기의 저축만이 투자자금을 조달하는 데 유일한 원천이라고 가정한다. 그러나 케인즈 경제학자들은 금융시장에 공급되는 자금원천에는 두 가지가 더 있다고 본다.

- 가계에 의해서 보유 · 축적된 화폐잔고
- 신용을 창조할 수 있는 은행

케인즈 이론에서는 가계는 일상의 거래를 위해 화폐를 보유하기도 하지만 은행예금 외에 자산으로서 화폐를 보유한다고 본다. 그러므로 만약 사람들이 자산으로 갖고 있던 화폐를 풀어놓는다면 현재기의 저축을 초과하는 자금의 공급이 가능하게 된다. 그러면 〈그림 16-3〉에서 보는 바와 같이 자금공급곡선이 *SS*에서 *FF*로 이동하여 새로운 균형이 $e'$에서 달성된다. 문제는 현재기의 저축 $S_1$과 현재기의 투자 $I_1$이 달라질 수 있다는 것인데, 이 경우에는 투자($I_1$)가 저축($S_1$)보다 커져서 총수요가 총공급을 초과하게 된다. 은행이 대출을 통해 화폐공급을 증가시키는 경우도 이와 마찬가지이다. 이와 같이 가계가 보유한 화폐잔고가 감소하고 은행의 대출이 증가하면, 투자가 현재기의 저축을 초과하게 된다. 이는 세이의 법칙이 성립되지 않고 산출량, 고용, 물가가 변동할 수 있음을 의미하는 것이다. 가계가 보유하는 화폐잔고가 증가하고 은행이 대출을 줄이는 경우에 대해서는 독자들이 스스로 생각해 볼 수 있을 것이다.

이상에서 본 바와 같이 케인즈 이론에서는 저축계획과 투자계획이 항상 일치하지 않으며, 이로 인해 산출량수준과 고용량의 변동이 일어나는 것은 당연하다고 보고 있다.

그림 16-3 화폐잔고가 있는 경우 저축과 투자

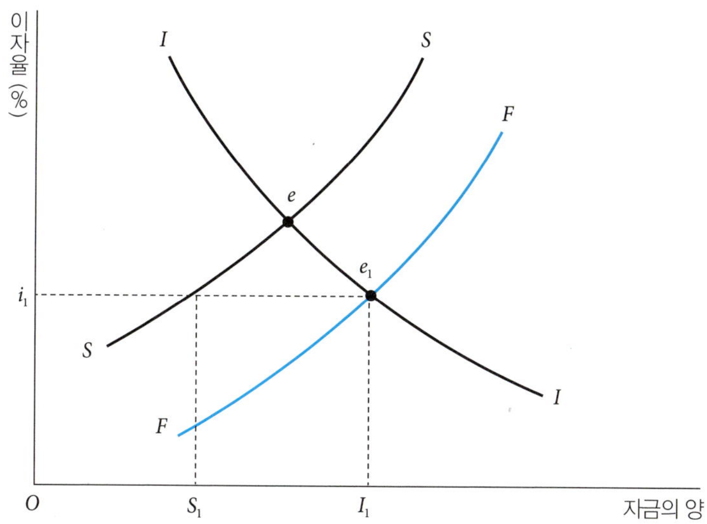


## 임금과 물가의 하방경직성

고전학파 이론에 대한 케인즈 이론의 두 번째 비판은 물가와 임금의 신축성에 대한 것이다. 케인즈 경제학자들은 총지출이 감소했을 경우에 이로 인해 발생하는 실업을 구제할 수 있을 정도로 물가와 임금이 충분히 하락하지 않는다고 주장한다. 이들은 그 이유를 가격기구의 불완전성에서 찾고 있다. 즉 시장경제체제는 고전학파의 가정과는 달리 완전경쟁상태에 있지 않으며, 여러 가지 요인에 의해 물가와 임금이 하방경직적인 경향을 가진다는 것이다. 생산물시장에서는 많은 독과점기업들이 주요 생산물시장을 지배함으로써 물가하락을 억제하고 있으며, 노동시장에서도 노동조합이 강력한 힘을 행사함으로써 최저임금선을 유지하고 있다. 뿐만 아니라 정부도 최저임금제와 같은 법률을 실시함으로써 임금의 하락을 규제하고 있다. 요컨대 물가와 임금은 현실적으로 하방경직적이어서 지출감소로 인한 실업을 해소하는 기능을 발휘할 수 없다는 것이다.

더 나아가서 케인즈 경제학자들은 설사 총지출이 감소함에 따라 물가와 임금이 하락한다 하더라도 이것이 실업을 해소할 수 있다는 고전학파의 주장은 타당성이 희박하다고 본다. 이는 고전학파 경제학자들이 구성의 오류를 범하고 있기 때문이라고 지적한다. 가령 어떤 특정 노동자그룹이 그들이 생산하고 있는 상품의 극히 일부분만을 구입하고 있다면 그 기업의 생산물 및 노동에 대한 수요는 이들 노동자들의 임금(소득)변화와 무관하다고 볼 수도 있다. 이 경우에는 개별기업은 임금률의 하락에 따라 안정적인 노동수요곡선 상에서 하향 이동함으로써 고용을 증가시키게 될 것이다. 그러나 이와 같은 논리가 경제전체의 일반임금수준의 하락에도 적용되는 것은 아니다. 왜냐하면 임금은 경제전체의 주요 소득원이므로 전체적인 임금수준의 하락은 경제전체의 산출량 및 노동에 대한 수요를 감소시킬 것이기 때문이다. 결국 기업에 타당한 논리, 즉 피용자들의 임금률 하락이 노동수요에 부정적 영향을 주지 않는다는 명제가 경제전체에 대해서는 진리가 아니라는 것이다.

## 16.3 양대 이론의 비교

앞에서 고전학파의 두 가지 기본명제를 중심으로 살펴본 고전학파 고용이론과 케인즈의 고용이론은 제14장에서 소개한 총수요 · 총공급 모형을 이용하여 보다 분명하게 이해될 수 있다.

### 고전학파 고용이론

고전학파 경제학자들은 총공급곡선이 수직이라고 보아서 총공급 자체가 실질산출량수준을 결정한다고 주장한다. 한편 총수요곡선은 우하향한다는 데 대해서는 이의가 없으나,[4] 다만 총수요가 안정적이고 물가에만 영향을 미친다고 본다.

#### 수직적 총공급곡선

고전학파의 입장은 〈그림 16-4〉 (a)에서 보는 바와 같이 수직적인 총공급곡선의 형태로 표현된다. 왜 이렇게 되는지에 대해서는 이미 제14장에서 설명하였다. 수직적인 총공급곡선은 완전고용이 실현되는 산출량수준에 위치하고 있음을 기억할 수 있을 것이다.

그렇다면 고전학파 경제학자들은 왜 국민경제가 항상 $Y_F$수준에서 운영된다고 보는가? 그 이유가 바로 앞에서 살펴본 세이의 법칙과 물가와 임금의 신축성이라는 두

[4] 고전학파의 총수요곡선은 교환방정식, 즉 $MV = PY$에 의해서 도출될 수 있다. 교환방정식을 변형하면, $P = MV/Y$가 되는데, 통화량($M$)과 화폐의 유통속도($V$)가 안정적이라면 $P$와 $Y$는 반비례 관계에 있게 될 것이다.

그림 16-4 거시경제에 대한 고전학파와 케인즈의 견해 차이

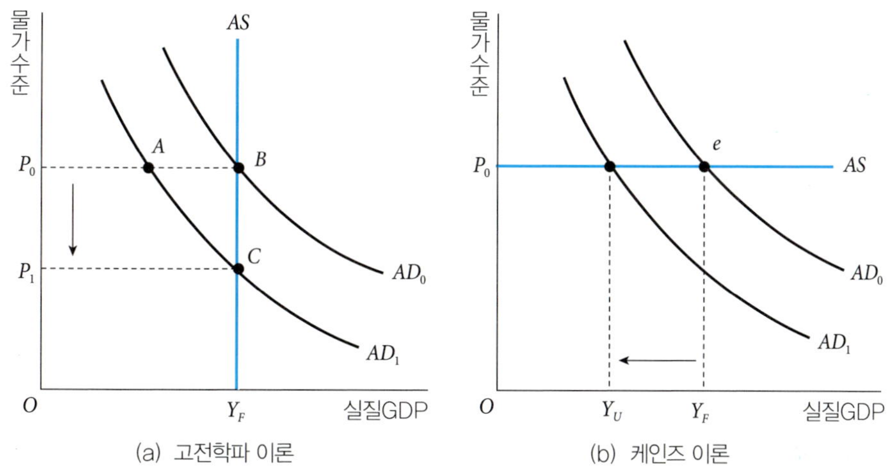


가지 명제를 신봉하기 때문이다.

여기서 중요한 점은 물가가 아무리 변할지라도 $Y_F$수준은 변하지 않는다는 주장이다. 예를 들어 물가가 $P_0$에서 $P_1$로 하락해도 실질GDP는 $Y_F$에서 전혀 변화가 없다. 사려 깊은 독자라면 이렇게 산출량수준이 불변이라는 사실은 제4장에서 배운 개별상품의 공급곡선이 우상향한다는 것과 상치되지 않느냐고 물을 수 있다. 개별상품의 경우에는 가격이 하락하면 할수록 이윤이 낮아져 공급자들이 생산량을 줄이고, 노동자들을 덜 고용하는 것으로 배웠다. 이러한 물음에 대해 고전학파 경제학자들은 물가가 하락하면 그만큼 요소가격—특히, 임금—이 하락하여 실질이윤이 불변이므로 산출량과 고용량은 전혀 변화가 없을 것이라고 대답할 것이다.

### 안정적인 총수요

고전학파 경제학자들은 화폐가 총수요를 구성하는 요인 중에서 가장 중요하다고 생각한다. 특별히 수요측면에서 본 실질산출량은 다음 두 가지 요인에 의존한다고 본다.

- 가계와 기업이 보유하는 통화량
- 물가수준에 의해서 결정되는 통화의 실질가치, 즉 구매력

화폐의 구매력은 단순히 1원으로 살 수 있는 상품의 양을 말한다. 그래서 그림에서 종축을 따라 내려오면 올수록 물가수준은 떨어진다. 이것은 화폐 한 단위의 구매력이 증

가하고, 그에 따라 일정한 화폐량으로 더 많은 실질산출량을 살 수 있다는 것을 의미한다. 가령 물가가 절반 수준으로 하락한다면 두 배의 실질 산출량을 구입할 수 있게 된다. 그러므로 통화량이 주어진다면 물가와 실질산출량은 역관계를 갖는다.

그렇다면 총수요곡선의 위치를 결정하는 요인은 무엇인가? 고전학파 경제학자들에 따르면 통화당국이 화폐공급을 고정시킨다면 총수요는 안정적이라고 본다. 따라서 주어진 총공급곡선하에서 화폐공급이 증가하면 총수요곡선은 우상향으로 이동하여 수요견인인플레이션을 초래할 것이다. 반대로 화폐공급이 감소하면 총수요곡선을 좌하향으로 이동시켜 디플레이션을 초래할 것이다. 그러므로 고전학파에 있어서 물가안정의 기본정책은 총수요에 민감한 영향을 미치는 화폐공급을 통제하는 것이다. 고전학파 경제학자들은 화폐공급을 금의 공급에 묶어 둠으로써 총수요의 안정을 이룰 수 있다고 믿었다.

한편 화폐공급이 감소하여 총수요가 위축되는 경우는 어떻게 될까? 〈그림 16-4〉(a)에서 보는 바와 같이 경제는 실업문제에 직면하지 않는다. $AD_0$로부터 $AD_1$으로의 총수요의 감축은 일시적으로 *AB*만큼 초과총공급을 초래한다. 그러나 물가와 임금이 신축적이므로 이러한 초과총공급은 물가가 임금과 동일한 비율로 떨어지게 할 것이다. 결국 총수요와 총공급이 일치하는 *C*점에서 새로운 균형이 달성될 것이고, 그 결과 물가는 $P_0$에서 $P_1$로 하락하나 실질GDP는 완전고용수준에서 전혀 변화가 없게 된다.

## 케인즈의 거시경제이론

앞에서도 지적한 바와 같이 케인즈 이론의 핵심은 적어도 단기에서는 물가와 임금이 하방경직적 성향을 가진다는 것이다. 이는 수평적인 총공급곡선에 반영된다. 한편 총수요곡선은 총수요의 변화요인, 즉 통화, 정부지출, 기대 등 비물가요인의 변동에 의해서 영향을 받는다.

### 수평적 총공급곡선

총공급곡선은 물가와 임금의 하방경직성으로 말미암아 〈그림 16-4〉의 (b)에서 보는 바와 같이 수평으로 나타난다. 여기서 $Y_F$에서 $Y_U$로의 실질GDP의 감소는 물가에 아무 영향을 주지 않으며, 반대로 $Y_U$에서 $Y_F$로의 실질GDP의 증가 역시 물가에 아무 영향을 미치지 않는다. 그러므로 총공급곡선의 케인즈 영역은 실질국민산출량이 전혀 없는 상태에서 완전고용산출량수준 $Y_F$까지이다. 극단적인 케인즈 경제학자들에 따르면, 일단 완전고용이 달성되면 총공급곡선은 수직이 된다.

### 불안정한 총수요곡선

케인즈 경제학자들은 총수요는 화폐공급의 변화가 없다 하더라도 불안정적이라고 본다. 특히 총수요 중 투자수요가 크게 변동하여 총수요곡선의 이동을 가져온다고 한다.

예를 들어 투자가 크게 감소하여 총수요곡선이 〈그림 16-4〉의 (b)에서와 같이 $AD_0$에서 $AD_1$으로 이동하였다고 하자. 이는 실질GDP를 $Y_F$에서 $Y_U$로 감소시키나 물가에는 영향을 미치지 않는다. 더 나아가서 케인즈 경제학자들은 이 상태에서 총수요가 부추겨지지 않는다면, 경제는 영원히 완전고용에 못 미치는 $Y_U$에 머무르게 될 것이라고 믿는다.

여기서 우리는 고전학파와 케인즈의 차이를 분명하게 알 수 있다. 고전학파에게 있어서는 통화공급의 급격한 변동이 없는 한 총수요는 안정적이다. 만약 총수요가 감소할지라도 물가 및 임금의 신축성은 시장경제체제가 완전고용에 머물도록 하는 자동안정장치를 제공한다. 그러므로 정부의 거시경제정책은 전혀 필요하지 않다. 그러나 케인즈 경제학자들에게 있어서는 총수요의 불안정성과 물가 및 임금의 하방경직성으로 말미암아 시장경제체제에서도 실업이 상당기간 지속될 수 있다. 그러므로 장기간에 걸친 경기침체나 실업을 해소하기 위해서는 정부에 의한 적극적인 총수요관리정책이 필요하다는 정책결론이 나온다. 이러한 이유로 케인즈 경제학자들은 분석의 초점을 총수요에 맞춘다.

## 16.4 거시경제를 보는 여러 가지 관점들

사실 거시경제이론은 경제학자들이 경제현실을 보는 관점을 정리해 놓은 것이므로 여러 가지 경쟁적인 이론들이 등장하고 있다. 고전학파 이론과 케인즈 경제학의 차이가 총공급곡선과 총수요곡선이 어떤 모양을 하며, 어떤 변수가 더 변할 가능성이 큰가에 있었으므로, 총수요·총공급모형을 통해서 거시경제이론들을 체계적으로 이해할 수 있다. 다양한 거시경제이론은 크게 수요측면이론, 공급측면이론, 그리고 수요측면과 공급측면의 절충이론으로 구분할 수 있다.

### 수요측면이론

수요측면의 이론은 경기변동의 요인을 총수요곡선의 이동에서 찾아보려는 시도에서 출발한다고 볼 수 있다. 〈그림 16-5〉 (a)에서 보는 바와 같이 실업문제는 총수요의 감소로 총수요곡선이 $AD_0$에서 $AD_1$으로 이동할 때 발생한다는 점을 중시한다. 수요측면의 대표적 이론은 앞에서 설명한 케인즈 이론으로, 다시 설명할 필요가 없을 것이다.

수요측면을 강조하는 또 하나의 거시경제이론은 통화주의[5]이다. 통화주의는 총수요곡선의 변동요인으로서 통화량의 역할을 중시한다. 이는 화폐가 사람들의 구매의사나 구매력에 직접적으로 영향을 미친다는 데 근거한 것이다. 만약 한 국민경제 내에 적정한 수준에 미치지 못하는 통화량이 존재한다면, 총수요수준이 너무 낮게 될 것이다. 이러한 상황에서 총수요곡선을 적정한 위치로 이동시키는 최선의 방법은 통화량을 증가시키는 것이다. 그러므로 통화주의는 총수요곡선을 이동시키는 정책수단으로서 통화관리를 중시한다. 이러한 통화주의의 기본적인 생각은 앞에서 소개한 고전학파의 견해를 이어받은 것이라 할 수 있다. 즉 고전학파와 통화주의 모두 화폐공급을 총수요 및 물가수준의 가장 중요한 결정요인으로 보고 있다.

## 공급측면의 이론

수요측면의 이론과 정반대로 공급측면의 이론은 경기변동의 원인이 총공급곡선의 이동에 있다고 본다. 〈그림 16-5〉의 (b)에서 보는 바와 같이 실업과 물가상승은 총공급곡선의 이동($AS_0 \rightarrow AS_1$)으로 인하여 발생하다는 점에 초점을  맞춘다. 즉 경제가 완전고용을 달성하지 못하는 것은 각 물가수준에서 생산자들의 공급의도가 위축되기 때문이라는 것이다. 그리고 이러한 공급의욕의 위축은 유가와 같은 생산비 상승, 원자재 부족 조세부담증가, 정부규제 등 공급측 요인에 의해서 유발된다고 본다.

공급측면이론 중 가장 대표적인 이론이 공급중시경제학(supply-side economics)이다. 1980년대 미국의 일부 경제학자들—펠드스타인(M. Feldstein), 보스킨(M. Boskin), 래퍼(A. Laffer) 등—은 실질GDP와 물가수준이 총공급의 변동요인에 의해서 결정된다고 보고, 경제를 성장 혹은 안정화시키기 위해서는 총공급측면의 정책을 펴야 한다고 주장하였다. 이들의 주장은 미국 레이건 행정부와 영국 대처 수상의 경제정책지침이 되었다. 공급중시경제학은 경제의 공급측면을 강조한다는 점에서 고전학파 경제학에 바탕을 두고 있다고 볼 수 있다. 다시 말해서 경제의 총수요측면을 강조하는 케인즈 경제학이 1970년대의 스태그플레이션의 문제에 대해 무력함을 보이자, 과거에 공급측면을 강조했던 고전학파 견해로 회귀한 것이라고 하겠다.

---

[5] 통화주의는 제18장에서 자세히 설명한다.

**그림 16-5** 경기변동(침체)의 요인과 처방

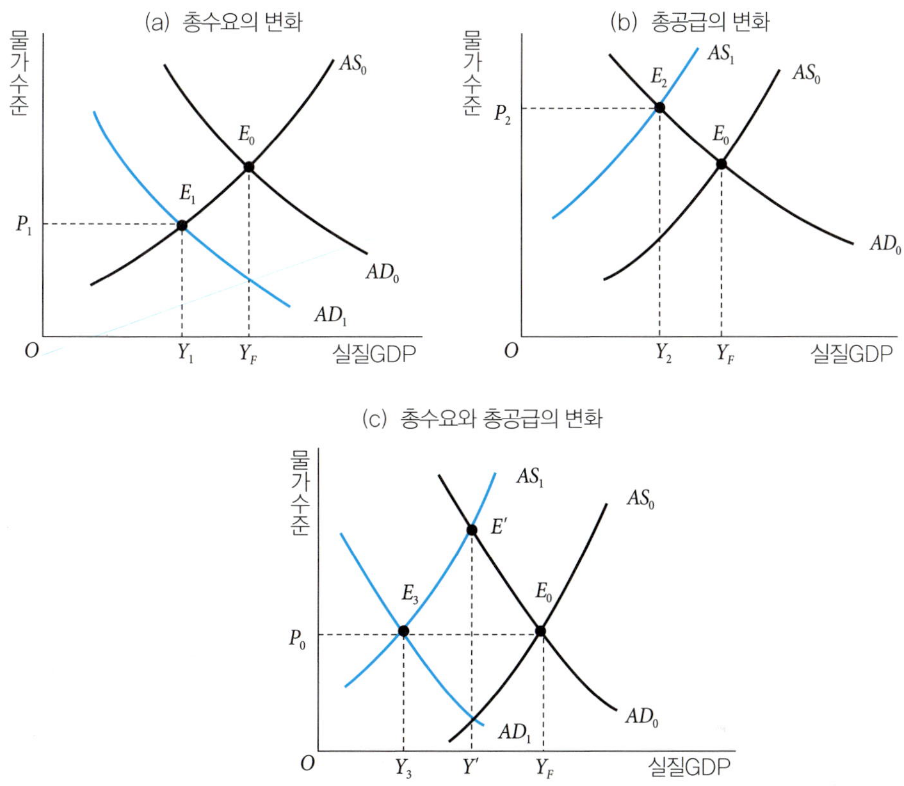


## 절충이론

사실 대부분의 경제학자들은 경기변동의 요인으로서 수요측면과 공급측면 중 어느 하나를 전혀 무시하지는 않는다. 즉 수요측면의 요인과 공급측면의 요인 모두가 경기변동을 유발한다고 보고 있다. 〈그림 16-5〉 (c)는 경기침체(실업)는 총수요곡선과 총공급곡선의 이동에 의해서 유발될 수 있음을 보여주고 있다. 우리는 이러한 관점들을 절충이론이라고 부르고자 한다.

거시경제이론에서 절충이론의 실례는 실질경기변동이론(real business cycle theory)에서 찾아볼 수 있다. 실질경기변동이론에 의하면 경기변동은 일차적으로 총공급곡선을 이동시키는 '실질'(real) 요인, 즉 기술, 자원의 이용가능성, 생산성 등에 의해서 유발된다고 본다. 따라서 이 이론은 경제불안정이 주로 '화폐적'(monetary) 요인에 의해서 유발된다고 보는 전통적 이론과는 대조를 이룬다. 그러나 총수요곡선의 이동도 완전히 배제하지는 않는다.

〈그림 16-5〉 (c)를 통해서 실질경기변동이론을 이해해 보기로 하자. 최초의 균형점을 $E_0$이라고 하자. 이제 원유가격의 급상승으로 인하여 기계설비의 운영비용이 상승하여 생산성—이는 실질요인임—이 하락한다고 가정하면, 총공급곡선은 $AS_0$에서 $AS_1$로 좌상향 이동될 것이다. 이에 따라 실질GDP는 $Y'$로 감소되어 실업이 발생할 것이다. 한편 실질GDP의 감소는 화폐의 수요와 공급에도 영향을 미친다. 국민경제의 총산출량이 감소하면 화폐에 대한 수요가 감소될 뿐만 아니라 경기침체 상황에서 기업들은 은행으로부터의 차입을 줄일 것이고, 이는 결과적으로 통화공급을 감소시킬 것이다. 화폐공급의 감소는 최초 생산성의 하락으로 인한 총공급의 감소와 같은 크기로 총수요를 감소시킬 것이다. 이러한 변화는 〈그림 16-5〉 (c)에서 총수요곡선의 왼쪽 이동으로 표시될 수 있다. 결국 균형점은 최초 $E_0$점에서 $E_3$점으로 이동하게 되는데, 이 때 실질GDP는 감소되나 물가수준은 변함이 없게 된다.

## 16.5 거시경제정책 도구

총수요 · 총공급 모형은 경기변동의 원인을 설명해 줄 뿐만 아니라, 경기변동에 대한 처방전까지도 직접 제시해 준다. 정부는 기본적으로 다음 세 가지 정책수단을 활용할 수 있다.

- 총수요곡선의 이동: 총수요를 진작시키거나 억제시키는 정책도구들을 찾아서 활용한다.
- 총공급곡선의 이동: 생산비를 감소시키거나, 기업으로 하여금 각 물가수준에서 더 공급하게끔 하는 정책도구들을 찾아서 시행한다.
- 자유방임: 총수요와 총공급의 결정요인을 인식하고 관리할 수 없을 경우에는 시장에 개입하지 않는다.

### 자유방임주의(laissez faire)

고전학파 경제학자들은 정부로 하여금 “아무것도 하지 말라"(do nothing)는 자유방임의 경제정책을 선호한다. 앞에서 살펴본 바와 같이 고전학파 경제학자들은 이자율의 변동과 물가 및 임금의 신축성이라는 가격기구를 통하여 시장경제체제가 항상 완전고용을 유지할 수 있는 능력을 갖고 있다고 생각하였다. 한마디로 시장경제체제에서 완전고용은 스스로 달성되는 '철칙'(norm)이라고 할 수 있다. 만약 일시적—또는 단기적—으로 경기침체(실업)가 발생한다고 하더라도, 결국은 다시 완전고용에 도달할 때까지 총수요곡선과 총공급곡선이 '스스로' 이동한다고 생각한 것이다.

이러한 고전학파의 생각을 이어 받았다고 볼 수 있는 합리적 기대가설—새고전학파라고도 부른다—은 시장 스스로의 조정능력은 장기적으로는 물론이고 단기에서도 작동한다고 보고 있다. 바꾸어 말하면, 정부는 일시적으로조차 실질GDP나 실업률에 영향을 미칠 능력을 가지지 못한다는 것이다. 그 이유로는 시장참여자들이 정부정책을 합리적으로 예측하여, 이에 대비하는 행동을 취하기 때문이라고 주장한다.

## 수요측면의 정책

1930년대 세계적인 대공황은 고전학파의 시장조정기능 개념에 회의를 불러일으켰다. 케인즈는 시장은 스스로 조정되지 않는다고 주장하였다. 〈그림 16-5〉 (a)에서 총수요곡선이 인위적으로 이동되지 않는 않는다면 불완전고용상태인 $E_1$에 계속 머물러 있을 수 있다는 것이다. 따라서 총수요곡선을 다시 $AD_0$로 이동시키기 위한 정부의 인위적인 개입이 필요하게 된다. 이때 주로 사용되는 정책수단이 재정정책과 금융정책이다.

먼저 재정정책을 통하여 완전고용을 달성하기 위해서는 정부지출을 증대시키거나 조세를 감면해 주면 된다. 정부지출은 총수요의 직접적인 구성요소이므로 실질산출량을 증대시키며, 조세감면은 국민 개개인의 가처분소득을 증가시켜 소비를 부추김으로써 실질산출량을 증가시킨다. 이의 대표적인 예가 경기침체시 정부가 공공투자사업을 벌여 취업기회를 확대하고 이에 따른 구매력 증대를 유도하는 것인데, 1930년대 미국의 뉴딜정책이 이에 속한다. 반대로 경제가 과열되어 인플레이션이 발생할 경우에는 정부지출삭감과 조세증가로 총수요를 감소시켜 물가상승압력을 해소할 수 있을 것이다.

금융당국 역시 통화공급량을 변동시킴으로써 물가안정과 완전고용을 가져올 수 있다. 즉 경기침체 시에는 팽창적 금융정책으로 돈줄을 풀고, 반대로 경기과열 시에는 긴축적 금융정책으로 돈줄을 죄임으로써 경제안정을 꾀할 수 있다. 이때 사용되는 구체적 정책수단은 뒤의 제17장에서 공부할 법적지불준비율, 공개시장조작, 재할인율 등인데, 이들은 각기 총수요와 실질GDP에 간접적으로 영향을 미친다. 예를 들어 만약 금융당국이 경제가 과열되었다고 판단하여 앞에서 열거한 정책수단들을 통해 통화량을 감소시키면, 이자율이 상승하여 투자가 감소하고 결국은 GDP의 감소를 가져올 것이다. 반대로 대량실업이 존재하는 불경기에는 통화량 증대를 통해 이자율을 인하시켜 총수요와 GDP를 증가시킬 수 있을 것이다.

## 공급측면의 정책

공급측면의 정책은 총공급곡선을 이동시키는 데 사용되는 정책이라고 할 수 있다. 다시 말해서 공급측면의 정책이란 정부가 총공급곡선의 변동요인인 노동력의 양과 질, 투자 및 자본축적, 기술진보, 기업가능력, 자연자원, 시장력 등에 영향을 주기 위해 펴는 일련의 정책이다. 이러한 총공급측면의 정책은 총수요관리정책, 즉 재정정책 및 금융정책과는 본질적으로 다르다. 공급측면의 정책수단은 다음 두 가지 점에서 본질상 미시경제학적인 성격을 갖는다. 첫째, 경제활동주체의 행동에 초점을 맞춘다. 즉 가계의 근로 및 저축의욕과 기업의 투자 및 기술혁신 의욕에 영향을 미치고자 하는 것이 공급측면의 정책수단이다. 둘째, 국민경제의 실질GDP를 확대시키기 위하여 특정시장이나 특정자원에 초점을 맞춘다. 공급측면의 대표적인 정책도구로는 조세정책, 규제완화, 민영화, 그리고 산업정책이 있다.

### 조세정책

조세정책의 변화는 개인가처분소득을 변화시켜 총수요에 영향을 미치고, 실질GDP의 변화를 초래한다. 이 경우에 조세정책은 재정정책의 일환으로 총수요관리정책이 된다.

그러나 조세는 단순히 총수요뿐만 아니라 총공급에도 영향을 미친다고 볼 수 있다. 공급측면에서 볼 때 조세의 변화는 근로의욕, 저축의욕, 투자의욕, 기술혁신의욕의 변화를 초래한다. 근로자, 기업경영자, 저축자들에게 중요한 것은 세후소득의 크기이므로 조세부담이 커지면 일하고, 투자하고, 저축하려는 의욕이 떨어진다. 즉 조세의 증가는 경제활동주체들의 의욕을 떨어뜨려 국민경제의 생산성을 잠식하고, 궁극적으로는 생산비를 상승시켜 총공급곡선을 왼쪽으로 이동시킨다. 이와 같은 조세의 영향과 관련하여 중요한 것은 한계세율(marginal tax rate)이다. 근로자와 기업경영자는 한계세율을 보고 추가적으로 더 일할 것인가 아니면 추가적으로 더 투자할 것인가를 결정하기 때문이다.

### 규제완화

정부는 규제의 형태로 민간의 경제활동, 특히 생산활동에 간여한다. 그러나 규제는 생산성을 낮추거나 생산비용을 상승시킨다. 예를 들어 정부는 제조업체에게 상품의 안정성을 요구하거나, 근로자의 작업환경기준이나 폐기물의 배출기준을 정해 주거나, 혹은 최저임금수준을 법으로 정한다. 물론 이러한 규제는 나름대로의 좋은 목적을 가지고 있으나, 하나의 분명한 사실은 생산비용을 증가시킨다는 것이다. 따라서 생산활동에 대한 규제를 완화시켜 주면, 생산비용이 감소하고 총공급곡선은 오른쪽으로 이동될 수 있다.

> **경제원리 #6**
>
> 효율성과 공평성이라는 두 개의 목표 간에는 상충관계(trade-off)가 존재한다. 예를 들어 조세삭감은 근로의욕, 저축의욕, 투자의욕을 증진시킴으로써 생산성과 효율성을 향상시킬 수 있으나, 소득재분배를 통한 공평성의 기능은 약화될 수 있다.

최근 우리나라에서도 규제완화를 통한 총공급능력의 확대정책이 주목을 받고 있다. 정부는 규제가 초래하는 비용이 이득보다 크다는 점을 인식하여 소위 '신경제정책'에서 규제를 없애거나 단순화시키는 정책을 편 바 있다. 만약 이러한 노력이 성공적이라면 규제에 들어가는 인력과 돈이 생산적인 활동에 전환되어 우리나라의 총공급곡선이 오른쪽으로 이동될 것이다.

### 민영화

생산의 효율성을 제고하여 총공급곡선을 오른쪽으로 이동시키는 또 하나의 정책수단은 민영화이다. 민영화란 정부가 수행하는 활동을 민간기업에게 이양해 주는 과정이다. 민영화는 영국의 대처수상 정부에서 많이 활용했던 정책으로 우리 나라의 김영삼 행정부도 민영화를 주요 정책과제로 삼은 바 있다. 소방, 청소, 도로관리 등은 사실상 꼭 정부가 생산하여 공급할 필요가 없는 서비스들이다. 왜냐하면 이들은 공공재정이나 보조금이 필요한 사업들이기는 하나, 그렇다고 해서 정부에 의해서 생산되어져야 함을 의미하지 않기 때문이다. 이들 서비스는 약간의 공공재정의 도움을 받아 민간기업에 의해서 생산될 수 있으며, 정부가 공급하는 경우보다 더 효율적으로 운영될 수 있기 때문이다.

민영화가 생산의 효율성을 제고하여 총공급능력을 확대시킨다는 것은 아무래도 정부부문보다는 민간기업의 활동이 더 효율적이라는 생각에 바탕을 두고 있다. 즉 정부조직은 관료화되어 공무원 또는 공기업 직원들이 최선을 다하지 않는 이른바 '*X*-비효율'(inefficiency)이 존재한다는 것이다.

### 산업정책

공급측면의 정책수단 중 마지막으로 제시되고 있는 것이 산업정책(industrial policy)이다. 산업정책이란 정부가 총공급능력을 확대하기 위하여 산업의 구성비율이나 그 구조를 재편함에 있어서 직접적이고도 적극적인 역할을 수행하는 과정이다. 즉 정부가 소

**경제원리 #7**

어떤 경제든지 물가안정과 완전고용 사이에는 단기적으로 상충관계(trade-off)가 존재한다.[6] 즉 필립스곡선이 보여주는 것처럼 완전고용을 달성하기 위해 총수요를 진작시키면 물가가 불안정해지고, 물가를 안정시키고자 총수요를 위축시키면 완전고용을 달성할 수 없게 된다. "두 마리의 토끼를 모두 좇을 수 없다"는 셈인데, 이러한 상충관계는 재정정책과 금융정책의 단기적인 효과를 이해함에 있어서 매우 중요하다.

위 사양산업—생산성이 낮은 산업—의 쇠퇴 속도를 가속화시키고 성장산업—생산성이 높은 산업—을 육성하는 정책이다. 이러한 산업재편을 위한 정책에는 기술정책과 인력정책 등이 포함된다. 기술정책이란 기술진보를 촉진시키기 위해 R&D 지출에 대해 각종 재정적 혜택을 주는 것이다. 인력정책은 산업이 재편되는 과정에서 발생하는 구조적 실업을 해결하는 정책이다. 예를 들어 사양산업인 석탄산업에서 방출되는 광부들을 재훈련시켜 적재적소에서 일할 수 있게 해주는 방안이 이에 속한다. 더 나아가서 산업구조변화에 부응하는 교육정책도 인력정책의 범주에 속한다고 볼 수 있다. 예를 들어 정부가 산업구조의 정보화에 대비하여 대학의 컴퓨터 및 통신 관련학과를 지원하는 것 등이다.

**더 알아보기** **경제안정화정책의 딜레마: 필립스곡선**

지금까지 우리는 경제안정화정책의 목표로서 완전고용 실질GDP의 달성과 0%의 인플레이션에 관심을 가져왔다고 볼 수 있다. 그러나 현실적으로는 인플레이션을 0%로 완벽하게 회피하는 것이 아니라, 단지 인플레이션의 정도를 완화시키는 것이 정책과제가 되고 있다. 왜 그런 것일까? 이는 〈그림 16-6〉에서 보는 바와 같이 완전고용과 물가안정 사이에는 상충관계(trade-off)가 존재하기 때문이다. 즉 완전고용을 달성하려고 하면 물가가 불안정해지고, 물가를 안정시키고자 하면 완전고용을 달성할 수 없는 것이다. 이러한 완전고용과 물가안정과의 상충관계를 보여주는 것이 필립스곡선(Phillips curve)이다.

〈그림 16-6〉 (a)에는 총수요 · 총공급모형이 나타나 있다. 그림에서 보는 바와 같이 총수요수준이 낮으면 경제는 A점에 있게 되며, 실질GDP와 물가지수는 각각 360조원과 102이다. 총수요수준이 높으면 경제는 B점에 있게 되고, 실질GDP와 물가지수는 각각 380조원과 110이다. 여기서 우리는 산출량이 확대되면 물가수준이 높아지고, 산출량이 축소되면 물가수준이 높아진다는 사실을 알 수 있다. (b)에는 필립스곡선의 의미를 보여주고 있다. 즉 총수요수준이 낮은 A점에서는 실업률은 높으나(7%) 물가상승률은 낮고(2%), 총수요수준이 높은 B점에서는 실업률은 낮으나(4%) 물가상승률은 높다(10%).

각국의 현실도 필립스곡선과 일치하는 것으로 나타나고 있다. 많은 국가의 통계자료를 보면 물가상승률과 실업률은

[6] 극단적인 케인즈모형이나 고전학파모형에서는 이러한 상충관계가 없을 것이다. 〈그림 5-4〉에서 본 바와 같이 수평인 총공급곡선을 가정하는 케인즈모형에서는 경제가 실업(디플레이션 갭)에 직면할 뿐 실업과 인플레이션이 동시적으로 나타나지 않는다. 케인즈의 총공공급곡선에서의 총수요 증가는 완전고용수준에 도달할 때까지 현행 물가수준에서 실질산출량과 고용을 증가시킬 것이다. 총수요가 이보다 더 증가하면 경제는 수직영역에 위치하게 되고 이 때부터는 실질산출량의 변화 없이 물가만 상승하게 된다.

**그림 16-6 필립스곡선의 개념**

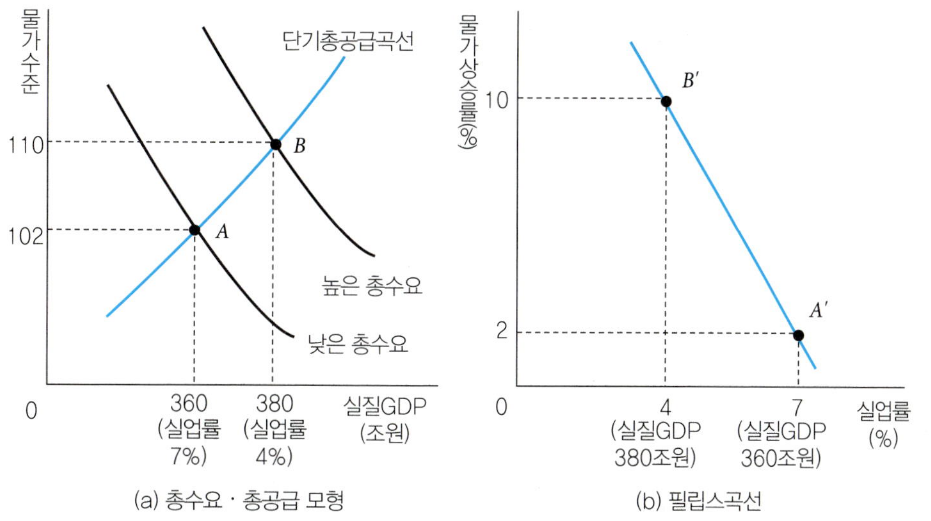


상충관계를 가지는 것으로 분석되고 있다. 〈그림 16-7〉의 (a)와 (b)는 각각 미국과 한국에서의 실제자료를 보여주는데, 여기서도 물가상승률과 실업률의 관계는 우하향하는 곡선으로 나타나고 있다. 최초로 이와 같은 경험적 관계를 밝힌 영국의 경제학자 필립스(A. W. Phillips)의 이름을 따서 필립스곡선이라고 부르는 것이다. 1950년대와 1960년대에 걸쳐 필립스곡선을 확인해 주는 연구결과들이 나오자 대부분의 경제학자—주로 케인즈 경제학자—들은 실업과 인플레이션간에 안정적이고도 예측 가능한 상호관계가 존재한다고 믿었고, 경제정책도 필립스곡선을 전제로 하여 수립되어졌다. 이러한 필립스곡선은 1930년부터 1970년까지 약 40여 년간 서구의 거시경제적 현상을 비교적 잘 설명해 온 것으로 평가되고 있다. 예를 들어 대공황과 제2차 세계대전 중의 인플레이션, 1950년대와 1960년대의 경기변동은 수요측면의 분석체계와 정책처방에 의해서 잘 해결되었다.

그러나 1970년대에 들어오면서 안정적인 필립스곡선의 개념이 깨지게 되었다. 즉 필립스곡선이 의미하듯이 실업과 인플레이션은 상충관계를 보여주지 않았고, 인플레이션과 실업이 공존하는 스태그플레이션이 일반화되었다.

〈그림 16-7〉 (c)는 (b)에 1970~91년 기간의 자료를 첨가시킨 것이다. 1960~91년 기간의 자료를 보면, 1961~69년 기간에 보여주었던 인플레이션과 실업률과의 분명한 역관계가 불분명하게 되었다. 그림에서 볼 수 있듯이 1970년대에 미국경제는 더 심한 인플레이션과 함께 더 높은 실업률, 즉 스태그플레이션을 경험하였고, 이러한 최근 자료는 각각의 실업수준에 대응하여 더 높은 물가상승을 보여주어, 필립스곡선이 점차 우상향으로 이동해 왔다는 해석을 가능케 한다. 요컨대 미국의 최근 경험은 실업과 인플레이션 간에 함수적인 상충관계가 없음을 보여준다. 물론 스태그플레이션 현상은 우리가 앞에서 공부한 바와 같이 우상향하는 총공급곡선을 인정하고 총공급곡선의 좌측 이동을 허용함으로써 이해될 수도 있다.

**그림 16-7 필립스곡선의 실제자료**

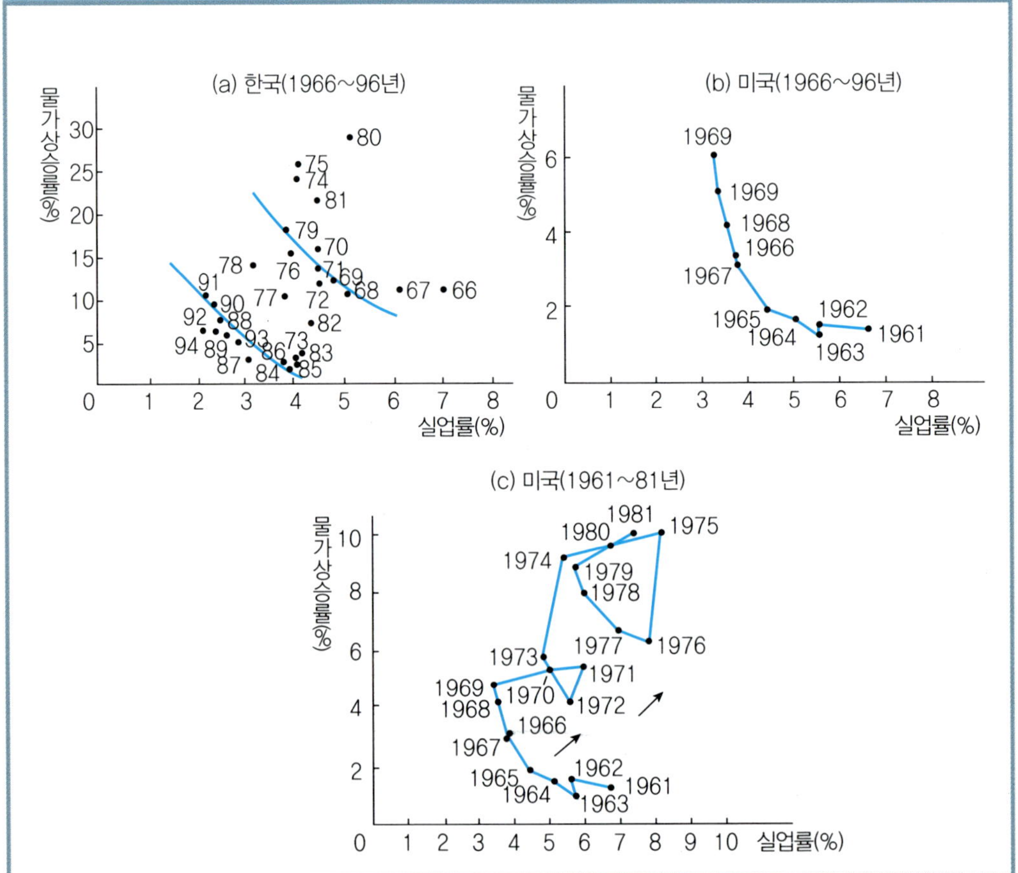


## 요 약

1. 고전학파 경제학자들은 시장기능에 의해서 항상 완전고용이 달성된다고 생각하였다. 고전학파이론은 세이의 법칙과 임금-물가의 신축성이라는 두 개의 명제에 근거하고 있다. 세이의 법칙은 이자율이 저축의도와 투자의도를 항상 일치시켜 주기 때문에 성립한다. 총수요가 일시적으로 감소할지라도 물가-임금이 실질산출량, 고용 및 소득을 감소시키지 않도록 조정된다.
2. 케인즈는 저축자와 투자자는 서로 다른 집단이며, 의사결정의 동기가 다르므로 이자율이 저축과 투자를 일치시켜 준다는 고전학파의 견해는 오류라고 주장하였다.

그는 노동조합, 최저임금제 등으로 물가-임금의 신축성도 달성될 수 없는 명제임을 밝혔다.

3. 고전학파 이론과 케인즈 이론은 총수요·총공급 모형을 통하여 설명될 수 있다. 고전학파 경학자들은 수직의 총공급곡선과 안정적인 총수요곡선을 상정한 반면에, 케인즈 경제학자들은 수평의 총공급곡선과 불안정적인 총수요곡선을 상정하고 있다.
4. 극단적인 케인즈 이론과 고전학파 경제학 사이에는 경쟁적인 이론들이 존재하는데, 총수요와 총공급 중 어느 측면을 중시하느냐에 따라서 크게 수요측면의 이론과 공급측면의 이론, 그리고 절충이론으로 나눌 수 있다. 수요측면의 이론으로는 케인즈이론과 통화주의가 있고, 공급측면의 이론으로는 공급중시경제학이 있으며, 절충이론에는 실질경기변동이론이 있다.
5. 경기변동을 처방하기 위한 거시경제정책도 총수요곡선과 총공급곡선 중 어느 측면을 강조하느냐에 따라서 수요측면의 정책과 공급측면의 정책으로 구분된다. 수요측면의 정책으로는 재정정책과 금융정책이 있고, 공급측면의 정책으로는 조세정책, 규제완화, 민영화, 산업정책 등이 있다. 그러나 고전학파는 어떤 경우에든지 정부의 개입을 반대한다.

## 용어 및 개념

고전학파 이론
케인즈 경제학
세이의 법칙
임금-물가의 신축성
이자율
저축과 투자의 (불)일치
임금 및 물가의 하방경직성
통화주의
공급중시경제학
절충이론
실질경기변동이론
자유방임주의
수요(공급)측면의 정책
합리적 기대가설
필립스곡선

E C O N O M I C S

CHAPTER 17

ECONOMICS

# 재정정책

SECTION



우리는 제15장에서 완전고용 및 물가안정을 달성하기 위한 수요측면의 정책수단으로서 재정정책(fiscal policy)과 금융정책(monetary policy)을 간략히 소개한 바 있다. 이 장과 다음 장에서는 각각 재정정책과 금융정책에 대해서 자세하게 공부해 보고자 한다.

재정정책은 정부가 임의적으로 정책을 변경시킬 수 있는지, 혹은 그렇지 않은지에 따라서 재량적 재정정책과 비재량적 재정정책으로 구분된다.

## 17.1 재량적 재정정책

재량적 재정정책이란 산출량과 고용수준의 변동을 상쇄시키기 위하여 정부가 지출 및 조세를 재량껏 임의로 변경시키는 정책을 말한다. 지금 어떤 경제의 총수요수준이 완전고용수준에 크게 미치지 못하여 실업률이 매우 높다고 하자. 이러한 상황이 〈그림 17-1〉에 나타나 있다. 그림에서 보는 바와 같이 완전고용은 실질GDP가 400조원일 때 달성된다고 하자. 그러나 총수요의 부족으로 말미암아 수요되는 산출량은 360조원에 불과하며, 따라서 40조원 가량의 산출량을 생산할 수 있는 자원이 남아 돌고 있다.

이 때 정부의 정책목표는 총수요곡선을 오른쪽으로 이동시키는 것이다. 총수요곡선은 현재의 물가수준에서 사람들이 더 많이 구매하려고 한다면 이동될 것이다. 이 경

**그림 17-1 재정정책의 목표**

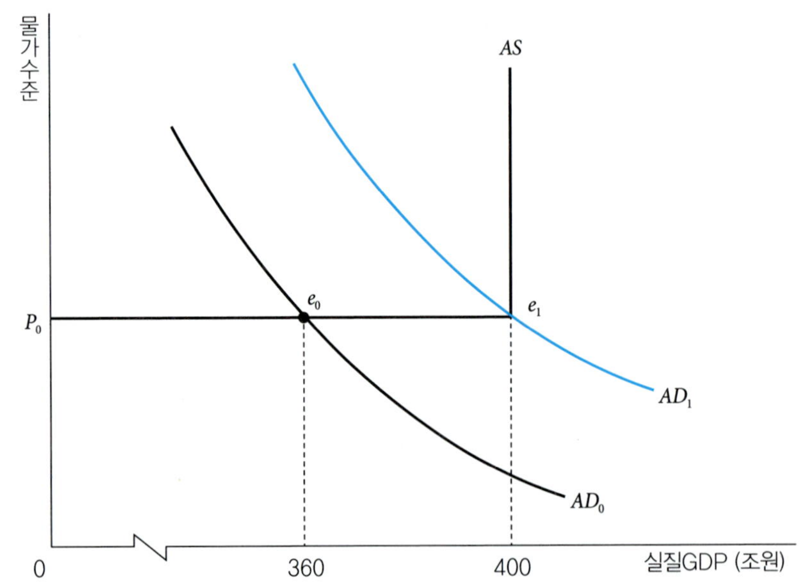

우에 완전고용을 달성하기 위해서는 총수요가 40조원만큼 증가되어야 한다. 어떠한 재정정책을 쓰면 되겠는가?

## 정부지출의 증대

총수요의 부족을 해결하기 위한 가장 단순한 방법은 정부지출을 증가시키는 것이다. 만약 정부가 잠수함을 더 구입한다든지, 고속전철사업에 착수한다든지, 학교를 더 짓는다든지, 기타 공공재의 공급을 늘리게 되면, 이와 관련된 정부지출은 바로 총수요의 증가로 이어질 것이다. 이렇게 되면 총수요곡선이 우측으로 이동하면서 경제는 완전고용수준에 가까워질 것이다.

그러면 정부는 완전고용을 달성하기 위하여 정확히 얼마를 지출해야 하는가? 총수요의 부족분인 40조원만큼을 정확히 지출해야 하는가, 아니면 그보다 덜 혹은 더 지출해야 하는가? 정답부터 말하자면 40조원보다 덜 지출해도 된다. 만약 정부가 이 경우에 40조원을 지출하게 되면, 총수요곡선은 정책목표인 $e_1$점을 넘어서게 되어, 오히려 총수요가 과다한 상황으로 변하게 될 것이다. 이는 국민경제 내에서 지출활동 및 소득창출이 반복적이고 연속적이기 때문에 일어나는 현상이다. 경제순환모형에 따르면, 지출의 증가는 바로 소득의 증가를 초래한다. 따라서 정부가 지출을 증가시키면, 그것은 다른 시장참여자의 소득을 증가시키고 이 소득의 수취자는 다시 그것을 소비하게 된다. 즉 정부가 지출한 1원은 소득창출과 지출활동에 반복적으로 사용되어진다. 결과적으로 정부지출은 총수요에 대해서 승수효과(multiplier effect)를 가지게 되는 것이다.

이제 정부가 고속전철 사업에 10조원을 투입하기로 했다고 하자. 이러한 새로운 정부지출의 증대는 일차적으로 10조원만큼의 총수요를 증가시킬 것이다. 그러나 얘기는 여기서 끝나지 않는다. 고속전철사업에 참여한 민간기업과 근로자들은 10조원만큼의 소득을 얻게 되고, 이들은 이 중 일부를 소비하거나 저축할 것이다. 국민경제 전체적으로 볼 때, 이들이 소득 중 몇 %를 소비하고, 몇 %를 저축하느냐 하는 것은 매우 중요하다. 왜냐하면 소비되는 부분은 바로 총수요로 이어지지만 저축되는—소비되지 않는—부분은 장농 속이나 은행으로 들어가기 때문이다.

분석의 편의상 고속전철사업에 참여한 사람들은 추가적인 소득의 75%를 소비하고, 나머지 25%는 저축하기로 결정했다고 하자. 우리는 이들을 각각 한계소비성향(marginal propensity to consume: MPC)과 한계저축성향(marginal propensity to save: MPS)라고 부른다. 즉,

$$MPC = \frac{\text{소비증가분}}{\text{소득증가분}}$$

$$MPS = \frac{\text{저축증가분}}{\text{소득증가분}}$$

*MPC*와 *MPS*는 고속전철사업 참여자들이 소득증가 시에 어떻게 행동하는 경향이 있는가를 말해준다. 이러한 행동패턴에 따르면 10조원의 소득은 다음과 같이 사용되어질 것이다.

$$\begin{aligned} \text{소비증가분} &= MPC \times \text{소득증가분} \\ &= 0.75 \times 10\text{조원} \\ &= 7.5\text{조원} \end{aligned}$$

$$\begin{aligned} \text{저축증가분} &= MPS \times \text{소득증가분} \\ &= 0.25 \times 10\text{조원} \\ &= 2.5\text{조원} \end{aligned}$$

새로운 소비증가분 7.5조원이 바로 총수요 증가로 이어지므로, 지금까지 증가된 총수요 증가분은 7.5조원에다가 고속전철사업에 대한 정부의 초기지출액 10조원을 더한 17.5조원이 될 것이다.

정부지출의 총수요에 대한 승수효과는 여기서 끝나지 않는다. 〈표 17-1〉에서 보는 바와 같이 고속전철사업 참여자들이 레저용 보트를 사는데 7.5조원을 지출했다면, 보트제조업자들은 그만큼의 소득을 얻을 것이다. 보트제조업자들이 이 소득으로 자동차를 구입했다고 하면, 5.6조원—이들의 한계소비성향도 보트제조업자들과 같이 0.75라고 가정—이 총수요의 증가로 이어질 것이다. 이때까지 증가된 총수요 증가분은 23.1조원(=10+7.5+5.6)이 되며, 이는 초기 정부지출액 10조원의 2배가 넘어서는 금액이 된다.

이러한 과정은 언제까지 계속될 것인가? 표에서 보는 바와 같이 소득창출과 지출활동이 반복되어 갈수록 증가되는 소득과 소비의 크기는 점감하게 된다. 그러나 누적적인 효과는 40조원으로 매우 크다. 즉 40조원은 최초 10조원의 정부지출과 승수효과를 통하여 증가된 30조원만큼의 소비지출을 합한 것이다.

다행히도 우리는 총수요의 누적적인 변화를 계산하기 위하여 〈표 17-1〉를 작성하지 않아도 된다. 소득창출과 지출활동의 반복과정은 승수라는 한 숫자로 표시할 수 있

**표 17-1** 승수효과의 예시 (*MPC* = 0.75 가정)

| 순환과정 | 소비지출의 변화 | 소비의 누적변화 |
|---|---|---|
| 제 1 기: 정부가 고속전철사업에 10조원 지출 | 10조원 | 10조원 |
| 제 2 기: 고속전철사업참여자가 레저용 보트 구입 (10조원 × 0.75) | 7.5조원 | 17.5조원 |
| 제 3 기: 보트제조업자가 자동차 구입(7.5조원 × 0.75) | 5.6조원 | 23.1조원 |
| ⋮ | ⋮ | ⋮ |
| 제 *n* 기 | | 40조원 |

다. 승수는 초기의 정부지출이 얼마만큼의 총수요증가를 가져오는가를 나타내 준다. 승수는 다음과 같이 계산할 수 있다.

$$\text{승수} = \frac{1}{1 - MPC}$$

위의 경우에

$$\text{승수} = \frac{1}{1 - 0.75} = 4$$

따라서

$$\begin{aligned}\text{총수요의 변화} &= \text{승수} \times \text{초기 정부지출의 변화} \\ &= 1 / (1 - MPC) \times 10\text{조원} \\ &= 4 \times 10\text{조원} \\ &= 40\text{조원}\end{aligned}$$

〈그림 17-2〉에는 승수효과가 나타나 있다. $AD_0$는 완전고용수준에 크게 못 미치는 총수요곡선을 나타낸다. 정부가 고속전철사업을 위해 10조원만큼의 지출을 증가시키면, 총수요곡선은 $AD'$로 10조원만큼 이동할 것이다. 그리고 정부지출의 증가는 민간소비를 부추겨서 총수요곡선은 다시 $AD_1$으로 이동될 것이다. 요컨대 10조원의 정부지출과 이로 말미암아 유발된 소비지출 30조원은 완전고용을 달성하는 데 필요한 총수요증가분(40조원)이 된다. 우리는 정부지출이라는 정책도구는 승수효과로 인해서 매우 강력한

그림 17-2 승수효과

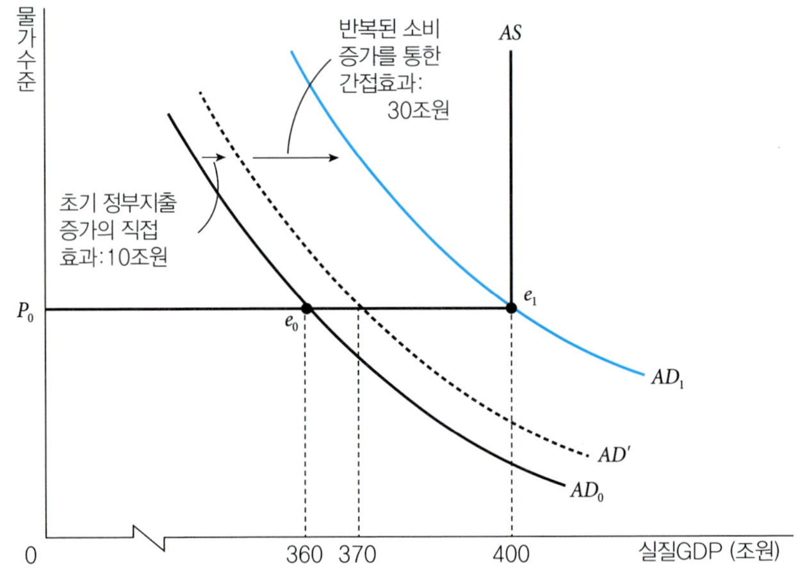


힘을 발휘한다고 볼 수 있다.[1)]

## 조세삭감

이상에서 우리는 정부가 지출증가를 통해서 총수요를 증가시킬 수 있음을 보았는데, 조세삭감을 통해서도 총수요를 부추길 수 있다. 그렇다면 정부는 경제를 〈그림 17-2〉의 $e_0$점에서 $e_1$점으로 이동시키기 위해서는 얼마만큼의 조세를 삭감하면 되겠는가?

정부지출의 경우와 마찬가지로 정부가 10조원의 세금을 감면해 주기로 했다고 하자. 이러한 조세삭감은 민간부문의 가처분소득(disposable income)에 10조원만큼 보태어 질 것이다. 문제는 조세삭감이 총수요에 어떻게 영향을 미치는가를 이해하는 것이다. 만약 조세삭감에도 불구하고 소비자들이 아무런 반응을 보이지 않는다면 조세삭감은 총수요에 전혀 영향을 미치지 못하게 된다. 그러나 한계소비성향(*MPC*)이 0보다 크다면 소비자들은 삭감된 조세 중 일부를 소비하게 될 것이다. *MPC*가 0.75라고 가정하면

[1)] 정부지출뿐만 아니라 총수요의 구성요소는 모두 승수효과를 갖는다. 예를 들어 민간투자지출이 10조원 증가하고, 한계소비성향이 0.75라면 정부지출과 마찬가지로 40조원의 총수요 증가를 가져온다. 이 경우의 승수를 우리는 투자승수라고 부른다.

소비자는 삭감된 세금 100원 중 75원을 소비하게 될 것이다. 그러므로

$$\text{초기 소비증가분} = MPC \times \text{조세삭감분}$$

우리의 예에서 정부가 10조원만큼의 조세를 삭감하고, *MPC*가 0.75라고 가정했으므로

$$\begin{aligned}\text{초기 소비증가분} &= 0.75 \times 10\text{조원} \\ &= 7.5\text{조원}\end{aligned}$$

따라서 가처분소득을 증가시키는 조세삭감의 효과는 총수요의 증가로 이어지며, 총수요곡선을 오른쪽으로 이동시킨다.

다시 7.5조원의 소비증가는 승수과정을 작동시키게 될 것이다. 〈표 17-1〉에서 본 바와 같이 신규로 증가된 소비지출은 근로자와 생산자들의 소득을 증가시키고, 증가된 소득은 다시 소비로 지출될 것이다. 총수요의 누적적 효과는 다음과 같이 된다.

$$\text{총수요의 누적적 변화} = \text{승수} \times \text{초기 소비증가분}$$

위의 예에서

$$\begin{aligned}\text{총수요의 누적적 변화} &= 1 / (1-MPC) \times 7.5\text{조원} \\ &= 4 \times 7.5\text{조원} \\ &= 30\text{조원}\end{aligned}$$

**그림 17-3 조세삭감시 승수효과**

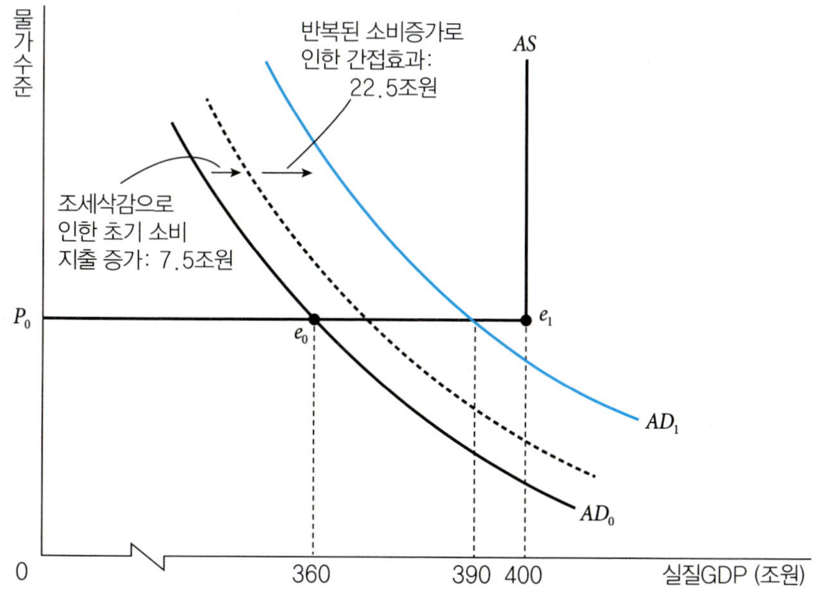

여기서 우리는 조세삭감의 경우도 정부지출과 마찬가지로 승수효과를 통하여 총수요를 증가시킴을 알 수 있다. 다만 차이점은 정부지출을 10조원만큼 증가시키면 완전고용을 달성할 수 있었으나, 조세삭감의 경우는 10조원 이상을 삭감시켜야만 완전고용에 도달할 수 있다는 것이다. 이는 조세승수가 정부지출승수보다 작기 때문이다.

## 균형예산

정부 역시 가계나 기업과 마찬가지로 예산제약에 직면하게 된다. 만약 정부가 조세수입을 초과하여 지출을 한다면 재정적자가 초래될 것이고, 반대로 조세수입이 지출을 초과한다면 흑자재정을 기록할 것이다. 그러면 정부는 언제 균형예산을 책정하고 언제 불균형예산을 책정하는가?

먼저 균형예산을 책정하는 경우를 살펴보자. 〈그림 17-1〉의 상황으로 다시 돌아가 보면, 정부는 40조원의 총수요를 진작시키기 위하여 10조원을 마련해야 할 것이다. 이때 정부가 균형예산을 유지하기 위하여 새로운 정부지출 10조원을 세금으로 조달한다고 하자. 이 경우에 총수요곡선은 어떻게 이동하겠는가?

앞의 예에서는 정부가 지출을 10조원 증가시킴으로써 40조원(승수 = 4)만큼의 총수요를 유발시켜 균형산출량이 360조원에서 400조원으로 증가되었다. 그런데 정부지출이 10조원의 세금으로 조달되었으므로 이것이 총수요에 미치는 효과를 고려해야 한다. 앞에서 우리는 10조원만큼의 조세삭감이 총수요에 미치는 승수효과를 계산하였는데, 조세증가의 경우도 '삭감'과 마찬가지로 똑같은 승수효과를 갖는다. 다만 그 방향만 다를 뿐이다. 그러므로 10조원만큼의 조세증가는 30조원만큼의 총수요의 감소를 초래한다.

이상의 두 효과, 즉 정부지출증가효과와 조세증가효과를 합치게 되면 순효과는 10조원(40－30)이 된다. 이와 같이 국민경제에서 예산이 균형을 이루고 있을 때—여기서는 정부지출과 조세수입이 동일 액수로 증가—총수요수준과 산출량은 정부지출액만큼 증가하게 되는 것이다. 이 경우에 결과적으로 정부지출액 10조원만큼 총수요와 산출량이 10조원만큼 증가했으므로 승수는 1이 되는데, 이를 가리켜 우리는 균형예산승수(balanced budget multiplier)라고 부른다. 균형예산승수가 성립되는 이유는 〈그림 17-4〉를 통해서 알 수 있다. 조세가 10조원 증가할 경우 감소된 가처분소득 중 민간소비지출액은 3/4인 7.5조원만 감소하고 나머지 2.5조원은 저축을 감소시킬 것이므로, 순지출증가분은 정부지출 10조원에서 민간소비지출 감소액 7.5조원을 뺀 2.5조원으로서, 총수요 및 산출량은 2.5조원의 승수배(=4)인 10조원만큼 증가되기 때문이다.

**그림 17-4　균형예산시 승수효과**

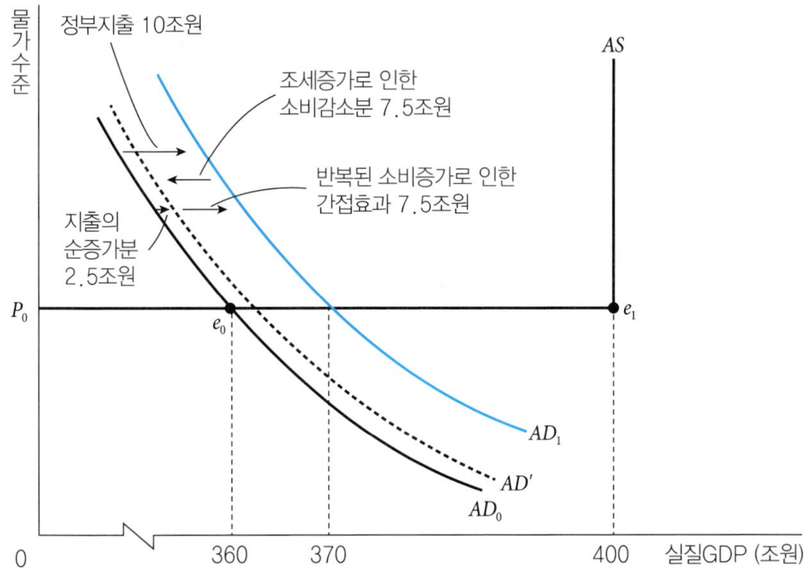


이제 우리는 균형예산에 대해서 정책평가를 할 수 있게 되었다. 위의 경우처럼 균형예산을 책정하게 되면 완전고용에 미치지 못하는 수준으로 총수요곡선을 이동시킬 수밖에 없게 되어, 여전히 실업률은 높은 상태가 유지될 것이다. 따라서 완전고용을 달성하기 위해서는 적자재정을 감수해야 할 것이다. 이것이 바로 케인즈가 주장한 내용으로서 균형예산 혹은 불균형예산의 적정성 여부는 경제상황에 따라서 달라질 수 있는 것이다. 케인즈의 관점에서 보면 재정적자 혹은 재정흑자는 재정정책의 일반적인 현상이며, 균형예산은 극히 특별한 경우에만 타당하다. 즉 균형예산을 통하여 총수요가 완전고용수준까지 증가하는 경우에만 균형예산은 그 타당성을 인정받게 될 것이다.

참고로 〈그림 17-5〉에는 우리 정부의 종합재정수지 추이를 그려 놓았다. 그림에서 보는 바와 같이 일부기간에서 재정적자를 보여주고 있으나, 앞에서 언급한 바와 같이 적자라고 해서 무조건 나쁘다고만 볼 것이 아니라 당시의 경제상황에 따라서 그 적정성 여부를 따져 보아야 할 것이다. 하지만 2018년 이후 상황에서 보는 것처럼 재정적자가 계속 이어지면서 국가채무액이 누적되면 문제가 될 수 있다. 2022년에 정부 누적채무액이 1,000조원을 넘어서고 있어서 우려의 목소리가 커지고 있다.

## 승수와 물가

이상에서 우리는 케인즈의 총공급곡선 상에서, 즉 총공급곡선이 수평인 상황에서 재정정책의 효과를 살펴보았다. 이는 국민경제가 실업률이 높고 가동률이 낮은 상태에 있다고 가정한 것으로, 기업들은 고정된 현행 물가수준에서 상품을 더 생산할 수 있음을 의미한다. 그러므로 케인즈의 총공급곡선 상에서 정부지출증대—또는 조세삭감—에 의한 총수요의 증가는 물가를 상승시키지 않고도 실질산출량과 고용의 증가를 가져올 수 있었다. 즉 케인즈의 총공급곡선 상에서는 앞에서 배운 승수효과가 그대로 나타난다.

그러나 현실적으로는 총수요의 변화가 물가수준의 변화를 유발하는 경우가 허다하다. 만약 국민경제가 우상향하는 단기총공급곡선에 있다면 승수효과는 어떻게 될 것인가? 이 경우에는 총수요의 증가는 일부 물가를 상승시키므로 모두 총산출량 및 고용의 증대에 반영되지 않는다. 〈그림 17-6〉에서 보는 바와 같이 총수요가 $AD_0$에서 $AD_1$으로 증가하면 물가가 $P_0$에서 $P_1$으로 상승된다. 따라서 총수요 증가의 일부는 산출량 증대에 기여하지 못하게 되어, 산출량은 $Y_0$에서 $Y_1$로밖에 증가하지 못한다. 만약 경제가 케인즈의 총공급곡선 상에 있었다면 $AD_0$에서 $AD_1$로의 총수요 증가는 산출량을 $Y'$까지 증가시켰을 것이다. 그러나 경제가 단기총공급곡선 상에 있었기 때문에 물가상승이 유발되며, 물가상승이 승수효과를 약화시켜 총산출량은 $Y_1$까지밖에 증가되지 못하

**그림 17-5 우리나라 정부의 재정수지 추이**

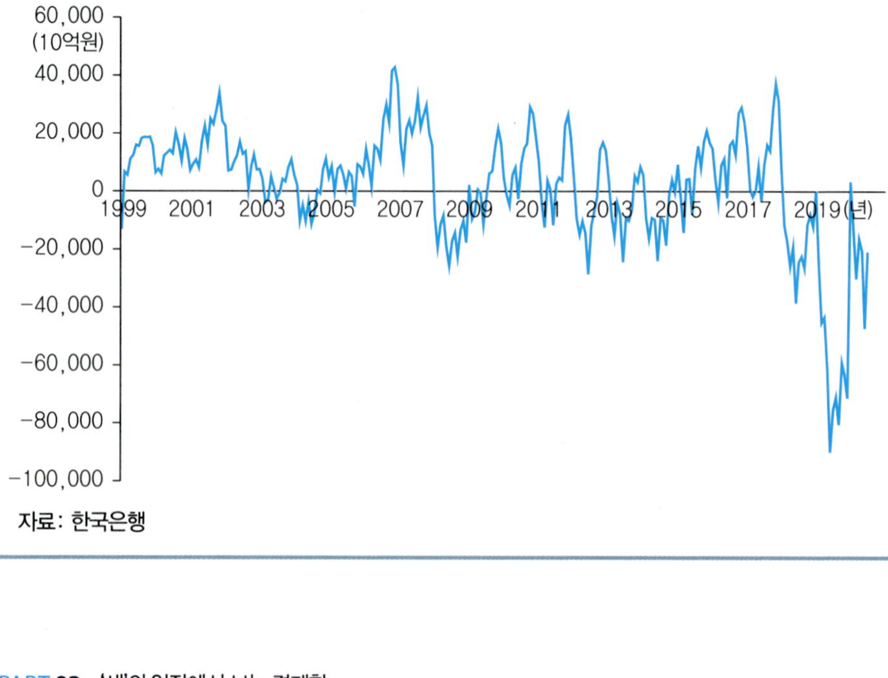


자료: 한국은행

그림 17-6 승수와 물가

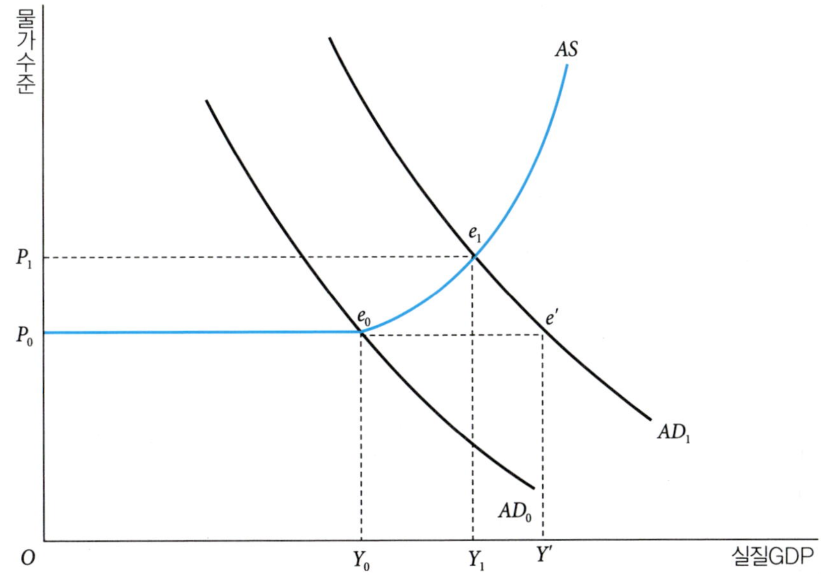


는 것이다. 이상의 분석에서 우리는 한가지 중요한 결론을 얻을 수 있다. 총수요가 증가할 경우 이것이 물가상승을 유발하는 정도가 크면 클수록 총산출량의 증가분은 작아질 것이다. 이는 물가상승이 승수효과를 약화시키기 때문이다. 극단적으로 경제가 장기총공급곡선 혹은 고전학파의 총공급곡선 상에 있게되면 총수요의 증가는 물가상승만을 유발시킬 뿐, 승수효과는 전혀 나타나지 않게 된다.

## 17.2 비재량적 재정정책

지금까지 우리는 정부가 정부지출이나 조세수입이라는 정책수단을 임의적으로 변경시킬 수 있는 재량적 재정정책에 대해서 알아보았다. 그러나 한 국가의 재정제도 안에는 의회의 개입 없이도 경기의 진폭을 극소화할 수 있도록, 조세수입과 정부지출이 어느 정도까지는 자동적으로 조절되는 장치가 있는데, 이를 자동안정장치(built-in stabilizers 혹은 automatic stabilizers)라고 부른다. 이들은 비재량적 재정정책의 수단들로서 국민소득이 감소될 때에는 자동적으로 예산적자를 가져오고, 반대로 국민소득이 증가될 때에는 자동적으로 예산흑자를 가져옴으로써, 큰 폭의 국민소득수준의 등락을 억제하는 역할을 하고 있다. 대표적인 자동안정장치는 누진소득세 제도이다. 누진소득세란 소득이 증가할수록 조세율이 높아지는 제도이므로 국민소득이 증가될 때, 그로 인한 조세수입의 증가율이 소득증가율을 능가하여 경기과열현상을 방지하게 될 것이다. 반대로 국민소득이 감소될 경우에는 조세수입의 감소율이 국민소득의 감소율을 능가함으로써 경기후퇴를 제어하는 작용을 하게 될 것이다.

정부의 이전지출과 정부보조금도 자동안정장치가 될 수 있다. 불황기에는 많은 사람들이 일자리를 잃게 되고 소득감소를 경험하게 되는데, 사회보장제도에 의해서 실업자는 실업수당을 받게 되거나 구호금을 받게 되므로 국민소득의 감소 폭은 사회보장제도가 없었던 경우보다 작게 된다. 반대로 호경기에는 실업률이 낮기 때문에 실업수당이나 구호금 지급액이 감소될 것이다. 이외에도 불황기에는 농산물에 대한 정부의 보조가 증가하고 호황기에는 감소되는데, 이것도 자동안정장치의 한 예라고 하겠다.

**더 알아보기** **현실 속의 재정정책**

재정정책을 이용하여 물가안정과 완전고용을 달성하는 데에는 현실적으로 다음과 같은 문제가 따른다.

첫째, 재정정책의 수립 및 집행에 따르는 '시차'(lag)의 문제로 재량적 재정정책의 효과는 적시에 적절한 정책을 집행할 수 있느냐의 여부에 크게 의존한다. 정부는 경제상황을 정확히 파악하여 어떠한 정책이 필요한가를 결정해야 하는데, 그것이 정부당국에 의하여 정확히 인식되는 데는 '인식상의 시차'가 존재하고, 필요한 정책이 수행되기 전에 대통령과 국회의 승인을 거쳐야 하므로 '행정상의 시차'가 생기며, 집행되는 단계에서도 그것이 실효를 거두는 데는 시간이 걸리므로 '집행상의 시차'도 존재한다. 이러한 시차로 인하여 오히려 정책의도와는 반대의 효과를 초래할 수도 있는 것이다. 가령 재정긴축이 요구되어 조세를 증가시키고 지출을 감소시키는 정책을 채택했는데, 이상에서 지적한 시차가 누적되어 오히려 그 효과가 불황기에 나타날 수도 있는 것이다.

둘째, 정부지출은 경직적인 성격을 갖는다는 것이다. 예를 들어 도로, 교량, 항만 등 정부지출사업의 지역적 배분에 대한 정치그룹 간의 이해가 상충될 수도 있으며, 그 사업들이 일단 착수되면 도중에서 수정하기가 불가능할 뿐만 아니라 장기간을 요하는 것이 대부분이므로 단기적인 소득 및 고용에 대한 효과는 나타나지 않을 수도 있다.

셋째, 재량적인 조세 및 지출정책의 변경은 의사결정이 정치권에서 이루어지는 까닭에 사실상 실시하기가 곤란한 경우가 많다. 예를 들어 조세증가는 재선을 노리는 국회의원들의 반대에 부딪힐 수 있기 때문이다.

넷째, 재정정책의 효과는 불확실할 뿐만 아니라 정책수단에 따라서 그 효과가 다양하다. 국민소득에 대한 정부지출의 영향은 조세변화나 이전지출의 영향보다 크며, 조세정책의 경우 소비지출에 대한 영향은 쉽게 예측할 수 있으나 기업이나 투자지출에 대한 효과는 예측하기 어렵다는 흠이 있다.

다섯째, 보다 근본적인 문제로 공공부문의 역할을 확대시키는 것이 바람직한지, 아니면 축소시키는 것이 바람직한지의 문제가 있다. 재정정책의 집행은 어떤 경우에든 국민경제활동에 대한 정부부문의 역할을 증대시키거나 혹은 감소시키게 마련이다. 예를 들어 재정지출을 위한 자금조달로 인하여 민간기업의 투자가 위축될 수 있는데, 이를 '밀어내기효과'(crowding-out effect)라고 한다.

## 요 약

1. 정부는 정부지출 또는 조세수입의 변화를 통하여 총수요를 변화시킬 수 있다. 경기 침체로 실업이 만연되어 있는 경우라면 정부는 완전고용을 목표로 하여 정부지출을 증가시키고 조세를 삭감시킬 것이다.
2. 정부지출과 조세수입의 변화는 총수요에 대해서 승수효과를 초래한다. 승수효과는 가처분소득의 변화로 소비의 변화가 유발되기 때문에 나타난다.
3. 한계소비성향은 가처분소득의 변화가 소비를 얼마만큼 변화시킬 것인가를 나타내 준다. 승수효과는 한계소비성향에 의존한다. 승수 $= 1 / (1-MPC)$이므로 한계소비성향이 클수록 승수효과는 크다.
4. 케인즈의 총공급곡선 상에서는 정부지출로 인한 인플레이션의 위험이 없다. 그러나 우상향하는 단기총공급곡선 상에서는 정부지출은 인플레이션을 초래할 수 있다.
5. 항상 균형예산만이 바람직한 것은 아니다. 불균형예산도 완전고용과 물가안정을 가져다 준다면 허용될 수 있다.
6. 정부가 임의적으로 변경시킬 수 있는 정부지출이나 조세수입이라는 정책수단 이외에도, 한 국가의 재정제도 안에는 경기의 진폭을 스스로 약화시키는 누진소득세, 실업수당 등의 자동안정장치가 있다.

## 용어 및 개념

| | |
|---|---|
| (비)재량적 재정정책 | 균형예산승수 |
| 승수효과 | (불)균형예산 |
| 정부지출승수 | 자동안정장치 |
| 한계소비(저축)성향 | 재정정책의 시차 |
| 조세승수 | 밀어내기효과(crowding-out effect) |
| 투자승수 | |

E C O N O M I C S

CHAPTER | ECONOMICS

# 18 화폐, 은행제도 및 금융정책

SECTION



경제순환모형에서 본 바와 같이 재화, 서비스, 생산요소 등 실물의 흐름 반대편에는 화폐의 흐름이 있음에도 불구하고, 지금까지 우리는 화폐에 대한 자세한 언급 없이 논의를 진행해 왔다. 그러나 화폐량은 총수요의 주요 변동요인으로서 화폐를 제외시킨 경제이론은 완전하지 못한 것이라 할 수 있다. 예컨대 인플레이션은 돈의 가치하락을 의미하는 화폐적 현상이며, 대부분의 경기변동은 금융위기와 관계가 있었다. 그러므로 재정정책만으로 경제안정을 이룰 수 있다는 생각은 결코 현명한 생각이 아니며, 화폐제도(monetary system)의 규제에 의해서도 총수요, 국민소득 및 고용수준의 변경이 가능하다. 이 장에서는 총수요곡선을 이동시키는 정책수단으로서의 금융정책을 공부한다. 이를 위해서 화폐란 무엇인가, 화폐는 어디로부터 공급되는가, 국민경제에서 은행의 역할은 무엇인가를 차례로 공부한다.

# 18.1 화폐란

## 화폐의 기능

어떤 학자는 "돈(화폐)을 인간이 만들어 낸 위대한 창조물 중의 하나다"라고 말한 바 있다. 우리 속담에도 "돈만 있으면 귀신도 부릴 수 있다", "돈이 양반이다"라는 말이 있다. 반면에 "돈은 일만악의 뿌리다", "돈은 좋은 하인이지만 나쁜 주인이다"라는 경구도 있다. 여하튼 인간은 돈으로 인하여 많은 희비애환을 연출하고 있으며, 아마도 인간이 겪는 고통의 대부분은 돈에서 연유된 것이라고 해도 과언이 아닐 것이다. 이와 같이 화폐는 우리의 일상생활과 밀접하게 연관되어 있는데, 그러면 경제에서 화폐란 도대체 무엇인가? 이 물음에 대한 대답은 아직도 학자들 간에 의견의 일치를 보지 못하고 있는 실정이지만, 화폐란 '화폐가 하는 일 그 자체'(Money is what money does)라는 정의에 대해서는 대체로 수긍하고 있다. 다시 말해서 화폐의 기능을 수행한다면, 그 어떤 것이라도 화폐가 될 수 있는 것이다. 화폐가 하는 일은 다음 세 가지로 요약될 수 있다.

첫째, 화폐의 가장 중요한 기능은 교환의 매개기능이다. 만약 화폐가 없다면 전문화와 분업에 입각한 우리의 경제체제는 도저히 유지될 수 없을 것이며, 우리는 아주 원시적인 생산 및 교환체제로 후퇴할 수밖에 없을 것이다.

둘째, 화폐는 가치의 보장수단이 된다. 물론 화폐가 아닌 다른 실물자산이라든가 혹은 금융자산도 가치의 보장수단으로 사용될 수 있으며, 더욱이 이들은 수익을 가져올 수 있다. 이런 자산을 보유하는 대신 화폐를 보유하게 되면 이로 인한 수익은 없으나, 그 대신 필요한 경우에는 언제라도 재화나 서비스와 교환할 수 있기 때문에 유동성(liquidity)이 높다는 장점을 지니고 있다. 이러한 이유로 사람들은 화폐를 가치저장의 수단으로 사용하는 것이다.

셋째, 화폐의 교환매개수단이라는 기능과 관련하여 화폐는 가치척도를 나타내는 기준으로서의 계산단위가 된다는 것이다. 화폐경제사회에서 모든 재화는 가격으로 표시되며, 가격은 곧 그 재화를 얻는 데 필요한 화폐의 양을 나타내고 있다. 이와 같이 우리는 화폐를 계산단위로 사용함으로써 상품의 교환에서 생겨나는 무수한 가격들을 단일화할 수 있고, 거래 당사자들이 합리적인 의사결정을 할 수 있도록 한다.

이와 같이 화폐는 거래를 쉽고 빠르게 하고, 한 상품의 가격을 명확히 나타내어 주며, 일정한 기간 동안 가치를 보장하는 수단으로 기능하기 때문에 유용한 것이다. 그러나 이러한 유용성은 아무런 대가—즉 기회비용—없이 얻어지는 것은 아니다. 만약 화

**더 알아보기** **그레샴의 법칙과 화폐**

제13장에서는 정보의 비대칭성 문제와 관련하여 그레샴의 법칙을 소개하였다. 그레샴의 법칙은 "악화가 양화를 구축한다"는 것이다. 즉 어떤 두 화폐의 명목가치는 같지만 그중에서 실질가치가 더 큰 화폐(양화)는 장롱 속으로 들어가고 실질가치가 더 작은 화폐(악화)만 시장에서 통용되는 현상이다.

그렇다면 그레샴의 법칙은 현재에도 성립하는가? 그렇지 않다. 현대에 와서 대부분의 화폐는 종이나 니켈 등으로 실질가치를 지니지 못하기 때문이다. 단지 정부가 화폐라고 했기 때문에 화폐로 통용되는 법화(法貨, legal tender)인 것이다. 정보가 화폐로 통용될 전자화폐의 시대에도 이러한 문제는 발생하지 않을 것이다.

폐를 보유하고 있는 대신 이를 주식, 채권, 저축성예금 등에 투자한다면 일정한 이자소득을 누릴 수 있다. 이와 같이 화폐를 보유하는 데는 일정한 비용이 따르며, 이 비용은 바로 화폐를 다른 수익성자산에 투자하지 않았기 때문에 생기는 이자손실인 것이다.

## 한국경제에서의 화폐

앞에서 살펴본 바와 같이 교환의 매개체, 가치의 저장, 그리고 가치의 측정수단으로서 통용되는 것이 바로 화폐라고 할 수 있다. 역사적으로 볼 때 조개껍질, 상아, 가축, 돌, 노예, 담배, 각종 금속 등 그 자체로서도 사용가치가 있는 상품(commodity)이 화폐의 기능을 수행하여 왔다. 우리나라의 경우에도 고려시대나 조선시대에 구리나 은으로 만든 '엽전'이 화폐로 통용되었다고 배웠을 것이다. 그러면 우리 시대에 있어서 무엇이 화폐로 통용되고 있는가?

정답부터 말하자면, 〈표 18−1〉에서 보는 바와 같이 우리나라는 협의통화($M_1$), 광의통화($M_2$), 금융기관유동성($L_f$), 광의유동성($L$) 등 네 가지의 통화개념을 사용하고 있다. 이제 이에 대해서 자세히 알아보자.

### 협의통화: $M_1$

우리가 흔히 화폐 또는 돈이라고 부르는 것은 전문적인 경제용어로는 협의통화에 해당한다. 협의통화는 $M_1$이라고도 한다. 통화에는 두 가지 종류의 화폐가 포함된다. 하나는 주화나 지폐와 같이 중앙은행(한국은행)이 발행하는 화폐 중에서 가계, 기업 등 민간이 보유하는 화폐이고,[1] 다른 하나는 은행에 가서 언제라도 수표나 통장을 제시하고 꺼내

[1] 통화에서 금융기관이 보유하고 있는 현금통화가 제외되는 이유는 다음과 같다. 예를 들어, 일반은행이 금고 속에 보유하고 있는 현금, 즉 시재금(vault cash)은 민간이 보유하고 있는 것과 외형상 하등의 차이가 없으며, 똑같이 중앙은행의 부채이다. 그러나 이들을 통화에 포함시키면 통화량이 실제보다 과대평가된다. 가령 갑이라는 사람이 가지고 있는 현금 1,000원은 분명 통화 중의 1,000원

**표 18-1** 통화 개념별 포괄범위 및 구성내역 비교

| (a) 포괄범위 | |
|---|---|
| 협의통화 ($M_1$) | = 현금통화 + 요구불예금 + 수시입출식 저축성예금 |
| 광의통화 ($M_2$) | = $M_1$ + 정기예·적금 및 부금 + 시장형 상품(CD, 표지어음, RP 등) + 실적배당형 상품(금전신탁, 수익증권, CMA 등) + 금융채* + 종금사 발행어음 등<br>*만기 2년 이상 제외 |
| 금융기관유동성 ($L_f$) | = $M_2$ + $M_2$ 포함 금융상품 중 만기 2년 이상 정기예적금 및 금융채 등 + 한국증권금융의 예수금 + 생명보험회사의 보험계약준비금 등 |
| 광의유동성 ($L$) | = $L_f$ + 정부 및 기업 등이 발행한 유동성 시장금융상품(증권회사 RP, 여신전문기관의 채권, 예금보험공사채, 자산관리공사채, 자산유동화전문회사의 자산유동화증권, 국채, 지방채, 기업어음, 회사채 등) |

| (b) 구성내역 | | | |
|---|---|---|---|
| | | | 광의유동성($L$) |
| | | 금융기관유동성($L_f$) | 정부, 기업 발행 유동성 상품 등 |
| | 광의통화($M_2$) | 예금은행 및 비은행금융기관 기타예수금 등 | (좌 동) |
| 협의통화($M_1$) | 정기예금 등 2년 미만 금융상품 | (좌 동) | (좌 동) |
| 결제성예금 | (좌 동) | (좌 동) | (좌 동) |
| 현금통화 | (좌 동) | (좌 동) | (좌 동) |

쓸 수 있는 요구불예금(demand deposit)이다.

그렇다면 언제든지 입금과 출금이 가능한 은행의 저축성 예금은 어떤가? 이 역시 유동성이 높은 돈으로서 통화에 속한다. 따라서

$$\text{협의통화}(M_1) = \text{민간보유현금통화} + \text{요구불예금} + \text{수시입출식 저축성예금}$$

우리나라에서 $M_1$은 경제 내 어느 누군가의 부채(debt)의 성격을 갖는다. 민간보유현금통화와 예금통화는 각각 정부와 은행의 부채이다. 먼저 예금통화는 예금을 받는 은행의 빚이라는 사실은 분명하다. 그러면 민간보유현금통화는 왜 정부의 빚인가? 그것은 정부가 현금통화를 찍어낸 장본인이므로 만약 현금통화가 통용될 수 없게 된다

이 되지만, 만약 갑이 이것을 시중은행에 예금할 경우에 은행의 시재금을 통화에 포함시킨다면 갑의 요구불예금 1,000원과 은행의 시재금 1,000원, 모두 2,000원이 통화로 계산될 것이다. 그러므로 금융기관이 보유하고 있는 현금을 통화로 보지 않음으로써 이러한 이중계산을 피할 수 있다.

그림 18-1 우리나라 통화량(2021년 7월 현재)

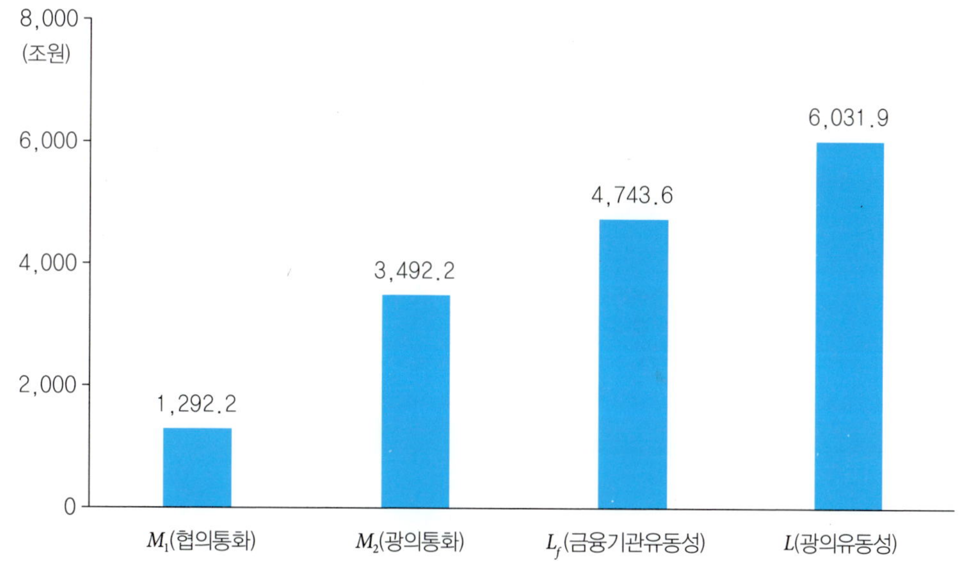


자료: 한국은행

면, 결국 정부에 그 책임을 물을 수밖에 없기 때문이다.

그러면 우리나라에서 $M_1$의 크기는 얼마나 될까? 〈그림 18-1〉에서 보는 바와 같이 2021년 7월말 현재 $M_1$은 약 1,292조원으로, 그 구성은 〈그림 18-2〉와 같다. 즉 $M_1$ 1,292조원 중에서 146조원이 민간보유현금통화(11%)이고, 381조원은 요구불예금(30%)이며, 나머지 765조원은 수시입출식 저축성예금(59%)이다. 우리나라는 과거에 현금통화의 비중이 높았었는데, 해마다 예금통화의 비중이 늘어나 통화의 대부분을 예금통화가 차지하게 된 것이다. 이는 은행제도의 발달과 지불관습의 변화에 따른 것으로 볼 수 있다.

한편, 현금통화는 주화와 지폐로 구성되어 있다. 2021년 7월 현재 주화는 1원짜리 동전에서 500원짜리 니켈화에 이르기까지 다섯 종류가 있는데, 주화는 2조 3,309억원으로 $M_1$ 중 0.2%수준에 불과하다. 주화는 거래를 원활히 하기 위한 돈이라는 의미에서 편의화폐(convenience money)라고도 한다. 지폐는 정부가 발행하는 한국은행권으로 $M_1$의 12%를 차지하고 있다.

**그림 18-2** 우리나라 $M_1$의 구성(2021년 7월 현재)

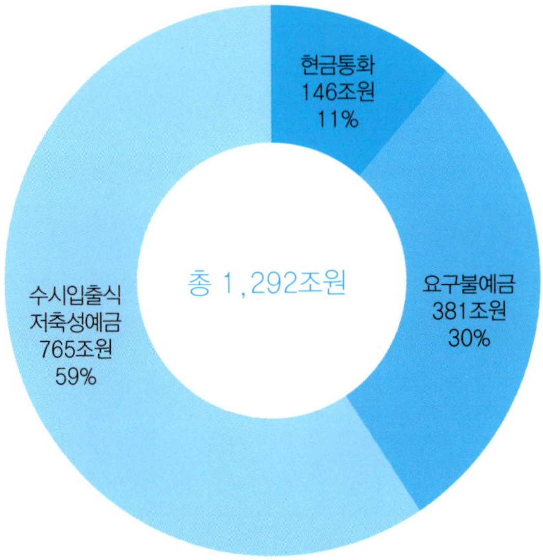


자료: 한국은행

### 광의통화: $M_2$

화폐는 거래의 수단으로 통용될 수 있기 때문에 중요하다. 뿐만 아니라 사람들이 화폐를 갖게 되면 더 소비하려고 하기 때문에도 중요하다. 즉 화폐는 총수요에 영향을 미친다.

화폐가 총수요에 미치는 영향에 초점을 맞추면, 통화의 개념 중 $M_1$만 가지고는 만족스럽지 못하다. 왜냐하면 입출 불가능한 정기예금이나 단기국공채와 같은 준화폐(near money)는 유동성이 있어서 총수요수준에 영향을 미칠 수 있기 때문이다. 요구불예금이 아닌 3년 만기 정기예금을 생각해 보자. 물론 정기예금은 바로 지급수단으로 사용될 수 없지만, 유동성을 가지는 금융자산이다. 정기예금은 이자만 포기한다면 만기 전이라도 쉽게 그리고 확실하게 현금 또는 요구불예금으로 전환되어, 소비용도로 사용될 수 있다. 가령 500만원의 정기예금을 가진 사람의 소비행태와 500만원의 요구불예금을 가진 사람의 소비행태는 똑같지는 않을 것이나, 그 차이가 그렇게 크지는 않다는 말이다.

한국은행은 화폐의 총수요에 대한 영향을 고려하여, 준화폐를 포함하는 화폐의 개념으로 광의통화를 사용하고 있다. 광의통화는 $M_2$라고 불린다.

광의통화($M_2$) = $M_1$ + 기간물정기예적금 + 시장성상품 + 실적배당형 상품
+ 금융채 + 기타(투신증권저축, 종합금융회사 발행어음)

단, 유동성이 낮은 장기(만기 2년 이상) 금융상품 제외

$M_2$는 $M_1$을 구성하는 교환의 매개체(현금과 요구불예금, 수시입출식 저축성예금)에다가 큰 손실 없이 쉽게 현금화될 수 있는 금융상품들을 합한 것이다. 이 중 기간물 정기예적금은 만기가 있는 정기예적금이고, 시장성상품에는 양도성예금(CD), 환매조건부채권(RP), 표지어음 등이 있고, 실적배당형 상품에는 금전신탁, 수익증권 등이 포함된다. 물론 이들 금융상품들은 상대적으로 유동성이 높은 만기 2년 미만만이 해당된다. 우리나라의 $M_2$는 〈그림 18−1〉에서 보는 바와 같이 2021년 7월 현재 3,492조원에 달하고 있다.

### 금융기관유동성: $L_f$

위에서 $M_2$를 산정한 이유와 마찬가지로 우리는 금융기관유동성 $L_f$를 정의 내릴 수 있다. $L_f$는 $M_2$에서 고려된 중앙은행 및 예금은행 등 예금취급기관 이외에 증권금융회사, 투자회사, 보험회사 등 비통화금융기관의 예수금 등도 포함한다. 물론 $M_2$에서는 제외된 만기가 2년 이상 되는 양도성예금, 표지어음 등도 포함한다.

금융기관유동성($L_f$) = $M_2$ + $M_2$ 포함 금융상품 중 만기 2년 이상 상품 +
비통화금융기관 예수금(증권금융회사, 보험회사 등)

우리나라의 $L_f$는 2021년 7월말 현재 4,743조원에 이르고 있다. 이는 그간 금융시장의 구조변화와 금융자산의 다양화로 인하여 $L_f$의 규모는 크게 확대되어온 결과이다.

### 광의유동성: $L$

$M_1$, $M_2$, $L_f$가 금융기관(통화기관과 비통화금융기관)의 유동성에 국한되어 있다면, 광의유동성($L$)은 정부와 기업에 의한 유동성까지도 포함하는 개념이다. 즉 정부가 발행하는 국채와 지방채, 그리고 기업이 발행하는 기업어음, 회사채, 자산유동화채권 등이 포함된다.

광의유동성($L$) = $L_f$ + 정부 및 기업 등이 발행한 유동성 시장금융상품

우리나라의 광의유동성($L$)은 2021년 7월말 현재 6,031조원에 이르고 있다.

**더 알아보기** **신용카드도 화폐인가**

우리는 일상생활에서 '국민카드', '비자카드' 등과 같은 신용카드(credit card)로 상품을 구입한다. 따라서 신용카드를 화폐로 생각할 수 있는데도 불구하고 통화에 포함시키지 않은 이유는 무엇일까? 신용카드는 상품구입에 편리한 수단일 뿐이지 실제적으로는 화폐가 아니기 때문이다. 신용카드는 물건을 구입할 때 지불시기를 연기시키기 위하여 카드발행회사로부터 지급보증을 받는 증명서에 불과하다. 가령 독자가 신용카드로 컴퓨터를 구입하고 카드에 서명했다고 하자. 이것은 카드발행회사가 컴퓨터 판매업자에게 돈을 대신 지불해 주고, 나중에 독자가 은행에 돈을 갚겠다는 것을 의미한다. 물론 독자는 신용카드회사에 일정한 수수료를 지불해야만 한다. 여하튼 독자는 궁극적으로 컴퓨터 값을 지불하기 위하여 현금이나 예금 등 통화가 있어야 하므로 신용카드 자체는 화폐가 아니다.

## 18.2 화폐의 수요와 공급

그러면 2021년 7월 현재 1,292조원에 달하는 협의통화($M_1$)는 누구에 의해서 보유되고, 누구에 의해서 제공되고 있는가? 화폐도 하나의 상품으로 볼 수 있으므로 수요와 공급 측면에서 분석할 수 있다.

### 화폐의 수요

현재 우리나라의 협의통화($M_1$)는 1,292조원에 달하고, 노동가능인구(15세 이상)는 4,478만 명이므로 일인당 약 2,885만원씩 통화를 보유하고 있는 셈이 된다. 물론 이보다 많이 보유하고 있는 사람도 있고, 이보다 적게 보유하고 있는 사람도 있을 것이다. 그러면 사람들이 일정량의 돈을 보유하려고 하는 이유는 무엇일까? 왜 지갑 속에 주화나 지폐를 가지고 다니며, 왜 가까운 은행의 예금구좌에 잔고를 보유하고 있는가? 화폐보유의 동기는 다음 세 가지로 볼 수 있다.

첫째로 사람들은 거래를 착수하고 또한 거래비용을 줄이기 위해서 화폐를 보유할 것이다. 학생 같은 경우에는 현금을 가지고 다녀야만 대학의 구내식당에서 점심을 사먹을 수 있을 것이다. 만약 현금을 가지고 다니지 않는다면, 점심때마다 돈을 예금해 놓은 은행으로 달려가야 할 것이다. 그러면 시간이 낭비되고, 이렇게 낭비되는 시간은 거래에 대한 기회비용이 될 것이다. 마찬가지 이유로 사람들은 은행에 예금형태로 화폐잔고를 보유한다. 예를 들어 집세를 내거나 장롱을 구입하는 거래를 원활히 하기 위해서이다. 만약 예금잔고를 전혀 가지지 않고 다른 금융자산—주식(예: POSCO 주식)이나 국공채—만을 가지고 있다면, 집세를 내거나 장롱을 구입할 때 증권회사에 가서 그 금융자산을 팔아야 하며 그 대금으로 집세나 장롱 값을 지불할 수밖에 없을 것이다. 이 경우에도 거래에 대한 기회비용이 발생한다. 그러므로 예금형태로 화폐를 보유함으로써 거래비용을 줄일 수 있게 되는 것이다. 이와 같이 개인이 거래를 위한 목적으로 보유하는 돈은 한 달 또는 매주마다 변동할 수 있다. 그러나 경제 내에서 한 사람의 지출은 다른 사람의 수입이 되므로 전제적으로 볼 때는 변동 폭이 그렇게 심하지 않을 것이다.

물론 기업들도 거래를 위해서 화폐를 보유한다. 특히 기업의 화폐보유액은 종업원들에게 임금을 지급하기 바로 하루 전에 가장 클 것이다. 당연히 임금이 지급된 직후에 가계의 화폐보유액은 최고치를 기록할 것이다. 그리고 가계가 소득을 지출함에 따라서 화폐보유액은 감소하고, 기업의 화폐보유액은 증가할 것이다.

둘째로 사람들은 미래의 예상치 못한 사건에 대비하여 화폐를 보유한다. 가령 장기 여행을 떠날 때 거래에 필요한 돈 이외에도 비상금조로 얼마를 더 가지고 가는 것이 보통인데, 이러한 비상금은 예비적 동기로 보유하는 화폐라고 할 수 있다.

셋째로 화폐는 미래에 주식이나 채권의 가치가 떨어질 것을 우려하여 보유되는 경우가 있다. 가령 주가가 일주일 후에 폭락할 것이라고 예측하면, 당연히 주식을 팔고 이를 현금화시킬 것이다. 이 경우 화폐는 주가가 떨어질 때까지만 일시적으로 보유되며, 다시 주식시장을 낙관적으로 전망하여 주식을 사게 되면, 이러한 이유로 보유한 화폐는 감소할 것이다. 이와 같이 자산가치의 증대를 목적으로 보유하려는 돈은 투기적 동기로 보유하는 화폐라고 한다.

투기적 동기로 보유하는 화폐는 이자율과 밀접히 연관되어 있다. 극단적으로 이자율이 0%라면 화폐를 그대로 보유할 것이며, 이자율이 높은 상황에서는 화폐를 보유하지 않을 것이다. 따라서 화폐수요와 이자율은 역의 관계를 가진다.

## 화폐의 공급

화폐의 공급은 누구에 의해서 이루어지는가? 물론 화폐의 정의에서 알 수 있듯이 화폐발행권이 있는 한국은행이라고 쉽게 대답할 수 있겠다. 그러나 통화공급의 과정은 독자들이 생각하는 대로 그렇게 단순하지만은 않은데, 이는 통화공급량의 크기는 한국은행뿐만 아니라 금융기관, 일반국민(가계와 기업), 정부 등 여러 경제주체에 의해서 영향을 받기 때문이다. 이에 대한 이유는 뒤에서 밝혀지겠으나, 시중은행은 통화창출능력을 가지고 있으며, 정부가 자금부족분을 단순히 중앙은행으로부터의 차입에 의존하느냐 아니면 공채를 발행하여 조달하느냐에 따라서 통화공급의 크기가 달라진다. 특히 중앙은행의 금융정책은 통화공급에 절대적인 영향을 미친다. 뿐만 아니라 민간이 통화를 현금통화로 보유하느냐 아니면 예금형태로 보유하느냐 하는 선택도 통화공급량에 영향을 미친다. 이하에서는 통화공급에 관한 내용이 자세히 다루어질 것이다.

## 화폐의 수요와 공급: 화폐시장의 균형

화폐시장의 균형은 화폐에 대한 수요와 공급이 일치할 때 이루어진다. 〈그림 18-3〉에서 보는 바와 같이 화폐에 대한 총수요곡선 $LL$과 화폐의 공급곡선 $M^*M^*$와의 교점에서 화폐시장의 균형이 이루어지며, 이때의 이자율수준 $i^*$를 균형이자율이라 한다.

이제 중앙은행이 화폐공급의 크기를 변화시켰을 때 균형이자율에 미치는 영향을 살펴보자. 화폐수요곡선이 $LL$로 주어졌을 때 $i^*$수준의 이자율에서 사람들이 화폐수요량과 화폐공급량이 일치되고 있었는데($E$점), 어떤 이유로 화폐공급량이 $M^*M_1$만큼 증가되었다면 $M^*M_1$만큼의 화폐공급초과가 발생되어 사람들은 그 초과현금으로 증권을 구입하게 될 것이다. 증권수요의 증가는 증권가격의 상승을 가져올 것이고 이에 따라 이자율이 하락됨으로써 사람들은 투기적 동기에서나 예비적 동기에서나 현금을 보다 많이 보유하려고 할 것이다. 그리하여 이자율이 마침내 $i_1$ 수준까지 하락되면 사람들이

**그림 18-3** 화폐시장의 균형

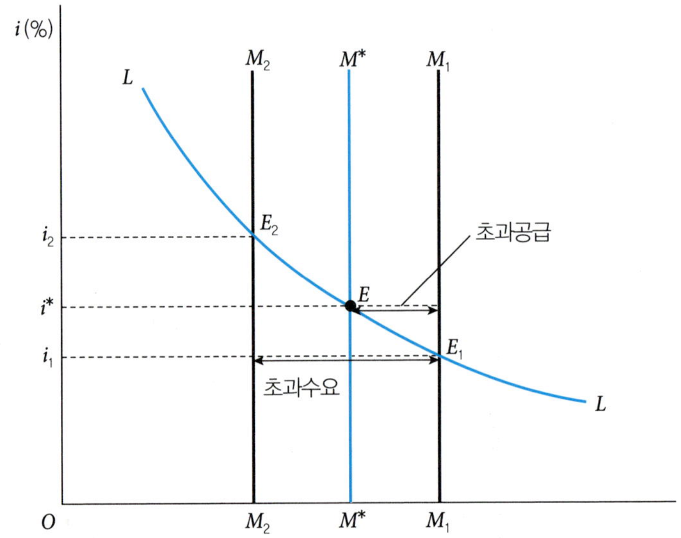

보유하려는 화폐의 양(화폐수요량)과 실제로 보유하고 있는 화폐의 양(통화량)은 일치될 것이다. 반대로 어떤 이유로 화폐공급량이 $M_1$에서 $M_2$로 $M_1M_2$만큼 감소된다면 $M_1M_2$만큼의 초과수요가 생기므로 사람들은 보유하고 있던 증권을 현금화시키려 할 것이고, 이것은 다시 증권가격의 하락—곧 이자율 상승—을 가져와 이자율이 $i_2$로 상승되어야만 비로소 화폐의 수급이 균형을 이루게 될 것이다. 요컨대 통화량의 증가(혹은 감소)는 이자율의 하락(혹은 상승)을 가져온다.

# 18.3 금융기관과 통화

## 한국의 금융기관

〈그림 18-4〉에서 보는 바와 같이 우리나라의 금융기관은 크게 예금취급기관과 기타 금융기관으로 구분된다. 예금취급기관은 다시 한국은행과 기타예금취급기관으로 나누어지며, 기타예금취급기관은 예금은행과 비은행금융기관으로 구분된다. '은행의 은행' 혹은 '정부의 은행'으로 불리는 중앙은행에 대해서는 뒤에서 살펴보기로 하고 여기서는 예금은행과 비은행금융기관에 대해서 알아보자.

### 예금은행

예금은행은 $M_1$과 직접 관련 있는 기관으로서, 우리나라의 예금은행은 〈그림 18-4〉에서 보는 바와 같이 시중은행, 지방은행, 그리고 특수은행으로 구성되어 있다. 이들은 공통적으로 은행법의 적용을 받는다. 시중은행은 주로 단기대출업무를 주로 해 왔으나, 1961년 이후 정부의 통제가 점차 강화되면서 장기대출도 취급하게 되는 한편, 정부의 정책목적상 우선적으로 자금배당이 필요하다고 인정한 사업들에 대한 정책금융을 광범위하게 취급하게 되었다. 최근에는 금융통화위원회의 허가를 얻어 신용카드, 팩토링, 증권, 보험 등 다양한 업무를 수행하고 있다.

특수은행은 일반은행이 영리성만을 추구하여 자금을 공급할 때 소홀히 취급되는 부문을 지원하기 위해서 설립된 금융기관이다. 우리나라에는 중소기업을 위한 기업은행, 농민을 위한 농협, 그리도 어민을 위한 수협이 등 3개의 특수은행이 있다. 따라서 특수은행은 공익을 위하여 설립된 은행이다. 그러나 최근에 와서는 재원조달의 어려움으로 일반예금을 취급하는 등 일반은행화하는 경향을 보이고 있다. 단지 일반은행과 다른 점은 정부의 직접적인 감독을 받으며, 운영자금의 대부분이 정부출자에 의존하고, 해당 특정분야에 대출이 집중된다는 것이다.

**그림 18-4 우리나라의 금융기관(2022년 현재)**

| | | | |
|---|---|---|---|
| 예금취급기관 | 중앙은행 | 한국은행 | |
| | | 외국환평형기금 | |
| | 기타예금취급기관 | 예금은행 | 시중은행, 지방은행, 외국은행 국내지점, 특수은행 |
| | | 수출입은행 | |
| | | 종합금융회사 | 은행 및 증권사 종금계정 포함 |
| | | 자산운용회사 투자신탁계정 | |
| | | 신탁회사 | 은행, 증권사 및 보험사 신탁계정 포함 |
| | | 상호저축은행 | |
| | | 신용협동기구 | 상호금융, 새마을금고, 신용협동조합 |
| | | 우체국예금계정 | |
| | | 증권사 CMA계정 | |
| 기타금융기관 | 보험회사 및 연금기금 | 보험회사 | 생명보험회사, 손해보험회사 등 |
| | | 연금기금 | 공무원연금, 군인연금, 사립학교교원연금, 대한교원공제회 등 |
| | 기타금융중개기관 | 증권기관 | 증권금융회사, 증권회사 |
| | | 투자회사 | 뮤추얼펀드 |
| | | 여신전문금융기관 | 리스회사, 신용카드회사, 신기술금융사, 할부금융회사 등 |
| | | 유동화전문기관 | 유동화전문회사, 주택저당채권유동화회사 |
| | | 공적금융기관 등 | 국민주택기금, 국민투자기금 등 |
| | 금융보조기관 | 자산관리공사 등 | 자산관리공사, 자금중개회사, 선물회사, 신용보증기관, 신용평가회사 등 |

* IMF의 통화금융통계 매뉴얼에서 제시하는 금융기관 분류체계 기준

### 비은행금융기관

1980년대부터 우리나라의 금융시장에는 은행법의 적용을 받지 않는, 따라서 엄격한 의미에서 은행시스템에는 포함되지 않는 신용협동조합, 생명보험회사 등 각종 금융기관들이 설립되어 왔다. 이러한 금융기관들을 은행시스템 내의 금융기관과 구분하기 위하여 비은행금융기관이라고 부른다.

우리나라의 비은행금융기관으로는 〈그림 18-4〉에서 보는 바와 같이 저축기관(상호신용금고, 신용협동조합), 투자회사(종합금융회사, 증권금융회사, 투자신탁회사), 보험회사 등이 있다. 이들은 고유 업무 이외에도 예금을 취급하고 있다.

〈그림 18-5〉에서 보는 바와 같이 2020년 현재 우리나라 비은행금융기관들의 수신액은 은행예금기관의 수신액에 비하여 더 큰 비중을 차지하고 있다.

**그림 18-5** 비은행금융기관의 상대적 위치(수신액 기준)

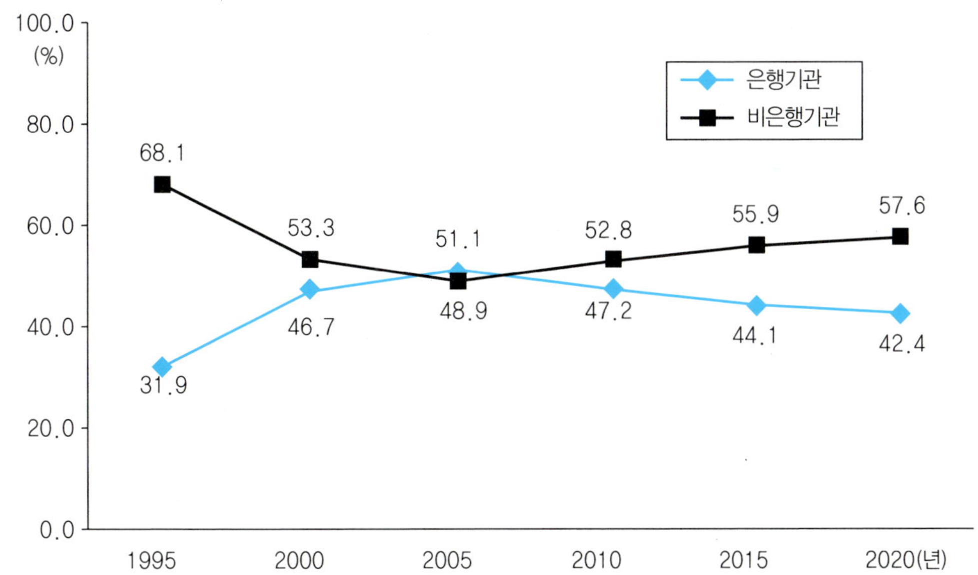


주: 비은행금융기관에는 종합금융회사, 자산운용회사, 신탁회사, 상호저축은행, 신용협동조합, 상호금융, 새마을금고, 생명보험 등이 포함된다.
자료: 한국은행

## 일반은행의 신용창조

국민은행, 신한은행, 전북은행 등과 같은 일반은행(commercial bank) 혹은 예금은행은 한국은행처럼 돈을 찍을 수는 없지만 통화를 창조해 낼 수 있다. 이러한 일반은행의 통화창출은 은행이 어떤 일을 할 때 일어나는가? 예금을 받을 때인가 아니면 대출할 때인가? 결론부터 말하자면 은행의 통화창출은 대출을 해주는 과정에서 가능하게 된다. 대출금이 예금통화 혹은 민간보유현금으로 바뀌면서, $M_1$의 일부가 되기 때문이다.

구체적인 예를 통해서 이 과정을 살펴보자. 독자가 다니고 있는 대학 구내에 대학은행이 설립되었다고 하자. 대학은행이 업무를 시작하자마자, 독자(민간)는 가지고 있던 100만원을 보통예금으로 은행에 예금하였다고 하자. 이는 통화($M_1$)의 '구성'만 바꿀 뿐 통화의 '크기'에는 아무런 영향도 미치지 못한다. 즉 민간보유현금통화 100만원이 감소하고 예금통화 100만원이 증가하면서 통화의 '양'은 종전과 마찬가지이다.

이제 대학방송국에서 최첨단 방송기자재를 사기 위해 대학은행에서 100만원을 대출 받기로 했다고 하자. 그러면 대학은행은 대학방송국의 신용상태를 점검한 후, 차용증서를 받고 대출을 해줄 것이다. 이 때 대학은행이 대학방송국의 보통예금통장으로 100만원을 넣어 준다면 대학은행은 보유현금의 감소 없이 대출해준 셈이 된다. 대학은행으로서는 수익자산인 차용증서를 얻는 대신 요구불예금을 창조하였으며, 대학방송국으로서는 차용증서를 주고 대신 받은 요구불예금을 토대로 기자재를 살 수 있을 것이다. 물론 대학은행이 대학방송국에게 대출금을 현금으로 지불했다면 은행이 보유하고 있던 현금 100만원이 줄고, 민간보유현금통화가 100만원 늘어나게 될 것이다.

지금까지의 과정이 단순하게 보일지는 모르나, 자세히 살펴보면 놀라운 사실을 발견하게 된다. 즉 대학은행의 대출이 이루어진 후 전에 없던 신용이 창출된 것이다. 대학방송국이 대학은행에게 준 것은 화폐로 통용될 수 없는 차용증서였지만 대학방송국이 받은 것은 현금으로 바꾸거나 화폐로 직접 통용될 수 있는 요구불예금인 것이다. 요컨대 대학은행은 대출을 통하여 종이쪽지에 불과한 차용증서를 '화폐화'(monetarization) 한 것이다.

### 법정지급준비금 제도

그러면 대학은행은 차용증서를 가져오는 모든 고객에게 무한정 돈을 대출해 줌으로써 통화를 창출할 수 있는가? 물론 그렇지는 않다. 은행의 대출활동에는 제약이 따르게 되는데, 중앙은행(한국은행)이 일반은행으로 하여금 의무적으로 예금잔액의 일정한 비율을 지급준비금으로 중앙은행에 예치하거나, 그들의 금고에 시재금으로 보관하도록 하고 있다. 이를 필요지급준비금(required reserve) 또는 법정지급준비금(legal reserve)이라고 부른다. 법정지급준비금제도는 일반은행이 보유현금의 부족으로 예금자의 인출 요구에 응할 수 없게 되는 사태를 미연에 방지하기 위해 강구된 제도로서 은행의 대출 능력을 직접적으로 제한한다.

위의 예에서 한국은행이 대학은행에 75%의 법정지급준비율을 부과한다고 하자. 대학방송국에 100만원을 대출한 후에 예금액은 200만원(독자의 예금 100만원 + 대학방송국의 통장에 들어 있는 100만원)으로 증가하고, 100만원은 현금으로 계속 보유하고 있을 것이다. 이 상황은 대학은행의 대차대조표에 다음과 같이 나타난다.

| 자산 | 대학은행 | | 부채 |
|---|---|---|---|
| 지급준비금 | 100만원 | 예금(독자) | 100만원 |
| 대출금 | 100만원 | 예금(대학방송국) | 100만원 |

따라서 법정지급준비금은 150만원이 된다. 즉,

$$\begin{aligned}\text{법정지급준비금} &= \text{법정지급준비율} \times \text{총예금액} \\ &= 0.75 \times 200\text{만원} \\ &= 150\text{만원}\end{aligned}$$

그런데 대학은행은 100만원밖에 지급준비금을 보유하지 않고 있으므로, 대학은행이 대학방송국에 100만원을 대출해 준 것은 법정지급준비금제도를 위반한 셈이 된다. 다시 말해서 대학은행이 법정지급준비율을 준수하기 위해서는 100만원보다 적게 대출해 주었어야 했다. 여기서 우리는 법정지급준비금제도가 통화창조의 가능성을 직접 제한하고 있음을 알 수 있다.

대부분의 은행들은 한국은행에서 정한 법정지급준비금을 초과하여 지급준비금을 보유하는 것이 보통이다. 이와 같이 법정지급준비금을 초과하여 보유하고 있는 지급준비금을 초과지급준비금(excess reserve)라고 한다. 즉

$$\text{초과지급준비금} = \text{총(또는 실제) 지급준비금} - \text{법정지급준비금}$$

대학은행은 독자가 예금한 100만원을 가지고 있고, 법정지급준비율이 여전히 75%라고 하자. 다만 대학은행이 대학방송국에 법정지급준비금을 의식하여 20만원만 대출해 주었다고 하자. 그러면 요구불예금은 120만원이 되는데, 이 중 100만원은 독자가 예금했던 돈이고 나머지 20만원은 대출 시에 은행에 의해서 창출된 것이다. 따라서 법정지급

준비금과 초과지급준비금은 각각 다음과 같이 계산된다.

$$\text{법정지급준비금} = 0.75 \times 120\text{만원} = 90\text{만원}$$

$$\text{초과지급준비금} = 100\text{만원} - 90\text{만원} = 10\text{만원}$$

대학은행의 이러한 영업활동이 아래의 대차대조표에 요약되어 있다.

| 자산 | 대학은행 | | 부채 |
|---|---|---|---|
| 지급준비금(현금) | 90만원 | 예금(독자) | 100만원 |
| 초과지급준비금 | 10만원 | 예금(대학방송국) | 20만원 |
| 대출금 | 20만원 | | |

이상에서 우리는 대학은행이 대출능력을 모두 활용하지 않고 있음을 알 수 있다. 즉 10만원이 초과지급준비금으로 남아 있으며, 이는 대출 가능한 자금이 된다. 만약 대학은행이 초과지급준비금을 추가로 더 대출해 준다면 통화공급량은 그만큼 더 증가하게 될 것이다. 요컨대 은행의 초과지급준비금이 통화창조의 원천이 된다.

### 통화승수

이상에서 우리는 대학은행이라는 개별은행의 통화(신용)창조에 대해서 공부하였다. 그러나 국민경제 내에는 많은 은행들이 존재하므로 사실 통화창조의 과정은 여기서 끝나는 것은 아니다.

위에서 들었던 예를 계속 활용해 보자. 위의 대차대조표에서 본 바와 같이 대학은행은 초과지준금 10만원을 대출해 줄 수 있을 것이다. 이 돈을 갑이라는 학생이 대학은행으로부터 대출을 받는다면, 초과지급준비금은 고갈될 것이다. 그러나 이 돈은 국민경제 내에서 사라지지 않는다. 일단 갑이 10만원을 지출하게 되면 어느 누군가가 이 돈을 받을 것이고, 이것을 자신의 주거래은행—A은행이라고 하자—에 전부 예금한다면, A은행은 새로운 예금액 10만원을 받아들인 결과, 같은 금액만큼의 새로운 지급준비금을 가지게 된다. 이에 따라 A은행은 법정지급준비율 75%에 해당하는 7.5만원을 제외한 2.5만원이라는 새로운 초과지급준비금을 갖게 되어, 그만큼 A은행의 신규대출능력이 커지게 되는 것이다. A은행도 수익을 얻기 위하여 2.5만원 모두를 기업이나 가계에 대출해 준다면, 그만큼 통화가 증가하게 된다. 이 돈을 대출 받은 사람이 다시 B은행에 전부 예금한다면 B은행의 초과지급준비금이 0.63만원만큼(2.5 − 2.5 × 0.75) 증가되며, 이를 전부 대출해 주게 되면 그만큼 통화가 증가한다. 〈그림 18−6〉은 이상의 과정을

**그림 18-6 은행조직 전체의 통화창조(지급준비율 75%)**

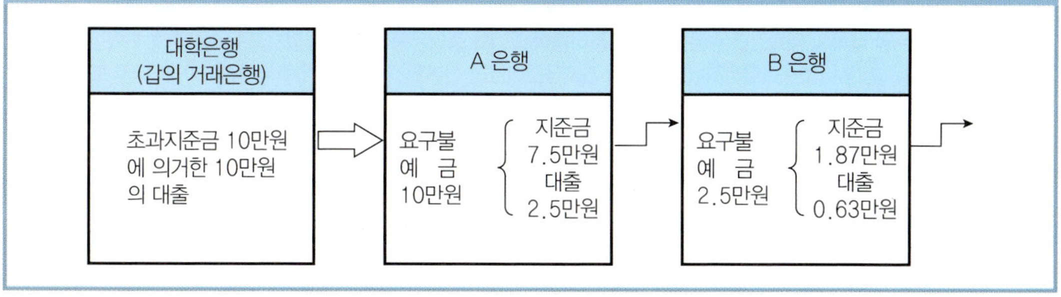


잘 요약해 주고 있다. 즉 대학은행, A은행, B은행 등 3개 은행에 의해서 창조된 통화는

$$10\text{만원} + 2.5\text{만원} + 0.63\text{만원} = 13.13\text{만원}$$

이 된다. 그리고 이후에도 통화창조과정은 계속될 것이다. 만일 은행조직 내에 은행들이 무수히 많고, 각 은행들이 초과지준금 전부를 즉시 지출하며, 대출된 돈이 상거래과정을 거쳐 모두 다른 은행에 요구불예금으로 예금된다면 통화는 계속 창출될 것이다. 이러한 통화창조과정은 제16장에서 공부한 지출(투자)승수와 마찬가지의 결과를 가져다 줄 것이다.[2] 이 경우의 승수를 통화승수(money multiplier)라고 하며, 법정지급준비율의 역수가 된다. 즉

$$\begin{aligned}\text{통화승수} &= 1 \,/\, \text{법정지급준비율}\\ &= 1 \,/\, 0.75\\ &= 1.33\end{aligned}$$

따라서 통화창조가능액은 다음과 같이 계산된다.

$$\begin{aligned}\text{통화창출가능액} &= \text{은행의 초과지준금} \times \text{통화승수}\\ &= 10\text{만원} \times 1.33\\ &= 13.3\text{만원}\end{aligned}$$

2) 통화승수의 원리와 지출(투자)승수의 원리는 유사하다. 지출승수란 한 가계의 지출이 다른 가계의 소득으로 다시 유입된다는 사실에 기초를 둔 것이며, 통화승수란 한 은행이 잃은 지급준비금 및 예금을 다른 은행이 획득한다는 점에 근거를 둔 것이다. 원리는 같은 것이지만 하나는 소득과 관련되고 다른 하나는 화폐와 관련되어 있다는 것만 다르다. 따라서 지출승수가 지출의 흐름에서 유출되는 저축을 말해 주는 *MPS*의 역수에 의해서 결정되는 것처럼 예금승수는 대출과정에서 지급준비금으로 유출되는 금액을 말해 주는 법정지급준비율의 역수에 의해 결정된다.

## 더 알아보기 현실 속의 은행신용창조

이상에서 우리는 한 나라의 통화공급은 은행의 지급준비금의 크기와 중앙은행이 정한 법정지급준비율에 크게 의존하고 있음을 알 수 있다. 그러나 이는 어디까지나 은행이 초과지급준비금의 전부를 대출하고 가계나 기업이 이를 다시 모두 은행에 예금한다는 다소 비현실적인 가정에서 도출된 것이며, 실제로 통화공급은 중앙은행뿐만 아니라 은행, 가계, 그리고 기업에 의해서도 영향을 받는다.

첫째, 가계나 기업이 수표보다 현금사용을 선호하게 되면 통화창조의 규모는 위에서 설명한 것보다 작게 된다. 우리는 은행조직 전체의 통화창조과정을 설명하면서 은행으로부터 대출 받은 가계나 기업이 대출액 전액에 대해서 수표를 발행하고 수표를 받은 사람은 그것을 다른 은행에 전액 예금한다고 가정하였다. 그러나 현실생활에서는 현금사용이 중요한 비중을 차지하며, 이에 따라 대출자가 대출금의 일부 또는 전부를 현금으로 요구할지도 모른다. 만약 위의 예에서 대학은행으로부터 10만원을 대출 받은 갑이라는 학생이 전액을 현금으로 인출하여 다른 은행에 예금하지 않으면 통화창조의 과정은 대학은행에서 끝나게 될 것이다.

둘째, 가계나 기업이 은행이 빌려 주려고 하는 모든 돈을 빌리려고 하지 않는다면 통화창조가능성은 그만큼 줄어 들게 될 것이다. 극단적인 예로 어느 누구도 은행이 보유하고 있는 초과지급준비금을 빌리려 하지 않는다면, 통화창조의 과정 자체가 시작되지도 않을 것이다.

셋째, 은행이 법정지급준비금보다 많은 지급준비금, 즉 초과지급준비금을 유지하려고 한다면, 은행조직 전체의 신용창조액은 우리가 계산한 것보다는 작아지게 될 것이다. 우리의 예에서는 초과지불준비금이 생길 경우 은행은 얼마든지 대출할 수 있고, 고객은 그것을 기꺼이 대출 받으려고 한다는 것을 전제로 했다. 그러나 실제로 은행은 뜻하지 않은 거액의 인출에 대비하기 위하여 여분의 지급준비금을 보유하는 것이 일반적이다. 즉 고객의 모든 요구에 응해줄 수 없다는 것이다. 이의 대표적인 예를 1930년대 세계적인 공황에서 찾아볼 수 있다. 당시 미국은행들은 은행파산을 두려워한 나머지 위험성이 높은 대출이나 채권과 같은 자산을 보유하기보다는 유동성이 확실한 초과지급준비금을 보유하고 있었다. "말을 물가로 끌고 갈 수는 있지만 말에게 물을 먹일 수는 없다"라는 속담처럼 중앙은행이 법정지급준비율을 낮추어 은행의 대출능력을 증대시켜줄 수는 있지만 실제로 은행으로 하여금 대출계약을 성립시키게 하여 통화량을 증가시킬 수는 없는 것이다. 〈그림 18-7〉에는 최근 우리나라 예금은행의 초과지준금 보유 추이가 나타나 있다.

**그림 18-7 예금은행의 초과지준금 보유 추이**

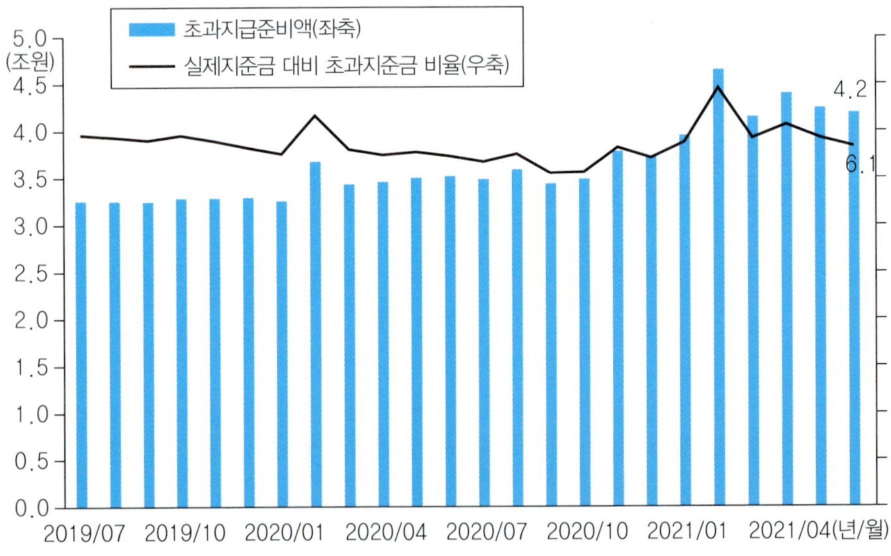


자료: 한국은행

**그림 18-8** 예금은행 금융대출 중 가계대출의 비중 추이

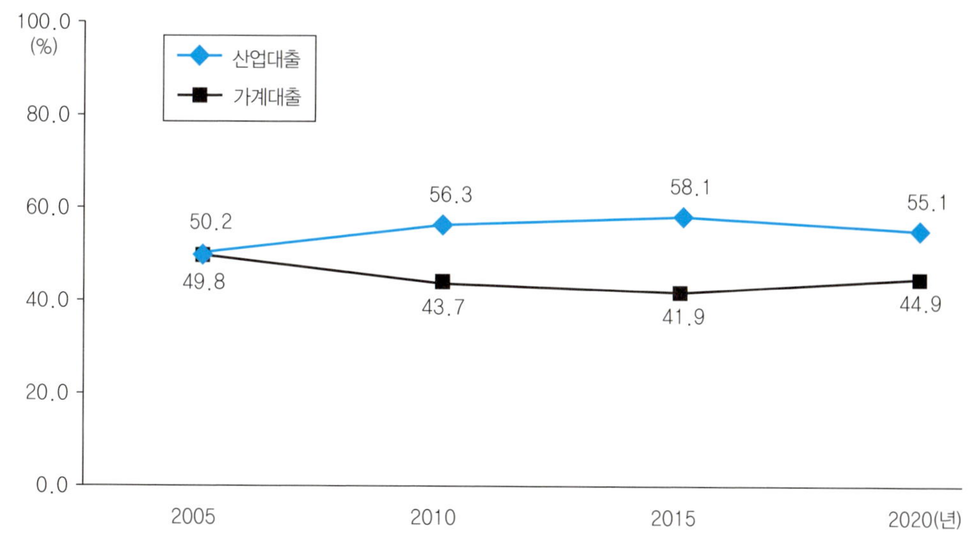


자료: 한국은행

그림에서 보는 바와 같이 실제지불준비금(현금 + 한국은행 예치금)에서 법정지불준비금을 뺀 초과지불준비금이 실제지불준비금에서 차지하는 비중이 2021년 6월 현재 6.1%로 나타나고 있다.

그렇다면 예금은행은 어떤 용도로 대출을 하고 있는가? 예금은행의 금융대출 중 가계대출이 차지하는 비중이 1995년에는 25%에 불과하였으나, 〈그림 18-8〉에서 보는 바와 같이 2005년에는 50%로 증가하였다. 이는 그간 기업들이 투자를 꺼려한데다가 은행들도 기업대출보다는 위험도가 낮은 가계대출(주로 부동산담보 가계대출)을 선호한 데 따른 것이다. 다시 산업대출의 비중이 커지고 있으나, 2020년 현재 가계대출의 비중은 여전히 높은 44.9%를 기록하고 있다.

즉, 대학은행이 최초 10만원을 대출해 주고, 통화승수과정의 각 단계에서 모든 은행들이 초과지준금의 전부를 대출해 준다면, 은행조직 전체적으로는 13.3만원의 추가적인 통화창조가 가능하게 된다.

## 비은행금융기관과 통화

앞에서 설명한 바와 같이 비통화금융기관은 여수신 업무에 있어서는 은행과 거의 같은 역할을 하지만 요구불예금을 취급하지 못하기 때문에 예금통화를 창출할 수 없다. 그러나 비은행금융기관이 축적한 저축을 기업이나 기타 자금사용자에게 대출하는 과정에서 공급되는 신용이 예금은행의 신용에 첨가되어 전체 금융시스템의 총신용 공급량을 증가시키게 된다. 예를 들어, 갑이라는 사람이 예금이자율의 차이에 자극을 받아 예

금은행인 A은행에 있는 예금을 수표로 인출하여 을이라는 상호신용금고에 예입(요구불예금의 형태가 아님)한다고 하자. 이 상호신용금고가 이를 다시 거래은행인 B은행에 있는 자기의 요구불예금 계정에 예입하게 되면 예금소유자만 변동되었을 뿐, 은행 전체의 예금채무액은 불변이다. 그러나 전에 없었던 상호신용금고의 채무만이 증가된 셈이므로 금융제도 전체로서의 예금채무액은 그만큼 증가하게 된다. 이와 같이 상호신용금고가 이들의 지불준비금을 은행예금의 형태로 가지고 있는 한, B은행에 예입한 자금을 대출이나 자산에 사용한다 하더라도 은행제도의 지불준비액은 불변이므로 은행의 대출에는 별다른 영향을 미치지 못한다. 따라서 상호신용금고에 의한 대출활동은 민간에 대한 신용공여액의 순증가분이 되는 셈이다.

이와 같이 금융중개기관의 대출활동이 신용공급액에 영향을 미치게 되므로 일부 경제학자들은 중앙은행이 의도하는 통화관리정책이 본래의 목적대로 수행되지 않을 가능성이 크다고 주장한다. 예를 들면, 경기가 급등하여 중앙은행이 긴축적인 통화관리정책을 편다 할지라도 금융중개기관이 경기호황하에서 상승하는 이자율에 자극되어 더욱 열정적이고 효율적으로 저축자들로부터 자금을 흡수하여 사용자들에게 대출하기 위해 노력하고, 또 그들의 활동이 성공적이라면, 통화의 유통속도가 증가하게 되어 중앙은행이 의도하는 긴축적 통화정책의 목적을 저해하게 될 것이다. 이러한 이유로 어떤 사람들은 효과적인 통화관리정책을 수행하기 위해서는 금융당국이 이들 금융중개기관들의 여수신활동에 대한 효과적인 조절수단을 보유해야 한다고 주장하고 있다.

## 18.4 중앙은행과 금융정책

### 금융정책이란

통화량이 산출량이나 물가에 미치는 영향에 대해서는 경제정책담당자나 경제학자마다 견해가 다를 수 있다. 통화의 경제에 대한 영향력을 과대평가하는 사람들은 통화량이 경제변동의 모두를 설명하는 것처럼 말하기도 한다. 우리나라의 경우에도 실제로 시중에 풀린 돈이 정부가 관리하는 목표통화량 수준을 넘어서기만 하면 물가급등과 경기과열을 우려하는 목소리가 높아진다. 반대로 투자지출의 변동, 임금상승, 생산성 등 비통화요인을 경기변동의 주요 요인으로 보는 입장도 있다. 이와 같이 여러 가지 주장이 가능하지만, 분명한 사실은 통화가 경제불안정의 중요한 요인이 된다는 것이다. 즉 다른 사정이 동일한 한, 통화량의 증가는 총지출의 증가를 가져올 것이고, 이것은 다시 생산 능력이 한계점에 도달해 있을 경우 물가상승으로 나타날 것이다.

우리나라의 경우에도 〈그림 18-9〉를 통해 통화와 물가는 밀접하게 연관되어 있음을 알 수 있다. 그림에서 보는 바와 같이 1965~2020년 기간 우리나라의 소비자물가는 통화발행액과 함께 움직여 왔음을 알 수 있다. 약간의 시차는 있지만 통화발행액의 증가율이 컸을 때에는 소비자물가의 상승률이 컸으며, 통화발행액의 증가율이 작을 때에는 소비자물가의 상승률 역시 작게 나타나고 있다. 전체 추세를 보더라도 통화발행과 소비자물가는 같은 움직임을 보이고 있다.

이와 같이 통화는 물가와 밀접하게 연관되어 있으므로 국민경제의 통화량은 적절하게 관리되어야 하며, 중앙은행이 '은행의 은행'으로서 화폐 및 은행제도를 감독하고 규제하게 되는 것이다. 중앙은행은 이윤극대화를 추구하는 일반은행과 달리 공공의 이익을 우선으로 하여 통화에 관한 정책방향을 결정하고 수행하는데, 이를 금융정책(monetary policy)이라고 한다. 그러면 금융정책의 목표는 무엇인가? 금융정책의 목표는 한 나라의 경제가 인플레이션 없는 완전고용을 달성할 수 있도록 유도하는 것이라

**그림 18-9** 화폐발행액과 소비자물가지수의 변동 추세(1965~2020년)

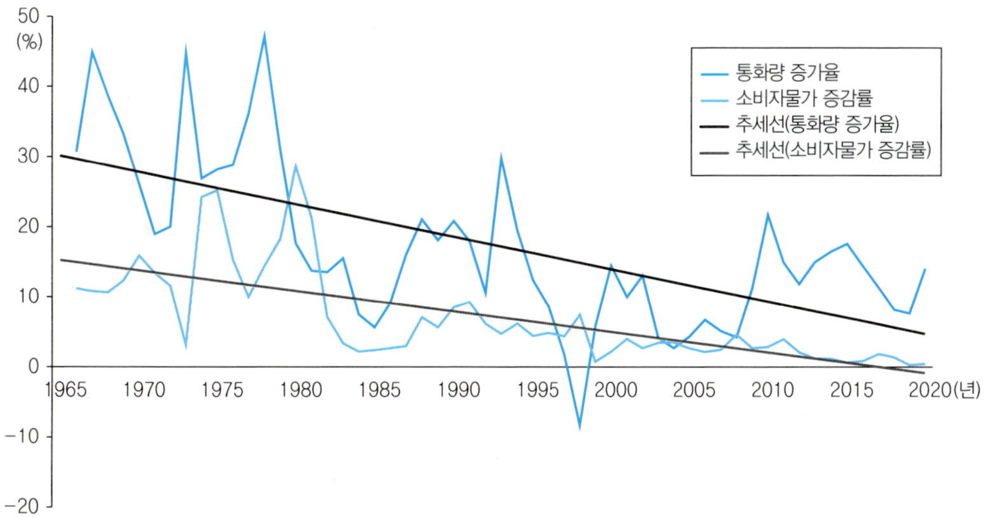


자료: 통계청

## 더 알아보기 통화량과 인플레이션: 하이퍼인플레이션

통화량과 물가상승의 관계를 보여주는 극명한 예가 제1차 세계대전 후 독일과 헝가리에서 발생했던 하이퍼인플레이션(hyper-inflation)이다. 하이퍼인플레이션은 한 달에 50% 이상—연간으로는 100배 이상—물가가 상승하는 현상을 말한다.

〈그림 18-10〉 (a)와 (b)에서 보는 바와 같이 물가의 상승속도*는 통화량의 상승속도와 거의 일치하고 있다. 즉 통화량의 증가속도가 빠르면, 물가의 상승속도도 빠르게 나타난다. 특히 독일의 경우에는 1919년 12월에 500억 마르크가 유통되고 있었으나, 4년이 지난 1923년에는 통화량이 무려 49,658,534,590백억 마르크라는 천문학적인 숫자로 팽창된 결과 1923년 마르크화의 가치는 거의 휴지에 불과했던 것으로 알려지고 있다.

**그림 18-10 통화량과 물가**

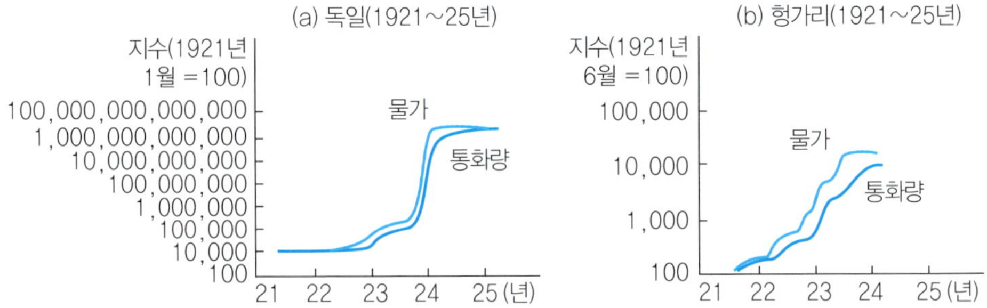


자료: Mankiw, N. G., *Principles of Economics*, The Dryden Press, 1997.

* 통화량과 물가의 변화속도를 보여주기 위해서 종축의 값에 로그를 취했다. 따라서 종축의 길이는 통화량과 물가의 %변화를 보여준다.

**경제원리 #8**

인플레이션은 정부가 통화를 '너무 많이' 공급할 때 발생한다. 정부가 과다하게 통화를 공급하면, 화폐의 가치가 하락한다. 결과적으로 물가는 오르고 상품을 구매하기 위하여 더 많은 화폐가 필요하게 되는 것이다.

고 정의 내릴 수 있다. 금융정책은 국민경제의 총산출량, 고용수준 및 물가를 안정시키기 위해서 통화공급량을 조절하는 것으로, 경제가 불경기상태에 있다면 총수요를 부추기기 위하여 중앙은행이 통화공급을 증가시키고, 반대로 경제가 과열상태에 있다면 중앙은행이 통화공급을 감소시키는 일련의 과정이다. 이러한 통화공급의 증감은 총수요곡선의 이동으로 나타날 것이다. 그러나 통화당국인 중앙은행의 잘못된 통화관리도 경제불안정의 직접적 원인이 될 수 있음도 염두에 두어야 한다.

## 금융정책의 수단

우리는 앞에서 중앙은행뿐만 아니라 은행, 가계, 그리고 기업 등도 통화공급에 영향을 미칠 수 있다고 배웠다. 그러나 중앙은행인 한국은행이 현금통화의 유일한 공급원일 뿐 아니라 예금통화와 관련하여서도 예금은행의 법정지급준비율을 결정하므로 한국은행이 우리나라의 통화공급의 '크기'를 결정한다고 해도 과언이 아닐 것이다.[3)]

통화량의 변화가 총수요곡선의 이동을 가져와, 국민경제의 산출량, 고용 및 물가에 영향을 미칠 수 있다면, 중앙은행은 어떻게 통화량을 조절할 수 있는가? 다시 말해서 중앙은행이 예금은행의 초과지급준비금의 크기를 변경시키기 위해서 어떠한 정책수단을 동원할 수 있는가? 우선 우리가 위에서 배운 것을 토대로 생각해 볼 수 있는 것으로, 법정지급준비율을 변경시키는 방법이 있다. 이 외에도 재할인율의 조정, 공개시장조작 등이 있다.

### 지급준비율의 변경

한국은행은 법정지급준비율을 변경시킴으로써 은행의 대출능력을 직접 변화시켜 통화량에 영향을 미칠 수 있다. 만약 한국은행이 금융긴축을 의도한다면 법정지급준비율을 높이면 되는데, 이 경우 일반은행의 '초과'지급준비금이 '법정'지급준비금으로 전환되어 통화창조가능액이 줄어 들게 된다.

간단한 예를 들어보기로 하자. 어느 은행의 실제지급준비금이 5억원이고 요구불예금이 20억원 들어와 있다고 하자. 법정지급준비율이 10%라면 이 은행의 필요지급준비금은 2억원이 된다. 그런데 실제 지급준비금은 5억원이므로 이 은행의 초과지급준비금은 3억원이 된다. 이 은행은 3억원의 초과지급준비금을 대출할 수 있고, 은행조직 전체로서는 최고 30억원까지 새로운 통화를 창출할 수 있다. 즉

$$\begin{aligned}\text{초과지급준비금} &= \text{실제지급준비금} - \text{법정지급준비금} \\ &= \text{실제지급준비금} - \text{지준율} \times \text{요구불예금} \\ &= 5\text{억원} - 0.1 \times 20\text{억원} \\ &= 3\text{억원}\end{aligned}$$

3) 한국은행은 금융정책 이외에도 정부와 은행으로부터 예금을 받고 이들의 필요에 따라 대출해 주기도 하며, 외화를 관리하고 외국금융기관에 대해서도 예금 및 대출기능을 수행한다.

$$\begin{aligned}\text{통화창조가능액} &= \text{초과지급준비금} \times \text{통화승수} \\ &= \text{3억원} \times 1 / 0.1 \\ &= \text{30억원}\end{aligned}$$

이제 중앙은행이 법정지급준비율을 원래 10%에서 20%로 인상했다고 하자. 그러면 통화창조가능성은 30억원에서 5억으로 크게 위축될 것이다. 즉

$$\begin{aligned}\text{초과지급준비금} &= \text{실제지급준비금} - \text{법정지급준비금} \\ &= \text{실제지급준비금} - \text{지준율} \times \text{요구불예금} \\ &= \text{5억원} - 0.2 \times \text{20억원} \\ &= \text{1억원}\end{aligned}$$

$$\begin{aligned}\text{통화창조가능액} &= \text{초과지급준비금} \times \text{통화승수} \\ &= \text{1억원} \times 1 / 0.2 \\ &= \text{5억원}\end{aligned}$$

우리는 이상에서 법정지급준비율의 변경이 은행조직 전체의 통화창조능력에 두 가지 면에서 영향을 미치고 있음을 알 수 있다. 하나는 초과지준금 자체에 영향을 미치는 것이고 다른 하나는 통화승수를 변화시킨다는 것이다. 위의 예에서 법정지급준비율이 10%에서 20%로 증가한 결과, 먼저 은행의 초과지급준비금이 3억원에서 1억원으로 줄어들고, 그 다음으로 통화승수가 10에서 5로 감소하게 된다. 결국 은행 전체의 통화창조가능성이 종전의 30억원에서 5억원으로 위축된 것은 (1) 초과지급준비금의 크기와 (2) 통화승수의 값이 모두 감소했기 때문인 것이다.

이와 같은 법정지급준비율 정책은 뒤에서 소개되는 공개시장조작이나 재할인율정책과 같이 은행이 보유하고 있는 초과지급준비금을 간접적으로 변경시키려는 것이 아니라 직접적으로 변경시키는 매우 강력한 정책수단이다. 우리나라에서는 1965년 이후 지금까지 지급준비율정책이 가장 중요한 통화정책수단으로 이용되고 있다. 요구불예금에 대한 법정지급준비율은 〈그림 18-11〉에서 보는 바와 같이 1978년 이후 27%의 고율을 유지하다가 1980년대에는 4% 정도를 유지하였고, 다시 1990년대에 10%로 높아졌다가 2000년대 중반부터 7% 선을 유지하고 있다.

그림 18-11 법정지급준비율의 변동추이

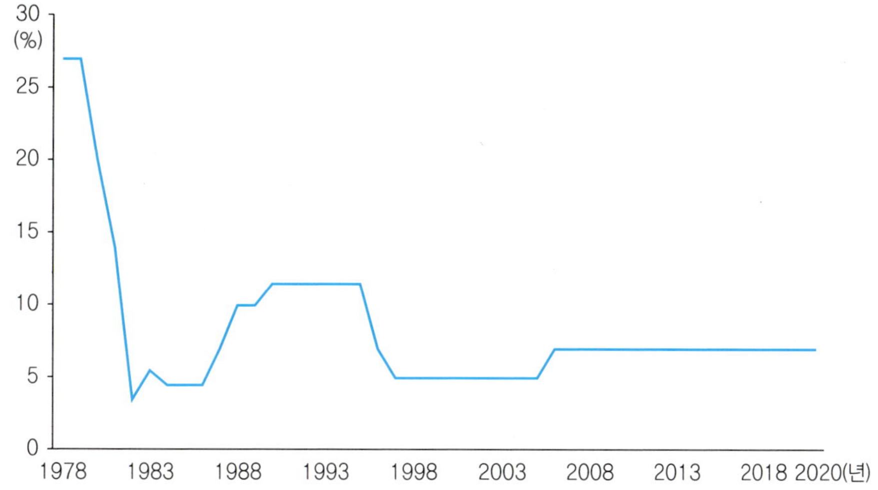


자료: 한국은행

### 재할인율의 변경

영리 추구를 목적으로 하는 일반은행들은 법정지급준비율을 위반하지 않는 범위 내에서 지급준비금을 유지하려고 할 것이다. 은행이 보유하는 지급준비금은 이자수익이 없지만 대출금이나 증권은 수익을 가져다주기 때문이다. 이와 같이 은행이 최소한의 초과지급준비금을 유지하려고 한다면, 은행은 항상 법정지급준비율을 위반할 위험도 감수해야 한다. 그런데 만약 은행이 추가적인 자금원을 확보할 수 있다면 초과지급준비금의 최소보유전략이 가능하게 된다.

이러한 추가적인 자금원 중의 하나가 중앙은행으로부터의 차입이다. 다시 말해서 '은행의 은행'으로서 중앙은행은 일반은행에게 대출을 해준다. 일반은행이 중앙은행으로부터 차입을 할 경우 일반은행은 차용증서를 발행하거나, 혹은 민간대출에 대한 유가증권으로 보유하고 있던 약속어음을 담보로 제공한다. 이때 중앙은행은 일반은행이 대출시 대출이자를 요구하는 것처럼 일반은행에 대한 대출에 대하여 이자를 요구하게 되는데, 이때 적용하는 이자율을 재할인율(rediscount rate)이라 한다. 바로 이 재할인율을 변경시킴으로써 중앙은행은 은행의 초과지급준비금에 변화를 주어 통화량을 조정할 수 있다.

이제 일반은행이 차용증서를 발행하고 중앙은행으로부터 자금을 차입했다고 하자.

중앙은행으로부터의 차입에 대해서는 은행이 법정지급준비금을 보유할 필요가 없으므로 차입금액 전액이 초과지급준비금이 된다. 은행의 입장에서 보면, 재할인율은 지급준비금을 증가시키는 데 드는 비용이기 때문에 재할인율의 인하는 중앙은행으로부터 새로운 지급준비금을 획득할 수 있게 함으로써 상대적으로 낮은 이자율로 민간에게 대출할 수 있게 하여 통화팽창을 가져오게 된다. 반대로 재할인율이 높아지게 되면 중앙은행으로부터 차입한 은행이 손실을 면하기 위해서 대출이자율을 인상하지 않으면 안 될 것이므로 사람들은 은행으로부터 차입을 기피하게 될 것이다. 이러한 양적인 효과 이외에도 재할인율의 변경은 중앙은행 통화정책을 가늠하게 하는 신호가 된다. 다시 말해서, 재할인율의 변경은 중앙은행의 금융정책의 방향을 알 수 있는 수단이 된다. 그러나 일반은행의 중앙은행 차입이 빈번하지 않기 때문에 재할인율정책은 금융정책 중 상대적으로 미약한 정책이다.

우리나라의 경우에도 통화량 조절수단으로서 재할인율의 기능이 미약한 실정이다. 즉 재할인율이 은행의 차입을 조절하기 위해서 조정되기보다는 일반은행의 대출이자율과 일정한 관계를 유지시키기 위해서 대출이자율의 변경과 거의 동시에 변경되어 왔다. 그러나 현재는 재할인율 정책을 실시하지 않고 있다.

### 공개시장조작

공개시장조작은 주로 국채를 공개시장에서 매매함으로써 일반은행의 초과지급준비금을 변화시켜 통화량의 변화를 초래하는 정책을 말한다. 중앙은행이 일반은행들이 보유하고 있는 채권을 매입하게 되면 중앙은행은 일반은행의 지급준비금을 늘려주는 방식으로 대금을 지불하게 되므로 지급준비금이 증가한다. 반대로 중앙은행이 일반은행에 채권을 매출하면, 은행조직의 지급준비금은 감소된다. 중앙은행은 일반은행뿐만 아니라 직접 민간기업이나 가계와도 거래를 할 수 있으나 어느 경우이든 일반은행의 지급준비금을 변동시킨다는 점에서 근본적으로 그 효과는 같다.

이와 같은 효과를 가지는 공개시장조작이 원활하게 이루어지려면 중앙은행이 일반은행의 초과지급준비금의 크기를 조절할 필요가 있을 때 언제라도 필요한 규모의 채권매매를 자유롭게 행할 수 있도록 채권시장이 충분히 발달되어 있어야 한다. 즉 정책상의 필요에 따라 필요한 규모의 채권을 필요한 시기에 가격의 커다란 변동 없이 매매할 수 있도록 유동성 높은 채권이 충분히 공급되어 있어야 한다.

이러한 조건 때문에 공개시장조작을 본격적으로 활용하고 있는 나라는 미국과 영국 등 소수에 불과하다. 우리나라의 경우에도 채권시장의 발달이 미흡한 실정이므로 진정한 의미에서의 공개시장조작이 행해지지 않고 있다. 다만 외형상으로 공개시장조작과 유사한 통화안정증권과 국채 및 공채의 매매조작을 중앙은행이 제한된 범위 내에서 실시해 오고 있다.

## 금융정책을 통한 총수요관리

거시경제정책의 궁극적인 목표는 완전고용수준에서 경제를 안정화시키는 것이다. 위에서 살펴본 금융정책은 통화공급을 증가 혹은 감소시킴으로써 이러한 목표를 달성할 수 있다.

### 팽창적 금융정책

분석을 위해서 가장 이상적인 경제상태, 즉 완전고용상태에서 인플레이션이 전혀 없는 경제에서 시작해 보자. 〈그림 18-12〉에서 보는 바와 같이 경제는 최초에 총수요곡선 $AD_0$와 총공급곡선 $AS_0$가 만나는 $E_0$점에서 균형상태에 있고, 이 때의 실질GDP는 400조원, 물가지수는 100이다. $E_0$점에서의 실질GDP는 완전고용수준이다. 이제 어떤 이유로 총수요가 일시적으로 급격히 감소하였다고 하자. 가령 기업가들이 미래를 비관적으로 보아서 투자지출을 줄이거나, 해외경제가 침체되어 수출이 감소하는 경우이다. 이유가 무엇이든 간에 총수요의 감소는 총수요곡선을 $AD_0$에서 $AD_1$로 좌측 이동시키며 경제의 새로운 균형은 총수요곡선 $AD_1$과 총공급곡선 $AS_0$가 만나는 $E_1$점에서 달성된다. 이때 실질GDP는 360조원이고 물가수준은 90이 된다. 결과적으로 실질GDP는 완전고용산출량에 미치지 못하며, 실업은 자연실업률 수준을 넘어선 상태가 된다. 즉 경제는 불황에 직면한 것이다.

이와 같은 불황에 대응하여 정부는 재정정책을 동원할 수 있을 것이다. 즉 실질GDP가 잠재적 GDP 이하로 감소하면 정부지출을 증가시키거나 조세를 감소시켜서 총수요곡선을 오른쪽으로 이동시킬 수 있다.

마찬가지로 정부는 금융정책을 통해서 총수요곡선을 이동시킬 수 있다. 만약 통화당국이 법정지급준비율을 낮추든지, 재할인율을 인하하든지, 혹은 채권을 구입한다면, 은행의 대출능력이 증가될 것이다. 은행은 대출이자율을 낮추고 대출승인절차를 간소화시켜서 가계와 기업이 돈을 더 빌려 쓰도록 유도할 것이다. 이러한 과정에서 통화공급이 증가되어 총수요곡선이 오른쪽으로 이동될 것이다. 〈그림 18-12〉에서 보는 바와 같이

그림 18-12　금융정책을 통한 총수요관리

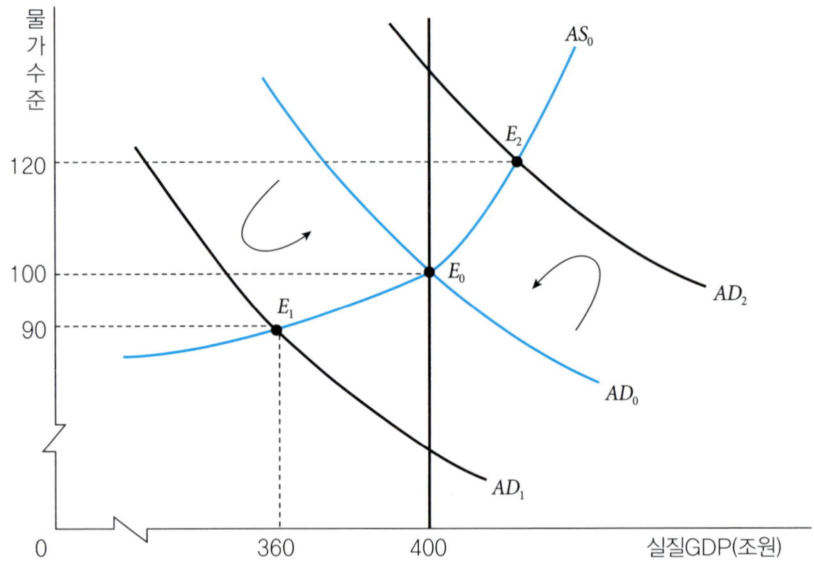


총수요곡선이 $AD_1$에서 $AD_0$로 다시 이동하면서 경제는 최초의 상태로 돌아오게 된다. 결국 실질GDP는 완전고용수준인 400조원으로 되돌아오며 물가수준도 100이 된다.

### 긴축적 금융정책

금융정책은 경제가 과열되는 것을 식혀 주는 데에도 사용할 수 있다. 〈그림 18-12〉에서 보는 바와 같이 $E_0$점에서는 과도한 총수요로 말미암아 생산능력에 압박을 주고 있다. 이때 시장 참여자들은 제한된 재화 및 서비스에 대해서 과도하게 경쟁하게 됨으로써 물가는 120으로 오른다. 즉 인플레이션이 발생한다. 이러한 인플레이션은 실질소득을 임의적으로 재분배시키며, 합리적인 투자와 소비계획을 세우지 못하게 할 것이다.

이러한 상황에서 금융정책의 목표는 총수요곡선을 $AD_2$에서 $AD_0$로 이동시켜 경기를 진정시키는 것이다. 즉 금융긴축을 유도하는 것인데, 이를 위해서 통화당국은 법정지급준비율을 높이거나, 재할인율을 인상하거나, 국공채를 매출할 수 있다. 이러한 정책들은 은행의 대출능력을 감소시킬 것이다. 감소된 자금에 대한 민간경제주체들의 경쟁적인 획득 노력은 이자율을 상승시킬 것이다. 이와 같이 은행의 대출능력이 감소하고 이자율이 상승함으로써 투자와 소비가 감소될 것이다. 그림에서 보면, 총수요곡선이 $AD_2$에서 $AD_0$로 다시 이동하면서 경제는 $E_0$점에서 균형을 이루게 된다. 결국 경제는 실질GDP가 완전고용수준인 400조원에서 물가수준만 120에서 100으로 떨어진 이상적인 상태가 된다.

## 요 약

1. 시장경제체제에 있어서 화폐는 사람의 '피'에 비유될 만큼 중요하다. 교환의 매개, 가치의 저장, 가치의 척도 등의 기능을 수행하는 그 어떤 것도 화폐가 될 수 있다.
2. 한국경제에서 협의통화($M_1$)는 민간보유현금통화, 요구불예금 그리고 수시입출식 저축성예금을 합한 것이다. 저축성예금과 비통화금융기관의 예수금 등도 유동성을 가지므로 광의통화($M_2$), 금융기관유동성($L_f$), 광의유동성($L$) 등의 개념도 있다.
3. 일반은행들은 대출을 통해서 통화를 창조한다. 대출과정에서 은행은 새로운 요구불예금을 창조하고 이것이 통화량의 일부가 된다.
4. 은행의 대출능력, 즉 통화창조능력은 은행이 보유하는 지급준비금에 의존한다. 은행이 초과지급준비금—법정지급준비금(예금 × 법정지급준비율)을 초과하는 지급준비금—을 보유하고 있을 경우에만 새로운 대출이 가능하다.
5. 한 은행에서 대출된 금액이 사용되는 과정에서 다른 은행들도 연쇄적으로 대출능력이 생긴다. 통화승수(1/지급준비율)란 은행제도 전체적으로 창조할 수 있는 총예금의 양을 계산할 수 있게 해준다.
6. 은행제도의 통화창조능력은 통화당국에 의해서 제한될 뿐만 아니라 자금을 빌리거나 화폐를 보유하려는 가계와 기업의 행태와 은행의 대출의도에도 의존한다.
7. 통화량과 인플레이션은 밀접하게 연관되어 있다. 즉 돈이 너무 많이 공급되면 물가는 상승하기 마련이다.
8. 금융정책이란 통화 및 은행제도를 감독하고 규제하는 중앙은행이 경제상황에 따라서 통화량을 조절하는 것이다.
9. 중앙은행의 금융정책수단으로는 세 가지가 있다. 즉 법정지급준비율의 변경, 재할인율의 변경, 공개시장조작 등이다. 이러한 정책도구들을 사용하여 중앙은행은 은행의 초과지급준비금, 즉 대출능력을 변화시킬 수 있다.
10. 통화공급의 변화는 총수요곡선을 직접적으로 이동시킨다. 통화량이 증가하면 총수요곡선은 오른쪽으로 이동하며, 통화량이 감소하면 총수요곡선은 왼쪽으로 이동한다.

## 용어 및 개념

화폐
교환의 매개
가치의 저장
가치의 척도
$M_1$, $M_2$, $L_f$, $L$
준화폐
편의화폐
민간보유현금통화
요구불예금
저축성예금
(비)통화금융기관
예금은행
한국(중앙)은행
신용(통화)창조
법정지급준비율(금)
초과지급준비금
통화승수
금융정책
하이퍼인플레이션
지급준비율의 변경
공개시장조작
재할인율
긴축적(팽창적) 금융정책

CHAPTER | ECONOMICS

# 19 케인즈 이론의 대안: 통화주의, 합리적 기대가설, 그리고 공급중시경제학

SECTION



이 장에서는 케인즈 경제학의 대안적인 이론으로 등장한 통화주의, 합리적 기대가설, 공급중시경제학을 상호 비교하는 관점에서 차례로 공부한다.

케인즈 이론은 1930년대 세계적인 대공황 당시에 고전학파 이론을 비판하는 과정에서 탄생하였고, 제2차 세계대전 이후 시장경제체제를 표방하는 나라에서 거시경제정책의 기본 틀로 인식되어 왔다. 그러나 1970년대 초 이후에 나타난 스태그플레이션 현상에 대해서는 케인즈 이론이 무기력함을 보이자 통화주의(Monetarism), 합리적 기대가설(Rational Expectation Theory: RET), 공급중시경제학(Supply-side Economics) 등 대안적 이론들이 등장하였다.

이 중 통화주의는 앞에서 언급한 바와 같이, 총수요의 변동요인 중 무엇보다도 통화량이 가장 중요하며, 따라서 금융정책의 효과가 매우 강력하다는 견해를 가진다. RET 역시 케인즈 경제학과는 입장을 달리하는 이론으로 이른바 '새고전학파'(New Classical)라 불리며, 공급중시경제학은 유효수요보다는 공급측면을 중시한다. 여기서는 다음의 물음에 답함으로써 통화주의, RET, 공급중시경제학를 차례로 이해해 보고자 한다.

- 케인즈 이론과 통화주의는 기본방정식, 통화의 역할, 정책효과에 대해서 어떤 차이점이 있는가?
- 새로운 고전학파로 불리는 RET는 경제안정화정책 면에서 케인즈 경제학 및 통화주의와 어떻게 다른가?
- 공급중시경제학은 케인즈 경제학과 어떤 점에서 다른가?

## 19.1 통화주의

먼저 케인즈 경제학과 통화주의의 서로 다른 입장을 대비시킴으로써 논의를 시작하고자 한다. 사실 "케인즈 경제학은 이것이고, 통화주의는 저것이다"라고 구분 짓는 기준을 발견하기는 쉽지 않다. 그러나 양자 간에는 경제를 보는 기본시각, 화폐의 역할, 재정 및 금융정책의 효과 등에 대해서 뚜렷한 차이가 있으므로 이를 중심으로 하여 비교해 보고자 한다.

### 경제를 보는 기본시각의 차이

#### 케인즈: 경제는 불안정하므로 정부개입 필요

케인즈 경제학자들은 시장경제체제가 거시경제적 안정을 보장해 주는 메커니즘을 가지고 있지 못하다고 주장한다. 의도된 투자와 저축이 일치하는 것은 극히 우연이며, 그 결과 경기변동, 즉 실업과 인플레이션이 주기적으로 발생한다는 것이다. 특히 경제구조를 보면 상품시장과 노동시장 할 것 없이 독과점적 성격을 띠므로 임금과 물가는 하방경직적이라고 본다. 그러므로 총지출의 변동은 물가보다는 산출량과 고용에 우선적으로 영향을 미칠 것이라는 결론을 도출하고 있다.

케인즈 이론은 정부가 시장경제체제의 안정을 위해서 적극적으로 개입해야 한다는 주장의 바탕이 된다. 즉 국민경제가 처한 경제상황에 따라서 정부가 자유재량적으로 재정 및 금융정책을 동원하는 것이 필요하다는 입장이다.

### 통화주의: 경제는 안정적이므로 정부개입 불필요

통화주의자들은 케인즈 경제학자들과는 달리 시장경제체제는 상당한 정도의 거시경제적 안정을 보장해 주는 메커니즘을 가지고 있다고 본다. 이러한 견해는 우리가 제15장에서 공부한 바 있는 고전학파의 생각과 같은 것이다. 다시 말해서 고전학파에 대한 부정이 케인즈 경제학이고, 케인즈 경제학에 대한 부정이 통화주의라고 한다면, 통화주의는 고전학파에 대한 긍정이라고 볼 수 있는 것이다. 통화주의가 경제를 안정적이라고 보는 것은 경제 내의 모든 시장들이 완전경쟁적이라고 믿기 때문이다. 경쟁시장은 물가와 임금을 신축적으로 조정하여 경제를 최소한 장기적으로는 완전고용상태에 머무르게 한다는 것이다. 그러므로 총지출의 변동은 산출량과 고용보다는 물가와 요소가격에 영향을 미친다고 주장한다.

이와 같이 시장경제체제는 거시경제적 안정을 보장해 주는 장치를 가지므로 정부의 개입은 전혀 필요하지 않다는 결론이 나온다. 오히려 정부가 개입하면 이러한 장치가 손상되어 경제안정을 망친다고 주장한다. 예를 들어 최저임금제, 농산물가격지지정책, 독과점금지법 등은 의도하는 바가 물론 좋을 수도 있지만 임금과 물가의 하방경직성을 심화시켜서 오히려 경제안정을 해친다고 보는 것이다. 뿐만 아니라 통화주의는 경기변동도 정부의 잘못된 개입에 의해서 발생한다고 설명한다. 즉 정부가 자유재량적 재정 및 금융정책을 수단으로 하여 경제안정을 도모하려는 것 자체가 경기변동의 요인이라는 것이다.

이상에서 볼 때 통화주의자들이 자유방임주의자가 될 것임은 자명하다. 이들은 일반적으로 정부의 정책결정은 관료적이고 비효율적이며, 개인의 의욕을 잠재우고 경제를 불안정하게 만든다고 본다. 그러므로 통화주의자들은 케인즈 경제학자들과 달리 공공부문을 가능한 한 줄이고, 민간부문의 역할이 커져야 한다고 주장한다.

## 화폐의 역할에 대한 견해 차이

케인즈 경제학과 통화주의는 나름대로의 특정한 방정식을 분석의 바탕으로 삼고 있으며, 이러한 차이에 근거하여 화폐의 역할에 대해 견해를 달리하고 있다.

### 기본방정식의 차이

#### 케인즈 경제학: 총지출방정식

케인즈 경제학에서는 총지출수준과 그 구성요소에 초점을 맞추고 있다. 독자들은 케인즈의 기본방정식은 다음과 같이 표현되어 왔음을 이해할 것이다.

$$C + I + G + X_n = \mathrm{GDP}$$

이 방정식은 총지출방정식으로서 기본적으로 구매자들에 의해서 지출되는 총금액은 판매된 재화 및 서비스의 총가치와 일치된다는 것을 말해 준다. 즉 균형에서는 총지출($C + I + G + X_n$)과 국내총생산(GDP)이 같게 된다.

#### 통화주의: 교환방정식

한편 통화주의는 말 그대로 분석의 초점을 통화에 둔다. 통화주의의 기본방정식은 교환방정식이다. 즉

$$MV = PY$$

여기서 $M$은 통화공급량이고, $V$는 화폐의 유통속도로서 최종재화 및 서비스의 거래에 연간 화폐가 쓰여진 횟수를 말한다. 물론 $P$는 물가수준이고, $Y$는 생산된 산출량이다. 그러므로 교환방정식 좌변의 $MV$는 산출량 구입에 쓰여진 총금액이고 우변의 $PY$는 그러한 산출량을 공급한 사람들이 받는 총금액이다.

이상의 두 방정식은 거시경제현상을 이해함에 있어서 모두 유용하다. 사실 케인즈의 방정식은 통화주의의 교환방정식으로 쉽게 전환시킬 수 있다. 통화주의에 따르면 총지출은 단순히 통화공급량에다가 유통속도를 곱한 값이다. 즉 $MV = C + I + G + X_n$이 성립한다. $MV$는 연간 생산된 최종재화에 쓰여진 돈이기 때문에 필연적으로 GDP와 일치한다. 한편 우리는 제13장에서 명목GDP는 총산출량과 물가의 곱이라고 배웠다. 즉 GDP = $PY$이다. 그러므로 우리는 명목기준으로 본 케인즈의 기본방정식($C + I + G + X_n = GDP$)을 통화주의의 기본방정식($MV = PY$)으로 다시 쓸 수 있다. 결국 이 두 방정식은 동일한 현상을 다르게 본 것이라고 할 수 있다.

하나의 비유를 통해서 케인즈의 기본방정식과 통화주의의 기본방정식과의 차이를 분명하게 이해해 보자. 양자의 차이는 수도관을 통해 흐르는 물의 양—예를 들어 시간당 6,000톤—을 조사하는 두 가지 방법에 비유될 수 있다. 케인즈의 입장은 시간당 6,000톤의 물이 라면공장으로부터 3,000톤, 자동차공장으로부터 2,000톤, 섬유공장으로부터 1,000톤으로 구성된다고 보는 것이다. 반면에 통화주의의 입장은 시간당 6,000톤의 흐름이 한 번에 시간당 200톤씩 흐르는데, 이것이 30번 반복된다고 보는 것이다.

### 통화의 파급경로에 대한 견해 차이

케인즈의 기본방정식에서 화폐의 역할은 간접적이라는 의미를 담고 있다. 케인즈의 지출방정식을 보면 통화량의 변화는 이자율이라는 매개변수를 통하여 투자지출의 변화를 가져온다. 사실 케인즈 경제학자들은 이러한 금융정책의 파급경로(transmission mechanism) 자체도 분명치 않다고 본다. 즉 금융정책은 재정정책과 비교해 볼 때 불확실하며, 그 효과도 미약하다는 것이다. 예를 들어 정부가 아무리 확장적 금융정책을 펼지라도 은행이 돈 빌려주기를 꺼려하거나 민간이 돈을 빌리려 하지 않는다면 금융정책의 효과는 없게 될 것이다.

이와 달리 통화주의는 화폐와 금융정책이 경제활동수준을 결정함에 있어서 가장 중요하고도 유일한 요인이라고 생각한다. 통화량의 변화는 물가, 고용, 산출량에 대해서 직접적인 효과를 갖는다는 것이다. 이러한 차이는 통화의 파급경로에 대해 통화주의와 케인즈 경제학자들 간에 견해 차이가 있다는 데서 연유한다. 통화주의자들은 통화량의 증가가 이자율을 하락시킨다기보다는 현재의 산출량에 대해서 뿐만 아니라 실물 및 금융자산에 대한 수요를 증가시킨다고 본다. 그래서 통화의 증가는 물가를 상승시키거나 산출량을 확대시키며, 또는 물가를 상승시키는 동시에 산출량을 확대시킨다. 통화가 감소하는 경우에는 이와 반대의 효과가 나타난다.

금융정책의 효과와 관련하여 유의할 점은 통화주의자들은 장단기효과를 구분한다는 것이다. 즉 단기에서는 통화공급의 변화는 실질산출량과 고용에 영향을 미칠지라도 장기에서는 물가에만 영향을 미친다고 주장한다. 왜 이러한 주장이 가능한 것일까? 이는 앞에서 살펴본 바와 같이 통화주의자들은 경제가 기본적으로 안정적이며, 완전고용수준하에서 운용된다고 보기 때문이다. 한 국민경제의 완전고용수준은 노동력, 자본, 기술수준 등에 의해서 결정되는데, 장기에서 완전고용수준은 불변이므로 통화량의 변화는 물가수준의 변화만을 가져온다는 것이다.

**그림 19-1** 통화가 경제에 영향을 미치는 파급경로의 비교

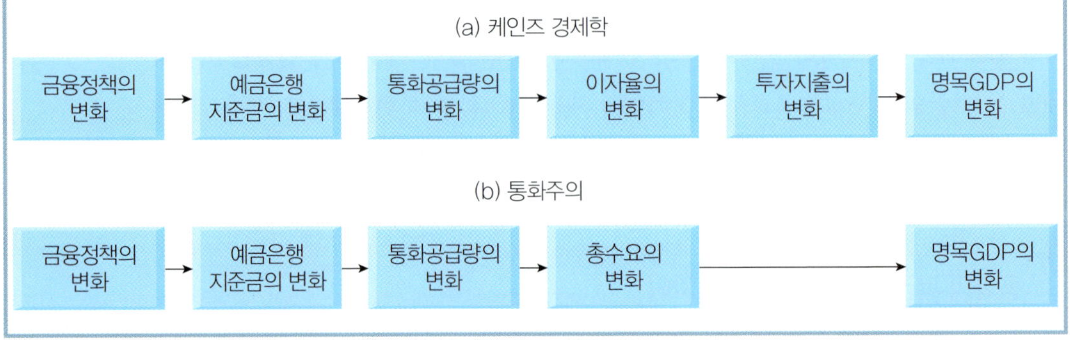


통화주의자들과 케인즈 경제학자들 간의 통화의 파급경로에 대한 견해 차이가 〈그림 19-1〉에 요약되어 있다. 여기서 우리는 통화주의가 보는 통화의 파급경로는 케인즈의 경우보다 더 직접적임을 알 수 있다. 통화주의자들은 통화공급의 변화는 투자지출뿐만 아니라 총수요의 모든 구성요소의 직접적 변화를 가져와 명목GDP를 변화시킨다고 본다. 더 나아가서 장기에서 총수요의 변화는 실질산출량의 변화를 통해서가 아니라 물가수준의 변화를 통해서 명목GDP에 영향을 미친다.

### 화폐유통속도에 대한 견해 차이

통화공급의 증가가 명목GDP수준에 예측 가능한 효과를 갖는다는 통화주의자들의 주장은 화폐유통속도 $V$가 안정적이라는 생각에 바탕을 둔 것이다. 반대로 금융정책의 효과가 불확실하다는 케인즈 경제학자들의 주장은 화폐유통속도 $V$가 불안정적이라는 생각에 바탕을 둔 것이다. 그러므로 케인즈 경제학자들과 통화주의자들 간의 가장 핵심적인 쟁점은 화폐유통속도의 안정성 여부에 관한 것이라고 할 수 있다.

#### 통화주의: $V$는 안정적

통화주의자들은 화폐유통속도가 기본적으로 안정적이라고 본다. 여기서 말하는 안정적이란 말은 불변이라는 것을 의미하지는 않는다. 통화주의자들은 2014년 현재 화폐유통속도는 과거에 비해 빨라졌다고 본다. 즉 과거에 비해 지불기간이 짧아지고, 신용카드의 사용이 빈번해짐에 따라 $V$의 값이 커져 왔다는 것이다. 다시 말하면 이러한 요인들의 변화로 말미암아 명목GDP의 규모에 비해서 민간이 보유하는 연간 화폐의 양은 상대적으로 줄어들었다는 것이다. 그러므로 $V$가 안정적이란 말은 $V$를 변화시키는 요인들이 점진적으로 예측 가능하게 변한다는 것을 뜻하며, 궁극적으로 전년도의 $V$값으

로부터 금년도의 $V$값의 변화는 쉽게 예측된다. 더 나아가서 화폐유통속도는 통화량 자체가 변한다고 해서 변하지 않는다. 만약 교환방정식에서 유통속도가 안정적이라면 통화량과 명목 GDP(=$PY$)간에 직접적이고도 예측가능한 관계가 성립한다. 예를 들어 $M = 100$, $V = 1$, GDP = 100이라고 하자. 또 유통속도가 연간 2%씩 안정적으로 증가하고 연간 통화증가율이 5%라고 하자. 이 경우에 우리는 교환방정식에서 명목GDP는 7%가 증가할 것임을 알 수 있다. 즉 $M$은 100에서 105로 증가하고, $V$는 1에서 1.02로 증가한다면 명목GDP는 100에서 107(105 × 1.02)로 증가할 것이 분명하다. 그러나 만약 $V$가 불안정하다면, 명목GDP가 107이 될 것이라고 예측할 수가 없게 된다.

그렇다면 통화주의자들은 어떤 이유로 $V$가 안정적이라고 주장하는가? 그들은 기본적으로 경제주체들이 상품을 구입하거나 금융 및 실물자산을 보유하기보다는 화폐를 보유하기를 원한다고 본다. 그리고 어떤 시점에서 가계나 기업이 보유하려는 화폐량을 결정하는 요인들은 통화량 자체와는 무관하며, 더욱 중요한 것은 이들이 보유하기를 원하는 화폐량은 명목GDP에 의존한다는 것이다. 예를 들어 한국경제의 명목GDP수준이 300조원이고 민간이 이 수준의 상품 및 서비스를 구입하기 위하여 필요로 하는 통화량이 100조원이라고 하자. 이는 $V = 3$임을 의한다. 만약 실제 통화공급량이 100조원이라고 하면, 화폐에 대한 수요와 공급이 일치하므로 한국경제는 화폐부문에서 균형상태에 있다고 볼 수 있다. 이 때 통화가 10조원 추가적으로 공급된다고 하자. 통화주의자의 견지에서 보면, 통화공급의 증가는 실제 통화공급량을 민간이 보유하기를 원하는 통화량보다 많아지게 하므로 균형이 깨질 것이다. 따라서 다음과 같은 일이 벌어질 것이라고 본다. 민간은 그들이 원하는 것보다 많은 통화량을 가지게 되므로 종전의 수준으로 화폐를 보유하기를 원하여 남아도는 화폐를 없애려 할 것이다. 다시 말해서 민간은 주식, 채권, 기계장비, 승용차, 의복 등 상품을 사려고 할 것이다. 그런데 어떤 한 사람의 상품에 대한 화폐지출은 다른 한 사람의 예금을 증가시킨다. 역시 그 사람도 자기가 생각하는 수준보다 많다고 생각되는 화폐를 써 버리려고 할 것이다. 이와 같이 화폐보유를 감소시키려는 집단적인 시도로 말미암아 총수요($AD$)는 증가되고, 이는 차례로 명목GDP를 증가시킬 것이다. 명목GDP는 얼마가 될 때까지 증가할 것인가? $V = 3$이므로 명목GDP는 30조원 증가한다. 즉 명목GDP가 330조원이 될 때 실제 공급된 110조원이 다시 민간이 원하는 통화량이 되어 다시 균형이 달성된다.

요컨대 상품에 대한 지출은 명목GDP와 통화량간의 최초균형이 회복될 때까지 계속될 것이다. 사실 GDP/$M = V$이고, GDP와 $M$ 간의 예측 가능한 관계는 $V$가 안정적임을 의미한다.

### 케인즈: $V$는 불안정적

케인즈 경제학자들은 $V$가 불안정적이라고 주장한다. 즉 $V$는 변동적이며 예측불가능하다는 것이다. 따라서 앞의 예에서도 잠깐 언급한 바 있듯이 $M$과 명목GDP($PY$)간의 관계는 느슨해지며 예측 불가능하게 되어, 결과적으로 $M$의 지속적 증가는 GDP의 지속적 증가를 가져오지 않는다.

그렇다면 이들은 왜 $V$가 불안정적이라고 보는가? 이는 케인즈의 화폐에 대한 수요의 개념에서 찾아볼 수 있다. 케인즈 경제학자들은 화폐는 거래를 위해서뿐만 아니라 투기적 목적으로도 수요된다고 한다. 이 중 거래적 동기의 화폐수요는 적극적인 기능을 가진 화폐, 즉 경제 내에서 순환하는 돈이 될 것이다. 다시 말하면 거래를 위해 통용되는 돈은 정(+)의 유통속도를 가진다. 예를 들어 $V = 3$이라는 뜻은 거래에 통용되는 1원은 매년 평균적으로 3번 교환되어, 3원 어치의 거래에 활용된다는 것이다. 그러나 투기적 목적으로 수요되는 화폐는 '장롱 속에서 노는' 화폐이다. 이 돈은 경제 내에서 순환되지 않으며, 유통속도는 영(0)이다. 이렇게 볼 때 국민경제 전체의 $V$의 값은 화폐가 거래적 화폐수요와 투기적 화폐수요로 어떻게 나누어지느냐에 의존한다. 즉 거래를 목적으로 보유하는 화폐량이 많아질수록 $V$값은 커지고 투기적 목적으로 보유하는 화폐량이 많아질수록 $V$값은 작아진다.

케인즈 경제학자들의 주장이 맞는다면 통화공급이 증가할 경우에 그 일부가 투기적 화폐로 보유되어 $V$값은 작아지게 될 것이다. 결국 통화주의자들이 주장하는 통화의 파급경로—통화증가와 명목GDP 증가와의 안정적 관계—는 잘못된 것이라는 얘기가 된다. 극단적인 경우로서 통화증가분 모두가 투기적 목적으로 보유된다면, 화폐유통속도는 그만큼 감소되고, 그래서 명목GDP는 전혀 변하지 않는다.

요컨대 케인즈 경제학자들의 입장에서 보면, $V$값은 통화공급과 반대 방향으로 변한다. 만약 이것이 사실이라면 $V$는 $M$이 변할 때마다 변동하므로 교환방정식에 내포되어 있는 $M$과 명목GDP와의 안정적 관계는 성립하지 않게 된다.

## 정책효과에 관한 견해 차이

케인즈 이론과 통화주의의 차이점은 경제안정화정책의 수단으로서의 재정정책 및 금융정책의 효과에 대한 견해에서 뚜렷하게 나타난다.

### 재정정책

케인즈 경제학자들은 금융정책의 중요성을 인식하지 못한 것은 아니지만, 재정정책이 보다 효과적이고 신뢰할 수 있는 정책수단으로 본다. 이러한 입장은 케인즈의 기본방정식에서 나타난다. 기본방정식에서 정부지출(*G*)은 총수요(*AD*)의 직접적 구성요소이고, 조세(*T*) 역시 투자와 소비에 영향을 미침으로써 총수요(*AD*)에 영향을 미친다.

이와는 정반대로 통화주의자들은 재정정책은 자원배분의 효율성 면이나 경제안정화 대책으로서 부적당하다고 본다. 왜 이렇게 주장하는 것일까? 한마디로 재정정책이 가져오는 구축효과(crowding-out effect)가 크기 때문이라는 것이다. 여기서 구축효과란 정부지출이 증가하면 결과적으로 민간투자지출이 감소하게 되어, 당초에 의도했던 GDP의 증가효과가 상쇄되는 효과를 말한다. 구체적인 예를 들어 설명해 보자. 가령 정부가 공채를 발행하여, 즉 국민으로부터 돈을 빌려서 고속철도건설에 착수한다고 하면, 이는 자금에 대해서 민간기업과 경쟁하게 되는 것을 의미한다. 정부의 차입은 화폐수요를 증가시키고 이자율을 상승시켜 민간투자를 위축시키게 될 것이다. 결과적으로 정부지출로 인한 GDP의 증대효과는 민간투자지출의 감소로 인한 GDP의 감소효과에 의해서 상쇄된다. 그러므로 재정정책의 효과는 작을 뿐만 아니라 불확실하게 된다는 주장이 가능하다.

### 금융정책: 재량이냐 준칙이냐?

케인즈 경제학자들은 통화가 경제에 대해서 간접적인 효과를 가지므로 경제안정화의 수단으로서의 금융정책은 그 효과가 상대적으로 미흡하다고 본다.

이와 반대로 통화주의자들은 화폐수요곡선이 가파르고 투자수요곡선이 평평하므로, 통화공급이 명목GDP에 미치는 효과가 매우 크다고 본다. 이것이 바로 통화공급이 경제활동과 물가수준의 핵심 결정요인이라는 통화주의자들의 주장으로서, 이에 따르면 경제가 불경기 때는 돈줄을 풀어 주고, 경제가 과열될 때는 돈줄을 조여 주는 정책이 바람직하다는 결론이 나올 수 있다. 그러나 대부분의 통화주의자들은 이렇게 주장하지 않는다. 왜냐하면 통화가 경제에 미치는 효과는 직접적이고 매우 크기 때문에 경제상황에 따라서 긴축 또는 확대금융정책을 쓰면 오히려 경제를 불안정하게 만든다는 것이다. 통화주의의 대표격인 프리드만(M. Friedman) 교수는 역사적으로 볼 때 통화당국에 의한 자유재량적 통화공급의 변화가 경제불안정을 조장하는 사례가 허다하다고 주장한다. 미국의 경우 남북전쟁부터 미연방준비은행(FRS)이 설립된 1913년 기간과

1913년부터 현재까지의 기간을 비교해 본 결과, 1913년 FRS가 설립된 이후가 그 이전보다 미국경제가 더 불안정했으며, 그 원인이 주로 통화당국의 잘못된 정책결정에 기인하였다고 한다. 요컨대 통화주의 입장에서 경제가 불안정하다는 것은 시장경제체제의 내재적인 문제가 아니라, 오히려 잘못된 통화관리의 산물이라는 것이다. 이들에 따르면 정부의 정책적 오류는 다음 두 가지 때문이라고 한다.

첫째는 시차(lag)상의 오류다. 즉 통화의 파급경로가 직접적이라고 하더라도 통화공급의 변화는 명목GDP에 대해서 장기에 걸쳐 영향을 미치므로 정책시행의 타이밍이 잘못되면 오히려 경제안정을 해친다는 것이다. 프리드만에 따르면 경험상 단기적으로는 통화공급의 변화가 GDP에 미치는 효과는 6~8개월에 걸쳐 나타나고, 장기적으로는 2년 정도에 걸쳐서 나타난다고 한다. 물론 시차상의 오류가 전혀 없다면 문제는 발생하지 않는다. 그러나 실제로 선택한 정책의 시차효과를 정확히 예측하는 것은 거의 불가능하므로 언제 어떤 정책을 취해야 하는 것이 올바른지를 결정하기는 어려운 일이다. 실제로 경기변동의 폭을 완화시키기 위한 자유재량적 금융정책은 오히려 경기변동을 확대시킬 수 있다. 예를 들어 경제가 약간 침체되어 있다고 해서 돈을 풀기로 했다고 하자. 그러나 6개월 후에 경제가 정책외적인 요인 때문에 다시 호황 국면에 접어든다고 가정하면, 그 시점에서 6개월 전에 시행했던 확대금융정책은 오히려 인플레이션을 조장하는 결과가 된다.

둘째는 통화당국이 투자를 안정시키기 위해서 이자율을 정책도구로 쓴다는 것이다. 그런데 이자율을 관리하면 경제가 더 불안정하게 될 가능성이 있다고 본다. 예를 들어 경제가 불황을 벗어나 총지출, 산출량, 고용, 물가수준이 모두 증가하여 완전고용수준에 가까이 있다고 하자. 이와 같은 경기활성화는 화폐수요를 증가시켜 이자율에 대한 상승압력으로 작용할 것이다. 이 때 통화당국이 이자율을 안정시키려고 한다면 통화팽창정책을 쓸 것이나, 이는 경제가 이미 완전고용상태에 가까워서 인플레 압력을 받는 상황에서 총지출을 증가시킬 것이다. 따라서 이자율을 안정시키려는 시도는 기존 인플레 압력에 기름을 붓는 격이고, 경제는 더욱 불안정하게 될 것이다.

이러한 두 가지 정책상의 오류를 감안하여 통화주의자들은 정책목표를 이자율이 아닌 통화량에 두되, 통화공급량을 매년 일정하게 유지해야 한다고 주장한다. 이것이 바로 통화주의자들이 주장하는 통화준칙(monetary rule)이다. 특히 통화주의자들은 연간 통화증가율을 실질GDP의 잠재성장률과 동일하게 책정해야 한다고 주장한다. 독자들은 이러한 통화준칙은 통화공급량을 경제상황에 따라 임의적으로 늘였다 줄였다 하는 재량적 정책과는 구분됨에 유의하여야 한다. 이러한 주장에 대해서 케인즈 경제학자들은 자유재량적 금융정책을 통화준칙으로 바꾼다는 것은 잘못된 것이라고 주장한다. $V$는 장·단기적으로 변동하므로 매년 일정률의 통화공급의 증대는 총지출변동에 기여하여 경제적 불안정을 가져온다는 것이다. 적절한 비유가 될지는 몰라도, 케인즈 경제학자들은 통화주의의 통화준칙이 정책담당자에게 '아무것도 하지 말라'는 충고에 지나지 않는다고 본다.

## 총수요 · 총공급 모형을 통한 비교

이상에서 우리는 케인즈 경제학과 통화주의의 입장 차이를 세 가지 측면에서 살펴보았다. 이제 이를 총수요 · 총공급 모형을 통해서 극명하게 대비시켜 보기로 하자. 특히 총공급곡선을 분석에 포함시킴으로써 산출량과 물가에 대한 각 이론의 의미를 보다 분명하게 이해할 수 있으며, 정책방향의 차이도 쉽게 비교할 수 있을 것이다. 〈그림 19-2〉의 왼쪽은 통화주의, 오른쪽은 케인즈의 입장을 각각 보여주고 있다.

우선 수요측면부터 보면, 두 이론의 기본 차이는 총수요를 이동시키는 요인에서 나타난다. 통화주의자에게 있어서 총수요는 통화공급의 증가 또는 감소의 결과로 각각 오른쪽 또는 왼쪽으로의 이동한다. 케인즈 경제학에 있어서는 총수요의 변동요인은 보다 광범위한데, 민간지출—소비, 투자, 수출—뿐만 아니라 재정 및 금융정책 모두가 총

**그림 19-2** 정책효과 대한 케인즈 경제학과 통화주의의 비교

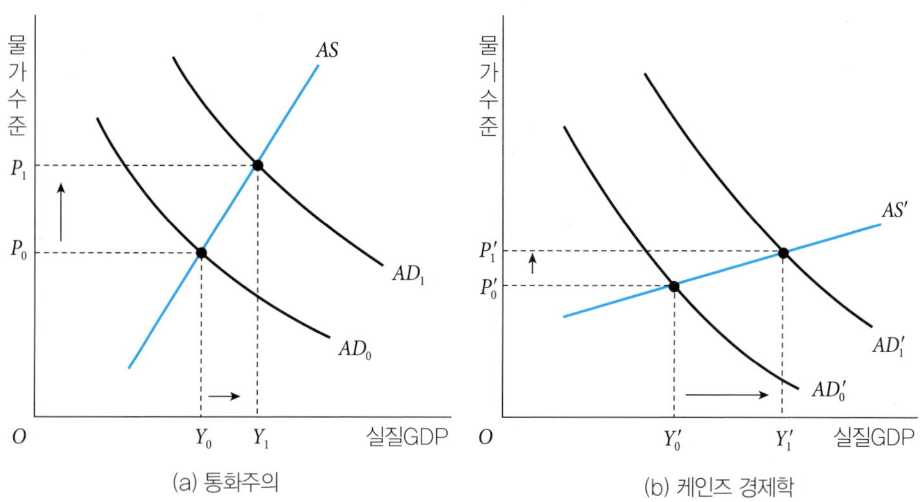

수요곡선을 이동시킨다고 본다.

공급측면에서도 통화주의와 케인즈 경제학의 입장은 확연하게 다르다. 통화주의는 총공급곡선이 수직선이라고 보는 반면에, 케인즈 경제학자들은 수평이라고 본다. 그림에서는 극단적인 상황을 피하여 총공급곡선이 수평에 가까운 케인즈 영역과 수직에 가까운 고전학파 영역으로 나타나 있다. 평평한 케인즈 영역은 경제가 완전고용수준 이하에서 운용되고, 가파른 고전학파 영역은 신축적인 물가와 임금이 경제가 완전고용수준으로 가게끔 한다는 신념을 반영하고 있다. 총공급곡선에 대한 이와 같은 인식 차이는 경제안정화정책에 대해서 중요한 차이점을 가져온다.

먼저 통화주의의 관점에서 총수요의 변화는 우선적으로 물가수준에만 영향을 미치고 실질GDP에는 영향을 미치지 못한다는 것이다. 이러한 결론은 통화당국이 통화준칙을 고수하면, 경제가 완전고용 또는 그 수준 가까이에서 운용될 것이라는 전제에서 도출된다. 만약 정책당국자가 실질GDP와 고용을 증가시키기 위해서 안정화정책을 사용하려고 한다면 그 노력은 헛된 일이 될 것이다. 〈그림 19-2〉 (a)에서 보면, 총수요곡선이 $AD_0$에서 $AD_1$로 이동하면 실질GDP는 $Y_0$에서 $Y_1$로 약간 증가할 뿐이지만, 물가수준은 $P_0$에서 $P_1$로 크게 상승할 것이다.

이와 대비하여 볼 때 케인즈 경제학은 총수요 증대정책은 고용과 산출량에 더 큰 영향을 미치고 물가에는 별로 영향을 미치지 않을 것이라는 입장이다. 이러한 결론은 경제의 내재적인 불안정 때문에 경제가 완전고용수준 이하에서 운영될 수 있다는 전제에서 도출된다. 〈그림 19-2〉 (b)에서 총수요곡선이 $AD_0'$에서 $AD_1'$로 증가하면 산출량은 $Y_0'$에서 $Y_1'$로 크게 증가하지만, 물가수준은 $P_0'$에서 $P_1'$로 미미하게 상승한다. 따라서 경제가 완전고용 이하에서 운용될 때 실질GDP와 고용의 증대라는 이득은 단지 '미미한 인플레이션'이라는 비용을 치루고 얻어질 수 있다. 일단 경제가 완전고용수준에 도달하면 케인즈 경제학자들과 통화주의자 간의 논쟁은 끝난다. 즉 총공급곡선의 고전학파 영역에서는 케인즈 경제학자들과 통화주의자 모두 총수요증대정책은 수요견인인플레이션을 가져온다는 점에 의견의 일치를 보인다.

한편 총수요 · 총공급 모형은 통화준칙에 대한 논쟁에 대해서도 극명하게 대비시켜 준다. 〈그림 19-3〉에서 경제가 완전고용수준인 $Y_0$에서 운용되고 있고, 또 매년 잠재실질GDP가 증가하므로 총공급곡선이 $AS_0$에서 $AS_1$로 이동한다고 하자. 이와 같은 총공급곡선의 $AS_1$로의 이동은 기술진보, 생산요소의 증대 등과 같은 실질요인으로부터 초래될 것이다. 이 때 우리는 통화준칙에 대한 양이론의 입장 차이를 볼 수 있다. 통

그림 19-3 재량적 정책과 통화준칙의 비교

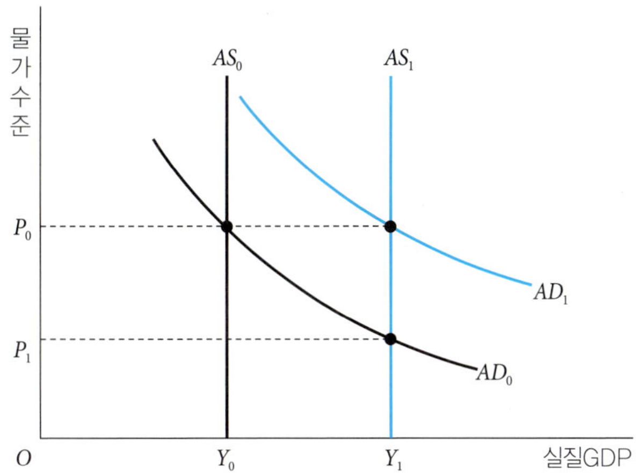


화주의자는 총공급의 이동에 따른 통화공급준칙은 총수요곡선을 $AD_0$에서 $AD_1$로 이동시킬 것이라고 본다. 그 결과 실질GDP는 $Y_0$에서 $Y_1$로 증가하고 물가수준은 $P_0$에 그대로 머물 것이다. 결과적으로 통화준칙은 물가안정을 가져올 것이다.

한편 케인즈 경제학자들은 총수요($PY$)의 변화와 통화공급($M$)의 밀접한 연계성을 부정한다. 이 경우에 두 가지 상황이 가능하다. 첫째는 당해 기간에 투자수요곡선이 낙관적 사업기대 때문에 오른쪽으로 빨리 이동되는 경우이다. 그 결과 총수요곡선은 $AD_1$보다 더 오른쪽으로 움직일 것이고 수요견인인플레이션이 일어나, 통화준칙은 물가안정을 달성시키지 못한다. 따라서 케인즈 경제학자들은 긴축통화정책을 수반한 축소재정정책을 쓰면 총수요곡선을 $AD_1$에 위치시킴으로써 인플레이션을 피할 수 있다고 본다. 둘째는 해당 기간에 투자수요곡선이 비관적 사업기대 때문에 위축될 수 있는 경우이다. 그 결과 총수요곡선은 $AD_1$에 못 미치게 이동한다. 이 경우에도 통화준칙은 물가안정에 기여하지 못하는데, 오히려 물가는 $P_0$에서 $P_1$로 하락한다. 이 경우에는 케인즈 경제학자들은 확대통화정책을 수반한 확대재정정책을 채용하여 총수요곡선을 $AD_1$로 이동시켜 디플레이션을 피할 수 있다고 본다. 만약 물가수준이 $P_0$에서 하방경직적이라면 총수요확대정책은 그 정책이 없을 경우에 발생할지도 모르는 실질GDP의 손실—$Y_0Y_1$만큼 실질GDP 감소와 실업발생—을 피할 수 있게 할 것이다.

## 19.2 합리적 기대가설

이상에서 살펴본 통화주의 이외에도 1970년대 중반에 합리적 기대가설(RET)—이하 RET로 표기—이 등장하였다. RET도 '이것이다'라고 할 수 없을 정도로 여러 가지 형태를 띠고 있지만, 여기서는 새고전학파라고 불리는 이론에만 논의를 국한한다. 또 RET를 안정화정책에 대한 논쟁에 연관시켜 소개한다. 먼저 RET 뒤에 깔려 있는 기본가정부터 살펴보자.

### 기본가정

RET는 경제주체들이 합리적으로 행동한다는 경제이론의 기본원리를 전제로 한다. 즉 시장참여자들은 정보를 수집하고 그것을 가공하여 금전적 이득을 얻기 위해 합리적으로 기대를 형성한다는 것이다. 예를 들어 주식투자자가 주가가 떨어질 것으로 기대한다면 그러한 기대에 입각하여 보유하고 있는 주식을 매각하려 할 것이다. 이렇게 되면 주식시장에서 주식 매물이 증가할 것이고 주가의 즉각적인 하락을 초래할 것이다. 다른 예로 주부들이 식품가격이 올라갈 것으로 기대한다면 그들은 식품가격이 최고치에 이르기 전에 저장가능한 식품을 구입하려고 할 것이다. 이러한 기대는 시장수요를 증가시키고 이는 다시 식품가격을 상승시킬 것이다.

사실 이러한 예는 우리가 제4장에서 배운 바 있다. 그러나 RET는 이러한 미시경제학적인 예 이상을 말하는 것이다. 경제학자들은 기업, 소비자, 근로자등 경제주체들이 경제운용을 이해하고 자신의 이득을 최대화하는 의사결정을 하기 위하여 활용가능한 정보를 사용한다는 점을 강조한다. 경제주체들은 과거의 사실을 단순히 미래로 대입시키지 않고, 현재의 경제정책들이 미래의 경제에 미치는 효과를 기대하여 평가한다. 간단히 말해서 합리적인 사람은 경제가 어떻게 운용되고 정부가 어떻게 정책을 수행하느냐에 대한 정보를 포함한 모든 활용가능한 정보를 사용한다. 이러한 기대는 그들로 하여금 경제상황 변화의 결과를 예측케 하고, 그들의 후생을 극대화하는 의사결정을 하게 한다. 바로 이것이 합리적 기대의 핵심이다.

뿐만 아니라 RET를 '새고전학파'라고 할 수 있는 두 번째 가정이 있다. 그것은 고전학파 경제학에서처럼 RET는 재화 및 요소시장이 경쟁적이어서 임금과 물가가 신축적이라고 본다는 것이다. 더 나아가서 RET는 새로운 정보가 수요와 공급곡선에 즉각 반영되어 균형이 새로운 사건(기술진보), 시장충격(재해나 OPEC의 붕괴), 공공정책의 변화

(긴축정책에서 확장정책으로의 급격한 변화) 등에 빠르게 적응한다고 본다. 즉 재화 및 요소가격은 소비자, 기업, 근로자들이 새로운 정보에 반응하여 경제적 행동을 변화시킴에 따라 매우 신축적이고 급속히 변한다는 것이다.

## 정책무력성 정리

앞에서 살펴보았듯이 케인즈 경제학자들은 자유재량적 재정 및 금융정책이 장단기적으로 경제안정화에 기여할 수 있다고 주장하였다. 통화주의자들은 정부의 정책개입 자체에 대해서 의문점을 제기하고 통화준칙을 주장하였지만, 그래도 금융정책의 단기적인 효과는 인정하였다. 합리적 기대주의자들은 케인즈경제학자들이 신봉하는 재정 및 금융정책의 효력에 대해서 통화주의자들보다 더 회의적이다. 즉 민간경제주체들이 합리적 기대를 형성하고 이에 따라 집단적으로 대응한다면 예상된 자유재량적 재정 및 금융정책은 장기적으로는 물론 단기적으로도 효과가 전혀 없게 된다고 주장한다. 이를 합리적 기대이론의 정책무력성 정리라고 한다.

금융정책의 예를 통해서 이들의 주장을 분명하게 이해해 보기로 하자. 통화당국이 실질GDP와 고용을 증진시키기 위해서 통화팽창정책이 곧 있을 것이라고 밝힌다고 하자. 민간경제주체들은 과거의 경험에 비추어 볼 때 금번에 발표된 팽창금융정책이 인플레이션을 가져올 것이라고 기대할 것이다. 그리하여 적어도 인플레이션 때문에 손해나는 일이 없도록 자기 방어적인 행동을 취할 것이다. 근로자들은 보다 높은 화폐임금을 요구할 것이고 기업은 제품가격을 인상시키려 할 것이다. 채권자는 이자율을 올리려 할 것이다. 이러한 모든 행동은 인플레이션으로 말미암아 근로자, 기업, 채권자 등 민간경제주체들의 실질소득이 감소되는 것을 방어하기 위한 것으로, 개별경제주체들의 행동은 집단적으로 임금과 물가를 상승시킬 것이다. 따라서 통화팽창정책에 의해서 초래된 총지출수준의 증가는 더 높아진 물가와 임금에 의해서 완전히 흡수되고, 실질산출량과 고용은 증가하지 않는다. 결과적으로 통화팽창정책은 경제주체들의 합리적 기대와 그에 따른 행동에 의해서 무력화된 것이다.

이러한 상황을 케인즈와 통화주의 입장에서 해석해 보자. 먼저 케인즈 입장에서 보면, 이는 통화팽창정책이 의도하는 실질투자지출의 증가가 실현되지 않은 것이다. 명목이자율도 물가와 동일하게 상승하여 실질이자율이 변하지 않기 때문이다. 결국 실질투자지출은 증가하지 않고 당초 정책당국의 의도와는 달리 실질산출량과 고용은 증가하지 않는다. 한편 통화주의의 교환방정식의 견지에서 보면, 통화팽창정책은 통화량

($M$)을 증가시키고 총지출($MV$)을 증가시킨다. 그러나 민간경제주체들의 인플레이션에 대한 기대는 총지출($MV$)의 증가율과 동일하게 물가($P$)를 상승시킨다. 그러므로 증가된 총지출($MV$)에도 불구하고 실질GDP($Y$)와 고용은 증가하지 않는다.

이제 〈그림 19-4〉의 총수요 · 총공급 모형을 통해서 RET의 정책무력성 정리를 보다 쉽게 이해해 보자. 그림에서 합리적 기대주의자들의 총공급곡선은 통화주의자의 경우보다 더 가파른 것으로 보아서 완전히 수직으로 그렸다. 총수요곡선은 $AD_0$으로 최초의 균형점은 $a$에 있다고 하자. 이제 통화팽창정책이나 재정확대정책을 써서 총수요를 $AD_0$에서 $AD_1$로 증대시킨다고 하자. 왜 총수요의 증가는 실질산출량의 증가를 가져오지 못하는가? 즉 케인즈 경제학자들이 주장하는 대로 상당수준의 실질GDP의 증가(〈그림 19-2〉의 (b))는 물론 통화주의자가 주장하는 대로 약간의 실질GDP의 증가(〈그림 19-2〉의 (a)) 마저도 가져오지 못하는가? RET에 따르면 이는 소비자, 근로자, 기업 등 경제주체들이 통화확장정책은 물가상승을 초래할 것이라고 기대하고, 그 기대를 곧바로 임금, 물가, 명목이자율 등과 관련된 시장의 의사결정에 반영시키기 때문이라는 것이다. 시장은 즉각 조정되고 물가는 $P_0$에서 $P_1$로 상승한다. 물가는 통화팽창정책이 가져올지도 모르는 실질산출량의 증가효과를 무력화시킬 만큼 정확히 오르기 때문에 실질산출량은 $Y_0$ 이상으로 확대되지 않는다. 그러므로 정책무력화는 합리적 기대와 즉각적인 시장조정의 합작품이라고 할 수 있다. 총수요가 $AD_0$에서 $AD_1$로 증가됨에 따라서 경제는 $AS$곡선을 따라서 $a$점에서 $b$점으로 직접 움직인다. 이 때 유일한 변화는 물가상

**그림 19-4 총수요 · 총공급 모형으로 본 정책무력성 정리**

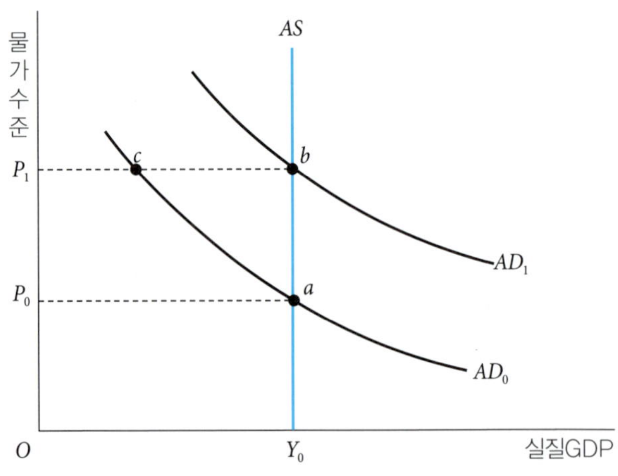

승뿐이고, 실질GDP뿐만 아니라 근로자, 기업, 채권자 등 경제주체들의 실질소득도 변하지 않는다. 왜냐하면 그들은 정책변화의 효과를 합리적으로 기대했고 그들의 기대를 시장의사결정에 반영시켜 명목임금, 명목이자율, 물가를 상승시켰기 때문이다.

한편 총수요가 $AD_1$에서 $AD_0$으로 감소되는 경우에도 마찬가지 논리가 성립한다. 이 경우에는 실질산출량이 감소하고 실업이 유발되기보다는 경제가 *AS*곡선상에서 *b*점으로부터 *a*점으로 이동한다.

이러한 RET, 즉 '새'(new) 고전학파의 주장은 소위 '옛날(old)' 고전학파와 어떻게 다른가? '옛날' 고전학파에 의하면 총수요가 감소하면 시장조정이 끝날 때까지 실질산출량이 감소하고 완전고용이 일시적으로 깨지는 기간이 있을 수 있다. 〈그림 19-4〉에서 보면, 경제가 *b*점에서 *c*점으로 움직일 수가 있다. 그러나 궁극적으로는 물가 및 임금하락으로 경제는 *a*점으로 움직이고 완전고용에 이를 것이다. 이에 비하여 '새' 고전학파는 물가와 임금이 즉각 조정되어, 실질산출량이 $Y_0$에서 움직이지 않고 항상 완전고용 수준에 있게 된다. 요컨대 '옛날' 고전학파는 총수요의 변화가 단기에서는 산출량과 고용을 변화시킨다고 보나, '새' 고전학파에서는 경제주체들의 합리적인 의사결정과 즉각적인 시장조정으로 인하여 단기적으로도 산출량과 고용의 변화가 없다고 본다.

## 바람직한 정책: 준칙이냐 재량이냐?

이상에서 우리는 RET의 정책무력성 정리를 소개하고, 이를 케인즈와 통화주의의 입장에서 각각 해석하였다. 그러면 이와 같이 예상되는 재량적 재정 및 금융정책이 장기적으로 뿐만 아니라 단기적으로도 효과가 없다고 보는 경우에 도출될 수 있는 바람직한 정책은 무엇일까? 합리적 기대론자들은 어떤 정책을 추천하겠는가라는 질문이다. 결론적으로 말해서 합리적 기대론자들은 통화주의자와 마찬가지로 준칙을 선호하고 자유재량적 정책을 의문시한다. 그 이유는 무엇일까?

먼저 준칙을 선호하는 이유부터 살펴보자. 당초 정책당국이 통화팽창정책을 쓴 것은 산출량과 고용을 증대시키기 위한 것이었다. 그러나 민간경제주체들이 통화팽창정책의 효과를 예상하여 행동함으로써 당초의 정책목표를 무력화시켰고, 그 결과 통화팽창은 실질산출량과 고용을 증대시키기보다는 인플레이션만을 유발하였다. 따라서 이 경우에도 정책당국이 통화준칙, 즉 일정률의 통화공급증대원칙에 따랐더라면 더 좋았을 것이라는 주장이 나올 수 있다. 요컨대 합리적 기대론자들도 통화주의자와 마찬가지로 통화준칙을 주장한다.

한편 합리적 기대론자들은 자유재량적 정책은 경제를 더욱 불안정하게 만들 것이라고 주장한다. 이들의 주장을 예를 들어 설명해 보자. 경제가 불황기로 서서히 접어들고 있다고 하자. 이를 인식한 정책당국은 투자를 촉진시키기 위해서 투자지출의 10%만큼의 금액을 과표에서 빼 주는 투자세액공제제도를 도입키로 했다고 하자. 이러한 기대되지 않은 조치는 투자에 대한 기대이윤을 부추기고 투자지출과 총수요를 증가시킬 것이다. 즉 재정정책은 제17장에서 살펴본 바와 마찬가지로 상당한 효과를 나타낸다. 그러나 이러한 정책이 몇 차례 반복된다면, 기업은 경제가 불황에 접어들 때마다 투자공제세액이 증가될 것으로 기대할 것이다. 따라서 불황 시에 기업은 투자수익을 증대시킬 조세감면을 기대하여 투자를 연기하게 될 것이다. 그런데 문제는 이러한 투자연기결정으로 불황은 더욱 심화되고, 실제로 조세감면의 효과가 나타날 때에는 예상외로 투자가 급격하게 증가된다는 것이다. 이와 같이 정부의 조세정책은 투자의 변동을 증폭시키고, 불황과 회복을 모두 심화시킨다. 요컨대 자유재량적 정책은 경기변동을 완화시키기보다는 오히려 경기변동을 부채질한다는 것이다.

## RET와 통화주의의 비교

RET는 정책방향으로서 준칙을 선호한다는 점에서 통화주의와 같다. 그러나 그 이유는 전혀 다르다. RET에 의하면 정책이 무력화되는 이유는 정책 자체의 결함이나 시행시기의 문제 때문이 아니라 민간경제주체들이 그 정책효과를 예측하여 반응하기 때문이다. 즉 RET 지지자들은 민간경제주체들이 정책결정과 그 효과에 관해 상당한 정보를 갖기 때문에 자유재량적 정책은 무력화된다고 보는 것이다.

이에 반하여 통화주의는 통화당국이 자유재량적 정책을 실시할 때 시차에 대한 충분한 정보를 갖지 못하기 때문에 정책이 실패한다고 본다.

요컨대 통화주의가 자유재량정책에 의문을 표시하고 준칙을 선호하는 이유는 정책당국의 무지(ignorance) 때문이고, RET가 준칙을 선호하는 이유는 민간경제주체들의 앎(knowledge) 때문이다.

## 19.3 공급중시경제학

### 등장배경

1970년대 초 이후에 나타난 스태그플레이션 현상에 대해서 유효수요를 강조하는 케인즈 이론이 무기력함을 보이자, 1980년대에 걸쳐서 미국의 일부 경제학자들—펠드스타인(M. Feldstein), 보스킨(M. Boskin), 래퍼(A. Laffer) 등—은 실질GDP와 물가수준이 총수요보다는 총공급의 변동요인에 의해서 결정된다고 보고, 경제를 성장 혹은 안정화시키기 위해서는 공급측면의 정책을 펴야 한다고 주장하였다. 경제학에서 공급중시경제학(supply-side economics)으로 알려져 있는 이들의 주장은 미국 레이건 행정부와 영국 대처 수상의 경제정책지침이 되었다.

### 기본 논지

공급중시경제학자들은 경제활성화 정책으로서 조세감축을 주장하는데, 이는 조세의 근로의욕, 투자의욕, 저축의욕에 대한 영향을 강조하기 때문이다. 사실 이들의 주장에 따라서 미국 레이건 행정부는 1981년(ERTA)과 1986년(TRA)에 상당한 조세삭감을 골자로 하는 조세개혁을 단행하였다. 이를 계기로 조세삭감에 대한 논쟁이 벌어졌는데, 수요측면을 중시하는 케인즈 경제학자들의 거센 반대가 있었다. 이들의 주장은 조세삭감으로 재정적자가 눈덩이처럼 늘어나 인플레이션이 가속화된다는 것이다.

그러나 공급중시경제학자인 래퍼는 낮은 세율을 매기더라도 조세수입액은 불변이거나 심지어 증가할 수도 있다고 주장한다. 바꾸어 말하면, 조세삭감은 인플레적인 재정적자를 초래하지 않는다는 것이다. 그의 이러한 주장은 이른바 래퍼곡선(Laffer curve)에 근거를 두고 있다. 〈그림 19-5〉에 나타난 래퍼곡선은 세율과 조세수입액과의 관계를 보여 준다. 이 곡선이 말해주는 기본골자는 세율이 0%에서 100%로 변함에 따라서 조세수입은 0에서 어떤 최대 수준(*M*점)까지 증가하고, 그 이후부터는 감소하여 0이 된다는 것이다. 그러므로 조세는 세율이 어떤 일정 수준을 넘어서면 감소한다. 왜 이런 주장이 가능한가? 세율이 너무 높아지면 경제활동을 위축시키고 이에 따라 과표가 감소하기 때문이라고 한다. 가령 극단적인 경우로 세율이 100%라고 가정해보자. 세율이 100%이므로 생산활동 자체가 정지될 것이기 때문에 당연히 조세수입은 0이 된다. 아무것도 없는 과표에 100%의 세율을 적용해보아야 조세수입은 0이라는 말이다. 래퍼의 이러한 주장은 *N*점처럼 조세율이 너무 높아서 생산이 위축되어 조세수입이 극대화점

**그림 19-5** 래퍼곡선

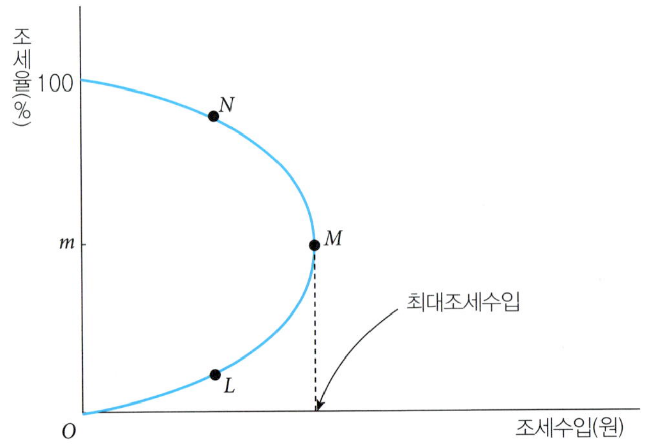


인 *M*보다 낮은 상태에 있을 수 있다는 것이다. 만일 경제가 *N*점에 있다면, 조세수입을 고정시킨 상태에서 세율을 더 낮출 수 있다. 그림에서 볼 수 있듯이 정부는 *N*점에서 *L*점으로 세율을 낮추더라도 종전과 같은 금액의 조세수입을 거두어들일 수 있다. 물론 래퍼의 이러한 생각은 세율이 낮아지면 일할 의욕, 저축할 의욕, 투자할 의욕을 부추겨서 실질GDP가 증가한다는 데 바탕을 둔 것이다.

이러한 이유 이외에도 공급중시경제학자들은 세율인하로 인한 재정적자는 발생하지 않을 것이라고 주장한다. 우선 세율이 낮아지면 탈세하려는 노력이 줄어든다고 한다. 한계세율이 높을 경우에 사람들은 어떻게 하면 세금을 덜 낼까 하는 궁리를 하지만 세율이 낮아지면 이러한 경향을 둔화시킨다고 본다. 다음으로 세율이 낮아져 생산과 고용이 증대되면, 정부의 사회복지분야의 지출이 줄어들어 재정적자가 발생하지 않을 것이라고 주장한다.

## 평 가

그러나 래퍼와 같은 급진적인 공급중시경제학자들은 레이건 행정부가 물러남에 따라서 그 빛을 잃었다. 이는 공급중시경제학자들의 예측을 실제와 비교해 볼 때, 상당히 빗나갔다는 평가가 지배적이기 때문이다. 우선 엑스타인(O. Eckstein)에 따르면 미국에서 세율인하의 노동에 대한 효과를 측정하는 대부분의 실증적 연구들은 공급중시경제학자들의 주장과는 다른 결론을 도출한다고 한다. 조세부담이 경감되면 예측대로 더 열심히 일하는 사람이 있는 반면에, 일부 다른 사람들은 조세감소로 목표세후소득이 쉽게 달성되기 때문에 덜 일한다는 것이다.

또한 1987년 미국의 저축률은 제2차 세계대전 이후 가장 낮은 저축률을 기록함으로써 조세삭감이 저축의욕을 유발하지 않았다는 주장이 가능하다. 뿐만 아니라 일부 공급중시경제학자들까지도 래퍼곡선은 0%에서 100% 세율 사이에 조세수입이 극대화되는 어떤 세율수준이 있어야 한다는 단지 논리적인 주장에 불과하다고 보고 있다.

그런데 더 문제가 되는 것은 실증적인 측면이다. 즉 경제가 래퍼곡선상에 어디에 있었는가가 중요하다는 것이다. 만약 래퍼가 생각했던 것처럼 경제가 그림의 *N*점에 있다면 조세율 인하는 총조세수입을 감소시키지 않을 수 있다. 그러나 1981년도에 미국경제가 *N*점에 있었다는 어떤 기록도 없다는 것이다. 만약 미국경제가 그 당시에 *M*점에 있었다고 하면, 세율인하는 조세수입의 감소를 가져와 막대한 재정적자를 초래할 수 있고, 이 경우 경제가 완전고용에 일단 도달하면 인플레이션만을 가속화시킬 수 있다.

## 요 약

1. 케인즈 경제학자들은 시장의 결함 때문에 경제는 불안정하다고 보고, 재정정책을 통하여 이를 치유할 수 있다고 주장한다. 통화주의자들은 시장이 경쟁적이므로 경제는 기본적으로 안정적이라고 보고, 정부의 개입을 배제한다.
2. 케인즈 경제학자들은 실질GDP, 물가수준, 실업률 등은 총수요에 의해서 결정된다고 본다. 따라서 그들의 기본방정식은 $C + I + G + X_n =$ GDP이다. 통화주의의 기본방정식은 교환방정식이다. 즉 $MV = PY$. $V$는 기본적으로 안정적이기 때문에 실질GDP($Y$)와 물가($P$)의 결정요인은 통화량($M$)이라고 주장한다.
3. 케인즈 경제학자는 금융정책에 비하여 재정정책이 더 효과가 크다고 보는 반면에, 통화주의자들은 그 반대라고 주장한다. 그 이유는 그들의 기본방정식에서 찾아볼 수 있다. 즉 정부지출은 케인즈의 지출방정식의 직접적인 구성요소이고, 통화량은 교환방정식의 직접적인 구성요인이다.
4. 통화주의가 금융정책의 효과를 인정한다고 해서 재량적인 금융정책을 제안하지는 않는다. 오히려 경제상황에 관계없이 통화량을 일정률로 증가시키는 통화준칙을 선호한다.
5. RET는 민간경제주체가 정부의 정책효과를 예측하여 행동한다면, 그 정책은 소기의 목적을 달성할 수 없다고 본다. 그러므로 RET는 통화주의와 마찬가지로 경제상황

변화에 따른 재량적인 정책을 반대한다.

6. 공급중시경제학은 케인즈 이론이 유효수요를 중시한 것과는 달리 공급측면을 중시한다.

## 용어 및 개념

케인즈 이론
새고전학파
통화주의
지출방정식
교환방정식
통화의 파급경로
화폐유통속도
밀어내기효과
재량정책
고정준칙
통화준칙
합리적 기대가설
정책무력성 정리
래퍼곡선
공급중시경제학

CHAPTER | ECONOMICS

# 20 경제성장

SECTION



지금까지는 단기적인 관점에서 산출량과 물가의 변동에 초점을 맞추어 거시경제의 이론과 실제를 공부해 왔다. 이제는 장기적인 관점에서 GDP의 증가추세, 즉 경제성장에 대해서 분석할 차례가 되었다.

제14장에서 언급한 바와 같이 경제성장은 완전고용 및 물가안정과 더불어 국민경제의 중요한 정책목표가 된다. 경제성장은 국민들의 생활수준향상을 의미하므로, 특히 빈곤에 처한 나라들에게는 시급한 과제가 되고 있다. 우리나라도 지난 50여 년 동안 가계, 기업, 정부 모두 경제성장의 문제에 매달려 왔다고 해도 과언이 아닐 것이다. 그 결과 현재는 1950년대 '헐벗고 굶주리던 때와는 비교가 안 될 정도로 생활수준이 높아졌다. 소비할 수 있는 상품 및 서비스의 양이 많아졌을 뿐만 아니라 그 질도 크게 향상되었으며, 당시에는 생각조차 할 수 없었던 PC, 팩시밀리, 스마트폰 등 신제품들이 보편화되고 있다.

이제 우리는 경제성장의 문제로 눈을 돌린다. 즉 산출량과 물가의 단기적인 변동이 아닌 장기적인 관점에서 다음과 같은 질문에 대답하고자 한다.

- 경제성장이란 무엇이며, 경제성장의 요인은?
- 한국의 경제성장과정과 성과는?
- 경제성장은 항상 바람직한 것인가?
- 경제성장정책에는 어떠한 수단이 있는가?

## 20.1 경제성장이란

경제성장이란 한 국민경제의 산출량이 시간이 지남에 따라 증가하는 현상을 말한다. 그런데 산출량이 증가하는 과정은 두 가지로 구분된다. 하나는 주어진 생산설비하에서 놀고 있는 자원을 활용하므로써 산출량이 단기적으로 증가되는 것이다. 〈그림 20-1〉에서 보는 바와 같이 어떤 경제가 생산가능곡선 내의 *A*점서 생산하고 있다면, 이 경제의 단기적인 목표는 완전고용을 달성하는 것이다. 즉 재정정책 혹은 금융정책 등 경제정책수단을 동원하여 *A*점에서 *B*점으로 생산점을 이동시키는 일이다.

다른 하나는 생산능력 자체를 증가시켜 산출량을 증가시키는 것이다. 완전고용의 달성이 바람직한 목표라고 할 수 있으나, 이 방법으로 증가시킬 수 있는 산출량의 '크기'에는 한계가 있다. 따라서 일단 생산가능곡선 상에서 자원이 활용되고 있다면, 생산능력이 확장되어야만 산출량이 증가될 수 있다. 이렇게 되기 위해서는 생산가능곡선 자체가 〈그림 20-1〉 (b)에서처럼 우상향으로 이동되어야 하며, 이는 잠재적 GDP의 증

**그림 20-1 산출량 증가의 두 유형**

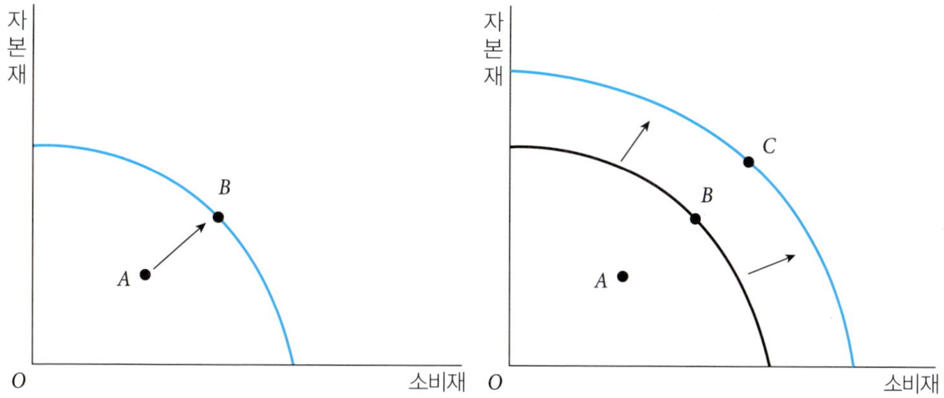


(a) 단기: 기존 설비의 활용 증가

(b) 장기: 생산능력의 확대

가를 의미한다. 이러한 생산가능곡선의 외부적 확장은 총수요·총공급모형에서는 총공급곡선의 우하향 이동으로 나타날 것이다.

물론 이상의 두 과정은 동시적으로 일어나며, 모두 국민경제에 있어서 중요한 과제가 된다. 그러나 장기적인 관점에서는 생산능력 자체의 확장이 더 중요하다고 볼 수 있다. 기존생산능력하에서 단기적인 자원의 활용증대는 상대적으로 미미한 산출량의 증가만을 가져오기 때문이다. 가령 실업률을 7%에서 4%로 낮춘다 하더라도, 산출량의 증가 정도는 별로 크지 않을 것이다. 그러므로 국민경제가 지속적이고도 획기적으로 산출량을 증대시키기 위해서는 생산가능곡선 자체의 외부적 확장을 도모해야 한다. 이러한 이유로 경제학자들은 경제성장(economic growth)을 잠재적인 GDP의 증가로 보는 것이다.

그러면 경제성장은 어떻게 측정되는가? 경제성장은 국민경제의 GDP 증가로 정의되므로[1)] 경제성장률은 GDP 증가율을 뜻한다. 예를 들어 어떤 한 해에 GDP가 경상가격으로 1,000조원이었는데, 그 다음 해에 경상가격으로 1,100조원이 된다면, 우리는 쉽게 10%의 경제성장을 했다고 말할 수 있다.

그러나 이 숫자를 경제성장을 측정하는데 그대로 사용하기에는 적절하지 못하다. 이것은 GDP가 경상가격으로 산출된 것이므로 물가상승분이 포함되어 있기 때문이다. 가령 재화나 용역의 산출량이 전년도와 동일함에도 불구하고 물가수준이 전년도에 비

[1)] GDP 측정에 대해서는 제14장을 참조할 것.

> **경제원리 #9**
>
> 한 나라의 생활수준은 상품과 서비스를 생산할 수 있는 능력에 따라서 결정된다. 근로자들이 시간당 더 많은 상품과 서비스를 생산할 수 있는 나라들은 높은 생활수준을 누릴 수 있다. 마찬가지로 한 나라의 생산성이 증가하게 되면, 일인당 소득도 증가한다.

해 10% 상승했다면 GDP 규모도 지난해에 비해 10% 늘어나게 된다. 이런 경우에 우리는 경제가 성장했다고 볼 수 없을 것이다. 그러므로 물가효과를 제외한 순수한 산출량이 한 나라 경제의 실질적인 경제성장을 측정하는 기준이 되어야 함을 알 수 있다. 다시 말해서 명목GDP에서 물가효과를 차감해서 실질 GDP를 계산하고, 그 규모의 변동 정도를 경제성장률로 정의해야 한다. 따라서 경제성장률은 다음과 같이 정의할 수 있다.

$$\text{경제성장률} = \frac{\text{금년도 경상GDP} - \text{전년도 경상GDP}}{\text{전년도 경상GDP}} \times 100 - \text{물가상승률}$$

## 20.2 한국의 경제성장

〈그림 20-2〉는 위와 같은 방법으로 계산한 우리나라의 경제성장률 추이를 보여 주고 있다. 그림에서 보는 바와 같이 그동안 한국의 GDP는 절대액 면에서 꾸준히 증가되어 왔으나 경제성장의 속도, 즉 경제성장률을 기준으로 보면 4단계로 구분할 수 있다.

### 제1단계: 경제개발 이전기

제1단계는 경제개발 이전 기간이다. 1962년 경제개발계획이 시작되기 전 우리나라는 경제규모도 작았을 뿐만 아니라 성장속도도 매우 느렸던 전형적인 후진국에 속하였다. 1955년 경상 GDP가 1천억원 정도에 불과하였으며, 1955~62년 기간 연평균 경제성장률이 3%에 그치는 수준이었다.

### 제2단계: 고도성장기

제2단계는 1962~1997년 기간으로 고도성장기이다. 1962년은 경제개발계획이 시작된 해로서 한국경제에 있어서는 하나의 전환점(turning point)이 되었다. 1962년부터 1997년 기간 연평균 성장률은 8% 정도로 이 기간 우리나라는 국제사회에서 '성장의 챔피언'으로 불리었다. 이에 따라 우리나라의 일인당 GDP는 1997년 12,401달러에 이르게 되었으

**그림 20-2 한국의 경제성장 추이(1954~2020년)**

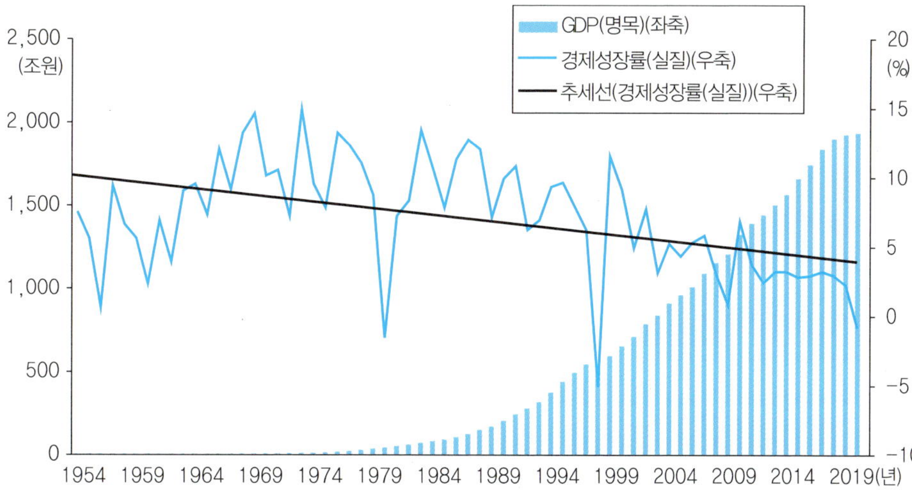


자료: 한국은행

며, 국제사회에서는 이른바 선진국으로 불리는 OECD 회원국으로 자리하게 되었다.

그렇다면 우리나라가 고도성장을 추구하고 이를 실제로 실현해온 배경은 무엇인가? 〈표 20-1〉을 통해서 경제개발을 착수할 당시의 여건을 알아보자. 먼저 정치·군사적인 면에서 남한은 북한의 계속적인 군사적 위협에 대응하기 위하여 GDP의 일정부분(약 5% 내외)을 국방비로 지출해야만 하였다. 경제면에서는 인구가 연간 약 3%씩 증가하는 가운데 도시와 농촌을 막론하고 유휴노동력이 산재하여 8%에 가까운 높은 실업률을 기록하고 있었으며, 국내자본형성이 미흡하였기 때문에 후진국에서 흔히 볼 수

**표 20-1 경제개발계획과 주요 경제지표** (단위: %)

| 5개년 계획 | 1차 | 2차 | 3차 | 4차 | 5차 | 6차 | 신경제 |
|---|---|---|---|---|---|---|---|
| 기간 | 1962~1966 | 1967~71 | 1972~76 | 1977~81 | 1982~86 | 1987~91 | 1993~97 |
| 경제성장률(목표치) | 7.9 (7.1) | 9.6 (7.0) | 9.2 (8.6) | 5.8 (9.2) | 9.6 (7.5) | 9.9 (7.2) | 6.9 (7.0) |
| 국방비/GDP | 4.3 | 3.9 | 4.2 | 5.6 | 5.5 | 4.1 | 3.1 |
| 인구증가율 | 2.7 | 2.2 | 1.7 | 1.6 | 1.4 | 1.0 | 1.0 |
| 실업률 | 7.6 | 5.0 | 4.1 | 4.1 | 4.0 | 2.6 | 2.4 |
| 국내저축률 | 8.0 | 15.2 | 19.2 | 24.1 | 27.1 | 36.9 | 34.9 |

자료: 통계청

있는 이른바 '빈곤의 악순환'을 면치 못하고 있었다. 1960년대는 정치, 경제, 사회 등 모든 면에서 불안정한 상황이었고, 정책당국은 국가안보와 사회안정의 기본요소인 고용기회확대와 국민의 경제생활안정을 도모하려는 노력으로서 고도성장목표를 설정할 수밖에 없었고, 이를 추구하였다.

### 제3단계: 중성장기

제3단계는 IMF외환위기 이후 1998년부터 2015년까지로 중성장 단계이다. 이 기간 중 연평균 성장률은 5% 수준으로 고도성장기에 비해 크게 떨어졌다. 특히 중국에게 성장의 챔피언 자리를 내어주고, 고용이 둔화되었다.

### 제4단계: 저성장기

제4단계는 2016년 이후 현재까지로 저성장단계이다. 이 기간 중 정부가 경제성장보다는 분배에 치중하면서 성장률은 2~3%를 기록하였다. 특히 소득주도성장정책으로 성장동력이 주춤하고 있으며, 여기에 COVID-19 팬데믹 현상으로 2020년에는 (−)0.9%의 성장률을 기록하면서 우려의 목소리가 커지고 있다.

## 20.3 경제성장의 요인

한 나라의 경제성장을 결정하는 요인은 무엇인가? 경제성장은 실질GDP로 측정되므로 실질GDP를 결정하는 요인이 바로 경제성장의 요인이 된다. 그러나 경제성장은 어떤 한 측면 또는 어떤 한 요인으로 설명할 수 없는 복합적인 현상이므로 그 분석 또한 쉬운 일이 아니다.

경제성장의 요인 역시 생산가능곡선을 통하여 이해될 수 있다. 독자들은 생산요소의 양과 질이 향상되고 기술이 진보하면, 생산가능곡선이 외부로 확장되면서 경제성장이 이루진다는 것을 익히 알고 있을 것이다.

그렇다면 경제의 생산가능곡선을 외부로 확장시킬 뿐만 아니라 생산가능곡선 상에서 계속 생산하게 하는 요인은 무엇인가? 다시 말해서 한 국민경제의 실질GDP를 증대시키는 요인은 무엇인가? 국민경제의 실질GDP는 〈그림 20-3〉에서 보는 바와 같이 공급측 요인과 수요측 요인에 의해서 결정된다. 먼저 공급측 요인의 어느 하

그림 20-3 경제성장의 요인

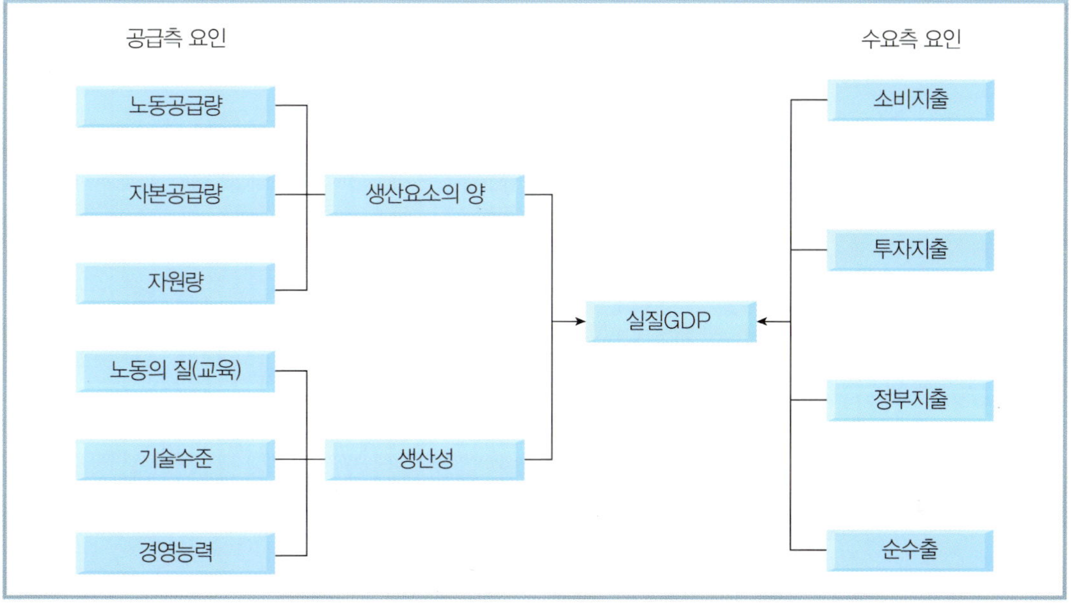


나, 예를 들어 노동력이 증가하면 〈그림 20-1〉 (b)에서처럼 생산가능곡선이 우상향으로 이동될 것이다. 물론 자본설비, 자연자원 등 다른 생산요소의 양이 증대되더라도 마찬가지 결과를 가져온다. 그러나 생산요소의 양이 고정되어 있다고 하더라도 생산성(productivity)이 향상되면 역시 경제성장이 가능하며, 생산성은 교육, 기술 등에 의해서 영향을 받는다. 현실적으로 생산요소량의 증가와 생산성의 향상은 개별적으로 분리되어 나타나는 현상이 아니라 동시적으로 발생하므로 〈그림 20-3〉은 현실을 단순화시킨 것임에 유의해야 한다. 이러한 공급측 요인은 경제가 성장할 능력, 즉 성장잠재력을 결정하는 요인이라고 볼 수 있다.

## 공급측 요인

### 노동공급

경제성장 요인으로서의 노동공급은 노동공급량과 노동의 질이라는 두 가지 측면에서 살펴볼 수 있다. 먼저 노동공급량은 취업자의 수와 이들의 평균노동시간에 의해서 결정된다. 취업자의 수는 총인구 중에서 경제활동인구의 크기에 의해서 제한을 받는다. 우리나라의 경우 〈그림 20-4〉에서 보는 것처럼 1965년 이후 인구와 경제활동인구는

**그림 20-4** 인구 및 경제활동인구 변화 추이

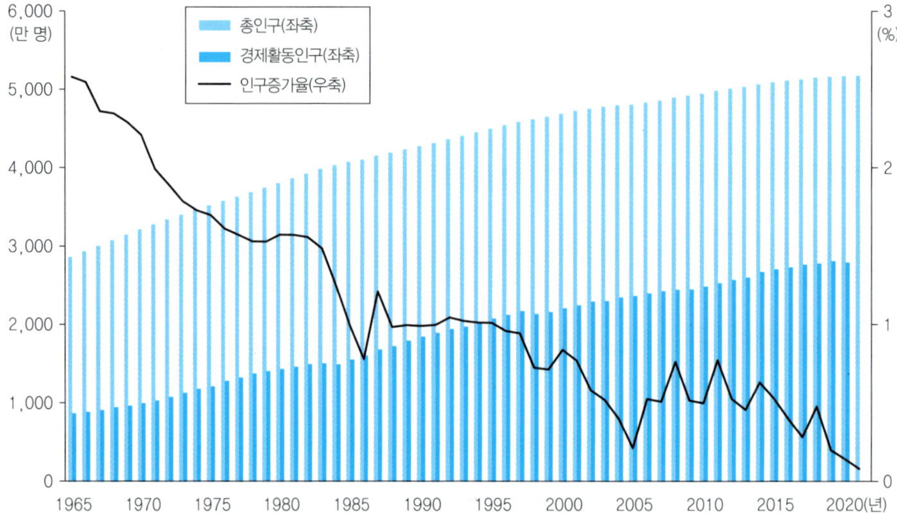


자료: 통계청

**그림 20-5** 주당 평균근로시간 변화 추이

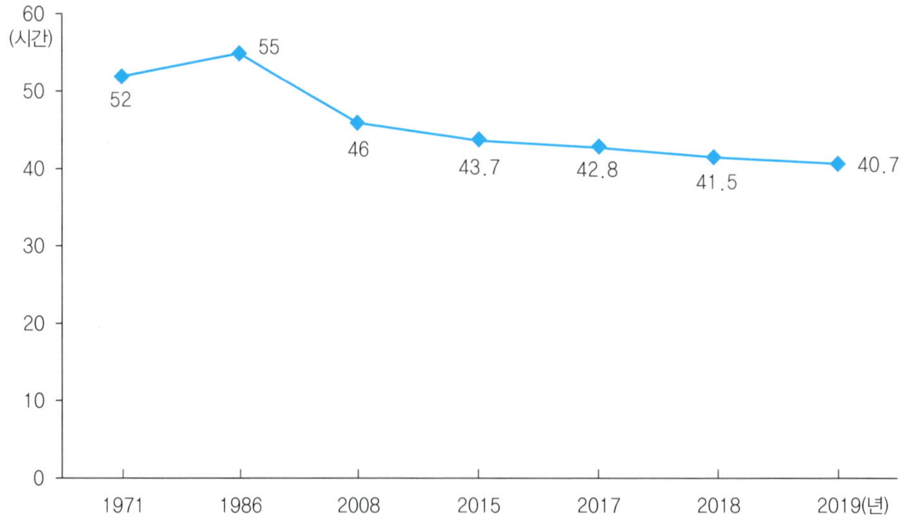


자료: 통계청

연평균 각각 2%, 3%의 속도로 꾸준히 증가해 왔다. 그 결과 총인구와 경제활동인구는 1965년 각각 2,871만 명, 875만 명이었으나 2020년에는 각각 5,178만 명(1.8배), 2,801만 명(3.2배)으로 크게 증가하였다. 하지만 최근 들어 인구증가율이 0.1% 미만으로 감소하면서 노동공급에 대한 적절한 대책이 요구되고 있다.

한편 취업자들의 평균노동시간은 주로 사회적 관습이나 법에 의해서 결정되며, 부수적으로는 노사간의 계약에 의해서 결정된다. 우리나라의 경우 주당 평균노동시간이 〈그림 20-5〉에서 보는 바와 같이 1971년 52시간에서 1986년 55시간으로 증가해 왔으나, 2004년 이후 주 5일 근무제가 확산되면서 2019년 현재는 40.7시간으로 줄어들었다. 특히 2018년부터 시행된 주 52시간 근무제(종전에는 68시간)의 도입으로 평균노동시간은 더 줄어들 것으로 예상된다.

### 노동의 질—교육

노동공급량이 고정되어 있더라도 노동의 질이 향상되면 생산성이 증가하게 되어 경제가 성장한다. 한 국민경제에 대한 노동력의 질을 측정하는 가장 단순하고도 쉬운 지표는 교육수준이다. 노동자에 대한 직업 및 직장교육은 생산성을 증가시킨다. 일반학교 교육도 모든 직종에서의 업무수행능력을 함양시켜 주기 때문에 넓은 의미에서 직업교육이다. 그러므로 보다 폭넓은 혹은 보다 높은 수준의 교육기회가 주어진다는 것은 가용자원의 생산성을 향상시키는 기술진보와 같은 것이다. 또한 교육은 인적자본(human capital)에 대한 투자라고 볼 수 있는데, 이는 교육의 효과가 실물자본재의 순투자와 같은 효과를 갖기 때문이다.

우리나라의 경우 국민들의 교육열은 실로 대단한 것이었으며 교육부문 또한 급속히 성장한 결과 우수한 근로자층을 형성시켰고 각종 경제활동을 성공적으로 수행할 수 있는 기반을 구축시켜 주었던 것으로 평가되고 있다. 특히 대부분의 남성이 경험하는 군 생활은 잘 훈련된 노동력을 배출하는데 공헌했던 것으로 얘기되고 있다.

### 투자와 자본축적

경제성장의 두 번째 요인은 투자이다. 물론 여기서 말하는 투자는 기계장비의 구입, 공장의 건설 등 실물자본 그 자체를 말하는 것이다. 기업경영자들은 어떤 투자계획이 있을 때, 투자로부터 기대되는 수익률이 투자자금의 기회비용, 즉 시장이자율보다 클 때 그 투자에 착수한다. 그런데 만약 저축률이 높은 국민경제라면 이자율이 낮게 되어 투

그림 20-6 국내자본형성의 추이

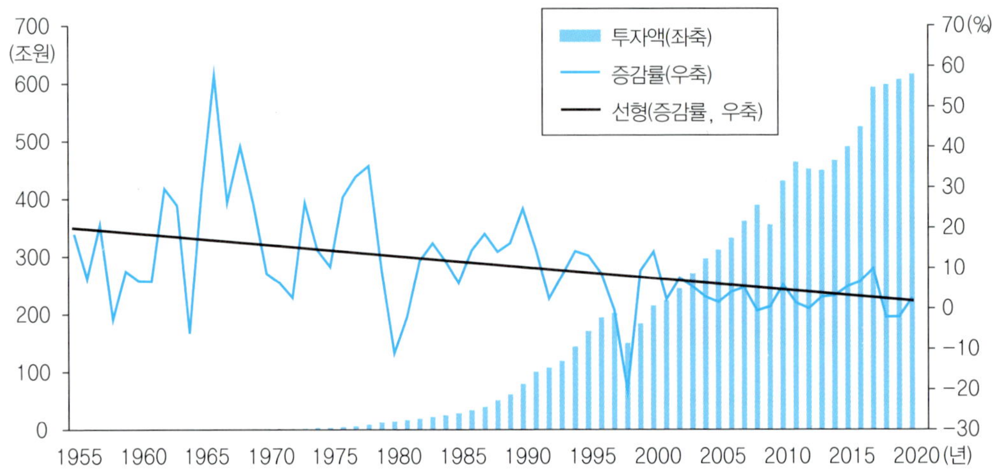


자료: 한국은행

자가 활발해질 것이다. 왜냐하면 저축은 기업이 돈을 빌리고 투자하는데 원천이 되기 때문이다. 투자가 증가하면 자본이 축적되어 경제가 성장한다.

우리나라의 경우 1960년대에 저축률이 매우 낮았음에도 불구하고 경제개발계획의 착수와 공업화 진전에 따른 정부와 민간기업의 활발한 투자활동에 힘입어 자본축적이 본격화되었다. 물론 국내에서 조달하지 못한 투자자금은 외국에서 돈을 빌려 옴으로써 충당하였다. 그 결과 〈그림 20-6〉에서 보는 바와 같이 1955년 한해 동안 투자규모가 141억원에 불과하던 것이 연평균 10% 이상 증가하면서 2020년에는 616조원으로 증가하였다. 이는 그간의 물가상승을 감안한다 하더라도 급격한 증가임을 알 수 있다. 그러나 투자증감률의 추세선에서 보는 바와 같이 투자증가 추세가 둔화되고 있다. 특히 2018년 이후 투자가 감소세를 보이고 있어 성장전망을 어둡게 하고 있다.

이와 같이 매년 기계장비에 대한 투자가 계속되면서 자본이 축적되어, 근로자 일인당 기계설비사용량, 즉 노동장비율이 크게 증가하였다. 노동장비율이 1968년 60만원에서 2019년 1억 3천만원으로 크게 증가하였다.

더 나아가서 경제성장을 위해서는 민간투자뿐만 아니라 정부의 사회간접자본에 대한 투자도 중요하다. 고속도로, 항만, 수도시설, 공항 등 사회간접자본이 제대로 갖추어지면 생산비를 낮춤으로써 총공급능력을 확대시킬 수 있다.

## 더 알아보기 투자와 경제성장

우리는 제14장에서 투자, 특히 순투자가 경제성장의 중요한 요인이 된다고 강조하였다. 각국의 경제성장경험은 이를 잘 말해주고 있다. 〈그림 20-7〉에서 보는 바와 같이 1960~91년 기간 동안 각국의 투자율과 경제성장률은 밀접한 (+)의 관계를 보여주고 있다. 우리나라를 비롯한 싱가포르, 일본 등 투자율이 높았던 나라에서는 경제성장률 역시 높았고, 반대로 방글라데시와 르완다 같은 나라는 투자율과 경제성장률이 모두 낮게 기록되었다. 물론 투자율이 높아서 경제성장률이 높았는지, 반대로 경제성장률이 높아서 투자율이 높았는지는 더 따져 보아야겠지만, 분명한 것은 투자와 경제성장은 밀접하게 연관되어 있다는 것이다.

이와 같이 투자가 경제성장에서 매우 중요하므로 경제성장과정에서 저축을 투자화시키는 금융기관의 역할은 매우 크다. 따라서 통화 및 은행제도를 관리하는 정부는 금융정책을 통해서 저축과 투자를 증가시킬 수 있으며, 이는 장기적으로 경제성장과 국민생활수준의 향상을 가져오게 된다. 통화와 은행제도, 그리고 금융정책에 대해서는 제17장에서 이미 살펴보았다.

**그림 20-7 투자와 경제성장**

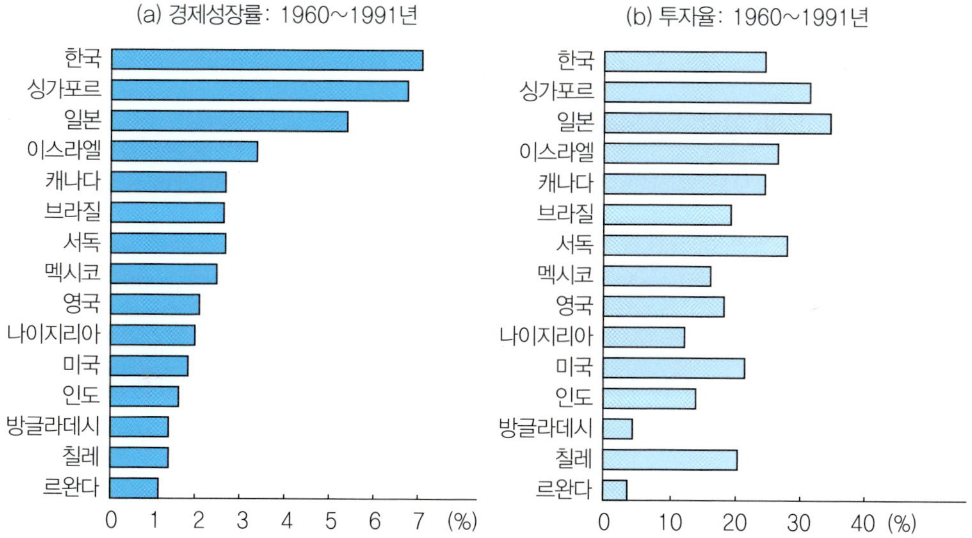


주: 투자율은 GDP 대비 투자액임.

자료: Mankiw, N. G., *Principles of Economics*, The Dryden Press, 1997, p.526

### 기술진보

일찍이 경제학자 슘페터가 "기술혁신은 경제성장의 원동력"이라고 갈파했듯이 기술진보는 경제성장의 중요한 요인이다. 기술진보의 이러한 역할은 서구사회의 경제성장경험에서 쉽게 발견할 수 있다. 200여 년 전 영국을 시작으로 일어난 산업혁명을 거론하지 않고서도 제2차 세계대전 후 잿더미 상태의 일본이 선진국의 기술을 배우고 이를 더 발전시킴으로써 경제성장을 이룩한 사실은 이를 잘 말해 주고 있다.

그러면 기술진보란 무엇인가? 일반적으로 기술진보는 보다 많은 생산을 위하여 제한된 자원을 새로운 방법으로 활용하는 과정으로, 신제품의 개발, 기존제품의 생산방법 개선, 시장개척, 경영관리방식의 변화 등이 포함된다. 또 기술진보는 기존의 자원을 다른 방법이나 다른 조합으로 사용할 때 나타나기도 하지만 어떤 경우에는 새로운 자본설비에 체화(embody)되어 나타나기도 한다. 예를 들어 1985년에 제작된 컴퓨터에는 1985년 당시의 기술수준이 체화되어 있고 2020년도에 제작된 컴퓨터에는 2020년의 기술수준이 체화되어 있다는 것이다.

이러한 기술진보는 바로 바로 일어나지 않는다. 앞에서도 잠깐 언급한 바 있지만 기술진보는 다음의 세 단계를 거치는 복잡한 과정으로 R&D 투자가 요구된다.

- 발명: 신제품의 개발이나 기존제품의 생산공정 개선
- 혁신: 발명을 실제 생산에 응용하여 상업화시키는 과정
- 모방: 이미 활용되는 기술이 모방되는 단계

발명단계에서는 재정적 지원이 힘을 발휘하나 혁신이나 모방단계에서는 시장유인, 즉 수익성이 중요한 역할을 수행한다.

우리나라의 경우에는 발명이나 확산을 통한 기술진보보다는 모방에 의한 기술진보가 중요한 역할을 수행하였다. 즉 선진국에서 이미 발명되고 상업화된 기술을 모방함으로써 경제성장을 이룩하였다. 뿐만 아니라 선진국에서 많은 자본설비를 수입함으로써 그 자본설비 속에 체화된 기술에도 힘입은 바 크다. 앞으로도 우리나라에서 기술요인이 경제성장의 관건이 될 것이 분명하다.

### 자연자원

앞에서 살펴본 노동력이나 자본설비와는 달리 자원은 기후, 천연자원, 산림, 어자원 등과 같이 자연에 의해 주어지는 선물이다. 자연자원은 경제성장과 밀접히 연관되어 있다. 19세기 중반 석유 발견의 예에서 볼 수 있듯이 자연자원의 발굴은 공급능력을 확대시키나, 반대로 자원의 고갈은 공급능력을 감소시킨다.

한 나라가 자연자원의 양과 질을 증대시킴으로써 경제성장을 이룩하는 데는 여러 가지 방법이 있다. 하나는 재생 불가능한 자원의 고갈 속도를 늦추거나 새로운 자원을 발견하는 것이다. 금속, 유리, 종이 등은 재생하여 쓰거나 강철 대신 플라스틱을 쓰는

## 더 알아보기 정보기술(IT)과 경제성장

오늘날 사람들은 경제가 매년 성장하는 것을 당연하게 여긴다. 그러나 인류역사를 통해서 일인당 산출량은 평균 0.1% 이하의 속도로 더디게 증가해왔다. 성장이 가속화된 것은 산업혁명이 시작된 18세기 말부터로, [그림 20-8]에서 보는 바와 같이 지난 200여 년에 걸쳐 일인당 GDP가 연평균 1.2%의 속도로 증가해 왔다. 이는 기술혁신에 기인한 것으로 그간의 성장단계는 4단계로 나눌 수 있다. 첫 번째 단계는 1780~1840년대 증기기관의 발명으로 시작된 영국의 산업혁명기이고, 두 번째는 1840~1890년대의 철도시대, 세 번째는 1890~1950년대의 전기 및 자동차 시대, 네 번째인 지금은 정보시대(information age)이다.

**그림 20-8** 세계 일인당 GDP의 증가

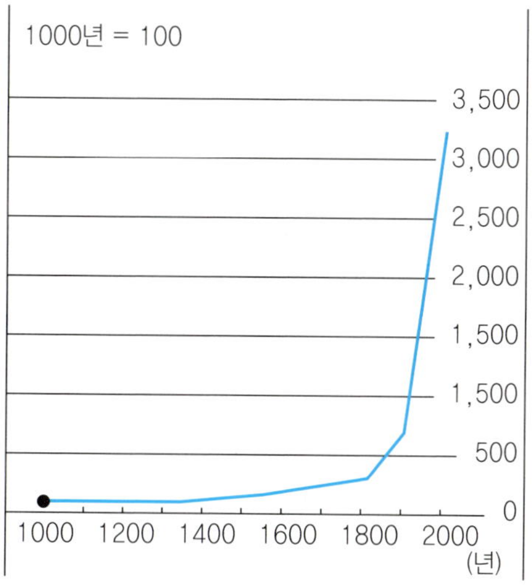


자료: *The Economist*, Sept. 21st, 2000.

특히 정보시대의 정보기술(IT)은 종전의 단계에 비해서 그 발전속도가 비교할 수 없을 정도로 빨라 경제성장에의 기여도가 큰 것으로 분석되고 있다. 정보기술의 발전속도 및 그 기여도는 무엇보다도 정보기술 자체의 비용감소에 의해서 측정된다. 지난 30년에 걸쳐 컴퓨터 처리능력의 실질가격은 99.999%나 낮아졌다. 이는 연간 35% 감소한 것으로, 런던-뉴욕간 국제전화료가 1930~2000년 기간 동안 연평균 10% 감소(3분 통화에 300달러에서 현재 20센트 이하)한 것에 비해서도 훨씬 빠른 속도이다. 이외에도 컴퓨터 및 인터넷은 다음 네 가지 측면에서 성장에 기여한다.

- IT는 기업활동(제품디자인부터 마케팅 및 회계까지)뿐만 아니라 경제전반에 걸쳐서 효율성을 증진시킨다. 증기기관, 전기, 철도 등은 주로 제조업과 상품수송에 주로 영향을 미쳐왔지만 IT기술은 서비스분야, 즉 의료 및 교육을 비롯하여 금융, 행정에 이르기까지 생산성을 증대시키는 첫 번째 기술혁신이 될 것이다. 선진국의 경우 서비스 비중이 75% 정도이므로 그 영향력은 매우 크다.
- IT는 정보에 쉽게 접근하게 함으로써 시장을 효율적으로 작동하게 한다. 이런 면에서 정보기술을 기반으로 하는 경제를 '누드경제'(nude economy)라고 부르기도 한다. 정보가 널리 활용되면서 완전한 정보를 가정하는 완전경쟁시장에 가까운 시장들을 탄생시킨다.
- IT는 글로벌화(globalisation)와 연관되어 있다. 통신비용을 급격히 낮춤으로써 IT는 상품 생산 및 자본시장을 글로벌화하고, 반대로 글로벌화는 경쟁과 혁신을 부추기고 무역과 투자를 통해서 신기술의 확산을 촉진시킨다.

**그림 20-9 총수요·총공급모형에서 본 IT의 실질GDP에 대한 효과**

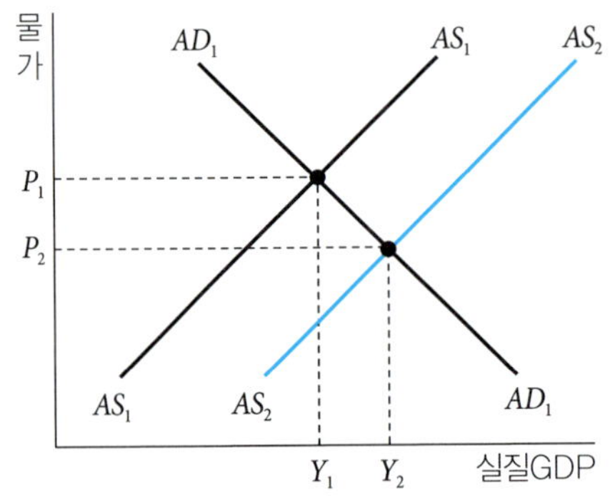


- IT는 기술혁신 자체를 촉진한다. 즉 대용량의 데이터를 처리하는 비용을 쉽고 저렴하게 하고 신제품을 디자인하는 데 걸리는 시간을 단축시킨다. 성능 좋은 컴퓨터 때문에 인간의 유전인자지도를 아주 짧은 기간에 추적해낸 것이 대표적인 예이다.

요컨대 컴퓨터와 인터넷이 경제에 미치는 효과는 비용절감에 있다. 〈그림 20-9〉에서 보는 바와 같이 IT는 한 국민경제의 총공급곡선(즉 성장잠재력)을 오른쪽으로 이동시킴으로써 실질GDP를 증가시킨다. 물론 과거에도 전기 혹은 자동차의 발명으로 성장잠재력이 이와 같은 방법으로 증가하였지만, 그 정도 및 범위가 IT기술에는 훨씬 못미친다고 하겠다.

것처럼 대체자원을 개발하는 것도 한 방법이다. 관개시설과 산림관리를 통해 토양의 힘을 유지하고 목재를 지속적으로 획득할 수 있다.

우리나라는 자원빈국(resource-poor country)일 뿐만 아니라 토지에 비해서 인구 압력이 큰 공간희소국(space-poor country)으로서 경제성장의 제약요인이었다. 우리나라는 지하자원의 종류는 다양하지만 사실상 석유, 금, 동 등 공업화에 필요한 지하자원이 극히 부족하고 원목, 원면, 생고무 등 지표자원 또한 부족하다. 이러한 여건하에서 고도성장을 추구하여 왔기 때문에 산업생산에 필요한 천연자원의 대부분을 수입에 의존하였다.

### 경영능력

생산요소는 기업가에 의해서 생산과정 속으로 동원·조직되고 관리되어져야 하므로 기업가정신(entrepreneurship)과 경영능력은 경제성장의 중요한 요인이 된다. 경영기법의 차이를 규정하고 그것의 효과를 측정하기는 어려운 일이다. 그러나 미국기업 경영자와 일본기업 경영자의 차이가 이의 중요성을 말해주고 있다. 포터(M. Porter)에 의하면 미국기업 경영자들은 장기적인 생산성의 향상보다는 단기적인 이윤극대화를 추구하는 반면에, 일본기업 경영자들은 장기적인 측면에서 시장점유율 확대, 품질향상, 노사 간의 유대 등을 중시하므로 일본기업이 더 높은 생산성을 보이고 있다고 한다.

우리나라의 경우에는 미국과 일본의 경영스타일이 혼재되어 있는 듯하다. 이에 따라 지속적인 경제성장과 관련하여 어떤 식의 기업경영 및 노사관계가 바람직한지에 대한 모색이 이루어지고 있다.

## 수요측 요인

성장잠재력이 있다고 해서 항상 그것이 실현되는 것은 아니다. 다시 말해서 공급측면에서의 생산력 증대만이 실제로 결정되는 GDP의 성장을 보장해 주지 않는다. 성장잠재력이 실제로 실현되기 위해서는 자원이 완전고용되게 하는 힘이 있어야 하는데, 이러한 힘이 바로 총수요이다. 우리가 경제순환모형에서 본 바와 같이 GDP는 지출측면에서도 볼 수 있으므로 확장되는 생산능력이 활용되기 위해서는 GDP에 대한 구매력인 총수요가 적절하게 증대되어야 한다. 실제 경제성장은 GDP에 대한 구매력인 소비수요, 투자수요, 정부지출, 순수출 등이 생산능력에 발맞추어 증가하여야만 비로소 가능한 것이다. 경제성장의 총수요측면에서의 결정요인은 〈그림 20-3〉의 오른쪽에 나타나 있다.

이러한 수요측 요인은 국민경제가 항상 생산가능곡선 상에 있을 수 없다는 점을 알려 준다. 만약 총수요가 부족하면 경제는 생산가능곡선 안에 위치하게 되며, 생산가능곡선이 우상향 이동하더라도 여전히 그 수준에 머물게 되어, 성장잠재력이 실제로 실현되지 않는다. 역사를 돌이켜 보더라도, 총수요는 경제성장에서 매우 중요한 역할을 수행하였다는 사실을 쉽게 알 수 있다. 1930년대 세계적인 대공황 당시 미국의 경우 1929년 실질GDP는 약 3천억 달러(1972년 가격 기준)에서 1933년 약 2천억 달러로 약 30% 정도 감소하였는데, 이것은 상품을 생산할 사람과 공장의 기계는 충분히 남아돌았음에도 불구하고 상품의 구매능력이 부족했기 때문이었던 것으로 분석되고 있다. 우리나라의 있어서도 경제성장률이 −3.7%로 급격히 하락한 1980년도에는 사회불안으로 기업의 투자의욕이 떨어지고 수출전망이 나빠진 결과, 기업가는 공장의 기계설비가 가동되지 못해서, 근로자는 일자리가 없거나 해고될 염려로 근심과 걱정의 나날을 보냈음은 잘 알려진 사실이다. 지금도 우리나라에서는 매년 50만 명 이상의 신규노동자가 증가하는데, 이는 우리 경제의 성장잠재력을 증대시킨다. 그러나 신규노동자들이 생산할 수 있는 추가생산량이 실제로 실현되기 위해서는 신규노동자들이 직장을 구할 수 있어야 하며, 이들의 능력을 충분히 활용하는 기업이 있어야 한다. 요컨대 경제가 한 생산가능곡선 상에서 다른 생산가능곡선 상으로 이동하려면, 공급측 요인뿐만 아니라 수요측 요인도 뒷받침되어야 한다.

우리나라의 경제성장 경험을 돌이켜 보면, 수출주도형 경제성장이라고 불려질 만큼 수출이 성장에 크게 기여하였다. 1960년대 초기 국내의 시장수요만으로는 공급확대와 더불어 총수요를 증대시키기에는 한계에 부딪쳤기 때문에 해외시장의 개척을 통해서 성장의 견인력을 키워 왔던 것이다.

이상에서 우리는 경제성장의 요인을 총공급측면과 총수요측면에서 각각 살펴보았다. 그러나 이는 실제 현상의 한 부분만을 얘기한 것이라 하겠다. 왜냐하면 〈그림 20-3〉에서처럼 양자의 상호작용에 의해서 실제 GDP가 결정되기 때문이다. 예를 들어 노동공급의 감소(실업)는 기업의 기계구입의욕(투자)을 감소시킬 뿐만 아니라 연구 및 개발에 대한 투자지출을 줄일 것이고, 노동자들은 새로운 기계설비나 기술도입을 반대할 수도 있다. 거꾸로 기업의 투자 및 연구개발의욕이 낮아지면 실업이 증가하게 된다. 물론 이러한 영향을 수량으로 직접 측정하기는 어려우나 상당히 중요한 것임을 부인할 수 없겠다.

## 경제성장요인의 상대적 중요성

### 공급측 요인의 상대적 중요성

경제성장은 노동, 자본 등 생산요소의 단순한 양적 증가와 교육, 기술진보, 자원배분의 효율성 등 생산성의 향상에 의해서 이룩된다고 할 수 있지만 실제로 이들 요인을 분리해서 설명하기에는 한계가 있다. 그럼에도 불구하고 이들 요인의 성장기여도를 대략적이나마 추정해 보는 일은 적어도 각 요인들의 상대적인 중요성을 이해하는 데 도움을 줄 수 있다.

다행히도 우리나라 경제성장요인에 대해 세계경제연구원에서 계량기법을 사용하여 추정해 놓은 연구가 있다(〈표 20-2〉).[2] 여기서 볼 수 있는 가장 큰 특징은 1960~70

[2] 이러한 방법을 미국의 경제학자 데니슨이 처음 사용하였다고 하여 데니슨의 방법이라고 한다. 데니슨의 방법에서 나타나는 통계수치는 노동, 자본, 기술, 교육 등 성장요인 상호간의 관계에 대해서는 해답을 주지 못하는 한계가 있다.

**표 20-2** 한국경제성장의 공급측 요인 분석 (단위: %)

| 성장요인 | 1963~79년 | | 1979~95년 | | 1963~95년 | |
|---|---|---|---|---|---|---|
| | 기여성장률 | 성장기여도 | 기여성장률 | 성장기여도 | 기여성장률 | 성장기여도 |
| 생산요소의 증가 | 4.2 | 57 | 4.0 | 50 | 4.0 | 53 |
| 노동 | 3.2 | 43 | 2.2 | 28 | 2.7 | 36 |
| 자본 | 1.0 | 14 | 1.8 | 22 | 1.3 | 17 |
| 생산성의 증가 | 3.2 | 43 | 4.0 | 50 | 3.6 | 47 |
| 교육수준 | 0.2 | 3 | 0.4 | 5 | 0.3 | 4 |
| 기술진보 | 1.2 | 16 | 1.7 | 21 | 1.5 | 19 |
| 자원배분의 개선 | 0.5 | 7 | 0.4 | 5 | 0.4 | 6 |
| 규모의 경제 | 1.3 | 17 | 1.5 | 19 | 1.4 | 18 |
| 경제성장률 | 7.4 | 100 | 8.0 | 100 | 7.6 | 100 |

자료: 김광석, 우리경제의 성장원인과 성장잠재력 전망, 세계경제연구원, 1998.

년대와 1980~90년대 간의 고도성장요인의 상대적 중요성에 커다란 차이를 보이고 있다는 점이다. 첫째는 〈표 20-2〉에서 보는 바와 같이 1963~79년 기간 생산요소의 양적 증가와 생산성 향상의 경제성장기여도가 57% : 43%로 전자가 후자보다 앞섰으나, 1979~95년 기간에는 동비율이 50% : 50%로 같게 되었다. 즉 경제성장의 요인 중 양보다는 질이 상대적으로 중요하게 작용하였다. 둘째는 이러한 변화를 주도한 것은 노동, 자본, 그리고 기술의 역할 변화였다. 표에서 보는 바와 같이 1963~79년 노동의 성장기여도는 43%였으나 1979~95년 기간에는 28%로 크게 낮아진 반면에, 기술진보의 성장기여도는 동기간에 16%에서 21%로 증가하였다. 자본의 성장기여도도 14%에서 22%로 크게 증가하였는데, 이 역시 기술진보에 기인하는 부분이 포함되어 있을 것이다. 왜냐하면 최신기술이 자본(기계설비)에 체화되는 측면이 있기 때문이다.[3] 따라서 기술진보의 상대적 중요성이 커진 것은 분명한 것으로 보인다.

그러나 미국, 일본, 독일 등 선진국에서는 이미 1950~60년대에 이미 생산요소보다는 생산성이 성장에 더 크게 기여한 것으로 보고되고 있다. 〈그림 20-10〉에서 보는 바와 같이 이들 국가에서는 생산성의 성장기여도가 50% 이상으로 나타나고 있으며, 기술

[3] 구체적인 예를 들어 컴퓨터로 제어되는 선반이 1977년에 우리나라에서 처음으로 개발되었는데, 이는 제작 당시에 존재하던 기술수준이 그 기계에 체화된 것으로 볼 수 있다. 이 기계는 그 이전에 사용되어 왔던 수동식 선반에 비해서 속도나 정확도면에서 상당한 차이를 보이는 것으로 알려져 있다.

그림 20-10 생산성 향상의 성장기여도 국제비교

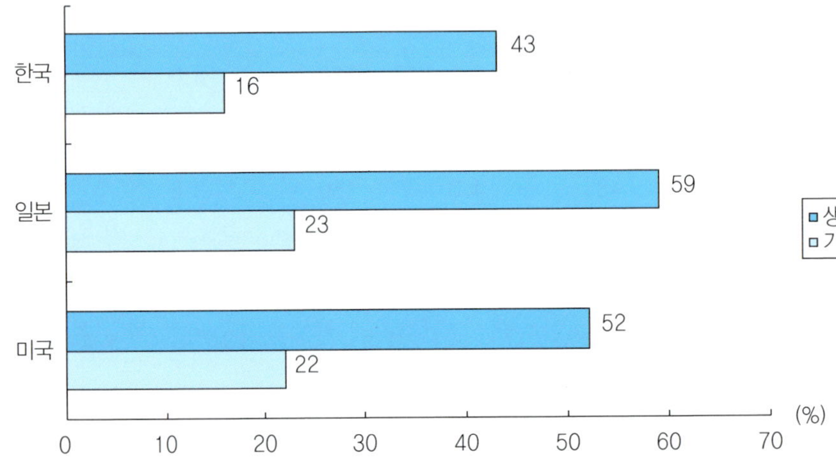


주: 한국 1963~82년, 미국 1948~89년, 일본 1953~71년, 독일 1950~62년 자료임.
자료: 송병락, 한국경제론, 1995, p.369

진보의 성장기여도도 이미 20% 이상을 기록했던 것으로 분석되고 있다. 따라서 이들 국가에서는 1990년대에 들어와서 정보화의 추세와 맞물려 생산성 및 기술진보의 성장기여도가 더 크게 증가한 것으로 추정할 수 있겠다.

### 수요측 요인의 상대적 중요성

우리나라의 경제성장 경험을 돌이켜 보면, 수출주도형 경제성장이라고 불리어질 만큼 수출이 성장에 크게 기여하였다. 1960년대 초 국내수요만으로는 공급확대와 더불어 총수요를 증대시키기에는 한계에 부딪쳤기 때문에 해외시장의 개척을 통해서 성장의 견인력을 키워왔다.

수요측 성장요인의 상대적 중요성을 보면, 〈표 20-3〉에 나타난 바와 같이 수출증가의 성장기여도는 계속 증가하여 왔다. 우리나라 수출의 성장기여도는 1963년에 약 10%에 불과하였으나 1960년대에는 22%, 1970년대에는 27%, 1980년대에는 30%, 그리고 1990년대 후반에는 60%에 가까운 것으로 분석되고 있다. 2000년대 이후에도 수출의 성장기여도는 40% 이상을 유지하였다.

따라서 한국의 경제성장과정에서 수출이 가히 '성장의 엔진' 역할을 담당해 왔다고 할 수 있다. 사실 우리나라의 경우 국내소비수요만으로는 고도성장에 한계가 있었으

**표 20-3** 한국경제성장의 수요측 요인 기여도

| 기간 | 산업 | 소비증가 | 투자증가 | 수출증가 | 수입대체 | 투입-산출 계수의 변화 | 합계 |
|---|---|---|---|---|---|---|---|
| 1963~1970 | 전산업 | 81.8 | | 21.9 | −1.8 | −1.9 | 100 |
| | 중화학공업 | 24.0 | 23.5 | 35.9 | 3.6 | 13.0 | |
| 1970~1975 | 경공업 | 57.8 | 7.9 | 32.5 | −0.8 | 2.6 | |
| | 전산업 | 54.8 | 15.5 | 27.3 | −1.3 | 3.7 | 100 |
| | 중화학공업 | 25.6 | 22.7 | 41.3 | 7.1 | 3.3 | |
| 1975~1980 | 경공업 | 51.7 | 13.1 | 31.7 | 1.4 | 2.0 | |
| | 전산업 | 48.1 | 21.2 | 27.3 | 1.6 | 1.8 | 100 |
| | 중화학공업 | 39.1 | | 48.2 | 8.7 | 3.9 | |
| 1980~1985 | 경공업 | 37.6 | | 50.5 | 0.4 | 11.5 | |
| | 전산업 | 59.1 | | 32.9 | 3.5 | 4.5 | 100 |
| | 중화학공업 | 62.3 | | 28.9 | 3.6 | 5.1 | |
| 1985~1990 | 경공업 | 57.4 | | 39.4 | −5.7 | 8.8 | |
| | 전산업 | 71.5 | | 22.9 | 0.4 | 5.2 | 100 |
| 1990~1995 | 전산업 | 77.0 | | 29.7 | −8.4 | 1.8 | 100 |
| 1995~2000 | 전산업 | 45.4 | | 58.8 | 0.5 | −4.1 | 100 |
| 2000~2005 | 전산업 | 57.0 | | 43.0 | −3.3 | 3.2 | 100 |
| 2005~2009 | 전산업 | 49.3 | | 49.7 | −3.6 | 4.5 | 100 |

자료: 한국은행, 산업연관분석해설

므로 많은 기업들이 수출을 통해 활로를 개척하였고, 수출을 통해 벌어들인 외화는 다시 원자재 수입에 사용되었다. 뿐만 아니라 수출산업이 확장되면서 매년 쏟아져 나오는 새로운 노동력에 일자리를 마련해 주고 이들의 소득을 향상시킴으로써 궁극적으로는 사회안정에도 기여하였다. 우리나라는 대외의존도가 높기 때문에 앞으로의 경제성장도 국제경제환경의 변화, 특히 수출환경의 변화에 달려 있다고 볼 수 있다.

## 20.4 경제성장의 비용

경제성장은 생산능력의 확대를 통한 물질의 풍요를 뜻하므로 지금까지 우리는 경제성장이 항상 바람직한 것으로 보고 논의를 진행해 왔다. 그러나 최근 들어 선진국을 중심으로 경제성장에 따르는 여러 가지 부정적인 측면에서의 문제점들이 일반대중뿐만 아니라 학계에서도 논란의 대상이 되고 있다. 우리나라에서도 경제성장 초기부터 지금까지도 '성장론자'와 '성장비판론자' 간의 논쟁이 아직도 계속되고 있다. 경제성장에 따르는 문제점들을 우리는 경제성장의 비용이라 하며, 본 절에서는 이에 대해서 살펴보기로 하겠다.

### 공 해

경제성장의 가장 큰 대가는 공해(pollution)라고 볼 수 있다. 경제성장과 이에 따른 산업발전은 대기와 하천의 오염, 생태계의 파괴, 교통문제, 소음공해 등 환경문제를 가져왔다. 이는 우리가 생활주변에서 피부로 느낄 수 있는 성장의 비용이다. 일부 환경학자들은 이와 같은 환경파괴가 계속될 경우 궁극적으로 인류의 생존이 위협을 받게 될 것이라는 우려를 표명하고 있다. 최근 들어 환경문제의 심각성을 인식한 일부 선진국들은 환경에 대한 국제적 규약의 제정을 강력히 주장하고 있다.

경제성장의 대가로서의 공해문제는 GDP의 생산과정에서 발생하는 폐기물이 자연의 정화능력을 벗어날 정도로 많아지기 때문에 문제가 되는 것이다. 즉 경제성장의 속도가 급속하고 이에 따라 생활수준이 크게 높아질수록 자연이 정화시켜야 할 폐기물은 증가하고, 궁극적으로는 그 능력범위를 넘어서게 된다.

이미 고도경제성장을 통해서 선진국이 된 나라들에 있어서 경제성장은 약간의 물질적 욕구충족을 위해서 환경파괴라는 엄청난 비용을 지불하는 것을 뜻한다. 이것이 성장비판론자들의 기본입장으로서 앞으로의 성장속도를 적절하게 제약해야 할 것이라고 주장한다.

### 불공평의 문제

성장비판론자들은 성장론자들과 달리 경제성장이 빈곤문제 등과 같은 사회경제적 문제에 대한 해답이 될 수 없다고 주장한다. 예를 들어서 그들은 빈곤, 즉 소득불평등이 기본적으로 분배 그 자체의 문제이지 생산의 문제가 아니라고 본다. 다시 말해서 빈곤문제를 풀기 위한 기본요건은 산출량의 증대가 아니라 정치적인 공약이라는 것이다. 물론 현재로서는 이 쟁점에 대한 결론이 나지 않은 실정이다.

### 심리적 비용

성장비판론자들은 급속한 경제성장, 특히 경제성장의 핵심요인인 기술의 변화는 근로자들에게 새로운 걱정과 불안감을 준다고 주장한다. 경제성장이 급속하게 일어날 경우 새로운 생산기술이 출현함에 따라서 근로자들은 기존의 기술과 경험이 노후화되는 문제에 직면하게 될 것으로 보고 있다.

### 인간가치의 상실

경제성장에 대한 근본적인 비판중의 하나는 경제성장이 "생존수단을 제공하나, 질 좋은 삶은 제공하지 못한다"는 것이다. 우리는 더 많이 생산할 수는 있을지 모르나 덜 행복해질 수도 있기 때문이다. 그간의 경제성장경험을 돌이켜 보면, 장인이나 예술가 중심에서 기계나 컴퓨터 중심으로 기술이 변화되어 왔으며, 일반 근로자들이 느끼던 심미적이고 직관적인 만족감은 상실되어 왔다. 구체적으로 경제성장과정에서 나타나는 고도화 · 전문화는 직무의 세분화를 초래하고, 경제단위의 확대는 조직사회를 형성함으로써 근로자는 움직일 수 없는 거대한 산업조직 속의 한 구성인자로 전락되었다. 이에 따라 근로자들은 의사결정에 영향력을 미칠 수 없게 되었다는 측면에서 소외감을 느끼지 않을 수 없게 되었다.

## 20.5 경제성장정책

만약 우리가 경제성장의 비용이 존재함에도 불구하고 물질적 풍요수단으로서의 경제성장이 바람직하다고 한다면, 경제성장을 촉진시키기 위한 정책에 관하여 의문을 갖지 않을 수 없을 것이다. 사실 한국경제의 과거를 돌이켜 보면, 어떻게 하면 빨리 성장할 수 있느냐가 정책당국은 물론, 온 국민의 관심사였다고 할 수 있다. 그렇다면 경제성장정책에는 어떤 것들이 있는가? 앞에서 살펴본 경제안정화 정책수단이 바로 경제성장정책수단이 된다.

### 총수요증대정책

케인즈 경제학자들은 경제성장을 촉진시키기 위해서는 재정 · 금융정책을 통해서 총수요를 확대시켜야 한다고 주장한다. 그들은 경제성장의 둔화원인을 불충분한 총수요수준과 이에 따른 GDP수준에서 찾는다. 특히 그들은 투자수요를 부추기기 위해서는 이자율을 낮추어야 한다고 주장한다. 즉 팽창금융정책을 주장한다. 또한 과열투자로 인플레이션이 유발되지 않도록 필요하다면 재정정책을 통해서 정부지출과 소비를 관리할 수 있다고 본다.

## 공급측면의 정책

케인즈 경제학자들과는 반대로 공급중시경제학자들은 경제의 성장잠재력을 증진시키는 공급측 요인에 초점을 맞춘다. 그들의 목표는 총공급곡선을 오른쪽으로 이동시키는 것이다. 특히 이들은 무엇보다도 조세삭감에 의해서 저축, 투자, 근로의욕, 사업의욕을 북돋아 주어야 한다고 주장한다. 이미 제16장에서 자세히 논의했지만 다시 예를 들어보자. 이자소득에 대한 세금을 감면해 주면, 저축에 대한 수익이 늘고 저축이 증대될 것이다. 한편 법인세율을 낮추거나 투자세액공제제도를 강화하면, 투자가 활발해질 것이다.  산업정책도 성장잠재력을 키우는 공급측면의 성장정책이라고 볼 수 있다.

이러한 공급측면의 성장정책은 경제의 성장잠재력을 증대시키는 요인에 초점을 맞춘 것으로 장기적 관점에서 수립되는 것이라고 볼 수 있다. 이와 대조적으로 케인즈 경제학자들은 총수요를 관리함으로써 높은 수준의 GDP수준을 유지하려는 단기정책이라고 할 수 있다.

우리나라의 성장경험을 돌이켜 보면, 그간의 성장정책들은 위에서 언급한 두 부류의 정책으로 분류될 수 있을 것이다. 예를 들어 1960년대 중반 이후 외채도입을 통해 기업에게 장기저리의 투자자금을 쓰게 한 것은 수요측면의 정책수단이라고 할 수 있다. 한편 저축을 장려한 것이라든가, 중화학공업에 대해 각종 세제혜택을 부여한 것은 공급측면의 성장정책이라고 하겠다.

## 요 약

1. 경제성장이란 실질GDP의 증가를 말한다. 단기적인 GDP의 증가는 주어진 설비의 가동률을 높임으로써 가능하지만, 장기적인 GDP의 증가는 생산능력 자체가 증대되어야만, 즉 생산가능곡선의 우상향으로 이동하거나 혹은 총공급곡선이 오른쪽으로 이동해야만 가능하다.
2. 일인당 GDP는 국민들의 생활수준을 나타내주고, 근로자 일인당 GDP는 생산성을 나타내준다.

3. 경제성장의 요인은 공급측 요인과 수요측 요인으로 나누어진다. 그러나 실제 경제성장은 이 두 요인의 상호작용에 의해서 가능하다. 공급측 요인은 요소의 양과 생산성으로 다시 구분되며, 생산성은 기술, 교육, 경영능력 등에 의해서 결정된다.
4. 경제성장은 공해문제, 소득의 불균형, 가치관의 상실 등 부작용을 초래한다.
5. 경제성장정책은 경제안정화정책과 중복된다. 수요측면의 경제성장정책은 재정정책과 금융정책이 있고, 공급측면의 경제성장정책으로는 조세감면, 산업기술정책, 규제완화, 인력정책 등이 있다. 특히 정부의 성장정책 중 저축과 투자를 촉진시키는 정책이 중요하다.

## 용어 및 개념

| | |
|---|---|
| 경제성장의 요인 | 기업가정신 |
| 성장잠재력 | 성장기여도 |
| 생산성 | 공해 |
| 인적자본 | 경제성장정책 |
| R&D투자 | 기술혁신 |
| 투자와 경제성장 | 정보기술(IT) |
| 소득주도성장정책 | |

PART 04 ECONOMICS

# 글로벌시대의 경제학

우리는 인터넷을 통해서 상거래가 이루어지는 지구촌시대에 살고 있다. 따라서 국제경제관계에 대한 이해가 필수적이다.

E C O N O M I C S

CHAPTER | ECONOMICS

# 21 국제무역과 금융

SECTION



이 장에서는 해외시장에 대해서 분석한다. 국제무역이 발생하는 이유는 무엇이며, 무역패턴과 교역조건을 결정짓는 요인은 무엇인가? 관세, 수입쿼터 등과 같은 무역장벽은 어떤 효과를 가져올 것인가? 수출입이 일어날 때 교역당사국 간의 화폐는 어떻게 교환되는가? 한 나라의 국제수지표란 무엇이며, 이를 통해서 우리는 무엇을 알 수 있는가? 국제수지 불균형은 어떻게 조정되는가? 한 나라의 환율은 어떻게 결정되며 현실에서의 환율제도는 어떠한가? 변화하는 세계경제환경 속에서 WTO, IMF 등 국제경제기구들의 역할은 무엇인가? 독자들은 이러한 질문들에 대해서 차례로 이해하게 될 것이다.

국제거래는 상품의 교환이라는 점에서 본질적으로 국내거래와 같다. 하지만 국경을 넘어 거래가 이루어지기 때문에 다음과 같은 점에서 국내거래와 다르다. 첫째, 국내거래에 있어서 생산물의 이동은 물론 생산요소의 거래도 매우 자유롭지만, 국제거래에서 생산물의 이동은 비교적 자유로울지 모르나 생산요소의 거래는 자유롭지 못하며 여러 가지 법적인 제약이 따르게 마련이다. 가령 서울에서 부산이나 광주로 직장을 옮기려 할 때, 의지만 있다면 얼마든지 옮길 수 있다. 그러나 해외로 이민을 가려고 한다면, 언어 및 문화장벽은 말할 것도 없이 이민법의 적용을 받아야만 한다. 실물자본의 국경 간의 이동도 상이한 조세제도, 상이한 정부규제, 상이한 상관습 등에 의해서 제약을 받게 된다. 그러므로 국가간 상품거래는 국가간 생산요소 이동의 대체수단이라고 할 수 있다.

둘째, 국내거래는 그 국가의 통화, 즉 단일통화에 의해서 이루어지는 거래이나 국제간의 거래는 이질통화에 의해서 이루어진다. 예를 들어 우리나라가 일본산 카메라나 미국산 자동차를 수입하기 위해서는 일본이나 미국의 수출업자에게 대금을 지불할 엔화나 달러화를 구입하여야 한다. 그러므로 국내거래와는 달리 외환시장이 존재하게 되며, 여기서 환율이 결정된다.

셋째, 국가 간의 거래는 국제수지라는 문제를 야기시킨다. 국내거래에서는 국제수지라는 것은 생각할 수도 없으나, 국제수지의 균형을 유지하는 것은 현대국가의 중요한 정책목표가 되고 있다.

따라서 국제경제관계는 '상품'과 '돈'이라는 두 가지 측면에서 분석할 수 있는데, 편의상 '상품'과 관련된 문제를 먼저 다루고자 한다.

## 21.1 국제거래의 중요성

〈그림 21-1〉은 세계 주요국들의 대외의존도—수출입이 GDP에서 차지하는 비중—를 보여 주고 있는데, 우리는 이를 통해서 이들 국가에 있어서 국제무역의 중요성을 대략적으로나마 파악할 수 있다. 일반적으로 자원이 제한되어 있고 국내시장이 협소한 나라들은 그들이 원하는 상품을 모두 생산한다기보다는 다른 나라로부터 수입을 하며, 이를 위하여 수출을 하게 된다. 여기에 속하는 나라가 독일, 네덜란드 등으로 대외의존도가 60% 이상으로 높게 나타나고 있다. 미국과 일본의 경우 대외의존도는 각각 19%와 28%

그림 21-1 세계 주요국의 대외의존도 비교(2020년)

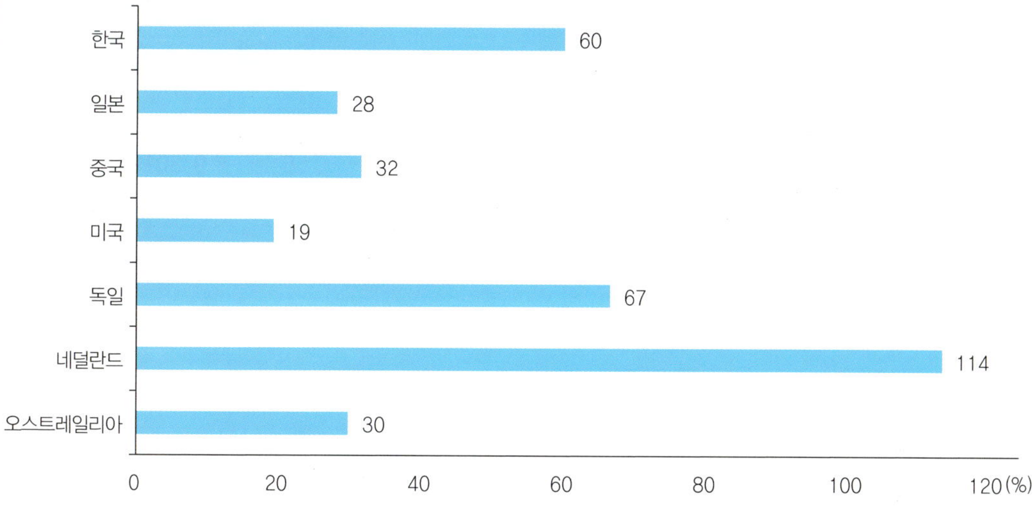


자료: 통계청

로서 다른 나라에 비해서는 낮게 나타나고 있으나, 국내경제규모에 비추어 보면 수출규모는 매우 크다고 할 수 있다. 우리나라의 경우는 어떠한가?

## 무역규모 및 대외의존도

1960년대 이전까지만 하더라도 한국은 국제사회에서 이른바 '전쟁의 나라', '헐벗고 굶주리는 나라'로 통하였고, 미국으로부터의 원조가 국제거래의 대부분을 차지하는 실정이었다. 그러나 1960년대 이후 고도성장을 이룩하자 한국은 '번영의 나라'라는 이미지를 가지게 되었으며, 오늘날 통상관계를 맺지 않은 나라가 거의 없을 정도로 개방화되었다. 〈표 21-1〉에서 보는 바와 같이 1965년 수출액이 약 2억 달러, 수입액이 약 5억 달러에 불과하였으나 2020년 수출이 5,125억 달러, 수입이 4,176억 달러에 이르게 되었다. 그 결과 우리나라는 무역규모기준으로 세계 8위의 교역국으로 부상하였고, 이는 그만큼 세계경제에서 한국경제가 차지하는 역할이 커졌음을 말해 주는 것이다.

그러나 무역규모에 비해 국내경제규모가 작기 때문에 한국경제의 대외의존도가 매우 높게 되었다. 우리나라의 대외의존도는 1965년에 21%에 불과하였으나, 2020년 현재는 60%를 기록하고 있다. 대외의존도가 높다는 것은 세계경제 여건의 조그마한 변화에도 국내경제가 과민한 반응을 보일 수밖에 없다는 것을 의미하는 것이다.

**표 21-1** 우리나라 수출입규모 및 대외의존도 변화추이 (단위: 억 달러, %)

| 구분 | 1965년 | | 1985년 | | 2005년 | | 2020년 | |
|---|---|---|---|---|---|---|---|---|
| | 금액 | 대GDP비율 | 금액 | 대GDP비율 | 금액 | 대GDP비율 | 금액 | 대GDP비율 |
| 수출 | 1.7 | 6 | 302 | 32 | 2,844 | 30 | 5,125 | 31 |
| 수입 | 4.6 | 15 | 311 | 33 | 2,612 | 28 | 4,176 | 29 |
| 합계 | 6.3 | 21 | 612 | 65 | 5,456 | 58 | 9,301 | 60 |

주: 통관기준임
자료: 통계청

## 무역구조: 상호의존관계

〈표 21-2〉에는 우리나라의 10대 수출입상품이 나타나 있는데, 이는 어떤 상품에서 우리나라가 다른 나라에 의존하고 있는가를 보여준다. 먼저 우리나라는 반도체, 원유, 천연가스 등을 다른 나라에 의존하고 있음을 알 수 있다. 이렇게 수입된 많은 상품들—예를 들어 일본산 카메라와 비디오 레코더, 미국산 컴퓨터, 프랑스산 포도주 등—은 국내 상품들과 경쟁하고 있으며, 경우에 따라서는 국내시장의 상당부분을 점유하고 있다.

반대로 우리나라 산업들도 해외에 크게 의존하고 있다. 표에서 보는 바와 같이 반도체, 자동차, 석유제품 등은 우리나라의 주요 수출상품으로서 해외시장의 상당부분을

**표 21-2** 우리나라의 10대 수출입상품(2020년) (억 달러, %)

| 순위 | 수출 | | | 수입 | | |
|---|---|---|---|---|---|---|
| | 상품 | 금액 | 비중 | 상품 | 금액 | 비중 |
| 1 | 반도체 | 992 | 19.4 | 반도체 | 502 | 10.8 |
| 2 | 자동차 | 374 | 7.3 | 원유 | 444 | 9.5 |
| 3 | 석유제품 | 242 | 4.7 | 반도체제조용장비 | 170 | 3.6 |
| 4 | 선박 | 197 | 3.9 | 천연가스 | 157 | 3.4 |
| 5 | 합성수지 | 192 | 3.7 | 컴퓨터 | 132 | 2.8 |
| 6 | 자동차부품 | 186 | 3.6 | 자동차 | 131 | 2.8 |
| 7 | 평판디스플레이 | 181 | 3.5 | 석유제품 | 129 | 2.8 |
| 8 | 철강판 | 160 | 3.1 | 무선통신기기 | 129 | 2.8 |
| 9 | 컴퓨터 | 134 | 2.6 | 정밀화학원료 | 106 | 2.3 |
| 10 | 무선통신기기 | 132 | 2.6 | 석탄 | 96 | 2.1 |
| | 합계 | 2,791 | 54.5 | 합계 | 1,999 | 42.8 |

주: 구성비는 총수출액과 총수입액 중에서 차지하는 비중임
자료: 통계청

그림 21-2 교역상대국별 수출입 비중 추이

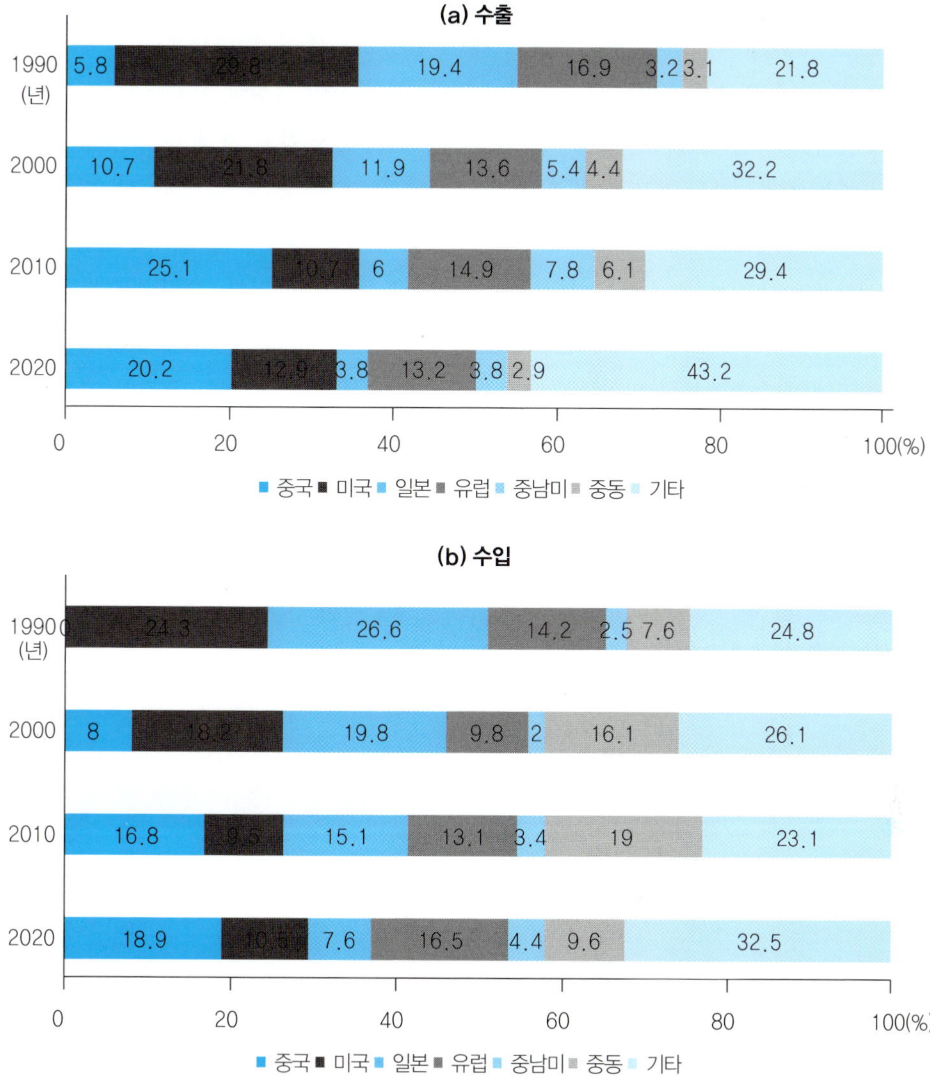


자료: 한국무역협회

차지하고 있다.

그러면 우리나라는 어떤 나라들과 교역을 하고 있는가? 우리나라의 교역상대국은 미국, 일본, 중국 등 3국에 편중되어 있다. 〈그림 21-2〉에서 보는 바와 같이 1990년대에는 주로 수출과 수입 모두 미국과 일본에 크게 의존하고 있었다. 현재에는 미국과 일본의 비중이 줄어들었으나, 중국이 등장하면서 중국의존도가 크게 증가하였다. 그림에서 보는 바와 같이 2020년 우리나라의 수출상대국은 중국(20.2%), 미국(12.9%), 일본(3.8%) 등의 순으로 이어지고 있다. 수입대상국 역시 중국(18.9%), 미국(10.5%), 일본(7.6%) 등으로 이들 3국에 편중되어 있다. 이와 같이 특정국가에 대한 수출입의존도가 높다는 사실은 한국경제가 그만큼 미국, 일본, 중국 등의 자국 내 사정에 영향을 받을 가능성이 크다는 것을 말해 준다.

〈그림 21-3〉은 우리나라가 다른 나라에 상품을 수출한 금액과 다른 나라로부터 상품을 수입한 금액을 나타내는 상품수지를 보여주고 있다. 그림에서 보는 바와 같이 무역수지는 0을 중심으로 변동하는데, 우리나라는 1990년 중반까지는 상품에 대한 수입액이 수출액보다 많았었으나, 그 이후에는 상품수지에서는 흑자를 기록하고 있다. 따라서 우리나라의 국제경쟁력은 전반적으로 과거에 비해서 향상되었다고 볼 수 있다.

## 순수출과 국민소득수준

수출과 수입의 차이, 즉 순수출의 변동은 투자나 정부지출과 마찬가지로 국민소득수준을 승수배만큼 변동시킨다. 따라서 수출입 크기의 조그마한 변동도 국내의 경제활동수준, 물가, 고용에 커다란 영향을 미칠 수 있다.

**그림 21-3** 우리나라의 상품수지 추이

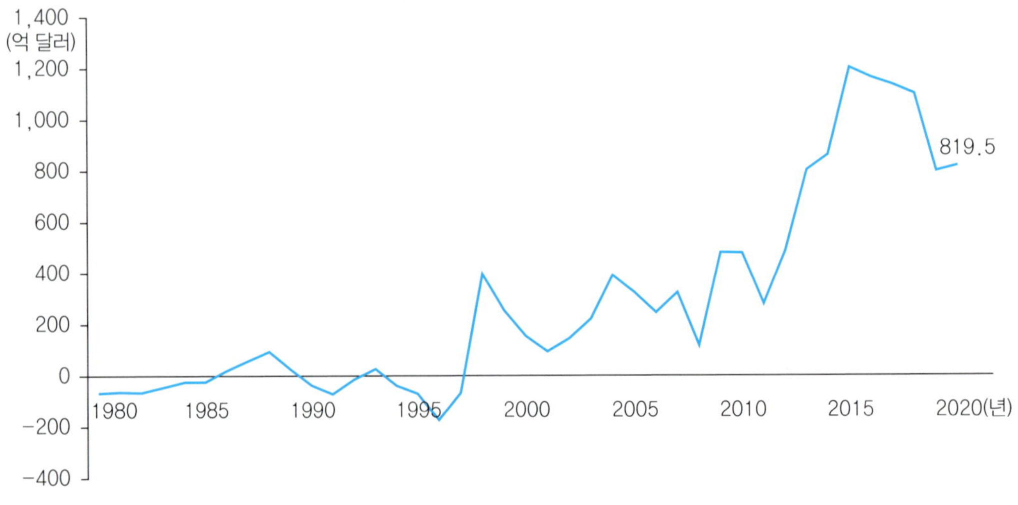


자료: 통계청

## 21.2 국제무역의 경제분석: 비교우위의 원리

앞에서 본 바와 같이 우리나라는 선박, 전자제품, 자동차 등을 수출하는 반면에, 다른 나라로부터는 원유, 석유제품 등을 수입하고 있다. 즉 노동 혹은 기술집약적 상품을 수출하고 자원집약적 상품을 수입하고 있다. 이웃나라 일본은 전자제품을 중심으로 한 노동 및 기술집약적 상품을 수출하고 있고, 미국은 자동차, 화학제품, 기계 등 자본집약적 상품이 수출의 주종을 이루고 있다. 그러면 무역형태가 이와 같이 결정되는 까닭은 무엇인가? 과연 각국은 무역활동에 참여하여 이득을 얻을 수 있는가? 어떤 나라가 수출하는 상품에 대해 받는 가격과 수입하는 상품에 대해 지불하는 가격, 즉 교역조건은 어떻게 결정되는 것일까?

이와 같은 질문에 답하기 위해서는 비교우위위 원리(law of comparative advantage)[1) ]라는 기초적인 경제이론을 이해해야 한다. 비교우위의 원리 역시 경제학의 핵심개념인 기회비용에 바탕을 둔 것이다.

이제 비교우위의 원리를 제2장에서 배운 생산가능곡선을 통해 체계적으로 설명해 보기로 하자. 설명을 단순화하기 위해서 교역은 한국과 태국, 두 나라 간에만 이루어지며, 각국은 곡물과 의복만을 생산한다고 하자. 또한 완전경쟁하에서 모든 생산요소가 사용되어진다고 가정하자. 〈그림 21-4〉에는 한국과 태국의 가상적인 생산가능곡선이 나타나 있다. 이 생산가능곡선의 두 가지 특징은 다음과 같다.

첫째, 양국에 있어서 생산가능곡선은 원점에 대해서 오목한 곡선이 아닌 직선으로 그려져 있다. 이는 기회비용체증의 법칙을 기회비용불변으로 대체한 것을 의미한다. 직선의 생산가능곡선을 가정하면 생산가능곡선 어디서나 기회비용이 일정하며, 이에 따라 비교우위가 변하지 않는다. 이것은 단지 분석을 단순화하기 위한 가정이다.

둘째, 한국과 태국, 양국의 생산가능곡선은 다르게 그려져 있다. 한국의 생산가능곡선은 평평한 반면에 태국의 생산가능곡선은 가파른데, 이는 기술수준과 생산방법의 차이로 인하여 나타나는 생산비의 차이를 반영하는 것이다. 〈그림 21-4〉 (a)에서 우리

[1)] 비교우위의 원리를 처음 주장한 사람은 고전학파 경제학자인 리카르도(D.Ricardo)였다. 그의 비교우위의 원리는 노동만이 유일한 생산요소라는 매우 단순한 가정에 의존하고 있다. 즉 상품의 가치는 노동투입량에 의존한다는 가정하에 상품의 가격은 임금수준에만 의존한다고 보고 있다. 흔히 우리나라는 과거에 선진국에 비해 상대적으로 저렴한 임금을 비교우위 삼아서 신발, 의복 등 노동집약적 상품을 수출하여 경제성장을 이룩해 왔다고들 하는데, 이는 굳이 해석한다면 리카르도의 비교우위에 바탕을 둔 생각이라고 할 수 있다

**더 알아보기** **공인회계사의 비교우위**

하나의 직관적인 예를 통해서 비교우위의 원리를 이해해 보기로 하자. 김철수라는 공인회계사(certified public accountant: CPA)—이하 CPA—가 자기 집을 페인트칠할 계획을 세우고 있다고 하자. 그런데 이 CPA는 전문페인트공보다 더 능숙하고도 빨리 작업을 마칠 수 있다고 하자. 이러한 경우에 이 CPA는 자신이 직접 집을 페인트칠하기 위해서 회계사무실을 비워야 하는가, 아니면 페인트칠은 페인트공에게 맡기고 사무실 일을 보아야 하는가? 이 질문에 대한 답은 각 경우의 기회비용에 의존한다. 즉 회계사무실 일을 보기 위해서 전문페인트공을 고용하는 비용과 자신이 직접 페인트칠을 하기 위해서 포기해야만 하는 소득을 비교하여 의사결정을 하게 된다. 이제 의사결정과정을 이해하기 위해서 다음과 같이 가정하자.

- CPA는 시간당 5만원을 벌고 페인트공은 시간당 1만원을 번다.
- CPA는 20시간 만에 작업을 끝낼 수 있는 데 비하여 페인트공은 30시간이 소요된다.

우리는 이상의 상황에서 언뜻 CPA는 페인트공에 비해서 회계업무도 잘하고 페인트칠도 잘하기 때문에 두 일을 모두 하는 것이 유리하다고 생각할 수 있다. 그러나 그렇지 않다. 즉 전문페인트공을 고용하고 자기는 회계업무를 보는 것이 유리하다. 왜 그런 것일까? 자신이 직접 페인트칠을 하는 데 대한 기회비용은 100만원(작업소요시간 20시간 × 포기된 소득 5만원)인 반면에, 페인트공을 고용하는 경우의 기회비용은 단지 30만원(30시간 × 1만원)이다. CPA는 회계업무와 페인트칠에 모두 우위를 가지고 있으나, CPA의 상대우위 혹은 비교우위는 회계업무이다. 그러므로 그는 회계업무에 전념하고 페인트공을 고용하여 비용을 절감할 수 있다.

이러한 원리는 페인트공에게도 그대로 적용된다. 페인트공은 페인트칠하는 데 전념하고 그 소득으로 CPA를 고용하면, 회계서비스를 받는 비용을 절감할 수 있다. 예를 들어 페인트공이 직접 연말소득공제서류를 작성하는 데 10시간이 걸리는 데 비하여 CPA는 1시간이 걸린다고 하자. 이때 페인트공이 직접 연말소득공제서류를 작성하는 데는 10만원(서류작성시간 10시간 × 포기된 소득 1만원)의 기회비용이 발생하는 반면에, CPA를 고용하면 5만원(1시간 × 5만원)의 기회비용만 발생한다. 페인트공은 회계업무와 페인트칠에 모두 열등하나, 페인트공은 페인트칠에 상대우위 혹은 비교우위를 가지고 있다. 그러므로 그는 페인트칠에 전념하고, 얻은 소득으로 CPA를 고용하여 비용을 절감할 수 있다.

위에서 CPA와 페인트공을 A국과 B국으로 놓으면, 비교우위의 원리는 국가 간에도 성립한다. 국가들도 비교우위의 원리하에서 한 제품생산에 특화함으로써 그들이 원하는 상품을 저렴하게 얻을 수 있다.

는 한국이 완전고용하에서 의복 30단위를 증가시키기 위해서는 곡물 30단위를 포기해야 함을 알 수 있다. 다시 말해서 생산가능곡선의 기울기는 $-1(-1/1)$이다. 이는 한국에서 의복 1단위를 얻기 위해서는 곡물 1단위를 포기해야 함을 의미한다. 뿐만 아니라 한국에서는 곡물과 의복의 국내교환비율 혹은 비용비율이 1 : 1임을 말해 준다. 그러므로 다음의 관계가 성립한다.

$$1C = 1W$$

앞에서 우리가 기회비용불변을 가정했으므로 이러한 $1W = 1C$의 관계는 어떤 생산량수준에 대해서도 성립한다.

태국의 생산가능곡선은 이와는 다른 교환비율을 보여 준다. 태국에서는 의복 10단위를 생산하기 위해서는 곡물 20단위를 포기해야만 한다. 생산가능곡선의 기울기는 $-2(-2/1)$이며, 이는 태국에서 두 재화의 비용비율이 의복 1단위에 대해서 곡물 2단위

그림 21-4 한국과 태국의 생산가능곡선

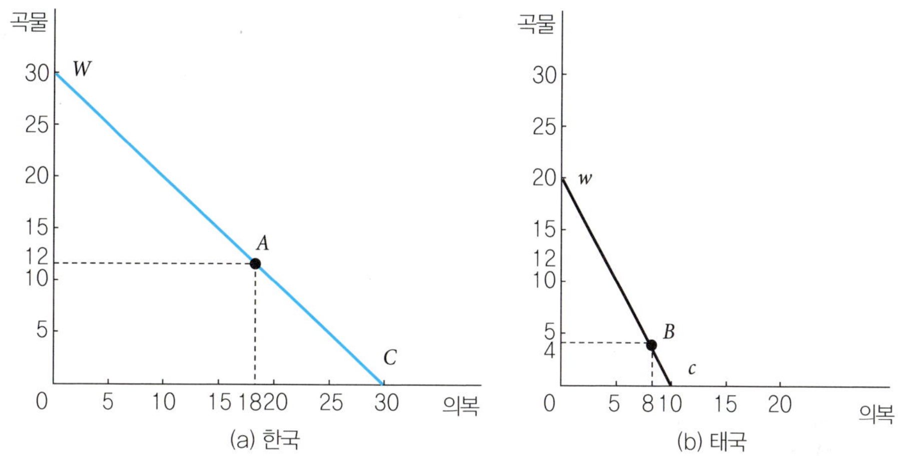


임을 의미한다. 즉

$$1C = 2W$$

역시 태국의 생산가능곡선이 직선이므로 $1C = 2W$의 관계는 어떤 생산량수준에 대해서도 성립한다. 이러한 상황하에서 다음의 물음에 차례로 답해 보기로 하자.

- 한국과 태국 간의 무역패턴은 어떻게 결정될 것인가?
- 수출품과 수입품 간의 교역조건은 어떻게 결정되는가?
- 양국이 얻는 무역의 이익은 얼마인가?

## 무역패턴의 결정

이상과 같이 기회비용의 차이가 존재하는 상황에서 한국과 태국은 각각 어떤 상품에 특화하여 교역할 것인가? 이를 교역 전과 교역 후로 나누어 살펴보자.

### 교역 전

한국과 태국 간에 모든 국제거래는 불법이라 하고, 양국 간 거래가 전혀 없는 상황부터 출발해 보자. 한국과 태국, 양국이 서로 무역을 하지 않을 때에는 각기 자국 내에서 생산된 양만큼 소비한다. 즉 각국은 자국의 생산가능곡선상에 있는 어느 한 점에서 생산하여 이를 소비할 뿐이다. 예를 들어 한국의 생산이 A점에서 결정된다고 하면 한국은 곡물과 의복을 각각 12단위, 18단위 생산하여 그만큼을 모두 소비하는 것이다. 한편 태국의 경우에 생산이 B점에서 결정된다고 하면, 태국은 곡물과 의복을 각각 4단위, 8단위를 생산하여 그만큼을 소비하는 것이다.

### 교역 후

이제 한국과 태국 간에 무역이 자유화되었다고 하자. 그러면 한국과 태국은 각각 어느 상품을 생산하여 수출할 것인가? 이는 비교우위의 원리에 의해서 결정된다. 비교우위의 원리(principle of comparative advantage)란 "양국이 상대적으로 더 낮은 기회비용으로 생산할 수 있는 상품에 특화하면 세계전체—한국과 태국—로는 총생산량이 극대화되는 것"이라고 말할 수 있다.

이 기준에 의하면 한국은 어떤 상품을 수출할 것인가? 한국은 곡물보다는 의복을 태국에 비해 상대적으로 낮은 비용으로 생산할 수 있다. 한국은 의복 1단위를 생산하기 위해서 곡물 1단위를 포기해야 하는 반면에 태국은 의복 1단위를 생산하기 위해서 곡물 2단위를 포기해야만 한다. 따라서 한국은 의복에 비교우위를 가지고 있고, 의복생산에 특화하여야 한다. 만약 이와 달리 의복이 높은 기회비용이 드는 태국에 의해 생산되어진다고 하면, 세계는 분명 자원을 효율적으로 활용하지 못하고 있다고 볼 수 있다. 태국이 의복을 생산한다는 것은 의복 1단위를 얻기 위해서 더 많은 곡물이 포기됨을 의미한다.

반대로 태국은 의복보다는 곡물을 한국에 비해 상대적으로 낮은 비용으로 생산할 수 있다. 태국은 곡물 1단위를 생산하기 위해서 의복 1/2단위를 포기해야 하는 반면에 한국은 곡물 1단위를 생산하기 위해서 의복 1단위를 포기해야만 한다. 따라서 태국은 곡물에 비교우위를 가지고 있고, 곡물생산에 특화하여야 한다. 이와 달리 곡물이 높은 기회비용이 드는 한국에 의해 생산되어진다고 하면, 세계는 분명 자원을 효율적으로 활용하지 못한다고 볼 수 있다. 한국이 곡물을 생산한다는 것은 곡물 1단위를 얻기 위해서 더 많은 의복이 포기됨을 의미한다.

이상에서 우리는 한국은 의복에 특화하고 태국은 곡물에 특화하여야 함을 알 수 있다. 한국의 경우 생산점이 생산가능곡선상의 *A*점에서 *C*점으로 이동하게 되어, 곡물은 전혀 생산하지 않고 의복 30단위만을 생산하게 된다. 태국의 경우 생산점이 교역전 생산가능곡선상의 *B*점에서 *w*점으로 이동되어 의복은 전혀 생산하지 않고 곡물만 20단위

**표 21-3 생산특화 전과 후의 세계생산량 비교**

| | 생산특화 전 | | 생산특화 후 | |
|---|---|---|---|---|
| | 의복 | 곡물 | 의복 | 곡물 |
| 한국 | 18 | 12 | 30 | 0 |
| 태국 | 8 | 4 | 0 | 20 |
| 세계 | 26 | 16 | 30 | 20 |

생산하게 된다. 이와 같이 한국과 태국이 비교우위의 원리에 따르면, 세계전체의 총생산량이 자급자족할 경우에 비해서 많아짐을 알 수 있다. 〈표 21-3〉에서 보는 바와 같이 의복의 생산특화 전 생산량은 26단위인 데 비하여 생산특화 후에는 30단위로 증가되고, 곡물의 생산특화 전 생산량은 16단위인 데 비하여 생산특화 후에는 20단위로 증가된다.

위와 같이 한국과 태국은 각각 의복생산과 곡물생산에 특화할 수 있지만, 소비자들은 의복과 곡물 모두를 소비해야 한다. 그러므로 특화는 필연적으로 양 제품간의 교역, 즉 수출입을 의미한다. 한국은 의복을 수출하고 곡물을 수입하며, 반대로 태국은 곡물을 수출하고 의복을 수입하여야 함을 알 수 있다.

## 교역조건

앞에서 우리는 한 나라가 어떤 상품을 수출하고 또 어떤 상품을 수입하게 되느냐는 문제를 해결한 반면에, 어떤 조건으로 이들 상품이 교환될 것이냐는 또 하나의 중요한 문제에 대해서는 해답을 주지 못하였다. 다시 말해서 교역조건(terms of trade)의 결정문제를 다루지 못하였다. 교역조건이란 한 나라가 수출품에 대해서 받는 가격과 수입하는 상품에 대해서 지불하는 가격 간의 비율을 말한다. 따라서 교역조건은 적어도 무역이익의 정도와 이것이 교역당사자들 간에 어떻게 배분되느냐를 말해 주는 한 척도가 된다. 이제 이렇게 중요한 교역조건이 어떻게 결정되는가를 살펴보자.

무역자유화 이후에 태국산 곡물이 한국으로 수입됨에 따라서 한국의 농부들은 곡물가격이 떨어지고 이윤이 감소되는 현상을 발견하게 될 것이다. 태국에서는 이와 반대현상이 나타난다. 한국산 의복이 태국시장에 수출되면서 태국의 의복업체들은 의복가격이 떨어지고 이윤이 감소함을 발견하게 될 것이다. 이 과정에서 우리는 양국의 산업구조변화(change in industrial structure)가 초래될 것이다. 즉 한국에서는 농업에서 의복산업으로 자원이 이동하고, 태국에서는 의복산업에서 농업으로 자원이 이동한다. 요컨대 자유무역하에서는 비교우위가 있는 산업의 비중이 높아진다. 수송비가 없다고 가정하면, 이러한 조정이 끝난 후에는 곡물가격과 의복가격은 한국이나 태국에서 같아지게 된다. 이는 두 개의 목욕탕에서 물높이가 수도관을 통해 같아지는 원리와 마찬가지이다.

그러나 더 이상의 정보 없이는 정확한 가격수준, 즉 교역조건은 알 수가 없다. 다만 최종적인 교역조건은 한국의 가격비(1C = 1W)와 태국의 가격비(1C = 2W) 사이에 있게 될 것이다. 즉

$$1W < 1C < 2W$$

그 이유는 무엇일까? 먼저 한국에서 국내 가격비가 1C = 1W이기 때문에 한국은 수출되는 의복 1단위에 대해서 곡물 1단위 이상을 받아야 한다. 달리 말하면 국내시장보다는 국제시장에서 더 높은 의복가격을 받아야만 한다. 그렇지 않으면 무역을 할 필요가 없을 것이다. 마찬가지로 태국의 자국내 가격비가 1C = 2W이기 때문에 태국은 의복 1단위를 얻기 위하여 곡물 2단위 이하를 수출해야 한다. 태국은 국내시장보다는 국제시장에서 더 높은 곡물가격을 받아야만 한다. 그렇지 않으면 태국 역시 무역활동을 하지 않을 것이다.

물론 한국은 교역조건이 태국내 교환비율인 1C = 2W에 가까울수록—예를 들어 1C = 1.75W—유리할 것이다. 한국은 당연히 수출하는 의복에 대해서 더 많은 곡물을 받기를 원하기 때문이다. 반대로 태국은 교역조건이 한국내 교환비율인 1C = 1W에 가까울수록—예를 들어 1C = 1.25W—유리할 것이다. 태국은 당연히 수입되는 의복에 대해서 더 적은 곡물을 수출하기를 원하기 때문이다. 그러면 교역조건은 실제로 어떻게 결정되는가? 한마디로 교역조건은 세계시장의 수요와 공급조건에 의해서 결정된다. 만약 곡물에 대한 세계적인 수요가 공급에 비해서 미흡하거나 혹은 의복에 대한 수요가 공급에 비해서 강하다면, 곡물가격은 낮아지고 의복가격은 높아질 것이다. 이 경우에 교역조건은 한국에 유리한 1C = 2W에 가깝게 결정될 것이다. 수요 · 공급조건이 이와 반대인 경우에는 교역조건이 태국에 유리한 1C = 1W에 가깝게 결정될 것이다.

## 무역의 이익

이와 같이 한국과 태국이 무역활동에 참여하는 것은 쌍방이 이득을 얻기 때문일 것이다. 그러면 각국이 향유하게 되는 국제무역의 이익은 어떻게 측정할 수 있을까? 무역의 이익을 측정하기 위해서는 교역조건을 알아야 하므로 여기서는 편의상 교역조건이 1C = 1.5W로 결정되었다고 가정하자.

무역 전에는 각국은 생산가능곡선상에서만 소비할 수 있었으나 무역 후에는 무역가능곡선(trade possibility curve)에서 소비할 수 있게 된다. 교역조건이 1C = 1.5W일 때 양국의 무역가능곡선이 〈그림 21-5〉 (a)와 (b)의 *CW'*와 *wc'*로 각각 나타나 있다. 생산가능곡선이 완전고용하의 경제가 한 상품생산에 고용되던 자원을 이동시켜 다른 상품을 얻는 선택점을 보여주는 것과 마찬가지로, 무역가능곡선은 한 나라가 한 상품생산에 특화하고 그것을 다른 상품과 교역하는 선택점을 보여준다. 〈그림 21-5〉의 무역가능곡선은 한국과 태국, 양국이 비교우위에 따라, 한 상품에 완전 특화한다는, 즉 한국은 의복에 완전 특화하고(C점) 태국은 곡물에 완전 특화한다(w점)는 가정하에 그려진 것이다.

이제 한국은 C점에서 시작하여 종전대로 생산가능곡선상에서 움직인다면 의복 1단위로 곡물 1단위를 얻을 수밖에 없지만, 교역을 통하여 무역가능곡선 CW'로 움직임에 따라서 태국으로 수출하는 의복 1단위당 곡물 1.5단위를 얻을 수 있게 된다. 마찬가지로 태국도 w에서 시작하여 종전대로 생산가능곡선상에서 움직인다면 의복 1단위를 얻기 위하여 곡물 2단위를 포기해야 하지만, 교역을 통하여 무역가능곡선 wc'로 움직임에 따라서 의복 1단위를 얻기 위하여 곡물 1.5단위만을 포기하면 된다.

이와 같이 특화와 교역은 한 나라의 무역가능곡선에 반영된 새로운 교환비율을 성립시킨다. 이러한 교역조건은 각국의 생산가능곡선에서 알 수 있는 교역 전의 교환비율보다는 각국에 모두 유리하다. 한국은 의복에 특화하고 태국의 곡물과 교환함으로써

**그림 21-5　무역가능곡선과 무역의 이익**

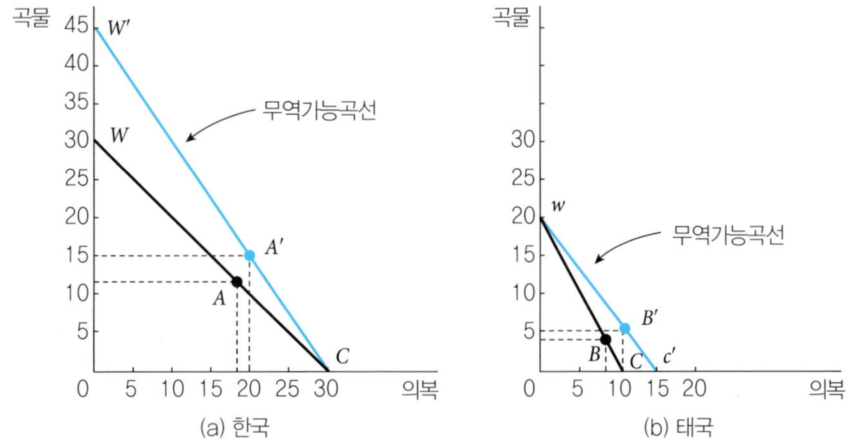

의복 1단위에 대해서 곡물 1단위 이상을 얻을 수 있게 된다. 마찬가지로 태국은 곡물에 특화하고 이를 한국의 의복과 교환함으로써, 의복 1단위를 얻기 위해서 곡물 2단위 이하를 포기하면 된다.

여기서 중요한 사실은 각국이 비교우위에 따라서 특화하고, 국내에서는 덜 효율적으로 생산할 수밖에 없는 상품과 교역함으로써, 한국과 태국 모두 종전에는 생산가능곡선 위에 놓여 있게 됨으로써 달성 불가능한 점에 도달할 수 있게 되었다는 것이다. 다시 말해서 비교우위에 따른 생산특화는 세계전체적으로 효율적인 자원배분을 가져오고, 이로 인해 증가한 의복과 곡물은 한국과 태국에 모두 이득이 된다.

자 이제 구체적인 수치를 통하여 무역의 이익을 계산해 보기로 하자. 교역조건이 1C = 1.5W로 성립된 상황하에서 한국은 의복 10단위를 태국에 수출하고 태국은 한국에 곡물 15단위를 수출한다고 하자. 〈그림 21-5〉에서 A점은 한국의 교역 전 생산점으로서 의복 18단위와 곡물 12단위를 생산하고 있었음을 나타낸다. 그러나 교역 후에는 의복 30단위만을 생산하고, 그중 10단위를 곡물 15단위와 교환함으로써, 의복 20단위와 곡물 15단위를 얻을 수 있다. 그림상에서는 A점에서 A′점으로 이동한 것이다. 〈표 21-4〉에서 보는 바와 같이 교역 전과 비교하여 교역 후에는 한국은 의복 2단위, 곡물 3단위를 추가적으로 얻게 된 것이다. 이것이 바로 한국이 향유하는 무역의 이익이다. 태국의 경우도 마찬가지 논리로 무역의 이익을 계산할 수 있다. 태국은 교역 전에 의복 8단위, 곡물 4단위를 생산하고 있었다(B점). 그러나 교역 후에는 곡물 20단위만을 생산하여 그중 15단위를 곡물 10단위와 교환함으로써, 의복 10단위와 곡물 5단위를 얻을 수 있다. 그림상에서는 B점에서 B′점으로 이동한 것이다. 교역전과 비교하여 교역 후에는 태국은 의복 2단위, 곡물 1단위를 추가적으로 얻게 된 것이다. 요컨대 무역의 결과로서 양국은 더 많은 상품을 갖게 된 것이다.

**경제원리 #10**

교역은 모든 사람의 후생을 증가시킨다. 교역은 사람들로 하여금 자신이 가장 잘하는 일에 전념할 수 있도록 한다. 다른 사람(혹은 국가)과 교역을 함으로써 다양하고도 많은 상품 및 서비스를 얻을 수 있다.

이상에서 A′와 B′가 A와 B보다 경제적으로 더 좋다는 사실은 매우 중요하다. 우리는 제2장에서 생산가능곡선은 ① 자원의 증가와 ② 기술진보에 의해서 외부로 확장된다는 점을 배웠다. 이제 우리는 한 나라가 생산가능곡선이라는 제약을 극복하기 위한 또 하나의 방법을 발견한 것이다. 그것은 다름 아닌 국제무역이다.

**표 21-4** 무역의 이익(교역조건이 1C = 1.5W인 경우)

| | 한국 | | 태국 | |
|---|---|---|---|---|
| | 의복 | 곡물 | 의복 | 곡물 |
| 교역 전 생산 및 소비 | 18 | 12 | 8 | 4 |
| 생산특화 | 30 | 0 | 20 | 0 |
| 교역 후 소비 | 20 | 15 | 10 | 5 |
| 무역의 이익 | +2 | +3 | +2 | +1 |

**더 알아보기** 국제무역을 설명하는 다른 이론들

위에서 살펴본 비교우위론은 무역의 발생이 각국에 있어서 생산의 상대적인 우위에서 비롯된다고 하고 있는데, 사실상 수요의 차이, 규모의 경제, 기술의 격차 등의 요인도 무역발생에 있어서 중요하다. 이제 이를 간단히 살펴보자.

첫째, 각국마다 소비자의 기호와 선호 등 수요의 차이가 국제무역을 가져올 수 있다. 예를 들어 한국과 미국이 생선과 쇠고기의 똑같은 양을 생산하더라도 한국의 소비자는 생선을, 미국의 수요자는 쇠고기를 더 선호한다면 한국은 쇠고기를, 미국은 생선을 상대국에 수출하게 될 것이고, 그에 따라 양국 소비자의 만족도도 증가할 것이다.

둘째, 대량생산에 따른 규모의 경제 때문에 국제무역이 발생할 수 있다. 즉 두 나라 사이에 비교생산비의 차이가 없다고 하더라도 각국은 규모의 경제를 갖기 때문에 생산량이 증가함에 따라 비용이 하락하는 두 재화 중 어느 하나의 생산에 특화하게 되면, 두 재화의 총생산량은 증가할 것이다.

셋째, 과학적인 연구와 개발에 따른 신제품의 출현으로 인한 무역의 발생이 있을 수 있다. 기술적으로 앞선 나라가 새로운 제품을 개발할 경우 이 나라는 한동안 이 제품의 수출을 통해 독점적인 이득을 얻게 되나, 이후 이를 수입하던 나라들이 점차 기술제휴, 합작투자 또는 부품의 구입 등을 통해 이 제품을 생산할 수 있는 능력을 모방하게 됨에 따라, 이 제품은 점차 표준화 되어 간다. 이에 따라 이 제품에 대한 비교우위도 점차 기술적 격차보다는 임금격차에서 발생하게 되며, 결국 기술적으로 뒤져 있던 나라의 우위가 커지게 된다. 우리는 이러한 예를 가전제품, 자동차, 개인용 컴퓨터 등에서 찾아볼 수 있다.

## 21.3 무역장벽

이상에서 우리는 자유무역이 교역당사자 모두에게 이익이 된다는 점을 배웠다. 그럼에도 불구하고 현실에서는 많은 나라들이 여러 가지 무역장벽을 설치해 놓고 있다. 왜 그런 것일까? 이것은 자유무역이 국가 전체적으로는 이득을 가져다주지만, 국가 내에 있는 특정산업이나 계층에게는 손해가 될 수도 있기 때문이다. 앞의 예에서도 한국의 농부들과 태국의 봉제업자들은 극단적으로 공장문을 닫게 되는 처지에 놓이게 된다. 따라서 이러한 산업에 종사하는 사람들은 그들의 경제적 위치를 지키기 위하여 정부로 하여금 무역장벽을 설치하게끔 압력을 넣을 것이다. 우루과이라운드와 관련하여 농산물시장의 개방을 정부가 발표하자 농민단체들이 반대시위를 벌인 것은 이러한 이유에서라고 볼 수 있다. 이외에도 다음과 같은 이유 때문에 무역장벽을 설치하고 있다.

- 국내의 유치산업을 보호하기 위하여
- 교역조건을 개선하기 위하여
- 외국제품의 국내 덤핑을 방지하기 위하여
- 국내 노동력의 고용을 보호하기 위하여

무역장벽은 크게 관세장벽과 비관세장벽으로 나눌 수 있다. 먼저 관세(tariff)는 수입되는 상품에 대해서 부과하는 물품세로서, 부과하는 목적에 따라서 재정관세와 보호관세로 구분된다. 재정관세란 부과의 주목적이 국고수입의 증대이며 일반적으로 동일제품의 국내생산량이 적거나 거의 없어 그에 대한 공급을 수입에 의존할 수밖에 없을 때 부과된다. 한국의 경우 커피나 바나나 등에 부과되는 관세가 이에 속한다고 볼 수 있으며, 대체로 재정관세율은 낮다. 반면에 보호관세는 다른 나라의 제품과 경쟁하기 위해 자국 산업을 보호 · 육성할 목적으로 동일제품에 대한 수입물품에 대해 고율의 관세를 부과하는 것을 말한다. 그러나 재정관세든 보호관세든 정부수입의 주요한 원천이 되고 있으며, 수입을 억제하는 효과를 가지고 있다.

한편 비관세장벽(non-tariff barrier)에는 수입할당제를 비롯하여 수출자율규제, 수입규제조치 등이 있다. 먼저 수입할당제란 외국으로부터 수입하게 되는 상품에 대해 그 수량 또는 금액을 일정기간 동안 규제하기 위해 지역별, 국가별, 사업자별로 수입량과 금액을 할당하는 제도이다. 이러한 수입할당제도는 정부의 직접적인 무역규제수단으로 관세보다 수입규제면에서 그 효과가 큰 것으로 평가되고 있다. 관세는 그 부담률이 아무리 높을지라도 수입량이 많아질 수도 있으나, 수입할당은 일단 그 허용범위를 넘어서면 전혀 수입될 수 없기 때문이다. 이러한 수입할당제는 국내산업의 보호 및 육성, 교역상대국에 대한 차별대우, 국제수지개선 등을 위해 실시되고 있다.

수출자율규제는 최근에 나온 무역장벽으로 외국기업들이 자율적으로 수출량을 제한하는 것이다. 이 제도는 수입할당제와 동일한 효과를 갖는데, 외국기업이 높은 무역장벽을 우려하여 자발적으로 취하는 조치이다. 일례로 일본의 혼다, 닛산 등 자동차 제조업체들이 미국에 대해 수출자율규제를 동의한 것은 미국이 고율의 관세를 매긴다고 위협했기 때문이었다.

마지막으로 수입규제조치란 외국제품의 수입 시에 제품의 품질과 안전도에 관한 기준, 수입자 자격증제도, 수입절차상의 불필요한 서류의 제시 등을 요구하는 것이다.

**더 알아보기** **관세의 경제적 효과**

무역장벽 중에서 가장 대표적인 것은 보호관세라고 할 수 있다. 이제 보호관세의 경제적 효과를 경제학의 기초적 분석도구인 수요·공급모형을 활용하여 알아보자.

그림 21-6 보호관세부과의 경제적 효과

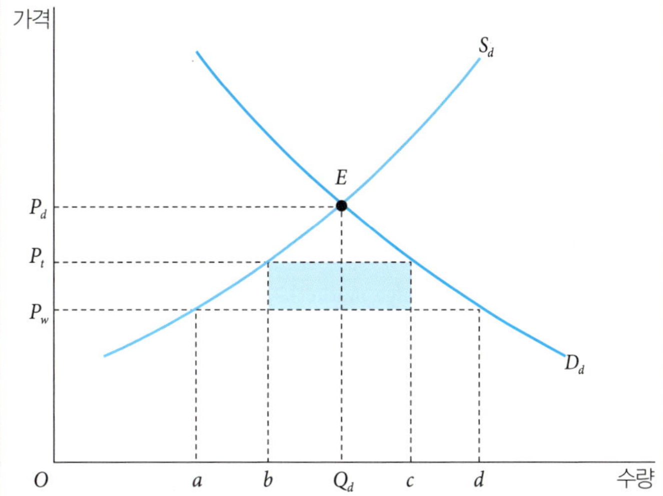


〈그림 21-6〉은 한국이 비교열위에 있는 상품, 예를 들어 카메라에 대한 국내 수요곡선과 공급곡선이 나타나 있다. 국제무역이 없는 상태에서 한국의 카메라 가격과 수량은 각각 $OP_d$와 $OQ_d$이다. 이제 교역이 시작되어 카메라생산에 비교우위를 가지고 있는 일본으로부터 카메라를 수입하게 된다고 하자. 세계시장에서 카메라의 가격은 $OP_w$로 결정되어 있고, 무역장벽이 전혀 없는 자유무역상태에서는 한국 내의 카메라가격은 국제가격 $OP_w$와 같아진다고 가정하자. 무역 후에 한국에서 $OP_w$가격에서 카메라의 국내소비는 $Od$, 국내생산은 $Oa$이고, 국내소비와 국내생산의 차이인 $ad$는 수입량이다.

이제 한국이 수입하는 카메라에 대해서 대당 $P_wP_t$만큼의 관세를 부과한다고 하면, 한국내 카메라가격은 $OP_w$에서 $OP_t$로 상승할 것이다. 이는 다음과 같은 효과를 가져올 것이다.

첫째, 한국 내에서 관세부과로 카메라가격이 상승함에 따라 카메라의 소비량은 $Od$에서 $Oc$로 감소된다. 결과적으로 한국소비자들이 손해를 보게 된 셈이다. 즉 관세부과로 $Oc$만큼을 $P_t$가격에 사야 하므로 종전보다 카메라 한 대당 $P_wP_t$만큼을 더 지불하게 된다. 뿐만 아니라 관세부과로 한국소비자들은 더 적은 양의 카메라를 구입하게 되는데, 이는 소비자들이 카메라 대신에 바람직하지 않은— 덜 원하는—다른 상품에 그들의 소득을 지출하게 된 것을 의미한다.

둘째, 한국 내의 카메라 생산업자들은 카메라 한 대당 $OP_t$라는 더 높은 가격을 받을 수 있게 된다. 새로운 가격 $OP_t$는 관세부과 전의 가격 $OP_w$보다 높기 때문에 국내의 카메라산업은 국내공급곡선 $S_d$를 따라 움직이며, 그 결과 국내생산량이 $Oa$에서 $Ob$로 증가한다. 결과적으로 국내의 카메라업체들은 관세부과 전보다 더 많은 생산량과 더 높은 가격으로 인하여 이득을 보게 된 셈이다. 독자들은 이제 왜 국내생산자들이 정부가 보호관세를 높게 매기도록 압력을 넣는지를 이해할 수 있을 것이다. 그러나 사회 전체적인 관점에서 보면 관세부과로 인한 생산량이 증가는 카메라산업보다 더 효율적인 산업에서 자원을 끌어온 것을 의미한다.

셋째, 한국의 관세부과로 일본의 카메라 생산업체들은 손해를 보게 된다. 카메라의 가격이 $P_wP_t$만큼 높아졌지만, 이것은 일본기업에게 돌아가는 것이 아니라 한국정부에도 귀속된다. 관세부과 후에도 카메라의 국제가격은 $OP_w$에 그대로 머무는 반면에, 한국의 수입량—일본의 수출량—은 $ad$에서 $bc$로 감소한다.

넷째, 한국정부는 카메라의 수입량 $bc$에다가 대당 관세 $P_wP_t$를 곱한 금액, 즉 빗금친 사각형만큼의 재정수입을 얻는다. 이러한 재정수입액은 소비자로부터 정부로 소득이 이전된 것이므로 국가 전체적으로는 후생이 증가되지 않는다.

## 21.4 외환시장과 환율

### 국제무역과 금융의 연계성

서두에서 언급한 바와 같이 국제거래가 국내거래와 다른 점은 국내거래는 단일통화에 의해 이루어지나 국제무역은 이질통화에 의해 이루어진다는 것이다. 예를 들어 한국기업이 미국에 수출할 때 한국기업은 수출대금을 원화로 받기를 원할 것이다. 그러나 미국기업은 달러만을 가지고 있으므로 국제무역이 성립하기 위해서는 달러와 원화를 교환해야 하는 문제가 생긴다. 이러한 문제는 원화로 달러를 구입할 수 있는 외환시장(foreign exchange market)이 존재하기 때문에 해결될 수 있다. 말해서 외환시장은 한국의 수출과 수입을 원활하게 해주는 기구라고 할 수 있다.

### 환율의 결정

외환시장에서는 이질통화 간의 교환비율인 환율이 결정되는데, 환율은 다른 국가통화의 일정단위를 기준으로 하여, 자국통화의 몇 단위와 교환되는가를 표시된다. 예를 들어 달러화 1달러와 교환되는 우리나라 원화 1원의 교환비율이 800으로 표시될 때, 즉 $1 = ₩800을 환율(exchange rate)이라고 한다. 그러므로 $1 = ₩900이 되는 경우를 환율이 상승했다고 하며, 반대로 $1= ₩700원이 되는 경우를 환율이 하락했다고 한다. 여기서 독자들이 유의할 점은 환율상승은 원화의 가치하락, 즉 평가절하(depreciation)를 의미하며 환율하락은 원화의 가치상승, 즉 평가절상(appreciation)을 의미한다는 것이다. 다시 말해서 환율변동과 환가치변동은 역관계에 있게 된다.

그러면 환율은 어떻게 결정되는가? 이 문제는 기본적으로 환율제도의 형태에 달려 있다고 볼 수 있다. 환율제도는 크게 변동환률제도와 고정환율제도로 구분된다. 변동환율제도하에서 환율은 상품에 대한 가격이 수요와 공급에 의해서 결정되는 것처럼 외환시장에서의 수요와 공급에 의해서 결정되며, 고정환율제도하에서 환율은 정부의 시장개입에 의해서 의하여 일정하게 유지된다. 이제 변동환율제도하에서 환율이 어떻게 결정되는지에 대해서 알아보기로 하자.

분석을 단순화하기 위하여 두 나라—한국과 미국—만 존재하고 자본거래나 이전거래는 없으며, 오직 단일상품의 수출과 수입만 있다고 하자. 그리고 한국은 미국에 가발을 수출하며, 미국으로부터 원면을 수입한다고 가정하자.

### 외환에 대한 수요

먼저 결론부터 말하자면, 외환에 대한 수요곡선은 〈그림 21-7〉 (c)에서 보는 바와 같이 우하향한다. 왜 그런 것일까? 먼저 예를 통해 직관적으로 이해해 보자. 만약 환율이 1달러당 800원에서 600원으로 하락하여 원화에 대한 달러화의 가치가 하락하면(즉 원화의 평가절상), 미국산 원면은 한국산 원면에 비해서 상대적으로 싸게 될 것이다. 이렇게 되면 한국에서는 미국산 원면에 대한 수요가 증가하고, 원면을 수입하기 위해 달러화를 더 수요하게 된다. 요컨대 환율의 하락은 외환(달러화)의 수요를 증가시킨다. 마찬가지 논리로 환율의 상승은 외환(달러화)의 수요를 감소시킨다.

이제 수요곡선이 우하향하는 이유를 그림을 통해서 설명해 보자. 외환에 대한 수요곡선은 한국이 수입하는 원면시장의 수입수요곡선에서 얻을 수 있다. 〈그림 21-7〉 (a)는 한국의 원면시장에서의 수요곡선과 공급곡선을 나타낸 것이다. 미국산 원면의 가격이 톤당 100달러라 하고 환율이 $1 = ₩800이라 하면, 원화로 표시한 원면가격은 80,000원이 되는데, 이때 한국에서의 원면에 대한 수요는 국내공급에 의해 충당되므로 원면에 대한 수입수요는 전혀 없게 된다. 그러나 환율이 $1 = ₩600으로 하락하면 원화로 표시한 원면가격은 60,000원으로 하락한다. 그 결과 원면에 대한 수요량은 증가하는 반면에 한국내 생산자들에 의해서 공급되는 원면량은 감소되므로 공급이 수요를 따르지 못하여 초과수요—예를 들어 500톤—가 나타나게 된다. 바로 이 초과수요분만큼 미국에서 수입해야 하므로 이 부분이 원면에 대한 수입수요량이 된다. 이와 같이 환율이 하락하면 원화로 표시한 원면가격이 하락하여 수입수요는 증가한다. 마찬가지 논리로 환율이 상승하면 원화로 표시한 원면가격이 상승하여 수입수요는 감소한다. 이를 그림으로 나타낸 것이 〈그림 21-7〉 (b)의 $D_{원면}$이다.

한편 달러에 대한 수요량은 달러로 표시한 원면가격에 원면수입량을 곱한 금액이므로 환율이 $1 = ₩800이면 원면에 대한 수입수요가 전혀 없으므로 달러의 수요량도 전혀 없게 된다(100×0=0). 환율이 $1 = ₩600으로 하락하면 원면에 대한 수입수요가 500톤이 되므로 달러의 수요량은 50,000달러(100×500)가 된다. 요컨대 외환(달러화)에 대한 수요량은 환율이 하락함에 따라서 증가하고, 반대로 환율이 상승함에 따라서 감소한다. 이를 그래프로 나타낸 것이 〈그림 21-7〉의 (c)로, 이것이 바로 외환에 대한 수요곡선이 된다.

**그림 21-7 외환에 대한 수요곡선의 도출**

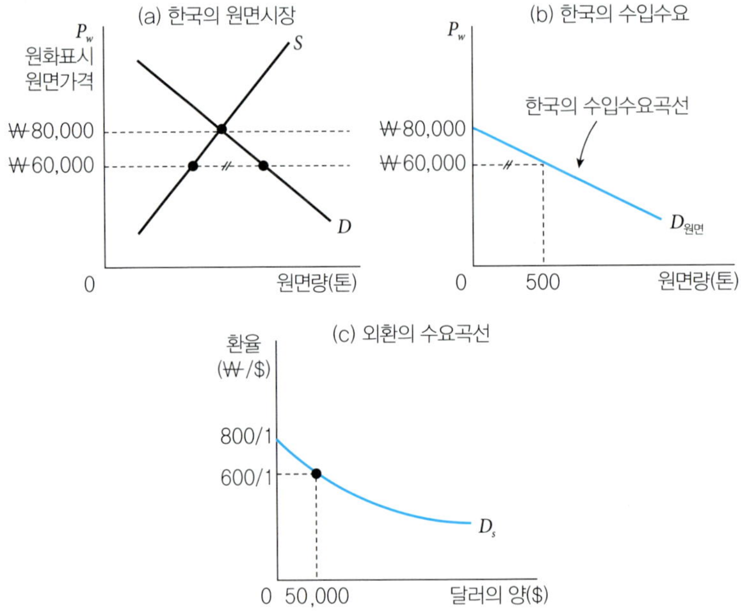


### 외환의 공급

역시 결론부터 말하자면, 외환의 공급곡선은 〈그림 21-8〉 (c)에서 보는 바와 같이 우상향한다. 왜 그런 것일까? 앞에서와 마찬가지로 예를 통해 직관적으로 이해해 보자. 만약 환율이 달러당 800원에서 1,000원으로 상승하여 원화에 대한 달러의 가치가 상승하면(즉 원화의 평가절하), 미국에서는 한국산 가발에 대한 수요가 증가하게 된다. 왜냐하면 원화가 평가절하되면 미국은 1달러로 더 많은 원화를 얻을 수 있으며, 결과적으로 1달러당 더 많은 한국제품을 구매할 수 있기 때문이다. 그러므로 미국은 한국산 가발의 수입을 증가시키며, 이에 따라 외환(달러화)의 공급량은 증가한다. 요컨대 환율의 상승은 외환(달러화)의 공급을 증가시킨다. 마찬가지 논리로 환율의 하락은 외환(달러화)의 공급을 감소시킨다.

이제 공급곡선이 우상향하는 이유를 그림을 통해서 설명해 보자. 외환의 공급곡선은 외환의 수요곡선과는 달리 한국이 수출하는 가발의 수출공급곡선에서 얻을 수 있다. 〈그림 21-8〉 (a)는 미국의 가발시장에서의 수요곡선과 공급곡선을 나타낸 것이다.

**그림 21-8 외환에 대한 공급곡선의 도출**

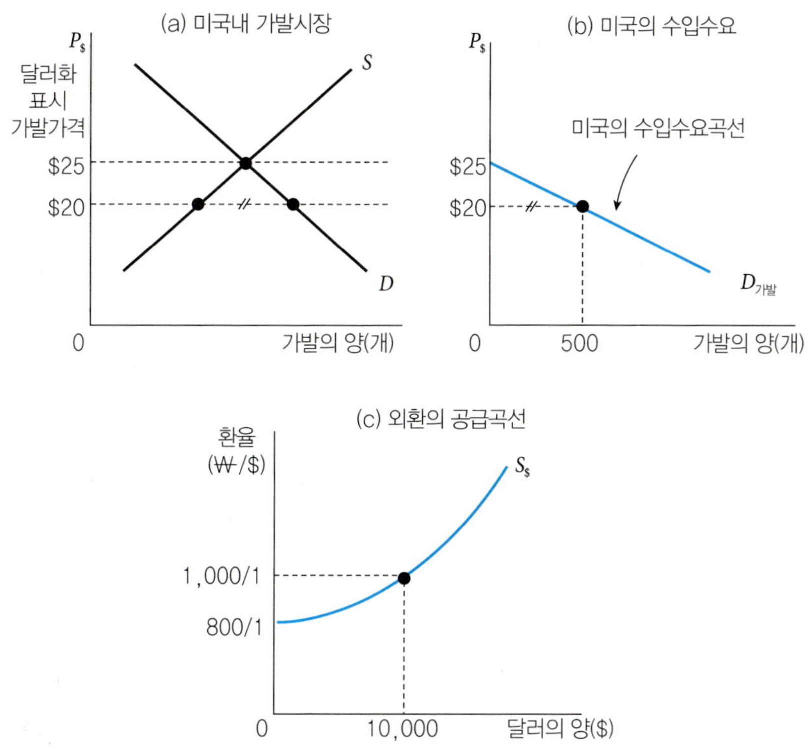


한국산 가발의 가격을 개당 20,000원이라고 하고, 만약 환율이 $1 = ₩800이라 하면, 원화로 표시한 가발가격은 25달러(20,000/800)가 되는데, 이때 미국의 가발에 대한 수요는 미국내 공급에 의해 충당되므로 가발에 대한 수입수요는 전혀 없게 된다. 그러나 환율이 $1 = ₩1,000으로 상승하면 달러로 표시한 가발가격은 20(20,000/1,000)달러로 하락한다. 그 결과 가발에 대한 수요량은 증가하는 반면에 미국내 생산자들에 의해서 공급되는 가발량은 감소되므로 공급이 수요를 따르지 못하여 초과수요—예를 들어 500개—가 나타나게 된다. 미국은 바로 이 초과수요분만큼 한국에서 수입해야 하므로 이 부분이 가발에 대한 미국의 수입수요량이 된다. 이와 같이 환율이 상승하면 달러로 표시한 가발가격이 하락하여 미국의 수입수요는 증가한다. 마찬가지 논리로 환율이 하락하면 달러로 표시한 가발가격이 상승하여 미국의 수입수요는 감소한다. 이를 그림으로 나타낸 것이 〈그림 21-8〉 (b)의 $D_{가발}$이다.

한편 달러에 대한 공급량은 달러로 표시한 가발가격에 가발수입량을 곱한 금액이므로 환율이 $1 = ₩800원이면 가발에 대한 수입수요가 전혀 없기 때문에 달러의 공급량도 전혀 없게 된다(25×0=0). 환율이 $1 = ₩1,000으로 상승하면 가발에 대한 미국의 수입수요가 500개가 되므로 달러의 공급량은 10,000달러(20×500)가 된다. 즉 외환(달러화)에 대한 공급량은 환율이 상승함에 따라서 증가하고, 반대로 환율이 하락함에 따라서 감소한다. 이를 그래프로 나타낸 것이 〈그림 21-8〉의 (c)로, 이것이 바로 외환의 공급곡선이 된다.

### 균형환율의 결정

우리는 지금까지 외환시장에서의 수요와 공급을 각각 살펴보았다. 이제 이를 토대로 환율의 결정원리를 알아보자. 독자들은 이미 재화시장에서 재화의 수요와 공급이 일치되는 점에서 균형가격이 성립됨을 알고 있다. 이와 마찬가지로 균형환율도 외환시장에서의 외환의 수요와 공급이 일치되는 점에서 결정된다. 다만 차이가 있다면 외환의 수요와 공급은 대부분 상품의 수출과 수입에 의해 좌우되므로 환율은 상품의 수출입이 균형을 이루는 상태에서 결정된다는 것이다.

〈그림 21-9〉에는 앞에서 예로든 가발과 원면뿐만 아니라 모든 수출입상품을 고려한 경우의 외환수요곡선과 외환공급곡선이 나타나 있다. 그림에서 보는 바와 같이 외환시장의 균형은 재화시장에서와 마찬가지로 외환의 수요와 공급이 일치하는 *E*점에서 달성된다. 즉 균형환율은 $e$($1 = ₩800)로서 이러한 환율 하에서는 외환의 과부족이 전혀 없게 된다. 만약 환율이 $e_h$($1 = ₩1,000)와 같이 균형환율보다 높다고 하면, *ab*만큼의 외환의 초과공급이 발생하여 다시 환율을 하락시키는 압력이 작용한다. 이와 반대로 환율이 $e_l$($1 = ₩600) 같이 균형환율보다 낮다고 하면, *cd*만큼의 외환의 초과수요가 발생하여 다시 환율을 상승시키는 압력이 작용한다. 그리하여 균형은 $e$($1 = ₩800)에서 유일하게 성립될 것이다.

재화가격과 마찬가지로 환율도 특정한 균형환율에 항상 머물러 있지는 않는다. 환율의 변화요인, 즉 환율의 수요곡선과 공급곡선 자체를 이동시키는 요인이 변하면 균형환율 자체가 변동한다. 그러면 환율의 변화요인에는 무엇이 있는가?

#### 기호의 변화

한 나라의 외국제품에 대한 기호가 변화하면 외환의 수요와 공급이 변하고, 이에 따라

그림 21-9 외환시장에서의 환율결정

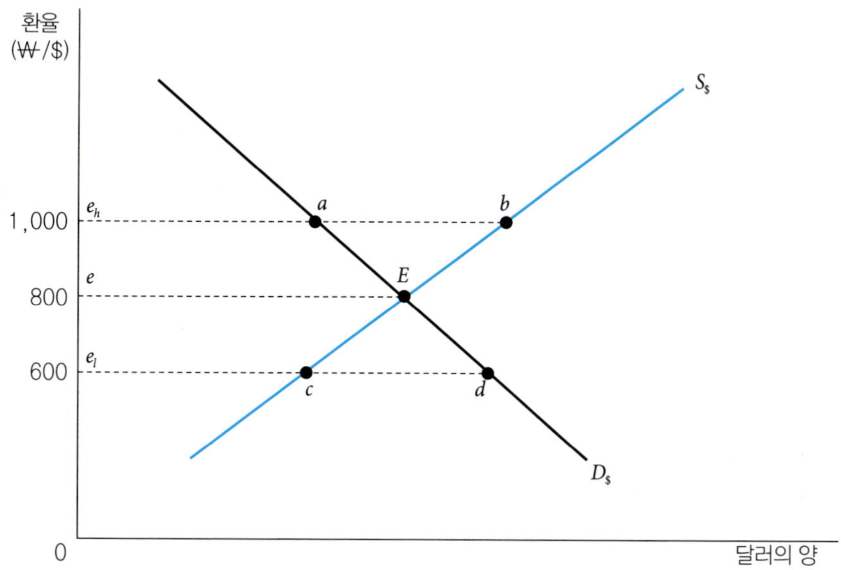


환율이 변한다. 예를 들어 한국산 신발이 미국소비자들에게 인기를 끌면 미국 사람들은 한국산 신발을 수입하기 위하여 외환시장에서 달러를 더 공급할 것이고, 달러화(원화)는 평가절하(평가절상)될 것이다. 반대로 미국산 컴퓨터가 한국에서 인기를 끌면 달러화에 대한 한국의 수요는 증가하여 달러화(원화)는 평가절상(평가절하)될 것이다.

### 소득의 상대적 변화

만약 한 나라의 GDP성장이 다른 나라보다 빠르다면 그 나라의 통화는 평가절하될 것이다. 왜냐하면 경제가 빠르게 성장하면 수입도 크게 증가하기 때문이다. 예를 들어 한국의 국민소득이 증가함에 따라 한국사람들은 국산품을 더 구입할 뿐만 아니라 외제품을 더 구입할 수 있게 된다. 만약 한국경제는 급속히 성장하나 미국경제는 정체되어 있다면, 미국제품에 대한 한국의 수입은 증가할 것이다. 한국의 수입증가는 달러화에 대한 수요증가를 유발하여 달러화(원화)의 평가절상(평가절하)을 가져올 것이다.

### 가격의 상대적 변화

만약 한국의 물가는 급속히 상승하는 데 비하여 미국의 물가수준은 그대로 있다면, 한국의 소비자들은 당연히 상대적으로 더 값이 싼 미국제품을 찾아 나설 것이다. 이는 달러화에 대한 수요증가를 유발하여 달러화(원화)의 평가절상(평가절하)을 가져올 것이다.

### 이자율의 상대적 변화

만약 한국이 확장적 통화정책을 실시하여 실질이자율이 다른 나라보다 더 낮은 수준에 있다고 하자. 그러면 미국의 투자가나 기업은 한국에 투자하는 것이 불리하다고 판단할 것이다. 따라서 한국의 금융자산에 대한 미국의 수요는 감소되며, 달러화의 공급은 감소될 것이다. 결과적으로 달러화(원화)는 평가절상(평가절하)된다.

### 환투기

만약 한국경제가 미국경제보다 더 빨리 성장하고, 더 높은 물가상승을 경험하며, 더 낮은 이자율이 형성될 것이라는 기대가 널리 퍼져 있다고 하자. 이러한 기대는 사람들로 하여금 미래에 원화는 평가절하되는 반면에 달러화는 평가절상될 것이라고 믿게 만들 것이다. 그리하여 원화를 가지고 있는 사람은 이를 달러화로 바꾸려 하게 되며, 이는 달러화에 대한 수요를 증가시켜 달러화를 평가절상시키고 원화를 평가절하시킨다. 1997년 말에 경험한 급격한 원화절하— 환율상승—는 상당 부분이 환투기에 기인한 것으로 보여진다.

## 환율과 수출

흔히들 환율이 떨어지면(평가절상되면) 수출경쟁력이 약화되고 반대로 환율이 상승하면(평가절하되면), 수출경쟁력이 강화된다고 말한다. 예들 들면 \$1 = ₩1,000에서 \$1 = ₩2,000이 되면, 우리나라의 수출이 증가할 것으로 예측한다. 이는 환율이 상승한 만큼 미국 달러표시 가격이 절반으로 감소하여, 미국에서 우리나라 상품에 대한 수요가 증가할 것이기 때문이다. 반대로 \$1 = ₩1,000에서 \$1 = ₩500이 되면, 우리나라의 수출이 감소할 것으로 예측한다. 이는 환율이 상승한 만큼 미국 달러표시 가격이 두 배로 상승하여, 미국에서 우리나라 상품에 대한 수요가 감소할 것이기 때문이다.

이제 이러한 환율과 수출경쟁력의 관계를 실제 자료를 통해서 확인해 보자. 〈그림 21-12〉에는 환율증감률과 수출증감률이 나타나 있는데, 2000년대 중반을 제외하고 대부분의 구간에서 환율증감률과 수출증감률은 비슷한 패턴을 보여주고 있다. 그런데 좀 더 자세히 살펴보면, 환율변동의 수출변화 효과는 시차를 가지고 나타나고 있음을 볼 수 있다. 이를 경제학에서는 J커브 효과라고 부른다.

## 더 알아보기 우리나라의 환율제도

우리나라는 정부수립 이후 고정환율제도를 채택하여 오다가 1964년 5월에 단일변동환율제도, 1980년 2월에 복수통화바스켓제도, 그리고 1990년 3월에 시장평균환율제도로 각각 바뀌었고, 현재는 변동환율제도를 채용하고 있다.

1964년 5월부터 시행되어 온 단일변동환율제도하에서는 〈그림 21-10〉에서 보는 바와 같이 환율이 계단식으로 미 달러화에 고정되어 왔다. 예를 들어 1972~74년 기간에는 \$1 = ₩400으로 고정되어 있었고, 1975~79년 기간에는 \$1 = ₩484로 고정되어 있었다. 그러나 이러한 고정환율제도는 1970년대에 걸친 두 차례의 석유파동으로 인한 물가상승을 반영하지 못하여 고평가됨으로써, 국제수지조정이라는 본연의 기능을 수행하지 못하였다.

이에 따라 1980년 1월에 원화의 달러에 대한 환율을 484원에서 580원으로 대폭 인상하여 현실화함과 동시에 같은 해 2월 환율제도를 복수통화바스켓제도로 전환하여 환율을 유동화시켰다. 그러나 이 방법에 의한 환율은 환율산출시 미국과 일본의 가중치가 높아서 달러화나 엔화에 크게 좌우되는 불합리성을 가지고 있었다. 뿐만 아니라 한은총재에 의한 시장실세의 반영장치라는 정책조정가능성 때문에 미국 등으로부터 원화절상의 압력을 받아 왔다.

**그림 21-10** 우리나라 환율변동 추이(대미달러화 기준)

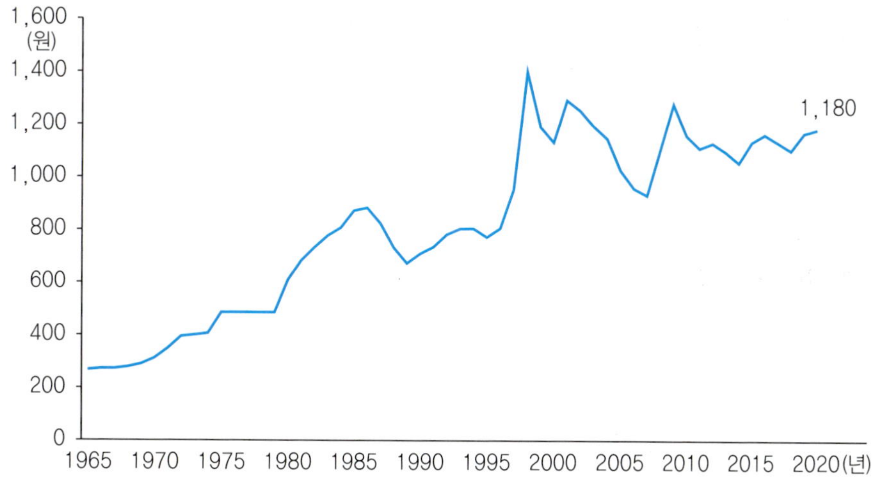


자료: 한국은행

이와 같은 문제점을 해결하기 위해서 1990년 시장평균환율제도가 도입되었다. 이로써 정부에 의한 관리변동환율제도에서 벗어나 환율이 외환시장에서 외환의 수요와 공급에 영향을 받게 되었다. 이 제도는 정부가 시장평균환율을 고시하고 은행 간 거래환율을 시장평균환율의 10% 범위 내에서 변동하도록 제한하는 방식이었다. 그러나 1997년 11~12월 기간 중 환율이 2배 가까이 폭등하는 사태를 맞게 되자, 상하한 폭을 폐지하면서, 지금의 변동환율제로 이행하게 되었다.

〈그림 21-11〉에는 주요국 통화에 대한 원화 환율이 나타나 있다. 2020년 평균 환율은 1달러당 1,180원, 1유로당 1,338원, 100엔당 1,054원, 1위안당 167원을 기록하였다.

그림 21-11 주요 통화의 원화환율(2020년 기준)

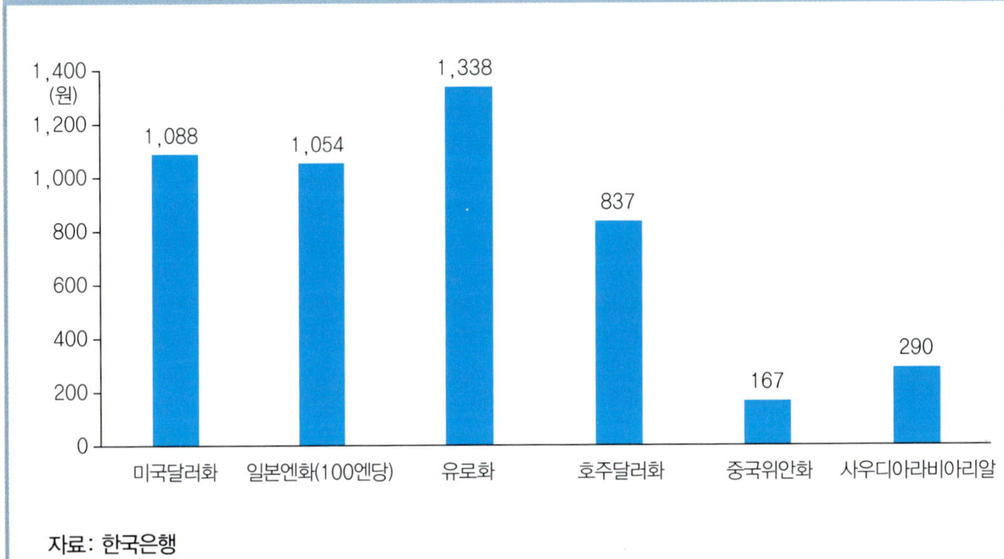


자료: 한국은행

그림 21-12 환율과 수출의 연관성

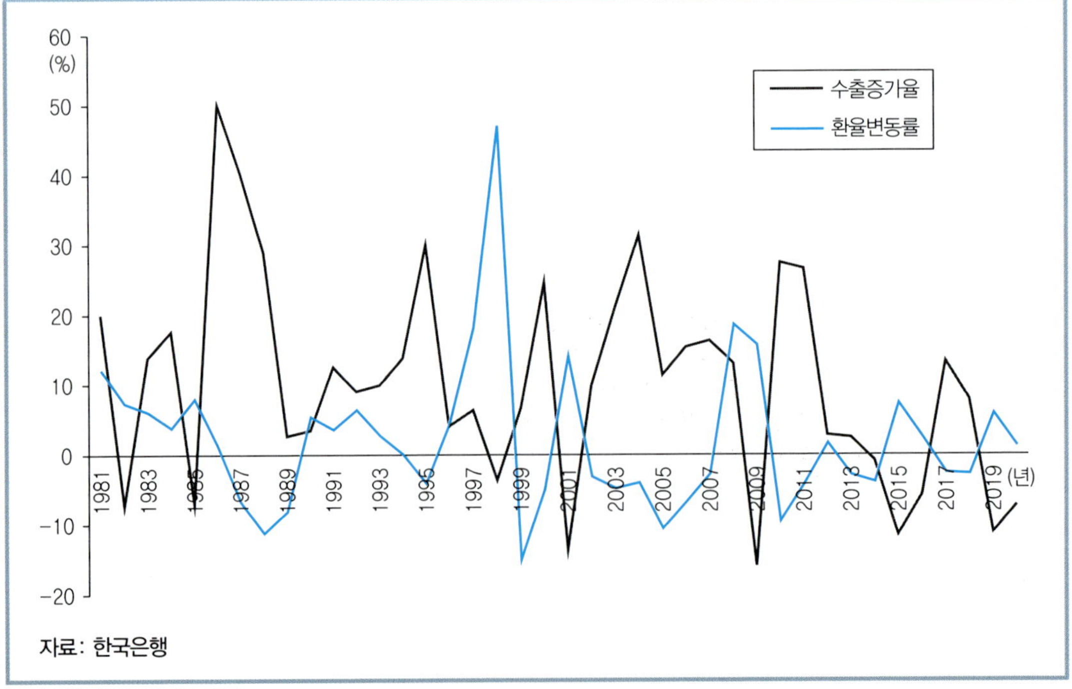


자료: 한국은행

하지만 환율이 상승했다고 하여, 즉 평가절하의 결과로 수출이 증가한다면 진정한 국제경쟁력이 향상되었다고 할 수 있겠는가? 오히려 상품의 국제경쟁력이 증가하여 수출이 증가한 결과로, 자국 화폐에 대한 수요가 증가하여 화폐가치가 평가절상되는 것이 진정한 국제경쟁력이라고 보는 것이 타당할 것이다. 이는 장기적 관점과 단기적 관점의 차이라고 할 수 있다. 즉 환율상승(평가절하)은 단기적으로 수출을 증가시키지만, 장기적으로는 상품의 국제경쟁력이 강화되어 오히려 환율이 하락(평가절상)되는 것이 바람직할 것이다.

## 21.5 국제수지표

### 국제수지표란

앞에서 논의는 사실상 수출입에 수반되는 금융거래에 국한되어 있었다. 그러나 외국돈에 대한 수요와 공급은 서비스, 자본거래, 해외투자에 대한 배당 등의 거래에서도 유발된다. 한국은 상품의 수입뿐만 아니라 미국으로부터 보험서비스나 수송수단을 구입하기 위해서, 혹은 미국으로 여행하기 위해서, 혹은 한국내 미국인 투자에 대해서 이자나 배당금을 지불하기 위해서도 달러를 수요한다. 뿐만 아니라 순수하게 금융거래만 이루어지는 경우도 있다.

이와 같이 한 나라의 국제무역 및 금융거래를 한눈에 보여주는 것이 바로 국제수지표(Balance of Payment: BOP)이다. 국제수지표란 일정기간 동안에 있어서 우리나라의 가계, 기업, 정부가 국경을 넘어서 행한 모든 대외거래를 체계적으로 분류 · 정리 · 기록한 것으로서 기업의 손익계산서와 같다고 보면 된다. 현재 우리나라 국제수지표는 한국은행에서 작성하여 발표하는데, 국제수지표는 경상계정과 자본금융계정으로 구성되어 있다. 경상계정에는 우리나라 사람과 외국사람 간에 이루어진 재화 및 서비스의 수출입이 기록되고, 자본금융계정에는 투자 및 자본의 유출입이 기록된다. 이러한 경상거래와 자본거래의 결과는 준비자산증감으로 반영된다. 뒤에서 언급되겠지만 국제수지표는 우리나라의 대외거래관계의 상황을 진단하고 처방을 내리는 자료로 사용되고 있다.

국제수지표를 기록하는 방법은 모든 개별거래를 차변과 대변에 같은 금액을 동시에 기록하는 복식부기의 원리에 입각하고 있다. 복식부기에 대해서 초보적인 지식을 갖춘 사람이면 흔히 개별거래를 대변과 차변으로 어떻게 구별할 것인가에 관심을 갖게 마련인데, 국제수지표 작성에 있어서는 어떤 거래가 외국으로의 지불을 수반하면 차변에 기록하고, 반대로 외국으로부터의 수취를 수반하면 대변에 기록한다. 차변을 지급(화폐의 유출), 대변을 수취(화폐의 유입)라고 한다. 만약 우리나라의 수출업자가 상품을 수출하면 수취(+)에 기록되는데, 그것은 수출 자체가 수취가 아니라 수출이 이루어지면 수입국에서 우리나라에 대한 지급이 수반된다는 이유에서이다. 마찬가지로 수입은 지급에 기록되는데 이는 우리나라의 수입업자가 수입대금을 지불해야 한다는 이유에서이다. 이러한 복식부기의 원리는 서비스나 자본거래에도 그대로 적용된다. 예를 들어 우리나라가 외국에서 자본을 차입할 경우 차용증서를 외국에 주고—즉 수출하고—이를 받은 외국이 우리나라에 자본을 빌려주는—즉 지불하는—것이므로 수취(+)에 기록된다.

## 한국의 국제수지표

우리나라가 1년 동안 세계 180여 개국 이상의 나라들과 행한 대외거래는 모두 열거할 수 없을 만큼 무수할 것이며, 그 거래형태 또한 복잡 다양할 것이다. 이러한 국제거래들을 한눈에 볼 수 있도록 정리해 놓은 것이 국제수지표로서, 〈표 21-5〉에는 2020년 우리나라의 국제수지표가 나타나 있다.

### 경상계정

모든 나라가 다 그러하듯이 우리나라의 경우에도 국제수지표에서 가장 중요한 항목이 바로 상품의 수출과 수입이다. 수출액과 수입액의 차이를 상품수지(goods balance)라고 하며, 수출이 수입을 초과하면 '상품수지흑자'라 하고 반대일 경우에는 '상품수지적자'라 한다. 〈표 21-5〉에 나타난 바와 같이 2020년 우리나라의 수출액은 5,166억 달러, 수입액은 4,347억 달러로 수출액이 수입액보다 819억 달러가 많았다. 즉, 819억 달러의 상품수지흑자를 기록하였다.

상품의 수출입에 못지 않게 중요한 항목이 서비스의 수출입으로, 이들로부터 발생하는 수취와 지불의 차이를 서비스수지(services balance)라고 한다. 예를 들어, 외국인이 우리나라에 와서 항공기나 버스를 이용하고 대금을 지불하였을 경우에 서비스의 수출로 기록되며, 반대로 우리나라 사람이 외국에 가서 항공기나 버스를 이용하고 돈을 지불하였다면 서비스의 수입으로 기록된다. 서비스의 거래에는 이 밖에도 지불항목으로서 통신료, 외국상표나 특허권의 사용료, 외국보험회사에 지불한 보험료 등이 있다. 물

**표 21-5 한국의 국제수지표(2020년)** (단위: 억 달러)

| 계정 | 수취(+) 또는 지불(−) |
|---|---|
| I. 경상계정 | |
| (a) 상품의 수출 | +5,166 |
| (b) 상품의 수입 | −4,347 |
| (1) 상품수지 | +819 |
| (c) 서비스의 수출 | +901 |
| (d) 서비스의 수입 | −1,063 |
| (2) 서비스수지 | −162 |
| (3) 본원소득수지 | +120 |
| (4) 이전소득수지 | −25 |
| (5) 경상수지 (1)+(2)+(3)+(4) | +752 |
| II. 자본금융계정 | |
| (6) 자본수지 | −3 |
| (7) 금융계정 | |
| (e) 직접투자 | +233 |
| (f) 증권투자 | +415 |
| (g) 파생금융상품 | +42 |
| (h) 기타투자 | −92 |
| (소계) | +598 |
| [국제수지총계: (5)+(6)+(7)] | +1,347 |
| (i) 준비자산 | +174 |
| (8) 오차 및 누락 | −22 |

주: 통관기준을 국제수지기준으로 평가하였기 때문에 수출입통계가 〈표 21-1〉과 차이가 있음

자료: 통계청

론 반대인 경우에는 수취항목으로 기록된다. 2020년 서비스수취가 901억 달러였는데 반해, 서비스지불이 1,063억 달러에 달함으로써 서비스수지는 162억 달러의 적자를 나타내었다. 이미 보편화된 해외관광과 해외교육비는 서비스수지 적자의 주요 요인이 되고 있다.

본원소득수지(income balance)는 급료 및 임금 또는 투자소득에 대한 대외수지를 기록한 계정이다. 예를 들어, 해외근로자들이 세계 각지에서 벌어들인 소득은 수취로 기록되고, 반대로 우리나라에 있는 외국인 근로자들이 벌어들인 소득은 지불에 기록된다. 2020년 소득수지는 120억 달러의 흑자를 나타내었다.

마지막으로 이전소득수지는 대가를 수반하지 않은 재화 및 서비스, 금융자산의 수

급을 기록하는데, 해외교포의 국내송금액, 종교단체의 증여, 정부 간의 무상원조 등이 포함된다. 우리나라는 2020년 한 해 동안에 외국에 대가없이 돈을 제공한 것이 받은 것보다 25억 달러나 많았다. 즉, 25억 달러만큼의 이전소득수지 적자를 기록하였다.

이제 이상에서 살펴본 상품수지, 서비스수지, 본원소득수지 그리고 이전소득수지를 합쳐서 생각해보자. 이렇게 하면 한쪽에는 상품 및 서비스의 수출과 외국으로부터의 이전수입이 포함되고, 다른 한쪽에는 상품 및 서비스의 수입과 외국에 대한 이전지출이 포함될 것인데, 이 두 금액의 차이를 경상수지(balance on current account)라고 한다. 경상수지는 한 나라가 해외로 상품뿐만 아니라 서비스를 판매함으로써 얻는 돈으로 다시 해외로부터 수입할 수 있는 능력을 나타내어 주므로, 경상수지는 단순한 상품수지보다는 통계적으로 더 의미가 있다고 하겠다. 표에서 보는 바와 같이 우리나라는 2020년에 약 752억 달러에 달하는 경상수지흑자를 기록하였다.

### 자본금융계정

그러면 경상계정에서 나타난 752억 달러의 흑자는 어떻게 처분될 것인가? 이는 한국의 상품 및 서비스의 수출금액이 수입금액을 넘어섬을 의미하므로, 해외로부터 빌린 돈을 갚는다거나 외국에 돈을 빌려 준다거나, 아니면 해외에 투자할 수 있다. 반대로 경상수지가 적자라면, 이는 수입금액이 수출금액을 초과함을 의미하므로 외국으로부터 돈을 빌린다거나, 해외자산을 매각함으로써 이를 메울 수 있다. 이와 같이 자금의 흐름을 나타내는 금융거래는 상품의 수출입과 관련하여 발생하기 때문에 무역활동과 금융활동을 분리시켜 얘기하기는 어렵다. 즉, 경상계정과 자본금융계정은 서로가 서로를 반영한다. 이 점을 염두에 두면서 자본금융계정을 살펴보기로 하자.

자본금융계정은 2020년 동안 우리나라가 외국과 행한 실물자산 또는 금융자산의 거래를 기록한다. 자본금융계정은 자본수지와 금융계정으로 구분된다. 먼저 자본수지는 자본이전과 비생산 비금융자산의 취득 또는 처분이 포함된다. 자본이전은 현금 또는 현물로 이루어지는데 현금인 경우에는 투자보조금, 해외이주비 등이 포함된다. 2020년 자본수지는 3억 달러의 적자를 기록하였다.

한편 금융계정에는 직접투자, 증권투자, 파생금융상품, 기타투자, 준비자산 등이 포한된다. 첫 번째 항목인 직접투자의 경우, 가령 미국의 IBM이 우리나라에 현지공장을 세워 운영하면 수취(+)로, 반대로 우리나라 현대자동차가 미국 현지에 공장을 세워 운영하면 지불(−)로 기록된다. 두 번째 항목인 증권투자의 경우, 외국인 투자자가 우리나라 증권시장에서 포항제철의 주식을 구입하면 수취(+)로, 반대로 우리나라 투자자가 미국 증권시장에서 IBM의 주식을 구입하면 지불(−)로 기록된다. 세 번째는 파생금융상품이다. 파생금융상품이란 외환, 예금, 채권, 주식 등과 같은 기초자산으로부터 파생된 금융상품으로 선물(future), 옵션(option), 스왑(swap), 선도(forward) 등이 있다. 만약 파생금융상품의 거래로 이익이 실현되면 수취(+)로, 손실이 실현되면 지급(−)으로 기록한다. 네 번째는 기타투자이다. 기타투자는 직접투자, 증권투자, 파생금융상품에 포함되지 않는 외국과의 모든 금융거래를 기록한다. 만약 우리나라 기업이 원유 등의 상품을 외상으로 수입하면 수취(+)가 되고, 반대로 우리나라가 외국기업에 신용을 제공하면 지급(−)으로 기록된다. 우리나라는 2020년 직접투자에서 233억 달러의 흑자, 증권투자에서 415억 달러의 흑자를 보였고, 파생금융상품에서 42억 달러의 흑자, 기타투자에서 92억 달러의 적자를 기록하였다.

이상과 같은 경상수지흑자 753억 달러, 자본수지적자 3억 달러, 그리고 금융계정의 항목의 지급 598억 달러를 합쳐서 우리나라는 2020년 1,347억 달러의 흑자를 기록하였다.

**그림 21-13** 외환보유액의 구성(2020년, 총 4,431억 달러)

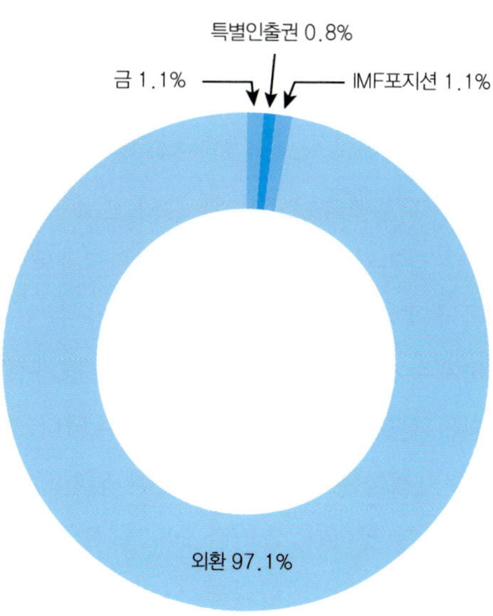


자료: 한국은행

2020년 경우 우리나라의 준비자산은 174억 달러로 외환보유고에 증가를 가져왔다. 외환보유액은 통화당국(한국은행 또는 정부)이 국제유동성으로 보유하는 대외자산으로서 필요한 경우 언제든지 대외지불에 사용할 수 있는 금융수단이다. 우리나라의 외환보유액은 한국은행이 보유하고 있는 외화와 금, IMF의 특별인출권(Special Drawing Rights: SDR), IMF포지션 등으로 구성되는데, 2020년 현재 4,431억 달러를 기록하고 있다. 이 중 외화가 4,301억 달러로 전체의 97.1%를 차지하고, 금, IMF특별인출권(SDR), IMF포지션이 각각 1.1%, 0.8%, 1.1%씩 차지하고 있다.

## 국제수지의 불균형은 왜 나쁜가?

2011년 우리나라는 전체적으로 국제수지흑자를 기록하였다. 그렇다면 국제수지흑자는 바람직하고 국제수지적자는 항상 문제가 되는 것일까? 물론 아니다. 예를 들어, 우리나라의 경우 상품수지가 적자를 보인다고 할 때 생산자(기업) 입장에서는 바람직하지 않지만, 소비자 입장에서는 오히려 소망스러울 수 있다. 다시 말해서 상품수지적자는 한국기업들이 세계시장에서 경쟁력이 약화된 결과로 발생한다는 의미에서 문제가 되나, 소비자(가계)는 수출로 나간 상품보다 수입을 통해서 더 많은 상품을 구입할 수 있다는 점에서 유리하다.

이와 같이 국제수지 불균형에 대해서 일률적으로 평가하기가 어려움에도 불구하고, 우리는 두 가지 평가기준을 제시할 수 있다. 하나는 국제수지 불균형의 원인이 무엇이냐는 것이다. 예를 들어, 기본적으로 상품의 국제경쟁력이 약화되어 국제수지가 적자가 된다면, 이는 바람직하지 못하다고 평가할 수 있다. 다른 하나는 국제수지의 불균형이 얼마나 지속되느냐이다. 〈그림 21-14〉에서 보는 바와 같이 1980년대 초중반처럼 경상수지적자가 장기간 계속된 경우와 같이 불균형이 지속되면 문제가 된다. 왜냐하면 국제수지적자가 장기간 지속될 경우에 외환보유고가 감소하여, 궁극적으로는 고갈사태에 이르러 한국의 대외신용도가 크게 훼손될 수 있기 때문이다. 뿐만 아니라 이 과정에서 정부가 국제수지적자를 극복하기 위하여 평가절하, 무역장벽의 설치 등 무리한 정책을 취하게 되는 것도 커다란 비용이 아닐 수 없다.

요컨대 국제수지적자는 바람직하지 못한 원인으로 장기간 지속되는 경우에 문제가 된다고 보면 무방할 것이다. 그러나 1997년 말 IMF자금요청 사태처럼 정부당국이 대외신용도를 유지하는 데 실패한다면, 단기간의 적자도 문제가 될 수 있음에 유의해야 한다.

**그림 21-14** 우리나라의 경상수지 추이

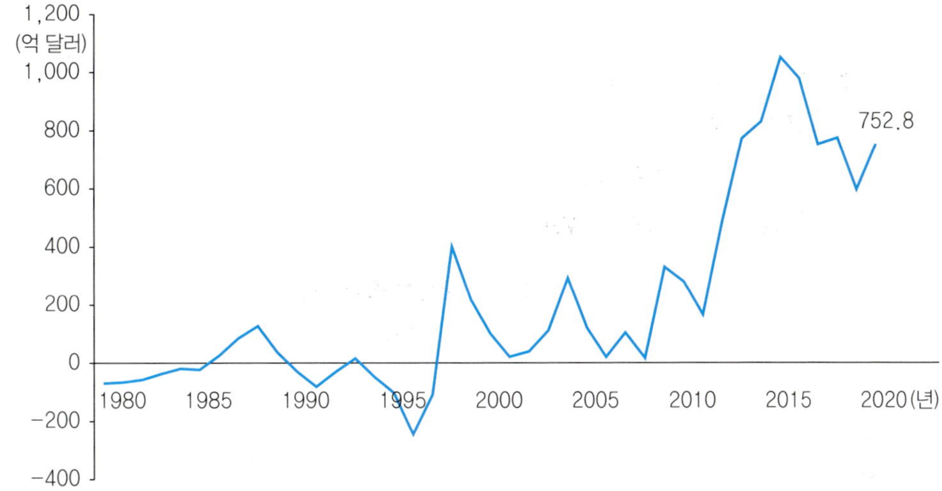


자료: 한국은행

# 21.6 세계경제질서의 변화

## 국제무역정책: 자유무역주의와 지역경제통합

관세, 쿼터 등 무역장벽은 궁극적으로 국제무역의 축소와 세계 전체적인 경제효율을 해치므로, 제2차 세계대전 이후에 각국은 국제무역의 증진방안을 모색하게 되었는데, 그 하나는 국제무역의 자유화 움직임이고, 다른 하나는 지역경제통합이다.

### 국제무역의 자유화 움직임: GATT에서 WTO로

사실상 국제무역의 자유화 움직임은 제2차 세계대전중에 태동되었으나, 종전 후 전쟁 피해복구를 위한 국제간의 무역 및 경제협력이 현실문제로 대두됨에 따라서 본격화되었다. 1948년 1월 1일부터 발효된 GATT(General Agreemention Tariffs and Trade)는 이러한 분위기 속에서 탄생한 것으로서 ① 모든 회원국간 무역에 있어서 차별적 대우를 하지 않을 것, ② 다자간협상에 의해 관세를 감소시킬 것, ③ 무역의 양적 제한(쿼터)을 금지할 것 등을 주요 내용으로 하고 있다. 기본적으로 GATT는 다자주의하에서 관세인하 협상을 위한 모임이라고 할 수 있다. 처음에 GATT는 그 회원국이 23개국이었으나 최근 100여 개국으로 늘어나면서 무역자유화 흐름에 큰 역할을 수행해 왔다. GATT하에서 지금까지 우루과이라운드를 포함하여 8차례의 협상라운드가 진행되어 왔으며, 관세인하를 비롯한 각종 무역장벽을 제거하는데 기여하였다. 특히 8번째 협상라운드인 우루과이라운드는 그동안 숙제로 부각되었던 다음과 같은 문제들이 다루어졌다.

- 농산물에 대한 무역장벽제거와 국내보조금 지급 금지
- 세계무역의 약 20%를 차지하는 서비스 무역의 자유화
- 특허, 상표권 등 지적소유권에 대한 국제적 규약의 설정

그러나 GATT는 우루과이라운드를 마지막으로 1995년 3월에 WTO(World Trade Organization)로 대체되었다. WTO체제에서도 지적소유권 등이 계속 다루어질 것이며, 국제무역과 관련하여 환경문제, 노동문제, 독과점문제 등이 새로운 과제로 부각될 전망이다.

### 경제통합

또 하나의 무역자유화 움직임은 경제통합이다. 경제통합이란 두 개 이상의 국가가 그 시장을 하나로 통합하는 것이다. 경제통합의 형태는 몇 단계가 있는데 그 첫째가 자유무역지역(free trade area)이다. 자유무역지역 내에서는 교역상의 모든 제한이 철폐되어 자유로운 재화의 이동이 보장된다. 물론 여기에 참여하는 각 회원국들은 비회원국들과의 교역에 있어서 독자적인 정책을 유지할 수 있다. 따라서 자유무역지역은 각국의 협조하에 공동보조를 취하지 않을 경우 상호관세정책에 마찰이 초래될 수 있다. 자유무역지역의 대표적인 예로는 유럽자유무역지역(EFTA)과 북미자유무역지역(NAFTA)이 있다.

경제통합의 두 번째 형태는 관세동맹(custom union)이다. 관세동맹은 통합의 정도면에서 자유무역지역보다는 한 걸음 더 발전한 것이라 할 수 있다. 관세동맹 회원국들은 자유무역지역에서와 같이 회원국간 교역상의 모든 제한을 철폐하면서도 비회원국에 대해서는 관세 및 수입할당 등에 있어서 공공보조를 취해야 한다. 다시 말해서 관세동맹은 각 회원국들이 외부에 대해서는 동일한 무역조건을 설정하고 있으며, 회원국간의 교역은 마치 국내에서의 상거래와 같이 이루어지는 셈이다. 제2차 세계대전 후의

베네룩스관세동맹과 아프리카지역의 경제통합이 이에 속한다.

경제통합의 완성된 형태는 공동시장(common market)이다. 공동시장은 회원국간 모든 재화 및 서비스의 자유로운 이동은 물론이고, 생산요소의 자유로운 이동까지도 보장한다. 가령 각 지역의 임금격차나 고용조건에 따라서 노동력이 마음대로 이동될 수 있으며, 투자기회에 따른 자본의 자유로운 이동도 마찬가지이다. 결국 공동시장이 추구하는 바는 재화 및 서비스의 생산 및 소비만을 최적화하자는 것이 아니라 생산요소들의 최대효율까지도 기대하는 것이다. 이러한 공동시장의 예로는 유럽공동시장(EEC), 중앙아메리카공동시장(CACM), 카리브공동시장(CCM) 등이 있다.

그러나 공동시장의 결성에는 허다한 난제가 가로놓여 있다. 예를 들어 상품과 생산요소의 이동은 물론 기업의 설립이 자유로운 상태하에서 참가국 간의 경제 및 사회정책상의 상당한 차이가 있다면 어떤 결과가 나타나겠는가? 특히 조세제도, 사회보장제도, 수송정책, 금융 및 재정정책상의 차이는 더욱 그러할 것이다. 이와 같은 문제점들을 참가국간의 정책조화와 조정을 통해서 해결하고자 하는 것이 경제동맹(economic union)이다. 이러한 경제동맹은 유럽공동체(EU)가 지향했던 단계라고 볼 수 있다. 더 나아가서 지역내 단일통화는 물론이고, 실질적으로 모든 경제정책에서 가맹국의 독자성을 인정치 않는—말하자면 경제관계에서 연방정부와 같은—경제통합의 마지막 단계가 바로 완전경제통합(complete economic union)이다. 이는 가장 강력한 경제통합으로 정치적 통합까지도 포함하는데, 현재 유럽공동체(EU)가 지향하는 단계라고 할 수 있다. EU의 경우 ① 13개 참가국 간의 관세 및 수입쿼터가 철폐되었고, ② 역외국가에 대한 공동관세체제가 확립되었으며, (3) 역내에서 자본 및 노동의 이동이 자유로우며, ④ 농업, 수송, 기업규제관습과 같은 공동관심사에 대한 공동정책이 시행되고 있다. 특히 1999년부터 단일화폐인 유로화가 사용되고 있으며, 2000년에는 유럽중앙은행을 창설하였다.

이상에서 살펴본 지역경제통합은 회원국 간에는 무역자유화를 가져오나 비회원국에 대해서는 무역장벽이 오히려 높아짐을 의미한다. 따라서 지역간 경제통합은 지역주의를 통한 보호무역의 증대라는 평가도 받고 있는 실정이다.

## 국제통화제도

이제 세계경제가 직면하고 있는 과제 중 '돈'과 관련된 문제로 눈을 돌려보자. 이는 국제수지와 관련된 과제라 할 수 있다. 한 나라의 국제수지적자는 다른 나라에서의 국제

그림 21-15 국제통화제도의 변화

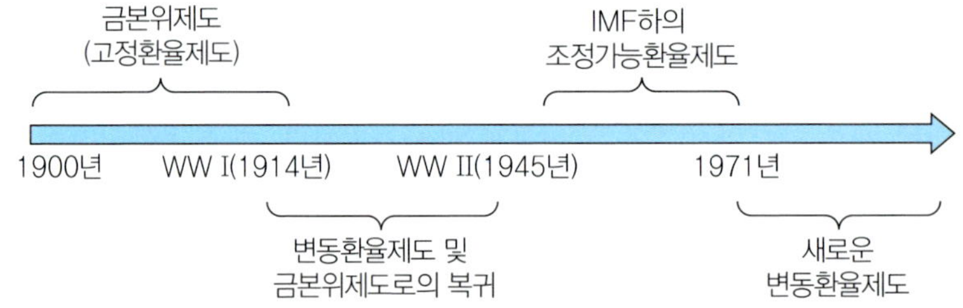


수지흑자를 의미하므로 국제수지의 조정문제는 각 국민경제의 입장뿐만 아니라 세계 전체의 입장에서 고려하지 않으면 안될 것이다. 이와 같이 세계 전체적인 입장에서 국제수지의 조정문제를 다루는 제도를 국제통화제도(International Monetary System)라고 하는데, 결국 이것은 환율제도와 연결되지 않을 수 없다.

따라서 국제통화제도는 다음과 같은 두 가지 기능을 구비하여야 한다. 첫째, 국제통화제도는 각 나라의 국제수지를 조정할 수 있는 기능을 수행해야 한다. 세계전체적으로 국제수지 불균형이 발생할 때, 이를 회복시키기 위하여 각국이 준수해야 할 게임의 규칙을 가지고 이를 강제할 수 있는 힘이 있어야 한다. 그렇지 않고 각국이 임의대로 보호무역이나 외국환통제를 통해 국제수지 불균형을 해결하려고 한다면 세계경제 자체에 심각한 혼란이 초래될 수 있기 때문이다. 둘째, 국제통화제도는 국제유동성을 적절히 공급할 수 있는 기능을 구비해야 한다. 국제유동성이란 대외채무의 결제를 위한 지급수단을 일컫는데, 국제거래에 있어서 나라마다 통화가 다르므로 세계적으로 통용되는 국제유동성, 즉 국제통화를 적절히 보유하고 있어야 한다. 〈그림 21-15〉에는 1900년 이후부터 지금까지 존재해 온 국제통화제도들이 소개되어 있는데, 지난 세기 동안에 고정환율제도와 변동환율제도가 번갈아 가면서 시행되어 왔음을 알 수 있다.

### 브레튼우즈 체제

제2차 세계대전이 끝나기 직전인 1944년 영국의 브레튼우즈(Breton Woods)에서는 국제통화제도에 관한 회의가 있었고, 이에 따라 1947년 IMF가 설립되었고 조정가능고정환율제도가 시행되었다. 이 제도는 두 차례의 세계대전을 거치면서 각국이 고정환율제도와 변동환율제도에 매력을 잃었기 때문에 고안된 제도였지만, 결국은 1971년 8월 15일 미국의 금태환 정지로 무력화되었다. 그러나 그동안의 영향력은 매우 컸었다. 브레튼우즈체제하에서의 국제통화제도를 조정가능 변동환율제도라고 부르는 이유는 장기적으로 환율변동을 허용함으로써 고정환율(단기)과 변동환율(장기)을 결합시켰기 때문이다.

브레튼우즈 체제하에서는 금 1온스 = 35달러라는 금평가를 설정하고 다른 IMF 가맹국들은 금 또는 미국의 통화인 달러화에 대해 자국화폐의 평가를 설정해 왔다. 이와 같이 일단 환평가 혹은 IMF평가를 설정하면 각국은 환안정기금, 즉 외환보유고의 운용을 통해서 시장환율을 환평가의 상하 1%의 범위 안에서 고정시킬 의무가 있었으므로 결국 환율은 이러한 변동폭 내에서 고정되게 된다. IMF 창설 당시 설립자들은 각국이 고정환율을 무한정 유지할 수도 없을 뿐 아니라 또한 그럴 의사도 없으리라는 점을 전제로 환평가의 변경을 허용하는 조항을 삽입하였다. 즉 어떤 나라가 만성적인 국제수지적자를 나타냄으로써 외환보유량이 계속 감소될 경우, IMF와의 협의를 거쳐 자국화폐의 평가변경을 신청할 수 있는데, 평가변동폭이 10%를 초과할 경우에는 IMF의 승인을 받으면 된다. 이때 신청국은 IMF에게 자국의 국제수지가 기초적 불균형(fundamental disequilibrium)의 상태에 놓여 있다는 사실을 입증해야 한다.

그러나 조정가능 고정환율제도는 그 시행과정에서 국제통화제도의 두 가지 기능, 즉 국제유동성의 제공기능과 국제수지의 조정기능에 있어서 문제점을 초래하였다. 당시의 국제유동성은 국제통화로 통용되던 미달러화, 화폐용 금, IMF 신용제도에 따른 IMF포지션이었는데, 금의 생산은 물리적으로 한정되어 있었고 IMF포지션도 그 증가가 미흡하였기 때문에 주로 달러화가 국제유동성의 기능을 수행하였다. 그러나 문제는 달러화가 충분히 공급되기 위해서는 미국의 국제수지적자가 누증되어야 하며, 미국이 이를 해결하기 위해 국제수지적자 조정정책을 실시하면 다시 세계경제는 유동성, 즉 달러화 부족에 직면하게 된다는 것이었다. 이른바 '유동성 딜레마'가 나타났던 것이다. 이 문제를 해결하기 위해서 IMF는 새로운 준비자산으로서 특별인출권(SDR)을 창출하였으나 SDR의 제한된 성격 때문에 국제거래의 결제수단으로서의 기능을 완전히 수행하지 못하였다. 즉 SDR은 달러화나 파운드와 같이 민간거래의 결제에 사용되는 것이 아니라 통화당국 간의 국제결제에만 사용할 수 있으며, 국제수지적자국만이 SDR을 사용할 수 있으며, SDR을 수령하는 국가의 의사결정은 원칙적으로 IMF의 지시에 따라야 한다는 제약이 있었다.

조정가능 고정환율제도는 국제수지조정 기능면에서도 문제점을 나타내었다. 당초 IMF 설립자들은 가맹국들이 환평가 변경에 적극적일 것으로 기대했으나 실제적으로 선진국을 비롯한 대부분의 가맹국들이 자국통화의 환평가 변경에 소극적이었다. 각국은 자국통화의 평가절하를 정부당국의 정책상의 실패인정으로 인식하여 1949년 이래 1960년대 후반까지 환평가 변경은 매우 이례적인 것으로 간주되었던 것이다. 그 결과 평가절하를 단행할 경우 그것은 소폭적인 조정에 그치는 것이 아니라 대폭적일 수밖에 없었고, 국민경제에 주는 충격 또한 매우 클 수밖에 없었다. 뿐만 아니라 상당기간 환율을 인위적으로 안정시킨다는 것이 그렇게 용이한 일은 아니었다. 가령 어떤 나라의 통화가 약세여서 금융당국이 외환보유고의 계속적인 감소를 통해 자국통화가치를 유지하고 있는 경우 투자자들은 그 나라 화폐의 평가절하를 쉽게 예상할 수 있을 것이므로 보유하고 있는 그 나라 통화를 매각하려 할 것이고, 이는 다시 약세통화에 대한 평가절하압력을 가중시킴으로써 평가절하의 필연성과 실현성을 증가시키게 될 것이다. 더욱이 이 경우는 평가절상의 가능성은 절대 없는 상태이므로 이러한 일방적인 이득만을 가져올 거래를 누가 주저하겠는가? 이러한 이유로 조정가능 고정환율제도는 IMF 설립 당시에 기대되었던 국제수지의 조정기능은 충분히 발휘하지 못하였다.

그 결과 1971년 미국의 국제수지악화는 최고조에 달했는데, 무역수지가 거의 20억 달러의 적자를 보였을 뿐만 아니라 종합수지의 적자폭은 250억 달러에 이르렀다. 이와 같이 미국이 유래 없는 대규모의 적자를 나타내는 과정에서 달러에 대한 불안이 가세되어 금가격이 폭등하고 독일 마르크화의 평가절상설에 따라 독일로 대규모의 투기성 단기자본—이를 hot money라 한다—이 이동하였다. 그러나 독일은 마르크화의 평가절상을 단행하는 대신 1971년 5월 변동환율제도로 이행하였다. 한편 통화불안은 계속되어 1971년 8월에 이르러서는 달러가 거의 모든 서구제국에 대규모로 유입되어 이들의 달러 보유액, 즉 '유로 달러'가 급증하게 되자 프랑스를 비롯한 여러 나라가 미국에 대해 달러의 금태환을 강력히 요구하였다. 그러나 그해 8월15일 미국은 달러의 금태환 정지를 선언하기에 이르렀고 브레튼우즈 체제는 붕괴되었다.

### 현행 국제통화제도

그 후 각국은 이를 수습하기 위해 여러 차례 노력한 결과, 1976년 1월 자마이카 킹스턴에서 열린 IMF 제5차 잠정위원회에서 각국은 자국의 경제실정에 적절한 환율제도를 선택할 수 있는 새로운 국제통화제도를 탄생시켰다. 여기서 IMF의 새로운 기능은 각국의 외환시장관행을 감시하고, 각국의 대외채무문제를 해결하는 수단으로 IMF자금을 제공하는 것이다.

이 새로운 국제통화제도에 있어서 각국이 채택하고 있는 현행 환율제도는 각 환율제도가 허용하고 있는 환율변동의 신축성과 허용방식에 따라 '페그'제도(pegged system)와 변동환율제도(floating system)로 크게 나누어진다. 우선 페그제도는 달러나 SDR 등 특정통화에 대해 자국의 통화가치를 일정수준에 고정시키는 제도로서 페그된 통화와의 환율변동이 1% 이하로 극히 제한된 경우이다. 페그제도에는 다시 미국의 달러화나, 프랑스의 프랑화 등 단일 특정통화에 대해 자국통화를 고정시키는 단일통화 페그제도와 자국의 국별교역규모를 감안하여 선정된 일련의 복수통화 페그제도로 구분되고 있다.

한편 변동환율제도는 기본적으로 외환의 수요와 공급에 의해서 환율이 결정되는 제도이나, 여기에도 환율변동의 신축성 정도에 따라 제한적 변동비율제도와 신축적 변동환율제도가 있다. 제한적 변동환율제도는 특정국가통화에 대해 중심환율기준을 정하고 환율변동 허용범위를 중심환율기준의 1~2.25%로 제한하는 제도이며, 신축적 변동환율제도는 그 변동 폭이 2.25% 이상인 경우의 제도를 말한다. 현재 미국, 영국 등 주요 선진국에서는 환율의 변동이 가장 신축적인 자유변동환율제도를 채택하고 있다.

국제통화제도의 변화와 관련하여 주목되는 움직임이 유럽통화제도(European Monetary System: EMS)이다. EMS의 목적은 리라화, 파운드화, 마르크화, 프랑화 등 유럽통화 간의 환율을 고정시키는 것이었다. 그러나 EMS는 브레튼우즈 체제의 전철을 밟았다. 즉 1992년 환투기자들이 파운드화와 리라화를 평가절하하게 만들자, 영국 · 이탈리아 등 일부 국가가 EMS를 탈퇴하였다.

각국의 경제적 여건에 따라 적절한 환율제도, 특히 변동환율제도를 채택할 수 있도록 허용하는 현행 국제통화제도가 어느 정도 성공을 거두고 있는가? 아직 판단하기에는 때 이른 감이 없지 않으나, 최근 들어 환율변동이 종전보다 커졌을 뿐 아니라 아직도 세계 도처에서 국제수지의 불균형문제가 대두되고 있는 실정이다. 예를 들어 미국의 일본에 대한 대규모의 적자문제는 어제 오늘의 문제가 아니며 달러화에 대한 엔화의 환율이 평가절상되었다 해서 그 문제가 쉽사리 해결되고 있지 않고 있음은 신문지상에서 보아 익히 알고 있다. SDR의 기능도 강화되었다고 하나 과거 달러의 역할을 계승하지는 않고 단순한 계산단위, 그리고 제한된 결제수단으로 기능할 뿐이며, SDR의 배분 및 후진국개발과의 링크문제에 있어서 남북간 심각한 대립을 보이고 있다. 따라서 현행 국제통화제도는 장기적인 차원에서 국제통화의 완벽한 질서를 수립하고 있지 않으며 이 역시 일종의 과도기적인 타협에 불과하다고 볼 수 있다.

## 요 약

1. 대부분 국가들은 상호의존관계를 가지는 개방경제체제이다. 우리나라의 대외의존도는 100%에 가까우며, 노동 및 기술집약적 상품을 수출하고 자원집약적인 상품을 수입한다.
2. 개인 간의 거래와 전문화가 모두에게 이득이 되는 것처럼 국가 간의 교역 및 생산특화도 양국 모두에게 이득이 된다. 대부분의 나라는 기회비용면에서 상대적으로 유리한 상품을 생산하여 수출하고 상대적으로 불리한 상품은 다른 나라로부터 수입한다.
3. 국가 간의 교역이 모두에게 이득이 됨에도 불구하고 현실적으로는 무역장벽이 존재한다. 무역장벽에는 관세장벽과 비관세장벽이 있다.
4. 국제무역은 이질통화에 의해 이루어지므로 외환시장이 존재한다. 외환시장은 기본적으로 수출과 수입을 원활하게 해 주는 기구라고 할 수 있다. 외환시장에서는 환율이 결정되는데, 상품에 대한 가격이 수요와 공급에 의해서 결정되는 것처럼 환율도 외환의 수요와 공급에 의해서 결정된다. 물론 고정환율제도하에서는 정부의 시장개입에 의해서 환율이 일정하게 유지된다.
5. 환율의 변동요인에는 기호, 소득, 상품가격, 이자율, 환투기 등이 있다.
6. 국제수지표란 일정기간 동안에 있어서 한 나라의 가계, 기업, 정부가 국경을 넘어서 행한 모든 대외거래를 체계적으로 분류 · 정리 · 기록한 것으로서 기업의 손익계산서와 같다. 국제수지표는 경상계정과 자본금융계정으로 구성되어 있다.
7. 국제수지불균형은 그것이 장기간 지속되거나, 상품의 경쟁력의 약화로 초래되는 경우에 문제시된다.
8. 최근 국제경제질서의 변화로는 무역의 자유화, 지역경제통합, 그리고 변동환율제도로의 이행 등을 들 수 있다.

## 용어 및 개념

| | |
|---|---|
| 대외의존도 | 보호관세와 재정관세 |
| 비교우위의 원리 | 비관세장벽 |
| 수출(입) | 보호무역주의 |
| 무역가능곡선 | 외환시장 |
| 무역의 이익 | 평가절상(절하) |

변동(고정)환율제도

균형환율

시장평균환율제도

국제수지표

국제수지 불균형

GATT

WTO

지역경제통합

국제통화제도

브레튼우즈 체제

국제통화기금(IMF)

유럽통화제도(EMS)

# 찾아보기

## ㄴ



## ㄷ

## ㄹ



## ㅁ



## ㅂ



## ㅅ

## | ㅇ |

**ㅈ**

## ㅊ



## ㅋ



## ㅌ



## ㅍ



## ㅎ

**| 기타 |**

[저자 약력]

성 태 경

서강대학교 경제학과 졸업(경제학사)
서강대학교 대학원(경제학 석사 · 박사)
아주대학교 경제학과 강사
대우경제연구소 산업경영본부 연구위원
Case Western Reserve University, Visiting Professor
행정(외무)고시 출제위원 역임
Seattle University, Fulbright Visiting Professor
Marquis Who's Who in the World(2012, 29th Edition) 등재
State University of New York(Stony Brook) & aSSIST 공동학위과정 외래교수
현, 전주대학교 경영학과 교수
　중앙대학교 행정대학원 융 · 복합표준정책학과 외래교수

경제학

초판 발행　2014년 2월 28일
제2판 발행　2022년 1월 10일

지은이　성태경
펴낸이　김중용

총괄기획　박노일 · 최준규
편　집　심성보

펴낸곳　도서출판 정독

경기도 고양시 일산서구 하이파크로 113, 102-204
등록 제406-2014-000093호

전　화　070)7550-3758　팩　스　02)718-8554
홈페이지　www.jeongdok.co.kr　이메일　pnc@pncmedia.co.kr
ISBN　979-11-90899-96-3　93320



정 가　28,000원